Wilhelm Meyer-Lübke

Italienische Grammatik

Wilhelm Meyer-Lübke

Italienische Grammatik

ISBN/EAN: 9783742869777

Hergestellt in Europa, USA, Kanada, Australien, Japan

Cover: Foto ©Paul-Georg Meister /pixelio.de

Manufactured and distributed by brebook publishing software (www.brebook.com)

Wilhelm Meyer-Lübke

Italienische Grammatik

ITALIENISCHE

AMMATIK

VON

W. MEYER-LÜBKE.

———•—•—•—•— —•— —

LEIPZIG,
LAG VON O. R. REISLAND.
1890.

HERRN PROF. DR. G. GRÖBER

IN DANKBARKEIT UND FREUNDSCHAFT

VOM

VERFASSER.

VORWORT.

Wenn ich zu einer Zeit, wo ich schon mit dem ersten Bande meiner »Grammatik der romanischen Sprachen« beschäftigt war, mich zur Übernahme des vorliegenden Buches entschloss, so geschah es hauptsächlich darum, weil ich hoffte, darin manches, was in dem Hauptwerke aus Raummangel oder andern Gründen unterdrückt werden musste, verwerthen zu können. Namentlich der Besprechung abweichender Ansichten, den Litteraturnachweisen, der Anführung von Citaten und von Einzelheiten verschiedenster Art konnte hier viel mehr Platz gewidmet werden. Die italienische Grammatik ist also in gewissem Sinne eine Ergänzung für die italienischen Theile der romanischen. Ohne dass sie sich in der Anlage ihr jedoch völlig anschlösse. Schablonenarbeit ist auf diesem Gebiete so wenig von Vortheil, wie auf irgend einem andern: was gut und förderlich ist bei einer Übersicht über alle Sprachen, braucht es deshalb noch nicht zu sein, wenn bloss eine einzelne zur Darstellung kommen soll. Nur die Verschiebung des Abschnittes über den Accent bedarf einer Bemerkung. Während ich früher nach dem Vorgang von Diez ihn an das Ende der Lautlehre gestellt habe, findet er sich jetzt nach dem Vokalismus. In der That handelt es sich ja dabei lediglich um die Frage, welchem von den verschiedenen Vokalen eines Wortes die meiste Kraft zugewendet werde, während die Konsonanten ganz und gar ausser Betracht fallen. Etwas anderes ist es natürlich, wenn in dem Kapitel über den Accent seine Einwirkung auf die einzelnen Laute zur Darstellung gebracht werden soll. — Auch die Umschreibung der dem lateinischen Alphabet fehlenden Laute weicht von meiner frühern ab, sofern ich für palatales *n* nicht das dem System zu Liebe gewählte *n'*, sondern *ñ* einführte, ferner *z* statt *ts*, *ż* statt *dz*, *ś* statt *z*. Zu dem letzten habe ich mich nur ungern entschlossen. Durch den Gebrauch in den meisten sprachwissenschaftlichen Werken wie in ältern italienischen Texten selber (s. § 209) hat sich *z* als Zeichen für tönendes *s* ein gewisses Recht erworben. Allein auf der andern Seite ist die Umschreibung des zusammengesetzten Lautes *z* durch *ts* bezw. *dz* zu umständlich, und namentlich, wenn *zz* wiedergegeben werden soll, für das Auge so störend, dass ich mich zur Beibehaltung des deutsch-italienischen Zeichens veranlasst gefühlt habe, und nun tönendes *s* von tonlosem und entsprechend tönendes *z* von tonlosem durch den übergesetzten Punkt scheide, also *ś*, *ż*. Endlich *ñ* statt *n'* führe ich durch, um die Zahl der nicht im Alphabet vorkommenden Typen möglichst zu verringern: *ñ* ist aus dem Spanischen als Zeichen des palatalen *n* geläufig. — Auf Wort- und Sachregister habe ich auch hier wieder viel Sorgfalt verwendet, namentlich auf letzteres, das nicht blos zum Nachschlagen dienen soll, sondern einen Einblick geben in das Walten aller jener Faktoren, die die rein lautliche Entwicklung stören, und als deren wichtigste ich die Umprägung, Verschränkung, Anbildungen verschiedenster Art und die Entlehnung ansehe. Ich halte noch dafür (vgl. Litbl. 1886 Sp. 282), dass auch in dem Wirken dieser Faktoren, namentlich in der Umprägung, Gesetze herrschen, dass es, um einen bestimmten Fall zu wählen, nicht Zufall ist, wenn der ursprüngliche Ablaut *u—ó* § 125) nur in *odo*, *udire* geblieben, in *chiudere*, *rubare*, *fiutare* zu Gunsten von *u*, in *lodare*, *frodare* zu Gunsten von *o* ausgeglichen ist. Stellen wir als »Gesetz« hin, *u—ó* wird zu *u—u* vereinfacht, so werden sich die beiden störenden Fälle leicht durch Einfluss der zugehörigen Substantiva *lode*, *frode* erklären, zu dem scheint es vgl. § 100), dass *frodare* erst zu einer Zeit in die Sprache aufgenommen worden ist, als jenes Lautgesetz, wonach tonloses *au* zu *u* wird, nicht mehr wirkte. Dass *odo udire* blieb, erklärt sich wohl daraus, dass die Präteritalformen, die die Hauptmasse der endungsbetonten bilden, bei diesem Verbum seltener gebraucht sind, als die präsentischen. Wollte man nun freilich aus dem Gesetz über den Ablaut *u—o* schliessen, dass überhaupt die endungsbetonten Formen den Sieg davon tragen, so würde man damit an den Verben mit *i—é* scheitern s. § 412. Während die *u—ǫ* Verba nur die nicht sehr stark vertretene *ǫ—ǫ* Klasse neben sich haben, stehen neben *i—é* die zahlreichen Verba mit *ę—é*, d. h. alle diejenigen, die *e* in gedeckter Stellung haben, und von diesen aus ist der Ablaut *i—e* zu *e—e* umgeändert worden. — Bevor man nun aber mit etwelcher Aussicht auf sichern Erfolg daran gehen kann, die »Gesetze« der Umprägung zu finden, sind erst, wie dies dereinst nötig sein wird für eine wissenschaftliche Bedeutungslehre, an möglichst zahlreichen Beispielen die Wege klar zu legen, welche die Sprache am häufigsten einschlägt, und es wird dann schliesslich, ähnlich wie bei der Aufstellung mancher Lautgesetze, ein mathematisches Rechenexempel sein, wodurch wir sehen, was Regel ist, was Ausnahme. Zu einer derartigen Klärung der Wirkungen der Analogie soll hauptsächlich das Sachverzeichniss Beiträge liefern.

Die Litteratur, soweit ich sie habe benützen können, findet sich S. XI verzeichnet. Sehr unangenehm fühlbar macht es sich, dass CAIX den die Prosa behandelnden Theil seiner Origini nicht hat ausführen können und dass eine Reihe der wichtigsten Texte noch nicht in zuverlässigen Ausgaben vorliegen. Ristoro d'Arezzo citire ich nach einer Abschrift, die ich im Sommer 1883 genommen habe und die nur deshalb ungedruckt geblieben ist, weil, gerade als ich fertig war und das Material für die grammatische Einleitung zusammenstellte, BARTOLI mir mittheilte, dass einer seiner Schüler, ich habe den Namen vergessen, eine Ausgabe des werthvollen Denkmals schon im Drucke habe. Sie ist bis jetzt allerdings noch nicht erschienen. — Wenn so von Seiten einer streng historischen Grammatik die italienischen Fachgenossen, die an der Quelle sitzen, mein Buch werden vielfach ergänzen können, so ist das in noch höherm Grade der Fall bei der Wortbildungslehre. Die Darstellung derselben, wie ich sie im III. Kapitel gegeben habe, hat die Unkömmlichkeit, dass sie einmal viele Suffixe nicht bespricht, und sodann, dass manche Erscheinungen, wie die Verknüpfung verschiedener Suffixe, die Proportionalbildungen, die Suffixvertauschungen nicht zur Sprache kommen. Allein ich habe nicht den historischen Entwicklungsgang geben wollen, mir lag hauptsächlich daran, eine Darstellung zu bieten, wie sie meines Wissens noch für keine romanische Sprache geboten ist. Die begriffliche Seite ist für diesen Theil der sprachlichen Biologie ebenso wichtig wie die formale, und um dies hervorzuheben, habe ich die letztere fast ganz beiseite gelassen, um so eher, als bei der einseitig aufs Formale gerichteten Aufmerksamkeit der romanischen Forschung eine Ergänzung nach dieser Seite hin nicht schwer fällt.

Wien, Pfingsten 1890.

W. Meyer-Lübke.

BENUTZTE WERKE.

Biondelli. Saggio sui dialetti Gallo-italici 1853.
N. Caix. Le Origini della lingua poetica italiana 1880.
—— Studi di etimologia italiana e romanza 1878.
A. Mussafia. Beitrag zur Kunde der norditalienischen Mundarten 1873.
G. Papanti. I parlari italiani in Certaldo 1875.
Nannucci. Analisi Critica dei Verbi Italiani 1854.
—— Teorica dei nomi della lingua italiana 1858.
Zehle. Laut- und Flexionslehre in Dantes Divina Commedia 1883.
A. Zuccagni-Orlandini. Raccolta dei dialetti Italiani 1864.

Abruzzen. G. Finamore, Vocabolario dell' uso abruzzese 1880. — Tradizioni popolari abruzzesi 1885.
Alatri. Ceci, Arch. Glott. X 167 bis 176.
Aquila. Boezio di Rainaldo, Delle cose d'Aquila; Antonio di Buccio, Delle cose d'Aquila, beide in Muratori Antiqui. Ital. VI: Percopo, Laudi Aquilesi, Giorn. stor. lett. ital. VII 345 ff.
Arezzo. S. Billi, Poesie giocose in dialetto chianajuolo 1870; B. Bianchi, Il dialetto e la etnografia di Città di Castello 1887; Pieri, Il verbo aretino e lucchese Miscell. di filologia e linguistica 305—312.
Bazzano, s. Bologna.
Bergamo. Tiraboschi, Vocabolario dei dialetti bergamaschi 1867.
Bologna. T. Casini, Documenti dell' antico dialetto Bolognese 1884;

T. Coronedi-Berti, Vocabolario Bolognese 1877.
Campidanesisch s. Sardisch.
Campobasso. D'Ovidio, Arch. Glott. IV 145—184.
Como. P. Monti, Vocabolario dei dialetti della Città di Como 1845. Saggio di Vocabolario della Gallia Cisalpina 1856.
Dignano. Ascoli, Arch. Glott. I.
Genua. Rime Genovesi, Arch. Glott. II 161—312; Prose Genovesi VIII 1—97; Ascoli, Arch. Glott. II 111—160; Flechia, VIII 317—406, X 141—166; Röttgen, Der Vokalismus des Altgenuesischen 1888.
Kalabrien. Mandalari, Canti del popolo Reggino 1881; Scerbo, Sul dialetto Calabro 1886.
Lecce. Morosi, Arch. Glott. IV 117—144.
Logudoresisch s. Sardisch.
Lucca. Bandi Lucchesi del sec. XIV 1863.
Mailand. Bonvesin, hg. v. J. Bekker 1850, hg. von Lidfors 1872; Bescapé, hg. von Biondelli 1856; A. Mussafia, Darstellung der altmailändischen Mundart 1887; C. Salvioni, Fonetica del dialetto moderno della città di Milano 1884; Cherubini, Vocabolario Milanese-Italiano 1856.
Mirandola. E. Mestieri, Vocabolario Mirandolese 1870.
Monferrat. Ferraro, Glossario Monferrino 1881.
Neapel. A. Mussafia, Das altneapolitanische Regimen Sanitatis 1883; Zur Katharinenlegende 1884; E. Percopo, I Bagni di Pozzuoli

1887; LOISE DE ROSA, Arch. Stor. Nap. IV 417—467.
Noto. A. AVOLIO, Canti populari di Noto 1875.
Padua. WENDRINER, Die paduanische Mundart bei Ruzante 1889.
Perugia. Il diario del Graziani, Arch. Stor. Ital. XVI.
Piazza Armerina. R. ROCELLA, Vocabolario della lingua parlata in Piazza Armerina 1875.
Piemont. C. SALVIONI, Lamentazione metrica in antico dialetto piemontano 1886; Antichi testi dialettali chieresi Misc. fil. ling. 345—356; W. FOERSTER, Il Crisostomo Arch. Glott. VII 1—120; ASCOLI, Arch. Glott. II 111—160; PIPINO, Grammatica piemontese 1875; V. DI SANT' ALBINO, Dizionario piemontese-italiano 1859.
Pisa. Statuti delle Compagnia del popolo di Pisa Arch. Stor. Ital. XV.
Rom. Historiae Romanae fragmentum, La vita di Cola di Rienzi Murat. Antiqu. Ital. V.
Romagna. MUSSAFIA, Darstellung der romagnolischen Mundart 1875.
Sardinien. ASCOLI, Arch. Glott. II 133—144; G. HOFMANN, Die logudoresische und campidanesische Mundart 1885; J. SPANO, Vocabolario Italiano-Sardo 1857, Ortografia Sarda 1840. PORRU, Dizionariu Sardu-italianu 1866.
Siena. HIRSCH, Zs. IX 513—570, X 56—70, 411—446.
Sizilien. ASCOLI, Arch. Glott. II 125—150; C. AVOLIO, Introduzione allo studio del dialetto Siciliano 1882; HÜLLEN, Vokalismus des Alt- und Neusizilianischen 1884; G. DE GREGORIO, Appunti di fonologia Siciliana 1886; G. PARISELLE, Über die Sprachformen der ältesten sizilianischen Chroniken 1883; H. SCHNEEGANS, Laute und Lautentwicklung des sizilianischen Dialektes 1888.
Tarent. MOROSI, Arch. Glott. IV 143; DE VICENTIIS, Vocabolario del dialetto Tarentino 1872.
Teramo. G. SAVINI, La grammatica ed il lessico del dialetto Teramano 1881.
Tessin. C. SALVIONI, Arch. Glott. IX 188—260.
Umbrien. ROSSI, Quattordici Scritture Italiane 1859.
Veglia. JVE, Arch. Glott. IX 187.
Venedig. ULRICH, Exempelbuch Rom. XIII, dazu DONATI, Fonetica, morfologia e lessico 1889; A. TOBLER, Cato 1883, Pateg 1884, Uguçon 1885, Proverbia Zs. IX, dazu RAFAEL, Die Sprache der Proverbia 1887, Panfilo Arch. Glott. X 177—255; ASCOLI, La cronica delli imperadori Arch. Glott. III 177—283; A. MUSSAFIA, Trattato de regimine rectoris di Fra Paolino Minorita 1868. C. SALVIONI, La Storia di Appollonio di Tiro 1889.
Verona. A. MUSSAFIA, Monumenti di antichi dialetti Italiani (Fra Giacomino) 1863, Zur Katharinenlegende 1874; BIADENE, La passione e resurrezione Stud. fil. rom. I 212—265.

INHALTSVERZEICHNISS.

	Seite
Einleitung	1
I. Lautlehre	11
Die betonten Vokale	11
A. Spontaner Lautwandel	12
B. Störungen des Vokalwandels	34
C. Kombinatorischer Vokalwandel	44
Die Diphthonge	57
Die tonlosen Vokale	59
Der Accent	90
Die Konsonanten	93
A. Anlautende Konsonanten	94
B. Die Konsonanten im Wortinnern	115
1. Die Konsonanten nach dem Tone	115
2. Einfache Konsonanten vor dem Tone	122
3. Die Konsonanten in Proparoxytonis	124
4. Die Sonanten	126
5. Die Konsonantengruppen	128
6. Die Doppelkonsonanten	151
C. Die Konsonanten im Auslaut	156
Lautvertauschungen	161
II. Formenlehre	175
Nominalflexion	175
1. Kasus	175
2. Das Genus	181
3. Der Numerus	187
Das Adjektivum	204
Die Komperation	206
Das Zahlwort	207
Die Pronomina	208
1. Personalia	208
a. Betont	208
b. Unbetont	210
2. Die Possessiva	213
3. Die Demonstrativa	215
4. Der Artikel	216
5. Indefinita und Relativa	218
Verbalflexion	219
1. Übersicht der Verbalformen	219
2. Die Endungen	219
3. Accent und Verbalstamm	232
4. Die Konjugationen	236
5. Unregelmässige Verben	245
1. Essere	245
2. Habere	248

Inhaltsverzeichniss.

	Seite
3. Einsilbige Präsentia	250
4. Ire	253
5. Potere	253
6. Die i-Präsentia	254
7. Die starken Perfekta	256
8. Die starken Partizipien	258
6. Die sardische Konjugation	260
III. Wortbildungslehre	263
I. Wortableitung	263
A. Substantiva	263
B. Adjektiva	293
C. Diminutiva und Augmentativa	299
D. Die Verba	304
II. Wortzusammensetzung	310
III. Numeralbildung	323
IV. Pronominalbildung	324
V. Adverbialbildung	324
Sachverzeichniss	326
Wortverzeichniss	332

VERBESSERUNGEN.

Seite	13, 1	lies	vulgärlateinisch	statt	lateinisch.
»	16, 7	»	*tufo*	»	*tuffo*.
»	8	»	*trapano*	»	*trapana*.
»	24,22	»	*Buccio*	»	*Bucico*.
»	26,12	»	*griv*	»	*grir*.
»	15	»	*sero*	»	*sera*.
»	33	»	*stesse*	»	*setsse*.
»	36,19	»	*leticare*	»	*litigare*.
»	41,20	»	*pioppo*	»	*poppo*.
»	43,20	streiche *empio*.			
»	46, 9	lies *i*		»	*e*.
»	47,26	»	*bronzo*	»	*bronza*.
»	48,11	»	*un*	»	*nn*.
»	68,28	»	*cantero*	»	*cantera*.
»	82,13	»	*opilare*	»	*pilare*.
»	92, 7	»	*-atura*	»	*-aturo*.
»	96,13	»	*grotta*	»	*gratto*.
»	97,19	»	*bula*	»	*pula*.
»	111,20	»	*parecchi*	»	*paraechi*.
»	114,21	»	*mmalatiya*	»	*mmalatya*.
»	142,18	»	*goccia*	»	*guccia*.
»	154,19	streiche einmal *rettorica*.			
»	182,17	lies *kabide*		statt	*kabude*.
»	191, 9	»	X	»	I.
»	192,32	»	III	»	IV.
»	207,40	»	*duos*	»	*duas*.
»	237,29	»	III	»	IV.
»	258,37	»	*spento*	»	*pento*.

EINLEITUNG.

1. Unter Italienisch versteht man die Sprache, die als Litterärsprache auf der ganzen apenninischen Halbinsel vom Südabhang der Alpen bis zum Golf von Tarent verwendet wird, d. h. also im Königreich Italien, im schweizerischen Kanton Tessin und in Bergell, Misock und Puschlav, im südlichen Tirol, in Trient, an der dalmatinischen Küste und auf Corsica. Auf diesem von etwa 28 Millionen Menschen bewohnten Gebiete werden unter sich sehr verschiedene Mundarten gesprochen, deren Zusammenfassung zu einem Ganzen in erster Linie politisch-geographische Gründe hat. Die Dialekte diesseits der Apenninen sind z. Th. von der Schriftsprache weiter entfernt als von den südfranzösischen Mundarten, der sardinische steht in mehr als einer Hinsicht ganz eigenartig da. Andrerseits lässt sich aber auch nicht läugnen, dass gewisse lautliche Erscheinungen das ganze Gebiet der italienischen Schriftsprache umfassen, und dem angrenzenden Südfranzösisch abgehen, so vor Allem der Wandel von *cl* zu *ki*. Sofern man also sprachliche Gruppirungen auf ein Merkmal gründen will, kann man der Zusammenfassung der auf der Halbinsel gesprochenen romanischen Idiome zu einem Ganzen im Gegensatz zum Französischen, Rätischen u. s. w. eine gewisse Berechtigung nicht absprechen. Vor Allem aber hat sie praktisch ihre Bedeutsamkeit. Wenn die Darstellung nicht bloss die Entwicklung der Litterärsprache sondern die Entwicklung der Sprache überhaupt ins Auge fasst, kann sie gegenüber den Dialekten Südfrankreichs oder Rätiens keine andere Abgrenzung finden als die auf einzelne den Grenzmundarten mit den weiter zurückliegenden eigene Züge beruhende, ohne dabei die Übereinstimmung in andern Zügen zwischen diesen Grenzmundarten und dem Provenzalischen, bezw. Rätischen zu berücksichtigen.

2. Wenn wir nun die Grenzen des Gebietes abstecken wollen, so liegt auf drei Seiten die Sache sehr einfach, sofern hier das Meer

Meyer-Lübke, Ital. Grammatik.

Italien abschliesst. An der dalmatinischen Küste wurde einst eine
eigene Mundart gesprochen, die sich vom Venezianischen wesentlich
unterschied, dafür aber mit dem lateinischen Element des Albanesischen und mit den Dialekten der Südostküste Italiens eine Reihe
merkwürdiger Übereinstimmungen zeigte. Sie ist aber schon früh
durch das Venezianische ganz verdrängt worden und findet sich, abgesehen von einzelnen Wörtern in den benachbarten slawischen Mundarten, nur noch auf der Insel Veglia, allerdings stark mit venezianischen Elementen durchmischt. Doch auch da ist sie jetzt wohl
schon völlig ausgestorben. Vgl. ASCOLI, Arch. Glott. I 435 Anm.;
IVE, Il dialetto veglioto, Arch. Glott. IX 115 ff., dazu Zs. X 599 ff.;
SCHUCHARDT, Slawo-deutsches und Slawo-romanisches 29 ff. Ausserhalb Italiens umfasst das Italienische im Osten noch Triest, Pola und
Fiume. Hier hat jedoch neben dem venezianischen Elemente einst
ein sehr starkes rätisches (speciell friaulisches) bestanden, vgl. ASCOLI,
Arch. Glott. I 479; III 469 ff.; X 447 ff. Auch auf dem Festlande
führt seit Jahrhunderten das Venezianische einen siegreichen Kampf
gegen das Rätische. »Die Gegend zwischen Sacile und Pordenone
bis zum Einfluss der Livenza ist zum Venedischen zu rechnen, ebenso
S. Vito und Latisana am Tagliamento, während das flache Land zwischen
Livenza und Tagliamento mit Ausnahme der Stadt Portogruaro friau-
lisch ist« (TH. GARTNER, Rätor. Gramm. XXXV). Gegen Norden dringt
das Venezianische durch das Piavethal bis an die politische Grenze,
wo ihm das Deutsche entgegentritt, auch an der Etsch überwuchert es
mit Lombardischem zusammen das Mittelrätische. Nur in Graubünden
ist vermöge der besonderen politischen Verhältnisse das Italienische
beschränkt auf die Südabhänge der Alpen. Im Tessin wird die Grenze
gegen das Deutsche durch den Gotthardpass gebildet; dann scheiden
die Walliser Alpen das italienische vom deutschen bezw. französischen
Sprachgebiete und erst am Monte Rosa reicht das Französische über
die Wasserscheide und beherrscht das Gebiet der Dora Baltea bis
S. Vitone und Brozzo. Auch der oberste Lauf des Orco, der nördlichen Stura und der Dora Ripara sind französisch. so Aosta, Val-
Soana, Chiamorio, Melezet, Pramolle, Viù, Usseglio. Aber daneben
ist schon stark piemontesischer Einfluss fühlbar. Weiter südlich sind
in Pinerolo die Waldenser die letzten Überreste einer einst ganz provenzalischen Bevölkerung. Sonst aber fallen natürliche, politische
und Sprachgrenze auch hier zusammen bis ans Mittelmeer, wo in folge
des leichteren Verkehrs und der vielfach wechselnden Besitzverhältnisse
Sprachgebiet und politisches Gebiet in einander übergreifen. Die Roya
bildet die Sprachgrenze von Breil bis Ventimiglia. Zu erwähnen sind
endlich noch drei genuesische Kolonien: Mons und Escragnoles (Dép.

du Var), Biot (Dép. Seealpen). In den zwei letztgenannten dürfte heute das Genuesische ganz ausgestorben sein. Die Gründung dieser Ortschaften, bezw. ihre Besiedelung reicht ins 13. und 14. Jahrh. zurück. Vgl. P. SÉNEQUIER, Revue de linguistique XIII, 308—314.

3. Innerhalb dieses Gebietes treffen wir nun eine Reihe von fremdsprachlichen Kolonien, die hier mit einigen Worten berührt werden müssen. Zunächst mögen erwähnt werden die Katalanen in Alghero (Sardinien), die 1353—1372 zumeist aus Barcelona an die Westküste der Insel übersiedelten. Sie haben an Zahl etwa 7000 bis heute ihre Sprache treu bewahrt, und zeigen nur im Wortschatz wesentliche Einflüsse der umgebenden sardischen Mundarten und der italienischen Schriftsprache, vgl. z. B. *karkanǧu* (*calcagno*), *astranǧu*, deren *nǧ* aus *nį* sardisch, nicht katalanisch ist. Der stete Wandel von *l* zwischen Vokalen zu *r* findet sich wieder im Sassaresischen, auch *r* zu *l* : *lalk* (*largo*) *inveln* (*inverno*) *dolm* (*dormo*), und die Abneigung gegen *cl-*, *pl-*, *fl-*, vgl. *krau*, *brank*, *pranta*, *frama*, erinnert ans Sardische. — Vgl. G. MOROSI, Il catalano d'Alghero, Miscellanea di filologia e linguistica 313—332.; P. E. GUARNERIO, Il dialetto catalano d'Alghero, Arch. Glott. IX 259—364, dazu Zs. XI 280—282.

4. In Norditalien finden sich mehrfach deutsche Kolonien. Die wichtigsten und bekanntesten sind die Sette-Comuni im Vicentinischen und die Tredici-Comuni im Veronesischen, denen sich noch Laverno im Trentinischen anschliesst. Gegen Anfang des 13. Jahrh. kamen die ersten Kolonisten von Deutsch-Tirol her nach Folgaria, und breiteten sich gegen die Mitte des Jahrhunderts ins Vicentinische und später ins Veronesische aus. Dass sie nicht Nachkommen der alten Cimbern sind, wie man früher angenommen hatte, geht nicht nur aus den historischen Dokumenten hervor, sondern auch daraus, dass die meisten Ortsnamen romanischen Ursprungs und nur mehr oder weniger stark germanisirt sind, vgl. namentlich *Püsche* = Foza (*fovea*), *Slege* = Asiago u. a. Im 19. Jahrh. geht die Sprache rasch ihrem Untergange entgegen, schon im 18. war der Religionsunterricht italienisch. Von den Sette-Communi haben sie Asiago, Foza, Roana und Rotzo bewahrt, von den Tredici Selva di Progno, Giazza und Campofontana. Von italienischen Lauteigenthümlichkeiten ist nur die Palatalisirung von *l* nach Konsonanten zu nennen: *luat*, *kl'aftar*, *pl'asan*, *fl'auge* (Fliege). — Auch im Westen finden sich deutsche Dörfer: Bosco im schweizerischen Kanton Tessin, sodann Formazzo und Ornavasso im Ossolathal, Macugnaga im Anzathal, Allagna, Rima und Rimella im Sesiathal und Issime im Lysthal. Auch hier ist das Deutsche in den letzten Jahrzehnten bedeutend zurückgegangen, es dürfte heute nur noch von etwa 5000 Bewohnern gesprochen werden. Das Lysthal ist im 11. oder 12. Jahrh.

von Wallis, Macugnaga zwischen 1261 und 1291 vom Saasthal, Ornavasso zwischen 1275 und 1307 von Naters aus kolonisirt worden, für die anderen fehlen sichere Nachrichten. — Vgl. G. A. SCHMELLER, Über die sogenannten Cimbern der VII und XIII Communen auf den venedischen Alpen und ihre Sprache, Abhandl. d. Münchener Akad. 1834. Cimbrisches Wörterbuch, Wiener Sitzungsber. phil.-hist. Kl. 1855. BERGMANN, eb. XV, 60; G. J. ASCOLI, Studi critici I 37—46; F. und C. CIPOLLA, Dei coloni tedeschi nei XIII comuni veronesi, Arch. Glott. VIII 161—262. — A. SCHOTT, Die Deutschen am Monterosa 1840, Die deutschen Kolonien im Piemont 1842; Bresslau, Zur Geschichte der deutschen Gemeinden im Gebiet des Monte Rosa und im Ossolathale, Zs. der Gesellschaft für Erdkunde XVI, 173—194.

5. Zu sehr verschiedenen Zeiten sind Griechen nach Süditalien und Sizilien eingewandert, und zwar haben sie sich zunächst in der Provinz Otranto niedergelassen. Während des ganzen frühern Mittelalters stand Unteritalien unter griechischer Herrschaft, die namentlich von der Mitte des 9. bis Ende des 10. Jahrh. von Basilius I. und II. stark befestigt wurde. Aus dieser Zeit stammen denn auch die z. Th. noch heute bestehenden griechischen Dörfer. Im Mittelalter waren es etwa 20 Ortschaften, die ganz griechisch sprachen, heute nur noch 8: Martano, Calimera, Castrignano, Zollino, Martignano, Sternatia, Soleta, Corigliano, mit etwa 15,000 Einwohnern. — Nach Calabrien fanden Einwanderungen erst im 11. Jahrh. während der Kämpfe zwischen Robert Guiscard und Alexius Commoenus 1077 bis 1085 statt. Auch ihre Zahl war noch in den 20er Jahren unsers Jahrhunderts, als sie K. Witte auf seiner Reise durch Italien gewissermassen wieder entdeckte, eine bedeutende, heute aber finden sie sich nur noch im District Bova, längs der Amendolea, zwischen Torre del Salto und dem Cap Spartivento in Bova, Condofuri, Amendolea, Gallicianó, Rochudi. In Sicilien zeigt nur der Ortsname Piana dei Greci das einstige Vorhandensein der Fremden. Endlich ist noch zu erwähnen, dass im Jahr 1675 etwa 1000 Griechen unter Stefanopul nach Cargese in Corsica kamen, wo sie, an Zahl etwa 650, noch heute bestehen. — Die Abweichungen, die die Sprache dieser Kolonien vom Gemeingriechischen zeigt, sind grösstentheils in der Entwicklung des Griechischen selbst zu suchen. Auf Einfluss der umgebenden italienischen Mundarten ist wohl die Abneigung gegen konsonantischen Auslaut im Calabresischen und $\underline{d}$ für l zwischen Vokalen in Bova zurückzuführen. Auslautend -ς, das im Neugriechischen bleibt, fällt in Bova: *tu kalú* = τοὺς καλούς, *o logo* = ὁ λόγος, in den andern Mundarten wird *e, i* nachgeschlagen: *o logose, emase* ngr. ἐμᾶς. Für

đ aus *l* vgl. bov. *fiđđo φύλλον, pođđi πολύ, teđđiko τήλικος* u. s. w. Sodann findet der streng durchgeführte Wandel von tonlosem *e, o* zu *i, u* in Cardeto seine Entsprechung in Italien, nicht in Griechenland, vgl. card. *immé ἐμέ, stinú στενός, éklifsa ἔκλεψα, évrifśi ἔβρεξε, animu ἄνεμος, rutú ἐρωτῶ, funi φωνή, fsumí ψωμή, kulí κωλίον, lísu λίσω* u. s. w. Auch der Übergang von betontem *o* zu *u* in Cardeto, z. B. *trúgu τρώγω, urtú ὀρθός, grambú γαμβρός* u. s. w., vergleicht sich derselben Erscheinung im Süditalienischen, um so auffälliger ist es aber, dass das entsprechende *i* aus *e* in Cardeto zu fehlen scheint. — Auf K. WITTES Berichten fusst A. F. POTT, Altgriechisch im heutigen Calabrien, Philologus XI 245—269. Sodann hat D. COMPARETTI mehrfach über die Kolonien gehandelt, namentlich in den Saggi sui dialetti greci dell' Italia Meridionale Pisa 1866. Wichtig sind dann aber für die Laut- und Formenlehre wie für die Geschichte die Arbeiten von G. MOROSI: Studi sui dialetti greci della terra d'Otranto Lecce 1870, und I dialetti romaici del mandamento di Bova in Calabria, Arch. Glott. IV 1—116. Ferner A. PELLEGRINI, Il dialetto greco-calabro di Bova, Riv. fil. class. II, III. Über die Griechen in Cargese handelt ebenfalls A. PELLEGRINI, Canti popolari dei Greci di Cargese, Bergamo 1871. Vgl. noch CAMARDA bei Pap. 682—687.

6. Albanesen finden sich in den Provinzen Molise, Abruzze Ulteriori, Principato Ulteriore, Calabria Citeriore, Terra di Bari, Capitanata, ferner auf Sizilien in Piana dei Greci, Mezzojuso und Contessa, früher auch noch in S. Angelo und Brancavilla, die beide heute italienisch sind. Sie sprechen alle den südalbanesischen oder toskischen Dialekt. Die ersten erschienen 1440 in Calabrien unter der Führung von Demetrio Reres Castriota, dann 1460 und 1467 unter Skanderbeg. Ungefähr gleiches Alter beanspruchen die Colonien in Sizilien, von denen einige 1482—1487 von Morea und Epirus aus, Contessa schon 1450 vom südlichen Italien her gegründet worden sind. Dagegen stammen die Albanesen in der Terra di Bari und in der Basilicata erst vom Jahr 1647, und Badessa (Abr. Ult. I) sogar von 1744. Die nördlichen Albanesen scheinen nach dem ihnen näher liegenden Venezianischen ausgewandert zu sein, sie finden sich heute in Peroi in Istrien. Die Gesammtzahl beträgt etwa 50,000. — Vgl. CAMARDA, Appendice al saggio di grammatica comparata della lingua albanese Prato 1866; VIGO, Raccolta di canti popolari siciliani 338—354; ASCOLI, Studi critici I, 81—101; Pap. 659—678; G. MEYER, Albanesische Grammatik 70 ff.

7. Hand in Hand mit diesen Albanesen gehen die Slaven in der Molise. In der blühendsten Zeit hatten sie zehn Dörfer inne, heute nur noch Acquaviva Collecroce, Sanfelice Montenitro mit etwa

5000 Einwohnern. Nach ihrer eignen Überlieferung sind sie gleichzeitig mit den Albanesen herübergekommen. Ihr Dialekt ist dem Serbisch-Illyrischen verwandt. Sodann ist noch Tavenna an der adriatischen Küste als dalmatinische Kolonie zu nennen. — G. J. Ascoli, Studi critici II 76—82 (45—51). A. Rolando, Escursione storica etnografica nei paesi slavi della provincia di Campobasso Napoli 1875. Vegezzi-Ruscalla, Le colonie serbe-dalmate del circondario di Larino, Turin 1864.

8. Die Rumänen in der Val d'Arsa in Istrien, an Zahl keine 3000, und im innern Karstgebirge, einst ebenfalls viel weiter verbreitet, mögen auch noch Erwähnung finden, obschon sie mehr von Slaven als von Italienern umgeben sind und in nicht zu langer Zeit ganz slavisirt sein werden. Sie sind im XIV. Jahrh. von der Donau her eingewandert, ihre Sprache zeigt mit dem Moldauischen starke Verwandtschaft. Der Wortschatz enthält manche italienische Elemente wie *fiori, rover, fregei (fregare), palud, viai (viaggio), kuntrei (incontrare), rivei (arrivare)*, unendlich vielmehr slawische. Selbst die slawische Lautregel, wonach *i* nach Konsonant zu *l'* wird (asl. *bljut* aus got. *biuts*), ist eingedrungen: *fler = ferrum* über *fier*, während ein so starker italienischer Einfluss nicht zu bemerken ist. — Vgl. G. J. Ascoli, Studi critici I 49—70; F. Miklosich, Die Wanderungen der Rumänen in den kärntischen Alpen, Abh. der Wiener Akad. XXX, und Rumänische Untersuchungen I 2, ebenda XXXII; A. Ive, Romania IX 321 ff.

9. Schliesslich wären die Provenzalen in Celle di San Vito am adriatischen Meere in der Provinz Caltanisetta zu erwähnen. Nach der Probe bei Pap. 173 zu schliessen ist die Sprache in hohem Grade vom Italienischen durchtränkt. Weitere Nachrichten über diese Kolonie sollen sich bei M. Mandalari, Saggi di Storia e letteratura finden. — Vgl. noch zu § 3—9 B. Biondelli, Studi linguistici 1856 und G. J. Ascoli, Studi critici I 37—85.

10. Wichtiger als die bisher genannten sind die Monferraten auf Sizilien in Piazza Armerina, Nicosia, Aidone, S. Fratello, Sperlinga, Randazzo, Capizzi, Maniaci. Nach der Überlieferung sind sie im letzten Viertel des XI. Jahrh. namentlich in Folge der Heirath Ruggieros mit Adelaide, der Tochter des Grafen von Monferrat, nach Sizilien gekommen. In das nordwestliche Italien weist sie auch die Sprache. Bei den Vokalen ist namentlich beachtenswerth der Unterschied zwischen *ster (stare), amer* u. s. w. und *stüa, amüa*, genau entsprechend piem. *ster*: *sta, amer* : *ama*, sodann die Reduktion von *̆-enu* zu *u*: *piećću ¦pettine* = piem. *pentu, ǵavu* = piem. *ǵuvu, yesu = asu, -ulu* zu *u*: *nespu* = piem. *nespu, vinu = vindu guin*-

dolo), *üarbu* = *erbu* ‚*arbolo*‚. Dagegen fehlt das piemontesische *er*ʿ aus *ar*ⁱ, vgl. *tüard* nicht *terd*. Aus dem Konsonantismus verdient zunächst Erwähnung die Behandlung von *l*ʿ. Die Vokalisirung vor Dentalen, der Wandel zu *r* vor Labialen und Gutturalen ist wieder piemontesisch: *saut*, *ḱeud* = piem. *saut*, *kaud*; *parma*, *suork* = *parma*, *sork*. Sodann die Auflösung von *ct* in *it* nicht *č* wie im Lombardischen: *faitu*, *pieitu*, *uoitu* in Nicosia, *fait*, *uoit* in Piazza Armerina, daraus *füt*, *piet*, *uot*, entsprechend piem. *fait*, neben *öt* aus *öit*, *pet* aus *peit*. In andern Punkten aber weichen diese Dialekte ganz wesentlich ab vom Piemontesischen, wie es speziell Turin zeigt. Am Bemerkenswerthesten ist die Palatalisirung des *c* vor *á* und der gleichzeitige Wandel von *a* in *e*: *ḱier* oder *ḱev* (*capo*) *ḱieud*, *ḱieḍ* (*callo*) *ḱieča* (*caccia*) aber *kaváḍ* und so das tonlose *ka* neben betontem *ḱieza*. Piazza Armerina aber bleibt bei *kaza*, *kauza* u. s. w. Da in S. Fratello *qualis* über *cal* zu *ḱiel* wird, so ersieht man daraus, dass die Palatalisirung jung ist, jünger als z. B. im Französischen, wo *cher*, *champ* in scharfem Gegensatz zu *quel* stehen. Die Beschränkung auf *ca* mit betontem *a* aber erinnert ans Rätische und Tessinische s. TH. GARTNER § 87. Intervokalisches *c* wird behandelt wie im Rätisch-piemontesischen vgl. *ammiy*, *amiya* = piem. *ami*, *amia*, *siyiela* = piem. *siala* (*cigala*), *mauṇi* = piem. *mani* (*manico*), *paer* = piem. *paé* (*pagare*), *ḍiyer* = piem. *lie* (*ligare*), *ḍačua* = piem. *laitüa*. *fuoi* = *fö*. Auch hiervon weichen Nicozia und Piazza Armerina ab, vgl. nic. *amigu*, *moniyu*, *fuogu*, arm. *monak*, *ḍḍok* neben *ḍo*, *fi*, *medi*.

Die Behandlung der *l*- und *i*-Verbindungen endlich ermöglicht eine noch genauere Ortsbestimmung. Während nämlich im Turinisches *ṃi* bleibt, wird es im Monferratischen zu *ñ*, vgl. *vandiñé* = *vindemniare* und entsprechend *rinniñer* in S. Fratello. Ebenso zeigt S. Fratello *ǧ* für *bḷ*, *č* für *pḷ*: *raǧǧa*, *piččä*, *ǧ*, *č* für *bl*, *pl*: *neǧǧa*, *čenta*, vgl. monferr. *neǧe*. Endlich *r* für primäres wie sekundäres '*d*' weist auf älteres *ḍ* zurück, das in Piazza Armerina noch erhalten ist und das wieder die Vorstufe ist für monferr. *j*: lat. *ata* wird über *aḍa* zu S. Fratello *ara* und monferr. *aja*. In der Konjugation entspricht die erste Plur. auf -*uoma* dem piemontesischen -*oma*, -*uma*.

Die Beeinflussung durch das Sizilianische ist in den verschiedenen Gemeinden eine verschiedene. Am stärksten erscheint sie im Novaresischen, aber auch S. Fratello vermag sich ihr nicht völlig zu entziehen. So finden wir in S. Fratello *ḍ* für anlautendes und inlautendes *l*: *ḍḍagrima*, *ḍḍüt*, *ḍḍangua* (*lingua*), *ḍḍuna luna* peḍḍ (*pelle*) *štoḍḍa*, *aḍḍina*. *u* für tonloses *o* kann schon im ursprünglichen Lautsystem begründet sein, aber *i* aus *e*: *firmér*, wie der Abfall des *i* vor *n*, *m*: *nrern*, *mprester* sind sizilianisch, ebenso die

Assimilation von *nd*, *mb* zu *nn*, *mm*: *dumanner*, *palauma*, *čaum*, wòneben in S. Fratello noch einzelne Fälle von *mb* bleiben: *ambašära*, während Nicosia die Assimilation überhaupt nicht kennt[1]).

---

11. Das Italienische hat sich, wie die andern romanischen Sprachen, aus der lateinischen Volkssprache entwickelt. Die nicht lateinischen Idiome, die einst auf der Halbinsel gesprochen wurden, das Griechische, die sabellischen Dialekte, das Etruskische und das Keltische, sind völlig verschwunden, auch das später eingedrungene Longobardische und Gothische hat dem Römischen weichen müssen. Der Einfluss dieser Sprachen auf die Gestaltung des Italienischen ist ein geringer; die Germanen haben das Lexikon wesentlich bereichert, viel weniger die andern Völker, so weit wenigstens bis jetzt ein Urtheil möglich ist. Inwiefern die Osker, Umbrer, Etrusker u. s. w. auf das italienische Lautsystem eingewirkt haben, ist eine schwer zu lösende Frage, zu deren Beantwortung unten das Material geboten ist. Dass namentlich Ausdrücke der Landwirthschaft im Italienischen in einer Lautform auftreten, die auf das Sabellische, nicht auf das Stadtrömische zurückweist, hat Ascoli in einer feinsinnigen Abhandlung gezeigt: Di un filone italico, diverso dal romano, che si avverta nel campo neolatino. Arch. glott. X 1—17. Es sind die Wörter, die zwischen Vokalen *f* statt *b* zeigen: *bifolco*, *prefenda*, *bufolo*, nordital. *baffa* Schinken, *tafano*, *scarafaggio*, *scuffina*, *tufo*, *taffiare* = *taflare* = *tabulare*, dem sich als weitere Ausdrücke der Schenke *zufolare*, *ad ufo* und *par au cafo* spielen zugesellen könnten. Ebenso scheine *refe* wegen *f* und die zugehörige *cruna* wegen *u* nicht römisch sondern sabellisch oder etruskisch zu sein. Auch bei ital. *cornacchia* hat man wohl an umbr. *curnaco* gedacht, doch ohne hinlänglichen Grund.

---

[1]) Zu ganz andern Resultaten gelangt DE GREGORIO, Affinità del dialetto di San Fratello con quelli dell' Emilia. Turin 1886. Er hält den Dialekt für Emilianisch. Seine Gründe sind die folgenden: 1. *a* wird im Emilianischen zu *ä*. Allein soweit ich die Beispiele übersehe, auch die wenigen von G. selbst gebrachten, tritt der Wandel nur bei freiem *a* und *a* vor *r, l* + Kons. ein, also unter ganz andern Bedingungen, als in S. Fratello. Der Unterschied zwischen -*are* und -*atum* fehlt dem Emilianischen gänzlich. 2. Das Infinitiv *r* bleibt im Emilianischen, aber auch in vielen piemontesischen Mundarten, damit ist also nichts zu beweisen. 3. Die tonlosen Vokale sind in weitem Umfange dem Ausfall unterworfen: das gilt auch vom Piemontesischen. 4. *ę, ǫ* wird zu *ai, a, o*, bezw. *au, ou*; auch das ist nicht ausschliesslich Emilianisch. 5. *ce* wird emil. zu *tse*, piem. zu *se*. Allein das piem. *se* ist doch nur eine weitere Entwicklung eines *tse*, das im 11. Jahrh. auch in Piemont noch bestanden haben kann. Durchaus unemilianisch ist die Behandlung von *aqua*, ᶜcᵛ und *ct* und die Flexion.

Anders verhält es sich mit Wörtern wie *piota, vuoto*. Sie entsprechen
zwar den umbr. *plotus, vaçetom*, gehen aber nicht auf diese umbrischen Formen sondern auf deren lateinische Entsprechungen *plauta,
*vocitum zurück. — Für die Entlehnungen aus andern Sprachen
fehlen lautliche Kriterien, daher es denn z. B. bei der fast ganz mangelnden Kenntniss des etruskischen Wortschatzes nicht möglich ist,
festzustellen ob gewisse dunkle toskanische Wörter vorrömisches Erbthum seien. Die keltischen, germanischen, griechischen Elemente
lassen sich leichter aussondern, da sie aber für die Darstellung der
lautlichen Entwicklung des Italienischen nur von bedingter Wichtigkeit sind, so kann von einer Ausscheidung derselben in dem vorliegenden Buche abgesehen werden. Die Vorarbeiten sind hier noch sehr
mangelhafte. F. ZAMBALDI, Le parole greche nella lingua italiana
ist zwar fleissig, aber unkritisch. Fürs Germanische ist DIEZ Grammatik I 61 ff. immer noch das beste, fürs Keltische THURNEYSEN,
Keltoromanisches. Halle 1882.

12. Gleich den Schwesternsprachen besitzt das Italienische, die
Schriftsprache sowohl wie die Mundarten, eine grosse Menge lateinischer Wörter, die nicht aus ununterbrochner mündlicher Überlieferung stammen, sondern erst in einer jüngern Sprachperiode aus
der lateinischen Schriftsprache übernommen worden sind. Ihre Zahl ist
vielleicht ebenso gross wie im Spanischen oder Französischen, sie sind
aber weniger leicht zu erkennen, weil das Italienische sich ja überhaupt am wenigsten vom Lateinischen entfernt hat, und weil es noch
heute gewisse Assimilationen stets vornimmt. So erweist sich französisch *famille* ohne weiteres durch sein *i* als Buchwort, wogegen
italienisch *famiglia* gegen kein Lautgesetz verstösst, also vom lautlichen Standpunkte aus betrachtet sehr wohl Erbwort sein kann. Oder:
ein Wort der modernen Gelehrtensprache wie das griechische *monoptera* zeigt im französischen *monoptères* schon durch sein *pt* die fremde
Herkunft an, wogegen im italienischen *monottero* das *pt* wie in den
Erbwörtern behandelt wird. Mit Sicherheit aber erweisen sich als
Buchwörter alle diejenigen, die lat. *x* durch einfaches *s* wiedergeben,
wie *esercito*, oder alle auf *-zio, -zia, -zione, -rio, -ria*, wie *giustizia,
primario* oder diejenigen mit erhaltenem *l* nach Konsonanten, wie *splendore, clamore, placito*. Auch *ns* ist eine der Büchersprache angehörige
Verbindung: *pesare* ist Erbwort, *pensare* Buchwort. Von vokalischen
Kriterien, an denen man die Entlehnung eines Wortes aus der lateinischen Büchersprache oder auch aus dem Französischen oder Spanischen erkennen kann, mag nur tonloses *e* = lat. *ĕ*, ital. *i* genannt
werden: *reprimere, reppubblica, declinare, regalo* u. s. w. Sehr oft
weist ferner ital. *ę* = lat. *ē* und ital. *ǫ* = lat. *ō* auf gelehrten Ursprung

hin. Da nämlich seit Jahrhunderten die Italiener beim Lateinisch lesen jedes *e* und *o* offen sprechen, so ist es begreiflich, dass sie bei Wörtern, die sie aus der lateinischen Büchersprache in ihre Vulgärsprache aufnahmen, den offenen Laut beibehielten. Auch die Proparoxytona auf *-olo* fehlen ursprünglich dem vulgären Wortschatz: *macchia* aus *macla* nicht *macola*, *Ischia* nicht *isola* sind die erbwörtlichen Vertreter von *macula, insula*. Aber schon frühe sind die dreisilbigen Formen aus der Schriftsprache wieder in die Volkssprache gedrungen, so dass sich ein produktives Suffix *-olo* im Italienischen bilden konnte. — Es kann auf diese Weise dasselbe lateinische Wort in mehrfacher Gestalt im Italienischen auftreten, vgl. die schon genannten *pesare* und *pensare* von lat. *pensare; macchia* und *macola* von lat. *macula* u. s. w. Man pflegt diese Formen als Dubletten oder Scheideformen, italienisch allotropi zu bezeichnen. Vgl. A. U. CANELLO, Gli allotropi italiani, Arch. Glott. III 285—419, dazu A. TOBLER, Zs. IV 182—184.

I. LAUTLEHRE.

Die betonten Vokale.

13. Eine Reihe lautlicher wie formaler Umgestaltungen theilt das Italienische mit den andern romanischen Sprachen. Ohne dass uns die lateinischen Sprachquellen darüber aufklärten, können wir doch mit etwelcher Sicherheit annehmen, dass dieselben in eine Zeit zurückreichen, wo das Lateinische noch eine einheitliche Sprache war. Solche Abweichungen vom Schriftlateinischen pflegt man als vulgärlateinische zu bezeichnen. Auf dem Gebiete des Vokalismus ist die wichtigste der Zusammenfall von betontem $\bar{e}$ mit $\breve{\imath}$, $\bar{o}$ mit $\breve{u}$, den nur das Sardische nicht kennt, und im Zusammenhang damit der völlige Schwund der alten Quantitätsverhältnisse. Die qualitative Gleichheit von $\bar{e}$ und $\breve{\imath}$ dürfte bis in den Anfang unserer Zeitrechnung hinaufreichen, die von $\bar{o}$ und $\breve{u}$ ist dagegen nicht vor das 3. Jahrh. zu setzen: das Rumänisch-albanesische hält die beiden Laute noch reinlich auseinander, rum. *bucă* = *bucca*, *soare* = *sol*, vgl. Rom. Gramm. I § 11 S. Die Quantitätsunterschiede sind noch später verwischt worden. Zwar legt das Italienische auch nicht einmal mehr indirekt Zeugniss für dieselben ab, aber die germanischen Sprachen setzen in den lateinischen Lehnwörtern trotz gleicher Qualität für $\breve{\imath}$ eine andere Quantität voraus als für $\bar{e}$. vgl. ags. *piru* = *pĭru*, aber *side* (mit $\bar{\imath}$ aus $\bar{e}$) = *sēta*, ital. *pera*, *seta* mit gleicher Quantität und Qualität. Für das Italienische aber und überhaupt für die romanischen Sprachen (mit ganz geringen Ausnahmen Rom. Gramm. I § 636) ist dieser Unterschied völlig belanglos, so dass wir also für die Grundlage, von der aus sich das Italienische entwickelt hat, folgenden Vokalismus erhalten:

vulglat.	a	ę	ẹ	i	ǫ	ọ	u
kl.-lat.	a	ĕ	ē, ĭ	ī	ŏ	ō ŭ	u

Von den Diphthongen ist *au* bewahrt, doch sind *coda*, *foces*, nicht *cauda*, *fauces*, die vulgären Formen, *ae* und *oe* schlagen sich in Italien zu *ę*, mit einziger Ausnahme von *pena* und *ischio*¹). — Ob auf den Vokal ein oder mehrere Konsonanten folgten, mit andern Worten, ob er im Lateinischen in Position war oder nicht, ist für seine Qualität gleichgültig: trotz der folgenden Konsonantengruppe hatten *cresco, tectum* langes, entsprechend im Vulgärlateinischen geschlossenes *e*: *cręsco, tęctum*. Betont war in der Vulgärsprache stets der Vokal vor Muta + *r, l* also: *tenébrae, íntegrum*, behielt aber trotzdem seine Kürze bei, also *tenĕbrae, intĕgrum*, später *tenębrae, intęgrum*. Diese Tonverschiebung scheint schon gegen Ende der Republik eingetreten zu sein. Jünger ist eine andere. Betontes im Hiatus stehendes *i* giebt den Accent dem folgenden Vokal ab: *paríetem* wird zu *pariétem*, *múlierem* wird zu *muliérem*, *fíliolus* zu *filíolus*. Dieser Vorgang ist aber erst eingetreten, als die Sonderung von *ę* und *ẹ* schon stattgefunden hatte. Die tonlosen Vokale waren geschlossen, aus *paríĕtem* war *pariĕtem* entstanden, daraus nun *pariętem*, wogegen *íntegrum* zu einer Zeit, da betontes *ē, ĕ* und tonloses *ĕ* noch dieselbe Klangfarbe hatten, zu *intĕgrum*, später *intęgrum* vorrückte. — Ist von zwei Hiatusvokalen der zweite betont, so wird der erste zum Halbvokal: *coagulat* zu *quagulat*, *muliérem* zu *muli̯ere*, *filiólus* zu *fili̯olus*. Nur mit dem nahverwandten *ę* verschmilzt *i*: *quetus, parętem, facębam*.

14. In einer zweiten Periode, die kurzweg als die italienische bezeichnet werden kann, obschon auch die Schwestersprachen z. Th. dieselbe Entwicklung zeigen, sind paroxytonirte Vokale in freier Stellung, d. h. wenn ihnen nur ein Konsonant oder Konsonant + *r* folgte, gedehnt worden. Oxytonirte, proparoxytonirte und alle gedeckten aber blieben kurz. Dieser Zustand hat sich im Schriftitalienischen gehalten nur mit der einen Beschränkung, dass an Stelle der offenen Längen nun steigende Diphthonge traten: *i̯ę, u̯ǫ*, er liegt auch den z. Th. sehr abweichenden Umgestaltungen der Mundarten zu Grunde. Später sind dann mehrfach wieder andere Regeln über Länge und Kürze der Vokale aufgekommen, es fehlt aber darüber noch jede Auskunft, so dass ein Ausländer das Kapitel der Vokalquantität im Neuitalienischen nicht bearbeiten kann. — Wir erhalten also:

vulglat. *a i u ę ǫ ĕ ŏ ē̦ ō̦*
ital.   *a i u ę ǫ ę ǫ i̯ę u̯ǫ*

A. Spontaner Lautwandel.

15. Der Lautwandel ist spontan, wenn er nicht durch bestimmte folgende oder vorhergehende Laute hervorgerufen wird. So wird im

---

1) *Foemina, coena* sind schlechte lateinische Schreibungen, wofür die guten Handschriften nur *femina, cena* kennen.

Lombardischen jedes lateinische *u* zu *ü*. Es giebt nun aber sehr wenige Lautveränderungen, die nicht irgendwie abhängig wären von den benachbarten Lauten: wenn z. B. im Italienischen freies *ę* zu *ie* wird, gedecktes bleibt, so ist die Diphthongirung keine spontane mehr, sondern eine bedingte. Dennoch mag diese Diphthongirung hier behandelt werden, weil sie eine solche ist, die eine überwiegend grosse Zahl der Fälle, wo *ę* auftritt, begreift. In diesem etwas erweiterten Sinne ist das »spontan« zu verstehen. Eine vollständige Aufzählung der Beispiele ist kaum nöthig, wenigstens nicht für alle Vokale, immerhin soll eine möglichst grosse Anzahl gegeben werden. Also:

Ital. *A* = lat. *A*: *-are, -ava, -asti, -ato* und die andern auf dem Charaktervokal betonten Formen der Verba der I. Konjugation, ferner Suffix *-are, -ale, -ame, -ano, -tà, -atico.* Dann: *là = illăc, quà, sta, da, fa, già, lato, stato, fiato, state, spada, strada, grado, guado, rado, ago, lago, paga, piaga, capo, rapa, sapa, padre, madre, fradre, quadro, magro, agro, pace, chiave, nave, lava, raso, naso, rimaso, caro, pare, mare, ala, male, sale, squama, mano, sano, piano, vano, domani, cane, lana, labbro, braccio, laccio, staccio, minaccia, piaccia, faccia, ghiaccia, faggio, palazzo, piazza, raggio, ghiado, bacio, cascio, bagno, calcagno, cagna, sappia, rabbia, stajo, pajo, paja, macchia, maglia, stabbio, taffia, gatto, quattro, massa, carro, cavallo, fiamma, anno, fatto, atto, latte, ratto, asse, lasso, cassa, pasta, casto, vasca, lascia, nasce, raschia, aschia, bias(i)ma, ansima, arco, varco, largo, tarde, arte, parte, arma, pianta, tanto, canta, quando, pianca, bianco, branco, piange, lampa, cambio, strambo, alto, caldo, calca, falce, alpe, malva, calmo, alno, falso* u. s. w. u. s. w.

Ital. *I* = lat. *I*: *qui, li = illīc, di = dic, sì, udì, dì (dīes), pio (pīus), zio, rio (rīvus), -io (īvus); -ire, -ite, -isti, -ito* und die andern Formen der Verba der IV. Konjugation. Sodann: *trita, vite, vita, lido, nido, grido, uccido, vide, amico, fico, spigo, spiga, intriga, fatiga, miga, riga, pipa, felice, dice, stiva, vivo, -ivo, riva, scrive, vive, cigola, pigola, riso, ucciso, viso, mise, ammira, -ile, vile, filo, lima, vime, vino, lino, vicino, china, vipra, riccio*[1]*, liccio, meriggio, -iggine, tizzo*[1]*), pigia, vigna, pigna, figlio, giglio, piglia, coniglio, dormicchia, picchio, fibbia, scimmia, figgere, villa, mille, fritto, fitto, scritto, scrisse, disse, fisso, visse, strilla, spilla, triste, visto, rovista (revisitat), pista, Ischia, cincischia (incīsiclat), cinque, quindici* u. s. w. Auch *camicia* frz. *chemise* wird mit *ī* anzusetzen sein.

— — —

1) Das *ericius, titio* der lateinischen Wörterbücher hat keine Gewähr.

Ital. *U* = lat. *Ū*: Suffix -*uto*, -*ura*, *aiuta*, *virtù*, *muta*, *scudo*, *conduco*, *bruco*, *sugo*, *asciuga*. *lattuga*, *tartaruga*, *ruga*, *luce*, *duce*, *uva*, *fuso*, *suso*, *cura*, *muro*, *sicuro*, *pure*, *scure*, *bure*, *tura*, *culo*, *mulo*, *padule*, -*ume*, *fiume*, *lume*, *fumo*, *fuma*, *piuma*, *uno*, *luna*, *digiuna*, *luccio*, *aguzza*, *struzzo*, *pertugia*, *prugna*, *fujo*, *bujo* (*burreus zu altlat. *burrus*), *vilucchio* (*volūclum*), *subbia*, *succhio* (*sutulum = *subula*), *guglia*, *strugge*, *rugge*, -*uggine*, *nullo*, *frutto*, *asciutto*, *distrutto*, *condussi*, *lulla*, *culla*, *ruppi*, *busto*, *frusto*, *fusto*, *musco*, *purgo*, *pulce*, *giunco*, *incudine*, *nuvolo*, *sughero*, *rumina*, *piurico*, *sudicio*, *abbrustola*, *cupola*, *mugola* u. s. w. u. s. w.

Ital. *E* = lat. *Ē*, *Ĭ*: *Chę*, *mę*, *tę*, *sę*, *rę*, *trę*, -*ere*, -*ete*, -*eco* und die anderen Formen der *ē*-verba; -*eto*, *chęto* (*quetus § 13), *segręto*, *anęto*, *paręte* (§ 13), *męta*, *sęta*, *ręte*, *sęte*, *sęto* (*situs*), *crędę*, *fędę*, *vędę*, *męco*, *bottęga*, *tęga*, *lęga*, *dilęgua*, *stręga*, *fręga*, *pępe*, *fęci*, *lęce*, *vęce*, *tęso*, *pręso*, *pęso*, *męsę*, *paese*, -*ese*, *pęsa*, *bęve*, *nęve*, *dęve*, *sęro*, *nęro*, *cęra*, *sęra*, *pęra*, *tęla*, *vęlo*, *candęla*, *pęlo*, *stęlo*, *sęme*, *mēno*, *sęno*, *pęna*, *lęna*, *ręna*, *ręne*, *vęna*, *avęna*, *fręno*, *vętro*, *puledro*, *ginępro*, *sospęccia*, -*eccio*, *pulęggia*, *santo-ręggia*, -*eggia*, -*ezza*, *ręzzo*, *sęzzo*, *ręzza*, *vęccia*, *tręccia*, *corręggia*, *remęggio*, *schęggia*, *tęgghia*, *oręcchia*, *pęcchia*, *ręcchio*, *capęcchio*, *sonnęcchia*, *trębbia*, *vętto*, *vendęmmia*, *lęgno*, *dęgno*, *sęgno, -*etto*. *cęppo*, *lęgge*, *ręgge*, *sęcco*, *lentęnna*, *pęnna*, *stręnna*, *capęllo*, *stęlla*, *tętto*, *fręddo* (§ 52), *dętto*, *strętto*, *pęto*, *nętto*, *mętto*, *męsso*, *ręsco*, *cręspo*, *ęsso*, *fęsso*, *spęsso*, *lęsso*, *stęsso*, *crębbe*, *vęnne*, *maręmma*, *dęsta*, *pęsta*, *quęsto*, *cęsto*, *ęsca*, *cręsta*, *cręsce*, *męsce*, *cęrca*, *ęrto*, *vęrga*, *sęlva*, *bęlva*, *scęlgo*, *fęlce*, *sęlce*, *pęsca*, *fęrmo*, *ręnde*, *nęmbo*, *lęmbo*, *ęntro*, *męnta*, *vęndica*, *vendętta*, *ęmpia*, *rętte*, *sętola*, *dębole*, *pęsolo*, *tręspolo*, *sęmola*, *dębito*, *chęrico*, *fęmmina*, *cęnere*, *cęnno*, *trędici* (*tredecim*), *sędici*, *ręnti*, *tręnta*, *scęvera*, *quaręsima*, *congęgna*, *lęndini*, *domęnica*, *ricęvere*, *sollęcito*, *carnęfice*, *vędova*, -*evole*, *ęrpice*, *ęmpito*, *ęmbrice*, *vęscovo*, *vęllica*. Aber *cęspite* aus *caespes*.

Ital. *O* = lat. *Ō*, *Ŭ*: *noi*, *voi*, *loto*, *pota*, *voto*, *cote*, *coda*, *giogo*, *logora* (*lucrat*), *foga*, *croce*, *foce*, *noce*, *voce*, *giovo*, *lova*, *rovo*, *ove*, -*oso*, *sole*, *ora*, *fiore*, -*ore*, -*one*, *sono*, *corona*, *dono*, *pone*, *nome*, *pomo*, *sopra*, *otre*, *pozzo*, *singhiozza*, *rozzo*, *ghiotto*, *fotte*, *gotta*, *sciocco*, *bocca*, *stoppa*, *satollo*, *bolla*, *rosso*, *fosse*, *torre*, *zavorra*, *conobbi*, *coppia*, *corolla*, *moglie*, *coglia*, *doppio*, *robbio*, *doccia*, *moccio*, *conocchia*, *avvoltojo*, -*tojo*, *ottobre*, *mostra*, *condotto*, *sotto*, *sozzo*, *dotta*, *colonna*, *vergogna*, *cotogno*, *losco*, *crosta*, *tosco*, *fosti*, *angoscia*, *conosco*, *forma*, *orna*, *torta*, *contorba* (aven. Cato), *sordo*,

§ 15. 16.] Betonte Vokale. 15

corto, gorgo, giorno, storpia, orcio, sorcio, corte, volto, volpe, folto, coltre, polso, poltro, polta, orlo, ascolto, colmo, folgore, zolfo, molto, bifolco, scolto, timolto (Brunetto), onda, fonde, fondo, ronca, tronco, gronda, lontra, pronto, ingombra, soccombe, piombo, ombra, giovane, cocomero, dondola, tortora, polvere, vomice, cotica, dodici, vomere, rovere, ordine u. s. w.

Ital. *IE*, *E* = lat. *Ĕ*, *AE*: drieto, vieto (vetus), lieto, vieta, micte, riede, piede, diede, fiede, siegue, niega, pietra, dieci, diexe Cron. Imp. 5ª, niero, lieva, brieve, fiero, siero, jeri, mestieri, fiele, miele, gielo, gieme, prieme, liena, tiene, viene, tiepido, lievito, piedica, lievora Albertano 7, fiedere, siedere, mietere, postierla, cielo, cieco, lieto, chiedere, siepe, Fiesole, fieno — vegno, tegno, meglio, pecca, ecco, febbre, presso, impressa, essere, sei, legge, protegge, peggio, -ello, pelle, bella, cella, covelle, serra, erra, terra, ferra, gemma, letto, petto, aspetta, pettine, ricetta, sette, messe, tesse, esce, ebbio, vecchio, mezzo, prezzo, rovescia, prescia, tempesta, testa, festa, finestra, nespola, vespro, vespa, peschio, pesca, teschio, destro, veltro, gelso, perde, terzo, verso, servo, merlo, sofferto, nervo, verme, coverchio, inverno, merda, sterco, grembo, ferla, talento, membro, rimembra, scempio, tempo, tempio, tempia, centro, dente, gente, rende, prende, tende, -endo, -enda, -ente, vento, -enza — Presto, feccia, secolo u. s. w.

Ital. *UO*, *Q* = lat. *Ŏ*: buoi, puoi, può, puote, uopo, ruota, cuoco, fuoco, giuoco, luogo, gruogo, cuopre, cuoce, nuoce, pruova, uovo, nuovo, nuova, suola, stuolo, -uolo, vuole, suole, duole, scuola, suora, muore, fuori, cuore, uomo, buono, cuojo, uomini, stuoja. cuoio, puosi — otta (quotta hora Gandino Riv. fil. cl. IX) schioppo, cocca (κόκκος), grosso, osso, dosso, doglio, soglia, voglia, foglia, scoglio, soglio, spoglia, soglia, occhio, rocchio, crocchia, sirocchia, oppio, noccia, biroccio, soccio, approccia, rimproccia, oggi, moggio, poggio, mozzo, otto, notte, nottola, donna, crolla, costo, tosto (tostus) coscia, oste, Cosimo, orto, corbo, torce, torto, corpo, porto, porco, sorte, morto, torchio, corno, morde, morso, scorcia, orzo, scorge, corda, sporta, corica, orbo, soldo, colgo, sciolgo, tolgo, modano, opera, cofano, monaco, romito, cronaca, forbice, ostrica, chiocciola, cottima, sgomina, popolo, pollice, portico, rimprovera u. s. w.

16. Griechisch *ŭ* wird theils durch *o*, theils durch *e* oder *i* wiedergegeben, je nachdem die betreffenden Wörter früher oder später in die Volkssprache gedrungen sind. Der reguläre Reflex der ältesten Schicht ist *o*: borsa, lonza, torso, tomba, serpollo, stollo, tonno. Auffällig ist grotta neben grotta und calotta καλύπτρα.

$\bar{e}$ erscheint in *cęmbalo, cęcero, ghętto, ghęzzo, ghęppio, trępano, libęccio, pateręccio*, mail. *palpę*. Daneben *gęsso*.

$\bar{u}$ wird zu *i* in *giro, conchiglia, bigolo, nicchio* und in gelehrten Wörtern wie *citiso, mirto, sillaba, timo*.

Unklar sind einige Fälle von *u* aus *v*: *busta, buio, grullo* neben *grillo*, deren letztes wenigstens im Griechischen langen Vokal hatte. *Tuffo* ist süditalienisches Lehnwort.

In *trapaną̊* ist das *a* vom Verbum *trapanare* verschleppt, *baco, bambagia* setzt βόμβαξ statt -υξ voraus, *mandorla* neben südital. *ammęnnola* scheint französisches Lehnwort zu sein.

Ein nicht ganz leichtes Problem bietet *būtyrum*, das die Schriftsprache in der Doppelform *burro* und *butirro* kennt. Die erste entspricht in ihrer Betonung dem vulgärlateinischen Typus, ist aber wegen *rr = tr* der Entlehnung aus dem Französischen nicht unverdächtig. Zur zweiten gesellt sich mail. *büter* mit einem *e*, dass in den bergamaskisch-emilianischen Lautverhältnissen besser seine Erklärung findet als in den lombardischen. Die Basis *butirrum* aus βούτυρον mit einer den lateinischen Regeln entsprechenden Betonung würde darauf hinweisen, dass das Wort aus der Büchersprache stammt, oder wenigstens in seinem Accent von ihr beeinflusst worden ist: ein vulgäres *bútiro* wäre zu *butirro* geworden. Die Doppelkonsonanz und die Bewahrung des *t* vor dem Tone beweisen, das die Tonverschiebung nicht sehr alt sein kann.

17. Von diesen im Ganzen sehr einfachen Verhältnissen zeigen die Dialekte nun mehrfach wesentliche Abweichungen. Zunächst mag der Wandel von *u* zu *ü* genannt werden. Das *ü* gehört heute dem piemontesischen, lombardischen und genuesischen Gebiete an. Im Westen trifft es zusammen mit dem provenzalisch-französsischen *ü*, im Nordosten mit dem rätischen. Die äussersten Punkte gegen Osten hin sind Malcesina am linken Ufer des Gardasees, Mantua, Mirandola und die Lunigiana. Das *ü* tritt für freies und gedecktes, für tonloses und betontes *u* ein, ebenso für das frühitalienische in *tutto*, mail. *tütt*. Das Alter des Lautes lässt sich nicht mit Sicherheit bestimmen. In der Schrift ist er auch in neuerer Zeit nur selten zum Ausdruck gekommen, daher man daraus, dass die älteren Texte *u* schreiben, nicht auf eine Aussprache *u* schliessen kann. Einen Anhaltspunkt gewährt mail.-piem. *skǖma* neben *čüs*. Wie das italienische *schiuma* zeigt, ist longob. *sk* zu *sk̑*, *sk̑į* geworden. Dass nun dieses *sk̑įų* im *ü*-Gebiete anders behandelt wird, als das *k̑įų*, das aus *clu* entstanden ist, erklärt sich vielleicht folgendermassen. In *sk̑įuma* wurde das *i*, als *u* zu *ü* sich wandelte, von dem *ü* verschlungen, in *cluso* aber war *ü* schon vorhanden, als *l* über *l̑* zu *į* wurde, so dass nun die neue Verbindung *įü*

bestehen blieb. Die Entwicklungsreihe wäre also *skiuma, skiuma — cluso, kyuso, kyüso, čüs*. Mit andern Worten, der Wandel von *u* zu *ü* ist jünger als die Aufnahme der ältesten germanischen Wörter, aber älter als der Wandel von *cl* zu *ki̯*. Es frägt sich dann weiter, ob *ü* auf dem ganzen Gebiete gleich alt sei. Dafür, dass es in das Monferrinische später eingedrungen sei, sprechen zwei Thatsachen: einmal das reine *u* in S. Fratello, sodann der Wandel von *u* zu *i* im heutigen Monferrinischen. Das *i* als Nachfolger von *u* bedingt nicht durchaus die Zwischenstufe *ü*, es kann vielmehr Lautsubstitution oder besser Näherungswerth sein: wer *ü* nicht kennt und es nachzuahmen sucht, wird leicht in reines *i* hinübergleiten. Das *i* erscheint in Carpeneto und Casal Cermelli nach Papanti, im ganzen Monferrat, selbst bis nach Alessandria und Asti nach Biondelli. Ob aber das *ü* bezw. *i* von Piemont oder von der Lombardei hergekommen sei, lässt sich vorläufig nicht bestimmen. Noch ist zu erwähnen, dass auch westlich von Locarno in Malesco (Val Vigezzo) *i* eintritt und dass sich mehrfach Inseln mit *u* finden, so Loco, Losone westlich vom Lago Maggiore, Onsernone, Bormio, Livigno im Veltlin. Ob *lou, ouna, ergou, gioustezia, touc* in der Valle Imagna (Bergamo) bei Pap. *ou* oder *u* darstellen, ist nicht ersichtlich. Da das *ü* erst vom Lombardischen ins Rätische gedrungen ist (TH. GARTNER, Grundriss I 376), so ist vielleicht die Lombardei auch der Ausgangspunkt für das piemontesische *ü*. Noch ist zu erwähnen, dass dieses *ü* vom französischen verschieden ist. SALVIONI, Mail. S. 83 Anm. 1 weist darauf hin, dass die Mailänder französisches *ü* durch *ö* wiedergeben: *tornör, parör, overtör, panör*, doch wohl nicht nur vor *r*, wie aus den Beispielen hervorgehen könnte. Die Verschiedenheit erklärt sich wohl daraus, dass das mailändische *ü* palataler, *i*-haltiger, ist als das französische. Vgl. über letzteres Rom. Gramm. I § 48. Ob das piemontesische und genuesische *ü* damit identisch sind, muss noch untersucht werden.

18. Freies *A* wandelt sich zu *Ä, Ę, E* im Emilianischen. Die äusserste Grenze des *Ę*-gebietes bildete nach Pap. zu urtheilen im Westen die Provinz Reggio d'Emilia. Aber Zucc.-Orl. giebt noch für Piacenza *stü, mitü, strü, fü (fare)*, für Parma (S. 166) *amęr*, desgleichen Biondelli: *püdar, consümü* u. s. w. für beide Provinzen. Über die Trebbia hinaus aber scheint *ü* nicht zu reichen, ferner scheint es mehr der Ebene anzugehören: Bobbio, Borgotaro, das überhaupt mehr genuesischen Charakter zeigt, Sestola bewahren *a*. Auch auf das linke Poufer dringt *ü* nicht, und auf dem rechten entzieht sich ihm Guastalla, Mirandola und Ferrara, während Codigoro und Comacchio nur im direkten Auslaut *a* bewahren, also *-er = are, -et = -ati, -ate,* aber *-a = -ato, -ata, -ade*. Sodann bleibt *e* am adriatischen Meere bis Pesaro, Urbino

und Fossombrone. von Fano an herrscht *a*. Die am östlichen Abhange der Apenninen gelegenen Gebiete der Toskana, also namentlich Firenzuola und Palazzuolo, zeigen ebenfalls noch *ä*. Längs des Metauro dringt es endlich ins Aretinisch-umbrische ein, vgl. B. BIANCHI, Aret. S. 18: »Intorno a Perugia, *ä* e vivacissimo e va a cessare lungo la strada che ne conduce a Sospella, Anisi ecc., si che può dirsi che a tramontana, cioè tra Cortona, Anghieri e Città di Castello non soffra interruzione. Quindi poi seguita per i monti ad oriente e in parte a settentrione di quest' ultima città, salta la giogana dell' Appennino ed occupa interamente le valli del Metauro (se visi deve comprendere, come parrebbe da parziali indicazioni, il bacino secondario del Burano e della Foglia), e di lì seguita a tramontana per entrare come caratteristica sostanziale dei dialetti emiliani.« Es tritt auf diesen Gebieten *ę*, bezw. ein zwischen *a* und *i* liegender Laut, ein für lateinisches freies *a* in Paroxytonis und Proparoxytonis und für *a* vor gedecktem *r* und *l*, wogegen oxytonirtes *a* bewahrt bleibt. Also z. B. romg. *kęs, lęg, ęva, pięga, nęd, lęva, męl, paperar, tręva, -ę, -ęva, -ęl, -ez, -tę; megra, squedra, pędar; esna, -edig, keld, belb, pelma, derd, erca, quert, -erd* u. s. w.

Das Alter der Verschiebung des *a* lässt sich nicht bestimmen. Bolognesische und aretinische Texte des 13. und 14. Jahrh. schreiben stets *a*, doch darf daraus wohl kein Schluss gezogen werden. Zur Zeit, da tonloser Mittelvokal synkopirt wurde und da auslautend *t* fiel, war jedenfalls schon *e* eingetreten, vgl. *esna* aus *esina* nicht aus *asna, canté* aus *canted, cantedu,* nicht aus *cantad, cantadu.* Dagegen zeigt *labar* aus *labrum,* dass die italienische Dehnung von *b* vor *r* auch im Romagnolischen eintrat zur Zeit, da noch *a* gesprochen wurde, also *labbro, labar*.

19. Eine zweite *e*-zone erstreckt sich über die Abruzzen und die adriatische Küste. Ihre Grenzen lassen sich nicht so fest bestimmen. Der südlichste Punkt dürfte Tarent sein, wo freies *a* nach MOROSI, Arch. Glott. IV 144 zu *ä* hinneigt. Daran schliesst sich mit *ee* Martina Franca: *keep. -eet = áto.* Dann zieht sich *e* längs der Küste; für Bitonto schreibt Pap. *eu*, ohne den Lautwerth näher anzugeben, sonst *e* in Cisternino, Canosa di Puglia, *ö* in Modugno und Foggia. *éa* in Agnone, *e* in Cerignola, Cerreto Sannita, Pratola Peligna, Ortona a Mare, S. Vittorino, Casoli. Damit scheint aber die nördliche Grenze gewonnen zu sein. Gegenüber dem Emilianischen ist namentlich zu bemerken, dass nicht nur die einsilbigen Wörter, sondern auch die hier apokopirten Infinitive der ersten Konjugation *á*, nicht *e*, und in Casoli sogar *o* aufweisen. Ferner scheint auch vor gedecktem *r* und *l* das *a* zu bleiben. — Vgl. ASCOLI, Arch. glott. II 445, der geneigt ist,

einen Zusammenhang zwischen den beiden Zonen anzunehmen, doch scheint mir das mit Rücksicht auf die ebengenannten Verschiedenheiten nicht sehr wahrscheinlich.

20. In den lombardisch-rätischen Grenzgebieten findet sich sodann noch eine *e*-zone, über die H. MORF, Gött. Anz. 1885, 853 Anm. 2 Auskunft giebt: »*E* aus *a* (im Lombardischen) ist vielleicht nicht sehr alt, jedenfalls nicht so alt wie *a* aus *ao* = *atum*, da man seine Spur in Bonvesin noch nicht findet. Es hat die Dialekte der grossen Centren nicht mehr ergriffen, oder, nachdem es sie ergriffen, ist es durch litterarischen Einfluss wieder vertrieben worden. Es ist wesentlich *contadinesco*, *del vezzo rusticale*. So findet man es nicht im heutigen Mailändischen; keiner der Saggi, die Papanti aus den Städten der Provinzen von Como und Mailand giebt, kennt es; Chiavenna hat es auch nicht, noch Sondrio, noch Bormio. Aber es findet sich in der Umgegend von Bormio im Livignerthale, es kämpft gegen *a* im Dialekt der protestantischen Poschiaviner, zu Tirano und in Grosia. Papanti zeigt es auch in den kleinen Dörfern der Leventina etc. Es wird also gestattet sein, von einem aus *a* enstandenen älteren lombardischen *ę* zu sprechen, das heute auf die Landschaft beschränkt ist und von einem erhaltenen oder wieder hergestellten lomb. *a*, das mehr den Städten angehört.... So kann man sagen, dass *a* auf der Linie, die der Adda von ihren Quellen an folgt, mit der Maira zum Maloja auf- und mit dem Inn ins Engadin hinunter steigt bis da, wo sie dem Lauf des Spöl aufwärts folgend wieder die Quellen der Adda erreicht — dass *a* auf dieser ganzen Linie im Begriffe ist, die Reihe *ą*, *ę*, *ẹ* zu durchlaufen und sie theilweise schon durchlaufen hat«. — Es wäre sehr zu wünschen, dass diese Gegend genauer daraufhin untersucht würde.

21. *O* aus *a* ist auf verschiedenen Punkten, aber bis jetzt nur ganz inselartig, angemerkt. ASCOLI, Arch. Glott. I 296, 1 erwähnt Inf. -*o* neben Ptc. auf -*a* in Oggiono, *sá* in Saronno, beide in der Brianza, für Ormea giebt Pap. *hao* (*ha*), *pellegrinaogiu*, Ptc. *ndao*, Plur. -*aoi*, Inf. -*aoa*, *faociu*, *maoi* (*mai*), Impf. -*aova*, für Priola: Ptc. Inf. *á*, aber Impf. *avo*. Sodann in den Abruzzen z. B. *calzuloje*, *stove*, *cumbrote*, *spode* aber Inf. *á* in Lanciano. Ohne Ortsangabe führt Finamore Voc. Abr. an: *múare*, *nuase*, *st'uanne*, *arrubbúa* u. s. w.

22. Diphthongirung von *i* zu *ei*, von *u* zu *ou*, *eu* zeigt Istrien und die Ostküste Italiens. So findet man in Rovigno, Dignano, Peroi und Pola[1]) *preimo*, *deigo*, *conqueista*, *šeida*, -*eiva*, *deito* = ven. *dito*, *dreio* = *drio*, *fadeiga* u. s. w.; *oun*, *dout* (*tutto*), *lou* (*lui*), *sentou*, *intraviñou*

---

[1]) Nach Pap., doch leugnet Luciani die Richtigkeit dieser Angabe und meint, es liege Verwechslung mit Rovigno vor, Arch. Veneto XI 246.

u. s. w. Dann also im Südosten, z. Th. in denselben Gebieten, die *a* zu *e* wandeln (§ 19), *ei* in Pratola Peligna, Palena, Vasto, Putignano, Ruvo, Martina Franca, Trani, daraus *ai* in Gessopalena: *avair, sait,* und Molfetta, endlich *oi* in Torricelli Peligna, Archi, Borello, Bitonto, Andria. Dem *ai* entspricht *au* aus *u*: *avaut, virtaute*, während sonst überall *eu* eintritt. Dieses *eu* könnte aus *ou* entstanden sein, wie im Französischen *fleur* auf älteres *flour* zurückgeht. Dagegen spricht *iu* in Ruvo di Puglia und Bucchianico: *sentyute, venyute, nešyune*, worin wohl die erste Stufe der Brechung zu sehen ist. Aus diesem *yu*, das dann sich weiter zu *eu, au* entwickelt, erklärt sich auch *i* in Matera: *ankin, pirdit, nid (nullo), pir*, während dem *i* hier ein Laut entspricht »che ha il suono di due *i*, dei quali il secondo inchina all' *u* francese«. Daran schliesst sich wohl das sonst sonderbare *u* aus *i* in Montenero di Bisaccia (Molise): *duke, prumu, cupru, ǧuntule, suffru, fatuy (fatica), akkušu (cosi), Ddu = Dio, suñuru = signoria* u. s. w., während *u* zu *eu* wird: *yeute* u. s. w.

Ganz unabhängig von diesen Erscheinungen ist wohl *e* aus *i* in Viterbo: *deece, premo* neben *dormi, disse*. *U* scheint hier unverändert zu bleiben.

23. Italienisch *ę* wird entweder zu *ei, ai* oder zu *i*. Das erstere tritt meist nur für freies *ę* ein, wogegen gedecktes entweder bleibt oder zu *ö, a* wird. Jede der beiden Erscheinungen findet sich in zwei Zonen: *ei* im Piemontesisch-genuesisch-emilianischen und an der adriatischen Küste, *i* im Istrischen und im Neapolitanisch-sizilianischen. Ein Zusammenhang der zwei *ei*-regionen ist mit noch grösserer Bestimmtheit abzulehnen, als derjenige der zwei *e*-zonen § 19, da hier die geographische Kontinuität völlig fehlt.

Was nun zunächst den Nordwesten, das piemontesische *ei*, betrifft, so führt es direkt hinüber zum Savoyisch-südostfranzösischen, so dass also hier eine Grenze nicht zu ziehen ist. Im Westen überschreitet es die Grenzen der Provinz Genua nicht, im Osten reicht es bis an die Lavagna. Von Piemont her breitet sich *ei* östlich über die Sesia aus, auch Novara kennt es, und nördlich zieht es sich längs dem Fusse der Alpen in den Tessin, wo es mit dem weströtischen *ei, ai* zusammentrifft. Während sodann die Lombardei nur *ę* kennt, schliessen sich auf dem rechten Poufer die emilianischen Dialekte einschliesslich Pavia an das *ei*-gebiet an, doch scheint der Diphthong auch hier mehr den in der Ebene gelegenen Gebieten anzugehören und weder in die Apenninenthäler gedrungen zu sein, noch auch sich dem Po zu nähern. Über Bologna hinaus reicht er heute überhaupt nicht, abgesehen von Comachio. — Schon die alten nordwestlichen Texte kennen *ei*. Zwar die Lamentazione meidet es, nicht aber die Statuten von Chieri, wo man *peina, mein, aveyr, poeyr, veira, meis, pareixa,* ferner *meint, neynt, ceyms* liest; agen. *arein, ceira, veir, voreivi, offeisa, faxeiva, peina. peigro, -eiver, neigro, rezeive, leige* u. s. w. Dagegen schreiben die altbolognesischen Texte nur *e*. Aus einem Vergleich mit § 18 sieht man leicht, dass das Gebiet des *ei* in der Emilia ein sehr viel engeres ist, als das des *e* aus *a*. Es fragt sich nun bloss, ob nicht etwa in früherer Zeit *ei* noch weiter nach Südosten gereicht habe als heute. Auffällig ist, dass Ristoro d'Arezzo meist *meise* schreibt, ferner *feice* 32 b, 11; *seite* 45 c, 38, *peise* 45 c, 22 u. a.; aretinisch sind vielleicht auch die von MUSSAFIA Wiener Sitz.-Ber. veröffentlichten Sonnette, in denen sich wieder *corteise, preisi, preise, speise, veiro, -eite* findet. Aber mit Sicherheit lässt sich die Heimat dieses Denkmals nicht bestimmen, es kann also nicht als Beweisstück gelten, zudem könnte auch das *ei* nur ein Nothbehelf sein, um den geschlossenen *ę*-laut in der Schrift vom offenen zu unterscheiden. Im Romagnolischen ist freies *ę* ganz geschlossen, mehr als im Toskanischen, dass es aber auf älterem *ei* beruhe, ist nicht wahrscheinlich. So weit wenigstens bis jetzt die Schicksale von altem *ei* auf romanischem Boden bekannt sind, so findet man stets Dissimilation zu *ęi* und allenfalls auf dieser Stufe Monophthongirung zu *ę*, nirgends *ęi* zu *ę*. Auch darf man nicht romg. *veya* aus vulglat. *via* als Beweis für einstiges *ei* anführen, denn da *armonia* zu *armuneya* wird, so kann *veya* ganz gut auf *via* beruhen. Im Gegentheil kann dieses *veya* gerade dafür sprechen, dass *ę* nicht zu *ei* geworden ist. Aus *via* nämlich ist hier zuerst *viya* entstanden, hieraus durch Dissimilation *vęya, veya*. Wenn also altes *ii̯* zu *ęi* und weiter zu *ey* dissimilirt wird, so hätte doch wohl bei *ęi* aus *ę* eine ähnliche Dissimilation stattgefunden. Ist so fürs Romagnolische die Wahrscheinlichkeit einer Stufe *ęi* so viel wie ausgeschlossen, so darf *ei* um so viel weniger fürs Aretinische beansprucht werden. — Es scheint somit, dass *ei* aus *ę* zunächst dem ganzen Piemont im Anschluss an das Savoyisch-französische eigen war, von da einmal südlich nach Genua, dann aber namentlich südöstlich längs der alten Via Emilia ins Emilianische sich ausgebreitet hat. — Weitere Entwicklung von *ei* zu *ai* kennt das Monferrinische in Sizilien. vgl. in S. Fratello: *avair, plažair, trai, azai,* daraus *a: mař, crar (credo), sav, tala, zara, čažer, bav (bibe),* während sonst *ai* aus *į* auch in solchen Fällen bleibt, wo *ai* aus *ę* reduzirt wird, vgl. *naiv, paiž.* Nicosia und Piazza Armerina bleiben bei *ę*. In wie weit auch auf dem Festlande *ai* für *ei* eintritt, ist aus den gedruckten Texten nicht ersichtlich, doch giebt Biondelli für Mondovì, Coronedi-Berti fürs Bolognesische häufig *ai* an. Vgl. noch § 92 über gedecktes *ę*.

24. Die *EI*-zone der Abruzzen ist ziemlich beschränkt und deckt sich keineswegs mit der *ei, oi*-zone von § 22. Die erste Stufe *ei* findet

sich in Montenerodomo, Franca-Villa und Villa Santa Maria in den
Abruzzen, Campobasso und weiter südlich in Cerignola. Gewöhnlicher ist *ai* in einem grossen Theil der Terra di Bari wie in den
Abruzzen, so in Gessopalena, Toricella Peligna, Archi, Roccasca-
lenga, Vasto. Für Teramo giebt Savini *ę*, Finamore *a*, also jedenfalls
eine Reduktion von *ei* an. Endlich Weiterentwicklung zu *oi* zeigt
Agnone in der Molise, zu *oe* Borello, zu *o* Castelli in den Abruzzen.
Ortona, Chieti, Aquila, Atri bleiben bei *ę*. Übrigens erscheint,
wenigstens in Campobasso und Teramo, *ei* nicht vor *-i, -u*, wo vielmehr nach neapolitanischer Art *i* eintritt, und nicht in Proparoxytonis:
femmene, payęsęra (Sg. *payeise*), *pedeta, krędene*, und Oxytonis:
*vedę́, mę, tr*ę. Hier mag das Dalmatinische in Veglia angeschlossen
werden. Während *ai* aus *i* im Istrischen seine Entsprechung fand
§ 22, trennt dagegen *ai, a* aus *ę* das Vegliotische vom Istrischen, vgl.
vegliot. *kaira, paira, nai (neve), maissa, raid, sara*, Inf. *-are* u. s. w.
Durch die Fähigkeit der Reduktion auf *a* unterscheidet sich dieses *ai*
von dem aus *i* entstandenen.

25. *I* für *ę*, sowohl freies wie gedecktes, zeigt einmal Istrien, so
weit es nicht venezianisch ist, also speziell Rovigno, Dignano, Peroi
und vielleicht Pola, vgl. rov. *-in, fimana, sivo, mis, nivo, pil, quisto,
stila, virdo*, dign. *-i, viro, vidi, pivero, friddo, riččo* u. s. w.; Peroi:
ri, ofise, quila u. s. w. Und daran scheint sich, wie Ascoli, Arch.
Glott. I. 434, Anm. 2 bemerkt, das Dalmatinische zu schliessen,
doch weiss Pap. nichts davon, es bleiben also noch genauere Mittheilungen abzuwarten. Dieses *i* scheint aus älterm *ei* entstanden zu
sein und so ans Rätische anzuknüpfen, vgl. Rom. Gramm. I § 77, S. 97.

26. Weit ausgedehnter und wichtiger ist die südliche *i*-zone.
Sie umfasst ganz Sizilien und Calabrien nördlich bis an die Grenze
der Provinz, östlich bis Senise, ferner Apulien bis Lecce und Tarent.
Also siz. *-iri, -itu, difisu, fići, fidili, munita, divi, crisiri, stiḍḍa,
śinniri* (vgl. § 62) *vinu, kinu, vina, vinniri, -izza* u. s. w. Beispiele
aus älterer Zeit sind in grosser Zahl von Hüllen S. 19 ff. und Pariselle S. 10 und 12 f. zusammengestellt. Aus der sizilianischen
Dichterschule sind sie auch ins älteste Florentinische gedrungen, hier
aber seit dem XIV. Jahrh. ausgemärzt. Dante hat sie nicht mehr,
wohl aber z. B. Francesco da Barberino, wenn er *tegnire* mit *sentire*
161, *sciso* mit *riso* 233 reimt. — An diese Zone, wo *ę* bedingungslos
zu *i* wird, schliesst sich dann diejenige an, wo *i* an auslautend *i, u*
geknüpft ist § 32.

27. Parallel mit *ę* entwickelt sich *ǫ*, es wird also zu *ou* bezw. *u*.
Die weitern Schicksale von *ou* sind aber nicht mehr dieselben wie die
von *ei*, vielmehr tritt zunächst auf den Gebieten, wo *u* zu *ü* geworden

ist (§ 17), meist Monophthongirung zu *u* oder ganz geschlossenem *ǫ* ein. Da in den *ü*-Gegenden meist *ou* dazu dient, den Laut *u* darzustellen, so lässt sich an Hand der Texte nicht mit Sicherheit bestimmen, wo die Grenze zwischen dem Monophthongen und dem Diphthongen zu ziehen ist. Der Laut *u* wird angegeben fürs Piemontesisch-genuesische, wo freilich die alten Texte ausser vor Nasalen stets *o* schreiben, so dass also entweder schon damals die Monophthongirung durchgeführt war, oder aber überhaupt nie der Diphthong bestanden hatte. Die letztere Auffassung ist wohl die wahrscheinlichere. Das *u* ist übrigens weniger geschlossen als das toskanische. In der Emilia, wo altes *ṳ* bleibt, ist auch *ou* aus *ǫ* erhalten, so z. B. in Correggio, Fresconara, Bologna, oder gar bis zu *au* weiter gerückt in Fiorano Modenese: *onaur, kurauna*. Ebenso entspricht dem *ai* für *ę* in S. Fratello *au* für *ǫ*. Wir haben also piem. *sul, -us, kolur, nevud, ǧur, sulk*, gen. *su, -us, ku, nevud, žuvu, sulk*, bol. *soul, -ous, kulour, nevoud, zouv, soulk*, S. Fratello: *saul, -aus kulaur, krauž* u. s. w.

28. Auch in den Abruzzen ist *ou* selten, Cerignola scheint nur *ǫ*. Monterodomo *u* zu kennen, Francavilla entspricht mit *oę* auch nur halb. Regel ist *au* ganz parallel dem *ai*, und in Teramo *ǫ*. In Borrello differenzirt sich *ou* zu *eu*. Endlich in Veglia *au*: *gaule, krauk, -aur* u. s. w.

29. Im Istrischen ist *u* das zu erwartende Resultat, vgl. rov. *sul, dolur, ura, krus* u. s. w., entsprechende Formen in Dignano und Peroi. Dann aber mag gleich hier erwähnt werden, dass auch die ganze östliche Lombardei *ǫ* zu *u* wandelt, wodurch sie sich von der westlichen wie vom Venezianischen oder Emilianischen scharf abgrenzt. Also bergamaskisch *für, vapur, paragu* u. s. w. Ebenso noch Brescia und Cremona.

30. Endlich im Süden tritt wieder *u* für *ǫ* in demselben Umfange auf wie *i* für *ę*, also im Sizilianischen, Calabresischen und Südapulischen. Vgl. siz. *koruna, sula, kuda, kruci, ura, -uri, -usu* u. s. w., und auch dieses *u* dringt in die älteste toskanische Litterärsprache: *ascura : chiusa* bei Francesco da Barberino 14.

31. Im Sardischen sind lateinisch *ĭ* und *ē*, *ŭ* und *ō* wie schon § 13 bemerkt worden ist, noch heute auseinandergehalten. Vgl. log. *fide, nie (nive), pige (pice), pilu, pira, sidis, minus, silva, issu, linna*, aber *aena, agedu, beda, belu, seda, seu; rughe (cruce), nuge, ludu, bula (gula), ue, austu, bukka, dulke, surdu, turre*, aber *-ore, boge, fiore, ora, rore, sole, totu;* camp. *fidi, nii, piži, pilu, pira, sidi, linna, ažedu, eda, nelu, seda, seu, gruži, nuži, ludu, gula, austu, bukka, durči, surdu, turri, ori, boži, flori, -ora, soli, totu.*

32. Zwischen der *i-, u-* und der *e-, o-*region giebt es nun noch

eine mittlere, in welcher *i*, *u* bei auslautend *u*, *i*, dagegen *ę*, *ǫ* bei *a*, *e*, *o* auftritt. Es ist dies der Fall in den Abruzzen und im Neapolitanischen. Vgl. in Alatri *sęrinę -ęna*, *arberitę arberęta*, *tisę, nirę nęra, vidęvę vędęva, paęse paisi, męse misi, Alatręse Alatrisi, kredę kridi kręde kridene, pęsę pisi pęsa pęsęnę, -ęva ivi, tęnassimę, -itę, sivę (sęvo), čitę (aceto), livitę (olivęto), trappitę, biastęma, fęmmęna, ręna, lęǵǵe, nęve, pęče; -usę ǫsa, noče nuči, fiǫre fiuri, krǫče kruči, -tore -turi, pǫtę puti pǫta pǫtęnę* u. s. w. Diesen Wechsel findet man ebenso in den Abruzzen, vgl. für Campobasso § 24, und südlich bis an die calabresische Grenze und bis einschliesslich Brindisi. Dass der Wandel alt ist, wird durch sein Vorkommen in den altneapolitanischen und aquilinischen Denkmälern bewiesen, vgl. z. B. *mese misi*, *credo cride, divi deve* und *deveno, acito, plino, serino, ficimo* neben *fecero, prendo prindi* u. s. w. im Regimen Sanitatis Mussafia § 2, 3, 11. 14, *-ore -uri, -one -uni, -usu, pono, puni, conossere conusse. dolce dulci, bocca, agusto, russo russi, fosse fussi* ib. § 19, 25. Ähnlich die Katharinenlegende. *chisto, chiste, chesta, cheste, singniore*, Pl. *signure*, 2 Sg. *dive* 3 *deve*, 1 Sg. *fici* 3 *fece*, 1 Pl. *-imo*, 2 Pl. *ite*, ferner *dudice*, daneben freilich auch 1 Pl. Fut. *-emo* bei Loise de Rosa. In den altaquilanischen Reimchroniken *voliri* Ant. Buccio 18, *niro* 32, *quili* 39 neben *quele* 39, *ficero* 62, *ottinnero* R. Bucieo 372, *paese* 107 *paisci* 379, *cridi* 1196, *crisi* (*eredidi*) 190 *crese* 137,˙ *mino* 27, *plino* 51, *plena* 304 u. s. w. — Bemerkenswerth ist die umlautende Kraft des adverbiellen *i*. *mintri* und *ancuri* Kat. II. Interessant ist ferner Ntr. *kęštę kęssę kęllę* neben mask. *quištę quissę quille* in Campobasso und so auf diesem ganzen Gebiete. Das *-ud* (*u*) der Neutra ist also zu *o* geworden zu einer Zeit, da das *us* (*u*) der Maskulina noch *u* lautete, demgemäss wird der betonte Vokal der Neutra anders behandelt als derjenige der Maskulina. Vgl. darüber Rom. Gramm I § 642.

Nur noch schwache Spuren der alten Verhältnisse zeigt das Altperuginische, vgl. *re* Pl. *ri* XIV. Scritt. 28 *quisto* M. *questo* Ntr. 28, *retigne* = *retenni*, 2, *comprisi* 3. Sg., *crese* 29; 2. Pl. *-ite*, neben *quelli* Plur. M. 9, *di* = *devi* 47, *vide* Impt. 9, neben *vedi* 13, *mesi* 17, 38, *pun* Impt. 32, sodann *grippia* 19, *mangiadura* 20, 23, *mangiatora* 21; bei Graziani: *quillo* 85, *quilli* 83, 84 (*quelli* 95), *quisto* 86, *questo* 86, in den laud. Aquil. *quisto* 7, 64, *stisso* 7, 75, *quisso* 7, 96 aber *questa, quella, -ivi* 8, 76, *-isti* 8, 11; 16; *vergene, virgini* 4, 14; *-uri* 4, 66; 6, 49; *digi* (*debeas*) 7, 88; u. s. w.

33. Ganz vereinzelt steht Putignano (Terra di Bari) mit *ie* aus *ę*: *rieyi, Guffrieyi, kyessa, vęnnietti, avievęn, fiemmęn*, *uo* aus *ǫ*: *kruone, siñuor, fuoye* (*fu*), *puonǵe*.

34. Der Diphthong *ie* fehlt im grössten Theile Oberitaliens, in Sizilien und in Sardinien. Das Piemontesische, Genuesische und das Lombardisch-Veronesische entbehren ihn ganz und gar. Wenn Todaro Conchetta in seinen Rime diverse in lingua genovese, Turin 1612 mehrfach *ie* schreibt, z. B. *liegno, aspieto, miezo, viero, spiero, siece (sedici)* u. s. w., so liegt darin nur »una cervellotica applicazione dell' *ie* toscana« vor, wie Flechia, Arch. Glott. X 144, Anm. 1 mit Recht bemerkt. Man darf auch nicht mit Ascoli, Arch. Glott. II 116 Anm. 2 aus piem. *arćede*, gen. *rećede* = *requaerere* auf Diphthongirung von *ae* in diesen Mundarten schliessen. Das *d* für *r* und der Mangel des Wortes in den alten Texten zeigt, dass hier Entlehnung aus dem toskanischen *richiedere* vorliegt, dessen *chi* durch *ć* wiedergegeben wurde nach dem Muster von tosk. *chierico* = piem. *ćeric*, gen. *ćegu*. Endlich piem. mail. *yer* (aber gen. *er* mail. *altrer*) werden vorgeschlagenes *i* haben. Sonst also piem. *amel, afel, teǹ, veǹ, pe, pera;* gen. *ame, arfe, deže, teǹ, veǹ, pe, pera;* mail. *dēs, tē, vē, mel, fel, pe, preya;* veron. *mel, fel, deže, ten, ven, pe, prea.* Die Grenzen zwischen diesem *ę* und dem *ie*-Gebiete sind nicht sicher zu bestimmen, da in den Proben bei Pap. fast gar keine einschlägigen Wörter enthalten sind. Der westlichste Punkt jenseits des Apennins, wo *ie* auftritt, scheint Massa zu sein. Diesseits greift *e* tief in das Emilianische hinein, selbst Modena kennt nur *e*, erst mit Bologna beginnt das romagnolische *i* § 36, mit Ferrara das venezianische *ie*. Auf dem linken Poufer scheint mit Vicenza und Rovigo das *ie*-Gebiet zu beginnen.

35. Eigenthümlich liegen die Verhältnisse in Sizilien. Meist bleiben *ę, ǫ: dęći, fęli, męli, fęru, lęvi, pętra, bǫnu, kǫri, nǫvu. rǫta* u. s. w. In affektischer Rede aber, also unter verstärkter Expiration wird, wie Schneegans S. 18 ff. nachgewiesen hat, *ę* zu *ie, ǫ* zu *uo* gebrochen, und zwar ohne Rücksicht darauf, ob der Vokal frei oder gedeckt sei. Ist die Diphthongirung nur eine undeutliche, so ruht der Ton auf dem zweiten Element, *i̯é, u̯ó*, ist sie stark, auf dem ersten *íe, úo*, »in Messina beobachtete ich, dass *uó* die erste, *úo* die zweite, stärkere Stufe der Diphthongirung, die der gesteigerten Erregtheit ist« S. 23 und daraus dann in Caltanisetta und S. Cataldo *i, u*. Diese Diphthongirung gehört hauptsächlich dem Volke an, nicht den Gebildeten in Messina und Palermo; sie erscheint auf dem Lande mehr als in den Städten, namentlich in dem wenig gebildeten Innern der Insel, seltener an der Ostküste als an der Nordküste. Ob auch die andern Vokale in affektischer Rede diphthongiren, ist noch nicht festgestellt, ob die Brechungen zu *ua: minnikuava, stuatu, fuatta, sfuguava, pilligrinuannu, kicuata* in Caltanisetta, zu *iea*: *pieatri*, *meatri*, *eacqua* in Santa Catarina (SCHNEEGANS 11), *vuoći*, *suoli*, *miskienu*, *pitiettu* (ib. 41), *nuoḍḍu*, *kruodu*, *nuodu* (42) hierher gehören, bleibt zu untersuchen. An Sizilien schliesst sich mit *e*, *o* noch das südliche Calabrien bis Catanzaro und Castrovillari an, während nördlich davon und in Apulien schon *ie*, *uo* eintreten.

36. Wie schon § 34 angedeutet wurde, tritt im Romagnolischen von Bologna bis Pesaro *i* für *ę* ein. Dieses *i* weist zweifelsohne auf älteres *ie* zurück. Wie es scheint zieht sich *i*, *ie* längs der Foglia ins Aretinische hinein, vgl. *rietro*, *dietro*, *priego*, auch *piego* (aus *plico*) in Città di Castello. Das *i* tritt übrigens nicht überall da ein, wo im Toskanischen *ie* steht; neben *dis*, *dri*, *intir*, *livar*, *grir*, *ayir*, *prit* (*pręte*), *pigura*, *sio*, *zig*, *zivul*, ferner *fira* (*feria*), *mstir*, Suff. -*ir*, *zrisa*, *ćisa* (*ecclesia*) u. s. w. finden sich *mędar*, *męl*, *pręa*, (*petra*), *sęr* (*sera*); *pę*, ferner *mirkul*, *virman*, aber *nęrb*, *pęrd*, *squęrta* (*scoperta*), *vęrs*, vgl. MUSSAFIA, Romg. § 18—24. Bei der Genauigkeit der Angaben in MORRIS Wörterbuch, auf welchem MUSSAFIA'S Darstellung fusst, ist es kaum möglich an der Richtigkeit der Formen zu zweifeln. Als Grundlage für *ę* sowohl wie für *i* wird *ie* anzusetzen sein, das nun entweder durch Assimilation des zweiten Bestandtheiles zu *i* wird, oder aber, wenn die folgende Konsonantenverbindung eine weitere Schliessung des *ę* hindert, sein *i* verliert. Das Letztere tritt ein in einsilbigen Wörtern: *męl*, auch *sęr* (*sĕru*), dessen *u* danach eher gefallen ist als das *e* von *dis* (*decem*), vor Dental: *medar*, *prę* aber *dri* aus *deret*[*r*]*o*, in direktem Auslaut: *pę* und vor gedecktem *r*: *nęrb* aber *vir-man*, *mir-kul*; *gvęran* ist wohl nicht volksthümlich. — Vom Toskanischen weicht also das Romagnolische namentlich darin ab, dass es *e* vor gedecktem *r* behandelt wie in freier Stellung. Damit vergleichen sich die Schicksale des *a* § 18.

37. Eine andere Darstellung des Diphthongen findet sich namentlich im Nordosten: *ia*, ihm entspricht *ua* aus *ǫ*; vgl. MESCHIERI s. VIII: Il mirandolese campagnuolo dirà *uav*, *fúagh*, *priat*, *arvarúala*, mentre quel di città usando le setsse parole, ma loro dando una forma alquanto diversa, dirà invece: *Ov*, *fögh*, *prét*, *arvaróla*. Daran schliessen sich *maniara* Giudecca, *giara* (*erat*) Vignole, *fiara* Murano, alle bei PAP., deren *a* wohl nicht erst durch das *r* hervorgerufen ist. Regel ist dieses *ia* im Vegliotischen: *fial*, *siad*, *fiar*, *pial*, *bial*, *diastra* u. s. w., zweifelsohne findet es sich auch noch sonst im venezianischen Gebiete. Auch der Süden kennt *ia*, vgl. Nicastro (Calabrien): *piagru*, *piakuru*, *viañu*, *ćiarti*, *dispiatti*, *tiampi*, *uamini*, *šuakku*, *kuarnu*, *tuarti*, *suaffri* u. s. w., S. Pietro Apostolo: *tiampu*, *piakuru*, *dispiattu*, *priagu*, *liantu*, *puazzu*, *vualu*, *kuamu*, *kuaru*,

suannu, neben *sientu*, S. Giovanni Rotondo: *tarra*, *sučasse*, *čarti*, *-mant*, auch *vindatta* (und *vindittu*), *misaria*, *priagu*, *vuluntiari*.

38. Auf dem *ü*-Gebiete entspricht dem toskanischen *uo* vielmehr *ö*. Wie das französische *ö* = *ǫ* zunächst aus älterem *ue* entstanden ist, so nimmt Ascoli auch hier die Entwicklung *uo*, *ue*, *üe*, *ö* an. Die mittelalterlichen Denkmäler schreiben stets *o*, dessen Lautwerth nicht zu bestimmen ist. Da aber *ǫ* aus lat. *au* nicht zu *ö* wird, so muss zur Zeit der Monophthongirung des *au* das alte *ǫ* schon *ö* gelautet haben. Da ferner vom physiologischen Standpunkte aus ein direkter Wandel von *ǫ* zu *ö* ebenso gut denkbar ist, wie der von *uo* zu *üo*, *üe*, *ö*, so liegt wenigstens keine direkte Nothwendigkeit für die Ascolische Annahme vor. Ihre Möglichkeit bleibt aber immerhin bestehen. Was nun die geographische Verbreitung des *ö*-Lautes betrifft, so stimmt sie ziemlich genau mit der des *ü* § 17. Er findet sich also z. B. noch in Malcesine, desgleichen im Genuesischen. Nur Monferrat bewahrt *o*, vgl. *nof*, *prof*, *piof*, *of*, *kof*, *-oi* = *-uoli*, *fora*, woneben *noira* = *nuora* auffällig ist. Dieses *o* statt *ö* bestätigt die § 17 geäusserte Vermuthung, dass im Monferrinischen nie *ü* bestanden habe. Noch ist zu erwähnen, dass in Monaco der gemischte Laut zu einem einfachen, also *e*, wird, ebenso in Loco und Onsernone, wo *u* statt *ü* erscheint. Merkwürdiger ist *fug*, *lug*, *fura* u. s. w. in Lodi neben *ü* aus *u*: die auffällige Abweichung bleibt vorläufig noch unerklärt. Sonst also mail. *sör*, *öv*, *möra*, *kör*, *-öl*, *bö*, *növ* u. s. w., gen. *sö*, *pö*, *möa*, *-ö*, *öv*, *kö*, *möre*, piem. *döl*, *söre*, *-öl*, *kör*, *möir*, *pröva*, *röza*.

39. Dem romagnolischen *i* aus *e* entspricht nicht *u* aus *ǫ*, wohl aber erscheint in Città di Castello regelrecht *fúoko*, *dúolo*, *gúoko*. Im Romagnolischen liegt die Sache noch schwieriger als bei *ę*. *O* ist geschlossen oder sehr geschlossen (stretto, assai stretto), ersteres scheint das gewöhnliche, so in *prova*, *roda*, *sora*, *-ol*, *ov*, *movar*, *sola*, *zobia*, *korp*, *ort*, *port*, *porta*, *volt*, *risolvar*. Letzteres tritt ein in *log*, *zóg*, *pork*, *om*, *oñ*, *sonn*, also vor Velaren und Nasalen, ausserdem in *morbi* und *fora*. Man darf wohl als Grundlage *uo* annehmen, das in Imola noch erscheint.

40. Sodann tritt *io* statt *uo* ein, was nur bei Betonung des zweiten Elementes möglich ist. Einmal im Venezianischen: *nioser*, *liogo*, *siola*, *riosa*, *miora*, *tior* und *čor* führt Boerio als sehr vulgäre Formen an, in Chioggia spricht man *diol*, *niovo*, *liogo*, *siola*, *tiore*, in Oderzo (Treviso) *liogo*, *rioba*, überall geht dem *io* ein Dental vorauf. Auch die averon. Katharina schreibt *ciolesse*, *diolandose*. Das *io* scheint aus dem Friaulischen zu stammen, s. Rom. Gramm. I § 216. Wichtiger ist das Aretinische mit *liogo*, *niovo*, *siono*, *tioni* bei Billi, *dyulo*, *lyugo, syulo, syuno, nyuvo, l'yuva* aber *uva*, sodann *fuko, muvo, ǵuko, faǵuli, fiľuli* in den Camperie: es ist also *uo* zu *io, iu* geworden, das *i* nach Dentalen geblieben, sonst geschwunden.

41. Vereinzelt steht Veglia mit *u* für freies *ǫ*, während *ua* für gedecktes dem *ia* aus *ę* entspricht, vgl. *pur, fuk, bun, dapu, dul, duarmu, pluaya, uasse, kuaste, uart* u. s. w.

42. Endlich kann *ue* zu *e* reduzirt werden in Lecce, ausser wenn Labial oder Guttural vorangeht: *ñemmaru, šeku, retu, prei, deli, neu, šeni (suoni), trenu, ertu, ekyu,* aber *ueli, uei (voi), kueri, muei, buenu, kueku, puei, muedu, mueḍḍi* u. s. w. MOROSI, Arch. Glott. IV 133.

43. Während im Toskanischen freies *o* in drittletzter und gedecktes *ę, ǫ* immer bewahrt bleiben, gehen die Mundarten häufig weiter. Im Rätischen hat die Brechung vor Palatalen stets, vor andern Konsonanten nur statt, wenn *u* oder *i* im Auslaute gestanden hat, s. Rom. Gramm. I § 186 und 194. Diese Regel hat sich noch ungetrübt in Tessin erhalten, vgl. *šćöča (excocta), fög, lög, nöw, növa, möd,* aber *roda, -öw* aber *-ola, möya (mollia), vöya, föya, inköy (hodie),* sodann *ṷ: arvöira (roburea), kulör (colurio); mör (morio), dröm (dormio), mört, ört, pörti, tört, štört, örb, pörć, vöss, pitöst, möst, kulöstru, ǵöb, törć, öǵ, piöǵ, štört štorta, örb orba, möt mota* u. s. w., s. SALVIONI, Tess. § 25. Auffällig ist *nöw = nove* neben *cor = core; pröw* entspricht altital. *apruovo*. Dieselbe Regel galt für gedecktes *ǫ* einst auch fürs Lombardische, wo freies *ǫ* unter allen Umständen zu *ö* wurde. SALVIONI, Mail. § 43 hat richtig beobachtet, dass *ö* aus gedecktem *o* einst in weitem Umfange bestanden hat, heute aber mehr und mehr dem *o* der Schriftsprache weicht. Es war der Umlaut früher an folgenden Palatal geknüpft: vgl. *vöy, vöya, föya, regöy (raccoglio), töy, döy (doglio), löy, söya, scöy, möya (*mollia), orgöy* und mit sekundärem *ǫ: ǵermöy, öli, öľa (oglia* aus span. *olla),* welch letzteres beweist, wie lange der Umlaut lebenskräftig geblieben ist; *tröya, löy (inodio)* und wieder mit *ǫ* aus *u: söya = sum ego, söli, sölia = solidus, -a; ödi, möž, tramöža, pöž, ögǵa, inkö (hodie), pröpi, kröy = ital. croio, kör (corium), störia (stuoja),* ferner *marmöria (memoria), öria (avorio), Gregö, salmöria, rotöri (ruptorium), mortöri, martöri, sköria* (vgl. § 58); *ǵöbbia, föža, vöbbia* Konj. von *volere, öčč, kröčč, köčč, töčč (tolto), besköčč* (aber *vott*) nebst *ǵenöčč, piöčč* (aber *fenöčč*), *invöy, vöid, böña*. Dafür, dass gedecktes *ǫ* bei auslautend *u* auch sonst zu *ö* wurde, sprechen vielleicht *nöst, vöst, grös, dös, parpöst, malmöst, göbb,* während in *völta* vielleicht ein rätisches *t̜* schuld ist, vgl. Rom. Gramm. I § 189. Diese Brechung vor Palatalen erstreckt sich über das ganze *ö*-gebiet und verbindet so das Piemontesisch-genuesische mit den Mundarten Galliens, vgl. Rom.

Gramm. I § 199. So haben wir also auch im Gen. *köša, tóšegu, pözzu, öǵǵu, öbbyu, döǵǵe* und, was besonders interessant ist, *ötu* aus *octo*, *nöte, sönnu* (*somnus*), piem. *öt, nöit, kössa, söñ*.

44. Auch im Osten zeigt sich eine merkwürdige Verquickung von Italienisch und Rätisch. Die ältesten stadtvenezianischen Texte, das Exempelbuch und die Hamiltonhandschrift, kennen die Diphthongen fast gar nicht, jenes hat nur mehrmals *Piero* neben *Pero*, sonst stets *e*, im Cato findet sich *reten, ven, cega, boni, logo* u. s. w. neben *vien* und einmaligem *muor*, etwas häufiger ist *ie, uo* in den andern Stücken, namentlich ist bemerkenswerth *tiengo* und *ties* = *texit, tuor* (*tollere*) in den Proverbia, *lievore, pieto, vieglo, tuor* im Pamfilo, also wieder unter palatalem Einfluss. Aus Fra Paolino, wo *e, o* ebenfalls noch überwiegen, sind namentlich hervorzuheben *bien, miedego, prievedhi, vieglo, puovoli* (aber Sg. *povolo*), *suoseri* (Sg. *sosero*), *dapuo, uoglo*. Dann aber dringt *ie, uo* mehr und mehr ein und ersetzt jedes freie *ę, ǫ* ohne Rücksicht darauf, ob es in zweitletzter oder drittletzter Silbe stehe und ob es ursprünglich oder erst nach § 54 und 58 aus *ę, ǫ* entstanden sei. So haben wir, von den Übereinstimmungen mit dem Toskanischen abgesehen, in der Cronica: *brieve, griego, priegi*, sodann *siegolo, Ciesaro, prievede, piegore, lievore, intiegra, alliegro, impierio, matierie, Veniesia, siedia, assiedio; pruova, truova, puovolo, muodo, puoi, zuoba, suocle, tuor; monestiero, prociedere, heriedo, çielo, frieto, spięro* Appoll., Stef., *mediesimo* Appoll., Tristan, Caresio und noch heute, *sincier, altuorio, memuoria, territuori, custuode, fuorsi* bei Caresio, *memuoria* Appoll. Ebenso in den Glossaren: *aliegro, aniega, intriego, cariega, miedego, lievaro, piegora, priesio, riegola, mistierio, munestierio, dispiero, mediesimo*. Dann aber auch *siego* (*secum*) und *diedo* (*digitus*); *muodo, nuove, ruosa* und *zuova* (*giǫva* § 78), *vittuoria*. Sodann im Paduanischen bei Ruzzante bei folgendem *i*: *briespi* Sg. *brespo, biegi biē* Pl. zu *bello, cervieggi* u. s. w., *avierti, covierti, fierri*, 2. Sg. *favielli, intiendi*, ferner *se* = *sapio*, aber *sie-gi* = *sapio ego; mattieria, remiedio, spiecchio, penitientia, silientio* u. s. w., *priessia, pegriesie, diebeto, riediti, spiero, cariega, sieguite, miego* (*medicus*), *piegora, aspietto, miegio* (*melius*), *sie, viegio* (*vecchio*) und *vegio, aliegro, tiermene, fievra, miczo; cuorni, puori, cuorbi, huorbi, puorteghi, cuotti*, 2. Sg. *druomi, puorzi*, auch 1. Perf. *cuorsi, altuorio, filatuoria, gruolia, terratuorio, huolio, pruopio, zuobia*. Beachtenswerth sind noch die Doppelformen: *buona* und *bona, buono* und *bon, cuore* und *core, huomo* und *homo, fuora* und *fora, nuova* und *nova*. Sodann *cuofano, tuoro, muogia, duogia, huogio, nuove, ruosa, cuorpo, muorto, gruoso*, endlich *puoco, puovero, zuova*.

Also auch hier zieht namentlich *i* eine Brechung nach sich. Ausserdem scheinen die ebengenannten Doppelformen darauf hinzuweisen, dass ursprünglich *uo* wie im Rätischen nur bei auslautend *u*, nicht bei *o, a, e* eintrat. Wie weit nun diese rätische Diphthongirung im Paduanisch-venezianischen um sich gegriffen hat, ist noch zu untersuchen: das westliche Verona hat sie nicht erreicht, dass sie aber südlich noch z. B. in Mirandola auftritt, scheint aus dem § 37 Bemerkten hervorzugehen. Auf der istrischen Halbinsel endlich zeigt sich wie im Altpaduanischen *ie, uo* für jedes *ę, ǫ*, vgl. rov. *fiero, mierkore, viećco, vaśiel, śiete, lieto, kuorpo, uosso, uoććio, suossero*. Dagegen scheint der Diphthong nicht bis Dignano vorgedrungen, oder von hier wieder verdrängt zu sein, und *e* hier später zu *ae* gebrochen: *zaert, paerdo, taempo* u. a. Arch. glott. I 443 f.

45. In Süd- und Mittelitalien ist die Diphthongirung an auslautend *i* und *u* geknüpft. Zunächst mag hier erwähnt werden, dass in den Camperie und in Città di Castello *ę*, wie es scheint stets. *ǫ* bloss bei folgendem *u* diphthongirt. Namentlich beachtenswerth ist *miele* neben *core*, ferner *fúoco, dúolo* u. s. w., aber *fora, more, vole, rota, omo, sǫcera*, dann *nora* und *nyura* (*yu = uo* § 40), also vielleicht letzteres auf *nǫrus* weisend. Leicht kommt man auf die Vermuthung, dass in einer frühern Periode der Diphthong des *e* durch folgendes *e, i*, der des *o* durch *u* (nicht *o*, vgl. *ǫmo*) hervorgerufen worden sei, und dass dann zunächst bei *ie* eine Ausbreitung stattgefunden habe und zwar rascher als bei *uo* aus einfachem Grunde. In der Deklination gestalteten sich die Brechungsverhältnisse wie folgt:

	I.		II.		III.	
Sg.	ę	ǫ	ę	uo	ie	ǫ
Pl.	ie	ǫ	ie	o	ie	ǫ

Das *ie* hatte also von vornehereiu ein bedeutendes Übergewicht, konnte somit rascher auch an Stelle des *ę* treten. — Für die römisch-neapolitanische Gruppe fehlen zusammenhängende Angaben; die Proben bei Pap. gewähren meist zu wenig Auskunft, so dass man im Ganzen auf die Gegenden angewiesen ist, über welche Specialuntersuchungen vorliegen. Also, um im Norden zu beginnen, zunächst Alatri. Da haben wir *ẹ, ọ* für *ę, ǫ* bei folgendem *i, u*, dagegen *ę, ǫ* bei *e, a, o*, und zwar sowohl in freier wie in gedeckter Stellung. Also *leggę (leggo), leġġi, mẹrdę mẹrdi, vę (vieni) vę (viene), dęnte dẹnti, pęrsę pẹrsa, skupęrtę skupẹrta, mężǫ męza, vękky vękkya, pęrsekę* Pl. *pẹrsęka*. Bemerkenswerth sind noch *pędę pẹdi, mę̇le, arę̇te (retro)*. Zunächst wird sich nun fragen, wie dieses *ę* sich zu dem *ie* der andern Gegenden verhalte, ob es auf ähnliche Weise aus einstigem *ie* entstanden sei, wie das § 36 besprochene romagnolische *ę*. Der Diphthong findet sich heute in *yę* = *ego*, *yęri* und *dięičę*. Das erste der drei Beispiele ist auffällig: man erwartet *ę*, da doch *o*, nicht *u* den Auslaut bildet; es vergleicht sich aber *uǫttę* = *octo* neben richtigem *ǫmę*. Man wird daher sicherer gehen, in dem *y* in *yę* und *yęri* einen Vorschlag zu sehen, der dann das ursprüngliche *ę* zu *ę* gewandelt hat. Schwierig ist *dięiče*. Auch auf den andern Gebieten zeigt das Zahlwort Unregelmässigkeiten. Mit einer Grundform **děcī* vertragen sich campob. *dięčę*, teram. *dičę*, dagegen ist auch lecc. *dęiče* in hohem Grade auffällig, sofern man aus *decem* vielmehr *dęče*, aus **decī* aber *dieči* erwartet. Der Mangel eines andern gleichgebauten Wortes macht eine sichere Erklärung unmöglich. Eines aber geht aus der Form hervor: wenn *ięi* nicht zu *ięi*, geschweige zu *ęi* wird, so ist es undenkbar, dass dem *ę* aus vulglat. *ę* einst *ię* voraufgegangen sei, es ist vielmehr *ę* unter Einfluss des folgenden *i*, *u* direkt zu *ę* geworden. Dem doppelten Reflex von *ę* entspricht natürlich auch ein doppelter von *ǫ* und zwar mit völlig gleicher Vertheilung, vgl. *vǫvę*, *kǫrę*, *ǫmę*, *sǫrę*, *fǫre*, *sǫla*, *rǫsa*, Pl. *sǫle*, *rǫse*, *prǫva*, *ǫva*, *lenzǫla*, *sǫčera*, *nǫra*, *rǫda*, *pięve*, *mǫve* (*muovere*), *mǫvę* (*muovo*), *mǫrte*, *fǫrte*, *nǫsse*, *kǫssa*, *pǫnte*, *tǫrta*, *kǫrna*, *fǫssa*, *dǫrme* (*dormo*), *sǫnęnę* u. s. w., aber *bbǫnę*, *sǫnę*, *nǫvę*, *fǫkę*, *kǫkę*, *mǫdę*, *ǫvę*, *fasǫy*, *lenzǫy*, *sǫčere*, *brǫdę*, *vǫvi*, *ǫmęñi*, *mǫvi* (*muovi*), *ǧǫki*, *mǫri*, *mǫvene*, *mǫrene*, *kǫkene*, *pǫnti*, *vǫstri*, *fǫssi* u. s. w. Unregelmässig ist das schon besprochene *uottę* und ferner die Vertreter von *folium*, *folia*: *fǫlyi*, *fǫlya*, während man vielmehr *fǫlyi*, *fǫlya* erwartet. — In Campobasso verlangt auslautend *u*, *i* den Diphthongen *ié*, auslautend *e*, *a*, *o* für freies *ę* in Paroxytonis *ę*, in Proparoxytonis und stets in gedeckter Stellung *ę*, mit andern Worten, dem italienischen *ié* entspricht vor *e*, *a*, *o* hier *ę*. Also: *sierę*, *Pietrę*, *miedękę*, *tięnęrę*, *piękurę*, *yęnnęrę*, *piedę* (Plur.), *prięyę* (*preghi*), *lieǧǧę* (*leggi*), *vię*, *tię*, *fierrę*, *ćiervę*, *viendę* (*vento*), *-iellę*, *vięrmę* (*vermi*), *pięrdę*, *pierdęnę* u. s. w.; *fęlę*, *pędę*, *prętă*, *pręyę* (*prego*), *vę* (*venit*) u. s. w.; *lęggę* (*leggo*), *mędękę*, *lępęrę*, *vęrmę*, *pręnte*, *pęrde*, *-męndę*. Auffällig sind zunächst *dęčęmę*, wofür man *diečęmę* erwartet, und *lęttę* Partic. neben *liettę* Substantiv, wo wohl das Femininum und andere Verbalformen das *ę* eingeführt haben, *diečē* weist, wie schon bemerkt, auf **děci*. Vorgeschlagenes *y* zeigt *yęrcva* (*herba*), *yęsse* (*essere*) *yesse* (*eccoti*) u. a. Ganz ebenso wird *ǫ* durch *ǫ*, *uo*, *ǫ* vertreten, vgl. *prǫva*, *sǫra*, *kǫre*, *vǫve*, *yǫmę*, *mǫre*, *pǫ*, *mǫvę*, *kǫčę*; *mǫvere*, *kǫčere*, *sǫčera*, *kǫllera*, *sǫrę-ma*, *kǫssu*, *kǫnde*, *nǫtte*, *fǫrtę*, *gǫttę*; *luokę*, *suočerę*, *bbuonę*, *ruolę*, *muorę*, *muoręnę*, *kuollę*, *uosse*, *kuoręyę* (*cuoj̇o*), *duormę* (*dormi*), *duormęnę* u. s. w. Dem toskanischen *nǫve* entspricht auch hier *nǫve*. Beachtenswerth ist *mǫnękę* Plur. *muonęčę*, wo man vielmehr *uo* auch im Singular erwartet. Vielleicht ist *monacus, monaci* zunächst zu *monacus, monici* geworden, und hat so im Singular das *a* die Diphthongirung verhindert, vgl. entsprechend *štǫmeke*. Während *ę, ie, ǫ, uo* der Erklärung weiter keine Schwierigkeit waren, fragt sich dagegen, wie das *ę, ǫ* zu fassen sei. Es scheint, dass sich hier zwei Tendenzen kreuzen, die toskanische, wo *ie, uo* ohne Rücksicht auf den folgenden Vokal aber nur für freies *ę, ǫ* eintritt, und die süditalienische, die jedes *ę, ǫ* aber nur vor *i, u* bricht: die letztere ist die jüngere, die nun Reduktion des *ie, uo* bei auslautend *e* zu *ę, ǫ* zur Folge hatte. Interessant ist in dieser Hinsicht nicht nur *nǫve*, statt *nǫve*, das die grosse Übereinstimmung mit dem toskanischen Vokalismus zeigt, sondern namentlich *mul'ięra*, wo das *į* durch das vorhergehende *l'* gehalten worden ist. — Altneapolitanische Beispiele sind bei Loise de Rosa: *fratielle, sorelle* 23, *omo* 17 und danach *omene* 21, *tiempo* 17, *tierzo, terza* 18, *conte* 20, Pl. *cuonte* 19, *muosso* 18, *muorto* 21, 1. Sg. *respuosse* 18, *liessito* 52, aber *chioppeto* 22. Nur *ie, ę* bezw. *uo, o* zeigt Lecce, vgl. *yeri, miereti, tieni, liei, siekuti, miedeku, miedeči, piedi, liepuri, nieḍḍu (agnellu), kastieḍḍu, pieḍḍi (pelli), fiervi, siervi, yersu (verso), sierpi, -mientu* u. s. w. neben *era, fele, merita, merula, tene, nneku (annego), sekutu, sekuta, arretu, pede, lepure, terra, peḍḍe -eḍḍa, persa, perseka, serpe, erva, resta, sentu, dente* u. s. w.; *ueli (voli), uelu, uei (vuoi), deli (duoli), kueru (cuoio), kueri (cuori), senu (suonu), buenu, bueni, šeku (giuoco), muedu (modo), ertu (hortus), kueḍḍu, muersu, fuerfeči, muezzeki, kuernu, dermi, testu, nešu, lengu, nuetti* u. s. w. neben *omu, moi, sola, soru, sonu, sona, kore, noa, mou, moe, moere, šoku, šoka, sokra, koku, pote, osse, foggya, moḍḍe, ota (volta), dormu, dorme, forte, morta, sonnu, rossa (grossa), longa, notte, kossa* u. s. w. Es stellt sich die Frage, wie das *ué* sich zu dem bisher behandelten *uó* oder zu dem *úo* § 39 verhalte. ASCOLI, Arch. Glott. IV 405 stellt die Reihe auf: *uó, úó, úo, úę, ué*, und dies kann in dem ebengenannten *úo* eine Bestätigung finden. Dass *uó* zu *ué* werden kann, dass also nicht etwa von jeher *úo* zu Grunde gelegen haben muss, das dann in den einen Mundarten zu *uó*, in den andern über *úe* zu *ué* geworden wäre, zeigt *uóttu* aus *octo*, dessen *u* nur prothetisch, nicht das des ursprünglichen Diphthongen sein kann. Es könnte sich aber *ue* zu *uó* auch verhalten wie *éu* zu *óu* § 28, also *uó* über *uô* zu *ué* geworden sein. — Übrigens scheint *ué* westlich nicht über Tarent hinauszureichen: schon Massafra bietet *uo*, wogegen *ue* längs der adriatischen Küste auch der Terra di Bari angehört, vgl. *puete (puoi)* in Bari, *buéne* in Modugno und

Altamura, *süęffrę* in Bitonto. Von Molfetta an aber scheint *uo* zu herrschen. Für Cerignola bemerkt ZINGARELLI, Pitré Archiv III 65: »*e* dei dittonghi *ie*, *ue* è muta, con suono scuro che impingua e puntella il primo elemento del dittongo«.

46. Im Kalabresischen endlich tritt *ie*, *uo* bei folgendem *i*, *u* ein: *vientu*, *tiempu*, *dienti*, *lietti*, *viekkiu*, *spiekkyu*, *siennu* neben *petra*, *sette*, *mente*, *verme*, *nente*, *vekya*, *vekye*; *buonu*, *yuoku*, *nuovu*, *truonu*, *fuoku*, *suoru*, *muoru*, *kuorpu*, *puorku* neben *bona*, *rosa*, *rota*, *more*, *kore*, *forte*, *porta*, *sorte* u. s. w. Abweichend von den bisher behandelten Typen wirkt auslautend *o* wie *u*: *sientu* 1. Sg., *suoru* = *soror*, es ist also die Ausbildung des betonten Vokalismus erst eingetreten, als das alte *o* schon *u* geworden war. — Ausser dem Centralkalabresischen gehört diesem Gebiet noch die Südspitze Siziliens an: Noto, Modica, und im Innern Vallelunga, Resutanno, Casteltermini, Alimena, Polizzi Generosa, Pollina, S. Cataldo, Caltanissetta, wo *i*, *u* aus *ie*, *uo* entsteht, vgl. § 35, Geraci, vielleicht auch Syrakus, vgl. HÜLLEN S. 10, SCHNEEGANS S. 24—30. Diese feste Diphthongirung ist natürlich durchaus verschieden von der § 35 behandelten freien. Zu erwähnen ist namentlich *puoku* und· *duoppu*. — Nicht ganz klar ist die Behandlung von *pĕjus*. Im Aneap. findet sich *pejo* ohne Diphthong, doch beweist das nicht viel, sonst lecc. *pešu* nicht *piešu*, neap. *peo*, *peve*, aber kalabr. *pieyu*.

47. Hier mag auch erwähnt werden, dass lat. *e*, *o* im Sardischen bei folgendem *a*, *e*, *o* offen, bei *i*, *u* geschlossen sind: *kęrva* (*acerba*), *kęna*, *bęne*, *kǫnka*, *kǫro*, *kǫrve* (*cofinus*) — *kervu*, *beni* (*vieni*, *feru*, *koru*, *somnu*, *oru* s. SPANO, S. 5. Derselbe Unterschied findet sich hier auch in tonloser Silbe.

48. Zwischen den zwei Zonen mit bedingter Entwicklung der Diphthongen scheint nun eine mittlere zu liegen, die *ie*, *uo* unter allen Umständen eintreten lässt: die römisch-umbrische. In Historiae Romanae fragmentum trifft man nicht nur *tiempo* 1, 1, *besuogno* 1, 1, *muodo* 1, 1, *uosso* 1, 8, *miento* 1, 2, *puopolo* 1, 2, *terratriemolo* 1, 22, sondern auch *uomo* 1, 1, *gruossa* 1, 3, *respuosta* 1, 2: 1, 8, *siento* 1, 1 neben *sento* 1, 1 (vgl. -*mento* 1, 1); in der Vita di Cola di Rienzi *priete* 491, 499, *iescio* 411, *nziemmora* 437, *settiemmora* 537, *cietola* 415, woneben *viecchio*, *vecchia* 447 auffällt. Ferner heute in Orvieto: *tiempo*, *tierra*, *duonna*, *muorde*, auch *kuosa*, *pensuó*, *puoko*, *verguogna*; während Norcia, Assisi mit *tiempi*, *terra* sich dem südlichen Brauche anschliessen, ebenso Ascoli Piceno und von Fermo an *ie*, *uo* überhaupt zu fehlen scheinen. Weiter südlich findet sich *tierra* in Pietramelara (Terra di Lavoro), neben *vengo*, *sento*. Die toskanischen Verhältnisse § 49 endlich zeigen die Macerata, Rieti, Spoleto, Perugia und in Umbrien Costacciaro.

49. Endlich ist noch ein Gebiet zu nennen, wo nur *ie* nicht *uo*, sondern statt dessen *o* erscheint, die Toskana. Während die Schriftsprache von jehor *uo* zeigt, kennt die heutige Volkssprache nur *ǫ* und einzelne Lexikographen, wie z. B. GIORGINO und PETROCCHI, haben dem entsprechend auch aus ihren Wörterbüchern den Diphthongen verbannt. Auch südlich und südöstlich von der Toskana hat die Reduktion auf *ǫ* stattgefunden in Grosseto, Montefiascone: *diede viengo* aber *kore, bono*, sodann in Ancona und der Macerata. Leider bietet auch hier Pap. zu wenig sichere Anhaltspunkte.

B. Störungen des Vokalwandels.

50. Die bisher dargestellten Lautentsprechungen zwischen Lateinisch und Italienisch treten bei weitem nicht in all den Fällen ein, in welchen man sie erwartet. Sehr oft nämlich sind die allgemeineren Gesetze durch engere gekreuzt, es ist die regelmässige Entwicklung der Vokale gestört worden durch bestimmende Einflüsse der folgenden oder vorhergehenden Laute, oder aber durch sinnverwandte, seltener durch formähnliche Wörter. Am widerstandsfähigsten zeigen sich auch hier wieder im Toskanischen *a, i, u*, wogegen die Zahl der Abweichungen bei *ę, ẹ, ǫ, ọ* eine viel bedeutendere ist. Es mögen daher zunächst die ersteren behandelt werden. Für *a* erscheint theils *e*, theils *o*. Zwar ital. *mẹlo* ist nicht auf lat. *malum*, sondern auf griech. *mēlon* (μῆλον) zurückzuführen: auch das Rätische, das Rumänische und selbst französische Mundarten fordern die griechische Form als Grundlage. *Ceraseus* hat sich nur im sard. *kerasu*, neap.-röm. *čeraše* erhalten, sonst ist *cereseus*, ital. *ciliegio* an seine Stelle getreten, eine Weiterbildung von *ceresus, das, wie CORNU, Rom. XIII 2 6,3 richtig lehrt, die lautgesetzliche Wiedergabe des griechischen κέρασος im Lateinischen ist. Ähnlich erklärt sich *allegro*, wenn es wirklich mit *alacer* zusammengehört. Man müsste von *álicer*, woraus vulglat. *alẹcrus*, ausgehen. Aber die Sache bleibt zweifelhaft. Dem tosk. *allegro* stellt sich in Mittel- und Süditalien *allẹgro*, neap. *alliegro* Bagn. Pozz. XXVIII 6, gegenüber und dazu stimmt afr. *haliegre*, nicht aber die lateinische Form. Nun kann das altfranzösische Wort nicht wohl von dem italienischen getrennt werden; es lautet, worauf schon W. FOERSTER, Rom. Stud. IV 53 hingewiesen hat, stets mit *h* an. Möglicherweise ist der Ursprung ganz anderswo zu suchen. Woher das tosk. sein *ę* statt *ẹ* hat, ist auch nicht recht klar. — Gallicismus ist selbstverständlich das bei den alten Lyrikern, selbst in der Intel-

ligenza und bei Brunetto Latini, Tes. VII, 68, aber nicht bei Dante vorkommende *clero, chicro* für *chiaro* und das im XIV. Jahrhundert schon aufgegebene *aigua*, z. B. bei Dante, Vulg. Eloqu. XII, Citat aus Guido delle Colonne: *ancor che l'aigua per lo foco lassi*. Francesco da Barberino 237 erlaubt sich sogar *frieri*. Auch das Suffix *-iere* aus *-arius* ist französischen Ursprungs. Dagegen ist *-evole* in *lodevole* als eine Übertragung von Fällen wie *agevole* = *agibilis* und andern zu betrachten. Endlich *greve, grieve*, bei den alten Lyrikern und bei Dante nicht selten, heute aber nur noch in der Schriftsprache gebräuchlich, verdankt, wie schon DIEZ, Wb. gesehen hat, sein *e* dem Einflusse von *leve*, gehört übrigens schon dem Vulgärlatein an. *Getta* dürfte auf *ejéctat* beruhen, lecc. *kuntriestu* zeigt Vermengung von *contrasto* und *contestor*, vgl. RAJNA, Riv. fil. rom. I 226 ff., ASCOLI, Arch. glott. IV 122, Anm. 1. — Aus dem Piemontesischen scheint mail. *elbor* = *arbor* zu stammen, freilich findet sich *erbole* auch bei Ruzante, vgl. noch mail. *merza* und *marza, maskerpa* und *maskarpa*. Unerklärt ist das weitverbreitete *kasteña*: *castegna* in den aven. Glossaren und im Veronesischen, Lombardischen, Canavesischen, Val Soana (*keña*) und Alatri. Auch sard. *enna* neben *genna* aus *janua* und calabr. *mierku, merku* sind merkwürdig.

51. *Q, uo* für *a* bietet die Schriftsprache in *nuota*, während der Süden *nata* bewahrt, sich darin dem Spanischen beigesellend. Die Abweichung, die sich im Französisch-provenzalischen und im Rätischrumänischen findet, ist noch unerklärt[1]). In *chiqvo, chiodo* aus *clavus* hat sich der Stamm von *claudere* eingemischt. Piemont., romg., scn., umbr. *opre* für *apre* ist nach *copre* umgebildet[2]), vielleicht zuerst in den endungsbetonten Formen. Mail. *brónka* neben *branka (abbranca)* hat vielleicht Einfluss von *ronca*, ital. *monca* neben *manco* nach D'OVIDIO, Grundr. 501 von *tronco* erlitten. Die Zusammenstellung von lomb. *köv*, ital. *covone* mit *cavus* ist zweifelhaft. Als rätisches Lehnwort erklärt sich mail. *piona*, monferr. *piuna*, gen. *ćuna*, aus einer Vermischung dieses Wortes mit *pialla*, mirandol. *piola*. — Unerklärt ist less. *some* aus *strumen*, da hier *am* sonst bewahrt bleibt.

52. Für *i* erscheint zuweilen *e*: *freddo* = *frīgidus*, auch frz. *froid*. hat schon im Vulgärlateinischen Beeinflussung durch *rĭgidus*

---

1) D'OVIDIO, Grundriss 501 denkt an Verwechslung mit *notare*, was der völlig abweichenden Bedeutung wegen nicht glaublich ist, oder an *nautare*, wogegen alb. *notoig*, rum. *innoat* und ital. *nuoto notare* sprechen, da im Alb.-rum. *au* bleibt, im Ital. aber *noto notare* oder *nuto nutare* (vgl. § 125) zu erwarten wäre.
2) So auch GRÖBER, Arch. lat. lex. III, 140, weniger wahrscheinlich D'OVIDIO, Grundr. 501: *aperire* wurde mit *operire* vertauscht.

erlitten, wie d'Ovidio, Grundriss S. 508 wohl mit Recht annimmt; *lęnza*, span. *lienza* = lat. *lintea* hat den Vokal von *lęntus* (biegsam)[1], *trebbia* zeigt Vermischung von *trĭbulum* und *trĭbula*. Aven. *meio* Cron. Imp. 44[b] *meia* 69[a] = *milia*, *zeia* Gloss. A. (neben *zīo*), pad. *megia*, *zegia* bei Ruzante sind wohl als Lehnwörter mit Lautumsetzung nach dem Muster lat. *familia*, tosk. *famiglia*, ven.-pad. *famęǵa* zu fassen; von *meia* ist pad.-ven. *mielle* rückgebildet. Aital. *prence* ist Gallicismus, *caręna* kann aus sachlichen Gründen nicht toskanisch sein, sondern muss aus einer Seegegend stammen, wo *in* zu *en* wird. Der Erklärung harren noch *ęlce* von *īlice*[2], *męzzo*, wenn es zu *mītis* gehört (vgl. venez. *mizzo*) und *stegola*, wenn man es mit Caix, Studi 593 zu *stīva* stellt, vgl. span. *esteva*, nicht mit Mussafia, Beitrag 111, 1, zu *hasticula*, *fęgato* neben venez. *figád*, amail. *desedra* Bonvesin E 306. *Sęgolo* (Hippe) gehört zu dem von Varro als campanisch bezeichneten *secula* und zu dem lateinischen bei Varro und Ennius überlieferten *sicilis*, rum. *secere*, dass aber letzteres, von *sica* stamme und *ī* im Stamme enthalte, ist nicht erwiesen. *Vetrice* stammt zwar von lateinisch *vitex*: dass aber dieses *ī* habe, lässt sich durch nichts beweisen, auch prov. *veze*, *veǵe* weist auf *ĭ* bezw. *ẹ̄*. *Lętica* ist erst von *litigare* aus gebildet, wo Dissimilation vorliegt. *Ę* an Stelle von *i* weisen *cręsima*, *artętico*, gr. χρῖσμα, ἀρϑρίτικος auf. Das griechische *ι* ist, ohne Rücksicht auf seine Quantität, dem vulgärlateinischen *ị* gleichgestellt worden, vgl. noch frz. *crème* aus χρῖσμα, im Florentinischen ist dann *cręsima*, *artętico*, wie man noch in Siena spricht, zu *crẹsima*, *artẹtico* geworden. In *fastudio* Maggiora (Novara), *fastudi* Parma, *fastubio* bei Ruzante (l. *fastudio*?) hat sich *fastidio* mit *studio* vermischt.

53. Ganz selten ist *ǫ* oder *ọ* statt *ŭ*. Ital. *lǫrdo*, frz. *lourd* werden wohl zu *lūridus* gehören, doch ist der Grund der Abweichung nicht ersichtlich, d'Ovidio, Grundr. S. 515 denkt an Anlehnungen an *sǫrdo*. Ital. *sozzo*, span. *sohez* gehen auf ein, an *sus*, *sŭis* angelehntes *sŭcidus* zurück. Keine Gewähr hat das *ūter* der lateinischen Wörterbücher, ital. *ǫtre* und die Formen der andern Sprachen sichern *ŭter*. Ebenso wenig ist *glūtus* gesichert, richtig scheint nur *glŭttus*, ital. *ghiotto*. Das Verhältniss zwischen *cuppa* und *coppa* ist noch nicht aufgehellt. — Wenn Dante, Inf. X 45 *soso* schreibt, so mag *gioso* (vgl. § 59) darauf gewirkt haben, in *lome*, Inf. X 69 hat ihn das Reimbedürfniss zu einer emilianischen Form (s. § 73) verleitet, wie Cavalcanti, wenn er 1, 12

---

1) Auffällig ist neap. *lęnza*.
2) D'Ovidio. Grundriss 507 möchte in *elce* Einfluss von *selce*, *felce* sehen, Suchier ib. Vermischung mit *helix*, was weder nach der Bedeutung noch nach der Form (*ę* = *ẹ*) recht passen will.

lome : come reimt. — Neap.-tar. *pollęcę* aus *pulex* ist vom Plural *pullęcę* gebildet, da zu *puḍḍęcę* (*pollices*) der Sg. *poḍḍęcę* lautet, ähnlich wird sich neap. *yodęcę* = *judex* erklären. Endlich in asen. *ogniuono*, Zs. IX 548, hat sich *ognuno* mit *uomo* vermischt, vgl. agen. *ognomo*. — *Fime* = *fiume* bei Ruzante wird von Ableitungen wie *fimana*, *fimesieggi* beeinflusst sein.

54. *Ę* an Stelle von *ę* begegnet zunächst für lat. *ē* in Buchwörtern, da in der italienischen Aussprache des Lateinischen jedes *e* als *ę* gelesen wird, also *mistęro*. *crudęle*, *fedęle*, *estręmo*, *complęto*, *lęne*. *męnsa*, *tętro*, *fęto*, *ęco*, *-ęsimo* u. s. w., auch *stadęra*, trotz seines *d*. Man beachte namentlich *męta* Misthaufen neben *męta* Grenze, *ręna* Sand und *aręna* Kampfplatz; neben *segręto* auch *segręto*. Manche dieser Wörter haben Formen auf *ę* neben sich: *decręto* und *decręto*, *sęde* und *sęde*, *complęto* und *complęto*: in diesen Fällen hat Angleichung an die Erbwörter mit *ę* = *ē* stattgefunden. Als Buchwörter sind wohl auch *cędere*, *spęro* und *sincęro* zu betrachten, sicher *rędu*, vielleicht selbst *primavęra*: es scheint, dass die Vulgärsprache nur Sommer und Winter unterschied. In den letztgenannten Wörtern ist nach D'Ovidio das *ę* nur toskanisch, wogegen anderswo *ę* beibehalten wird. Ein Lehnwort im Binnenland ist ferner *ręmo*, daher sein *ę*. Auch wenn einst volksthümliche Wörter absterben und nur in der Litteratur weiter geführt werden, spricht man sie mit *ę*, so *ępa*, *męnomo*, *męstica*, *sęnape*, *stęlo*, neben welchen übrigens die Formen mit *ę* noch gebräuchlich sind, ferner *lęzia*, das von *lezioso* gewonnen ist, D'Ovidio S. 505. Auch *assęmbra* ist lediglich Buchwort und gehört mehr der älteren Litteratur an, scheint übrigens erst aus dem Französischen entlehnt zu sein, nicht direkt aus dem Lateinischen zu stammen. Nicht toskanisch und in Folge dessen mit falschem Vokal gesprochen sind ferner die geographischen Namen *Ęlba*, *Tębro*, *Bręscia*. Als Gallicismus sind vielleicht noch *nętto* neben *nętto* und *medęsimo* neben *medęsimo* zu fassen. *Nętto* zeigt zwar im Altneapolitanischen die richtige Form *nittu* Cato, Bagn. Puzz., lautet aber im siz. *nettu*, ist also hier keinesfalls einheimisch und *medesimo* ist den Mundarten ebenfalls unbekannt oder erscheint mit einem auf Entlehnung weisenden Vokal, s. § 35 S. 29. — Wenn nach D'Ovidio § 14 Anm. ausserhalb der Toskana *sęrqua*, *vęrde*, *ęrpice*, *stęrpa* gesprochen wird, so mag der Nexus *r* + Kons. die Trübung verursacht haben, vielleicht ist *ęrpice* aber auch mit den rätischen und französischen Formen, die *ę* verlangen (Gartner S. 46 und Horning, Zs. IX 497) zusammen zu stellen. Andere Fälle erklären sich durch Analogie verwandter Formen, Umprägung und ähnliche Faktoren. So erscheint Suffix *-ęllo* statt *-ęllo* in *canęlla*, *suggęllo*, *ragęlla*, *fringu-*

ẹlla (Gigli -ẹlla), ditẹlla (titillat), pastẹllo, pestẹllo, puntẹllo (Gigli -ẹllo), senes. matẹlla neben lucc. matẹlla. — Die Partic. auf -ẹnte und die Gerund. auf -ẹndo von den ē-Verben folgen den zahlreicheren der ĕ-Verba, in dieselbe Analogie tritt sovẹnte = subinde, das übrigens auch veraltet und wahrscheinlich Gallicismus ist. Die zahlreichen Wörter auf -mẹnte und -mẹnto ziehen ausserhalb der Toskana mẹntre (duminterim) und mẹnta (minta) nach sich. Fẹnde und vẹnde neben vẹnde (lat. vēndit) folgen rẹnde, prẹnde, stẹnde u. s. w. um so leichter, als in den endungsbetonten Formen der Vokal aller dieser Verba derselbe ist. An vẹnde schliesst sich auch vẹndica. Die Gleichheit von annẹstáre (*inịnsitare, woraus inịsịtare), restáre, prestáre erzeugt annẹsta = rẹsta, prẹsta statt annẹsta. Neben tẹtto steht neap. tiettẹ, siz. tettu, beide an lẹtto angelehnt. In lẹttera liegt Umdeutung nach lẹggere, lẹtto vor. Unklar sind dẹvo, dẹbba, orẹgano, mẹttere neben mẹttere, auch siz. mettiri statt mittiri, rẹssa von lat. rixa u. a.

Im Sizilianischen ist die Zahl der Wörter, die e statt i zeigen, eine noch grössere, da hier zu den Latinismen noch Entlehnungen aus der Schriftsprache kommen, wie empio, veleno, vero (alt viru), noch heute dimmiru) menu aber älter minu und so noch heute in Syrakus, terrenu, fermu, trenta aber bei Scobar trinta, re. Auffälliger ist čerka, čessa (Inf. čissare), kumenza (Inf. -inzare), vgl. noch weitere Beispiele bei Hüllen 20 ff., dessen Erklärungen grösstentheils hinfällig sind, vgl. Mussafia, Litbl. 1886, 240 und bei Schneegans 33 ff., der die richtige Auffassung vertritt.

Die süditalienischen Mundarten dehnen ihre Regel ie — u (§ 45) auch auf diese Entlehnungen aus, vgl. calabr. velienu, terrienu, davieru, spieru, riegula, sinčieru, sekrietu, miettu, fiermu, auch stiessu. Ähnlich Lecce. Auffällig ist hier erde, yerde aus virdis, dem sich Erǵene und čerku zugesellen. Ein Beispiel von iᵉ aus ẹᵉ fehlt, so dass man vielleicht das e aus dem Einfluss der folgenden Konsonantenverbindung deuten kann; bestätigt wird wohl diese Auffassung durch nerveku (nigrico) neben niuru. Die Diminutiva auf -ettu sind auch hier nicht ursprünglich.

55. Ẹ an Stelle von ẹ erscheint in fiera = feria, ciera = cerea, ciera, ghiera = viria, wo das nachtonige i in den Stamm gerückt ist; in piẹve, fiẹvole, piẹno, nocchiẹro, compiẹta, biẹta (blịtu + bẹta), piẹga, wo i aus l entstanden ist. Es bleibt fraglich, ob diese Fälle hierher gehören oder erst in den nächsten Abschnitt. Entweder nämlich hat, wie d'Ovidio annimmt, die grosse Masse der Wörter mit iẹ die wenigen mit iẹ angezogen, oder aber das iẹ ist durch dissimilirenden Einfluss des i zu iẹ geworden. Ganz anders verhält es sich mit

insieme, in welchem nicht *simul* sondern *semel* vorliegt, GRÖBER, Arch. lat. lex. III 268. Senesich *diebili* Ric. Sen. 41 u. s. w. zeigt Vermischung von *fiebili* = *flebilis* und *debili* = *debilis*. Schwierig ist asen. *nieve* Zs. IX 524, apis. *nieve* Sardo 97, 112, Chron. Pis. 67, dem sich span. *nieve* beigesellt. Es wird von *nevicare* aus fälschlich *nievica* und danach *nieve* gebildet worden sein. Unerklärt ist ferr. *mieda* = *meta* Arch. Glott. II 56.

56. *I* an Stelle von vulglat. *ę* erscheint natürlich in zahlreichen Buchwörtern mit lat. *ĭ* wie *vizio*, *çibo*, *sito*, *rigido*, *misto*, *pigro*, *sinistro*, *disco*, *tranquillo*, *maligno*, aber aven. aver. alomb. *malegno*, *Cristo*, *ditta*, *filtro*, *stravizzo*, *scipido* und in vielen andern. Sodann ist zum Theil schon im Vulgärlateinischen *-inus* an Stelle von *-enus* getreten, vgl. *pulcino*, *pergamina*, *saracino* neben *pergamęna*, *saracęno*, *posolino*, wenn es wirklich von *postilena* stammt, gen.-mail. *venin*. Auffällig ist *racimo-lo* zu *racemus*, da *-imo* fast ebenso selten ist wie *-emo*. Zur Annahme, dass das Wort aus dem Süden stamme, fehlt ein Anhaltspunkt. Dagegen wird *Messina* sich aus der sizilianischen Aussprache (*i* = *ę* § 26), ungezwungen deuten, vielleicht auch *alice*. Auf die mittel- und neugriechische Aussprache des η als *i* weisen *accidia*, *effimero*, *sisamo*, *amoscino* (gewöhnlicher *amóscino*), mail. *botia*, sen. *buttiga* u. s. w. Die Form *mantile* kommt schon im Lateinischen neben *mantele* vor. Unklar ist *diritto*. D'OVIDIO denkt an Einfluss von *dirizzare*, doch ist auch da das *i* nicht lautgesetzlich. Da das Präfix *dī* vor *r* im Vulgärlatein sonst nicht vorkommt, so darf man vielleicht an eine Umstellung von *dīrectus* zu *derīctus* denken. Das daneben bei Dante, Pg. XVII 97, Par. VIII 104, XVIII 16 vorkommende *diretto* ist Latinismus. Nach *diritto* richtet sich *ritto*. Spezifisch toskanisch ist *nimo*, so im Chron. Pis. 69, bei Ranieri Sardo 111, 114, und heute in der Volkssprache. Das *i* ist wohl von *niuno* übertragen. Etwas ausführlicher Besprechung bedarf *pusigno*, *pusignare*. Der Bedeutung nach fordert es ein *postcaenium*, **poscoenium*, woraus *poscinium*, vgl. *caedere*, *incidere* u. s w., daraus dann mit richtigem Vokal ital. *puscigno*, *pusigno*. — Was die übrigen Fälle betrifft, so sind auch hier zunächst mehrere Beispiele von Suffixvertauschung zu nennen. Da im Lateinischen *-ĭclus* und *-īclus* neben einander stehen, so tritt im Italienischen mehrfach *-icchio* für *-īclus* ein, zugleich können aber die Nebenformen auf *-iglio* (§ 69) mit im Spiele sein, vgl. *lenticchia* und *lentiglia*, *cavicchio* und *caviglie*, *ventricchio* und *ventriglio*.

Einfluss der endungsbetonten Verbalformen ist zu sehen in *pisolo* nach *pisolare*, wenn es CAIX, Studi 158 mit Recht zu *pensilis* stellt, in *risica* und in *registra*. Unerklärt ist *dito*, auch gen. *diu*, lomb.-emil.

did, vgl. *did* schon im abergam. Glossar, daneben aber venez. *ded*, aperug. *deto* XIV. Scritt. 74; ital. *salsiccia* und *ciccia* zu *insĭcium*, wenn das Wort wirklich ĭ hatte, mail. *cundira* und *sira* bei Bonvesin und noch heute, *sira* auch im venez. Exempelbuch.

Als Lautumsetzung ist wohl südsard. *lindiri* zu fassen, das das ital. ę durch *i* wiedergiebt, wogegen *kadira* aus dem spanischen *cadira* stammt. *Ispiyu* ist nach HOFMANN s. 16 an *oriyu* und ähnliche Wörter angelehnt¹). Wenn *quirka* mit FLECHIA, Arch. Glott. III 171 zu *quaericat* gehört, so hat es den Vokal von *kirka* = *cirkat*. Beachtenswerth ist noch *bikka* aus ital. *bęcco*¹).

Andere Fälle von *i* aus ę sind zweifelhaft. *Biscio, biscia* Schlange, Wurm, gehören mit span. *bicho, bicha* Ungeziefer, Gewürm, portg. *bicho* Wurm, Laus, wildes Thier, *bicha* Blutegel, Schlange, frz. *bisse* zusammen; dass sie aber alle auf *bestia* zurückgehen, wie G. PARIS, Rom. VIII 618, ASCOLI, Arch. Glott. III 340 Anm. annehmen, ist wenig wahrscheinlich, da *sti̯* im Spanisch-portugiesischen sonst nicht zu *ch* wird, und da *bestia* nach Maassgabe der romanischen Sprachen ę hat, s. Rom. Gram. I 147, 157. Aus dem Französischen stammen *quitto, quitare* und *acchitarsi*. — Im senesischen *vinti* z. B. Stat. Sen. 75 neben *venti* 78 liegt vielleicht die Form vor, die ursprünglich nur bei folgender Einerzahl gebräuchlich war: *vintiúno, vintidúe* u. s. w., oder aber *vinti* ist aus dem Umbrischen, wo *venti* zu *vinti* werden muss, verschleppt. Da kein *trinta* vorkommt, wird man letztere Annahme vorziehen.

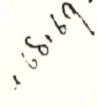

Sargia aus *sērica* ist zunächst aus frz. *sarge* entlehnt, der Wandel des *e* in *a* ist unerklärt.

57. Labiale Vokale statt ę sind selten. *Ghiova* erklärt sich aus einer Vermischung von *glēba* mit *glomus*, ASCOLI, Arch. Glott. III 355. *Dopo* aus *de pos* lautet zunächst *di poi*, woraus mit Assimilation *dopói*, später *dópo*. Ähnlich ist in lomb. *sómes* aus *sēmissis* der Wandel von *e* zu *o* älter als die Tonverschiebung. Endlich *funciullo* neben altem *funcęllo* bei Albertano 42 ist wohl nicht toskanische, sondern neapolitanische Form und geht auf **fanteolus* zurück, vgl. tosk. *citrullo* aus neap. *cetrulo*, **citriolum* CAIX, Studi 287.

58. Auch ǫ statt ọ gehört zunächst Buchwörtern an, vgl. *glǫria, vittǫria, dǫte, sacerdǫte, devǫto, cǫdice, vǫsco, nǫno, nǫbile, mǫbile, confessǫre*. Ebenso sind siz. *passioni, nazioni* und andere Wörter auf *-ioni* statt *uni, ordini, dota, donu, votu, virgoña, loru, avolio*,

---

¹) Fälschlich nennt HOFMANN *kiliru*; das Wort ist auf der zweiten Silbe betont und entspricht nicht ital. *crivello*, sondern lat. *cirĭbrum*; ebenso ist S. 17 nicht *imbéna* sondern *imbena* die richtige Form.

moggye Lehnwörter, wie SCHNEEGANS, der noch andere bringt S. 39
—41, mit Recht bemerkt. — Das Altsizilianische kennt dafür die regelmässigen *dunu, vutu, tistimuniu*. Aus der Schriftsprache stammen
noch z. B. sard. *krosta*, kalabr. *kulonna, muortu (molto), muokku,
divuotu, luoru* mit *uo* wie *ie* aus *ę* § 54, lecc. *deskorru, deskuerzu,
yoša (giǫstra)*. Erwähnenswerth ist noch kalabr. *kuomu*, aber lecc.
komu, kalabr. *duoppu = dopo*.

Schon vulgärlateinisch ist *qvum* ital. *uoco* aus *ǫvum*, das streng
genommen in den nächsten Abschitt gehört, da das *ǫ* sich durch den
dissimilierenden Einfluss des *v* erklärt. Wie *qvum*, so gehört *colǫbra*
dem Vulgärlateinischen an und erklärt sich ebenso. In Italien findet
es sich in siz. *kolǫbra*, sard. *kolora*. Dagegen erklärt sich ital. *nuora*.
vulglat. *nǫra* aus dem Einfluss von *sǫcera*, vielleicht von *sǫror*,
G. PARIS, Rom. X 40, oder *novia* (Braut), H. SCHUCHARDT, Litbl. 1888,
ital. *nǫzze*, vulglat. *nǫptia* aus dem von *nǫvius*, G. PARIS, Rom. X 397.
Andere derartige Fälle sind noch *spǫrco* aus *spurcus + porca*, südital.
ǧǫrno, juorno Hist. Rom. frg. 1, 11, nach *nǫtte, mǫra* nach *mǫro =
maurus, tremuoto* nach *muovere*. Schwieriger sind folgende z. Th.
von D'OVIDIO, Grundriss 514 angeführten Beispiele: *crǫsta, mǫsto,
lǫsco* bei Nesi und Fanfani, aber *lǫsco* bei Gigli, *nǫdo, pǫppo, fǫga,
zavorra, bǫlgia*, doch *bǫlgia* bei Gigli, wie überhaupt alle auch mit *ǫ*
gesprochen werden, ferner *dǫglio, gotto, gǫbbo, cǫppa, piǫtta, lǫtta,
tǫnaca*. Namentlich schwanken auch hier Lehnwörter, wie *fǫlaga,
ǫmero* (Gigli und Nesi *ǫmero*), die beide nicht echt florentinisch sind,
mǫtto, das aus dem Französischon, und *dǫge*, das aus dem Venezianischen stammt. In *sǫffre* liegt Anlehnung an *ǫffre* vor, da *sǫffrire*
und *ǫffrire* gleichen Vokal haben, darnach *sǫffice*; *ricǫvero* lehnt sich
an *ricǫpre* an. *Cǫnio* ist erst von *coniáre* gebildet, wie *ni* statt *ñ* zeigt,
wenn man es überhaupt als Erbwort betrachten darf. In drittletzter
Silbe vor gedehntem Konsonant scheint stets *ǫ* einzutreten: *sǫffoca,
mǫccolo, mǫcciolo, bǫssolǫ*, darnach *bǫsso*. Ebenso vor *rk*: *mǫrchia,
bǫrchia, rimǫrchia* und vor *kį: finǫcchio, ginǫcchio, pidǫcchio,
nǫcchia, conǫcchia*. Unerklärt ist *scuotere*, rum. *scoate = excutere*[1]).

59. *U* statt *ǫ* gehört natürlich wieder zunächst Buchwörtern an,
vgl. *subito, cumulo, curvo, fulmine, dubbio* (Bonv. *dobio*), *locusta,
lupo*, piem.-tessin. *lüf, strupo*, wofür aber senes. aven. agen. *lovo,
stropo*, mail. *löf, numero* (aven. *nomero* Pateg. amail. *nomero*).

---

[1] D'OVIDIO nimmt weitgehende Analogie an, *doglia* z. B. wäre nach
sogliu voglio doglia gebildet. Ich kann ihm auf diesem Wege nicht folgen.
— Was *scuotere* betrifft, so hat vielleicht B. BIANCHI, Prepos. A S. 113 recht,
wenn er *exquatere* voraussetzt. Die Trübung des *a* zu *o* hätte dann zunächst
in tonloser Silbe stattgefunden.

Sodann *uscio* = *ostium*, eine vulgärlateinische aber noch unerklärte
Abweichung. *Gruccia, cruccia* gehören nicht zu *crux, crucea*, sondern stammen aus dem germanischen *krukyô*, die Nebenform *griccia*
wird auf einem schon umgelauteten *krüke* beruhen. — *Ciuco, giucco*
sind, wie CAIX, Studi 288 richtig gesehen hat, mit *sciocco* identisch,
stammen aber aus dem Süden. *Gucchia* geht auf vulglat. *acūcla*
(Anlehnung an *acutus*?) zurück; *fugge* hat sein *u* vom Perfect, *corruccio* und *ammucchia* nach D'OVIDIO, Grundriss 517 von *corrucciare,
ammucchiare*. Sodann sind einige andere Wörter südlicher Herkunft
zu erwähnen, wie *tufo* und wohl auch *gubbia*, oder genuesischer, wie
prua. Auch *rimburchio, burchio*, wenn sie mit CAIX, Studi 15 zu
remulclum gehören, werden hier zu nennen sein. *Giuso*, wofür
Francesco da Barberino, Doc. 262, 10 im Reime *gioso* braucht, und
zu dem sich venez. *ço* Uguç., Prov., bologn. *çoxo* Lett. 5 gesellt, hat
wie agen. *zu* von *suso* sein *u* bezogen. *Paura* zeigt Suffix -*ura* für
-*ore*, *cucio* ist von *cucire* aus gebildet, *cruna* und agen. *curto* bleiben
unerklärt. — Auffällig ist, dass viele altitalienische Texte stets *maiure*
schreiben, so Ristoro d'Arezzo, XIV. Scritt. 30, Cola di Rienzi 451
neben *minore* 451, Loise di Rosa, Niccolò di Bortona 7, 76. Ebenso
steht aven. *plura* Uguç., tosk. *piura* aus *plorat* ganz vereinzelt.

60. *I, E* statt *o* ist ganz selten. Neben lat. *clupeus*, span. *chopa*
scheint ital. *chieppa* auf *clipeus* zu weisen. In siz. *rinnina*, kal.-lecc.
rindina scheint Umstellung vorzuliegen, *hurīndina* statt *hirundina*,
siz. *itria* stellt eher ἐνυδρίς als *lutra* dar.

61. *Ę* statt *ię* erscheint mehrfach. Zunächst noch heute oft in
der Dichtersprache in Nachahmung der sizilianischen und provenzalischen Dichter, in deren Sprache *ę* nur *ę*, nicht *ie* lautete, also *fęro,
lęve, fęre, męle, tępido* u. s. w. Dann natürlich in lateinischen Buchwörtern wie *męro, colęra, mętro, ębano, ręgola, gęnere, spęcie, pal-
pębra, impęro, mędico* u. s. w. Aus der Proklisis erklären sich *sęi,
ęra* neben älterem *sięi, ięra, bęne* neben umbr. *biene*. In *lęra* und
lępre werden endungsbetonte Nebenformen (*levāre, leprātto* u. a.)
den Diphthongen entfernt haben, *nęga, sęga, sęgua* sind von *nęgāre,
sęgāre, sęguire* direkt nach *fręgare : fręga* gebildet; GRADI giebt
übrigens auch *nęga* an etwa nach *pręga, pręgāre*. — Nicht ganz klar
ist die Behandlung des *e* in drittletzter Silbe. Für Beibehaltung des
einfachen Vokals sprechen: *tęnero, męliga, pęcora, ręcere, venerdi,
rędina*, für *ie: riedere, Nievole. Fiesole*. Doch ist auf *Fiesole* darum
nichts zu geben, weil hier *ae*, also von jeher *ę̨*, zu Grunde liegt. *riedere*
kann von *riede* beeinflusst sein, *lievito, lievora* und *tiepido* neben
tepido fallen schwerer ins Gewicht. Da im Umbrischen aber *ie* jedenfalls eintritt, vgl. *vienardi* Graz. 86, *gienero* 178, auch *mierlo* 201,

[§ 61. 62. 63. 64.]   Störungen des Vokalwandels.   43

so thut man wohl besser daran, in dem tosk. *ie* aus *e* in drittletzter Silbe den Einfluss eines benachbarten Dialekts zu sehen. — Schwierigkeit macht *lei* aus vulglat. *lęi*, asen. *liei* Ric. Sen. 55, aper. *liei* XIV. Scritt. 53, 72.

62. *Ę* statt *ę* tritt stets auf in der Verbindung *męnt*, vgl. *-męnto, -męnte, addormęntu, tormęntu* u. s. w., *dimęntica, męntova, sgomęnta, męnto, semęnte, semęnta* und natürlich *męnta, męntre*, woneben *gemęnte, fręmente, dormęnte* u. a. dem Einfluss andrer Participia auf *-ęnte* folgen, und *męnto, męnti* unvolksthümliche Formen sind neben den gebräuchlicheren *mentisco, mentisci*. Vgl. FLECHIA, Arch. Glott. IV 318 f. Zwischen den zwei Sonanten geräth *e* in Gefahr zu verstummen, oder besser, in dem Stimmton des einen aufzugehen, es ist *ment* auf dem Wege, zu *mnt* zu werden. Das Mittelglied zwischen *ęn* und *n̥* ist nun eben dieses *ęn*. — Sodann in *scęndere*, siz. *dišinniri*, lat. *descĕndere* wohl vermischt mit *discindĕre*. — Auch *ręnde* und *tęnde* findet sich mehrfach: die Perfecta und Participien mögen z. Th. mit von Einfluss gewesen sein, ebenso lecc. *prinde*. Auffälliger sind sen. *tęnda, faccęnda, meręnda*. *Gręmbo* hat sich in seiner Form durch *lęmbo* bestimmen lassen, *gręgge* durch *lęgge*, in *tęschio, tęmpio, ęmpio* liegt vielleicht Einfluss des *ị* vor, vgl. § 71. *Carętto* und pistoj. *architętto, cutręttola* folgt den Diminutiven auf *-ętto*. — Lat. *intĕgrum* erscheint als *intęro*, nach D'OVIDIO S. 512 wegen *nęro, vęro*. *Sęga* nebst gen. *sciga* von *secat* ist wohl von *sęgolo*, über welches § 52 beeinflusst. *Nę* ist stets tonlos, hat daher berechtigtes *ę*. Auf griech. ε, dessen Qualität der des lateinischen *ē* gleichsteht, scheinen zu weisen *ęrmo, Stęfano, ęllera, ędera, prezzęmolo*, freilich besteht daneben auch *Stęfano, ęllera*, wo aber *hĕdera* mit im Spiele ist. Ob *antęnna* im Lateinischen *ĕ* oder *ē* hat, ist nicht bekannt. Unerklärt sind vorläufig noch *cicęrchia, nębbia, lębbra, giovęnco*.

63. *I* für *ę* findet sich nur in den französischen Lehnwörtern *profitto, dispitto, rispitto* Purg. XXX 43 neben *rispętto* XXXII 14. Dagegen ist *gitta* ebenfalls schon bei Dante von *gittare* aus gebildet, während andrerseits Pulci stets scheidet zwischen *getta* und *gittare*.

O für *e* in parm. *romal*, regg. *romel*, piac. *romlu* die Kleie zu *remolare* hat *o* aus den tonlosen Verbalformen verschleppt: MUSSAFIA, Beitrag 93, ven. *ligoro*, berg. *ligurt*, bologn. *ligur* aus *lacerta* zeigen eigenartige Suffixvertauschung.

Altital. *talanto* geht auf das griechische τάλαντον zurück.

64. Endlich *ǫ* statt *uo* zeigen Buchwörter, wie *fǫro, tǫno, bǫve, mǫdo, rǫsa, lǫco* und die Dichtersprache aus demselben Grunde, aus welchem sie *e* statt *ie* behält. Daneben giebt es aber noch eine Reihe andrer Fälle. *Giove* kann wieder Buchwort sein, aber *nove*, welchem *naf* in S. Fratello entspricht, ist um so auffälliger, als im lomb.-piem. *nöf*, ven. *nuove* und selbst senes. *nuove* bei Mattasala Spinello und den andern Senesen die korrekte Form besteht. Aus *pos(t)* entsteht *puoi* Albert. S5, lomb. *pö*, bologn. *dapu*, venez. *dapuo*, senes. *puoi*, aber florent. *poi*, vielleicht ursprünglich die tonlose Form. In *ciò, mò* scheint die Oxytonirung den Diphthongen unterdrückt zu haben. Dem Provenzalischen entstammt *noya*. Noch mag erwähnt werden, dass die norditalienischen Mundarten mehrfach *ö* zeigen, wo das Toskanische bei *ǫ* statt *uo* bleibt, so mail. *rösa, möd, bröd, nöf, pröva, limösina, dröva*. — *Uo* in drittletzter Silbe in *suocera* stammt von *nuora*, danach *suocero*.

65. *Q* für *ǫ* erscheint mehrfach in griechischen Wörtern und mag auf der geschlossenen Aussprache des griechischen *o* beruhen: *tǫrno, gǫlfo, cǫlpo, pǫlpo, bǫtro, ǫrco, ǫrma, grǫngǫ*. Sodann in *pǫsi, pǫsto* nach *pǫno*, vgl. aber *pǫsta; sǫnno* nach *sǫgno*; die Verba auf *-ǫla, -ǫra* sind von *-ǫlare, -ǫrare* zu *-ǫla, -ǫra* umgestaltet worden. *Sǫrdido* ist von *sǫrdo* beeinflusst, *quattǫrdici* geht trotz neap. *quattordici* auf vulgl. *quatǫrdecim* zurück. Auffällig sind *ǫrgano, ascǫlvere* u. a. Sodann in den proklitischen *ǫgni, fǫrse*, mail. *pǫs*. — Unerklärte Abweichungen erscheinen in den südlichen Mundarten: sard. *russu (grosso), arrustu*, kalabr. *atturru (torreo'), arrustu, surba, sursu*, ebenso neap, vgl. *arrusta* im Reg. San., lecc. *nturru, nfurru, survia, dussu, fursi, sursu, rustu*, campob. *surze* (aber *suorte*) und andere von D'Ovidio, Arch. Glott. IV 406 verzeichnete.

66. *U* für *ǫ* zeigt *lungo;* aus *lōngē* scheint schon im Vulgärlateinischen *lǫnge* entstanden zu sein, woraus regelmässig tosk. *lungi* Adv., ebenso Plur. *lungi, lunge*, danach *lungo, lunga*. *Rullo, turno* stammen aus Frankreich. Wenn *uggia* zu *odia* gehört, so ist vielleicht mit D'Ovidio, Grundriss S. 523 an Einfluss von *uggioso* zu denken.

Saldo ist von *saldare*, venez. *ǵemo* = *glomus* ebenfalls von endungsbetonten Ableitungen, wo *glo* über *gyo* zu *gye, ǵe* wird, gebildet.

C. Kombinatorischer Vokalwandel.

67. Schon aus dem vorhergehenden Abschnitt ergab sich, dass die Entwicklung der Vokale mehrfach von der Qualität der umgebenden Laute abhängt. Der Einfluss der folgenden, selten der vorhergehenden Konsonanten oder Vokale ist nun aber ein sehr viel grösserer, als es aus den bisher gegebenen Beispielen wohl scheinen möchte und macht sich namentlich auch in der Schriftsprache und in den Mundarten geltend, die im grossen Ganzen das § 15 dargestellte Vokalsystem beibehalten. Vorweggenommen mag werden, dass in Lecce *ie* bei folgendem i zu e reduzirt wird: *ekkyu, meggyu, superkyu, pruebbyu, ssempiu* MOROSI, Arch. Glott. IV 127.

68. Sonst ist von Einfluss folgender Vokale als wichtigster der Wandel von $ę$, $ǫ$ zu i, u bei auslautend i zu nennen, wie er ausser in den § 32 erwähnten Gebieten namentlich in fast ganz Oberitalien vorkommt. Er ist älter als der Wandel von u zu $ü$, da auch das so umgelautete u aus $ǫ$ zu $ü$ wird.

Am wenigsten fühlbar ist dieser Umlaut im Venezianischen. Fra Paolino XLV 78 schreibt *illi*, aber 72, 73, 75. 77 u. s. w. *elli*; 92 *questi*, XXVII 34 *paruni;* die Cronica *illi* 20[b] neben *elli* 34[a], 35[b]; *tornisi* 45 neben *senesi* 70[b], *criti* 19[a], stets *Spoliti*. Mehr bietet die Hamiltonhandschrift: *ili, quisti, quili* (und *questi, queli*), *cavili, plini* im Cato, *nigri, digni, puti* (*potui*), *vit* (*vįdui), *vigni, tigni, -issi* = *-įsti* im Uguçon, *maistri* im Pateg, *vici, misi, dibia* in den Proverbia, *digni, signi, cavili* in Panfilo. Endlich *firmi* Ex. 189, *dibia* 816, *maistri* 617. Also fast nur Beispiele für $ę$, nicht für $ǫ$ und auch diese stark im Rückgange begriffen. Denn auch die Hamiltonhandschrift stellt den wenigen Beispielen von $i—i$ zahlreiche mit $ę—i$ gegenüber [1]). Im Veronesischen zeigt, abgesehen von den Pronomen, Giacomino *misi, nigri, pissi, benciti, virdi. feili. enoyusi* B 47, *luvi* B 108, *onuri* F 133, *cantuturi* A 185, *fusi = fosti* B 223; die Katharina *divi* (*debes*). *-i = etis, missi*. Die Glossare kennen u aus $ǫ + i$: *otubrio, allurio, frissura, manzadura, rasuro*, ferner Plur. *nudi*, Ruzante *caviggi, viri, pristi, benitti. redrizzi, vini, pili, consigi, famigi, dischi*, 2. Sg. *bivi, mitti, pinzi, -usi, rusti, curri. rumpi*. Hier auch altes $ę$ vor gedecktem n: *intindi, sinti, continti, timpie, respundi, cunti*. Ganz eigentlich ins Gebiet des Umlauts treten wir im Lombardischen. Bonvesin flektirt *desco, dischi, pesce, pisci* E 182, *povereto, poveriti, parese, parisi. -evre, -ivri*. 2. Sg. Impf. *-ivi*, 2. Pl. Präs. *i* aus *edi, vi = vedi. vinni = *venui, crigi = crēdidi, offisi* u. s. w., *-usi, ascusi, multi, vulti, russi, pulli*, heute *tri = trei* neben *tre = *tree, i = etis, quęst, quist, quęll, qui, -et!, -itt, esk, isk, puričč*, Fem. *parečč*. Nach *quęll, qui* mit sekundärem $ę$ im Singular (§ 90) bilden alle Wörter auf *-ęll* den Plural auf *-i: kavęll kavi, bęll bi, fradell fradi* u. s. w., auch *večč* folgt: *vičč*. Für die Konjugation fehlen Beispiele. Die letzten Reste von $u—i$ aus $ǫ—i$ sind vielleicht in *grüpp* neben *gropp*, *püy* neben *poy* (*pulliu*) zu sehen, sodann in *dü, nü, vü*. — Im Altbolognesischen findet sich *chavięçę*

---

1) Vielleicht ist in dem *priesi* Cron. Imp. 60[b], 64[b], 66[b] eine Vermischung von älterem *prisi* und jüngerem *presi* zu sehen. Freilich steht daneben *impriezonadi* 73[b].

Bazz. 1, *qui* 3, *dibiano* 3, *dibia* 9, *pigni* Lett. 75, *tu vidi* Lett. 32, *signury* Bazz. 2, *condamnasuni* 2, 3 (*-oni* 3), *habitaduri* 3, *guastaduri* Lett. 31 und heute *peil,* Plur. *pil, -et,* Plur. *-it* u. s. w., vgl. noch die Flexionslehre. Über das Lombardische hinaus scheint dieser Umlaut nicht zu reichen, weder das Monferrinisch-piemontesische noch das Genuesische kennen ihn. Er findet sich ferner nur bei ẹ und ọ, nicht bei *a*; wenn daher in der Val Maggia der Plural zu *traf* u. s. w. *trẹf* lautet, so wird dieses *trẹf* auf älterem *traif* beruhen.

Wohl aber zeigen die Abruzzen den Umlaut von *a* zu *e, ie, ẹ*, so Monterodomo, Gessopalena, Borrello, vgl. *kendẹ* = *canti, -ivẹ* = *-avi* in Gessopalena, *kindẹ* = *canti, pinne* = *panni* in Teramo, *pietri* = *patri* in Monterodomo u. s. w.

69. Von Konsonanten mögen zunächst einfache und kombinirte Nasale genannt werden. Vor *n* + Guttural oder Palatal und vor *l* tritt im Florentinischen *i* an Stelle von ẹ auf: *cingo, fingo* und die andern Verba auf *-ingo, lingua, cinghia, vinco, tinca, minchia, cinge, finge, vince, quinci, comincia, tigna, gramigna, lucignolo, mignolo, comignolo, famiglia, pariglia, ciglio, accapiglia, origlia, ventriglio* u. s. w. Aber *degno, legno* u. s. w. Es ist also der Eintritt des *i* vor *n'* älter als der Übergang von *gn* zu *n'*, oder besser, *enị* wird zu *inị*, nicht *en'*. Es fragt sich ferner, ob in dem *i* das lateinische *i* oder aber eine Rückkehr von ẹ zu *i* zu sehen sei. Für letztere Annahme sprechen *minchia* und Dante's *Corniglia*, deren *i* thatsächlich auf *e* beruht. Auch vor *skị* tritt *i* ein, vgl. *mischia* aus *misculat* und *ischia* aus *aesculum*, deren zweites wieder für eine Durchgangsstufe ẹ spricht. Dieser Lautwandel ist spezifisch toskanisch: ganz Norditalien spricht *e* in allen oben genannten Beispielen, ebenso das Centrum, und vom Aretinisch-umbrischen hat sich *e* auch des Senesischen bemächtigt. Aus dem Senesischen ist *spegnere, spento* dann ins Toskanische gedrungen, ferner ist das ältere *Sardigna* in der Schriftsprache durch *Sardegna* verdrängt. *Meschia* neben *mischia* hat das *e* von *mescita, mescolo* bezogen, *veschio* neben *vischio* von *vesco*[1]. *Centina* geht nicht auf

---

[1] Ich kann D'OVIDIO § 15 nicht beistimmen, wenn er meint, *cingo* u. s. w. hätten ihr *i* von *cinsi* bezogen, danach *vinco, lingua*, und dieser *i*-reihe hätten sich *tinca, comincia, ringhia, cinghia, avvinghia, quinci* u. s. w. nicht zu entziehen vermocht. In *inẹ̀, inchị̀, inghị̀* haben wir so gut *n* + Palatal, wie in *nị*: wenn hier *i* organisch ist, dann auch dort. Bedenken könnte die Gutturalreihe erregen; man könnte annehmen, dass **venco vinci vince *venca, *fengo fingi finge *fenga* zu *vinco vinci vinca* u. s. w. ausgeglichen worden sei. Allein die Formen mit *i* sind doch wohl im Gebrauch nicht so viel häufiger als die mit *e*, dass sie diese letztern verdrängen könnten; ausserdem bleibt *tinca* dann unerklärt.

cinctura, sondern *cintura* zurück, *pęntola*, wenn es von *pinctula* stammt, hat Einfluss von *pęndere* erlitten, das pistojesische *bilenco* neben *stralinco* stammt wohl vom nördlichen Apenninenhang, dasselbe gilt von *sghengo*, alle drei Wörter gehören nach Caix, Studi nr. 10 zum deutschen link. *Streglia* neben *striglia* hat das *e* von *stregghia* angenommen, ebenso *pareglia* bei Dante, Par. XXVI 107 von *parecchia*, wenn es nicht provenzalische Form ist, wie sicher *incomenza* bei Brunetto Latini, Tesoretto VIII 14.

70. In ähnlicher Weise tritt *u* für *ǫ* ein vor *n* + *ǧ, gi, qu* oder Palatal: *ungere, giungere, unghia, pugno, spugna, sugna, unqua, chiunque, dunque*. Dagegen bleibt *onc*: *tronco, vergogna* u. s. w. *Fungo* ist von *fungi* aus an Stelle von *fongo* getreten. Auffällig ist der Gegensatz zwischen *pugna, spugna* und *cǫgna, cicǫgna, vergǫgna*. Wenn *ǫngi* mit *ǫnǧ* auf eine Stufe gestellt und anders behandelt wird als *ǫni*, so ist das nicht überraschend, wol aber, wenn *ndi* sich nicht zu *ngi*, sondern zu *ni* gesellt. Doch kann *vergogna* von *vergognarsi* beeinflusst sein, *Borgǫgna* ist Lehnwort. Dass endlich *pǫgnu* zu *pugno* wird, während *degno* bleibt, erklärt sich aus der Entwicklung von *gn* zu *ñ*.

71. *Ę* wird vor palatalem *n* zu *ę*: *ingęgno, ręgno, pręgno*. Allerdings ist die Quantität des *e* in *regnum* nicht ganz sicher, während *praegnans* mit *ę* gesichert ist durch siz. *preñu* (Flechia, Riv. fil. class. IV).

72. Vor gedecktem *n* kennt das Toskanische nur *ǫ*, nicht *ọ*: *mǫnte, pǫnte, fǫnte, frǫnte, frǫnda, cǫntra, cǫnte, cǫnto, brǫntola, cǫnca, rispǫnde, nascǫnde, tǫnde, brǫnza, cǫmpie, cǫmpera, cǫmputa, rǫmbo, frǫmba, ǫgni*. Auch *sǫgno* wird hier zu nennen sein. Im Vulgärlateinischen sind diese Wörter theils mit *ǫ*, theils mit *ọ* anzusetzen; entsprechend scheidet z. B. das Sizilianische zwischen *munti* und *ponti*, Alatri zwischen *mǫnte* und *pǫnte*. Nur vor *nd* zeigt das Vulgärlateinische stets *ọ*, das Sardische *u*: *respundit, tundit, frunza*. Vgl. Rom. Gramm. I S. 172.

73. Wenden wir uns den Mundarten zu, so zeigen uns diese noch manche andere interessante Erscheinung. Zunächst ist *en, on, em, om* aus *in, im, un, um* im Emilianischen zu nennen. Die *en*-zone deckt sich jedoch nicht völlig mit der emilianischen *e*-zone § 18, sofern sie südlich nur bis Savignano reicht und westlich Bobbio nicht mehr ergreift, dafür aber nördlich nicht nur Pavia, sondern auch Alessandria, Lodi, Cremona, Guastalla erfasst und einst vielleicht noch einen grossen Theil des Lombardischen begriff. Noch heute nämlich kennt das Mailändische *amaręna, meząna, pertrasęnna*, und früher sagte man nach Cherubini, Voc. V 253 f. *quajcosena, fiorentena,* cüsenna, dottrena, gayen. Aus Busto Arsizio theilt Ascoli, Arch. Glott. I 300 f. vęn, matęna, quattręn, aus Val S. Martino matęna, galęna mit. Sonst also haben wir romg. -en, -ena, fen, ven, pen, maten, len, lema, zema, on, ona, fon, lona, lom, fiom u. s. w. Neben e, o findet sich auch ei, ou in Bologna, Parma, Savignano, in Piacenza und Pavia sogar die Weiterentwicklung von ei zu oi, also im ei-gebiete, woraus folgt, dass der Wandel von ę zu ei § 23 jünger ist als derjenige von in zu ęn. — Es fragt sich nun noch, wie un im ü-gebiete behandelt wurde. Leider giebt Biondelli nur für Piacenza und Cremona Auskunft, S. 209 und 18. Danach spräche man dort viüin, nsüin, hier löm. Auf das lombardische on, nn für ūnus ist kein Gewicht zu legen, da sich das o, u statt il aus der syntaktischen Tonlosigkeit des Artikels erklärt.

74. Vor einfachem und gedecktem n wird ę, ǫ im Lombardischemilianischen geschlossen, und dieses secundäre ę, ǫ wandelt sich dann im Emilianischen weiter zu ei, ou wie das primäre § 23. Auch das Veronesische und in einer jüngern Phase das Paduanische nehmen daran theil, daher denn im Paduanischen Formen wie vinti § 68. Also mail. beñ, veñ, teñ, -męnt, vęnt u. s. w., bologn. veint, seint, bein, sculameint, parmig. bein, -meint, konteinta. Als Weiterentwicklung von ei wird einerseits i in Fiorenzuola d'Arda (Piacenza) zu denken sein: timp. tinza, sinti, mint, paziinza u. s. w., andrerseits ai, a und oi, vgl. maint, cuntaint, saint und entsprechend cauntra, daunca, aber prem in Fiorano Modenese, tamp, mant, sanza, campans, sant, auch pram von primo und fom aus *fam = fine in Modigliana, welche beiden beweisen, dass en über ein, ain zu an geworden ist. Allerdings steht ei hier ganz vereinzelt. Die Stufe oi zeigt Ceppomorelli (Novara): -moint, indiferoint, prasoinza, pazioinza. woneben lent, dulurent wohl Schriftwörter sind, -end unter dem Einfluss von -er steht. Auffällig ist übrigens, dass freies ę hier nicht ei wird. S. Fratello entspricht mit ei. — Gehen wir weiter westlich, so zeigen Piemont und Genua merkwürdige Erscheinungen. Im Allgemeinen bleibt e resp. tritt an Stelle von ei vor freiem n; während die altgenuesischen Texte noch arein, areina, peina, meina neben 1. Pl. -emo, caena, femene, rema, domenega schreiben, kennt die heutige Sprache nur sen (sereno), sen, senee, remu, ebenso piem. velen, len, pena, vena, sen, rem. Diese Reduction scheint jedoch nicht allgemein zu sein, wenigstens findet sich peina im Canavese (Sale Castelnuovo, Ivrea, Corio u. s. w.). Andrerseits aber findet sich -eint zerstreut über das ganze Gebiet, so in Sale Castelnuovo, Melezet, Aosta, Murazzano. Ferner steht vereinzelt bin in der Lamentazione und in den Statuten von Chieri, heute biñ, niñ, viñ in Corio und Lanzo.

75. *A* scheint vor Nasalen zu *au, ao, á, o* zu werden. Die älteste Stufe liegt in Trino (Novara) vor, wo *sanctus* zu *säunt* wird und in S. Fratello *süauna, djäauna,* aber *-üä, täant* u. s. w.: hier wird also nur *ana* zu *auna,* offenbar über *āna.* Das *äu* hat sich dann zu *eu* und mit Verlust des *u* zu *e* weiter entwickelt in Novara (Siz.): *luntēn, vēntu, quennu, grenni, peni, quennu, femi.* Oder aber *au* wird *ao, o,* so in Vigevano (Pavia): *vilon, skombi, quond, tonta* u. s. w., *uo* in Torricelli Peligna: *urtuluon.* Dagegen bieten Gropello (Pavia), Fiorano Modenese (Modena) und die Romagna *ü* für *a* vor *n*: *turnände, umün, tünt, änke, dnünč,* bezw. *senta, quend, suquent, dnenz, enzi* u. s. w. Ähnlich die Abruzzen: *quenne, grenne* in Archi und Bucchianico. Es scheinen drei ganz verschiedene Erscheinungen vorzuliegen. Bei den Monferrinen in Sizilien, vielleicht auch in Trino, bleibt bei der Entnasalirung des ursprünglich nasalen *a* ein velarer Nachklang, in Vigevano verdumpft *n* das *a,* im Romagnolischen dagegen wird *a* durch den Nasal leicht palatalisirt, daher *ü.* Diese ganz entgegengesetzten Wirkungen des *n* hängen davon ab, ob es mehr velar oder mehr palatal gebildet wird.

76. Labiale Konsonanten üben einen assimilirenden auf vorhergehende, seltener auf folgende, zuweilen auch einen dissimilirenden Einfluss aus. Zwischen den zwei Labialen wird *fame* zu *fom* in Bormio und Livigno ; *femina* zu *fomna* in Verona, Mantua, Brescia, Vall' Anzasca, Novara, Cuneo, Turin. Über fast ganz Oberitalien erstreckt sich sodann *prüm, prüma = primus, prima,* es findet sich in Mantua, Cremona, Bergamo, Mailand (schon bei Bescapè), Alessandria, Novara, Genua, *prom* in Brescello, doch hat hier vielleicht der Wandel zunächst in der Ableitung *prumér* stattgefunden. Auch piac. *fubbia = fibula* könnte *u* von *fubbiare* bezogen haben, auch ist hier die doppelte Labialis zu beachten. Dazu kommt, dass schon im Vulgärlateinischen *i* + labial + *u* zu *u* + labial + *i* umgestellt worden ist, *stipula* zu *stupila, stupla,* ital. *stoppia,* sard. *istula,* piem. *strubia,* vgl. MUSSA-FIA, Beitrag 57 Anm.[1]). Zu piac. *fubbia* gesellt sich noch ven. *fiuba,* romg. *fiobba,* gen. *fübba,* bresc.-berg. *föbbia.* Hierher gehört auch pad. *tubia = tribulat* bei Ruzante. Dagegen erklärt sich ital. *zufolo,* ven. *subia* aus dem lat. **sūbilare* (vgl. *subulo*), oder aus einem sabell. *sūfolare,* hat jedenfalls also schon in alter Zeit *u* und keinen direkten Zusammenhang mit *sibilare.* — Stellt FLECHIA, Arch. Glott. II 334 aret. *kyovela* mit Recht zu *clavis,* so ist das Wort ebenfalls hier zu nennen, doch wird auch hier das *o* zunächst im Verbum *kyocolare*

---

[1] Venez. *strepola,* von MARCHESINI, Studi fil. rom. II 3 angeführt, ist seines *p* wegen nicht Erbwort, ebenso wenig pad.-vic. *steola.*

entstanden sein. Syntaktische Tonlosigkeit erklärt wohl siz. *korki* für *qualche* und das weitverbreitete *mo* aus *ma*, das z. B. die altvenezianischen und altveronesischen Texte zeigen und das heute in Fiorano Modenese, Poviglio und weiter südlich in Pesaro und Urbino erscheint. — Von Lautgesetzen ist nur sardisch *um* aus *om* zu nennen: *nume*, *pumu*; auch *puma* im aneap. Reg. San., *nume* Kath. II wird sich so erklären.

77. Labialer Konsonant entwickelt *u* nach sich vor *ü* im Genuesischen: *puü, muü, muän (main, mani), fuü (faiu = fata), puüran (pareant), repuüru, fuünti, spuäntu, vuüre, muü (mai)*. Vgl. Ascoli, Arch. Glott. II 114 Anm., Flechia, ibid. X 143 Anm. 2. Auch im Süden scheint sich dies Gesetz zu finden, vgl. *muę = mai* in Bitonto. Sonst verbindet sich im Süden das *u* der Vortonsilbe mit dem *a* der Tonsilbe zu *ua*, so in Montenero di Bisaccia: *arruvuete, sbruvuñuata, adduluruata, kunzuluá, kustuave, zukuave, sfukuave, suppurtuá*, in Villa Santa Maria (Abruzz. Cit.): *arruvuat, arikonzuluarsi*, ferner *lu rruè, tuľuette, sučuduette, luvuot*, Palena *suppurtuá, appuruá, nu kuane*, auch *murtefekua*.

78. Von den dissimilatorischen Erscheinungen ist, von vulglat. *ǫvum, colǫbra* § 58 abgesehen, der toskanische Wandel von *ǫv* zu *ǫc* zu nennen, der erst eingetreten ist, nachdem altes *ǫ* zu *uo* geworden war, vgl. *cǫva, giǫva, rǫvo, nǫvero, gǫmito* aus *gǫvito, giǫvane*; ferner romg. *skǫva, ǫva*. Im Lombardischen wird *ü* + Labial zu *i*, mail. *sibbi, rimes*, pav. *sibi, zifol, trifola*, tessin. *tartifu*. Schon Vulgärlateinisch scheint *sųber* statt *sūber*, ital. *sovero* neben *sughero*, zu sein. Ferner findet sich *nivola* für *nūbila*, piem. *nivu*, lomb. *nivol* selbst venez. *miola*. Vgl. Rom. Gramm. I 77.

79. Durch folgende Palatale wird fast nur *a*, durch vorhergehende auch *ę* beeinflusst. Den Wandel von *a* + Pal. zu *e* zeigen namentlich die lombardisch-rätischen Grenzgebiete und S. Fratello, und zwar gehört zu den Palatalen hier auch *š* aus *sʲ*. Sichere Nachrichten liegen freilich auch hier nur für die Val Maggia vor, aus welcher Salvioni, Arch. Glott. IX 193 nicht nur *frei = fra[t]i, -ei = -a[t]i*, sondern auch *leč = latte* und *peñ = pane, greñ = grano* u. s. w. anführt. Vereinzelte Beispiele aus Valle Leventina, Val di Blenio und Valle Mesolcina bringt Ascoli, Arch. Glott. I 260 ff. Weit ausgiebiger ist S. Fratello, vgl. *kavei (cavalli), mei (mani), tei (tali), -ei = -ati, teggyi, Blež, bež, neš (nasco), parreš (padrastro), eñ (anni), fečč (faccia), tenč, menğ, frešca, mešku, pešta, krešt, kantešt, ešpa* u. s. w., Arch. Glott. VIII 408. Der Wandel von *aš* zu *eš* ist auch dem Weströtischen (Arch. Glott. VII 418 Anm.) und vielen schweizerdeutschen Mundarten eigen. Im Monferrinischen ist er bisher

§ 79. 80. 81.]   Kombinatorischer Vokalwandel.   51

nicht nachgewiesen, doch wird man annehmen dürfen, dass er einst viel weiter verbreitet war als heute.

Auffällig ist in ganz anderer Gegend *pellegrineǵǵ*, *fett* (*fatto*), *-ete* (*-ati*), *eddre* (*altri*, Sg. *addre*), *sent* (*sante*), *annent* in Bucchianico.

80. Sodann sind ein paar Fälle von *a* + *ñt* im östlichen Oberitalien zu erwähnen, speciell die Vertreter von *sanctus*. Die Gruppe *nct* wird hier nicht einfach assimilirt, sondern *n* wird palatal, worauf sich dann *ñt* weiter zu *int* entwickelt. So findet sich also *sainto* aus *sanctus* bei Uguçon, *sainti* in Pateg, *sain*, *sainto* in den Proverbien, auch Caresini hat noch vorwiegend *sen*; *sento* Fra Paolino. Daneben kennt aber die Hamiltonhandschrift schon *san*, *santo*, und das ist in der Cron. Imp. bis auf zwei Beispiele von *sen* die einzige Form. In Gloss. B steht einmal *sente*. Die Entwicklung ist mehr rätisch als venedisch, daher vielleicht das Wort einem sehr alten rätischen Einfluss zu verdanken ist. Weiter westlich ins Lombardische hinein reicht aber die Form kaum mehr: für Bagolino (Brescia) bietet Pap. *sagnta*, also wohl *saña*. — Ganz entsprechende Formen zeigt der Plural von *infans*, aus *infanti* haben wir *fainti* Panf., *fenti* Fra Paol. XLV, 4; Appoll.; Gloss. A; Frott.; dann *aventi* Frott.; ferner *denent* aus *dinanti* in Grosio und Tirano, endlich *lemenč* Castiglione delle Stiviere (Mantua, Pap.) = *lamenti*, woneben *tanč* auffällt. Diese Formen führen hinüber zu den weitverbreiteten Pluralen *tenč*, *quenč*, über welche die Flexionslehre handeln wird. — Im Romagnolischen zeigen *ends* aus *anice* statt *änds*, *grenk* (*granchio*), *ments*, *-eña* (*-anea*) *e* statt *ä* unter dem Einfluss des Palatales.

81. Nach Palatalen wird *a* zu *e* im Tessinischen und in S. Fratello, wogegen bis jetzt aus dem Monferrinischen noch nichts entsprechendes bekannt ist. Dieselbe Erscheinung zeigen die savoyisch-südostfranzösischen Mundarten und manche rätische, s. Rom. Gramm. I § 259—263. Man möchte gerne einen Zusammenhang finden zwischen diesen drei Gebieten, doch fehlt bis jetzt noch jeder feste Anhalt dafür, die Proben bei Papanti und Biondelli zeigen auch nicht die geringste Spur davon, höchstens kann gen. *embriügu* = *ebriacus* daran erinnern[1]). Im Tessin freilich findet sich *k̓e* nur in geringem Umfang. Regel ist es in Cevio, Val di Campo und Cavergno, wofür Salvioni, Arch. Glott. IX 195 Beispiele bringt: *k̓e*, *k̓erta*, *ǵet* (*gatto*), *k̓ew* (*chiave*), *piega*, *fied*, *piayé* (*piegare*), *riena* (**rivana*), *tayé*, *ñenk̓a*, *bañč* u. s. w., ferner *kenti* aus *k̓enti* (*cantas*). — Sodann in S. Fratello: *ǵica*,

---

1) Ob kors.-nordsard.-gen. *piento*, *pieñe* (vgl. Arch. Glott. II 113 und 133) hierher gehören ist fraglich. *Piento* findet sich auch im Canavese und im Piemont, ist aber möglicherweise Lehnwort aus frz. *plainte*, bei *pieñe* ist die Stellung zwischen zwei Palatallauten zu beachten.

4*

čier, ćiev, ćiem, kier, kierta, kieş, kieuşa (causa), akkiet (accatto), yiet (gatto), śiea (fiato) u. s. w., vgl. namentlich Morosi, Arch. Glott. IX S. 408. Aus dem Romagnolischen gehören ģenda (ghianda), nenca = neanche und das auffällige pyis = piace hierher. Endlich scheinen die Abruzzen eine ähnliche Erscheinung zu kennen, vgl. kyezza = piazza, fieska, kyeya (piaggia) in Campobasso, prinćipiett neben pensat, arrivat in Morroni del Sannio.

82. Absorbirung des i im Diphthongen ie nach Palatalen zeigt das Toskanische in gela, geme, Lecce in ćefalu, ģelu (gelo), śenneru, aceḍḍu u. s. w., Morosi, Arch. Glott. IV 127. Auffällig ist daneben ital. cielo.

83. Wichtiger ist der Wandel von ę zu i nach Palatalen, der hauptsächlich dem Piemontesischen, Lombardischen und Genuesischen eigen ist, vgl. piem. marcij Lament., cira, saitte, caine (aus cayine), paixe Chrys., heute niń aus niente, piń = pieno, pir = piyer = pigliare, gen. piń, saitta, maister, ninte, mail. zila (cera), tanasia, impir, woneben piĕ wohl der Schriftsprache entstammt, vgl. aber pav. pyin, romg. zira, pir, wo sich ie aus ę mit ie aus ẹ vermischt, vgl. § 36. Im Osten findet sich merzi Gloss. A, paise Gloss., deren zweites sich weithin im Süden und Südosten findet, vgl. namentlich payoise in Bitonte, wo oi aus i entstanden ist, § 22. Bemerkenswerth ist romg. mudayina, nicht -ena, wie nach § 73 zu erwarten wäre. Auf weitem Gebiete finden sich maistru und saitta, so jenes im aven. Cato und Prov., im Averon. bei Giac. A 39, im Amail. magistro bei Bonvesin, heute maister und mayęster, im Agen., dieses als seitta im aven. Uguç., im Agen., wogegen das Piemontesische bei saetta, maestro bleibt. Das Genuesische wandelt ferner plicat zu ćeiga, es scheint also iei nicht mehr zu i zu werden. — Bis ins Aretinisch-umbrische reicht pino aus pleno, XIV. Scritt., Laud. aqu. 6, 97; 8, 20; Città di Castello pino, skina.

84. Endlich ist hier noch zu erwähnen, dass im Neapolitanischen und in Lecce yúo zu iu wird, was sich wohl daraus erklärt, dass y sonantisch wird: iuo und infolge dessen einen Theil des Stimmtones erhält: iuo, worauf dann der o-klang verloren geht. Schon im Reg. San. liest man filiulu, und in Lecce lautet figliuolo heute figiúlu. Vgl. Morosi, Arch. Glott. IV 131, d'Ovidio ib. 404. — Das Toskanische dagegen, das uó betont, unterdrückt in diesem Falle das u: ghiǫmo, viǫla (oder vivuola), piǫve, chiǫma.

85. Gering ist der Einfluss des l, abgesehen von den Fällen, wo l zu u wird, also dann ein Diphthong entsteht. Die Trübung des a zu o zeigt im Nordosten noch Fra Paolino: oltro, coldo, folso, soldo, solsa, Appoll.: olto, oltro, folso, nebst gholta, olso, Gloss. A: colza, sim-

pioldo, sodann das Mailändische: *olta, oltro, coldo, solto, boldo* bei Bonvesin und heute *olter, molta, kold, folda, folč, kolza, topa* neben *fals, palta, malta*, die man als Schriftwörter wird fassen dürfen. Auch Como nimmt Theil: *solta, oltar*, Crema: *oter*, Sondrio u. s. w. Dagegen scheint das Paduanische *a* zu bewahren, Ruzante schreibt *gastaldo, alzare, calzò* u. s. w. Das scheinbar widersprechende *descolze* geht auf vulglat. *disculceae zurück, vgl. sard. *isculzu*, rum. *descult*.

86. Auch *r* wirkt wenig. Vor freiem *r* wird *a* im Nordwesten zu *e*, also Inf. -*ér*, *amer*, auch *ker* = *carro*, woneben *car* = *caro*, *avar* und *mar* wohl als schriftsprachliche Formen zu betrachten sind. Zwei Auffassungen sind möglich. Entweder es ist der Wandel vor freiem *r* in Verbindung zu bringen mit dem vor gedecktem § 87, oder aber *r* dehnt das *a*, die Folge der Dehnung ist Übergang zu *e*. Für die zweite Erklärung spricht der Umstand, dass in S. Fratello *ar* bleibt, dagegen -*ar* zu *e* wird, und zur Gewissheit wird sie erhoben durch *soporter* neben *ansñarm* in Pontremoli. Es scheint aber der Wandel zu *e* nicht in direkten Zusammenhang zu bringen zu sein mit dem Abfall des *r*, da sich einerseits -*er*, andrerseits *a* im Piemont findet. Die geographische Vertheilung von *ar* und *er* ist nach Papanti die folgende. Gegen das Lombardische hin bildet die Sesia die Grenze: Varallo, Vercelli und Desana sprechen *e*, Domodossola und Novara *a*, auffälligerweise auch Trino. Sodann folgt die Provinz Alessandria, wo nur die südlichen, durchaus genuesischen Charakter tragenden Ortschaften wie Novi Ligure, Gavi, Vignale, dann aber auch Casal Monferrato und Valenza *ar* bewahren. In Cuneo bilden Ormea und Priola mit *o* § 21, Revello, Garessio und das schon im Flussgebiet des ligurischen Meeres liegende Tenda mit *a* die einzigen Ausnahmen. Sassello und Stella in der Provinz Genua aber noch im Flussgebiet des Po schliessen sich selbstverständlich an Cuneo an. Dagegen vermag *e* nicht in die obern Thäler der Stura, Macra und Varaita nach Vinadio, Grana, Aceglio, Elva zu dringen. Nördlich reicht es bis an den Po, wogegen Lanzo im Sturathal, Corio im Orcothal *a* sprechen und ihnen schliesst sich das ganze Canavese an. Erst Biella und Andorno zeigen wieder *e*. Es scheint also, Vercelli, Alessandria und Turin sind hauptsächlich die Centren, von denen aus *e* mehr und mehr längs der Flüsse vordringt. Was das Alter des Wandels betrifft, so tritt er uns schon in den ältesten Texten, also z. B. in den Statuten von Chieri, in der Lamentazione, in den Predigten entgegen, vgl. *crider* Lament. 25[c], *parter* 25[d], *piorer* 1[a], *porter* 20[b] u. s. w., *apeler* Stat. Chieri 94, *ester* 95, *percurer* 98 u. s. w. Ebenso kennt ihn S. Fratello, Piazza Armerina und Nicosia, s. § 10.

87. Vor gedecktem *r* wird *a* im Korsischen, Genuesischen und Piemontesischen zu *e*. Schon die alten Denkmäler zeigen den Wandel: *erbo = albero* Lament., *juxerma* Stat. Chier., vgl. neupiem. *erže, erbu, kerpu, erca-balestru*, sodann *erboro, inderno* agen.; ebenso heute: *erže, eržu (larice), erku*, sodann korsisch: *mermeru, erburu, erme, kerne, berba, merku* u. s. w., s. Arch. Glott. II 133 Anm., 396, 398. Dagegen verlangt *rr* vor sich *a* statt *e* in Tempio: *farru, tarra, sarra*, ebenso *r* + Kons. *salpi (serpe)* und in Parma: *kuarta (coperta), sarva, invaren*. Umgekehrt bietet Piacenza *ę* für *ę*: *sęrva, covęrta, invęrno*, vgl. Biondelli 210.

88. Nach Kons. + *r* werden im Florentinischen keine Diphthonge geduldet, wie D'OVIDIO richtig gesehen hat, daher *pręga, crępa, tręma, dręto* (aber *dietro*), *bręve, gręve, pręme, pręte, grǫgo, prǫva, trǫva*, auch *rǫta*? Die alte Sprache aber kennt den Diphthongen noch in dieser Stellung, vgl. *priego* bei Brun. Lat. Tesoretto I 84, 179 u. s. w., *criepa* XXI 300, *brieve* X 64 u. s. w., *triegua* VI 30, wenn auch vielleicht, wie WIESE Zs. VII 259 annimmt, z. Th. von den Copisten hineingetragen. Dante hat nur *triegua* Inf. VII 80 neben *tregua* Par. XIV 136, XVII 75, sonst stets *e*.

89. Die schwere Gruppe *str* verlangt offenen Vokal vor sich: *minęstra, balęstra, maęstro, capęstro, canęstro*. Nicht hierher gehört *ginęstra*, das nach Ausweis der Schwestersprachen schon im Lateinischen *genesta* lautet, trotz sard. *binistra* und der lateinischen Schreibung *genistra*. Ebenso *rǫstro* lat. *rōstrum, colǫstra, giǫstra*, während *mǫstra* von *mǫstráre* gehalten wird. Die Qualität des *e* in *senestro* bei Brunetto ist nicht bekannt, da heute dafür der Latinismus *sinistro* eingedrungen ist. Dem Toskanischen scheint Lecce zu folgen, vgl. *mesu, maešu (maestro), meneša, riešu (registro)*, doch *kanišu* und *kapišu*. Es sind also die ersten Fälle vielleicht toskanische, oder aber die letzten sizilianische Lehnwörter.[1]

90. Vor gedecktem Konsonant tritt, wie schon § 14 bemerkt wurde, Kürzung aller Vokale ein. Diese Kürzung hat dann mehrfach auch Qualitätsänderung zur Folge, namentlich bei *ị, u, ǫ*. Zunächst *e, o* für *i, u* bezw. *ö* für *ü* ist emilianisch und bergamaskisch. Beachtenswerth ist dabei, dass auch das freie *i, u* von Buchwörtern als kurz behandelt wird. So also romg. *mell (mille), spell, tranquell, vella, skrett, stezza, vest, -esta, prinzepi, uręgin, vezzi (vizio)*,

---

[1] Auch hier kann ich D'OVIDIO, Grundriss S. 505 nicht folgen, wenn er annimmt, *dęstro, terręstre, finęstra, palęstra* hätten *maęstro* u. s. w. angezogen. Das numerische Verhältniss zwischen *ęstr* und *ęstr* ist für die erste Form um so weniger günstig, als unter den wenigen Wörtern, die sie aufweist, die meisten selten gebraucht werden.

vestebul; noll, inkozan, trastoll, sott (asciutto), ġost, sobi (subbio), sobit (subito), polsa (pulce) u. s. w., vgl. MUSSAFIA, Romg. § 30, 32, 52, 54, 55. Sodann berg. *vella, vesta, tötta, inötel* u. s. w. Ähnlich in Brescia und Cremona: *ġöst, töt, göst.* Besteht ein Zusammenhang zwischen beiden Gebieten? Für das Mantuanische sind *nömer, bröta, tött, öna* in Cavriani beweisend, *töčč* in Guidizzolo, *vepra* in Viadana, für Reggio d'Emilia *deg (dico), mege (miga)* in Brescello, wo die Kürzung vor gutturalen Verschlusslauten zu beachten ist, während freilich Reggio, Coreggio, Guastalla u. s. w. *i, u* bewahren. Wohl aber bietet Modena wieder *deg, mell, dess (disse), menga, inġoria,* Pavullo: *vetta (vita),* Savignano sul Panaro: *Zepri* und hieran schliesst sich Bologna, die Romagna und Città di Castello, vgl. *berbo, gregli = grilli* bei BIANCHI 23.

91. Sodann wird im Mailändischen *ę* zu *ẹ,* nicht nur *novẹll, pẹčč* u. s. w. mit einem *ẹ,* das offener ist als dasjenige von *dẹ̄s (dece),* sondern auch *stẹlla, -ẹtt, quẹll, quẹst, šẹpp, vẹ̃sa, frẹġġ, vẹse, -ẹzza, famẹya* u. s. w. Ferner *vẹnna (vena), ġẹnner, rẹmm, vẹll* u. s. w. Ebenso *ǫ* zu *ǫ: negǫtta, sǫtt, rǫtt, pǫzz, slǫzza (exlutea)* neben *tǫr (torre), vǫlp, agǫst* u. s. w.

92. Von besonderem Interesse sind die Schicksale des gedeckten *ę.* Der Laut hat eine starke Neigung, zu *ẹ* und dann zu *ö, ü* und schliesslich zu *a* zu werden. Die Stufe *ẹ* findet sich im heutigen Piemontesischen, vgl. *nẹta, vẹrda, fiokẹta,* wo *ẹ* dann schliesslich den Ton verlieren und sogar fallen kann, vgl. Rom. Gramm. I § 597. Dann *o* in Ceppomorelli: *vandotta, podos;* ö in Pontremoli: *tömpi, -mönt, quöl, odönd, vandöta, podöss,* Busseto (Parma): *rimössa, vendötta,* Piacenza: *vindöta, pissafrödd, a* in Vignola (Modena): *stass, arvader (rivedere), insaña,* Fiorano Modenese: *vendatta.* Auch in S. Fratello findet sich *o: štoḍḍa, vinnoña, dot (dẹtti), šposs, kavoštr, -ozzu, zopp, ḍḍotra (lẹttera), štrot, pos (pesce),* und dass dieses *o* sich aus der Kürze erklärt, zeigen *fo (fede), zonner (cenere).* — Sodann im Südosten, Teramo *a: fammẹnẹ* oder *fümmene, lüġġẹ, čünnẹrẹ, üskẹ,* auch *vävẹ (bibe), fütẹ* u. s. w., Vasto *uo.* — Selten ist Wandel von gedecktem *ę* zu *a* wie in Maggiorà (Novara): *tara, tasta, bala, barta.*

93. Gedecktes *ǫ* bleibt meist. Daraus wird weiter *a* in S. Fratello: *maḍḍ, sard, fars, art, karda, añ, čaza (chioccia), naš, vaš, trapp* u. s. w.

94. Ganz verschieden von den bisher besprochenen Erscheinungen ist der Wandel von gedecktem *a* zu *üa* in S. Fratello: *tüard, üarba (alba), tüarpa, grüas, püas, blüank, tüant, ḍḍüamp, tüaka, füat* u. s. w. Es handelt sich dabei um eine spontane Entwicklung jedes *a*, das nicht von Palatalen umgeben ist oder dem nicht einfaches *n* folgt. daher auch *süau* (*sule*), *näas, räam, füava, -üa* = -*ato, -üa* = -*à* u. s. w. — Mit dieser Verbreiterung des *a* ist wohl auch diejenige von ę zu *éa* in Zusammenhang zu bringen: *meard* (*merlo*), *vearm, aveart, ašpeat, teašta, veašt, seaǵa* (*seggia*) und diejenige von ǫ zu *uo*: *kruošta, štuopa, kuor'r* (*correre*), *puorvre* (*polvere*) u. s. w.

95. Oxytonirte Vokale sind im Italienischen stets kurz. Daher zeigen sie meist die § 90 ff. besprochene Behandlung der gedeckten Vokale, vgl. mail. *trę́, tasę́* u. s. w., *mę* (*meus*), *domnedę́, kafę* u. s. w. *nǫ, bǫ, sǫ* (*suo*). Fem. *sǫva. tǫ, dǫ* (*due* Fem.); romg. *dé* (*dies*), *qué. alé, virtó*, bergam. *dé, pö*. Hier scheint der Zusammenhang zwischen den beiden Zonen ein festerer zu sein, da sich z. B. *aksé* in Reggio d'Emilia und Modena mehrfach findet in Mundarten, die gedecktes *i* zu bewahren scheinen. Dem *berbo* in Città di Castello entspricht *dę́*. Ebenso haben wir in voller Übereinstimmung mit § 93 in Pontremoli *rö* (*rè*), *porkö, tö*, in S. Fratello *fo* (*fede* und *fece*). — Zu erwähnen ist noch, dass im Romagnolischen ę, ǫ zu ę̌, ǫ̌ werden: *ręˇ, męˇ*, ebenso *pęˇ = piede, bǫˇ*.

96. Im Hiatus steht für *e* vor *i* der Diphthong *ie*, vor den anderen Vokalen *i* ohne Rücksicht darauf, ob ę, ę̌ oder *i* zu Grunde liege: *mio mia, mie*: *miei, dio, rio, di* und *dia, zio, sia, pria, via, io, cria*, vgl. noch *riei* Albertano 31, 30, Ristoro d'Arezzo 26. 10. Als Buchwörter sind *reo* bei Brunetto und Dante, *rie, rea* bei Dante zu betrachten, als etymologisirende Schreibung *eu, deu* im aven. Cato, bei Pateg u. s. w. Beachtenswerth sind ven.-pad. *pria* neben *piera* (*petra*), *drio* Cort. Ebenso haben wir nur *u* und *uo* bei den velaren Vokalen: *fui, cui, grue, due, tuo, tua, tuoi, bue = bove, altrui = altrove* Stat. Sen., aven.; Ruz. *rua, bruo*, aber *doa* u. s. w. Wenn im altvenezianischen Panfilo meist *mieu. dieu, ieu*, bei Pateg einmal *dieu*, auch in den Laud. Aquil. *mieo* I 30, 87 geschrieben wird, so liegt darin wohl eine ältere Stufe vor. — Dagegen bleibt Bonvesin mit *eo, meo, deo* neben *mia, soa, toe, doe*, nmail. *dia* Fem. zu *dę̌, via* auf dem alten Standpunkte stehen. Ebenso das Altsizilianische. HÜLLEN 14, PARISELLE 11 und SCHNEEGANS 31 belegen aus älterer Zeit *deu, meu, mei, cu*, wofür heute *diu, miu*. Offenbar ist *miu* nach *mia* umgebildet und hat *diu* nach sich gezogen. Ebenso wird *arriu* (*ebraeus*), *judiu* nach *arria, judia* umgebildet sein. *Ebreu, judeu* kommen daneben vor. Da im Neusizilianischen der Plural-Mask. identisch ist mit mit dem Sing.-Fem., so war die Ausgleichung um so eher möglich.

In Lecce tritt vor palatalem Vokal *c* an Stelle von *i*: *ziu*, Plur. *zci, -ia*, Plur. *-ci*; ebenso wird *u* im Hiatus vor allen Vokalen zu *o*:

doi (*due*), *foi* (*fui*), *tuo*, *tou*, *toi*, *ǵoa*, *ǵoune* und damit vergleicht sich siz. *groi* aus *grųe*.

Im Bergamaskisch-romagnolischen wird *ia* zu *ía* und daraus gemäss § 90 *ea*, vgl. berg. *kumpañéa*, *ostaréa*, *malatéa*. Im Genuesischen wird *eu* nicht zu *eia*, vgl. agen. *covea*, *see* = *sete*, *Cogoreo* u. s. w.

Die Diphthonge.

97. Von *u*-Diphthongen besitzt das Lateinische nur *au*, während *eu* bloss in griechischen Wörtern vorkommt. Das Vulgärlateinische kennt nun weit mehr Fälle für *au*, sofern es nämlich auch die Verbindung *avi*, *abu* frühzeitig in *au* wandelt. Dazu kommt speziell in Italien ein aus *al* oder *a . u* entstandenes *au*. Das Toskanische wandelt die sämmtlichen *au* in *ǫ*, jedoch erst zu einer Zeit, als das alte *ǫ* aus lat. *ŏ* schon *uo* geworden war, vgl. *ǫro*, *allǫro*, *tesǫro*, *cǫsa*, *pǫsa*, *lǫde*, *gǫde*, *ǫde*, *sǫro*, *frǫde*, *chiǫstro*, *Niccolò*, *carǫla* = χοραύλη; *soma* = *sauma*; *amó*, *óca*, *gota*, senes. *kyoca* = *clavica*, woneben ital. *chiavica* jüngern Ursprungs ist, *parola*, *tola*, *fola*, *grola* aus *gravula* Zs. X 172. Ferner *topa*, *mota* mit *au* aus *al*, ursprünglich nicht toskanische Wörter. Auffällig ist *paraula* bei Albertano, im Chron. Pis. 66, Band. Lucc. 53. Auf *au* gehen auch *Po* und *co* zurück, beides norditalienische Formen, deren zweite von Dante mehrfach gebraucht wird, Inf. XX 76, XXI 64, Purg. III 128, Par. III 96, während die spätere Schriftsprache sie nicht mehr gestattet.

98. In den Mundarten liegen die Verhältnisse weniger einfach. Für den Süden kann als Regel gelten, dass *au* bleibt oder zu *ave*, *avu*, *agu* zerdehnt wird. Sizilien, Kalabrien, Apulien und z. T. die Abruzzen halten sich von der Monophthongierung fern; Wörter wie *oru*, *poku*, *poviru*, *trisoru* bezw. *uoru* (§ 46) stammen aus der Schriftsprache. Von zerdehnten Formen mag erwähnt werden kalabr. *taguru*, *laguru*, Capo di Leuca *kovulu*, *lovuru*, *tovuru*, *ovunu* aus *aunu* (*agnus*), ferner für sekundäres *au* neap. *kavętę*, *avętę*. Lanciano *avętę*, *avętrę* u. s. w. Aus dem Süden werden ital. *navolo*, *cavolo* stammen, wogegen die südtoskanischen Ortsnamen auf -*avola* = -αὐλη Arch. Glott. X 416 jüngeren Ursprungs sein werden als die Kontraktion von *au* zu *o*, bezw. unter Einfluss der schriftlichen Tradition die offene Form länger behalten. — Alatri, Lucca, Arezzo und das Aretinische treiben *ǫ* weiter zu *ρ*, oder besser, wandeln *au* über *ou*, *ǫu*, *ǫu* zu *ρ*: wenn sich daneben in Cortona *muota* Pap. 89, in Arezzo *puoko*, *ḱuosa*, bei Guittone *restuori* 21ᵇ 16, auch in Lett. Bologn. *puorhi* 10 findet, so werden auch diese Formen dem Toskanischen entnommen sein und Lautumsetzung erfahren haben. Oberitalien wandelt altes *au* fast durchgehend zu *ǫ*, das nicht *ö* bezw. *uo* wird, aber auch hier zeigt das Venezianische *puoko*, *puovro*. Auch sekundäres *au* folgt: *co* aus *caput* findet sich im Averon, bei Giac. E 13, im Avenez., vgl. apadua. *cao* bei Ruzante, Mail., Agen. in der Redensart *da cho a pe*, Apiem. bei Chrysost, auch Abologn. im Tes. Pov. Dazu vgl. noch veron.- mail. *fo = fagum*, mail. *tros = traduce*. Die alten Texte schreiben *au* noch oft, so der Cato, die Proverbia, bei Fra Paolino und andrerseits im Chrysost. liest man auch *ou*. — Eine besondere Behandlung zeigt S. Fratello mit *a* aus *au*: *tar*, *ar*, *pak*, *gar*.

99. Das sekundäre, aus *al* oder *atu* entstandene *au* bleibt auf weitem Gebiete erhalten. Beachtenswerth ist, dass im Agen. noch *aotu* und *atu*, *aotru* und *atru*, *faoso* und *faso*, *faoda*, *exaoti*, *caudo* und *cado* u. s. w. Arch. Glott. X 151 nebeneinanderstehen, während heute nur die Formen mit *a* vorkommen, *au* erst in Castelnuovo di Magra, Sarzana, Spezia und andrerseits in Porto Maurizio erscheint. Dagegen bleibt *au* aus *-atu* auf der Stufe *ou*: *amou*, *šou* (*fiato*) in Genua und Tenda, wird zu *o* in Rigoroso. — In der Lombardei wird *ato* zu *ao* bei Bonvesin, das noch heute als *aw* in der Val Maggia bleibt, zu *oo* wird in Bobbio, zu *o* in der Valle Leventina, Valle di Blenio, Lugano, sogar *u* in Puschlav, oder aber über *aa* zu *ā* im Mailändischen und am rechten Addaufer. Auch der Osten kennt die Kontraktion: *stranuo*, *prò*, *lò* bei Ruzante.

100. Es findet nun auch eine Auflösung von *au* zu *al*, *ol* statt. Das Toskanische kennt sie in *salma = sagma*, *calma = καῦμα* und *smeraldo = smaragdus*. Man muss annehmen, dass diese Wörter erst in die Sprache aufgenommen wurden, als altes *au* schon *o* war. Die ungewohnten Verbindungen *gm*, *gd* werden zu *um*, *ud*, dann *au* zu *al*. Dazu vgl. die aflor. *fralde*, *lalde*, ebenfalls Schriftwörter. Etwas mehr bietet Norditalien. Bonvesin schreibt *golta* und *golzo*, *golta* kennt auch das Gloss. A und das Avenez. und heute findet sich das Wort in Mailand, Modena und Cremona, ferner mail. *volsa = ausat*, *ponsa* aus **polsa*, *pausa*, *olsi* in Bologneser Urkunden, *chioldo* Gloss. A, woher emil. *čold*, *aldo*, *exaldi* Gloss. B, Ex. 9, 14, *golta* im bergam. Glossar u. s. w.

101. *Au* in gelehrten Wörtern wird im Lombardisch-emilianischen zu *av*, *ev*: *kaved*, *pavesa* bezw. *kevsa*, *frevd* u. s. w., s. SALVIONI Mail. 85; MUSSAFIA, Romg. § 61.

102. Von bedingten Veränderungen ist zu nennen sard. *a — u* aus *au — u*: *laru*, *pagu*, *pasu*, *trau* aus *taru*, aber *pausa* u. s. w.

103. *Ai* entsteht theils aus *-as*, theils aus *-ati*, *-ate*, zuweilen auch aus *act*. Das Toskanische und die meisten südlichen Mundarten behalten es bei, nur die Abruzzendialokte wandeln *ai* über *ei* zu *i*: *fi = fai, i = hai*. Der Norden aber zeigt fast durchweg *e*. Die altvenezianischen Texte bieten *e* und *a*, vgl. *assé* Paol. XXI 21, XXVI 12, *asa* XXV 16; *me* XXVIII 29 u. s. w.; *e = habeo, se, heba, sepa*; Appoll: *eba, sepis, e, se, assé, mé*; im Altveronesischen zeigt Cat. einmal *me*, einmal *pecé = peccati*, einmal *a*; aus *-ate* theils *ae, ai*, theils *a*, in den Gloss. *asse, e, ebia, mené = -ati, spé = spatae, molesté*, bei Ruzante *diré* 1. Sg. Fut., *assé, mé, neghe = natiche, salbego, gramego, pre, ostiné, citté, sanité* u. s. w. Im Altmailändischen sind 2. Sg. *he, ve, se, tre* und Futurum *-e*, ausserdem *pledo = placitum* bei Bonvesin, *me* bei Bescapè zu nennen, und so heute: *assé, fe, -te, pie* aus *plaito* neben *pleit, geda*, 2. Pl. *kanté, čer (clario), pera, era, ģera*, aus dem Rime genov. *-er* aus *-arius*, sonst meist *ai*, heute aber: *fütu, rüu, salbügu, kampanügu*, vgl. noch § 77, aus Chrysost. *assé, era, senter*, romagn. *era, geba, e* u. s. w. *Act* wird im Piemontesischen zu *ait*, daraus *eit* in Cuneo, *üt* in Corio, *et* im Canavese und in Ivrea.

Hier schliesst sich *aqua* an, woraus frühzeitig *augua, aigua, ega, eva* entstand, Formen, die ganz Oberitalien und sogar dem Nordsardischen angehören, vgl. Ascoli, Arch. Glott. I 300. Die ursprüngliche Form *eugua* findet sich in Nicosia.

104. Von anderen Diphthongen ist etwa noch zu nennen *-ei* in *liei, lei, siei, oi* in *poi, noi*. Das zweite Element wird mehrfach über *ę* zu *a*, vgl. altaret. *pui*, heute *pua, lia = lei, bua = buoi*, kalabr. *pue*, ebenso *sue = suoi*, siz. *pua, vua = vqi (vuoli)*.

105. Das Florentinische duldet keine fallenden Diphthonge im Wortinnern. Wo daher auf irgendwelche Weise solche entstehen, da wird entweder das *i* unterdrückt oder es tritt in den Auslaut. Das Senesisch-aretinische behält dagegen die volleren Formen. So haben wir senes. *vuoito, piaito*, aber tosk. *vuoto, piato*, ferner *madia* aus *maida, magida, aria* aus *aera, balia* aus *baila, ladio* aus afrz. *laid, demanio*, s. Flechia, Arch. Glott. IV 371 und Hirsch, Zs. IX 537, wo Belege für senesische Formen wie: *meità, baila, voitare* u. s. w. gegeben werden. Die eigentlich senesische Form ist die in flor. *balia* vorliegende, vgl. *metià, votio, pretie* aus *preite, ferner *bontià, contio, ontia* u. s. w.

Die tonlosen Vokale.

106. Mit grösserer Genauigkeit als irgend eine der Schwestersprachen hält das Italienische die auslautenden Vokale in Bezug auf ihre Qualität auseinander. Nur *ū, ü, ō* und *ö* wirft es unter *o* zusammen: *servo, amo, aital. lo mano, cetto, dietro* u. s. w. *A* bleibt bewahrt: *canta, venda, pianta, trenta, poma* u. s. w., ebenso *ī*: *servi, vieni, venni, cantasti, venti*. *Ae* wird *e*: *lunedì, corone, le* aus *illae*, vulgl. Dat. Fem., *ctte* = *res*] *hettae*, wie BIANCHI, Arch. Glott. IX 404 Anm. richtig erkannt hat. — *Ē* bleibt: *sette, bene, lume, amasse*, alt *diece*. Dagegen wird *ē* zu *i*: *fiori, ami* = *ames, Chimenti, Giovanni, oggi* = *hodie, vedi* = *vidē,* ĭ zu *e*: *ove, martedì, qualche, venne, crede, forse* (*forssit*), *amate* u. s. w. Endlich *as* ist schon in vorhistorischer Zeit auf dem ganzen Gebiete zu *es* geworden, daraus dann im Toskanischen *i*: *ami* = *amas, amavi, fuori, far bocchi* = *facere buccas*, der Ortsname *Piantraiñi* Arch. Glott. IX 398 [1]).

107. Zu diesen Regeln giebt es nun aber eine Reihe Ausnahmen. Neben *chiunqua* im apis. Sardo 92, *ćinka* der Terra d'Otranto und der Basilicata, *qualunqua* in den altpisanischen und altlucchesischen Quellen steht heute *chiunque, qualunque*, ferner *ovunque*, die ihr *e* von *qualche* haben. Aus vulglat. *dunque* entsteht wie es scheint schon im Vulgärlateinischen *dunqua* in Anlehnung an *unquam*, daher aital. *dunqua, donqua* bei Albertano da Brescia und Francesco da Barberino Pro. II 23, während das ebenfalls bei Albertano vorkommende *dunque* sich auch wieder aus Anlehnung an *qualche* erklärt, da vulglat. *dunque* zu *dunche* geworden wäre. — *Oltre* aus *oltra* ist zunächst in praepositionalem Gebrauche entstanden, wo der Auslaut mit der Praep. *a* zusammengefallen ist: *oltr'a*, daraus wurde dann *oltre* abstrahirt. *Contra* ist die fast allein vorkommende Form bei Boccaccio, wogegen die Intelligenza schon *contro* aufweist. Auch hier wird zunächst vor vokalischem Anlaut des folgenden Wortes: *contr' a lui* Unsicherheit entstanden, dann der Vokal von *verso, dentro, dietro* übertragen worden sein. *Come*, wofür das Senesische und alle südlichen Mundarten *como* sprechen, wird ebenfalls erst aus *com'* entstanden sein, *pome* neben *pomo, fime* neben *fimo* haben sich an die vielen Substantiva auf -*me* = lat. -*men* angelehnt.

In *dieci*, das bei Dante noch nicht vorzukommen scheint, liegt

---

1) D'OVIDIO, Arch. Glott. IX 83 ff. stellt als Regel auf: ĭ, ē, e, ae werden *e*, bringt aber für *ē* zu *e* nur *pure*, und sieht sich so genöthigt, das *i* in der 2. Sg. aller Verba von der 4. Konj. ausgehen zu lassen, was ganz unwahrscheinlich ist, wie die Konjugationslehre zeigen wird. Das -*i* der Eigennamen hält er für übertragen von *Luigi, Ruggeri* u. a.; *oggi* wäre nach *jeri* gebildet, was deshalb unwahrscheinlich ist, weil nach Quintilians Zeugniss *hĕrĕ* die gewöhnliche Form ist, die auch z. B. Juvenal III 23 braucht. Die Fälle, wo *i* für *ĕ* eintritt, erklärt D'O. z. Th. wie es hier geschieht. Dass das auslautende italienische *i* auf lautlichem Wege aus *e* habe entstehen können, hat schon FLECHIA vermuthet, Arch. Glott. II 5—6 Anm., ohne freilich die wesentliche Scheidung zwischen *ē, ēs* einerseits und *ĕ, ĭ* andererseits vorzunehmen.

Anlehnung an *venti* vor, *dodici* u. s. w. haben entweder den Auslaut dem tonlosen Inlaut angeglichen oder sich an *dieci* angelehnt. — In den Adverbien erscheint mehrfach *i* statt *e*. Noch Boccaccio schreibt vorwiegend *domane*, kennt aber auch die heute allein gebräuchliche Form *domani*, die wohl am ehesten als Anlehnung an *oggi* und *ieri* zu fassen ist. Das alte *anti* könnte mit span. *antes* auf ein nach *pos* gebildetes vulglat. *antes* zurückgehen und dann *avanti* nach sich gezogen haben, vielleicht ist aber auch, wie A. Tobler, Arch. Glott. X 238 für das Altvenezianische annimmt, *anti* zunächst vor vokalischem Anlaut des folgenden Wortes entstanden. Endlich könnte sich fragen, ob *anzi* nicht berechtigtes *i* habe, das dann auf das synonyme *ante* übertragen wäre. Neben *forse* steht *forsi*, dessen Auslaut sich daraus erklärt, dass das Wort im Satzinnern völlig tonlos ist, dasselbe gilt von *quasi*. Schwierig sind *altrimenti* und *parimenti*, wofür Boccaccio in der Introd. zum Dec. noch *altramente*, *parimente* schreibt; in letzterem wird das erste *i* das zweite nach sich gezogen haben, *altrimenti* aber erst nach *parimenti* gebildet sein. Endlich *ivi* neben *ove* verdankt sein zweites *i* dem ersten, ebenso *quindi*, *indi*; *ivi* selbst scheint halbgelehrt zu sein, wenigstens bestreitet Canello, Riv. fil. rom. I 215 seine Volksthümlichkeit und d'Ovidio, Arch. glott. IX 93 stimmt ihm bei.

Selten sind die Fälle von *e* statt *i*. Wenn lat. *mercuridies* zu *mercoledì* wird, so ist die Anlehnung an die andern Wochentage klar, *pure* aus lat. *purē* statt des zu erwartenden *puri* wird erst von *pur'* aus gebildet sein, kann ausserdem unter dem Einfluss des sinnverwandten *anche* stehen.

O und *a* für andere Vokale sind selten. Schon alt ist *a pruovo* von lat. *prope*, vgl. § 43, vielleicht an *vicino* angelehnt. Nach *poscia* = *postea* bildet man *pria*, umgekehrt findet man auch *poscio* im Altperuginischen, *pos* bei Bonvesin, die wohl nach *dopo* umgeformt sind. *Fuora* statt *fuori* wird von *contra* und andern Adverbien gebildet sein.

108. Es können nun die auslautenden Vokale auch abfallen. Da aber das Italienische am Satzende nur Vokale duldet, so ist der Abfall des Auslautes auf die Stellung der Wörter im Satzinnern beschränkt, und auch hier tritt er fast nur nach den Sonanten, noch dazu nach *m* selten, ein. Ferner bleiben das *i* und *e* des Plurals und das *a* des Feminins stets bestehen, wogegen sonst auch *i* fällt, vgl. *vien qui* = *vieni qui*, sodann also: *signor padre*, *amor mio*, *quel libro*, *tal cosa*, *bel giorno*, *pian piano*, *buon tempo*, *Cangrande*, *andiam lenti*, *uom grande*. Wie man aus den Beispielen sieht, hat die Unterdrückung nur statt, wenn die beiden Wörter fast zu einer Einheit verschmolzen sind. Bemerkenswerth sind ferner *gran fatto*, *san Niccolò*, wo *e*

bezw. *o* nach *d*, *t* fallen, und Kürzungen, wie *ver* = *verso*, *me'* = *meglio*, die meist auf die poetische Sprache beschränkt sind, oder Ortsbezeichnungen wie die florentinischen *Or S. Michele* = *orto S.*, *Por Santa Maria* = *Porta S.* Eine besondere Besprechung verdienen *or*, *tuttor*, *talor*, *ancor*, *allor*, die namentlich der Dichtersprache angehören und schon bei den alten Lyrikern erscheinen, vgl. GASPARI, Scuola Poetica 24, CAIX, Origini 100. Dass sie mit den vollen Formen *ora* u. s. w. zusammenhängen und auf *hora* beruhen, ist klar, es frägt sich aber, ob sie aus diesem abgekürzt seien, oder einen andern Kasus, z. B. den Nom. oder Abl. Plur., darstellen und ob sie überhaupt echt italienisch seien. Die zweite Auffassung ist die unwahrscheinlichste, für die dritte könnte der Mangel von *or* u. s. w. im Spanischen sprechen, doch sind die Adverbien zu populär, um entlehnt sein zu können, so bleibt also die erste Annahme, dass wir in dem Abfall des *a* das Bestreben nach Abkürzung syntaktisch unwichtiger Wörter zu sehen haben. — Dagegen sind Formen wie *gioi* = *gioia* und *noi* = *noia* reine Provenzalismen, wie CAIX, Orig. 15 mit Recht bemerkt.

109. Wenden wir uns nun den Mundarten zu, so treffen wir da ganz andere Verhältnisse. Zunächst muss ein Gebiet erwähnt werden, das abweichend vom Toskanischen noch heute -*u* und -*o* auseinanderhält. Die 1. Sg. und das Gerundium lautet auf -*o*, die Substantiva der 2. Decl. auf *u* in Città di Castello[1]), Norcia, Rieti (auch *quanno*, *esto*, s. § 32, *loco*) Spoleto, in der Provinz Macerata mit Ausnahme von Recanati, und weiter nördlich in Cupramontana und Filottrano, südlich in Fermo, Grottamare, Amandola, Monte Fortino, Monte Rubbiano, Petritoli, Aquila, westlich in Pitigliano (Grosseto). Daran schliesst sich dann weiter südlich das Gebiet, wo *o* und *u* an der verschiedenen Gestaltung des Tonvokals noch zu erkennen, aber allerdings selber zu *ę* abgeschwächt oder ganz gefallen sind, § 32 und 111. Dass auch das Logudoresische scheidet zwischen *diko*, -*endo*, *quando*, *beḑdos* einerseits, *beḑdu*, *tempus*, *manu* andrerseits, ist bei dem starren Festhalten dieser Mundart an alten Formen selbstverständlich.

110. Davon abgesehen bewahren die Mundarten die auslautenden Vokale weit weniger genau als die Schriftsprache. Den Unterschied zwischen *i* und *e* verwischt schon das Aretinisch-umbrische. ASCOLI hat Arch. Glott. II 449 gezeigt, dass im Cortonesischen zunächst *li*, *ni*, *ti* zu *le*, *ñe*, *te* werden und hat dann aus altumbrischen Denkmälern nicht nur *fratelglie*, *capelglie*, *ágnoglc*, *quagle*, *pangne*,

---

1) Doch nicht ganz genau, vgl. *sapendu* neben *ncomenzando*, *sdelorgnando*, *mparando*; *dico* neben *vegnu*, *pregu*, *stetu duro e priegu* u. s. w. Auch in den andern Texten sind die Laute nicht streng geschieden, ausser in demjenigen von Rieti; am stärksten ist die Verwirrung in Spoleto.

angne angeführt, sondern auch *occhie, prodigie, chiove, desciplinate, predecatore, chiamate, ordenamente, pesce, fabbre,* entsprechend neuperug. *čertę, tortę, altrę,* ferner *tempe, altrue* in Todi und entsprechende Formen in Acquapendente, S. Lorenzo, Viterbo, Ascoli, Offida. Im Cortonesichen aber scheint *-ie* die Regel, vgl. *servitorie, okkie* bei Zucc.-Orl., *verie, passie, tempie, sbęffie* bei l'ap. Es scheinen hier zwei verschiedene Strömungen vorzuliegen. Im Aretinischen verband sich das *i* mit dem vorhergehenden dentalen Konsonanten zum Palatallaut, *li, ni, ti* wurden zu *l'i̯, ñi̯, t'i̯*. In Folge dessen verlor es von seinem Eigenton und wurde zu *ę* abgeschwächt, dann fand von *l'e, ñe, t'e* Übertragung des *i̯e* auch auf die andern Fälle statt. Im Umbrischen dagegen ist *i* einfach zu *e* herabgesunken [1]).

111. Wie *e* aus *i*, so wird auch altes *e* zu *ę* im Umbrischen und in der neapolitanisch-abruzzesischen Gruppe. Gleichzeitig findet auch eine entsprechende Reduktion von *o, u* zu *ę* statt. Endlich fällt dann *ę* ganz ab. Die verschiedenen Stufen lassen sich geographisch noch nicht abgrenzen, da die Angaben meist zu ungenaue sind. Es scheint auch, dass *a* und *i* widerstandskräftiger sind, als die *ę*- und *o*-Laute, so stehen in Alatri *kannęla, paisi* neben *kredę, arbęritę, paęsę*. Vor der Hand mag es genügen, die Grenzen zwischen dem Gebiete, wo die Vokale ganz bleiben und dem, wo sie stärker oder weniger stark reduzirt werden, abzustecken. Im Süden scheint der Querriegel des Apennins, der die kalabresische Halbinsel vom Festlande scheidet, auch die Sprachgrenze zu bilden, Moliterno zwar spricht noch: *vol'u, tiempi, primo, unori,* Ravello: *tiempo, primo, iette, piačere,* aber Senise: »i Senesi sopprimono spesso, nella pronunzia, le ultime vocali delle parole« Pap. 111, 2, vgl. *dik, tiemp, fiest, prisintav* neben *quidḍa siñura, nsiñifikante* u. s. w.; Saponara di Grumento: *tiemp, nnant, tant, sant, saburk, lañanz* am Satzende, wogegen im Satzinnern die Vokale fester sind; Matera: *timp, prim, la terra sant, riturn, subbulk, šillarat* u. s. w., Tarent »tutte le vocali finali sono mute« Pap. 489; Ostuni: *tiemp, prime, sebbulk, returnann, čiert,* aber *arrevata* u. s. w. Dieser Zustand erstreckt sich längs dem adriatischen Meere bis an den Aso, vgl. Ascoli Piceno: *dike, tiemp, pelligrinaǧǧ, vellanament* u. s w., aber *-a*; Offida: *dike, prime, santę, uommene, kuerone, ellore,* Ripatransone: *tiemp, primę, santę, pensett, fečevę* u. s. w. Im Westen scheint die Vokalschwächung weniger weit zu reichen. Zwar das Neapolitanische führt sie durch, aber Nola, Benevent und Melfi scheinen sie nicht zu kennen. Dann folgt wieder die ganze

---

1) Etwas anders Ascoli: »alle uscite palatili *l̯i, n̯i* si aggunsc un'*e* epentetica«.

Molise, die Terra di Lavoro und Alatri. In den Bergen selbst zeigen noch Accumoli und Pratola Peligna die geschwächten Vokale, Aquila und Solmona die vollen.

112. Südlich von diesem eben skizzirten Gebiete in Calabrien, Apulien und auf Sizilien steht die Entwicklung der Auslautvokale in vollem Einklang mit derjenigen der übrigen tonlosen Vokale. So wird im Sizilianischen *e, i* zu *i, o, u* zu *u*, vgl. siz. *aviri, siñuri, veni; diku, quannu, servu*, im Apulischen *e, i* zu *e, o, u* zu *u*, vgl. lecc. *oše (oggi), pipere, deiče, oñe, sonu, quandu* u. s. w., doch bleibt -*i* des Plurals und der 2. Sg. Im Calabresischen endlich stehen sich ebenfalls *e* und *u* gegenüber, vgl. *sule, friddu*. Besonders interessant ist hier *fore = fuori, amave = amavi*. Da im Präsens die 2. Sg. durchgehend auf -*i* lautet, auch sonst -*e* sich in keiner andern Person des Imperfectums findet, so ergiebt sich, dass -*e* hier das lautgesetzliche Ergebniss von -*as* ist, eine Annahme, die durch *fore = foras* bestätigt wird. Abweichend vom Toskanischen ist also *as* über *es* zu *e* geworden. Auch für -*es* ist wohl -*es* anzusetzen, vgl. *amasse = amasses.* — Zum Sizilianischen stellt sich dann noch das Südsardische, vgl. *ǧunǧiri, dulči, mayu, peus* u. s. w.

113. Wenden wir uns dem Norden zu, so lassen sich da drei verschiedene Zonen unterscheiden. Geographisch schliesst sich an die toskanische zunächst die emilianische an, die sich nun aber von ihr am aller stärksten unterscheidet. Auslautend *a* bleibt bewahrt, alle andern Vokale fallen ohne Rücksicht auf die Natur und die Zahl der stammauslautenden Konsonanten, vgl. romg. *kred = credo, credi, crede; ferum, kern (carne), etar (altro), merum (marmo), salbędg, tevd* u. s. w., aber *kalezna, mandga, ferma* u. s. w. Diese weitgehende Apokope ergreift die sämmtlichen emilianischen und zum Theil auch die lombardischen und piemontesischen Mundarten, wogegen das Genuesische einerseits, das Venezianische andrerseits sich fern halten. Abweichungen in den einzelnen Gruppen zeigt nur die Färbung des *a* und die Behandlung von *l, r, m, n* nach Konsonanten. Im Süden beginnt das Apokopegebiet in der Provinz Ancona, vgl. *diǧ, prim, dop, ciuǧ, arturnand, spolkr, tant kos (cose), pač*, aber *tempi, čerti omnači, porti (tu porti), vedi* in Monte Marciano, *diǧ, prim, turnand, spulkr, pensat, baronad (le baronade), dispett*, dann auch *temp (tempi)* neben *slerati omi, altri* in Sinigallia, *diǧ, prim, spolkr, fečer, šelerüt, temp, diss, le birbonat, i dispett* in Fano, also noch im Gebiete von *a = a*. Sodann natürlich in Pesaro *prim, temp, sted, Sipulkr, šelered, i tort* u. s. w. Hier ist auch das -*i* schon fast völlig verschwunden, da auf *čerti šeleret* in Pesaro, *čerti birbaččon* in Urbino kaum viel Gewicht zu legen ist. Die Nordgrenze bildet der Po. Dabei ist bemerkenswerth, dass Ortschaften mit auslautenden Vokalen und solche mit Apokope oft auf demselben Flussufer unmittelbar neben einander liegen, vgl. z. B. *digo, tempi, primo, birbanti, tuti* in Bottrighe, *dig, prim, dop, tant, fuss, birikin, solament* in Papozze, beide am linken Poufer und nur wenig von einander entfernt; wenn in dem Text aus Papozze sich *mondo, ñente, male, essendo* neben *pianzand* findet, so sind das offenbar Italianismen. Da gerade für die Provinz Rovigo die Texte bei Pap. zahlreich sind, so lassen sich die äussersten Punkte der Apokope-Region ziemlich sicher bestimmen. Es sind Ariano auf der durch den Po di Goro und den Po grande gebildeten Insel, Ostiglia, Crespino, Ficarolo, Polesella, Occhiobello, Ceneselli, Massa, Stienta. Eine wirkliche Mischung von Emilianisch und Venezianisch zeigt nur Corbola auf der Isola di Ariano, vgl. *digo, mondo, nato, korağo, stomgo, pase, pianzando* u. s. w. neben *quand, dop, sikur, zent, ges, vist, drent* u. s. w. Im Süden scheint sodann die Apenninenkette eine scharfe Grenze zu bilden: Firenzuola, Marradi, Modigliana, Palazzuolo, Rocca San Casciano in der romagnolischen Toskana apokopiren, sodann alle am Nordabhange des Gebirges liegenden Ortschaften mit einziger Ausnahme von Fiumalbo, das noch als toskanisch gelten kann: *digo, tempo, pellegrinağğo, tornando, sepolkro* u. s. w., während 5 Kilometer nördlicher Pievepelago durchaus emilianisch ist: *dig, temp, pellegrinağ, artornand* u. s. w. In der Lunigiana kreuzen sich wieder die zwei Typen: der toskanische zieht sich längs dem Meere hin, um schliesslich in den genuesischen überzugehen, der emilianische bleibt mehr im Gebirge. So haben wir in Massa *dike, tempi, preso, quando, vendikare*, in Montignoso *diko, primo, vendikare, suffrire*, Vagli Sotto: *diko, tempo, ebbe, andare, ñanke* u. s. w., aber in Carrara *dig, prim, dov, arvenind, andarsen, pianzend* neben *tempi, omi, i affronti, di altri, insulti, dispetti*, ähnlich Avenza, Fivizzano, Licciana, Pontremoli und Sillano. — Wie schon bemerkt, zeigt das Lombardisch-piemontesische dieselben Auslautgesetze, wie das Emilianische, und leitet damit zum Französischprovenzalischen einerseits, zum Rätischen andrerseits hinüber; es bleibt also noch übrig, die Grenzen gegen das Genuesische und Venezianische zu bestimmen. Jene sind im ganzen durch den Apennin gegeben, jedoch mit der Einschränkung, dass auch das obere Tanarothal sich zum Genuesischen gesellt, vgl. Ormea: *digu, primu, tempi, pellegrinaoğu*, sodann Gavi, Rigoroso und natürlich Novi-Ligure in der Provinz Alessandria, Bedonia, Borgotaro, Compiano und Tarsogno in Parma. Endlich gegen Osten dürfte der Mincio die Grenze bilden, da zwar Valeggio sul Mincio noch *temp, prim, fat, skerz* Plur.), *oč* spricht, aber Malcesine am Gardasee, das sich mit *ü, ö* noch als lombardisch ausweist

(§ 17), schon lombardische und venezianische Formen neben einander aufweist, vgl. *temp, konquist, fat, dit, alter* neben *digo, primo, pelegrinago, šelerati, sfregi* u. s. w.

114. Das Genuesische und das Venezianische unterscheiden sich in der Behandlung des Auslautes von der bisher behandelten Dialektgruppe ebenso wesentlich wie vom Toskanischen. Die *o*-Laute fallen im Genuesischen unter einem zwischen *u* und *o* liegenden Laute zusammen, welchen die einen Quellen *u*, die andern *o* schreiben. Lateinisch *i* und *as* werden zu *i*, sonst aber tritt für *e* und *ē* meist *e* ein, daher z. B. *doze* = *dodici*; auffällig ist *-menti, anti, longi, nienti* im Altgenuesischen, Arch. Glott. X 147. *E* und *a* fallen sodann stets nach *l, n, r*, also agen. *vol, cel, nobel, don, coven, vergen, mancar, far, aver, fer (fiere), quer, aster* Arch. Glott. X 156 und so heute *Buľon, onó* aus *onor, villan, punze* u. s. w. Ferner wird *-ni* zu *-in*, also *kaderuin*, Plural zu *kaderun, skriven, tosken* u. s. w. — Das Venezianische unterscheidet sich wesentlich vom Genuesischen nur darin, dass es bei reinem *o* bleibt, nicht nach *u* hinübergleitet, stimmt dagegen in der Vertheilung von *e* und *i* mit jenem überein. Es tilgt ferner *e* nach *r, l, n, o* nach *n*, wenn ihnen ein Vokal vorangeht, vgl. *dar, mañar, saver, sol, tal, doman, kan, vien, san, pan, son*, auch *-er* = *-arius*, aber *pare, pelle, karne, korno*, vgl. Ascoli, Arch. Glott. I 393 Anm. — Im Veronesischen wandelt sich *e* weiter zu *o*, vgl. *esro, bevro, famo, nevo, veniro, dormo* (3. Sg.) bei Fra Giacomino und noch heute in Val Policella, wie Ascoli, Arch. Glott. I 224 Anm. 2 mittheilt.

115. Es erhebt sich nun die Frage, wie alt der Abfall der auslautenden Vokale in dem § 113 umgrenzten Gebiete sei, und ob alle Vokale gleichzeitig geschwunden seien. Dafür, dass *-i* lebenskräftiger ist als *e* und *o* haben sich im Vorhergehenden schon mehrfach Belege gefunden, und dass im Romagnolischen der Abfall des *o* älter ist als der des *e*, ergiebt sich aus § 58. Die mittelalterlichen Denkmäler zeigen uns durchgehends noch einen älteren Zustand oder ein Übergangsstadium. Was zunächst den Norden betrifft, wo die Texte in grösserer Auswahl vorliegen, so ist Vokalschwund nach den Konsonanten meist eingetreten, dann auch von *e* nach *nt, x*, vgl. bei Bonvesin *doment* H 184, *meltrix* L 280, *indux* H 54, *polex* N 170, *ravax* D 163 neben *rixe* B 31, und dieser Zustand scheint einst östlich bis ins Venezianische hineingereicht zu haben, vgl. *pax, lux, condus, entes, hom, ment* bei Fra Giacomino, *dux* in der Cron. Imp. Dagegen wird *ato* über *adho* im Mailändischen zu *ao, ā*, im Venezianischen *ao*, vgl. § 210, wogegen im Emilianischen vielmehr die Reihe *atu, at, a* anzusetzen ist. Dadurch unterscheiden sich also die am linken Pouferü gesprochenen Dialekte wesentlich von den rechtsufrigen. Nun scheint aber auch *at* auf dem linken Poufer vorzukommen. »Die Strömung *atu — at* folgt dem Inn abwärts, durchzieht das Livignerthal, breitet sich über das Veltlin und die Berge von Bergamo und Brescia aus und beherrscht die östliche Lombardei« H. MORF, Gött. Anz. 1885 S. 858. Wir haben hier also eine neue Übereinstimmung zwischen Ostlombardisch und Emilianisch, vgl. § 85 und 90. Dieser frühe Abfall des *o*, der auch dem Mittel- und Osträtischen eignet, scheint dann ins Venezianische eingedrungen zu sein, vgl. *enplagat, serat, met, -a* aus *ato* u. s. w. im Cato und Panfilo. — Auch das westliche Oberitalien zeigt *a[t]*, hierin sich wieder dem Französisch-provenzalischen nähernd. Schon die Lamentazione tilgt alle auslautenden Vokale : *bon, car, pillat, spirit* u. s. w., SALVIONI 13, ebenso die Statuten von Chieri : *govir, present, fos, statut* (Plur.), *consuetuden* (Plur.), *engan, om, ordoná, sot* u. s. w. — So ist also die Übereinstimmung der grossen oberitalienischen Dialektgruppen in der Behandlung der auslautenden Vokale eine zufällige. Man kann vielleicht noch weiter gehen und sagen, der westlombardische Zustand sei erst die Folge östlicher oder westlicher Einflüsse. Wir finden nämlich, worauf ASCOLI, Arch. Glott. II 152 hinweist, in der Brianza den genuesischen Zustand : *üstu (visto), koldu*, in Borgomanero am Langensee : *omu, prümmu, grassu, kölu, fami, pari*.

116. Es bleiben noch eine Anzahl Einzelheiten nachzutragen. Folgt *re, ro, le, lo, ne, no* einem Konsonanten, so bringt der Abfall des Auslautes Vokalisirung des Sonanten mit sich. Der Sonant wird nun in den Texten durch *er, ar, re* wiedergegeben, wobei es dahingestellt bleiben muss, ob diese verschiedenen Notirungen wirklich grösseren Aussspracheverschiedenheiten entsprechen. Am Lago Maggiore scheint *u, i* in diesem Falle überhaupt nicht geschwunden zu sein, da SALVIONI, Arch. Glott. IX 210 *ladru, neiru, nigri, meiri* anführt. Sonst werden *padar, ordan* u. s. w. hauptsächlich für die Emilia angegeben, *pader, ġovin* für Lodi und überhaupt für's Lombardische, dagegen sind mailändische Formen : *forna = forno* und *forni, merla, eterna, el dorma, ürna (urne), el retorna, fanatismu* u. s. w., s. SALVIONI, Mail. 118 f. — Nach BIONDELLI 17 scheidet sich das Cremaskische durch *mentre, quadro* vom Bergamaskischen und Cremonesischen, die *menter, quader* sprechen, ähnlich giebt er 196 für Ferrara *perdar*, für Bologna *perder*, für Parma *perdr* an, 205 für Rimini *numre*. — Auslautend *a* bleibt auf dem ganzen Gebiete, nur in Forli sinkt es zu *e*: *vleve, allore, feste* Biond. 201. Und in Val Lavizzara fällt *-a* in Proparoxytonis : *mani, tivi, lodul, rondul* u. s. w., SALVIONI, Arch. Glott. IX 209.

117. Besondere Beachtung verdienen endlich die Auslautvokale, wenn sie mit den betonten Hiatus bilden. Das Genuesische lässt in diesem Falle *o* schwinden: *de = deo, e = eo, me = meo* findet sich in den alten Texten wie heute. Sodann zeigt die Endung *ia* merkwürdige Veränderungen. Es kann nämlich das *a* durch das vorhergehende *i* zu *e* geschwächt werden: *ie*, so in Comacchio, und daraus entsteht dann weiter *i* in Bologna, Forli, Ravenna, oder aber *ié* in Ferrara. — Ferner ist noch die Assimilation an den Tonvokal zu nennen, wie sie in pisan.-lucches. *-ieri = -iere* vorliegt. Auch das Kalabresische kennt diese Form.

118. Die tonlosen Vokale in Proparoxytonis sind nur zum Theil erhalten, unter bestimmten Bedingungen fallen sie aus und zwar gehen auch hierin die Dialekte z. Th. sehr stark auseinander. Bleiben sie erhalten, so zeigt namentlich das Schriftitalienische eine starke Abhängigkeit der Vokale von den umgebenden Konsonanten. Der Vokal *u* fehlt völlig, *e* steht nur vor *r*, womit das Florentinische dem Lateinischen treu bleibt, *o, i, a* sind am häufigsten.

119. *A* tritt ein bei auslautend *o, a,* wenn nicht dem Mittelvokal *ǧ* oder *č* vorangeht, vgl. vor *n*: *abrotano, cofano, cotano, modano, Modana, orfano, sedano, pampano,* vor *m*: *Girolamo, Bergamo, attamo,* vor *c*: *monaco, canonaco, cronaca, Monaca, sindaco, indaco, mantaco.* vor *g*: *foluga, prolago, astrolago,* vor *f*: *orafo,* ferner *celabro.* Vgl. Mussafia, Beitrag 12 Anm. Bei auslautend *e* bleibt *i*: *modine, abrotine, folice,* daher *giovane* auffällig ist. Vor den andern Konsonanten tritt *o* nicht ein. *R* verlangt stets *e* vor sich: *gambero, zucchero, cetera, bacchera, Gaspero, Lazzero, biffera, dattero, cecero,* wo *e* an Stelle von lateinischem *a* oder *i* getreten ist. Dagegen bleibt *or* bewahrt, ausser in *rovere, albero* (aber *arboro* bei Sardo), *cantera,* das nach Caix singularisirter Plural von *canto,* Plur. *cantora* ist. Die Abweichung könnte dort in einer frühzeitigen Anlehnung an die Flexion auf *-us, -eris* ihren Grund haben, *cantera* bleibt unerklärt. *L* verlangt *o*: *ségolo* neben *segale, bufolo* neben *bufalo, mandola, cembolo, scandolo, Agnolo, risipola, scattola, semola, nespolo, trespolo, bussola, torbolo, pesolo, prezzemolo, debole, fievole* und die alten *utole, nobole, possevole.* Formen wie *utile, nobile, facile* entstammen selbstredend der Büchersprache. Endlich bleibt noch das veraltete *menomo,* wofür man *menamo* erwartet, ferner *balsimo* aus *balsamum, attimo* aus *atomon,* die beide der allgemeinen Tendenz nach *i* folgen. Das *i* ist in allen andern Fällen der Vokal tonloser Pänultima in Übereinstimmung mit der Vokalisirung der Vortonsilben und zufällig mit dem Schriftlateinischen. Vgl. Storm, Mém. soc. lingu. II 80 ff.; Caix, Osservazioni sul vocalismo italiano 1875.

120. In vielen Fällen ist der tonlose Mittelvokal geschwunden. Dabei ist zu scheiden zwischen vulgärlateinischer und italienischer Synkope. Schon im Vulgärlatein tritt Schwund ein in *domnus, domna*, ital. *donna*, und in den Silben *l'd*: *caldus, soldus*, ital. *caldo, soldo, lit*: *faltus, voltus, solius*, ital. *falta, volta, solta, lim*: *calmus*, ital. *calmo, lip*: *colpus, polpus*, ital. *colpo, polpo, rim*: *ermus*, ital. *ermo, rid*: *virdis, lardum*, ital. *verde, lardo, sit*: *postus*, ital. *posto, x-d*: *buxta*, ital. *busta*, endlich in *frigdus* und *rigdus*, ital. *freddo, reddo*. Eine Stellung für sich nehmen *cul, tul, bul* ein, sofern sich hier seit alter Zeit im Vulgärlatein zwischen den zwei Konsonanten kein Vokal entwickelt hat, also *cl, tl, bl* gesprochen wurde, wogegen das Schriftlatein längere Formen vorzog, die dann mitunter wieder in die Volkssprache gedrungen sind. Wir können für die Wörter mit dieser Verbindung drei Perioden festsetzen. In der ältesten kommen nur die kurzen Formen vor, ihr gehören *vecchio, macchia* an; in einer zweiten wird zwar synkopirt, das *l* aber bleibt und assimilirt sich den vorhergehenden Konsonanten: *spalla* aus *spatla, spatula*; in der dritten endlich bleibt die längere Form: *macola*. Sehen wir von diesen Verbindungen ab, so ergiebt sich als Regel, dass das Toskanische im ganzen die vulgärlateinischen Tendenzen fortsetzt, also zunächst synkopirt, wenn einfaches *l* oder *s, x, rs* im Silbenanlaut stehen, vgl. *salce, selce, felce, elce*, wohl auch *tralce* aus *tralice* = *tráduce*; *-aste* = *-ássitis, vasca, brasca, rasco, tosco, tasto, innesto, desto, pesca, rovisto*, ferner bei *sp*: *oste*, wogegen der Vokal bei *ll* und *sc* bleibt: *pollice, mescita, crescito*. Auch *ri* + Verschlusslaut verliert *i*: vgl. *ergo, varco, porgo, scorgo, chierca, sorco, merto*, aber *larice, murice, sorice* und *merito*. Freilich sind die vier letzten Wörter nicht ganz unverdächtig. *Merito* neben dem alten und poetischen *merto* scheint Latinismus zu sein, neben *sorice* steht *sorcio, sorce*, die man wenig wahrscheinlich als Kontamination von *sorco* und *sorice* fassen könnte, so bleiben nur noch *murice, larice*, die vielleicht nicht volksthümlich sind. — Sodann tritt Synkope zwischen zwei Verschlusslauten ein in *ratto* = *rapidus*, *cutretta* = *cauda trepida* (Flechia, Arch. Glott. II 325, 2), *cretto* = *crepitum*, vielleicht in *netto* = *nitidus*, wenn es nicht französisches Lehnwort ist. Endlich bleiben noch die vereinzelten *conte* aus *comite*, das neben *limite, fomite, gomito* wohl als proklitisches Wort zu fassen ist, *sozzo* aus *sudicus* für *sucidus*, und entsprechend *lazzo* aus *l-acidus*, *frazzo* aus *fracidus*, *muzzo* aus *mucidus*, vgl. Flechia, Arch. Glott. II 325, 2, und *pancia* aus *pantice*, wo überall *t—c, d—c* sich angezogen haben, schliesslich *malatto* aus *malehabitus*, belegt von Caix, Giorn. fil. rom. II 71, heute mit Suffixwechsel *malato*, vgl. aber *malattia*, ferner *dotta, detta*, woneben *dubito*, *subito, debito, sabato* Buchwörter sind, wie ja auch die Vokale und *b* statt *v* zeigen. Ein gewisses Schwanken zeigt sich bei *r* am Silbenschluss. Im Allgemeinen bleibt der Vokal, *burro* aus *butyrum* ist, wie schon S. 16 bemerkt wurde, der Entlehnung aus dem Französischen verdächtig, desgleichen das poetische *ovra*, wogegen *lepra* aus *lepora* sicherer, aber vielleicht von *lepratto* beeinflusst ist wie *sciorre* und die andern verkürzten Infinitive von *sciorrò*. Gleichaltrig mit *spalla* ist *maremma* aus *maritima*.

121. In den Mundarten sind zunächst die Vokalfärbungen andere als in der Schriftsprache. Schon in der Toskana selber zeigen Pisa und Lucca *ul* statt des florentinischen *ol*, Siena *ar* statt *er*, vgl. bei Ran. Sardo: *populo* 7, 103, *Napuli* 99, *gondule* 109, *picciula* 80, *izula* 87, *discepuli* 92, *scapuli* 88 u. s. w., sen. *adémpiare, chiedare, cuóciare, mordare, considari, albaro, assaro, bomare, cennare, génaro, lettara* u. s. w., belegt Zs. IX 434 f. Mit nachtonig *i* schliesst sich ans Toskanische noch Città di Castello und Borgo S. Sepolcro an, wogegen Arezzo und die Chiana *e* vorziehen und damit hinüberführen zum Norditalienischen einerseits, zum Umbrisch-römisch-neapolitanischen andrerseits. Beachtenswerth sind *sabito, feggito* in Città di Castello, *fegeto, sabeto* in Arezzo, sodann aret. *pentelo, mokkelo, mesquelo* u. s. w. Das *e* für lateinisch *a* findet sich auf dem ganzen norditalienischen Gebiete, vgl. venez. *sparesi, kanevo, stomego* (neben *carpano* mit Assimilation an den Tonvokal), piem. *gavia* aus *gabata, lampia* aus *lampada*, mail. *monega*, oder im Süden lecc. *stomeku, moneku*, siz. *stomiku, moniku*, in Alatri *sabbęte̜, trapęne̜*, desgleichen in den Abruzzen. Im Genuesischen tritt vor *l* in Übereinstimmung mit der Klangfarbe des Auslautes § 114 *u* ein, vgl. *nespua, lodua* u. a. *A* vor *r* zeigt das Venezianische: *kamara, zukkaru, pevaro*, das Genuesische: *dattau* aus *dattaru, zenevau, sagau, pagau* neben *senee* (*cenere*), *zeneu* (*genero*), *dezeuviu* (*sciopero*), also *a—u*, aber *e—e*, beachtenswerth ist noch *seišau* aus *cicer*. — Eine Vergröberung des *e* zu *a* zeigen die tessinischen Mundarten: *kalas, pečan, frassan, terman, polas, lüganag, managa, sübat*, vgl. SALVIONI, Arch. Glott. IX 207. Im Sizilianischen und Sardischen tritt natürlich *i, u* ein, *i* auffälligerweise auch im Tarentinischen, in Übereinstimmung hier mit dem betonten, nicht aber mit dem auslautenden Vokale. Sodann ist mehrfach Assimilation an den Tonvokal hervorzuheben: siz. *atamu, astraku, salaču, ansara, annata, saraku, marmaru, anasu*, lecc. *randani, pampanu*, sard. *seneghe, benneru, lepere*, tess. *tivid, limpi*. Wichtiger noch ist die Angleichung an den Auslaut, die in Cortona und überhaupt in der Chiana vorkommt und z. B. in Billi's Poesien streng durchgeführt ist, also *ánnama* aber *annomo, asono, karolo, kavili*,

preddaka, solloto, solliti, sollata, dimmi aber *dimmolo* u. s. w. Auch andere Mundarten zeigen Anfänge dazu, vgl. in Brindisi *erumu, erunu, vommuru* neben *poviri, skandili* Arch. Glott. IV 143, siz. *stomuku, misuru, erutu = eri tu, avissumu.* Endlich ist noch zu erwähnen, dass, wo *ẹ-i* zu *i-i* wird (§ 32), auch *- e-i* sich zu *- i-i* wandelt, vgl. *fragili* Bonvesin D 140 neben *fragel* I 122, *mirabili* C 3 neben *mirabele* B 159, *previdhi* P 10, oder im Süden *ciciri* im Reg. San. MUSSAFIA § 34, *laudabele, laudabili* § 37, *piçuli* 43.

122. Viel stärker sind die Abweichungen der Mundarten in der Synkope. Zwar die als vulgärlateinisch bezeichneten Fälle finden sich überall wieder,[1] abgesehen von sard. *polipu*. Dann aber steht neben *desto, destare* südital. *desetá* und lomb. *dessedá*. Sodann liebt der Süden eher offene, dreisilbige Formen, vgl. siz. *filići, ilići, salaću, silići* neben *purći, vaska* und den andern mit *sk*, ganz entsprechend das Neapolitanische, Sardische und die nördlichen Mundarten mit Ausschluss des Genuesischen, das sich hier wieder ans Florentinische anschliesst, vgl. venez. *pulese, felese, salese, elese*, mail. *fires, sales* oder *salas, püres*, piem. *feiles, püles*, aber gen. *ersu, prüsa, sase*. Dann aber synkopirt das Mailändische, abweichend vom Toskanischen, *-sina*, vgl. *asna, masna* (*macina*), *frosna, lesna, limösna* aber *asen*, und *n'r*: *sendra, kambra*, und stimmt darin mit dem Piemontesischen überein: *losna, lesna, limosna*, das freilich auch *fomna, redna, lendna* bietet. — Das Ostlombardische, also speziell Bergamo, stimmt im ganzen zum Westen, synkopirt aber noch stärker und nähert sich damit dem Rätischen, vgl. *kodga, domenga, loganga*. Dass die Synkope nicht sehr alt ist, erweist sich daraus, das *c* schon zu *g* geworden ist. Das Veronesische endlich synkopirt stets vor *r*: *essro, perdro* u. s. w. — Von besonderem Interesse sind nun noch das Emilianische und die Abruzzendialekte, d. h. diejenigen Mundarten, die auslautend *e, i, u* stets tilgen. Im Romagnolischen tritt Synkope stets ein, wenn es die umgebenden Konsonanten gestatten, d. h. immer bei den Fem. auf *a*, bei den Masc. nur, wenn der zweite Konsonant ein Verschlusslaut oder ein Zischlaut ist; ist er ein Sonant, so entwickelt sich der Stimmton und zwar als *u* vor *m*, als *a* vor *n, r, l*. Die Synkope ist jünger 1. als die Erweichung intervokalischer Tenues, daher *-edg* (*-aticus*), *-edga, ćerg, tosg, tisg, dmeng, mang, manga, perdga, tonga, karg, karga*, bol. *pondg* mod. *pondeg*, wo *e* erst durch Svarabhakti entstanden sein muss, wie das *d* zeigt, *skorga, sorg, tsevd, tevd, ruvd, trovd, grevd, omd, lend*, vielleicht auch *kand, ranz, mez, levd*; 2. als die Assibilation: *mesna, piantasna, tussilazna, calezna, fuluzna, sflezna, rezna*; 3. als der Wandel von *a* zu *e*: *ésan, ésnu, biésum* (aus **biésm*), *keska, mesna, kataplesma*. Sonst haben wir noch *ponsa, polsa, pünza, urebs, romsa, zemsa, gomt, abrotan, kerpan, ergan, sflosna, frussin, petan, merzan, vartezin, lesna, anma, endma, belsum, dettum*. Für die Abruzzen fehlt sichere Kunde, doch giebt z. B. SAVINI für Teramo *ommęnę, fémmęnę* aber *kumudę, spettakulę*, und S. 38 die Bemerkung: »delle vocali postoniche non finali si fanno sentire soltanto quelle che derivano dall' *u* latino nelle parole sdrucciole« und S. 38 »la qualità caratteristica ed importantissima della nostra pronunzia è non di far sentire quasi mai le vocali che sono dopo la tonica«. Genauere Nachforschungen sind hier also noch erforderlich. Vgl. zu § 118—122 Zs. VIII 210—223.

123. Auch vor der Tonsilbe bleiben *a, ī, ū* im Allgemeinen bewahrt als *a, i, u*, dagegen sind *ē, ĕ, ĭ* schon im Vulgärlateinischen unter *į, ō, ŏ, ŭ* unter *ų* zusammengefallen. Im Florentinischen gilt, wie D'OVIDIO, Arch. Glott. IX 68 zum ersten Mal ausgesprochen hat, als Regel, dass dieses *į* zu *i* werde, eine Regel, die freilich viele Ausnahmen erleidet. Zunächst mögen eine Reihe Beispiele gegeben werden, die sie bestätigen. Die Präfixe *di, ri, in*, die tonlosen Pronomina *mi, ti, si*, die tonlosen Adverbien *vi, ci*, dann *misura, sicuro, minaccia, finestra, midolla, minore, prigione, timore, nipote, signore, minestra, disio, piselli, spilunca, virtù, gittare, migliore, gingiva, ubbidire*, dazu die veralteten: *piggiore* bei Boccaccio, Franc. da Barberino, Sardo 112, *tinore* Sardo 110, 117, *sicondo* Sardo 116, *spidale* Sardo 88, *filice* Barberino, *dilicato* Bocc. Dec. Pro., *ligittimo* Boccaccio, Sardo 146, *fistuga* Sacchetti u. s. w. Die Ausnahmen erklären sich auf verschiedene Weise: *delicato, legittimo, festuca, vescica, felice, tenore, secondo* sind Latinismen, *megliore, peggiore* stehen unter dem Einfluss von *meglio, peggio, fedele* von *fede, neghittoso* von *nè*; oder aber es ist der tonlose Vokal dem betonten angeglichen, wie in *segreto, penello, cesello*; in *nemico* liegt Dissimilation vor; noch andere, wie *regalo, segugio, meschino* (neben *mischino* Intell. 160) sind nicht toskanisch. Dazu kommt das Gesetz, dass *r* vor sich *e* verlangt nicht *i* § 129. Wenn die alten Schriftsteller, selbst Petrarca, häufig Formen mit *e* anwenden, so stehen sie unter umbrisch-aretinischem oder unter provenzalischem Einfluss. So sind *legnaggio, vertute, fermamento, nemico, provedenza* im Tesoretto keine toskanischen Formen u. s. w. Das toskanische *i*-Gebiet ist nämlich ein geographisch ziemlich eng begrenztes. Schon in Siena tritt ein starkes Schwanken ein, es ist sogar *e* ausser bei *ex* und *s* + Kons. das bei weitem vorwiegende, wie die vielen von HIRSCH, Zs. IX 531—534, 538—540 gesammelten Beispiele mit Sicherheit lehren, desgleichen zeigt Città di Castello und die umbrisch-römische Gruppe durchaus *e*. Dagegen stimmt das Romagnolische mit dem Florentinischen überein: *pidon* zu *piede, ridé* zu *rete, spriñes* zu *pregno, disté = destare, mimbrett* zu *membar*, ja es führt den Wechsel von betontem *e* mit tonlosem *i* mit viel grösserer Strenge durch als das Florentinische, vgl. MUSSAFIA, Romg. § 62 f. Es ist nicht ganz klar, ob zwischen den beiden Erscheinungen ein innerer Zusammenhang bestehe. Es scheint allerdings, dass einst ein Theil des Aretinischen, speziell Città di Castello noch mit zum *i*-Gebiet gehört hat, und dass das spätere *e* erst einem umbrischen Einfluss zuzuschreiben ist, wobei dann nicht nur das *i = *vulglat. *į*, sondern auch das dem vulglat. *į* entsprechende zu *e* wurde, vgl. *feľolo, desederio, deritto, deversi*. Es könnte aber das romagnolische *i*, das sich nicht über die Provinzen Ravenna und Bologna hinaus zu erstrecken scheint, der letzte Grad vor dem völligen Verstummen des *e* sein. — Davon abgesehen bietet der Norden wie das Zentrum *e*, soweit nicht Schwund des Vokals eintritt. Im Norden scheint die Grenze zwischen *i* und *e* mit der administrativen zwischen Livorno und Massa, Lucca und Modena zusammenzufallen, im Süden zeigt Grosseto noch *i*, Rom *e*. Ganz im Süden findet sich nochmals *i* für *e* in Sizilien und im südlichen Apulien und Kalabrien. Hier wird nun wieder die Regel mit solcher Strenge durchgeführt, dass *e* daneben in tonloser Silbe überhaupt nicht vorzukommen scheint. Es muss aber bemerkt werden, dass dieser Laut abweichend vom Toskanischen nicht ein reines *i*, sondern ein Mittellaut zwischen *e* und *i* ist, ja mitunter zu *ę* herabsinkt, daher die Texte heute häufig in der Schreibweise schwanken, wie SCHNEEGANS S. 49 ff. dargethan hat. Diese südliche *i*-Zone umfasst wie gesagt Kalabrien und noch Moliterno, Senise, S. Martino di Agri und Spinoso in der Basilicata, während Tito, Saponara di Grumento, Melfi und Matera *e* oder *ę* zeigen. In Apulien erscheint *i* in Brindisi, Copertino, Galatone, Martina Franca, Massara und Tarent, und dass es einst auch Lecce angehört hat, geht vielleicht aus *feggyulu, deraǵǵu*, Fut. von *dire, reare (arricare)* hervor.

124. Weit weniger einfach als bei *e* liegen im Toskanischen die Verhältnisse bei *o*. Das zu erwartende *u* erscheint regelmässig nur bei folgendem *i*: *ubbidire, uccidere, ufficio, fucile, pulire, cucire, cugino, cucino*, vgl. *cusì* Chron. Pis. 46, dann auch in *rugiadu, ammucchiare, sugatto, arbuscello, cugnato* Albert. Brescia 16, *usatto* zu *uosa*, aber *lontano, monastero, sottrarre, giocare* neben veraltetem *giucare*, Sacch. 81, Bocc. Dec. Pro., *giucatore* Bocc. 1, 1, *cominciare* und in allen Zusammensetzungen mit *con-*, jedoch *incumincia* Alb. 19 u. s. w., *soddurre, soffrire* neben *suggello*. Es scheint also *u* fast nur unter Einfluss eines folgenden *i* oder palataler Konsonanten zu *o* zu werden, in *giucare, usatto* von dem *uo* der stammbetonten Formen zu stammen. — Auch hier unterscheidet sich das Toskanische ganz wesentlich von den Nordmundarten, aber in umgekehrter Weise: während es im Allgemeinen also bei *o* bleibt, ist im Emilianischen und Genuesisch-piemontesischen *u* die Regel, also nicht nur romagn. *suñé, suné, mursé* u. s. w., sondern auch genues. *šurbi, šurti, šguá (scolare), kua (covare)*, piem. *uvera (ovaria), ǵuvé (giovare)* u. s. w. Dem Piemontesischen schliesst sich wohl auch ein Theil der Lombardei und des Tessin an, vgl. SALVIONI, Arch. Glott. IX 208 : »il saggio di Campo scrive costantemente *u* per *o* atono; *e* di *u* si tratta, in realtà, per gran parte della regione, sebbene da noi si scriva più di solito *o*«. — Auch Mittel- und Süditalien bieten in viel weiterem Umfang *u* als *i*. Schon fürs Senesische scheint nach den Beispielen Zs. IX 546 *u* das gewöhnlichere zu sein, vgl. nicht nur *ammunire, cuprire, cumune, custume*, sondern auch *brudetto, crullare, cuperto, Currado, pultrone* u. s. w. und dieses *u* ist dann die Regel für alle übrigen Mundarten. Für das sizilianische *u* gilt dabei das S. 73 über tonlos *i* aus *i̥* bemerkte[1]).

125. Lateinisch *au* ist schon im Vulgärlateinischen zu *a* geworden, wenn in der betonten Silbe *u* stand: *agustus, ascultare, agurium*, daher ital. *agosto, ascoltare, sciagura*. In allen andern Fällen wird *au* zu *u*, vgl. *udire* neben *odo, uccello, uccidere* (vulgl. *aucidere), fiutare (flavitare, flautare), rubare* aber *roba, cusare, lusinga* = prov. *lauzenga, usbergo* aus prov. *ausberc, chiudiamo, chiudeva* und danach *chiudere*, altital. *u* = *aut* Sardo 79, Cron. Pis. 56, vulg.-flor. *urecchio*, woneben *o* halbbetont ist, und *orecchio* eine schwer zu erklärende Ausnahme bildet; *boccale* ist an *bocca* angelehnt, *orezza* an *ora*. Die Entwicklung von *au* zu *u* ist wieder specifisch toskanisch, der Süden bleibt bei *au* oder einem Mittellaut zwischen *a* und *o* oder *o*, das wie altes *o* zu *u* wird, der Norden zeigt *o*. Für's Sizilianische giebt SCHNEEGANS S. 51 *ariki, ačeḍḍu, ladannu*, während die ältere Sprache noch *au* schreibt. In Lecce scheint die regelmässige Entwicklung vorzuliegen in *nakiru (nauclerus)*, sofern hierin nicht, wie in *nassia = ναύσεα, νάφσεα*, neugr. ναφκληρος zu sehen ist, und in *aceḍḍu*. Campobasso zeigt *u*: *yurẹ (gaudere), brugatẹ* zu *raucus*, daneben *čiellẹ* und *aučiellẹ*, Alatri *gudé, purẹttẹ*.

1, HÜLLEN, Vok. des Alt- und Neusiz. S. 49 glaubt, der Wandel von tonlosem *e* zu *i* sei rascher vor sich gegangen als der von *o* zu *u*, da das Schwanken zwischen *o* und *u* in den ältern Texten ein grösseres sei als das zwischen *e* und *i*. Das Verhältniss von *o* zu *u* in dem Libru di la conquista a. 1358 (Hs. vom 17. Jahrh.) ist 14 zu 1, in der Cronica Siciliae 24 zu 1, in den Chroniche 90 zu 24, während Atanasso Jaci 1287 fast nur *u* zeigt. Leider giebt er die Belege nicht, so dass die Qualität der Beispiele nicht geprüft werden kann. Mir ist die Sache vorläufig sehr unwahrscheinlich.

— Im Norden haben wir *oir*, *ośello*, *odaćia* im Genuesischen, gewöhnlicher aber ist die Auflösung zu *al*, *ol*, so bringt SALVIONI S. 149 fürs Mailändische *oreǵǵa* neben *olćell*, *volsá* = *ausare*, *ponsá*, nebst den alten *oldir* und *olcir* aus Bonvesin. Daneben ist *üsell* = *uccello*, das erst in neuerer Zeit erscheint, eine offenbare Anlehnung an die Schriftsprache. Diese Konsonantisirung des *u* gehört dem ganzen Nordosten an, daher z. B. bei Giacomino *oldir* neben *axegi*, in der averon. Katharina *aldire*, *oldi*, *alcir* neben *aucir*, bei Ruzante *aldire*, *aldega*, *laldare* neben *insorir* (*exhaurire*), *osieggi*, beide auch bei Calmo, in der Cron. Imp. *aldire*, *laldare*, *aldegare*, *alcidere*. Hier mag noch *dalmagio* genannt werden, das alte Texte dieser Gegend und heutige Mundarten kennen und das aus frz. *dommage* entlehnt ist und bei der Entlehnung Lautumsetzung nach dem Muster frz. *o-ir*: nordital. *aldire* erfahren hat. — Auch das Toskanische kennt den Wandel von tonlos *au* zu *al*, so führt CAIX, Orig. 200 *galdere*, *algelli*, *aultore*, *alcidere* an, HIRSCH, Zs. IX 551 aus senesischen Texten *altentico*, *altorità*, *laldare* u. s. w. Ein Zusammenhang mit dem oberitalienischen *al*, *ol* besteht nicht, vielmehr handelt es sich, wie schon CAIX S. 107 mit Recht bemerkt, um eine besondere Behandlung des *au* in Buchwörtern, daher sie denn auch alle aus der Sprache wieder verschwunden sind. — Romanisches *au*, entstanden aus *al*-Kons., bleibt im Süden, vgl. Lecce: *fausare*, *autare*, und im Norden: piem. *fauser*, wird wie betontes im Genuesischen zu *a*: *atar* u. s. w. Im Toskanischen wird romanisches *au* wie unter dem Tone (§ 100) zu *al* in *palmento* = *paumentum*, *pavimentum* nach CANELLO's Deutung Arch. Glott. III 332. — Unklar ist das Sardische, wo *oriža* (*orecchia*), *orire* (*haurire*), *osare* neben *pasare* und *saragare* von *raucus* stehen, vgl. HOFMANN S. 31. Doch mag in *pasare* Assimilation vorliegen, ebenso in *saragare*, wenn die Etymologie überhaupt richtig ist.

126. Von besondern Umgestaltungen in den Mundarten ist zunächst zu bemerken, dass tonloses *ū* in demselben Umfange zu *ü* wird wie betontes und dass nur Intragna mit tonlosem *i* gegenüber betontem *ü* eine Ausnahme macht, also *mür* aber *miraž*, *büt* aber *bitan* u. s. w., SALVIONI, Arch. Glott. IX 208. Dass *ī* in Lecce und in Arezzo zu *e* wird, ist schon § 123 bemerkt und es ist daselbst auch eine Erklärung versucht worden. Für's Aretinische ist jedoch noch daran zu erinnern, dass italienisches kurzes *i* unter dem Tone zu *e* wird (§ 90), und dass folglich das tonlose *e* für *i* sich aus der Kürze des tonlosen Vokals erklären könnte, man beachte *velanament*, *reada* in Valsecca (Bergamo). — Sodann scheint *a* eine Neigung zu *e* zu zeigen. Aus dem Mailändischen bringt SALVIONI S. 95 *segrá*, *müserañ*, *levatif*, *danedá* (*natalis*), *seluri*, *le* = *la* und manche andere.

Ferner in Vezzano (Lunigiana) *Gueskoñe, endé, endár, lemntare, edolová, kestigar, quelunke, megon, menére* u. s. w. — Vergröberung von ϵ zu *a* kennt die Valmaggia und Intragna, vgl. SALVIONI, Arch. Glott. IX 206. »In tutto la regione son casi sporadici di *e* od *i* protonico interno in *a* . . . ., in Vallemaggia, la tendenza e prossima a diventare una legge ; e a rattenerla non vale l'altra tendenza a livellar tra loro le forme flessionali, nè l'attiguità di suoni palatili.« Also *šmayé* (*somigliare*), *bavü, fanestra, langer* (*leggiero*), *fragur, pašeda, vageša* u. s. w.

127. Es bleibt nun noch zu bemerken, dass viele Mundarten die Vortonvokale möglichst reduziren oder ganz tilgen. Im Norden sind es hauptsächlich das Piemontesische und das Emilianische, vgl. für jenes *tle = telajo, dne = danajo, fẹne, fnẹ* (*fenare*), *vni, tni, fnestre, fnoi* (*finocchio*), *vzin* (*vicino*), *vritá*, alle von ASCOLI, Arch. Glott. II 190 angeführt, *fẹtina* u. s. w. Nach diesen und den Beispielen bei Pap. zu urtheilen, fällt nur *e*, während *o* bleibt. Ganz ebenso verhält es sich in Valmaggia, vgl. SALVIONI, Arch. Glott. IX 204, *stil* geht auf **settile* zurück. Im Emilianischen aber schwindet auch *o*, vgl. MUSSAFIA, Romg. 112, 1: *klazion, klomb, knosser, dmeng, stmag, stil, tmera* u. s. w., sodann *e: mstir, stmana, badze* (*battezzare*), *budgir, budsella, pundsell* (*ponticello*), *vindsen, pke* (*boccajo*), *psiga* (*vescica*), *tsevd* (*dissapidus*), *dbu* (*bevuto*), *dbenda* (*bevenda*), *pargir* (*perticarius*) u. s. w., s. MUSSAFIA, Romg. § 112 ff. Dieses emilianische Synkopegebiet fällt nur zum Theil zusammen mit dem Apokopegebiet von § 113, wir treffen zwar in Monte Marciano *vdia* (*vendicare*), *sntiva, vrgoña, stend* (*sentendo*), in Papozze: *prké, dnanz, nssuna, vñu, frgulin, prgar* u. s. w., aber von Bologna an westlich ist die Synkope sehr beschränkt, ebenso reicht sie nicht über den Po in's Mantuanische. — Im Südwesten erscheint die Reduktion auf *i, ẹ* in der Molise und in der Basilicata, wohl auch weiter nördlich in den Abruzzen und bis nach Ascoli hin, vgl. in Ascoli: *Bẹggyó, sẹčẹdí, arrẹvettẹ, kẹmẹnzó* u. s. w., während Fermo und die Macerata reine Vokale bewahren. Sodann weiter südlich Teramo: *fẹneštrẹ* u. s. w., während *u* bleibt, Campobasso: *pẹnza, dẹnare, nǵẹñá, rẹnaččẹ*, aber *sumẹndu* u. s. w., Larino: *spulik, sfekave* (*sfogava*), *quinzilazione, sodsfazione, seppertà, kemenzann*, Toro: *vẹlette, seppẹrtevẹ, kunzẹlare, trevó* u. s. w., Matera: *pitev* (*poteva*), *akkiminzan, mẹment* u. s. w., Molfetta: *dileva, piteva*, Trani: *sfegaeve, prepenie* u. s. w. Eine genauere Untersuchung thut noch sehr noth, da die Proben bei Pap. in diesem Punkte nicht zuverlässig genug sind.

— Um nochmal auf den Norden zurückzukommen, so scheint *ü* für *e* in Bastia-Mondoví nichts anderes bedeuten zu sollen als *ẹ*, Pap.

schreibt *pënse, për, dësviliss, divënta, përdu, sëntend, vëndiche* mit der Bemerkung: »la vocale *e* coi due punti si pronunzia come l'*u* lombardo«. Um reines *ü* wird es sich wohl hierbei nicht handeln, sondern um reduzirtes *ö* oder *ẹ*.

128. In hohem Grade ist die Entwicklung der tonlosen Vokale bedingt durch die umgebenden Konsonanten, selbst im Toskanischen, wo die betonten im Ganzen solchen Einflüssen wenig zugänglich sind. In erster Linie mag die Labialisirung erwähnt werden. Auch hier leistet *a* starken Widerstand, ich wüsste nur *romajuolo* neben *ramajuolo* zu erwähnen, das doch wohl zu *rame* gehört, wohl aber wird *į*, seltener *į* zu *o*, das dann, wenn *í* oder *į* folgt, weiter zu *u* werden kann, vgl. *romita, domanda, domani, somiglia, indovina, dovere* neben *devo, rovello*, das A. TOBLER, Zs. X 578 zutreffend aus *rebellis* deutet, *dopo* aus *depó, rovescio*, sciovernare, *dovizia*; *ubbriaco*, strubbiare (zu *trebbiare* CAIX, Studi 609), rubiglia *(ervilia)*, wogegen in *rubellare, rubaldo* wohl *rubare*, in *lumaccia* etwa *lume* eingewirkt haben wird, und *giumella* wie span. *jumela* aus dem franz. *jumeaux* stammt[1]). Einen Fall für sich bilden *uguale* = *aequale* und *uguanno* = *hocanno*. Nach Labialen erscheint *u* nur in *fucina* (*officina*). — Unendlich viel mehr Beispiele bieten die Mundarten. Während für *i* zu *o* das Toskanische nur das halbgelehrte *dovizia* kennt, denn *indovinare* geht auf vulglat. *dįvinus* zurück, findet sich im Lombardischen in Cuneo, Novara und desgleichen im Süden, z. B. Atessa, *arruvare*, und *prumer* bezw. *prümer* gehört Oberitalien von Verona bis Piemont und weiter südlich noch Lucca an. Für *om* aus *am* ist *lomentar* zu nennen, das schon bei Bonvesin vorkommt, übrigens heute *lümentá* lautet, vgl. noch *lumentare* bei Ruzante und in Vicenza, *lomentar* Soave (Verona), *lümentar* in Corio. Von andern Beispielen mögen erwähnt werden: *romaner*, agen., alt- und neuvenez., averon., Lecce, Sizilien, Sard., *somenza, somente, somenare* Bescapè, agen., aven., Ruzante, wo die Beispiele überhaupt zahlreich sind, WENDRINER 16, bologn., romg., Campobasso, ferner romg. *puvrẹ, stuvẹ, truvella* und andere, MUSSAFIA, Romg. § 73 f., dann campob. *yastumá* (bestemmiare), *pukkatẹ, funeštra, apputitẹ, pullekkia, putresinẹre, spulá, mučella, bukkyerẹ* D'OVIDIO, Arch. Glott. IV 157; lecc. *mulanese, muntuare, trumpare* (temperare), *luare* (levare), *mududḍa* (midolla), *šuvudia* u. a. MOROSI, Arch. Glott. IV 138 f.; siz. *luvari, sbuggyari* = *svegliare, musurari, vutieḍḍu* (vitello) u. a. SCHNEEGANS S. 55 f. Im Sardischen wird *com* zu *cum*; auch sonst tritt vor

---

[1]) Doch bleibt auffällig, dass *giomelle* sich schon bei Rusio 333 und im Reg. San. findet.

oder nach Labialen *u* für *o* ein, HOFMANN S. 28 f. Hierher gehört sodann der Wandel von *que* zu *cu*, wie er vorliegt in *custion* bei Calmo, Ruzante oder *sangunatę*, *rękulizia* in Alatri, Arch. Glott. X 175, siz. *kusturi*, *kustioni*, tar. *sutikare* aus *sekutare* u. s. w., röm. *costiom* Cola 447. Endlich muss erwähnt werden, dass dem genuesischen *puü* in betonter Silbe § 77, in tonloser *pu* entspricht: *puella* (*padella*), *buei* (*badile*), *puin* (*padrino*), *muina* (*madrina*) u. a. FLECHIA, Arch. Glott. X 143, Anm. 2, und dass S. Cataldo und Caltanisetta mit *puaradisu*, *muančassiru*, *puartari* eine ganz ähnliche Erscheinung zeigen.

129. In zweiter Linie mag als für das Schriftitalienisch wichtig *r* genannt werden, das vor sich *e* statt *a* und *i* verlangt, gerade wie nach dem Tone § 119. Da die Futura der *i*-verba durchweg auf -*irò*, nicht -*erò* lauten, so wird wohl der Wandel von *ir-* zu *er-* älter sein, als die feste Verbindung des Infinitivs mit dem Verbum *habere*, wogegen der Wandel von *ar-* zu *er-* jünger ist, vgl. *amerò* neben *sentirò*. Beispiele für *ir* zu *er* sind *meraviglia*, *perucca*, *cerusico*, *laberinto*, *lucherino* (*ligurinus* mit Umstellung der Vokale), während in *smeriglio* der Wandel von *i* zu *e* dem Mittelgriechischen angehört, s. Rom. Gramm. I 30. Auch *veruno*, *periglio* statt *viruno*, *piriglio* nach § 123 werden hierher gehören. Zahlreicher sind die Beispiele von *er* aus *ar*. Ausser von Futuren vgl. noch *smeraldo*, *Margherita*, *ferreria*, *comperare*, *lazzeretto*, *zafferano*, *bomberaca*, *gherofano*, *buscherare*, *guiderdone*, *Liperata*, *guerire* bei Boccaccio Dec. II 8, im Tesoretto, in der Intelligenza, vielleicht *ferrana* zu *farrago*, *feralè*, das doch wohl mit *falò* stammverwandt ist, *sermento* u. s. w. O zu *e* vor *r* ist selten, da *sperone*, *serocchia* sich eher durch Dissimilation erklären, in *scalterire* aus *scalpturire* andere Verba auf -*erire* eingewirkt haben werden. Vgl. CAIX, Voc. Ital. S. 9. — Nach dem § 121 Bemerkten ist es selbstverständlich, dass das Senesische in allen diesen Fällen *a* bewahrt und es ausserdem noch für altes *er* eintreten lässt, so haben wir also namentlich -*aria* = -*eria*, *vendarò*, *delibarare*, *povarino*, *parsona*, *persevarare*, *polvario*, *patarnostro* u. s. w., s. HIRSCH, Zs. IX 529. Ital. *appartenere* könnte so senesische, nicht florentinische Form sein, doch ist es wohl richtiger, das *a* aus einer Einmischung von *parte* zu erklären. Auch andere Dialekte verlangen *ar* für *er*, so bringt SALVIONI, Mail. 105 eine ganze Reihe Beispiele aus dem Mailändischen, wie *varti* (*avvertire*), *marmoria* (*memoria*), *starni*, *armelī*, *arbiō* (zu *ervus*), *aretig*, *sarō* zu *siero*, *quarella* u. s. w., vgl. noch *sarrar* bei Bonvesin, doch scheint *a* hier nicht so konsequent zu erscheinen wie im Senesischen, wohl aber ist es Regel im Emilianischen, vgl. *narburù*, *pardgir*, *sarpent* u. s. w. MUSSAFIA, Romg. 82.

Auch der Süden liebt *ar*, so Campobasso, wo die Futura der *e*-Verba auf *-araye* lauten, vgl. weitere Beispiele bei D'OVIDIO, Arch. Glott. IV 156 f., oder Alatri *sargente, sarčizii, taramute* u. s. w., CECI, Arch. Glott. X 171, und Lecce mit *sarenu, quarela, terrenu, sarmune, taratuffulu* u. s. w., MOROSI, Arch. Glott. IV 138, oder Sizilien: *vekkyareḍḍu, prataria, sarvari, tarantinu, arzira, aredi, arruri, Castartérmini, Saragusa* u. s. w., SCHNEEGANS 57 f. Vgl. noch fürs Sardische HOFMANN S. 26. Einzelne Wörter haben ein grosses Verbreitungsgebiet: *marcè* findet sich von Verona bis Genua und Turin und dann in Frankreich, auch *marcatum*, *marcare* für *mercatum, mercare* theilt Oberitalien mit dem Westen. Hieran würde sich *ar* aus *re* schliessen, das namentlich dem Aretinisch-emilianischen angehört.

130. Weiter ist der Einfluss eines vorhergehenden Palatals zu merken. Schon im Vulgärlateinischen sind *ja, ju* zu *je* geworden, daher ital. *gennaio, ginepro,* siz. *yiniči,* sodann ital. *gignore, piviale* aus *piuviale, piviere* aus *piuviere* FOERSTER, Zs. IV 377, *pimaccio, Firenze, bestemmia* mit *e* statt *i* unter dem Einfluss des betonten *e*, sen. *fiedone* = *fiadone, lielta* = *lealta* Zs. IX 522; amail. *pisor* bei Bonvesin, und etwas anders geartet romg. *puġitura, ñiskus.* Folgende Palatale bedingen in Lecce *i* statt *e*, vgl. die Verba auf *-išare* = -*eggiare*, ferner *capišale (capestrale), uttišana (quottidiana), kurrišulu (corregginolo), figgyare, piñatu* u. a., MOROSI, Arch. Glott. IV 138. Auch die von MUSSAFIA § 70 angeführten romagnolischen Formen *nission* = *nazione, misre* = *macerare* dürften ihr *i* statt *a* den folgenden Palatalen verdanken.

131. Dass da, wo betontes *al* zu *ol* wird, auch tonloses denselben Wandel erfährt, ist selbstverständlich. Wir haben also z. B. mail. *kolčina, oltà, soltà, folčeta, kolzō* u. s. w., s. SALVIONI, Mail. 92 f. — In Kalabrien bleibt *ál*, dagegen wird *al-* zu *o*, daher *foddale* neben *fadda, fočune* aber *fače, otaru* u. s. w. Die Vorstufe dieses *o* ist wohl nicht *au* sondern *ol*, es hat also der betonte Vokal dem Konsonanten einen stärkeren Widerstand geleistet als der tonlose. Merkwürdig ist *lušiya (lixivia)*, *Lucite (Ilicetum)* in Campobasso, wo das *u*-farbige *l* den folgenden Laut affizirt.

132. Von velaren Konsonanten ist nur zu nennen der Einfluss von *k* auf *au* im Sizilianischen und Lecce. Das *k* zieht *u* an sich, daher *kuadára, kuačina, kuatęla*.

133. Einfluss von Nasalen ist geringer. Auf verschiedenen Gebieten begegnet *ant* für *ent*, aber ohne strenge Regel, so *tantári* in Lecce und Sizilien, dazu gesellt sich aus Lecce noch *lanzulu, franġiḍḍu (fringillus),* aus dem Kalabresischen *an ġardinu* Mandal. 36, *an fundu* 45, *antussicatu.* Zur Regel scheint *an* in einzelnen nord-

italienischen Mundarten zu werden, vgl. Fresconara *ant, an, andré, santand, ampará,* mail. *tampésta, lantig, zanever, daneda* (*dies natalis*), *stantá* u. a., vgl. SALVIONI, Mail. 104, *sangött, andegé* (*indicarius*), *andove* u. s. w., eb. 124, ferrar. *pandon, impavantir, arzanzar,* Bagolino (Brescia) *santida* u. s. w. Nicht recht klar ist *in* statt *en* im Mailändischen und Altvenezianischen, vgl. *infla, intrar* bei Bonvesin, *intrar* Cron. Imp. und neumail. *invriag, ingutt, ingoti, indivia* u. s. w.

134. Sodann wirkt der Tonvokal dissimilirend oder assimilirend. Von den zwei vulgärlateinischen Dissimilationsgesetzen, wonach *i—i* zu *e—i, o—o* zu *e—o* wird, ist das erstere im Italienischen wieder verwischt, da vulglat. *e* hier zu *i* wird; immerhin dürften sich, wie schon § 123 angedeutet ist, durch eine ähnliche Dissimilation *nemico, leticare* erklären. Wohl aber ist *e—o* durch eine Reihe von Beispielen vertreten, vgl. *sperone, sirocchia, ritondo, bifolco,* alt *inorare, rimore* aus vulglat. *rumóre, timolto,* dazu noch aus den Mundarten mail. *secorso, seror,* agen. *prefondo, desenor, besegnosi,* agen. *semoner* Arch. Glott. VIII 389, aret. *delore,* dann aus Lecce: *pezulu* (*poggiuolo*), *resiggyulu* (*orzogliuolo*); *pemmarola, kenokkya, pendoune* u. a. aus Campobasso, D'OVIDIO, Arch. Glott. IV 158. Auch *volentieri* wird hierher gehören. Ferner *i—u* aus *e—u: vilume, viluppare, vilucchio.* — Sodann *e—i* in den Mundarten: *deviso, fenir, endevina* avenez. Prov., *premitie, benedecir, vesin* bei Bonvesin, auch vulgflor. *desio, preciso, defizio, vecino.* — Dissimilation von *u—u* zu *u—i* oder *i—u* weist MUSSAFIA im Romagnolischen nach § 71: *kudiñeda, kugitor, kumiñon, iñon* (*ognuno*), *sñikulé, grisol*[1]).

135. Assimilation liegt vor in dem schon § 123 erwähnten *penello* u. s. w., ferner *a—a* in *tanaglia, danaro, maraviglia, marangone,* altital. *sanato, sanatori* Cron. Pis. 45, Fra Paol. LIII 53, dann in einigen schon vulgärlateinischen, aber dem Toskanischen wieder abhanden gekommenen Beispielen, wie *piatà,* das noch als sizilianisch und leccesisch angegeben wird und sich in den altmailändischen und altvenezianischen Texten findet, daher dann das weitverbreitete *piatoso; accagione* Teramo, aneap.; *salvaticus:* lecc. *sarvaggu,* agen. *sarvaighe,* auch alttosk. *salvaggio* CAIX, Orig. 75, aber heute *selvaggio* an *selva* angelehnt; aven. *manatsa* Fra Paol., C. Imp., Panf., agen.

---

1) Nach BIANCHI, Prep. A 87 Anm. würde in Val d'Arno *i—u* zu *e—u,* vgl. *legume, mesura, nessuno, veruno, securo, vertu, Perugia,* während sonst in der ganzen Val d'Arno im Allgemeinen *i* eintritt. Allein die Annahme ist doch nicht so ganz sicher, da *legume, securo* nicht Erbwörter zu sein scheinen, *veruno, vertù* und *Perugia* ihr *e* dem *r* verdanken können. Es scheint vielmehr hier ein Kampf zwischen *i* und *e* stattzufinden.

[§ 135. 136. 137.] Die tonlosen Vokale.

zagante, sard. *barvattu* (*vervactum*), alles Wörter, die sich mit *a* in erster Silbe auch in den andern romanischen Sprachen finden, s. Rom. Gramm. I 286, ferner *axamina* Fra Paol. asen., *aradegado* (*erraticatus*) aven. Exemp., agen. *palava* = *appellava* u. a. Zs. XII 295. — *E—e*: tedesco aus *todesco*, *medesimo*, *veleno*, *cesello*, aber agen. *segrestia* Rime Gen. 14, 342, asen. Zs. IX 522, *legremando* 35, 56, *legremar* 16, 21, *pelego*, *perezar* Arch. Glott. X 146, mail. *stemeña*, *gremeña*, ferner mit vorwärtswirkender Angleichnng *cresteline* = *cristallinae* Arch. Glott. X 147. — *I—i*: *filiggine* aus *fuligo*, vgl. Lecce *felinia*, *squittinio* = *scrutinium*, siz. *ficili* = *fucile*, dann in Norditalien, wo vortonig *e* sonst bleibt: *vignir*, *aprisiar*, *rizimenti* Fra Paol., Panfilo Arch. Glott. X 237, amail. *lissimioli* aus *lüssimioli* Bonvesin, ähnlich im Süden *vinire*, *spidito*, *sinile* im neap. Reg. San., *risia* = *cresia*, *Mimiyentu* (Benevento), *minimienzu* in Lecce, Arch. Glott. IV 137. — *O—o* in *popone*, *rognone*, wenn es nicht mit GRÖBER, Arch. Lat. Lex. V 236 als französisches Lehnwort zu fassen ist, *notomia*, apis. *Ogosto* (für *agosto* § 125) Sardo 39, 95; aven. *çojosia* = *zelosia* Fra Paol., aret. *foroče*; senes. *osogna* = *axungia* Zs. IX 522, mail. *noronkol*, *noskondō*, sodann vorwärtswirkend *forosetto*,ᵃ sen. *conostabile* Zs. IX 534. — *U—u*: die schon genannten *uguale*, *uguanno*, südital. *sturnutare* Rusio 125. Zahlreiche Beispiele aus dem Romagnolischen bringt MUSSAFIA, Romg. § 77 und Anm. Als theilweise Assimilation wird *setile* bei Fra Paolino und Bonvesin zu fassen sein, sodann *e—i* aus *a—i* in Chieti: *kemine*, *merite*, *quetrine*, *sertive*, *meñive*, *spedine* u. s. w.

136. Eine besondere Behandlung der Anlautsvokale zeigt die Umgegend von Lecce für *o*, das zu *au* wird, vgl. *aulia*, *auriente*, *aunestu*. Solche Formen kennt auch die älteste italienische Dichtersprache, so namentlich *audire*, *aulore*, *aunora*, *auliva*, *auriente*, *caunoscere*, belegt von CAIX, Orig. 84 ff., *aulimenti* im Tesoretto; sie verschwinden aber vor Dante. Es unterliegt wohl keinem Zweifel, dass darin südliche Formen zu sehen sind, und man wird voraussichtlich bei weiterer Umschau noch heute *au* auf grösserem Gebiete finden, als bisher nachgewiesen ist, vgl. bei CAIX S. 86 neap. *auliva*[1]).

137. Es giebt nun in tonloser Silbe noch eine grosse Zahl von Vokalvertauschungen, die verschiedene Ursachen haben, meistens gegenseitigen Einfluss sinnverwandter Wörter, Einmischung von Präfixen u. dgl. So wird in *dimestico* neben *domestico* sich das Präfix *di*

---

[1]) Gesucht und unwahrscheinlich ist FUMI's Auffassung Misc. fil. lingu. S. 95—99. Er geht davon aus, dass man auch *canoscere*, *aliro* findet und sieht nun in den Formen mit *au* eine Vermischung der beiden Gestaltungen, also *caunoscere* = *conoscere* + *canoscere*.

Meyer-Lübke, Ital. Grammatik.

eingemengt haben, was um so leichter möglich war, als man *dimandare* und *domandare*, *dimane* und *domane* sprach, ferner *soddurre*, gewissermassen *subducere* statt *seducere*, so *soppellire* und *soddisfare* für *satisfare*, aven. *deverso* für *diverso* Prov. Ferner *alleggere* aus *elegere*, wofür heute wieder *eleggere*, während die Form mit *a* einst ganz Italien eigen gewesen ist, vgl. fürs Senesische Zs. IX 530, ebenso apis. bei Sardo, aperug. bei Graziani, dann im Avenez. Arch. Glott. IV 253 und Anm. 4, Fra Paolino LXXIV 2, averon. in der Katharina und bei Giacomino, apadua. bei Ruzante, amail. bei Bonvesin Seiffert 6, ebenso im Süden noch heute sizilianisch, neapolitanisch u. s. w. Ähnlich erklären sich *aspettare*, das schon vulgärlateinisch ist, *annojare*, *annestare*, *annitrire*, *annacquare*, *asciugare*, *asciolvere*, *amendare* = *emendare*, *affogare* (*offocare*), campob. *appęla* (*pilare*), das halbgelehrte *assedio* (*obsidium*), ferner *accupare* in Teramo, *addurare* = *obdurare*. Es findet sich nun aber überhaupt oft *a* in erster Silbe an Stelle anderer Vokale, so in *avorio* aus *ebureus*, weil *av* ein auch sonst vorkommender Wortanfang ist, für *ev*, *iv* dagegen andere Beispiele fehlen. Dasselbe gilt für *aguale* neben *uguale* aus *aequalis*; auch bei den alten *abreo*, *asemplo* Tesoretto, pis., agen., aven. u. s. w. kann man an einen ähnlichen Einfluss denken. Schwieriger ist *sagreto* im Tesoretto, *starnutare* Intell. 62, *canoscere* Caix, Orig. 85, und heute allgemein im Süden, wo man wohl an Dissimilation denken kann, *agnuno* aven. Arch. Glott. X 238, agen. Arch. Glott. X 148, aneap. Reg. San., auch sizilianisch und so die andern Zusammensetzungen mit *ogni*, während das Grundwort nur bei Ruz. *a* zeigt, Wendriner 20. Auch sonst bietet die alte Sprache, namentlich in Oberitalien, manche Fälle, wie aven. *trabuto* Arch. Glott. IV 253, *splandore* bei Calmo, Ruzante, in den aven. Glossaren und im Sizilianischen, *manestra* Gloss., Ruzante, *alimenti* bei Franc. da Barb. Regg. 31 und Cron. Imp., agen. *zazuna* Rime Gen. 56, 15, aneap. *jagiuno* Reg. San.

138. Auffällig oft begegnet *a* vor *s* + Kons. Zwar das Florentinische bietet heute keine Beispiele und in älterer Zeit wenige, vgl. etwa *asbergo* Intell. 268, *assillo* = *exilium* 21, jenes auch asen. Zs. IX 522, dann sen. *assempro, asecuzione, assercizio, assentare* (*exemptare*) Zs. IX 530, aus den Rime Genovesi führt Flechia, Arch. Glott. X 147 an: *asempio, asdeiti, asihema, asminui, aspose, astorbea, aster, aspeitar, axaminao, axalta*. Es mag sein, dass auch hier eine Einwirkung von *a-* vorliegt, wie in dem ital. *aspettare*, es kann aber auch die Verstärkung des *e* zu *a* das Gegengewicht sein zu dem Verstummen des *e*, das gerade vor gedecktem *s* am leichtesten eintritt. In ähnlicher Weise wie bei $e_s{}^{kon}$ eben infolge der Aussprache $e_s{}^{kon}$

leicht *ins* sich einschleicht, so auch *a*, und daran mag sich Teramo schliessen, das, so scheint es, stets *a* für anlautend *e* eintreten lässt und damit sich dem Rumänischen anschliesst, s. TIKTIN, Zs. XI 69. In der That bringt SAVINI 43 nicht nur *assuká, aleǵǵę*, sondern auch *alęfandę, aduká, asiliyá, assembeyę, avitá. ammendá (inventare)* und S. 44 *asternu, aretęke, aretę* neben *itá*[1]). Auch das Sizilianische scheint fast nur *a* zu kennen, vgl. die grosse Menge von Beispielen bei SCHNEEGANS 57. Da in diesen Gegenden tonloses *e* im Anlaut sehr leicht abfällt, also zunächst reduzirt worden ist, so bestätigt sich so die Auffassung des *as* im Genuesischen und Senesischen. — Auf dieselbe Weise wie *annacquare* erklärt sich mail. *imbassadö*, nur hat sich hier *in* eingemischt, und dieses *in-* tritt an Stelle jedes *an^{kons}*, vgl. *inčoda = anchois, inguilla, inkö (anche oggi)* u. s. w., s. SALVIONI, Mail. 91. Ebenso im Modenesischen *inguilla* u. s. w., und im Romagnolischen MUSSAFIA § 72. Ferner scheint, wenn in Alatri durchgehends *prę* für *pro* eintritt, also *pręfunnę, pręsuttę, pręcurę* u. a. Arch. Glott. X 175, Vermischung von *pro* und *per* stattgefunden zu haben.

139. Lateinisch *ū* ist z. Th. schon im Vulgärlateinischen zu *o*, *ī* zu *e*, umgekehrt *e* zu *i* geworden, ohne dass jedesmal der Grund klar wäre, vgl. Rom. Gramm. I 278. Von solchen Fällen kennt das Italienische *formento, stromento, scojattolo*. Dazu kommen nun noch *prodenza* Alb. Brescia 19, 20, wohl Anlehnung des Buchwortes an *prode*, wenn nicht etwa eine Tendenz vorliegt, tonlos *o* zu *u* werden zu lassen, wie man aus *oscire* Alb. 65 und sonst, vgl. CAIX, Orig. 66, *omana, otilitade* Albert. 12, *ponire* 55 schliessen kann, ferner asen. *omore, osanza, stromento, nodrire* u. a., HIRSCH, Zs. IX 548 f., agen. *omor, osura* FLECHIA, Arch. Glott. X 248, wogegen aneap. *omore, orina* nach MUSSAFIA, Reg. San. 21 Anm. 6 einem Gesetze dieser Mundart entspricht, gemäss welchem jedes *ū* zu *o* wird. Gegenüber lat. *frīxum, frīxorium* steht kalabr. *fressura*, aneap. *suffressare*, ven. *fersora*. Sodann *i* für *e*: *dīnarius* avenez. *diner* Prov., agen., amail.; *Grigor* aven. Fra Paol., agen., amail. *Grigol* bei Bonvesin, vielleicht nach griechischer Aussprache. — *u* für *o*: mail. *kuñá = cognato, scudella* neben *scodella* in Anlehnung an *scudo, cucchiajo*, wo zwar *u* nach § 124 erklärt werden kann, wo jedoch auch die andern romanischen Sprachen *u* verlangen.

---

1) Ob auch Alatri *a* verlangt, wie CECI, Arch. Glott. X 174 aufstellt, ist fraglich. Von den Beispielen, die er bringt, sind *assuttę, assuká* gemeinitalienisch, *assaǵǵá* erklärt sich durch Assimilation, *arede, aretikę* zeigen *a* vor *r*, fallen also unter § 129.

140. Vereinzelte Fälle verschiedener Art sind noch *uscire* = *exire* + *uscio*, *lucertola* = *lacerta* + *luce*, *laveggio* = *leveggio* + *lavare*, *ramerino* = *rosmarino* + *ramo*, *smaniglia* = *monile* + *mano*, *gracidare* = *crocitare* + *gracillare*, *malinconia* = *melancolia* + *male*, *loamo* bei Fra Giacomino, *lutame* bei Rusio 45 und neap. = *letame* + *lutum*, tarent.-aven. *laimentare* Panf., Cato, Uguç. = *lamentare* + *guaimentare;* *manicáre* neben *manúca* ist wohl durch *desinare* neben *digiuno herbeigerufen, agen. *scomenecare*, das schon vulgärlateinisch scheint, Rom. Gramm. I 278, ist an andere Verba auf *-ene-* angelehnt. Im Südsardischen *pardažu* (*pratarius*) aus *pardažu*, logud. *peraula* für *paraula* liegt Einfluss von *per* vor, Hofmann 25. Neben *ascondere*, *nascondere* = *abscondere* findet sich auch *niscondere*, aus dem Altsen. belegt von Hirsch, Zs. IX 522. Man darf wohl auch ⁱ*scondere* voraussetzen, das zu *ascondere* trat, wie neben ⁱ*spettare* auch *aspettare* stand, vgl. § 138. Ähnlich erklären sich sard. *isparau*, *iskuru*, *iskultare* durch Einfluss der vielen Wörter mit Anlaut *isp-*, *isk-*. Sie bilden gewissermassen die Vorstufe zu den § 144 erwähnten italienischen Formen *sparagi* u.s.w. Unklar ist südital.-siz. *turyaka*, schon im Reg. San. *torriaca* und ital. *micciuola* aus *nuceola*. — Endlich alttosk. *malvestat* Caix, Orig. 44, *bieltá*, *biltá*, 67 sind französische Formen, letztere aus *bialtá*.

141. Vortonvokale im Hiatus sind selten, meist sind *i*, *e* und *u* in dieser Stellung schon im Vulgärlateinischen zu i, u geworden, daher fürs Italienische Konsonanten. In Buchwörtern oder bei sekundärem Hiatus bleibt meist der Vokal unverändert, doch zeigt *e* vor *o* und *e* Neigung zu *i* zu werden: *lione*, *niente* aber *reina*. Die Mundarten haben auch hier Abweichungen, *e—i* wird im Venezianischen zu *ai*: *raina* Fra Paol., Cron. Imp., ebenso im Mailändischen, auch Guittone d'Arezzo nach Caix, Orig. 65. — *E* wird fast überall zu *i*: *biado*, *criatura*, *riame* Fra Paolino, ebenso in der Cronica: *piatoso* 32ᵃ u. s. w., Uguçone, Panfilo Tobler, Arch. Glott. X 238, Proverbia Rafael 11, Exemp. Donati 17, Ruzante Wendriner 16 u. s. w. Vgl. noch neumail. *piöčč*, *Napoliö*, *mialla*, *tiyater*. Dann auch im Süden in Alatri: *vyatę* u. s. w., Ceci, Arch. Glott. X 174, in Lecce Morosi, Arch. Glott. IV 137 u. s. w. Selten ist Tilgung des tonlosen Vokals. Dem italienischen Lexikon gehört *fogno* aus *favonius* an, doch ist das Wort nicht toskanisch. Sonst vgl. *silta*, *sagitta* bei Ruzante, Calmo und heute im Osten, s. Rossi zu Calmo CXXXVII, lecc. *mešu* = *maestru*, *Raféli*, *šenku* aus *juvencus*, wo jedoch die Reduktion von *ué* zu *e* § 42 nicht zu vergessen ist, vgl. aber *jenca* auch bei Franc. Angel. 10 und im Sizilianischen. Im Genuesischen ist *-o*, *-u* aus *-atore* Regel, vgl. *lavoroi* = *lavoratori*, *ciantoi* Prose 11, 3.

Zwei gleiche Vokale werden natürlich zusammengezogen, daher *bere* aus *beere*, *prete* aus *preete* u. s. w.

142. Zuweilen entwickelt sich beim Übergang von einem tonlosen Vokale zum betonten oder umgekehrt der dem einen homorgane Spirant. Fürs Toskanische fehlen Beispiele. Dagegen ist *iya* für *ia*, *eya* für *ea*, *teyatro* für *teatro* dem ganzen Süden und wieder dem Romagnolischen, Bergamaskischen, wo *ia* weiter zu *ea* wird (§ 96), und dem Lombardischen eigen, vgl. auch *difendejano* Cron. Pis. 146, *tenejano* 51, *pigetate* R. Bucc. 815, *prejori* b. 365, *pagese* b. 454; ganz ebenso wird mail. *koa* zu *kova*, *manja'd]ora* zu *manjavora*, *aost* zu *avost*, *kaena* zu *kayena* u. s. w. und im Toskanischen selber *u* + Vok. zu *ov*: *rovina*, *manovale*, *menovare*, *vedova*, *Genova*, *Mantova*, *continovo*, *groviera* und sogar *puveta*, *puvesia* kennt die toskanische Vulgärsprache. Es scheinen nun die Formen mit und die ohne Spirant eine Zeit lang neben einander bestanden zu haben, also z. B. mail. *koa* und *kova*, oder pav., wo *o* weiter zu *g* wird: *leora* und *legora*, daher man denn auch mail. *strava* = *strada*, pav. *mega* = *meta* bildete, vgl. SCHUCHARDT, Litbl. 1887, 180 f., Zs. XIII 317. Auf ähnliche Weise erklären sich *padiglione*, *vidanda*, *ciascheduno*, *dicidotto* aus *pa-iglione* u. s. w. Nach dem Muster von *ched io*, *ed amico* bildet man *ned ella* statt *ne ella*, *la ud elli* Albert. di Brescia, Rist. Arezzo 30, 6, 13, *mad*, *sed* statt *ma*, *se* vor vokalischem Anlaut und danach trat *d* auch im Wortinnern zwischen zwei Vokale.

143. Vokalausfall findet auch im Toskanischen statt in erster und in zweiter Silbe, letzteres unter denselben Bedingungen, unter welchen der Auslaut im Satzinnern fallen kann (§ 108), also nach *r*, *l*, *n*, vgl. *vergogna*, *cervello*, *sartojo*, *arlia*, *vergato* (*variegatum*), *alcuno*, *facilmente*, *beltà*, *umiltà*, *vantare*, *bontà*, *santà* Bocc. Dec. II 1 neben der Buchform *sanità*, *cominciare*, sodann zwischen *s* und *t*: *destare*, *innestare*, *costura* und hier auch zuweilen in erster Silbe: *staccio*, woneben die volle Form *sedaz* im Lombardischen besteht, *se tu* wird zu *stu* bei Pulci 44, oder *istu* bei Albert. di Brescia 7, 10; *s—c*: *incischiare* = *incisiclare*, im Anlaut *scure* = *securis*. Dem *cretto* von § 120 entspricht *cattano* aus *capitano*. Vereinzelte Fälle sind noch *orrato*, *derrata*, *vedrò*, *disnore*. Der Vokal der ersten Silbe fällt namentlich leicht, wenn ihm ein *r* folgt: *gridare*, *dritto*, *frasca*, *frana*, *crollare*, *sprone*, *bricco*, *trivello* (*terebellum*), *crogiolare*, vielleicht *sdruscire* aus *diruscire*, vgl. *druscire* Intell. 181, 268. *Cruna* aus *corona* ist seines *u* wegen nicht toskanisch. Hat die erste Silbe einen Nebenton wie in *dirizzare*, so bleibt der Vokal natürlich bestehen. Namentlich leicht fällt der Vokal, wenn der ihm vorhergehende Konsonant und der ihm folgende identisch sind. Schon vulglat.

ist *mattinum*, ital. *mattino*, woneben *maitino* in den alten toskanischen Liederhandschriften, CAIX, Orig. 45, dann aber namentlich im Norditalienischen, z. B. Uguçone und auch ausserhalb Italiens, s. DIEZ, Wb. s. v. *mane* und CAIX, Orig. 45, schwer zu erklären ist, ferner *barattore* statt *barattatore*, *cutretta* aus *caudatrepida*, *fiorrancia* aus *fiorarancia*, *sotterra* = *sottoterra*, *vedestu* = *vedestitu* Cavalcanti Son. 15, 1, *avrestu* = *avrestitu* Sacchetti 11, *morrò* = *morirò* u. s. w.

144. Abfall von Vokalen im Anlaut ereignet sich um so leichter, weil im Italienischen alle Wörter vokalisch auslauten. So fällt das *a* von Femininen, oder besser, es zerschmilzt zunächst mit demjenigen der Artikel und geht dann ganz verloren, in *pecchia*, *guglia*, *gaggia*, *badessa*, *badia*, *rena*, seltener sonst, wie in *ghirone* neben *aghirone*. Besonders bemerkenswerth ist *sala* aus *l'assale*, *versiera* aus *l'avversiere!* Von anderen Vokalen mag genannt werden *ae* in *ruggine* = *aerugine*, *gualivo*, *e* in *riccio*, *briaco*, *limosina*, *chiesa*, *vangelio*, *vescovo*, *romito*, *i* in *rondine*, *leccio*, *nemico*, *o* (oder *a*, vgl. § 135) in *cagione*, *lezzo*, *bacio* (*opacivus*), *u* in *bubbola* = *upupola*. Vgl. noch K. MICHAELIS, Studien zur romanischen Wortschöpfung S. 70—74. Im Vulgärlateinischen war vor *s* + Kons. *i* getreten, man sprach *ispata*, *istare* wie *istoria*, *istrumentum* aus *instrumentum*. Diese Formen finden sich im Schriftitalienischen noch heute nach *con*, *in*, *non*: *con istudio*, *in istrada*, *non ispignere*. In allen andern Fällen aber ist das *i* wieder verschwunden, daher *scuola*, *studiare* u. s. w. Mit diesem *i* fiel natürlich auch das ursprüngliche *in* in *storia*, *strumento*, *stesso*, ferner *ae* in *state*, *stivale*, *stimare*, *e* in *sciame*, dann *e* aus *a* in *scoltare*, wohl auch *a* in *sparago*, *o* in *scuro*, *spedale*. Ältere Handschriften zeigen das *i* noch in weiterem Umfange, vgl. GRÖBER, Zs. II 594, ferner *ispazo* Ric. Sen. 39, *uno iscafio* 33, *istregniture* 45, *iscriti* 53 u. s. w. Ebenso hat es das Sardische, das die auslautenden Konsonanten beibehält, bewahrt, sagt also *iskala*, *iskampare*, *istare*, *isposu*, *iskire* (*scire*), *ismagare* u. s. w. — In den Mundarten ist der Abfall viel weiter gediehen als in der Schriftsprache, namentlich bei *e*. Fürs Mailändische stellt SALVIONI, Mail. 103 geradezu als Gesetz hin, dass anlautend *e* falle, und bringt ausser den gemeinitalienischen Beispielen noch *vöria* (*ebureo*), *radega* (*erraticare*), das dem ganzen Norden angehört, s. MUSSAFIA, Beitrag 92, *čelenza*, *fetif* (*effetivo*), ferner für *a*: *mar* (*amaro*), *zerb*, *rañ*, *moros*, *stroleg*, *lesna*, *vè* = *avere*, *tripes* (*utrepice*), *güzz*, *güta* u. s. w. S. 90 f., *i*: *Talia*, *tterzia*, *pokondria* S. 122, seltener *o*: *puniö*, *vag* (*opacus*). Auch das Romagnolische ist reich an Beispielen, vgl. MUSSAFIA, Romg. § 129, woraus *beg* (*opacus*), *mrus* (*amorosus*), *tarezia* = *itterizia* wegen ihrer Übereinstimmung mit dem Mailändischen erwähnt werden mögen. Für

den Süden ist namentlich zu bemerken, dass das *i* des Präfixes *in* überall fällt, also *mmidia* = *invidia*, *ndandu* = *intanto*, *ngyostru* = *inchiostro* u. s. w. — Sonst ist der Abfall des *a* in Campobasso »frequentissima, ma non costante« D'OVIDIO, Arch. Glott. IV 156, *u* fällt z. B. in *nguiende* (*unguentum*, wohl mit der Zwischenstufe *inguentum*), *mellikule* = *umbilicus*, *nzurá* = *uxorare*, woraus zunächst *insorare*. Für Lecce bemerkt MOROSI, Arch. Glott. IV 107: »l'aferesi così dell' *a* come dell' altre vocali atone è qui frequentissima«. Etwas beschränkter scheint die Aphaerese im Sizilianischen, so schwindet *a* nur bei Femininen, SCHNEEGANS S. 45, *i* (aus *e*, *i*) stets vor *n*, dann aber auch in *luminaziuni*, *Naziu*, *cillenza*, sonst kaum. Das Sardische bietet wieder sehr viele Beispiele, vgl. HOFMANN S. 40. S. noch § 138.

145. Entfaltung und Zusatz neuer Vokale ist im ganzen selten. Jene tritt stets ein in der Verbindung *sm*, vgl. *asina*, *ansima* aus *asma* = *asthma*, *biasima* aus *biasma*, ferner *esimo* Intell. 70 aus afr. *esme* = *aestimat*. Zwischen Konsonant und *r* schon in früher Zeit in *socerus*, ital. *suocero*, dann erst in einer jüngern Periode in *maghero*, *cifera*, *mitera*, *menchero*, *sopperire* = *supplire*, *birichino*, zu afrz. *bricon*, *logorare*; sonst *seneppino*, *Inghiliterra*, *filinguello*, *palanca*, *salamone*, *Ghirigoro* Sardo 185, 191, *calabrone* zu *crabro*, und andere zweifelhaftere bei CAIX, Studi S. 183 f. Wie man sieht, entspricht der neue Vokal stets dem betonten. — Vokalvorschlag ist noch seltener, man mag hier *ancudine* aus *la ncudine*, *anguinaja* aus *la 'nguinaja*, dann *anare* aus *la nare*, *amarca* bei Guido Cavalcanti 57, 7 aus *la marca* nennen. Nicht klar sind *avvoltojo* und *alloro*. — Aus Mundarten mag zunächst erwähnt werden, dass in Teramo zwischen *l* und Konsonant sich *e* entwickelt, vgl. *kaleká*, *faleke*, *befoleke*, *talefine* u. s. w., SAVINI, Ter. 54. Ferner von vereinzelten Beispielen aver. *sepejarsi* = *specchiarsi*, MUSSAFIA, Beitrag 104, tarent. *smimmirato* = *smembrato*, röm. *settemoro* Hist. Rom. Frg., *inziemmora* 1, 3, sard. *alinu*, *ulumu*, *zoronata*, *imberenare* (*hibernare*), *kolumu* u. s. w.

146. Dann aber soll hier besprochen werden die Vokalisirung tönender Laute. An erster Stelle ist zu erwähnen, dass im Romagnolischen von zwei Sonanten der erste Vokal, der zweite Konsonant wird. Dies tritt namentlich ein in der Verbindung Kons. $+ r + i +$ Vokal, wo nun in Folge der Konsonantisirung des *i* das *r* zu *ar* wird, also *mbaryeg* = *ebriacus*, *mutarya* = *mutria*, *pidarya* = *pidria*, *vidaryol*, *paryor* = *prior*, vgl. MUSSAFIA, Romg. § 94 und 124. Es handelt sich also hier nicht sowohl um Entwicklung eines Vokals als um Vokalisirung eines Sonanten. Daran knüpft sich nun die weitere Erscheinung von *ar* für *re*. Dabei ist zu vörderst zu scheiden zwischen

Anlaut und Inlaut. Im Anlaut treffen wir im Aretinisch-senesischen *are* für *re*. Fürs Senesische bringt Hirsch, Zs. IX 521 f. zahlreiche Beispiele und zwar nicht nur *aracogliere*, *arraccomodare*, *arrassomigliare*, wo ein allfälliger Vorschlag in seiner Färbung durch den folgenden Vokal bestimmt sein könnte, sondern auch *arricordare*, *arricomandare*, *arréndare*. Ferner nicht blos bei Verben, bei welchen man an Einfluss der zahlreichen Bildungen mit dem Präfix *a* denken könnte, sondern auch bei Substantiven wie *arliquie = reliquiae*. Diese Formen finden sich auch noch in Lucca, in Montalese: *arritornare*, *arrispondere*, *arracontare*, *arriposare*, *arricordare* Arch. Trad. Pop. III 373, dann also im Aretinischen und führen so unmittelbar zum Romagnolischen hinüber. Wie in dem senes. *arliquie*, so fällt nun auch im Aretinisch-umbrischen der ursprünglich dem *r* folgende Vokal, vgl. aret. *armerti*, *arporto*, *armorta*,¦ *arviene* u. s. w. Arch. Glott. IV 447, urbin. *arñi = rivenire*, *artrové* Arch. Glott. II 444, perug. *arvenne* Graz. 105, *aravve* 141, *aribellare* 169, *arese* 158, *arponere* 112, *armurati* 222, *arpresero* 246, *argirse* 246 u. s. w., romg. *arlavé*, *arvni* und daraus *aruvni*, dann *armor = rumore*, *rimore* § 134, *arsti = restivo* u. s. w., Mussafia, Romg. §. 125. Mit dem Emilianischen stimmt auch das Genuesische, vgl. die Beispiele Arch. Glott. VII 325 ff., und das Piemontesische, vgl. Biondelli 480: *arbatte*, *arpročé* (aus frz. *reprocher*), *arseta* (*ricetta*). Andrerseits sind auch dem Süden solche Formen nicht fremd, *arri-* für *ri* kennt Atessa, *arveneve* Bucchianico und aus dem Sizilianischen bringt Schneegans S. 63 ausser zahlreichen Verben *arrinegatu*, *arrisettu*, *arrakanu*, *arritala* u. s. w. Sodann ist das allerdings weniger weit verbreitete *al* für *le* zu nennen. Im altbolognesischen Tesoro dei poveri liest man *aledamare* und dem entspricht genau romg. *aldan = letame*, ferner *alseya = lexiva*, *alven = lupino* und selbst *alon* aus *alyon*, *lyon = lione*, Mussafia, Romg. § 125.

Es ist wohl klar, dass die beiden Erscheinungen zusammengehören, und dass wir in beiden die Entwicklung des in dem Sonanten (*r*, *l*) liegenden Stimmtons zu einem vollen Vokale zu sehen haben. Ob dabei der dem *r* folgende Vokal bleibt oder schwindet, ist gleichgültig, es hängt dies mit den besonderen Neigungen der Mundart zusammen. Zeigt aber der Dialekt überhaupt die Tendenz, die Vokale der ersten Silbe zu tilgen, so ist bei der dadurch eintretenden unmittelbaren Berührung des Sonanten mit einem Konsonanten die Entwicklung des Stimmtons um so eher möglich. Daher haben wir im Romagnolischen noch weiter *indson = nessuno*, *nson* Mussafia, Romg. § 126, dann monferr. *amsé* aus *msé = messere*, *ambrendé = merendare*, *ambrizz*, tessin. *admanda*, *avñi*, *avdé = videre*. Sodann gehören hierher noch

§ 146. 147. 148. 149. 150.] Die tonlosen Vokale. 89

die aretinischen Formen *un mezzo* = *in mezzo*, *un somba* = *in somma*, *unnanzi*, *unneskambio* u. s. w.

147. Es erklären sich nun auch die noch zu besprechenden Fälle von Vokalentwicklung im Wortinnern daraus, dass ein Sonant in Berührung mit einem Konsonannten, sehr oft mit einem Sonanten, den inhärenten Stimmton zum vollen Vokal entwickelt. Auch hier mag das Romagnolische an erster Stelle stehen, da darüber die genaueste Kunde vorliegt. Aus *verminosus* entsteht *varumnos*. Theoretisch erwartet man *vrmnos*, woraus zunächst nach dem zu Anfang des vorhergehenden Paragraphen entwickelten Gesetze *varmnos*. Von den zwei Sonanten *mn* entwickelt wieder der erste den Stimmton, daher *varumnos*. Aus **dimezzale* entsteht so *dumzel*, aus *disvestire* : *dsuvsti*, aus *rivedere* : *aruvdé*, aus *dimisura* : *dumsura* u. s. w., s. MUSSAFIA, Romg. § 120—124. Hierher ist aus den emilianischen Mundarten namentlich auch der Wandel von auslautend *rn*, *rl*, *rm* zu *ran*, *ral*, *ram* zu ziehen, vgl. bologn. *inferan*, *goran*, *meral*, *pregüral* nach BIONDELLI 198, faent. *enorum*, *enferum*, *elum* (*elmo*), *gveran* 199, parmig. *goren*, *salem*, *uniforem*, *nerev* 208.

148. Vokalzusatz am Wortende zeigt das Toskanische bei konsonantisch auslautenden Fremdwörtern, selten in der Schrift wie *Davidde*, aber stets in der Aussprache: *onnibuse*, *lapise* u. s. w. Ebenso bei den Oxytonis: *amóe*, *cantóe*, *virtue*, *piúe* sind in alten Handschriften nicht selten, bei Dante im Reim *tue* Purg. XVI, 26 u. a., s. ZEHLE S. 24, im Codex Magliab. von Brunetto, CAIX, Orig. 99 u. s. w. — Von besonderer Wichtigkeit ist die Paragoge im Sardischen, wo die auslautenden Konsonanten bleiben. HOFMANN, Die log. und camp. Mundart, hat S. 56—60 eingehend darüber gehandelt. »In den canzoni populari werden alle möglichen Wörter mit paragogischem Vokal, der immer genau dem Vokal der ursprünglichen Endsilbe entspricht, versehen«, also *asa* = *habeas*, *data* = *dat*, *dana* = *dant*, *faghene*, *podene*, *pese* = *pes*, *krasa*, *piusu*, daher auch *nomen* und *nomene*, camp. *nomini* u. s. w.

149. Für sich steht der Einschub eines *i*, wie er in *inchiostro* (aber *incostro* Brun. Lat. 82), *chioma* (aber *coma* noch bei Ristoro d'Arezzo), älter **inclaustrum*, *cloma* vorliegt; das *cl*, *chi* statt *c* erklärt sich »per l'influsso fonetico che la frequentissima forma o riduzione radicale *claud-*, *clud-*, *claus-*, *clus-* esercita sopra vocaboli di etimologia non chiara per il volgo, nei quali si ha il nucleo *cud-*, *cus-*, *caus-*«. ASCOLI, Arch. Glott. III 399 Anm.

150. Endlich bleibt noch die Umstellung von Vokalen, wie sie z. B. in *rubesto* aus *robusto* oder nach § 134 *rebusto* vorliegt, offenbar in Anlehnung an *agreste*. Weitere Beispiele sind *rovisticó* aus *ligusti-*

cum, moden. *raludeg* aus *vuladeg*, FLECHIA, Arch. Glott. III 164,
agen. *idiprosia* = *idropisia* FLECHIA, Arch. Glott. VIII 359, tarent.
sutikare = *sequitare*, *riumare* = *rumigare*, neap. *spollekare* =
pillucare, logud. *immadonare* aus *amidonare*, *mueḍḍa* aus *meudda*,
ital. *lugherino* aus *ligurinus* u. s. w., aven. *inçonegiava* Gloss. B.,
aumbr. *engionechiato* XIV. Scritt. 7, 10. Vgl. BEHRENS, Über reciproke Metathese im Romanischen S. 100—102 und fürs Sardische
HOFMANN S. 63 f.

151. Davon verschieden ist es, wenn *i̯* aus dem Anlaut einer
Silbe in denjenigen einer andern tritt wie in *gnocco* = *nocchio*,
abbiaccare = *abbacchiare* (*abbattulare*), *scoppio* = *schioppo*, calabr.
kyumpire = *compiere*. Dagegen gehört in *pioppo* aus *populus* die
Umstellung einer ältern Zeit an, wo noch *poplus* gesprochen wurde,
s. Umstellung des *l*.

Der Accent.

152. Wie für die Schwestersprachen so gilt fürs Italienische das
Gesetz, dass der im Lateinischen betonte Vokal den Haupton behält.
Der Ausnahmen sind nur wenige, die wichtigsten schon vulgärlateinischen sind § 12 genannt. Dazu kommen nun aber noch andere,
namentlich im Verbum, seltener im Nomen. Zunächst mag erwähnt
werden, dass in zusammengesetzten Verben der Ton gerne vom Präfix
auf den Stamm vorrückt, wobei dann meist auch der ursprüngliche
Stammvokal wieder hergestellt wird, also *reténet*, nicht *rétinet*, vgl.
ital. *ritiene*, *vendḙdit*, nicht *véndidit* u. s. w. Nicht immer ist aber
diese Restitution des Stammvokals eingetreten, vgl. *recipere*, *recípit*,
ital. *ricevere*, *ricéve*. Es handelt sich also in diesen und daher wohl
auch in den erstgenannten Beispielen nicht sowohl um Neubildung,
etwa *tenere* erst spät zusammengesetzt mit *re*, sondern thatsächlich
um Abneigung gegen Präfixbetonung. Dasselbe treffen wir wenn auch
selten bei andern Wortarten. Von *sūcus* bildet das Lat. *exsúcus*,
daraus dann ital. *sciócco*. Die mit *ecce*, *atque* gebildeten Pronomina
und Adverbien betonen stets den zweiten Theil der Zusammensetzung,
daher *ciò*, *quà*, *qui* u. s. w. — Was nun die weiteren Fälle von Ton-
verschiebungen betrifft, so werden die im Verbum vorkommenden
besser in der Lehre von der Konjugation behandelt. Am schwierigsten
liegt die Sache bei den Zehnerzahlen. Vergleicht man alle romanischen
Formen, so kommt man auf schon vulgärlateinische Grundlagen
vi̯gínti, *treínta*, *quadráinta* u. s. w. oder vielleicht schon *vi̯nti*, *trenta*,
quadranta, vgl. GRÖBER, Zs. IV 188, D'OVIDIO, Zs. VIII 82 und 105,
Rom. Gramm. I 506, auf die hier verwiesen werden soll, da die Frage

sich nicht innerhalb einer einzelnen Sprache lösen lässt. Im Nomen finden wir den Accent vorgeschoben in *bricco*, wenn die Form *búrrĭcus* der lateinischen Wörterbücher richtig ist, in cedrīno, mirtīno, susīna, wo das häufigere *-īno* an Stelle des selteneren *-ĭno* getreten ist, in altital. *umīle*, einem nur der Dichtersprache angehörigen Gallicismus, der sich an *gentīle* anschloss, in *appendīce* und paténa aus *patina*, die ebenfalls Buchwörter sind, in varíce neben *várice*, einem Ausdruck der Gelehrtensprache, der sich an *cervíce* u. s. w. angeschlossen hat, in polízza neben älterem *pólizza* bei Ariost, Cass. III 7. Neben *sudícĭo* steht *sudíscio*, letzteres heute kaum mehr gebräuchlich, während NESI beide Formen angiebt; vielleicht weist die zweite auf *sudicíus*. Endlich venez. *segála* neben vulglat. *sécale*, ital. *ségola*.

153. Zurückziehung des Tones begegnet etwas öfter. *Fégato* zu *ficatum* ist noch unerklärt. D'OVIDIO, Zs. VIII 103 denkt daran, dass in der Verbindung *ficatum jecur* das *i* einen Nebenton gehabt habe, der dann, als *ficatum* ohne *jecur* gebraucht wurde, Hauptton geworden wäre. Aber dem vulgärlateinischen Rhythmus entspricht *ficátum jecur*. Die Betonung *ficátum* findet sich in Italien noch in venez. *figáo*, siz. *fikátu*, woraus südsard. *fígau*. Sodann finden wir oft *-ĭcus* für *-ícus*, *-ūcus*, so in *lómbrico* = *lumbricus*, *róbrica*, in sard. *léttiga*, *chiávica* aus *cloāca*, abruzz. *uobbeke*, gen. *luvigu*, sen. *ombaco* aus *opacus*, vgl. FLECHIA, Arch. Glott. II 41, südsard. *béddiu* aus *umbilīcus*, ferner *-ile* statt *-íle* in *ésile*, speziell an *débile* angelehnt, *-ice* statt *-íce* in *bérbice* neben *berbíce* und *brúnice*, *orice* neben *orice* CAIX 431; ebenso erklärt sich lomb. *sómes* = *semissis* aus einer Anlehnung an die Substantiva auf *-es* = *-ĭcc*. In *tréfolo* aus *trĭfīlis* ist diejenige Silbe betont, die die wesentliche Bedeutung ausdrückt. Anlehnung an die Substantiva auf *-ia* zeigt südsard. *sínzia* = *gingíva*. Nebeneinander stehen *amoscíno* und *amóscino* aus *damuscīnus* STORM, Arch. Glott. IV 381, doch konnte hier das Schwanken um so eher eintreten, als das Wort im Griechischen oxytonirt ist. — *Mércoledi* geht auf vulglat. *mércuri* zurück, wie BURDA, Revista pentru filologia I 2 zuerst gesehen hat [1]).

154. In den bisher behandelten Fällen ist der ursprünglich betonte Vokal von dem sekundärbetonten durch einen oder mehrere Konsonanten getrennt. Stösst dagegen der betonte Vokal mit einem tonlosen zusammen, so tritt sehr oft Tonverschiebung ein, die dann einen physiologischen Grund hat: es wird von zwei sich unmittelbar berührenden Lauten derjenige zum Tonträger, der mehr Eigenton besitzt.

---

[1] DIEZ hat noch andere Beispiele angenommen, doch sind sie alle von D'OVIDIO, Zs. VIII 99 ff. zurückgewiesen. CAIX, Studi § 582 leitet *sovice* von *sublicius* ab, das Wort stammt vielmehr von *subjex*, *subicis*.

Nach diesem Gesetze erklären sich die vulgärlateinischen Betonungen *pariéte*, ferner in den italienischen Mundarten zunächst venez. *méola* = *medúlla*, *béola* = *betúlla*, *zeola* = *caepúlla*, ferner tessin. *fáiš* = *fagítium* Arch. Glott. IX 223, siz. *yú* = *ió* Arch. Glott. IX 30 f., dann turin. *kéina* = *catena*, *reįs* = *radice*, *meįst*, *véįl* = *badile*, monferr. -*éira* aus -*atura* (-*atira* nach § 17), piem. *páure*, -*áu* = -*atore*, -*éüra* = -*aturo*, wie SALVIONI, Arch. Glott. IX 350 Anm. 2 nachweist, ferner die 3. Sg. der Perf. auf *ió* aus *io* = -*ivit*, wovon in der Konjugation.

155. In § 153 ist bei *ficatum jecur* die Möglichkeit einer völligen Tonlosigkeit und nachheriger falscher Betonung erwogen worden. Es lässt sich nicht leugnen, dass Wörter, die vermöge ihrer syntaktischen Stellung völlig tonlos sind, ihren ursprünglichen Accent, wenn sie infolge veränderter Bedeutung wieder betont werden, verschieben. Aus *de post* entsteht *dipói*, dann als tonlose Präposition *dopo*, endlich als betontes Adverbium *dópo*. So scheint *ámita* in Verbindung mit folgendem Eigennamen zu tonlosem *amita*, *mita* geworden zu sein, woraus dann lomb. *méda*.

156. Am meisten Abweichungen zeigt natürlich der Accent in griechischen Wörtern. Die bezüglichen Regeln gehören übrigens schon dem Vulgärlateinischen, nicht speziell dem Italienischen an. Der im Griechischen betonte Vokal behält im Ganzen den Accent, die Oxytona folgen dagegen dem lateinischen Princip. Also *éremo* aus ἔρημος, *sénape* = σένᾱπι, *sédano* = σέλῑνον, *tisána* = πτισάνη, *parabula* = παραβολή u. s. w., s. Rom. Gramm. I 34 f.; SCHUCHARDT, Vok. III 333; SEELMANN,Ausspr. d. Lat. 48. Auffällig ist daneben lecc.-tarent. *sanápu*. Wörter, die aus dem Mittel- oder Neugriechischen aufgenommen werden, behalten den griechischen Accent, so *faló* = φαλός, *smeríglio* = σμερί, *corníce* = κορωνίς, lecc. *fuddó* = φελλός, *asinikói*, *sánseku*, siz. *maídda* Arch. Glott. IV 412, calabr. *vasilikó*, neap. *vasinikóla* = βασιλικόν D'OVIDIO, Arch. Glott. IX 61 Anm.; calabr. *rodinó* u. s. w. — Auf die Betonung der Eigennamen, wo sehr viel Willkür herrscht, und der Ortsnamen, wo das Material sehr mangelhaft und unzuverlässig vorliegt, kann hier nicht eingegangen werden, vgl. D'OVIDIO, Zs. VIII 92—97.

157. Wörter, die auf der dritten Silbe betont sind, tragen einen Nebenaccent auf der ersten. Dieser Nebenaccent macht sich zum Theil fühlbar in der Behandlung der Vokale oder der Schlusskonsonanten der ersten Silbe. Aus *Florentíae* entsteht nach § 130 *Firénze*, aus *flòrentínus* dagegen *fiorentíno*. Vielleicht erklärt sich auch *bòrrascóso* neben *burrásca* auf ähnliche Weise. In Lecce tritt in tonloser Silbe *e* für *e* und *i* ein § 123, unter dem Nebenton aber erscheint *i*: *kredía* aber *krèdirànno* u. s. w., s. MOROSI, Arch. Glott. IV 139. — In Süditalien tritt unmittelbar nach dem Tone *t* für *d* ein, vor demselben bleibt *d*, also *véte* = *ridet*, aber *vedére*. Der nebenbetonte Vokal verlangt ebenfalls *t*, also tarent. *kadára* = *caldaria*, aber *kàtaròtta* u. s. w. — Auch calabr. *métila* aber *métilila* mag hier erwähnt werden, ferner ebenfalls calabr. *karčerànu* wohl aus *kárčerànu*, *máčina* aber *macinálu*, s. SCERBO, Dial. calabr. 47 f.

Die Konsonanten.

158. Auch im Konsonantismus zeigt das Vulgärlateinische eine Reihe von Abweichungen vom Schriftlateinischen, die zwar nicht alle gleich alt sind, die aber alle fürs Italienische vorausgesetzt werden. Zunächst ist die Verschiebung der Gutturalen vor *e*, *i* zu einem Palatallaut *k̑* zu nennen, also *k̑entum*, *k̑ilium*, *k̑aelum*, *vik̑inus*, *pak̑e* u. s. w. Alle romanischen Sprachen mit einziger Ausnahme des Sardischen und des Albanesisch-dalmatinischen zeigen die Fortsetzer des Palatals, nicht des Gutturals, vgl. Rom. Gramm. I § 403ᵃ und sard. *kelu*, *kena*, *kera*, *kerrere* (*cernere*), *kibudda*, *kima*, *kimige*, *kingere*, *kirkare*, *agedu*, *ilige*, *dege*, *boge*, *nege*, *binkere*, *kalke* u. s. w., s. HOFMANN, Log. Mundart S. 91 ff.[1]. Was sonst die anlautenden Konsonanten betrifft, so ist *h* frühzeitig und spurlos verstummt, *g* vor *e*, *i* zu *y* geworden, also *yenus*, *yener* wie *yak̑ere*, *yenuarius*. *Qu—qu* ist zu *c—qu* dissimilirt, daher *cinque*, *cinquaginta*, *cisque*, aber *quindecim*. Sonst sind für den Anlaut nur Einzelheiten zu nennen, wie *grassus* aus *crassus* unter dem Einfluss von *grossus*, ital. *grasso* und einige andere, die später erwähnt werden.

Im Wortinnern sind *g* vor *e*, *i*, *di* + Vok. und *j* ebenfalls unter *y* zusammengefallen: *mayestro*, *sayetta*, *b* ist zu *v* geworden: *bivere*, *nuvula*, *c* in Proparoxytonis zu *g*: *plagitu*, *playitu*, *fagere*, *fayere*, *fragidu*, *frayidu*, vgl. ASCOLI, Arch. Glott. IX 104 Anm. 1. Dass *avi*, *avu* zu *au* geworden ist, ist § 97 gesagt; in der Verbindung -*ivu* fällt *v*, *rius* aus *rivus*, ital. *rio*, Suff. -*ius* aus -*ivus*, ital. -*io*. — Von Konsonantenverbindungen ist *ns* zu *s* geworden: *vesica*, *pesare*, *cosul*, *mesis*, ebenso *nf*: *ifans* und *nv*: *coventus* u. s. w. Lat. *rs* ist doppelter Herkunft, entweder aus *rcs*, *rrs* entstanden wie in *ursus*, *cursus*, oder aber aus *rt* + *t* über *rss*, wie in *versus* aus *vert-tus* zu *vertere*. *dorsum*: in jenem Falle bleibt es, in diesem tritt frühzeitig

---

[1] Nach ASCOLI, Arch. Glott. II 144 Nr. 24 wären die sardischen Gutturalen erst wieder aus den Palatallauten entstanden, dagegen HOFMANN 76, vgl. Littbl. 1886, 70.

Assimilation zu *ss*, *s* ein, die in der Schriftsprache selten, vgl. *prosa*, in der Volkssprache aber stets erscheint. In *gm* findet Auflösung des *g* zu *y̆* statt, woraus weiter im Ital. *al*: *salma* = vulglat. *sauma* aus *sagma*. — Die Gruppe *xt* hat ihren Guttural verloren: *dester, sestus* sind die vulgären Formen, was freilich mehr für die andern Sprachen als fürs Italienische in Betracht kommt. Für *-bulus, -tulus, -culus, -ssulus* ist *-blus, -tlus, -clus, -sslus* eingetreten, dann weiter *-clus* für *-tlus, -sclus* für *-sslus*.

Tonloses Hiatus-*i* ist im Vulgärlateinischen zum Theil schon zu *y* geworden und hat sich mit dem vorhergehenden Konsonanten eng verbunden zu einem Palatallaut; wir dürfen *l̃, ñ, y* aus *di*$^\text{vok}$ und *gi*$^\text{vok}$, *t'* und *k̃* aus *ti*$^\text{vok}$ und *ci*$^\text{vok}$ schon für die voritalienische Periode ansetzen.

Im Auslaut ist *m* schon in republikanischer Zeit nach tonlosem Vokal, d. h. also in mehrsilbigen Wörtern, spurlos geschwunden, wogegen es in einsilbigen bis in die romanische Zeit hinein bleibt.

159. Dies sind die wichtigsten in Betracht kommenden Punkte; eine Anzahl von Einzelheiten werden gelegentlich Erwähnung finden. In der nun folgenden Darstellung der Entwicklung sollen die Konsonanten nach ihrer Stellung im Anlaut, im Wortinnern und im Auslaut betrachtet werden. Wie wortanlautende werden im Allgemeinen behandelt die Schlusskonsonanten einer Lautgruppe im Wortinnern und die Anlautskonsonanten von mit Präfixen gebildeten Verben, vgl. *parte* aber *padre*, oder *ritenere* wie *tenere* nicht wie *podere*. Das Gefühl der Zusammensetzung oder besser gesagt des verstärkten Anlauts macht sich bei Adjectiven und Substantiven weniger stark geltend, neben *ritorta* steht *rovello* aus *rebellis* (§ 128), *prevosto* aus *praepositus*, emil. *bigorña* = *bicornia, bigordi* = *bicordium*, brianz. *regondá* = **reconditare*, lomb. *regolsá* = *ricalzare* u. s. w.

A. Anlautende Konsonanten.

160. Wie in allen romanischen Sprachen, so bleiben auch im Italienischen die anlautenden Konsonanten unverändert, abgesehen von *k̃*, das zu *č*, von *ǵ, di̯, j*, die zu *ǧ* werden und von den Gruppen *pl, bl, fl, cl, gl, stl*, die eine gesonderte Betrachtung verlangen. Also *caro, carvo, carne, caldo, cavallo, cantare, cosa, coda, cova, cuore, corno, corpo, colla, corona, culla, cucchiaja, credo, crigna, crai, crosta, cento, cielo, cinque, cinquanta, ciascuno* (§ 158), *cervello, cercare, cesello, cimento; taglia, tale, tanto, taverna, tetto, terra, tiene, tenero, terrore, tingere, tiglio, tigna, tina, torto, tuono, tuo, togliere, tonto* (**tonditus*), *torre, tormento, tu, tre, trebbio, triste,*

§ 160. 161.]   Anlautende Konsonanten.   95

tronco; pajo, padre, parte, paglia, parola, padella, palese, pietra,
Pietro, piede, petto, perna, pestare, pellegrino, pentirsi, pino,
pisello, pozzo, porta, ponte, porco, pollo, podere, puoi, povero,
pulire, prato, prete, primajo, pronto, prudere; gallo, gallina, gola,
godere, gusto, grande, grano, gregna, grillo, grognire, grue, grosso,
gente, gelo, già, genero, giorno, Girolamo, giovine, giogo, ginepro,
gennajo, giugno, giove, giudice; dare, dado, da, devo, dente, detto,
dettare, dieci, diede, dio, dire, divino, digiuno, dinajo, dono, doga,
duole, duomo, dotto, dolce, domanda, domestico, domenica, duro,
duce; bacio, bacile, bastare, battere, baccello, bere, bescio, bieta,
bifolco, bolla, buono, bue, budello, branca, braccio, breve, bruco,
brutto; salvo, santo, sapere, seta, siede, semola, sete, sedo (sidus
D'OVIDIO, Grundriss 1 S. 502), sente, sentiero, seme, suono, suole,
suolo, suora, soldo, sorte, sortire, sole, solo, sotto, soggiorno, sugo,
sudore, suggello; fame, favo, fare, farto, falso, famiglia, femina,
fermo, felce, felice, fieno, fiedere, festa, filo, fidare, firella, fibbia,
forte, fonte, fondo, fortuna, fottere, fuoco, fuori, forma, fumo,
fujo, fuggire, frate, fritto, freddo, fronte, fronde, frutto; vano,
vantare, vescica, vero, vedere, vecchio, vespa, veleno, vieta, voce,
volto, vuoto, vostro; lana, lagrima, lasciare, lieto, legare, levare,
lieve, lendine, legge, leggere, lenzuolo, letto, lece, lingua, luogo,
losco, lordo, lontano, lungo, luna, lume; ratto, ranocchia, ralo,
raso, rendere, re, riedere, recere, restare, ri-, ridere, ruoto, rodere,
rosso, rugire, rubbio; nave, niego, nè, niente, nesso, nerbo, nero,
neve, nido, nuoto, nuoce, nome, nostro, noce, nodo, nudo; mano,
mattina, mandare, male, maschio, mascella, magro, meno, menta,
mente, mietere, messa, mettere, mischia, mille, mio, muovere,
morire, mordere, mondo, mosto, molto, mordo, mugghiare, muro,
mulo, mudo; scala, scabbia, scarpello, scoglio, scopa, scrivere,
scrigno, scudo, scudella, scintilla; stare, stato, stella, stabbio,
stadera, stagione, stelo, sterpo, stoppia, stoggio, strada, strega,
stretto, stregghia, stringere; spada, spesso, spalla, sperare, spigola,
spina, spogliare, sposo, sporco.

161. Neben diesen regelmässigen Entwicklungen sind nun Abweichungen nach verschiedenen Seiten hin zu bemerken. Es kann nämlich einmal durch Dissimilation, Assimilation oder Einfluss sinn- und formverwandter Wörter der ursprüngliche Anlaut umgestaltet werden; es kann ferner durch Einfluss des unmittelbar folgenden Vokals eine Modifikation eintreten; sodann zeigen die Mundarten zum Theil weitgehende Verschiebungen der Artikulationsstelle; endlich wird der Wortanlaut im Satzinnern oft durch den Auslaut des vorhergehenden Wortes bestimmt.

162. Betrachten wir zunächst die erstgenannten Veränderungen nach der Reihenfolge der Laute, so begegnet einmal mehrfach tönender an Stelle tonlosen Anlautes, namentlich in der Gutturalreihe. Dabei ist aber von vorne herein Abstand zu nehmen von allen denjenigen Wörtern, die aus dem Griechischen oder Keltischen stammen. Im Vulgärlatein nämlich wurden, aus welchem Grunde mag dahingestellt bleiben, die griechischen tonlosen Verschlusslaute durch die entsprechenden tönenden wiedergegeben, wofür ein bekanntes Beispiel *gubernare* aus $\varkappa \upsilon \beta \varepsilon \varrho \nu \tilde{\alpha} \nu$ ist. Diese im klassischen Latein infolge der litterarischen Annäherung ans Griechische verwischte Regel hat sich in der Volkssprache noch lange Zeit behauptet, wie die vielen romanischen Beispiele zeigen, vgl. Rom. Gramm. I S. 33 und 353. Dahin gehören Wörter wie *gatto, gamba, gambero, grotto* u. a. Schwer sind die lateinischen Fälle zu beurtheilen. Weit verbreitet ist *gavia* aus *cavea*, ital. *gabbia*, vgl. Rom. Gramm. I 353, es kann hier wie auch in *gridare, gastigare, galigare*, vielleicht auch in *gobbola, gomberare, gomito, gombina*, das Tobler, Zs. IV 182 zutreffend von *combinare* herleitet, der tönende Inlaut von Einfluss auf den Anlaut gewesen sein. Aber bei senes. *ganale, ganavaccio, gattivo, gavillare, goffano*, die Hirsch, Zs. IX 562 bringt, in vulgärtosk. *gogno, galcina, gasco, gostare*, in den auch der Schriftsprache angehörigen *gonfiare, s-gomentare*, in romg. *gapone, gost, gubẹ̀*, romg.-aret. *garavana*, mail. *gásla (casula)*, kommt man damit nicht durch. Es mag sein, dass in *gostare* eine fehlerhafte Verallgemeinerung eines römischen *quanto gósta* (s. § 183) liegt, doch vgl. *gostá* Carduino II 23, dass *garavana* wieder als Fremdwort aufzufassen ist, wie denn noch heute der Mailänder in Lehnwörtern aus dem Französischen *c* durch *g* ersetzt: *gabaré, gabriolé* Salvioni, Mail. 230. Für die andern aber fehlt noch eine befriedigende Erklärung: mail. *golar* deutet Salvioni S. 230 ansprechend durch Einfluss von *gola* und bringt noch eine Reihe anderer unerklärter Beispiele. Für *ǵ* aus *k* vgl. calabr. *ǵigǵu (cilium)*. Sodann wird *cr* sehr gerne zu *gr*, vgl. *grasso, gradella, gridare, grogiolare,* pistoj. *grosta, gracidare*. Auch hier wird z. Th. Angleichung an den tonlosen Konsonanten im Wortinnern stattgefunden haben: in *grasso*, das übrigens wie bemerkt schon vulgärlateinisch ist, und *grosta* wird sich *grossus* eingemischt haben.

163. Seltener sind *d, b* statt *t, p*. Für ersteres wüsste ich nur siz.-calabr. *deda*, wo sich griech. $\delta \alpha \ddot{\imath} \delta \alpha$ mit lat. *taeda* vermischt hat, und mail. *dord*, wo wieder der Anlaut dem Inlaut angeglichen ist, dann *ditello* aus *titillus* durch Dissimilation zu nennen, für letzteres *bolso* herzschlächtig, frz. *poussif*, das zu *pulsus* zu gehören scheint, und mail. *büla*, bologn. *bula = pula*, vielleicht von einem Verbum *debüľar, vgl. portg. *debulhar* ¹). *Brugna* aus *prunea* ist wohl an *brunus* angelehnt. Interessant ist noch die Umspringung der Qualität in romg. *batella* aus *padella*. Unklar bleibt venez. *drezza* = tosk. *treccia* MUSSAFIA, Beitr. 52, ital. *brina* aus *pruina*, mail. *prina*.

164. Noch seltener sind tonlose Laute an Stelle von tönenden, wie mail. *karobi* eine Art Bohrer, das nach MUSSAFIA, Beitr. 119 zu *verubium* gehört, und *perkotá*, den Braten mit Fett begiessen, nach SALVIONI, Mail. 248 zu *gutta* gehörig, aber wohl nicht ohne Einfluss von *coquere, coctus*. In *chiosa* aus *glossa* liegt Anlehnung an *chiudere* vor.

165. Bei den Dauerlauten ist der Wandel von *s* zu *š* oder *z* und derjenige von *v* zu *b* oder *g* bemerkenswerth. *F* bleibt unverändert. Die Fälle von *š* und *z* aus *s* im Toskanischen sind grösstentheils unerklärt. Bei *scimmia*, *scima*, *scirocco*, *sciroppo*, *sciringa* kann man an Einfluss des *i* denken, doch bleibt daneben *si* auffällig. In *scialiva* hat wohl *sciala* = *exhalat* Einfluss geübt, in *scempio* von *simplus* der Anlaut *sc* aus *ex*, ebenso in *sceverare* = *separare, scemo, scemare* zu lat. *semus*, wie MARCHESINI, Studi fil. rom. II 5 zutreffend deutet; altital. *ciciliano* im Tesoretto und in der Intelligenza erklärt sich durch Assimilation. Dunkel ist *cinghiale* aus lat. *singularis*, da man nicht wohl an eine Beeinflussung durch *cinghia, cingere* denken kann. — *Zezzo* aus *setius* gehört wieder zu den Beispielen von Angleichung an den Inlaut, *zambuca* ist an *zampogna* angelehnt. Dieses, sowie *zavorra, zufolare, zolfo*, deren zwei letztere ihres *f* wegen nicht echt lateinisch sind (s. § 11), bleiben dunkel.

166. Für *v* tritt *g* ein in einigen Wörtern, deren germanische Entsprechungen fast gleichlautend sind, und die darum ihren Anlaut wie germanisches *w* behandeln: *guado, guasto, guastare*. Auch *golpe* wird dazu gehören. *Guaina* ist frühzeitig aus *vagina* umgestellt, *guagheggiare* statt *vagheggiare* bei Ristoro d'Arezzo 4ᵈ, 27 zeigt Assimilation. — In *gomiere* von *vomer, gomitare, gomire* scheint tonloses *vo* über *wo* zu *go* geworden zu sein. Wenn *v* in *volontà, volare* und andern Fällen bleibt, so liegt darin Einfluss der stammbetonten Formen vor. — *V* zu *b* anerkennt die heutige Sprache nicht mehr, in älterer Zeit findet man *boce* Brunetto Latini, Zs. VII 324, Sardo 141, *boto*, *botare* Sacch. 107. 109, Bocc. Dec. 1, 1, vgl. noch Belege aus senesischen Quellen Zs. IX 567, wo also *vo* zu *bo* wird; dann auch *besciga*

---

1) Die ferrarische, von DIEZ IIᵃ abgewiesene, von FLECHIA, Arch. Glott. II 238 unterstützte Deutung aus *apluda* ist sehr unwahrscheinlich. Ital. *pula* scheint mit portg. *pua*, woraus span. *pua* wohl entlehnt ist, zusammenzugehören. — *Bruciare* deutet ASCOLI, Arch. Glott. II 42 ansprechend aus vulglat. *co'mbr'urere*, *combrustiare*.

bei Graziani 149 [1]). Durch Assimilation an den Inlaut erklären sich *bibbio*, *berbice*, *berbena*, *bombero*, durch Dissimilation *bertovello*, durch den Einfluss des *i biante* aus *viante*.

167. Unter den Sonanten kommen meist schon vulgärlateinische Vertauschungen vor, so *m* für *n* in siz. *mastrozzu*, aneap. *masturçe* Reg. San., *n* für *m* in *nespola*, in mail. *nidolla*, romg. *neulla* aus *medulla*, in *nicchio* aus *mytilus* in Anlehnung an *nido*, *r* für *l* in *rovistico* unter Einfluss von *rovo*. Dann *giglio*, *gioglio* aus *lilium*, *lolium*, woraus wohl schon vulgärlat. durch Dissimilation *jilium*, *jolium*. Die Formen mit *l* kennt das Toskanische auch, daher es denn zu *giuglio* die Nebenform *luglio* bildet. — *L* zu *n* in mail. *navel*, berg. *nodola* erklärt sich wieder durch Dissimilation. *L* zu *d* in siz. *dassari*, calabr. *dassare* ist unerklärt, ebenso *n* zu *l* in forl. *lova*. — Bei *n* zeigt sich einige Male Palatalisirung, vgl. *gnudo*, *gnocco*, *gnucca*, *gnacchera*, mail. *gnerb*. *Gnudo* geht wohl auf ein vulglat. *ignudus* zurück, *gnocco* ist wohl aus *nocchio* umgestellt, mail. *gnerb* aus *nerbi*, die beiden andern sind etymologisch dunkel. *N* zu *l* in *licorno* aus *unicorno* ist als Anlehnung an *lifante = elefante* zu fassen.

168. Kombinatorische Veränderungen des Anlauts, wie sie einzelne der Schwestersprachen in grossem Maasse zeigen, kennt das Italienische, sehen wir von den Gruppen *cl* u. s. w. ab, nur wenige. Im Toskanischen wird *g* vor *a* zu *di*: *diaccio*, *diacere*. Das *i*, im *ü*-gebiet das *ü* und das *ö*, nur im Tessin das *a* palatalisiren z. Th. vorhergehende Konsonanten. Dass anlautend *si* auch in der Schriftsprache zu *ši* wird, ist § 165 gesagt, sonst ist aus den Mundarten zunächst kalabresisch *hi* für *fi* zu erwähnen: *hilu*, *hiyyu*, *hierru*, *hienu*, SCERBO, Dial. calabr. 35 Anm. 1, aus Alatri *l'*: *lyibęrę* und auch *lyuna*.

169. Sodann also die Palatalisirung von *ca*, *ga*. Für die Val Maggia behandelt sie SALVIONI, Arch. Glott. IX 216. Der Wandel von *ca* zu *k̆a* ist an den Ton gebunden, also *k̆ar*, *k̆a*, *k̆anu* (*canape*), *k̆alka*, *k̆aru*, *k̆awra*, *k̆amp*, *k̆erta*, *k̆ena*, aber *kaval*, *kampana*, *kadreya*, *kamisa*, *kavañ*, *kaližna*, *kadena*, *kamiñ*, *kairöw*; *k̆ald k̆aldriñ*, *k̆alz k̆alzé*, *k̆amp k̆ampaña* u. s. w., selbst *k̆enti*, *k̆antá*, *k̆aryi* (*cargo*) *k̆aryá*, *k̆ayi* (*caco*) *k̆ayá* u. s. w.. in Cevio jedoch schon

---

1. Zweifelhaft ist Übergang von *f* zu *b*, wie ihn CAIX mehrfach annimmt. Er deutet *abbiaccare* aus *flaccare* Studi 128, *bioccolo* aus *flocculus*, *bioscia* aus *fluxus* 129, *bucine* aus *fuscina* 233, dazu ein von der Crusca aus dem XIV. Jahrh. belegtes *bonte = fonte*. Allein von letzterem, das noch zu verifiziren wäre, abgesehen, wird das erste Wort besser aus *abbattulare gedeutet, *bucine* und *fuscina* scheiden sich in der Bedeutung zu sehr, die beiden andern harren noch der Erklärung.

[§ 169. 170. 171.] Die anlautenden Konsonanten. 99

ǩeŕi u. s. w., ebenso in Campo. Ausserhalb der Val Maggia ist die
Palatalisirung beschränkt, aus Onsernone und Verzasca kann sie SAL-
VIONI nur für *cane, capra, casa* nachweisen, die Qualität dieser Beispiele aber zeigt mit Sicherheit, dass ǩa hier einst Regel war, und dass
das heutige ka lombardischem Einflusse zu verdanken ist, dem sich
nur jene drei bei der Landbevölkerung besonders geläufigen Wörter
entzogen haben. Val Vigezzo und die Centovalli kennen die Palatalen
gar nicht — oder gar nicht mehr. Dieselbe Behandlung wie vor *a*
erfährt *c* auch vor *ü, ö* und germanisches *k* vor *e, i*, in welch letzterem
Punkte unser Dialekt mit dem Französischen übereinstimmt, während
die Beschränkung von ǩa auf die Stellung vor *á* und ǩü vielmehr ans
Rätische erinnert, s. Rom. Gramm. I § 416. Also *šḱivi, ḱü (culo),
ḱüna*, auch *ḱüñaw (cognato), ḱünt, ḱürt, ḱöl, ḱörn, ḱört* u. s. w.,
sodann *k* aus *qu*: *ḱilö = quiluogo, parḱe = perchè* u. s. w., vgl.
SALVIONI S. 217. — Dieselbe Palatalisirung und zwar ebenfalls nur
vor betontem *a* ist nun auch fürs Monferrinische bezeugt durch S. Fratello, vgl. *ḱeza, ḱeusa (causa), ḱē, ḱeña, ḱeñam, yemmar, yet (gatto),
yeǵǵa (gabbia)*, aber *kappien*. Die heutigen monferrinischen Dialekte
sind zu wenig bekannt, als dass sich die Verbindung mit dem Tessin
nachweisen liesse. Auch die Verbreitung von *k* nach Westen ist noch
nicht genügend aufgehellt, vgl. ASCOLI, Arch. Glott. I S. 252 ff.

170. Unter den kombinatorischen Veränderungen mag ferner der
Wandel von *sk, st, sp* zu *šk, št, šp* in denjenigen Gebieten, die *s* vor
Vokalen bewahren, Erwähnung finden. Im Tessin, wo diese Erscheinung zunächst auftritt, kann man wieder an rätischen und vielleicht
an germanischen Einfluss denken, wir haben hier *šta, špada, šren,
šmint, šlavi, žgamel* u. s. w., SALVIONI, Arch. Glott. IX 214. — Während hier die Verdichtung vor allen Konsonanten eintritt, ist sie im
Süden beschränkt, in Campobasso auf *st, sḱi̯*, also *škyavę, štoppa*
und entsprechend *žderrupatę*, aber *spasę*, eine »caratteristica sannitico-
abruzzesa« nach D'OVIDIO, Arch. Glott. IV 167. Anderswo aber scheint
š gerade vor *p* aufzutreten, so bietet der Text aus Saponara di Grumento bei Pap. 110: *stato, sta* neben *scfoco, riscpiett*. Sonst allerdings ist *š* nur vor Dentalen die Regel, vgl. noch, immer nach Pap.,
Chieti: *štupedaǵǵenę* neben *skunzulatę*, Agnone *štessę*, aber *spęrave*,
Larino *š¹atę* neben *sbrcuñ*; ob die Bemerkung zu Toro: »la *s* impura
si pronunzia aspra, alla teutonica« sich auf *s* vor allen Konsonanten
bezieht, ist noch zu untersuchen, für Teramo gelten nach SAVINI,
Dial. teram. S. 29 dieselben Regeln wie für Campobasso.

171. Sodann ist noch der Wandel von *vo* zu *o*, *vu* zu *u* zu
nennen, wie er vorliegt in Alatri: *ussika* aus *vessica, uttone (bottone),
uolępe, uokka, ukkone*; in mail. *oradega*, das allerdings der Ent-

7*

lehnung aus dem Ostlombardischen, wo *la oradega* neben *voradega* steht § 183, verdächtig ist, ferner *öria* (*eburea*), *osola* zu *vox*, *oltü* = *voltura* vgl. Salvioni, Mail. S. 211, oder zu *u̯u*, wie d'Ovidio, Arch. Glott. IV 105 für Campobasso nachweist: *wummeká*, *u̯uó* (*vuogli*) oder *ummeká*, *uó*, aber nur *oće̜*, *olepa*, vgl. noch siz. *urpi*.

172. Unter den spontanen Veränderungen der Anlautskonsonanten, die die Schriftsprache nicht kennt, ist namentlich der Wandel von *k* zu *h*, von *k̀* zu *š* oder *z*, *s*, von *d* zu *d̀*, *r*, von *v* zu *b* und *b* zu *v*, von *s* zu *š* oder *h* und die Schicksale des *y*, das theils bleibt, theils zu *ǵ*, *ž*, theils zu *z̜*, *s̜* wird, zu besprechen. Fraglich ist der Übergang von *f* zu *h*. Scerbo, Dial. calabr. S. 35 Anm. 1 erwähnt *hame* als cosentinisch, und Giuseppe Dalla Vedova bemerkt bei Pap. 329 vom paduanischen Landdialekt: »La *f* iniziale si trasforma, nella pronuncia di certe parole accentate sulla prima, in una forte aspirata, diguisa che potrebbe scriversi *hemena* per *femena*, *hate ansi* per *fate inansi*«. Auch hier muss erst noch genauere Auskunft abgewartet werden.

173. Was nun zunächst den Wandel von *c* zu *h* betrifft, so ist er von Alters her bekannt als eine Eigenthümlichkeit der Florentiner. Dante wirft seinen Landsleuten schon die »gorgia« vor, und die Aussprache *hasa*, *havallo*, *hosa*, *horpo*, *hyedere*, *hulo* u. s. w. hat sich bis heute gehalten. Der Laut schwankt zwischen *h̀* und *h* und kann wohl auch ganz schwinden, wie in Lucca und Livorno. Was seine Ausdehnung betrifft, so reicht er nördlich und westlich nicht über den Apennin, erscheint also z. B. nicht mehr in Fiumalbo, das seinem Vokalismus nach sonst noch viel mehr zum Toskanischen gehört, s. § 113; südlich sollen die Senesen reinen Verschlusslaut sprechen, doch habe ich selber *hasa* in senesischem Munde mehrfach gehört, die aretinisch-umbrisch-römische Gruppe dagegen zeigt *ka* u. s. w.

174. Während somit im Toskanischen *k* zum Reibelaut wird, *g* dagegen bleibt, haben wir nun eine zweite Zone, in der *k* bleibt, *g* dagegen zu *j*, *h* wird oder ganz fällt: es ist dies der Fall in den Abruzzen, so in Teramo, wo Savini, Dial. Teram. S. 41 *halle̜*, *hušte* schreibt mit der Bemerkung »la vocale divenuta così iniziale si aspira sempre«, in Campobasso *alle̜*, *ušte*, dann auch *atta* (*gatta*), *amme̜re̜* (*gambero*) mit sekundärem *g* § 162 u. s. w., und Finamore, Voc. Abr. 19 schreibt vom *g* »è affatto evanescente o più d'ordinario da gutturale media passa in gutturale spirante«. Genauere Grenzen versagen meine Hülfsmittel.

175. Vulgärlateinisch *k̀* wird zu *č* im ganzen am Südabhang des Apennin gelegenen Italien, nur zeigt sich etwelches Schwanken zwischen *č* und *š*, so schreibt z. B. Schneegans S. 89 *k̀* »geht in Stridula über, welche wie im Italienischen gewöhnlich durch *c* wiedergegeben wird, in den wenigsten Fällen aber = č ist. In Caltagirone, Catania, Acireale, Taormina wird es allerdings so ausgesprochen. In Castellamare dagegen ... habe či den Laut ši, wie in fast ganz Sizilien. Es muss aber von ši das či¹⁾ wohl unterschieden werden ... de Greg. schreibt auch pići (pece) im Unterschied von piši (piscis) und činniri Asche, dagegen šinniri scendere. Avolio spricht ebenfalls von dem häufigen raddolcimento dello c und schreibt čima, čivu, paći: auch ich hörte in Messina meist ć, š.« — Das Schwanken, der Übergang zu š wird sich wohl auch anderswo finden, doch fehlen mir Angaben. Im Pogebiete nun steht neben č auch z, und zwar gehört č nur dem Westlombardischen an, während das Ostlombardische mit dem Venezianischen, das Piemontesisch-genuesische und das Emilianische z, bezw. s kennen. Das hohe Alter des letzteren Lautes wird dadurch erwiesen, dass er auch S. Fratello eigen ist. Am unklarsten liegen die Dinge im Mailändischen. SALVIONI, Mail. 240 sagt vom k: può riflettersi senza norma alcuna per š, z e quindi s; talvolta occorrano tutti e tre i riflessi in un solo esemplare«. Weiter nördlich finden wir am Lago maggiore š, č nur in der Valle Vigezzo und hier auch die Form þ in Santa Maria Maggiore: þe (cielo), þire (cera), þarkov (cercato), þésped (cespite), þinq u. s. w., vgl. SALVIONI, Arch. Glott. IX 218, 257. Da š auch die rätische Form von k ist, so darf man wohl in dem tessinischen š rätischen Einfluss sehen, der von Norden her in die Lombardei eindringt und in der Stadt Mailand um so leichter aufgenommen wird, weil er an dem schriftsprachlichen č eine kräftige Stütze findet. In Malesco dürfen wir einen Zusammenstoss der č- und z-region vermuthen, da bis jetzt wenigstens die Stufe þ nur da nachgewiesen ist, wo č und z mit einander ringen, vgl. darüber Rom. Gramm. I 329. Sehr weit scheint sich č nicht zu erstrecken, čel findet sich bei Biond. nur für Mailand und Lodi, und auch im Tessin scheinen die Valle Leventina und die Valle Verzasca schon s zu zeigen. Was die Qualität der Wörter, die im Mailändischen mit š gesprochen werden, betrifft, so sind namentlich senner aschfarbig neben šendra Asche, zila (cera) neben šira und čera bemerkenswerth. — Ein ähnliches Schwanken zeigt sich im Westen im Piemont. Neben einander stehen da čel, čeresa, čert, čenja und séner, serne, sernči, serké, sitá, sisterna, auch sité (citare), sink (cinque) u. s. w. Hier sind die wenigen Wörter mit č offenbare Eindringlinge aus der Schriftsprache. — Der Laut schwankt auf dem ganzen Gebiete zwischen z und s. ASCOLI bemerkt Arch. Glott. II 139 Anm. 2 »lo z genovese è più

---

1) S. 80 č ist »ein Reibelaut, zwischen dem deutschen ch in mich, Gicht und dem š«.

affilato, cioè men rimoto da *z*, che non lo *z* piemontese o veneziano«, S. ALBINO schreibt *s*, das Emilianische bleibt wieder bei dem ältern *z*. Also gen. *ze*, *žeža (ciliegia)*, *zerne*, *zenee*, romg. *zedar*, *zil*, *zira*, *zenar* u. s. w. Im Osten, wo venezianisches *z* mit rätischem *š* zusammentrifft, erscheint wieder *þ*, wie ASCOLI in den Saggi ladini gezeigt hat, vgl. Arch. Glott. I 542 b. Nach seinen Angaben findet sich *þ* im Vulgärpaduanischen und Veronesischen und in den ganzen Grenzgebieten, also in Agordino, Val di Zoldo, Cadore, in Feltre, Belluno u. s. w., vgl. auch TH. GARTNER, Rätorom. Gramm. S. 69. Über das physiologische Verhältniss von *č* zu *z* s. Rom. Gramm. I § 403 a.

176. Die Schicksale des *ǵ*, bezw. *y* sind denen des *k̓* nur zum Theil entsprechend. Sehen wir vor der Hand von den Gegenden, wo *y* bleibt, ab, so könnte man *ʒ* überall da erwarten, wo *k̓* zu *z* wird. Dies trifft jedoch nur fürs Venezianische, Ostlombardische, Genuesische und Emilianische ein, das Lombardische schwankt wieder, das Piemontesische spricht *ǵ*. Dem *þ* in den Grenzdialekten entspricht natürlich *d*. Das Verhältniss von *ǵ* zu *ž* und *ʒ* im Lombardischen ist etwas verschieden von demjenigen zwischen *č*, *š* und *z*. Das gewöhnlichste ist *ǵ* zu *ž*: *ǵera*, *ǵenöčč*, *ǵenner*, *ǵir*, *žené (jenuarius)* neben *ǵenar*, *žemma*, letztere Formen »contadinesco«, *ʒenevrī*, *ʒov*, *ʒoven* in der »bassa Brianza« und bei Bonvesin: *zà*, *zizunii*, *zità*, *zovo* MUSSAFIA, Amail. Mund. § 77. Dadurch wäre also *ʒ* als das reguläre fürs Altmailändische gesichert, und *ž*, *ǵ* erweist sich als ein jüngerer rätisch-toskanischer Eindringler. — Was sodann das Piemontesische betrifft, so findet sich *ʒ* doch auch in manchen Gegenden, vgl. *ʒuvi* in Limone, *ʒoven* in Vistrobio, *ʒuvo* in Mondoví, beachtenswerth ist noch *dovo* in Drusacco. Fürs ältere Monferrinische scheint *ʒ* gesichert, vgl. in S. Fratello *ʒazuner*, *ʒov*, *ʒiu (gelo)*, *ʒener*, *ʒummu*, *ʒaimmu*, beide zu *gibbus* gehörig, woneben *ǵuorn*, *ǵudiž*, *ǵuer (giocare)*, *ǵavu (giovine)* wohl Sizilianismen oder wenigstens vom Sizilianischen beeinflusst sind. Mit der Differenz zwischen *s* = *k̓* und *ž* = *ǵ* schliesst sich das Piemontesische ans Französische an. Das Venezianische ist wieder bis zu *ʒ* vorgerückt, während das Genuesische und das Emilianische bei *ʒ* bleiben. — Süditalien bleibt bei *y* stehen, also siz. *yinnaru*, *yugu*, *yoku*, *yinokkyu*, *yénnaru*, *yornu* u. s. w. Diese Formen gehören dem Calabresisch-neapolitanischen an und reichen dann in die Abruzzen hinein, finden sich also in Teramo, Campobasso, Atessa, Bucchianico, Alatri und nördlich *yente*, *yentile* in Monterubbiano, Tolentino, Recanati, Macerata, Civitanova Marche und selbst Castiglion Fiorentino (Arezzo), während in Cingoli *ǵ* beginnt. — Die Südostküste dagegen bleibt bei *ǵ* und wandelt es sogar zu *š*, vgl. in Lecce *šoku*, *šuramenta*, šennáru, šuru, šénnaru, šelu, šangia u. s. w. Daran schliesst sich die ganze Terra di Bari und selbst noch Cerignola, vgl. *ši = gire*. — Ziemlich verwickelt liegen die Verhältnisse im Sardischen. Vor dunkeln Vokalen scheint *y* zu *ǧa* zu werden, vor hellen dagegen zu *b*, vgl. *ǧanna (janua), ǧu, ǧogare, ǧungere, ǧurare*, aber *bennarzu, bettare, belare, benuyu, birare, benneru*. Das *b* selbst ist jedoch wohl unursprünglich und es sind Mittelformen **ennarzu, *ettare* anzusetzen, wie denn noch *enna* aus *janua* vorliegt. Wenn endlich auch *ǧirare, ẓenia* u. dgl. vorkommt, so hat hier die Schriftsprache, bezw. das Genuesische eingewirkt. Vgl. HOFMANN, Die log. und camp. Mundart S. 61 und 94.

177. Wandel von *d* zu *ḍ* oder *r* ist süditalienisch-sizilianisch und hat vielleicht in der sabellischen und griechischen Artikulation des *d* seinen Grund, vgl. Rom. Gramm. I 649. Auch hier ist man grösstentheils auf die Spezialabhandlungen angewiesen, da die Texte *r* selten, *ḍ* nie ausdrücken. Fürs Sizilianische giebt SCHNEEGANS gute Auskunft S. 113. *D* vor und zwischen Vokalen, anlautend und inlautend, bleibt im Nordosten der Insel, Messina, Milazzo, Catania und Ostküste bis Syracus, im Innern der Insel und einem grossen Theile des Westens, aber mit weicher Aussprache, indem die Zunge nur ganz leise an die obere Zahnreihe gelegt wird. In Palermo dagegen und in der jetzigen Provinz Syracus, Noto, Modica und Umgegend geht *d* in ungerolltes alveolar-*r* über. Auf dem calabresischen Festlande folgt Cosenza mit *r*, während Catanzaro nach dem ausdrücklichen Zeugnisse von SCERBO, Dial. calabr. 41 bei reinem *d* bleibt. Der Basilicata, dem Principato citeriore und ulteriore und dem Neapolitanischen dagegen eignet *r* wieder durchaus, und ebenso der Molise, vgl. D'OVIDIO, Arch. Glott. IV 176 für Campobasso: »il *d* scade sempre in *ḍ*, e nelle bocche più plebee passa in *r*«, in Teramo aber »resta intatto«, SAVINI, Dial. teram. S. 52. Auch im Apulischen und dann wieder in den Marche findet sich reines *d*. — Noch bleibt zu merken, dass auch im Norden im Bergamaskischen *r* aus *d* vorkommen soll, TIRABOSCHI giebt es für Val Calepio an.

178. Wandel von *b* zu *v* ist ebenfalls dem ganzen Süden eigen, umfasst aber ein weiteres Gebiet als *d* zu *ḍ*. In Sizilien ist *v* allgemein ausser in Palermo, wo die vielen Beziehungen zum Festlande *b* eingeführt haben (SCHNEEGANS S. 74), sonst aber *vukka, varva, viviri, vastasu, vasari, vrazzu, vraka*, dann also auch calabr. *rue, vrazzu, vivire, vašare*, ferner im Neapolitanischen, in der Molise und den Abruzzen, auch z. B. in Teramo: *voṛe, votte, vašǫ* u. s. w. In Lecce wird *b* ebenfalls zu *v*, fällt dann aber, s. § 181. Erst im umbrischrömischen Gebiete tritt der Verschlusslaut wieder auf, doch scheint

Ascoli Piceno, Amandola und Monte Fortino sich noch dem Süden anzuschliessen.[1]) Im Norden ist *v* nicht nachgewiesen.

179. Endlich Übergang von *s* zu *š* oder *h* gehört dem Venezianisch-ostlombardischen und dem Genuesischen an, während das zwischenliegende Westlombardische bei *s* bleibt. Also genues. *šorba, šurti, šu, šurbi* u. s. w. Zur Bestimmung der Geographie des *š* im Osten fehlt es noch an Mitteln. Es ist daher zwar wahrscheinlich aber nicht sicher, dass bergam. *herv, hovrá* u. s. w. zunächst auf *hervo, servo* beruhen.

180. Vereinzelt steht S. Fratello mit *ḍḍ* aus *l*: *ḍḍavér (lavare), ḍḍüt (latte), ḍḍürg (largo), ḍḍagrima (lagrima), ḍḍibr (libro), ḍḍangua (lingua), ḍḍuna, ḍḍoñ (legno), ḍḍauv (lupo)* u. s. w., Arch. Glott. VIII 311. Es scheint, dass anlautend *l* wie inlautend *ll*, nicht wie inlautend *l*, gelautet hat. Nach sizilianischem Vorgang trat *ḍḍ* für inlautend *ll* ein und diesem folgte das gleichlautende anlautende *l*.

181. Bedingungslosen Abfall des Anlautes zeigt für primäres und sekundäres *v* und *g* das Apulische, vgl. Lecce *asu (bascio), andera (bandiera), euta (bevuta), ukka, ursa, rukulu (broccolo), ekkyu (vecchio), elénu (veneno), itru (vitru), iña (viña), uĉe (voce), oggyu (voglio); aḍḍina (gallina), ula (gola), rutta (grotta)* u. s. w.[2]) Sodann schwindet auch in Mittelitalien *d* und *v*, doch ist die ratio noch nicht recht klar. Vgl. *ico dunqua, lu tempu de lu primu Re e Cipru, doppo de* aber *Goffridu e Buyone, receè illanie e ispetti, se ne olea (dolea), glie isseru, nsurtu e ispettu, isse e olé (disse de volere), so enuta, aè (aver) ennetta, la aria (la daria) no ennicaa, la ennetta, tutta olontà* in Rieti, *te ico dunque, putia da* aber *potesse á (dare), putianu ice, je isse* aber stets *de* in Norcia, beide nach Papanti.

182. Die Veränderungen, die der Konsonantenanlaut im Satzinnern erleidet, sind für die Schriftsprache wie für die Dialekte von sehr grosser Wichtigkeit, wenn sie auch in der Schrift nicht zum Ausdruck kommen. Übrigens sind sie ältern Handschriften nicht unbekannt, so hat sie P. Rajna in der magliabecchianischen Handschrift

---

[1]) Für Alatri liegen einerseits *vove, vyatę*, andrerseits *bisoña, bammaco* vor; es scheint also *v* an den betonten Anlaut gebunden zu sein. Aber doch auch *heve = bibit*.

[2]) Wenn Tiraboschi in seinem bergamaskischen Wörterbuche mehrfach Formen ohne *v* anführt, wie *erem, aka, i, ida* u. s. w., so bedarf es noch genauerer Untersuchung, ob diese Formen wirklich im Satzanlaut gebräuchlich sind. Da Biondelli S. 6 ausdrücklich *ńe eć ne zueń* bei den Beispielen für inlautend *v* giebt und in seiner Übersetzung der Parabel vom verlornen Sohn im Wortanlaut stets *v* schreibt, so darf man daran zweifeln.

der Storie di Fioravante in weitem Umfange nachgewiesen: a proposito d'un manoscritto magliabecchiano Prop. V 29—63, woran sich dann S. 64—76 ein Aufsatz von F. D'OVIDIO schloss: Di alcune parole che nella pronunzia toscana producono il radoppiamento della consonante iniziale della parola seguente. Die Mundarten berücksichtigt H. SCHUCHARDT in einem feinsinnigen Artikel: Les modifications syntactiques de la consonne initiale dans les dialectes de la Sardaigne et du sud de l'Italie. Rom. III 1—30, vgl. noch H. SCHUCHARDT, Littbl. 1885, 273—277. Das Prinzip, das den ganzen im Folgenden zu besprechenden Erscheinungen zu Grunde liegt, ist das, dass die Konsonanten im Satzinnern unter gleichen Bedingungen ebenso behandelt werden wie im Wortinnern. Im Toskanischen kommt nur in Betracht der Anlaut nach einer Anzahl proklitischer meist einsilbiger und nach oxytonirten Wörtern: in diesem Falle tritt Dehnung des Anlautes ein, zugleich unterbleibt die Verschiebung des *c* zu *h* (§ 173). Die Wörter, die die Dehnung bewirken, sind nach D'OVIDIO, Grundriss I S. 496 die vokalisch auslautenden Oxytona wie *amò, amerò, amerà, verità, mercè, virtù*, sodann *è, e, o, se, a, da, tra, fra, su, giù, più, già, sì, lì, là, qui, qua, nè, ma, che, chi, tu, te, me, sè, ciò, ho, ha, fu, fo, fa, so, sa, vo, va, do, dà, sto, sta, fe² = fece, fè, fa* (Impt.), *sta, va, dì, dì², tre, re, vo² = voglio, mo², qualche, contra, sopra, intra, infra, come, dove*. Diese Wörter zerfallen in verschiedene Klassen. Wir haben zunächst die ursprünglich auf *t, d* auslautenden wie *e, a, o*, Wörter, die nie selbständig gebraucht werden, sondern immer mit den ihnen unmittelbar folgenden eine Einheit bilden. Da bleibt der Auslaut nur bestehen vor folgendem Vokal und vor *r*, während er allen andern Lauten angeglichen wird, also *tu ed io, padre ef figlio, fratello es sorella, padre em madre, popolo ed rè, ad esso, al lei, am me, ak kasa*. Von diesen theoretisch zu erwartenden Formen finden sich denn auch alle mit Ausnahme von *ed rè*, wofür in Anlehnung an alle andern Wörter mit konsonantischem Anlaute *er rè* gesagt wird. Nach dem Muster von *e* und *o* richtet sich dann *ne*, wofür man eigentlich *neg io, neg re nep padre, net tetto* erwartet. *Neg* geht spurlos verloren und wird durch *ned* ersetzt, und dann folgt schliesslich auch die adversative Conjunction *ma*. Ganz ähnlich zieht *che(d)* dann *se* nach sich. Mit *a* geht das daraus gebildete *da*, und diesen zwei Präpositionen auf *a* schliessen sich *fra* und *tra* an. Ganz anders verhält es sich mit Wörtern wie *va, amò* u. s. w. Oxytonirte Vokale sind im Italienischen kurz, ihnen folgende Konsonanten werden gedehnt. Endlich ist noch als drittes zu beachten, dass das Toskanische bei dem Rhythmus ᴗ‿ᴗ‿ den die hauptbetonte Silbe anlautenden Konsonanten dehnt, woraus sich die

Dehnung bei *dove* erklärt. — Der Wandel von *c* zu *h*, der § 173 für den direkten Wortanlaut erwähnt wurde, tritt im Wortinnern zwischen Vokalen, nicht aber nach *l, n* ein, daher denn auch im Satzinnern *il cavallo, in casa*. Von andern nur in der Stellung zwischen Vokalen vorkommenden Lautveränderungen ist *š* aus *č* und im Vulgärflorentinischen der Ausfall von *v* zu nennen. Nach dem eben Gesagten ist es selbstverständlich, dass man *la šena, la oše*, aber *čena, vože* und *aččena, avvoše* sagt. Wir können also bei ein und demselben Worte drei Stufen, eine starke, eine mittlere und eine schwache konstatiren.

183. Wenden wir uns den Mundarten zu, so wüsste ich aus Oberitalien nur das schon genannte bergamaskische *ne eč* zu erwähnen. Der Unterschied vom Toskanischen ist dabei bemerkenswerth. Da die nördlichen Mundarten überhaupt keine gedehnten Konsonanten kennen, so besitzen sie nur die mittlere und die schwache Stufe, diese tritt nun auch nach den vokalisch auslautenden Wörtern ein, die neben der mittlern die starke Stufe verlangen. Weit interessanter sind die Verhältnisse im Süden. Einmal sind die Wörter, die die starke Stufe fordern, nicht ganz dieselben wie im Toskanischen. Für Campobasso giebt D'OVIDIO ein Verzeichniss Arch. Glott. IV 178 f. Danach hat hier die Analogie weniger weit um sich gegriffen als im Toskanischen, sofern nämlich die mittlere Stufe auch nach *fra, ma, ki, tu* bleibt. Auch die Adverbien *llá, kkwa*, die Verbalformen und die Oxytona dehnen nicht. Sodann sind hier die Wirkungen des Accentes merkwürdig. Dem toskanischen *ettu* entspricht ebenfalls *ettu*, dem *e ll'uomo* dagegen *e l'ome*, ebenso *e l'uómene, e na femmena*; mit andern Worten, nur der Anlaut betonter Wörter wird gedehnt, nicht aber derjenige tonloser. Ganz ebenso erklärt sich *a mme ppure*, aber *a mme me manga*, ferner *a tte*, aber *ay-a fa*. — Die Dehnung nach *oñe* erklärt sich sogleich aus dem Neapolitanischen, auffälliger ist sie nach *patre* und *vergene*, die dann *patre, vergene* lauten. — Endlich ist noch zu bemerken, dass als starke Stufe zu *y, v, j, d* der entsprechende gedehnte Verschlusslaut erscheint, also *ggy, bb, gg, dd*, als schwache zu *k* dagegen *g*. — Auch *in, un* affiziren den folgenden Konsonanten. In ganz Süditalien werden die tonlosen Laute nach nasalen tönend, dem entsprechend finden wir im Satzinnern: *'n gasa, 'n diembe, 'n bo = un poco* u. s. w. — Aus dem Neapolitanischen mag nur die Dehnung nach dem Plural der Feminina und nach *oñe* erwähnt werden, wo also *-s* ebenso wirkt wie auslautende Verschlusslaute. Fürs Calabresische bringt SCERBO, Dial. cal. 45 wieder zuverlässiges Material. Die Dehnung tritt nach einsilbigen Wörtern in ziemlich demselben Umfange ein wie im Toskanischen, ist aber an folgenden Haupt- oder

Nebenton gebunden, daher zwar *a ll'uortu*, *e nnu birbánte*, aber *lu pátre e lu fiyyu*, *a la kkyésa*, nicht *e llu*, *a lla*. Die starke Stufe nach *oñe* erinnert wieder ans Neapolitanische, diejenige nach *ñure* (*signore*) erinnert an *patre* in Campobasso. Für *vène ddótto* gilt wol dieselbe Erklärung wie für tosk. *dòce vrá*. Dann auch wieder *m paččeè = in faccia* u. s. w. — Auch über das Sizilianische ist durch SCHNEEGANS 145 ff. sichere Auskunft gegeben. Unter den dehnenden Wörtern sind *tre* und *ḍḍa* (*illac*) beachtenswerth. Neben der einfachen quantitativen Veränderung ist die artikulatorische zu merken: *d̄* : *dd*, *v* : *bb*, *y* : *gy*, *l* : *ḍḍ*, wie inlautend *ll*, alveolares *r* aus *gr* zu uvularem *rr*. Sodann Einfluss des *m*: *mmarka = in barca*, *mmita = in vita*, *nnenti = in dente*, wofür SCHNEEGANS freilich kein Beispiel giebt.

184. Von besonderem Interesse ist endlich das Sardische, bei dem die Modifikationen des Anlautes schon darum viel mannigfaltiger sind, weil der Inlaut stärkeren Aenderungen unterworfen ist, als in den bisher behandelten Mundarten. Nach vokalischem Wortausgang werden die tonlosen Anlautskonsonanten tönend, also *una goza*, *bona gualidade*, *su boveru*, *su dempu*, *su vizu*, *eo ṣo*; die tönenden fallen: *su oe*, *su inu*, wohl auch *su oneḍḍa*, (*su gonella*) und *su entale* (*dentale*). Bei konsonantischem Auslaut dagegen bleibt der Anlaut in der mittleren Stellung, ebenso in pausa. Wir haben also nur zwei Stufen, eine starke (= mittlere) und eine schwache, die sich aber bei allen mit Verschluss- oder Reibelauten beginnenden Wörtern findet. Die Folge davon ist, dass nun auch bei den mit Sonanten anlautenden Wörtern zu der einfachen Stufe eine starke tritt, dass man also von *su muru*, *su mostru*, *su reñu* aus nach dem Muster *su dempu* : *sas tempus* nun sagt *sas mmuros*, *sos nnostros*, *sos rreños*. Für *l* fehlt Auskunft. Ferner da zu der schwachen Stufe *su oe* die starke *boe*, *sus boes* lautet, so tritt zu *su ennarzu*, *su éneru*, *su inistra* als schwache Stufe *su bennarzu*, *su beneru*, *su linestra*, wie L. HAVET, Mém. soc. lingu. II 277 und HOFMANN, Log. und camp. Mundart 95, vgl. Litbl. 1886, 70, gegen ASCOLI, Arch. Glott. II 144 richtig erkannt haben. Ganz ebenso erklärt sich *boneḍḍa* (*gonella*), *bentale* (*dentale*), *bistrale* (*destrale*), Verba wie *bettare* (*gettare*), *bessire* (*uscire*), *bokkire* (*aucidere*), *birare* (*girare*). — In einem Falle zeigt ursprünglich auch das Logudoresische drei Stufen, bei *v*: *rinu*, *su inu*, *sos binos*. Es begreift sich leicht, dass die erste Stufe verloren gegangen ist. Endlich verdient *d-* noch eine Bemerkung. Die Stufe *su entale* ist nur erschlossen aus *bentale*, in That und Wahrheit spricht man *su dentale*, es ist also *d* nicht geschwunden, sondern zum Spirant geworden, was wohl aus einem Einfluss der starken Form zu erklären ist. — Das Campidanesische scheint in einigen Fällen abzuweichen: *r* ist unter allen Umständen stark, *s* soll nach Vokalen scharf, nach Konsonanten weich sein. Vgl. ausser dem § 182 genannten Aufsatze SCHUCHARDT's noch HOFMANN, Die log. und camp. Mundart S. 122 ff. Damit scheinen übrigens die Reihen der satzphonetischen Erscheinungen noch nicht erschöpft zu sein. SPANO verzeichnet in seinem Wörterbuche *fentana* aus span. *ventana, fiskidu = viscido, fianda = vianda, fiudu = viduus, fentomare* aus *mentovare*, wo also *v* zu *f* wird; mit Ausnahme vielleicht von *viscido* alles Fremdwörter, die nicht losgelöst, sondern im Satze, die Substantiva wohl mit dem Artikel, übernommen wurden und daher ganz folgerichtig nachvokalisches *v* in pausa zu *f* wandeln. Schwieriger sind schon *franka, frastimare*, die auf *f-v-b*, und *pampa, pesperu*, die auf *p-b-v, puntana, púliga*, die auf *p-b-v-f, battia* aus *captiva* (FLECHIA, Miscellanea di fil. e. lingu. S. 200), *botale = cotale, bentone = cento, berda = cerda, addu = callo, bulteddu = coltello, barriare = caricare* u. a. (vgl. HOFMANN S. 83 f.), die auf *o-g-c* weisen. — In einzelnen sardischen Dialekten wird ein Verschlusslaut nach *s* zum Reibelaut. Das tritt natürlich auch im Satzinnern nach dem Plural des Artikels und des Adjektivs ein, vgl. *guddul prei, trei pizzino hun sa mela, kuddal pres ģovanas* u. s. w., Arch. Trad. Pop. II 135 aus Tiesi.

185. Es sind bisher die einfachen Konsonanten betrachtet worden, Konsonantengruppen nur in soweit, als sie unverändert bleiben. Es treten nun aber gerade bei den Konsonantengruppen, wie schon § 160 angedeutet ist, tiefgehende Veränderungen ein. Zunächst mag *qu* besprochen werden. Wie § 158 gesagt wurde, ist schon im Vulgärlateinischen *qu-qu* zu *c-qu* dissimilirt worden, daher ital. *cinque, cinquanta*, asen. *cescheduno* Zs. IX 522, heute *ciascuno*, abruzz. *cerqua* aus *querqua*. Sonst bleibt *qua* im Italienischen: *quale, quanto, quando, quattro, qualità* u. s. w., *que, qui* wird zu *ke, ki*: *chi, che, cheto, chiedere*, auffälligerweise *quindici*. Sekundäres *qu* liegt vor in *quagulat*, in vulgl. *quiste, quille*, ital. *quaglia* und *caglia*, letzteres wohl von *cagliáre* aus, *questo, quello* u. s. w. Die Mundarten bieten wenig Abweichungen. Im Sardischen ist *batru, baranta, bindigi* auffällig, sofern sonst nur inlautend *qu* zu *b* wird, anlautendes aber bleibt, bezw. zu *k* wird. Man könnte an Verallgemeinerung von *batru* in *vinti battru, trinta batru* und dann Beeinflussung von **quaranta* durch *batru* denken, doch bleibt *bindigi* dabei unerklärt. Im Südosten wird *qui* zu *či, que* zu *če, quaerere* zu *čerere*, so in Tarent, Lecce, Brindisi, Matera, aber nicht mehr weiter in der Basilicata, nördlich aber noch in Teramo. — Sodann findet die Unterdrückung des *u* in *quiste* im Süden wie im Norden auf weitem Gebiete statt. Auf-

fällig ist dabei der Unterschied zwischen *quiśtę* und *kešta* in den Abruzzen, z. B. Campobasso D'OVIDIO Arch. Glott. IV 160, neben neap. *kište*, wo also nur *que* zu *ke* wird. Vielleicht gilt dies auch fürs Toskanische und ist dort *chi* nach *che* gebildet. Ans Neapolitanische, wo sich *chiste*, *cheste* schon bei Loise de Rosa findet, schliesst sich das Römische und im Süden das Calabresische und Sizilianische an, andererseits zeigt der ganze Norden dieselbe Erscheinung, wie sich an dem Paradigma von *questo* in der Formenlehre zeigen wird. *Qua* ist wiederstandsfähiger, namentlich wenn *a* betont ist, wogegen bei tonloser erster Silbe das *u* leicht verschwindet, daher z. B. Campobasso *quannę*, aber *kakkosa*, *kakkędunę* und daher auch das einfache *kakkę*, vgl. ähnlich mail. *karobbi* (*quadruvium*) neben *qua*, *quand*, während im Tessin auch *kand* erscheint. Noch mag hier der Wandel von *qu* zu *f* erwähnt werden, wie er in dem von FLECHIA, Arch. Glott. IV 385 genannten *farketola* vorliegt, worin aber wohl Dissimilation mit im Spiele ist, wie auch in *farkeduno*, *farke* in Galatone ('Terra d'Otranto). — Merkwürdig ist *villu*, *vella* in Città S. Angelo, wo dahingestellt bleiben mag, ob *qu* überhaupt sein gutturales Element verliere, oder nur in diesem speciellen Falle.

186. Die Anlautsgruppen *cl*, *gl*, *fl*, *pl*, *bl*, *stl* erweichen ihr *l*, werden also zu *cl'* u. s. w., woraus dann weiter mit Unterdrückung des *l'* und Dehnung des Verschlusslautes *kky*. Die Dehnung kommt im Anlaut nicht zum Ausdruck, wohl aber im Inlaut. Am frühesten tritt der Wandel von *cl*, *gl* zu *ki*, *gi* ein, erst etwas später derjenige von *fl*, *pl*, *bl* zu *fi*, *pi*, *bi*. *Stl* ist schon im Vulgärlateinischen zu *scl* geworden, daraus ital. *schi*. Der Wandel ist älter als unsere ältesten Litteraturdenkmäler, auch lässt sich am Toskanischen selber der zeitliche Unterschied von *ki* und *pi* nicht mehr erkennen. Wir haben also: *chiama*, *chiave*, *chiaro*, *chieppa*, *chierica*, *chiesa*, *china*, *chiodo*, *chiosa*, *chiostro*, *chiudere*, *ghiado*, *ghiaccio*, *ghiaja*, *ghianda*, *ghieva*, *ghiro*, *ghiomo*, *ghiotto*; *schioppo*; *fiamma*, *fiacco*, *fianco*, *fiesco*, *fiatare*, *fiebole*, *fiocco*, *fiore*, *fiotto*, *fiutare*, *fiume*, *piano*, *pianta*, *piacere*, *piangere*, *piaga*, *piazza*, *piega*, *pieno*, *piere*, *piombo*, *piovere*, *pioppo* (vulglat. *ploppus*), *più*, *piuma*, *bianco*, *biado*, *biasimare*, *bieco* (*blaesus*, D'OVIDIO, Grundriss I 508), *biondo*, *biotto*, *biuta* u. s. w. Die Ausnahmen sind gering und sammt und sonders der Büchersprache entstammen, vgl. *claustro* neben *chiostro*, *claricola* Schlüsselbein neben *chiave*, *clemente* neben dem Eigennamen Chimenti, *clipeo* neben *chieppa*, *gleba* neben *ghiora*, *gloria*, dessen *o* und *ri* auch auf Entlehnung weisen, *glossa* neben *chiosa*, *flaccido* neben *fiacco*, *flagello*, dessen *g* ebenfalls ungehörig ist, *flauto*, *flebile* neben *fievole*, *placito* neben *piacere*, *plantare* Fusssohlenmuskel neben *pianta, plebe* neben *piere, plorare* neben *piurare, blasfemare*; neben *biasimare, blito* neben *bieta* u. s. w.

187. Wenden wir uns nun zu den Mundarten, so zeigen diese mehrfache Abweichungen und Weiterentwicklungen. Im Sardischen scheint *l* nach Labialen geblieben, nach Gutturalen ebenfalls im Campidanesischen, wogegen das Logudoresische die merkwürdige Form *ǵ* zeigt, die aus *cl*, *ky*, *č* oder *gy* entstanden ist. Vgl. HOFMANN, Log. und camp. Mundart S. 67 ff. Die ältesten Beispiele für *pi*, die er bringt, stammen aus dem Jahre 1532, während die Urkunden des XV. Jahrh. noch stets *pl* beibehalten, welche Form noch heute die campidanesische ist. Da auch im Logud. noch *plenu*, *prus*, *flore*, *flumen*, *flakku* u. a. neben *pienu* u. s. w. vorkommen, wird man *pi* als einen Eindringling aus der Schriftsprache fassen dürfen. Dagegen macht es mehr Schwierigkeit, *ǵ* aus *cl* als eine ungenaue Wiedergabe des genuesischen *č* (§ 190) zu fassen, obschon auch hier das Südsardische mit seinem *kr*, *kl*, vgl. camp. *krai*, *krau*, *klaru* neben log. *ǵae*, *ǵau*, *ǵaru*, fürs altlogudorische *kl* sichern könnte. Für *bl* fehlen Beispiele, *gl* verliert sein *g*: *landula*, *landiri* von *glans*.

188. Die südwestlichen und südlichen Dialekte stimmen in der Behandlung von *cl*, *gl* mit dem toskanischen überein, zeigen aber auch bei *pl*, *gl* und z. T. bei *fl* den velo-palatalen Verschlusslaut, also *kyanta*, *kyu*, *yastimari*, *yanku*, *ćumi*, *ćamma* im Sizilianischen, letzteres mit dem § 175 besprochenen Laute, oder aber *humi* im Innern der Insel, so in Vallelunga, Casteltermini, Girgenti, Caltanisetta, vgl. SCHNEEGANS, S. 81 f. Die palatale Spirans findet sich auch in Calabrien. Das *ki* aus *pl* umfasst ausser Sizilien und Calabrien noch Neapel, Apulien und die Molise, mit *kyañǵen* in Canosa Sannita, *kyañenne* in Villa S. Maria (Abruzze Citeriori) aber dürften am adriatischen Meere, mit *kyañenne* in Veroli und Alatri am tyrrhenischen die nördlichsten Punkte erreicht sein. Der Reflex von *fl* schwankt, D'OVIDIO giebt für Campobasso eine »fricativa che si distingue sol per minore stretta orale dallo *š*« Arch. Glott. IV, 160. Die verstärkte Form für den Laut ist geradezu *šš*. Auch *gl* und *bl* schwanken zwischen *y* und *gy*, für *gl* bietet Campobasso *l'*: *l'omere*, *l'anna*. — Die Schreibung *ki* für *pl* zeigen schon die sizilianischen Denkmäler des XIV. Jahrh., s. PARISELLE S. 36 f., ebenso der Neapolitaner Loise de Rosa, während im Regimen Sanitatis die etymologische Schreibung festgehalten wird. Der Übergang von der labialen zur gutturalen Artikulation hat wohl auf der Stufe *pl'* stattgefunden, nicht erst bei *pi*, da *plenus* zu *kinu* wird, also *plinu*, *pl'inu*, *kl'inu*, *kinu*. — Eine besondere Stellung nimmt die Südostspitze Siziliens ein, sofern hier speciell in Noto und Modica das sekundäre *ki*, sowohl das aus *cl* wie das aus *pl* entstandene, weiter zu *č* wird, also *čanta*, *čamari*, *čaga*, *čummu*, auch *činu*, s. SCHNEEGANS S. 70 und 152, wodurch der Dialekt allerdings nur zufällig mit dem Genuesischen übereinstimmt, vgl. Litbl. 1888, Sp. 225. — Von den Ausnahmen ist siz. *piačiri*, neap. *piačere* vielleicht mit SCHNEEGANS S. 92 als Lehnwort aus der Schriftsprache zu fassen, wie *pianu*, *piattu* und viele andere. Dann aber ist besonders beachtenswerth, dass die Abneigung gegen *cl* noch so stark ist, dass diejenigen Buchwörter, die die Schriftsprache unter der Gestalt *pl*, *cl* u. s. w. aufweist, im Sizilianischen stets *l* in *r* wandeln, vgl. *obbrikari*, *praya*, *praneta*, *krimenti* u. s. w., vgl. SCHNEEGANS S. 198 f. Das gilt auch für andere Mundarten, z. B. mail. *dekriná*, *sangrütt*, auch ital. *freccia* aus *flèche* u. s. w. Ebenso bei den alten Lyrikern, vgl. CAIX, Origini 139, und bei Brunetto Latini WIESE, Zs. VII, 306, und so *risprende* Albert. 57 u. s. w.

189. Am adriatischen Meere wird *cl* zu *ky*, *gl* zu *y*, dagegen bleiben *pl*, *bl*, *fl*, also z. B. in Teramo *kiamá*, *yannę*, aber *plandá*, *blašteme*, *flammę*. Das Gebiet dieser *pl*-Region scheint ziemlich beschränkt und kaum über die Provinz Abruzze Ulteriori I hinauszureichen. FINAMORE, Voc. Abr. 21 gibt *planda* für »paraechi comuni della nostre montagna«, wogegen er *promme*, *prazza*, also *pr* für *pl* als allgemeiner verbreitet angiebt. Schliesslich muss noch bemerkt werden, dass Tozzi für Gessa-Palena *piáñer*, aber *prañava*, *prañenn* angiebt Pap. S. 56, also *pi* vor betontem, *pl* vor tonlosem Vokal. — Es giebt nun noch andere Gegenden, wo *pl* neben *ki* steht, auf der Grenze zwischen Lombardisch und Rätisch, speciell in Val Gandina, Veltlin und Idro, wie ASCOLI, Arch. Glott. I 303 Anm. nachgewiesen hat.

190. Endlich Norditalien unterscheidet sich vom Süden und Centrum dadurch, dass es den Wandel zu *pi̯*, *ki̯* nicht nur vornimmt, sondern dann durch weitere Angleichung des Verschlusslautes *ki* zu *č*, wohl auch *pi* zu *č* wandelt. Das letztere ist ziemlich engbegrenzt, nur Genua spricht *čanta*, *čaga*, *čattu*, *čega*, *čeive*, *čümma* und entsprechend *ǧanku* (*bianco*), *šou* (*fiato*), *šu* (*fiore*), *šümaea* (*fiumaja*) u. s. w. An Genua schliesst sich westlich Porto Maurizio an, während im Osten die Lunigiana, selbst soweit sie politisch zu Genua gehört, also Castelnuovo di Magra, Sarzana, Vezzano, *pi* bietet. Nur längs des Meeres dringt *č* bis nach Spezia hin. Nördlich erscheint es noch in Garessio und Ormea. — Sodann hat ASCOLI, Arch. Glott. I 271 theils die ursprüngliche Stufe *pč*, theils die Weiterentwicklung *č* im Misokk und in Morbegno im östlichen und Montagna im mittleren Veltlin nachgewiesen, und SALVIONI hat Arch. Glott. IX 209, Anm. 1 genauer

bestimmt: il fenomeno è circoscritto a parte della Mesolcina (è p. es. a Soazza e non è più a Roveredo), e a parte del contado bellinzonese. Quì lo incontrai sulla riva sinistra del Ticino, a Arbedo, che giace a nord di Bellinzona, al confluente del Ticino e della Moesa, e in Valle Marobbia, le cui acque metton nel Ticino un pajo di chilometri a sud di Bellinzona, e sulla riva destra, a Montecarasso, che pur giace a sud di Bellinzona, sulla strada che mette all' imboccatura della Verzasca, e a Locarno«. Dazu S. 255 Anm. 2: »ho sentito da gente di Romagnano Sesia: ǵenka = bianca, esemplare non indegno di nota, poichè spetti a regione intermedia tra le Alpi e la Liguria«. Sehen wir von diesem Letztern ab, so erscheint pć, ć auf der Grenze zwischen rätischem Sprachgebiet, wo pl bleibt, und lombardischem, wo pl zu pi wird. Man wird nicht fehl gehen mit der Annahme, dass bei der Übernahme von pi in eine Gegend, die sonst pl sprach, die Schärfung des i zu y, ć stattgefunden habe. — Das ǵenka in Romagnano aber mag zum Monferrinischen hinüberleiten, wo, in welchem Umfange bleibt noch zu untersuchen, ebenfalls ć aus pi vorkommt, vgl. § 10, und dann S. Fratello: ćento, ćouvir (piovere), ćuma, šaur (fiore) neben plažair, dem sich agen. piaceir vergleicht und das entweder als Schriftwort zu fassen ist oder in Folge von Dissimilation sich auf der ältern Stufe gehalten hat. — Auf viel weiterem Gebiete erscheint ć für ki̭: nicht nur das Emilianische, Genuesisch-piemontesische und das Lombardische, sondern auch das Venezianische, das sonst in manchen Punkten dem Toskanischen folgt, sprechen ćamar, ćar, ćuso u. s. w. Im Westen scheint ki wie pi in der Lunigiana zu beginnen, dann bildet der Apennin die Grenze; für die Gebiete am adriatischen Meere fehlen mir genügende Hülfsmittel, um zu bestimmen, wo ć aufhöre. Im Norden greift das rätische kl, pl noch ins Venezianische und Lombardische hinein, Bormio und Veltlin z. B. bewahren es noch. — Fragen wir endlich nach dem Alter des ć und pi, so treffen wir schon in den ältesten Sprachdenkmälern direkte oder indirekte Spuren der Palatalisirung. Zwar das Exempelbuch kennt nur pl, cl, ebenso die Hamiltonhandschrift, doch weist die Form plu im Cato und in den Proverbia neben plui auf eine Aussprache piu, wo das zweite i infolge von Dissimilation gegen das erste geschwunden ist. Für Fra Giacomino aber ist die Aussprache ć für cl gesichert durch die Schreibung clera für ital. ciera. Ebenso beweist die Schreibung abluda bei Bonvesin, dass bl schon bi gesprochen wurde, für gl erscheint schon giaza. In den Rime Genovesi sind Schreibungen wie ihamā́, ihoi (chiodi), iamo (chiamo), iazo, iantao (piantato), ciantoi piantatori), ianco (bianco) u. s. w. Arch. Glott. X 151 f. die vorherrschenden. Für die Romagna wäre auf Dante Vulg. Eloqu. 14 zu verweisen, wo er den Romagnolen *oclo* vorwirft: ist im Inlaut *cl* geblieben, dann mit noch mehr Recht im Anlaut. Allein es ist fraglich, ob *cl* nicht bloss etymologische Schreibung sei.

191. Eine besondere Beachtung verdient auch *schi*, wie es in *schiuma* und *schioppo* vorliegt. Im Vulgärtoskanischen tritt dafür *stioppo*, *stiuma* ein, Formen, die z. B. Cellini stets verwendet. Auch fürs Bolognesische giebt BIONDELLI S. 198 *stiop*, *stiuma* an, während in Parma, Ferrara und im ganzen nördlichen Gebiete *sć* erscheint.

192. Die andern Anlautsgruppen bleiben in der Schriftsprache unverändert, dagegen ist aus den Dialekten noch nachzuholen, dass *gr* sein *g* im Sardischen, wo sonst anlautend *g* bleibt, verliert, vgl. log. *russu*, *rassu* (*grassus* § 162), *randine*, *runda*. Damit ist vielleicht *l* aus *gl* § 187 zusammenzuhalten.

193. Es besitzt nun das Italienische auch eine Reihe neuer, dem Lateinischen noch unbekannte Anlautsgruppen, die grösstentheils infolge von Synkopirung des Vokals der ersten Silbe entstanden sind. Soweit dann der erste Konsonant verändert wird, ist hier davon zu handeln. Das Florentinische zeigt nur Weniges. *S* wird vor tönenden Lauten tönend: *şvenire*, *şdegno* u. s. w., doch bringt die Schrift das nicht zum Ausdruck. Wichtiger ist der Wandel von *vr* zu *fr*, wie er in *frasca* aus *virasca*, *frana* aus *voragine* nach Flechia's zutreffender Deutung vorliegt. Ferner wird *s'r* zu *sdr*, vgl. *sdrucciolare* aus *s-roteolare* nach ASCOLI, Arch. Glott. VII 516 Anm., *sdrajare* aus *s-radiare*, siz. *sdruviggyá* aus *s-revigilare*, wogegen das von DIEZ, Wb. I 115 ebenso gedeutete *sdrucire* eher aus *s-dirucire* zu erklären ist, vgl. *druscire* Intell. 181. — Weit mehr hierhergehörige Erscheinungen bieten namentlich die nördlichen, stark synkopirenden Mundarten. Im Emilianischen wird *dis* zu *ć* bezw. *ǵ*, daher *ćpett* = *dispetto*, *ǵnér* = *desinare*, vgl. auch imol. *tservelé*; treffen zwei Laute verschiedener Stufe zusammen, so nimmt der erste die Qualität des zweiten an: *bdel* aus *pedale*, *bdoćć* (*pidocchio*), *sbdel* (*spedale*), *bgoj* (*peculium*), *bsell* (*pisello*); *pton* = *bottone*, *pke* (*peccare*), *pkon* (*boccone*), *psiga* (*vesciga*), ein Wort, das besonders interessant ist, denn während im Toskanischen *f* die tonlose Entsprechung von *v* ist, finden wir hier *p*, was sich wohl daraus erklärt, dass *v* dort labiodental, hier bilabial ist. Daher wird *v-r* hier zu *br*: *brugla* aus *verruca*, und *brugola* CAIX, Studi 224 k nn nicht echttoskanisch sein. Auch der Norden zeigt *br* aus *vr*, vgl. *brespa*, *brespo* bei Ruzante, WENDRINER S. 31. Auffällig ist mehrmals *d* für *b*: *bledger* = *dileticare*, *dbú* = *bevuto*, *dbeñ* = *vivagno*; sodan *br* für *mr* in *brenda* aus *mbrenda*. Vgl. noch MUSSAFIA, Romg. § 111—119. — Anderswo, im Tessin, fällt dagegen der erste der beiden Konsonanten, vgl. *ñi* = *venire*, *mint* = **comente*, *ñussé* = *conoscete*, *döla* = *betulla* vgl. Salvioni, Arch. Glott. IX 305. Hier finden wir auch Angleichung des zweiten Konsonanten an den ersten in *sfeta* = *civetta*, *sfera* = *civera* Arch. Glott. IX 214 Anm. Sodann mag *sf* zu *sp* erwähnt werden, das als calabresisch und apulisch gilt, vgl. Lecce *spilare* = *sfilare*, *spriculu* = venez. *fregolo* Arch. Glott. IV 129; calabr. *spogare* = *sfogare*, *spundare* = *sfondare*, *spattu* = *sfatto*, *spiatare* = *sfiatare* u. s. w.

194. Doppelkonsonanten oder besser gedehnte Konsonanten im Anlaut kennen die südlichen Mundarten. Schon § 144 ist darauf hingewiesen, dass *i* fällt; da nun ferner *nd* zu *nn*, *mb*, *nv* zu *mm* werden, so beginnen also alle diejenigen Wörter, die im Toskanischen mit *ind*, *inv*, *imb* anlauten, im Süden mit *nn*, bezw. *mm*. Aus Campobasso bringt d'Ovidio, Arch. Glott. IV 179 noch andere Beispiele, zunächst wieder solche, deren Anlaut ursprünglich im Wortinnern stand und dort, sei es ursprünglich, sei es infolge besonderer Umstände, gedehnt war, wie *lla* = *illac*, *kqua*, *kkyeseya* (*chiesa*), ferner *kkyu*, wo man wohl annehmen darf, dass die häufige Stellung im Satzinnern das ursprünglich anlautende *pl* so behandeln liess wie inlautendes. Schwer zu erklären sind *ddio*, doch vgl. tosk. *iddio*, *rre* nebst *rreyale*, *rroba*, *mmerda*, *mmummeya*, *mmolla*, *mmalatya*, *nne*, *dde*.— Die gedehnte Aussprache des Anlautes scheint für einen Theil dieser Wörter dem ganzen Süden anzugehören, wenigstens weist Scerbo, Dial. calabr. 44 auch im Calabresischen *rre*, *rrobba*, *mmerda*, *kkyu*, *dda* (= *lla*), *kka*, *ddio* nach, ausserdem aber noch *ččippu*, *ččikkulata*, *nnokka*, *ddutta* (*lotta*), *ččittu*, *kku* (*con*), *kki* (*che* neben *ki* = *chi*), *ddemuonu*, *ppe* (*per*), *nnestro*, Wörter, von denen mehrere d'Ovidio's Annahme, gedehnte Konsonanz im Wortinnern bedinge auch gedehnte im Anlaut, bestätigen können. Da *kki*, *ppe*, *kku* mit dem ihnen folgenden Wort eine Einheit bilden und dessen Anlaut dehnen (§ 182), so fallen sie unter dieselbe Kategorie, vor allem wird so der Unterschied zwischen *kki* = *che* und *ki* = *chi* gerechtfertigt.

195. Endlich bleibt noch der sporadische Abfall und Zutritt von Konsonanten zu besprechen. Jener hat seinen Grund in Dissimilation in *avello*, *usignuolo*, in Verwechslung des *l* mit dem bestimmten Artikel in *ottone*, *orbacca*, *oncia*, *oleandro*, *usingatore* Albert. 37, vulg. *aberinto*, *ambrostolo*, romg. *epis* = *lapis*, auch Mail. *apis*, *ares* = *larice* u. a., Salvioni, Mail. § 77, ferner des *n* mit dem unbestimmten: *anchino*, *arancia*, vgl. Caix, Studi S. 194. Im Sardischen, wo der Artikel *su*, *sa* lautet, kann ebenso *s* fallen, vgl. *ambisua* = *sanguisuga* u. a. In Verben wird *s* mit dem Präfix

§ 195. 196. 197. 198].   Die anlautenden Konsonanten.   115

s verwechselt und kann deshalb fallen, vgl. *calterire* aus *scalpturire*, *tretticare* zu *strettare* CAIX Studi 639. Unklar ist Schwund von *g* in Mail. *remiǧell = glomicellus*, das weit verbreitet ist, MUSSAFIA Beitrag 64, mail. *roñi = grundire*.

196. Zusatz von Konsonanten ist ebenfalls selten. Zunächst ist auch hier das *l* des Artikels zu nennen in *lero*, *lazzo* zu *acidus*, *lampone* neben piem. *ampola*, *lasca*, *lazzeruola* aus span. *acerola*, *loppio* u. a., senes. *lape*, siz. *lapa = ape* s. CAIX, Studi 94, MUSSAFIA, Romg. 169, SALVIONI, Mail. 46 ¹). Auffälligerweise tritt es auch an Verba: *lamicare*, wenn es von *humigare* stammt, CAIX Studi 44, piac. *leimp (implere)*, *lanser (ansiare)* MUSSAFIA, Beitrag 69. Ferner das *n* der Präposition *in*: *ninferno*, *nabisso*, wogegen in alttosk. *niscire* wohl eher *ne* steckt. — Vorsatz von *s* ist, wie sich in der Wortbildungslehre zeigen wird, sehr häufig, vgl. FLECHIA, Arch. Glott. II 46, wo oberitalienische Beispiele gegeben werden. — Sodann erklärt sich *gracimolo* und *gruspo* durch Anlehnung an *grappo*, *granocchia* an *gracidare*; *brezza* aus *auritia* hat sein *b* von *brisa*, *bruire* von *braire*.

B. Die Konsonanten im Wortinnern.

197. Auch im Wortinnern haben wir zu scheiden zwischen einfachen Konsonanten und Konsonantengruppen, vor Allem aber ist die Stellung vor oder nach dem Tone von bestimmendem Einfluss auf die einfachen Konsonanten sowohl wie auf die Gruppen. Auch die Qualität des folgenden Vokals ist von Wichtigkeit. Nur auf die Sonanten *n, m, r, l* scheint die Stellung des Accentes gar keinen Einfluss zu üben, wie denn überhaupt diese Laute am allerwenigsten Umgestaltungen erleiden; sie mögen daher von den andern getrennt behandelt werden. Eine besondere Beachtung verdienen auch die Konsonanten in Proparoxytonis.

1. Die Konsonanten nach dem Tone.

198. Einfache Verschluss- und Reibelaute nach dem Tone bleiben in der Litterärsprache bestehen, *k* wird selbstredend zu *ć*, *ǧ* zu *ǧ*, für *b* ist *v* eingetreten § 158, vgl. *amico*, *greco*, *cieco*, *giuoco*, *fuoco*, *cuoco*, *bruco*, *-ato*, *-ito*, *-uto*, *-eto*, *-ate*, *-ite*, *-ete*, *stato*, *state*, *grata* aus älterem *grate*, *lato*, *prato*, *sete*, *seto*, *arcto*, *rete*, *lieto*, *nuoto*, *loto*, *capo*, *ape*, *siepe*, *pepe*, *uopo*; *piaga*, *vago*, *foga*,

---

1) Dagegen erklärt sich das von MUSSAFIA, Romg. § 105 unter denselben Gesichtspunkt gestellte *alyedga* für *lugliatica* besser aus *luyedga*, *lyedga* nach § 146.

8*

roga, fatiga, doga, suga, ruga, grado, vado, fede, sede, piede, riede, nido, nodo, rode, nudo: pace, piace, pece, lece, vece, dieci, voce, croce, noce, luce, nuoce, cuoce (vulglat. *cocit*), *rece; caso, rimaso. naso, riso, peso, mese, -ese, mesa, ucciso, viso, chiuso, -oso; legge, maggio, gregge, peggio. fugge, rugge, mugge, fava, deve, cova, ivi, prova, scrive, ove, chiave, cava, nave, nuovo, nove, uovo, grave, breve, leva, lisciva, riva, saliva, favo, fiavo* u. s. w.

199. Von den spontanen Umgestaltungen in den Dialekten ist aus dem Toskanischen selbst der Wandel von *k* zu *h* wie im Anlaut, ausserdem derjenige von *t* zu *h* und von *č* zu *š* zu nennen. Über *h* aus *t* berichtet CAIX bei SCHUCHARDT, Slavodeutsches S. 13: »*t* erweicht sich vor Allem in der letzten Silbe, doch dem Anscheine nach von folgendem *a* und auch *o* begünstigt. Es sei zu unterscheiden eine Mittelstufe zwischen *t* und *þ* im Munde der Gebildeten von einem wirklichen *þ* im Munde des Volkes, welches sogar vielfach zu *h* werde. Es soll dies *h* nur wenig stärker als unser *h* sein«. Mit dieser Beschränkung auf *-to, -ta* stehen *sache (avete) stachi. birbonache*, wie FANFANI bei Pap. S. 215 schreibt, im Widerspruch. Dagegen scheint, da ebenda *sentito* geschrieben wird, *h* sich auf die Stellung nach *a* zu beschränken. — Was den Laut des *č* zwischen Vokalen betrifft, so definirt ihn ASCOLI, Fonol. 22: »fricativa che si distingue sol per minore stretta orale dallo *sc* di *scema*« und ähnlich D'OVIDIO, Grundriss S. 491: »gleichsam die Hälfte eines *š*«. — Endlich fällt im Vulgärflorentinischen das *v* zwischen Vokalen: *bastaa, noe, aea. pioe*, ebenso in Certaldo und dann im Umbrischen und in Massa, vgl. § 204.

200. Die norditalienischen Mundarten lassen die tonlosen Konsonanten tönend werden, dann *t* ausfallen. Das Gebiet, auf welchem *-ado, amigo* als erste Weiterentwickelungen aufzustellen sind, geht im Norden ins Rätische, bezw. Gallische, das dieselbe Erscheinung zeigt, über. Im Süden umfasst es noch die Inseln Corsica und Sardinien, doch wird für Sassari *dd* angegeben, auf der Halbinsel noch Fivizzano, Licciana, Pontremoli, und Sillano in der Provinz Massa Carrara, wogegen Vagli Sotto, Massa, Montignoso, Carrara, Avenza bei den tonlosen Lauten bleiben. Weiterhin bildet der Apennin die Scheide zwischen dem *v-* und *t-*Gebiete und zwar stellt sich Fiumalbo (vgl. § 113) hier zum Norden. Am adriatischen Meere ist Pesaro der südlichste Punkt, während Fano, Urbino, Urbania u. s. w. sich ans Toskanisch-Umbrische anschliessen. Innerhalb dieses ganzen Gebietes sind nun aber verschiedene Abstufungen zu beobachten. Die altlombardischen Denkmäler zeigen die Schreibung *dh*, so bemerkt MUSSAFIA, dass bei Bonvesin »sowohl primäres wie sekundäres *d* sehr

oft *dh* geschrieben« werde (Bonv. § 51) und bringt § 57 mehrere Beispiele; auch in der Hamiltonhandschrift finden sich vereinzelt *dh*: *redhe* Prov. 155 c, oft bei Uguçon und in Paolino, MUSSAFIA S. 144. Gewöhnlicher aber ist der völlige Ausfall, so bei Bonvesin *-ae = -ate*, *-ao = -ato*, *-ia = -ita*, *indreo = indreto* aus *inderetro*, und östlich im Veronesischen: *-ao*, *contrae*, *strae*, *prea* (*petra*) bei Fra Giacomino, im Paduanischen: *monea*, *aseo*, *-ego* aus *-atico* u. s. w. bei Ruzante WENDRINER § 65, im Altvenezianischen: *-á = -ato* und *-ata*, *fia = fiata*, *-u = -uto* in der Cronica, ähnlich in Paolino und bei Calmo. Vgl. noch ASCOLI, Arch. Glott. III 250 und I 249 f., 258. Oder im Westen im Altgenuesischen: »il semplice digradamento di *t* tra vocali qui non s'arresta, ma il *d*, così secondario come primario, di regola si dilegua«, FLECHIA, Arch. Glott. X 154; im Chrysostomus *see* (*sete*) 19, 25; *moho* (*modo*) 21, 24; *voluntae* 21, 28; *privao* 21, 31; *virtae* 21, 34; *cerchae* 23, 26 u. s. w. Damit stimmen nun aber die modernen Dialekte keineswegs überein. So äussert sich SALVIONI, Mail. 260 über das Mailändische: ad *-ata*, *-uta*, *-ita* risponde il dialetto moderno per *-ada*, *-üda*, *-ida*. Però più noi rimonteremo verso il 16° sec. più frequente ci occorrerà la riduzione *à* .... e ancora oggidì occorre talvolta quella desinenza sulla bocca e nei prodotti letterarii del popolino ..... Anche per *-üda* *-ida* occore sovente nelle scritture meno recenti *üü*, *ii*«. Und S. 255 führt er an: *röda*, *seda*, *preda* aus *petra*, *sed* (*sete*), *red*, *fideg* (*fegato*), *meda*, Subst. Verb. auf *-ada*, *-üda*, *-ida*, neben *preya* = *petra*, *seya*, *kreya*, ganz abgesehen von den Verbalendungen. Ganz denselben Gegensatz zwischen neuerer und älterer Zeit haben wir auch im Venezianischen, vgl. ASCOLI, Arch. Glott. 1 311 f. Die Erklärung dieser Rückkehr zu Formen, die dem Lateinischen näher stehen, ist schwer zu geben, wollen wir nicht annehmen, dass verschiedene Dialekte sich kreuzen, und dass in späterer Zeit der mit erhaltenem *d* die Oberhand gewonnen habe, ohne freilich auch die 2. Pl. der Verba ergreifen zu können. Es ist allerdings richtig, dass in der Lombardei selber die Mundart von Lodi den Dental bewahrt. Ebenso findet sich *at* am linken Addaufer, vgl. MORF, Gött. Anz. 1886, S. 858: »Von Zernetz geht eine doppelte Strömung aus: *atum*, *au* führt den Inn aufwärts und erfüllt die Thäler des Tessins, um sich im Westen der lombardischen Ebene auszudehnen, die andere, *atum*, *at*, folgt dem Inn abwärts, durchzieht das Livignerthal, breitet sich über das Veltlin und die Berge von Bergamo und Brescia aus und beherrscht den Osten der lombardischen Ebene« ... Ferner S. 860: »Das mailändische *at* ist entstanden unter Einfluss der östlichen Strömung. Zwischen den beiden Entwicklungen hat ein Kampf stattgefunden, in Mailand schon im XIII. Jahrh.; *atum, at* ist Sieger geblieben. Im Femininum dauert der Kampf noch«. Höchst auffällig ist, dass im Tessin das *t* in *-ato, -ati, -atae, -uto, -uti* schwindet, in *-ito, -ita, -iti, -itae, -ata, -uta, -utae* dagegen bleibt, vgl. SALVIONI, Arch. Glott. IX 222. Der Grund dafür entgeht mir. — Auch im Emilianischen ist die Behandlung des intervokalischen *t* nicht völlig klar. Erweichung zu *d*, also *-ed, -eda* aus *-ato, -ata* zeigt Rimini nach BIONDELLI'S ausdrücklichem Zeugniss S. 202. Sonst ist nicht nur anlautend, sondern auch inlautend *t* gefallen, letzteres im Romagnolischen auffälligerweise nur in den Substantiven und in *pre* = *preta (petra)*, nicht in den Participien, daher *andé*, Fem. *andeda*, aber *snarbé (nerbata)*, ferner *sed* und *se (sete)*, *ase* und *ased*, *red*, *di (dito)* aber *dida, kreda, roda* vgl. MUSSAFIA, Romg. § 191 f. Die zweite Pluralis lautet auf *-e, -i*. Es ist schwer, eine Erklärung für die verschiedene Behandlung zu finden. Der Abfall des in' den Auslaut tretenden *t* hängt natürlich zusammen mit dem Schwund der Vokale: bleibt der Auslaut, so bleibt auch *d*; weshalb aber die Verbalabstracta eine besondere Stellung einnehmen, ist nicht recht ersichtlich. — Das Monferrinische unterscheidet sich vom Lombardischen dadurch, dass *-t* bleibt, *-ta* dagegen über *dha, d̃a* zu *ya*, in S. Fratello zu *-ra* wird, während Nicosia *d* zeigt und Piazza Armerina die älteste Form *d̃* bewahrt, vgl. Pia. Arm. *ǵurnada, dodiź*, S. Frat. *annar (nuoto), sara, krara, ruora*, Nicos. *seda, vidu* u. s. w., monferr. *feya, preya, praya, kayena* u. s. w. Die Erscheinung ist ziemlich eng begrenzt, sie umfasst nur einen Theil der Provinz Alessandria, also ausser Alessandria selbst noch Carpeneto, Casal Cermelli, Casal Monferrato, Fresconara, Vignale, Valenza, aber nicht mehr Asti. Allerdings scheint auch genues. *fuae* auf *faya (fata)* zu weisen. Dagegen fällt *-d-* wenigstens in S. Fratello: *pe, fo, ni, nu, cru*.

D **201.** Der tonlose gutturale Verschlusslaut geht mit dem dentalen zunächst gleiche Wege: wo *t* zu *d* wird, da wandelt sich auch *c* zu *g*. Dann aber bleibt *g* meist bestehen oder ist in seinen weitern Schicksalen von der Qualität der umgebenden Laute abhängig. Nur das Piemontesisch-Monferrinische lässt *g* fast stets zu *y* werden und dann ganz schwinden, vgl. piem. *spi, fö, mani (manico)*, in der Lament. *prey, lia, piaya*; S. Fratello: *špiya, arruya, fiy, ammiy, dduoy, suy, ddaččua, sammu (sambuco)*, während Nicosia auch hier beim Verschlusslaut bleibt: *dduogu, amiga, sambugu* u. s. w., s. Arch. Glott. VIII 313.

202. Was den Süden betrifft, so ist es selbstverständlich, dass wo anlautendes *d* zu *r*, *g* zu *h* wird, § 174 und 177, da auch im Inlaut dieselben Wandlungen vor sich gehen; beachtenswerth ist neap.

kavęrę = *caldo* neben *avędę* = *alto*. Wichtiger ist, dass *d* auf weitem Gebiete sich zu *t* wandelt. Im Süden zeigt schon Lecce *katu* =*cadus, munitula, faćetula, ite* = *vide* [1]), ebenso das Tarentinische: *nkutina* und nach dem Nebenaccent '§ 177' *fitilini* =*fidellini*, und von hier erstreckt sich *t* längs des adriatischen Meeres durch die Terra di Bari, die Molise bis gegen die Marken hin, eignet ferner nicht nur den Abruzzen, sondern auch dem Neapolitanischen und reicht bis ins Römische hinein. So bringt D'OVIDIO, Arch. Glott. IV 136 aus Campobasso *ngutęnę, fraćete, štupętę* u. s. w., SAVINI, Teram. S. 52 aus Teramo: *nutę, petę, ritę, quatrę*; in Neapel sagt man *fraćetę, ummętę, lapętę (lapides), spallętę, nzipętę*, dann auch *tekola, tarreka (targa), voka (voga)*; vgl. noch *paluti* Cola di Rienzi 413, *cietola* 415. Daher kann das *nuto*, das CAIX, Origini 163 aus einem alten Dichter zitirt, sehr wohl südliche Form, nicht prov. *nut* sein.

203. Sodann ist das Verstummen des *g* oder aber sein Wandel zu *k* zu erwähnen. Wir werden später sehen, dass vortonig *c* auf weitem Gebiete zu *g* wird und dann schwindet, daher es bei der Lückenhaftigkeit der Angaben bei Verbalformen oft schwer zu entscheiden ist, ob Übertragung der Gestalt endungsbetonter Formen auf stammbetonte vorliegt, oder aber, ob nachtoniges *c, g* auf lautlichem Wege geschwunden sind. So fällt das Beispiel *preco*, das in Pap. fast bei jeder Probe wiederkehrt, weg. Doch sind z. B. *fatiya* in Montella, *kyaya* in Ariano di Puglia, beide im Principato Ulteriore, sichere Beispiele: vgl. auch *piaia* Hist. rom. fragm. 1, 16. Der Übergang zu *k* scheint ziemlich eng begrenzt zu sein, da auf Beispiele wie *litękę* in Campobasso, *litiku* in Lecce kaum Gewicht zu legen ist. Eher mag campob. *kaštikę* erwähnt werden, vielleicht auch *sikere* = *sigaro*, dann die § 202 erwähnten neapolitanischen Formen. Der Übergang zu *h* gehört den Abruzzen an, vgl. *mahę* = *magus* in Teramo. — Besonders interessant liegen die Verhältnisse am Lagomaggiore. Vor *a* und im sekundären Auslaut wird *g* theils zu *ǵ*, theils zu *y*. »Il primo è nell' Onsernone, nella Verzasca e a Losone; il secondo nella Valmaggia e a Villette. A Villette rimanendo estranea ogni altra riduzione palatina di *c*, è lecito dubitare se il fenomeno non sia, piuttosto che di continuità ladina, di continuità pedemontana« SALVIONI. Arch. Glott. IX 219, wo dann die Beispiele gegeben werden. — Auch das Sardische tilgt *g* und ausserdem noch *d* und *v*, vgl. *fau, fua, teula, fraula, kreere, pee, feu, gia, meigina, meuḍḍu, raere, seigi* u. s. w. und s. § 204.

---

[1] So Pap. S. 481, wogegen MOROSI, Arch. Glott. IV 128 *idi, ide* = *rides, videt* angiebt. Da in den endungsbetonten Formen *d* bleibt, so mag Angleichung stattgefunden haben, wenn nicht ein Irrthum vorliegt.

204. Unter den Reibelauten verdienen zunächst die Vertreter von *k* eine besondere Bemerkung. Im Ganzen zwar entspricht die Entwicklung im Inlaut der im Anlaut, wir erhalten also den Guttural in Sardinien, *č* im Süden und Centrum der Halbinsel, *z* im Norden. Ferner tritt entsprechend der Behandlung der inlautenden Verschlusslaute § 200 im Norden und in Sardinien tönender Laut ein, der dann z. B. im Piemontesischen infolge der vokalischen Auslautgesetze wieder tonlos werden kann. Allein abweichend von diesen Regeln zeigt das Genuesische für *k* die Entwicklung *ž*, vgl. *paže, peiže, raiža, ēmbreže. vuže* u. s. w., wogegen das Piemontesische ganz korrekt *pas, vus*. wie das Mailändische *ros, nos, kros* u. s. w. bietet. Die genuesische Gestaltung ist um so auffälliger, als *ǧ* regelmässig zu *ž* wird, vgl. *reže = regge*. — Sonst ist zu *k* kaum etwas zu bemerken. *ǧ* entwickelt sich ebenfalls ganz wie im Anlaut, wird also im Norden zu *ž*. im Centrum zu *ǧ*. im Südwesten und zum Theil im Centrum zu *y*, im äussersten Südosten zu *š*, und auch hier zeigt das Lombardische Doppelformen, unter denen *karizna* aus *caligo* neben *rüžen* aus *aerugo* deutlich zeigt, dass *z* die genuine Gestaltung ist. — Für den Süden vgl. *leiere* Cola di Rienzi 399, *leitore* 399, *reimento* 407, *leiere* Hist. rom. Frag. 1, 1, *reiere* 48 u. s. w., oder in Tarent *kušitare (cogitare), dišitu*. — Dass auch inlautend *s* im Norden tönend und in dem § 165 für *š* aus *s* genannten Gebiete zu *ž* wird, ist selbstverständlich. Endlich *v* schwindet in Mittelitalien und im Sardischen einerseits, im Ostlombardischen andrerseits. Nach Pap. findet sich der Ausfall in Montefiascone und Zagarola, dann in Ascoli und in der Macerata ausser Recanati, ferner in Fabriano (Ancona, wogegen Jesi und Cupramontana *rigato* sprechen und sonst *v* behalten. Eine zweite Zone bildet, wie schon § 199 gesagt wurde, das Florentinische, an welche sich Massa, Montignosa und Sillana anschliessen, eine dritte Bergamo, Brescia und westlich Vignale, östlich Crema, Castiglione delle Stiviere, Cavriana, Guidizzolo (Mantua, Fumano, Soave, Valeggio sul Mincio, Verona. Padua, Villatora, Mestre, Palestrina. — Sodann also im Sardischen: *ae, boe, leare, ou, paone, nae* u. s. w., s. HOFMANN S. 71 und vgl. § 203.

205. Von bedingten Entwicklungen der intervokalischen Konsonanten nach dem Tone ist vor Allem der Wandel von *t* zu *d*, *c* zu *g*, *p* zu *v* im Toskanischen zu nennen. Er tritt zunächst ein vor *a*, also *spiga, miga* Bocc. Dec. I 8 *lettiga. lattuga. festuga* bei Sacchetti, *tartaruga. ruga. bottega, tega, bruga* in Città di Castello, *strada, spada, alluda, rugiada. contrada, costada, scuriada, peverada, riva, lova*. Von den Ausnahmen erklären sich *amica* und die andern auf *-ica*, ferner die Fem. auf *-ata* durch den Einfluss der zugehörigen

Masculina, *bruca*, *vescica*, *mica*, *ruca*, *festuca* sind Buchformen oder wenigstens durch die Büchersprache beeinflusst, auffälliger sind *rota*, wofür man *ruoda* erwartet, und *bieta*, *oca* fällt unter ein fast das ganze romanische Gebiet begreifendes Gesetz, gemäss welchem die Konsonanten nach *au* behandelt werden wie nach Konsonanten, nicht wie nach Vokalen, s. Rom. Gramm. I 358 und vgl. noch ital. *piota*. — Was die andern Fälle tönender Konsonanten statt tonloser in Paroxytonis betrifft, so erklären sich *lago*, *luogo*, *ago* vom Plural *lagora* u. s. w., vgl. *loco* Ristoro d'Arezzo 2ᶜ, 27, *logora* 6ᵇ, 32, aus, *spigo* durch den Einfluss von *spiga* und *spigolo*, *sugo* von *sugare*, *scudo* nach Ascoli, Arch. Glott. X 36 von *scudiere*, *scudella*, *lovo* von *lova*, *grado* vielleicht von *gradito*, *agradisco*, was um so eher möglich ist, als das Wort nur in adverbieller Verwendung vorkommt, wozu stimmt, dass die alten Dichter *grato* aber *gradivo* u. s. w. schreiben, s. Caix, Origini 155, ähnlich Brunetto Latini, s. Wiese, Zs. VII 315, in *parentado*, *contado*, nach welchen *vescovado* gebildet ist, im Suffix *-tade* mag Dissimilation vorliegen, *lido* und *moscado* stammen aus dem Norden, die Herkunft von *dado* ist unbekannt, *duca* ist ein jüngeres, griechisches Wort, das übrigens bei Sardo 86 auch in der Form *duga* vorkommt. Auffällig ist *pogo* bei Sardo 83, 85, Alb. Brescia 11, wenn man das *g* nicht etwa aus der Proklise oder von *poghetto* ib. 13, 14 erklären will[1]). Auch *nievo* macht Schwierigkeiten, ist übrigens wohl nicht toskanisch.

---

1) Ganz anders Ascoli, Arch. Glott. X 85 ff. Auch er schreibt die Schuld der Erweichung dem *a* zu, jedoch dem vorhergehenden, und bespricht fast ausschliesslich die Verbindung *-ato*. Ausser den oben angeführten Beispielen bringt er noch *avvogado* bei Giov. Villani, doch würde sich fragen, ob hier nicht eine dem venez. *avvogadro* ähnliche Form oder ein *avvogadore* mit im Spiele sei. Bei der 2. Pers. Plur. auf *-ate*, bei den Part. auf *-ato*, *-ata* hätten die andern Verba das *t* gehalten. Dabei bleibt aber doch auffällig, dass *-ate*, welches im Präs. Ind. I, im Präs. Konj. aller Verba und im Impf. Ind. aller Verba vorkommt, dem *-ete*, *-ite* des Präs. Ind. der verhältnissmässig wenigen e- und i-Verba gewichen sei, ferner sieht man nicht recht, weshalb *prato*, *lato* (wie es doch wohl S. 87 statt *lieto* heissen muss), *fiato* sich den Participien sollen angeschlossen haben. Endlich *state* erklärt Ascoli nicht und übersieht das schwer wiegende *alluda*. Bei *c*, wo die Ausnahmen gegen sein Gesetz noch zahlreichere sind, scheint er die hier vorgetragene Erklärung geahnt zu haben, wenn er von dem *g* in *spiga* sagt: »Io ripeterei dall' *-a*, cioè da un *-a* di feminile che non s'alternava con un *-a* di masculino alla guisa che è in *amico*, *-ica*«, vgl. auch S. 90. Betreffs *luogo* äussert er sich: »*luogo* continuerebbe una figura flessionale diversa da quella che si continui in *fuoco* e *giuoco*. Sono cioè venuto a imaginare, che l'*oeu* originario porti seco la riduzione di *c* in *g* sin da remoti tempi, per cui *luogo* e *gruogo* rappresentino le corrette

206. Sodann ist der Abfall des primären wie sekundären *de* zu erwähnen: *mercè, fe* neben *fede, pro* neben *prode, piè* neben *piede, -tà* neben *-tade, -tù* neben *-tude* nebst den alten *die = dedit* und *siè = sedet*[1]). Beschränkter als der Schwund des *d* ist derjenige von *v*, sofern er nämlich nur zwischen zwei *e* statt hat: *prete* aus *prevete, bee* aus *beve, dee* aus *deve*, vgl. *preiti* Alb. Bresc. 12, *beendo* Sacch. 30 u. s. w. In *rio, -io* ist *v* schon im Vulgärlateinischen gefallen.

207. Aus den Mundarten ist nur Weniges zu erwähnen. Die ebengenannten toskanischen Gesetze gelten im Süden nicht überall, vgl. neap. *prievęte*, siz. *previti*. Ebenso bleiben die tonlosen Verschlusslaute stets, vgl. siz. *ripa* u. s. w. In wieweit die von D'OVIDIO, Arch. Glott. IV 174 für Campobasso angeführten Formen auf *tá* wirklich volksthümlich sind, ist fraglich. Sie finden sich zwar vielfach in den Abruzzen, sind aber doch der Entlehnung aus der Schriftsprache verdächtig. Im Sizilianischen ist nur *-tadi* volksthümlich. — Von besondern Gesetzen ist der Wandel von *go* zu *vo* in Oberitalien zu erwähnen: *zov* aus *jugum*, vgl. Fra Paol. *zovo* LX 23, das dann aus dem Emilianischen als *gioco* auch in toskanische Dialekte dringt, wo es FLECHIA, Arch. Glott. IV, 131 nachweist. Ein zweites Beispiel ist *dova* aus *doga*, ein drittes *favo*, woraus *fo* aus *fagus*, Formen, die ganz Oberitalien angehören. Sodann tilgt das Sizilianische *g*, vgl. *fau, mau, rua* und in Proparoxytonis *straula, fraula*.

2. Einfache Konsonanten vor dem Tone.

208. Im Toskanischen werden die tonlosen Konsonanten vor dem Tone tönend, von den tönenden bleiben *d* und *v*, während *g* und *j* fallen. Also *padella, ladino, scudella, podere, podestà, padire*.

---

continuazioni di un obliquo volgare o di un nomin.-accusativo neutro *loco, coco*; e che all' incontro *fuoco* e *giuoco* sieno la continuazione di antichi nominativi *foc[s], joc[s]*, rifoderati poi dell' *o* di mascolino«. Vgl. dagegen Zs. XI 185 und SCHUCHARDT, Litbl. 1887, Sp. 19, dessen Auffassung ich allerdings auch nicht theile.

1) Auch hierüber ist ASCOLI, Arch. Glott. II 437 f. anderer Ansicht, er sieht in *bontà* eine Beeinflussung von *bontàte* durch *bónta = bonitas*. Allein das Verbleiben des Nominativs *bónitas* im Vulgärlateinischen ist mehr als zweifelhaft, und umgekehrt trotz *estate* der Abfall von *-te* keineswegs so unerhört, wie ASCOLI glaubt, s. die Konjugation. Endlich ist in "*tate* das zweite *d* durch Dissimilation zu *d* geworden, in *state* dagegen hat die Dissimilation nicht statt, daher wir hier keine Form *stà* finden. — Gegen eine andere von D'OVIDIO, Arch. Glott IV 174 aufgestellte Erklärung bringt ASCOLI ebenda 175 entscheidende Gründe.

[§ 208. 209.] Die inlautenden Konsonanten. 123

madornale, *badessa*, *badia*, *bidollo*, *badile*. *mudare*, *gridare*, *budello*, *gradella*. *mescidare*, *pagare*, *segare*, *pregare*, *piegare fregare*, *laguna*. das allerdings vielleicht aus dem Venezianischen stammt, *dragone*, *siguro*, *aguglia*, *aguzzare*, dann auch *guccia* aus *a'gaccia*, *galanto* aus *a'galanto*; *arrivare*, *stivare*, *covidigia*, *coverta*, *savore*, *cariglio* (*capiclum* G. Paris, Rom. V 382); *beffana*, *bubbola*, *brobbio* (*oprobrium*). *bottega*, *bacigno* zu *opacus*. *dugento*, *magello*, *vagellare*, *filugello*, wenn es von Mussafia, Romg. 43 mit Recht zu *follicellus* gestellt wird; *sposare*, *usare*, *pisello*, *cesello*, *osare*, *misello*; *striazzo*. *reale*, *fraore*, *aosto, *sciaura, woraus erst wieder *agosto*, *sciagura* nach § 211, *saetta*, *maestro*, *paese*, *saime*, *niello*, *faina*, *reina*, kaum *guaina*, s. § 166.

209. Es giebt nun aber auch hier eine ganze Menge zum Theil erst der neueren Sprache angehörige Ausnahmen. Einmal die Bildungen auf -*tore*, -*tura*, -*tojo*, die wohl an die Participien auf -*ato* angelehnt sind, vgl. aber *brustadore*, *imperadore*, *arcadore*, *malleradore*, *ciurmadore*, *arrogadore*, *armadura*. *servidore* Cavalc. Son. 2. 6, Sacc. 31, Boc. II 7 *noladore* bei Brun. Lat., vgl. noch Caix, Origini 156, Wiese, Zs. VII 315. dann *fratello*, bei dem man allenfalls an *frate* denken kann, *maturo*, *catena*, *catino*, *letame*, deren letzter auch in seinem *e* auffällig ist; für *fatiga* kennt das Altsenesische *fadiga* Zs. IX 562, für *mutande* noch *mudande* ib. 560, für *statuto* das Pisanische *staduto* Sardo 109, für *metà* findet sich *medade* bei Ricomano Jacop. 18, 1. Sodann *c* statt *g*: *secondo*, Latinismus auch wegen des *e*, vgl. aber alt *segondo* bei Caix, Origini 170. *acuto*, wohl auch Buchwort, vgl. übrigens *aguto*, Cavalc. Son. VIII. 6 und sen. Zs. IX 563 und einige andere nicht volksthümliche Wörter. *P* statt *v*: *capelli* an *capo* angelehnt, alt aber *cavelli* Cavalc. Ball. X 3, *sapere* nach *sappia*. aber *savere* bei Albert. di Brescia 28. 29, 30 und den alten Dichtern Caix, Origini 190, *sapone*, aber asen. *savone* Zs. IX 566, auffällig *cipolla*, *nipote*, *capestro*. *č* statt *g*: *trecento* nach *cento*, aber älter *tregento*, *piacere* nach *piace*, aber altital. *piagere* sen. Zs. IX 564, *uccello* nach *uccidere* aber alt *ugello* Caix, Origini 182, *vicino*, wohl unter litterarischem Einfluss. Vortonig *gg* in *peggiore*. *maggiore* erklärt sich ohne Schwierigkeit durch Anlehnung an *peggio*, *maggio*; *magese* ist erst eine jüngere Ableitung von *maggio*. — Zu tönend *s* mag noch bemerkt werden, dass altpisanische Quellen häufig *z* schreiben, so *tezauro* Sardo 78, *tezoro* 77, *culizeo* 81, *uzando* 105, ebenso die Handschriften der alten Lyriker. Caix, Origini 166 ff., die Bandi Lucchesi: *chieza* 43, *accuzare* 42, *uzansa* 49, 71, *prezente* 67 u. s. w.

210. Die Dialekte weichen vom Toskanischen zunächst darin ab, dass sie die § 199—204 erwähnten Konsonantenveränderungen auch vor dem Tone zeigen mit einziger Ausnahme des Wandels von *d* zu *t*: das *d* bleibt vor dem Accente bestehen, bezw. wird gemäss § 202 zu *r*. Wir haben also z. B. in Lecce *idesti* = *vidisti*, in Teramo *hudé* (*godere*), *sudá* u. s. w. — In S. Fratello wird vortonig *d* zu *r*: *suraur*, *virair*, *miruodda*, *pussierir*, *raurir* u. s. w. Dann aber ist vor Allem aus den südlichen Mundarten der Übergang des *c* in *g* und sein gänzliches Verstummen wichtig, vgl. z. B. siz. *lagusta*, *prigari*, *rigurdu*, *karrigari*, *Siragusa* und *Sarausa*, *priyari* SCHNEEGANS S. 88. Dann mit primärem *g*: *liyari*. *neyari*, *priyatoriu* (*purgatorium*) angelehnt an *priyari* (*pregare*), *fiura*, *liustru* u. s. w., vgl. SCHNEEGANS 99 [1]), *kastiare* Cosenza, Ostuni, *preu* Specchia, *fatia* Arnesano, *prehu*, *sbrihuñati* in Moliterno, Saponara, Tito, *sbruviñete* in Cisternino. Dagegen ist der Übergang von *g* zu *h* in Teramo in *fehura* zusammenzubringen mit der Verflüchtigung von *g* im Anlaute. Vgl. noch *fiura* Cola di Rienzi 399, *draoni* 403, *preare* 437, *paraone* 499, *sbauttirse* 445, *feura* Hist. Rom. frg. 1, 6, *feura* Loise de Rosa 39, *briata* 37; in Tarent *fatia*, *fiura*, *liumi*, *payare*, *frayasso*. Ebenso in nördlichen Mundarten, vgl. *naot* (*negutta*), *lioŝtre*, *savundu* (*assecundare*), *lavordañ* (*ricordarsi*) u. a. mit sekundärem *g* im Tessin, SALVIONI, Arch. Glott. IX, 220. Andrerseits zeigt gerade das Lombardische *g* für *v*: *ŝigolla*, *regond* (*rotundus*), *sagoll*, *legüt* (*liuto*) u. s. w. Endlich scheint auch *v* zu fallen im Sizilianischen: *yenku*, *faidda*, *ayina*.

211. Von bedingten Veränderungen ist der toskanische Wandel von *vó*, *vú* zu *go*, *gu* zu nennen, wie er vorliegt in *pagura*, *pagone*. *agunanza* aus *avunanza*, *aunanza*, *sciagura*, *agosto* § 208, *pigolare* aus *piolare* (das wohl als Onomatopoie, nicht mit Diez, Wb. I *pipa* als Ableitung von *pipa* zu fassen ist). Wenn umgekehrt *ligusticus* zu *rovistico* wird, so liegt darin volksetymologische Anlehnung an *rovo* vor. — Es kann auch das *v* fallen: *paura*, *paone*, *sciaurato*, *piorno* aus *piovorno*, *soatto* (*subactum*): vgl. noch venez. *çoa* Prov. 148 *d*, Fra Paol. u. s. w.

3. Die Konsonanten in Proparoxytonis.

212. Nur soweit der tonlose Mittelvokal bleibt und sofern dann die Konsonanten anders behandelt werden als in den Paroxytonis, soll

---

[1]. Mit Unrecht zieht SCHNEEGANS auch *eu* = *ego* hierher, da die Form *eo* vielmehr schon vulgärlateinisch ist.

hier besonders darüber gehandelt werden. Dabei ist zu scheiden zwischen dem die Mittelsilbe beginnenden und dem sie schliessenden Laute; jener mag kurzweg Anlaut, dieser Schlusslaut genannt werden. Schon im Vulgärlateinischen ist, wie Ascoli, Arch. Glott. IX 104, 1 dargethan hat, *cit* zu *git* und entsprechend *cer* zu *ger* geworden, also *plagitum*, *fagere* u. s. w. Fürs Italienische nun gilt als Regel, dass Anlautskonsonanten behandelt werden wie die vortonigen Konsonanten in Paroxytonis. Danach muss ǵ, ob es im Lateinischen *g* oder *c* war, zu *i* werden, das dann nach § 105 schwindet, bezw. in den Auslaut tritt. So haben wir: *dito, madia, piato, vuoto, frana* aus *voragine*, *pania* nach Ascoli, Arch. Glott. X 465 zu dem Stamme von *impaginare, frale, coto* aus *cogito, loico, ruvido* aus *ruido, rugidus* (Foerster, Zs. III 259), *fare, trarre, durre, dire, fate, dite, ferrana*, dann *balio* aus *bajulo*, woneben *baggiolo* jüngeren Ursprungs ist, *-aggine* entweder eine besondere Behandlung von *-agine* zeigt, oder eine spätere Entlehnung aus der Büchersprache ist. — *T, c, p* im Anlaut werden zu *d, g, r,* vgl. *stadichi* Sardo 113, *stadighi* ebenda, während sonst allerdings *-atico* unter dem Drucke der Participien bleibt, dann *redina, luogora, agora, lagora, segolu, spigola, pegola*, woneben *pecora* unerklärt ist, *macola* sich als Schriftwort erklärt, vgl. noch *digano*, Alb. Bresc. 40: *povero, ricevere, pevere, ricovero; vo* wird *go*: *ugola, frigolo, stegola*, wenn zu *stiva* § 52 gehörig, *pagolino, nugolo* und *nuvolo*, vgl. noch *pargolo* und *volgolo*.

213. Die Schlusskonsonanten erleiden weniger Umgestaltungen: in *vescovo* zeigt *p* die Behandlung tonloser Silben, *d* wird bei anlautendem Labial zu *l*: *trespolo* neben *trespide*, wozu sich noch neap. ven. *tiepolo*, aven. *cospolo* gesellen, neap. *rapolo* vgl. Ascoli, Arch. Glott. VII 500, *tepeglia* Rusio 39. 113, 149. Sonst fällt es: *moscio, rancio, marcio*[1] u. s. w.

214. Aus den Mundarten ist wenig nachzutragen. Die Regel *col* zu *gol* findet sich im Norden noch in mehr Fällen, vgl. mail. *vogora*, pav. mail. *legora*, berg. *legor* von *lepus*, und im Süden in Siz.: *pogiru, purguli, gugini*. Im Süden bleiben selbstredend die tonlosen Laute, asiz. *ricipiri* Schneegans 69. In Lucca geht *l* als Schlusskonsonant in *r* über, nicht nur in *bellora, pillora*, wo Dissimilation mitwirken konnte, sondern auch in *bambora, pentora* u. s. w. Flechia, Arch. Glott. II 47, ferner *biñoro, billora, bellikoro*. — Endlich im Südsardischen fällt *t* im Auslaut: *timiu, timia* = log. *timidu*,

---

[1] Dagegen stammt *floscio* nicht von *fluxidus*, sondern ist Lehnwort aus frz. *floche*, wie Gröber mit Recht erklärt; Arch. lat. lex. III 508.

timida, Partizip zu *timere* u. s. w., danach dann *amau = amatu* u. s. w. S. die Lehre vom Verbum.

4. Die Sonanten.

215. Wie schon bemerkt, bleiben die Sonanten im Allgemeinen unverändert, vor oder nach dem Tone, in Paroxytonis und in Proparoxytonis. Vgl. *sale, vuole, cielo, tela, mulo, calore, colore, mulino, segola; mare, sera, siero, fiero, -ore, fuori, muro, -are, -ere, -ire, vendere, morire; lana, bene, viene, tina, vino, lino, tuono, suona, luna; domani, manere, canuto, ferrana, penello; ramo, remo, vime, limo, nome, lume, rimore, timolto, Giacomo* u. s. w.

216. Auch die Mundarten zeigen nur geringe Abweichungen. Zu den wichtigsten gehört der Übergang des dentalen *n* in velares in Oberitalien, doch fehlt darüber jede genaue Auskunft; vgl. ASCOLI, Arch. Glott. II 127 »è fenomeno cospicuo, e comune ai due dialetti (Piemontesisch und Genuesisch), il *n* faucale che occorre tra vocali«, während im Mailändischen zwischen Vokalen *n* dental zu bleiben scheint, vgl. SALVIONI, Mail. S. 203. In Perinaldo (Porto Maurizio) geht *ǹ* dann in einen zwischen *n* und *r* liegenden Laut über, vgl. Pap. 362 Anm. 5 »*n* e *r* vengono travolte in un suono nasale . . . il suono nasale poggia tutto sulla *r*, la quale in questi casi viene pronunciata molle molle e unita alla *n*«. Den weitern Schritt zu *r* vollziehen die benachbarten Mundarten Frankreichs, s. Rom. Gramm. I 453. Aus dem velaren *n* des Piemontesischen erklären sich dann Formen wie *patrũi, luntũa, kurũa* in Novara SCHNEEGANS 122. Vgl. noch *n* im Auslaut.

217. Sodann ist der Wandel von *l* zu *r* weit verbreitet und ist es in früherer Zeit noch mehr gewesen als heute. Man darf ihn wohl für das lombardisch-genuesisch-emilianische Gebiet in Anspruch nehmen. So sagt SALVIONI vom Mailändischen: »più vecchi sono i documenti e più troviamo diffusa l'alterazione di *l* in *r*. In Bonvesin diviene *r* persino il *l* dell' articolo in unione colla preposizione *de* : *dro, dra, dri, dre*. Nel Prissian de Milan è notato a proposito di *l*: »a se la scambia stà veulta in *r* comé *morin*: anc quaichun disen *Miran*, se ben l'è pu de massé, chè nun disem *Milan*«. Oggidì *Miran* non odesi più del tutto in città e come già al buon Biffi la voce *Miran* pareva »pu de massé«, così al milanese d'oggi suonano contadinesche molte voci con *r* da *l* che ai tempi del Biffi erano urbanissime. Ciò nondimeno il fenomeno non cessa di esser ancora frequentissima«. Gegen Norden hin erscheint *l* oder *r*, je nachdem das rätische Element, das *l* behält, oder das lombardische stärker ist, vgl. SALVIONI, Arch. Glott. IX 213 über die Thäler am Nordende des Lagomaggiore : »*l* in *r* è men frequente che nel milanese. Solo Vogorno e quella varietà della Verzasca, cui spetta la traduzione del Pap, prediligono grandemente questa riduzione«. Wie weit *r* westlich und östlich reicht oder nicht, bleibt noch an Ort und Stelle zu untersuchen. Man wird aber kaum fehl gehen mit der Annahme, dass *r* überall da, wo heute *voreva* = *voleva* gesprochen wird, besteht oder bestanden hat, da ein so häufig gebrauchtes Wort wie das Modalverbum des Wollens am allerehesten fremden Einflüssen widersteht. Die Form findet sich nun nach Biond. in Lodi, Como, Val Leventina, aber nicht Val Livigno und Veltlin, dann in Val di Blenio, Locarno, Borgomanero, aber nicht Sutra, ebensowenig in Bergamo und Brescia, wohl aber in Crema und Cremona, westlich in Asti, Ivrea und überhaupt im Canevese, in Alessandria und im Monferrinischen, aber auffälligerweise nicht in S. Fratello. Dann schliesst sich noch die westliche Emilia an: Bobbio, Pavia, Piacenza, Parma, Reggio, und selbst im Faentinischen besteht noch *vor* neben *vleva*, in Imola *vreva*.

218. Das Genuesische nimmt eine Stellung für sich ein. In den alten Texten finden wir mehrfach noch *r* statt *l*, es ist dann aber dieses sekundäre *r* gleichzeitig mit dem primären geschwunden. Danach haben wir heute *paa* (*pala*), *müa, möa* (*mola*), *pei* (*pelo*), *se* (*cielo*), *fia* wie *sue* (*fiore*), *muü* aus *mae* (*mare*), *mü, pea* (*pera*), aber altgen. *arein, semora, maroto, morin* neben *cardenae* Prose 3, 1; *crudei* 3, 18, *quai* 4, 15, vgl. Arch. Glott. X 152. Das Gebiet dieses Ausfalls von *l* und *r* ist ein ziemlich enges. In der Provinz Genua entziehen sich ihm Finalborgo, Sarzana, Sassello, Stella, Toirano und Vezzano, und in Marola im Golf von Spezia hat das *r* »un suono schiacciato« Pap. 233. Porto Maurizio bewahrt *r*, ebenso natürlich Cuneo und Alessandria, abgesehen von den südlichsten Ortschaften, wie Millesimo, Cairo, Montenotte, Ormea und Garessio. — Auch für Novara in Sizilien ist Ausfall des *r* gesichert, vgl. *ua, kuna* (*corona*), *mpaa* (*imparato*), *figua* u. s. w., SCHNEEGANS S. 141.

219. Auch die umgebenden Vokale sind von wenig Einfluss auf die Gestaltung der Sonanten, immerhin zeigt gerade das Toskanische einige interessante Erscheinungen. Schon § 119 wurde bemerkt, dass *o* vor *l*, *e* vor *r*, *a*, *i* vor *n* erscheint. Es kann nun vorkommen, dass in Wörtern, die z. B. die Verbindung *il* aufweisen, nicht der Vokal dem Konsonanten, sondern der Konsonant dem Vokal nachgiebt. So entsteht aus griech. *dactilus* ital. *dattero*, so *amido* aus *amylum*, *muggine* aus *mugil, anemolo*.

5. Konsonantengruppen.

220. Der Einfluss, den die Accentstellung auf die Konsonantengruppen ausübt, ist ein so geringer, dass, von den i-Verbindungen abgesehen, eine Scheidung von diesem Gesichtspunkte aus nicht nöthig ist. Was nun zunächst die Verbindung von zwei Konsonanten betrifft, so wird nur *st* geduldet, sonst tritt Assimilation des ersten an den zweiten ein. *sk* wird zu *š*, also *ct* : *fatto, atto, detto, stretto, fritto, fitto, notte, otto, cotto, cotta, diritto, asciutto, lattuga, lettiga, dettare* u. s. w. ; *pt* : *scritto, ratto, rotto* ; *bt* : *sotto* ; *gd* zu *dd* : *freddo, reddo* ; *x* : *ressa, sasso, lasso, lusso, lassa* Dante, Brun. Lat. Tes. XII 113 und heute noch *lassare* in Pisa, *ansio* ; *ps* : *gesso, cassa, esse* u. s. w., aber *asta, questa, festa, testa, vespa, nespola. crespo, cespite* u. s. w. Dann mit historischer Schreibung: *nascere, crescere, pesce, pascere* u. s. w. Treten infolge von Vokalausfall (§ 120) zwei ursprünglich getrennte Konsonanten zusammen, so pflegt ebenfalls der zweite zu bleiben, nimmt aber, wenn die Qualität der beiden Laute verschieden ist, diejenige des ersten an, daher *cutretta* aus -*trepida*, *ratto* aus *rapidus, dozzina* nicht *dozzina, sozzo*, vgl. FLECHIA, Arch. Glott. II, 325. Doch wird *b't* stets zu *tt* : *detta, dotta*.

221. Abweichungen von diesem Typus zeigt nur der Norden, denn wenn im Sardischen *pt, ct* in der Schrift meist festgehalten werden, so ist darin bloss etymologische Schreibung zu sehen. Im Lombardischen, Piemontesischen und Genuesischen dagegen erleiden die Gutturalverbindungen eine andere Behandlung, sofern nämlich *c* nicht assimilirt wird, sondern in eine Spirans übergeht, die dann entweder sich zu *i* auflöst oder mit dem *t* sich zu *č* verbindet. Oberitalien theilt diese Entwicklung mit Frankreich und der iberischen Halbinsel, und es ist denkbar, dass sie auf keltischen Einfluss zurückgeht, vgl. THURNEYSEN, Keltoromanisches 14 und Rom. Gramm. I 537. Die Entwicklung zu *č* ist übrigens die viel verbreitetere, während *it* nur einem Theile des Piemontesischen und Genuesischen angehört. So treffen wir also *fač* im Lombardischen und zwar bis nach Bergamo und Crema und nördlich in der Val Maggia, Val Leventina, Valle di Blenio, wogegen allerdings östlich vom Brembo das venezianische *fat* zu herrschen scheint. Auffällig ist, dass im Altveronesischen bei Fra Giacomino *it* vorkommt: *noito, fruito,* heute nur *t*. Im Süden ist Voghera der äusserste Punkt, Pavia zeigt schon emilianisches *t*. Endlich im Westen reicht *č* bis ins Elva- und Bormida- oder vielleicht das Tanarothal, da Ormea, Garessio. Murazzano, Mondovì noch *č* bieten, während freilich nach Alba schon turinisches *ait* vorgedrungen ist. Dann aber erscheint ć in den Alpendialekten, in einem grossen Theil des Canavese und selbst in der Umgegend von Turin; besonders beachtenswerth ist *fećć* in Vico Canavese. *Fait* dagegen gehört also Turin und dem grössten Theil des Piemont an, sodann dem Genuesischen, wo *fattu* erst in Marola, Sarzana, Vezzano und Spezia, umgekehrt *ćć* in Stella und Sassello auftritt. An Genua schliesst sich Porto Maurizio an. Bei den Monferrinen in Sizilien endlich findet sich vorwiegend die Stufe *it*, vgl. *fait, noit* in Piazza Armerina, *faitu, aspieitu* in Nicosia, auffälligerweise in S. Fratello dagegen neben *tiet, aspiet, nuot*, in denen Anlehnung ans Sizilianische zu sehen ist, auch *ḍaććua, štrećć, piećću (pettine), rućć*, vgl. Morosi, Arch. Glott. VIII 417. — Noch muss fürs Mailändische bemerkt werden, dass, wie bei *k̆* § 175 und bei *l* § 217, so auch bei *ct* in den letzten Jahrzehnten die schriftsprachliche Gestalt bedeutend um sich gegriffen hat, vgl. Salvioni, Mail. 237: »Chi si facesse a leggere i documenti letterarii moderni, principalmente i più recenti, certo non vi ritroverebbe che ridotti di molto gli esempi di *ć = ct* che più sopra allegammo. Gli è che questo è uno dei punti della fonetica milanese su cui ebbe maggior azione l'influenza della lingua illustre«. Bemerkenswerth sind Beispiele wie *strećća* Gässchen neben *stretta* Fem. zu *strett*, oder *pećć* Euter neben *pett* Brust und andere S. 238 angeführte. Zu den Wörtern, die nur mit *tt* vorkommen, gehört auffälligerweise das Zahlwort *vott (octo)*, vgl. aber *ochiover*, das Dante, Vulg. Eloqu. 11 den Mailändern und Bergamaskern vorwirft. Auch in Crema ist *t* die städtische Form, *ć* die ländliche. — Neben den zwei genannten Entwicklungen findet sich nun noch eine dritte: *fai, faia*, die für Gropello, Mortara, Vercelli, Lodi und Busto Arsizio belegt ist. Ihre Entstehung ist nicht völlig klar. Es könnte *fait* zu *fai* geworden und das Femininum nach dem Masculinum gebildet sein, es wäre aber auch eine Entwicklung von *t* zur tonlosen, später zur tönenden Spirans denkbar. Genauere Nachforschungen über das geographische Verhältniss von *ai* zu *ait* und *aćć* dürften die Mittel zur Lösung der Frage geben.

222. Während in Frankreich und Spanien die Entwicklung des *x* ganz der von *ct* entspricht, s. Rom. Gramm. I 391, stimmen die norditalienischen Mundarten mit einziger Ausnahme des Genuesischen zum Toskanischen, assimiliren also *x* zu *ss*. Das Genuesische dagegen wandelt *x* und *ps*, ähnlich wie das Provenzalische und das Spanische, s. Rom. Gramm. I 385, über *ks, s'* zu *š*, vgl. *ašá (axale), sašu, tašu, tašá, tašelli, lašá, bušu, köša, tošegu, teše, pašun, ašunza, lešia* und selbst *riša*, das doch nach Ausweis des *i* statt *e* (s. § 15) Buchwort ist, sodann für *ps* : *kaša*.

223. Endlich *gn* löst sich zu *ñ* auf, vgl. *degno, pugno, legno, segno* u. s. w. Diese Entwicklung, die ausser Sardinien und der Südostküste dem ganzen Gebiet sowie den Schwestersprachen ausser dem Rumänischen angehört, ist physiologisch nicht ganz leicht zu erklären. Man wird annehmen dürfen, dass *gn* zunächst zu *ṅn* geworden ist, wo dann das velare *ṅ* auch den velarsten Vokal, *u* statt *o*, verlangte, dagegen *ẹ* unversehrt liess, da mit dem velaren Sonanten das palatale *i* unvereinbar gewesen wäre, dass dann *ṅn* sich weiter zu *ṅñ*, *ñ* entwickelt habe. — Im Sardischen tritt einfach Assimilation zu *nn* ein: *mannu, linna, dinnu, punna, konnoskere*. Im Südosten aber tritt an Stelle des *g* der velare Vokal: *aunu = agnum* in Lecce, vgl. *ainu* in Tarent, *livẹnẹ (lignum), puvẹnẹ* in Cerignola. Endlich in Campobasso wird *g* zur Spirans: *puyẹnẹ, leyẹnẹ, kayçnatẹ, ayẹniellẹ*.

224. Die andern Konsonantengruppen geben zu Bemerkungen kaum Anlass. Es versteht sich von selbst, dass da, wo anlautend *st* zu *št* oder *ht* wird, § 179, auch inlautend *st* folgt, dass man also z. B. in Teramo *teštẹ, reštẹ, peštẹ*, in Campobasso *krištẹ, kruštinẹ* u. a., in S. Fratello *pešter, muoška, višká, sušpir* u. s. w., in Bergamo: *kaȟtel, feȟta, veȟpa* u. s. w. sagt. — Besondere Beachtung bedürfen aber einzelne sardische Mundarten. SPANO, Ort. Sard. II 123 vergleicht die Dialekte von Tempio und Sassari und bemerkt: »Spiacc sommamente quel cambio dell' *s* in *l* all' orecchio, come nella voce *strazio* in cui se la pronunzia del *z* è raddolcita in ambi i dialetti, non lo è nella prima sillaba rapporto alle consonanti, che sebbene ambi propongano un *i*, pure il sassarese pronuncia *iltraziu*, ed il tempiese *istraziu*«. Vgl. noch *ilpoľi (spoglie), belti (veste), ilpiritu*. Leider fehlt jede genaue Angabe über die Artikulation dieses *l*, so dass man nicht mit Sicherheit angeben kann, ob als Durchgangsstufen *ȟ, ť* zu setzen sind, doch ist SPANO's Bemerkung bei Pap. 442 beachtenswert: »l' *s* impura si fa gutturale, ed è invalso l'uso di scriverla con *l*«. Auch über die geographische Verbreitung liegt nichts Bestimmtes vor, Pap. schreibt ausser in Sassari stets *s*, dagegen findet sich *l* in den Märchen aus Tesi, Arch. Trad. Pop. III 199, wo zugleich der folgende Verschlusslaut aspirirt ist, vgl. *gulpa, bilpudos, buhu = bosco*. Sodann lassen die Venezier in Livorno *s* vor *t* und *f* in einen Zwischenlaut zwischen *l* und *s* übergehen, s. PAPANTI Pap. 247.

225. Bedingte Veränderungen zeigt *x* im Toskanischen, sofern es vortonig vor oder nach hellen Vokalen zu *š* wird, vgl. *uscire, mascella, lisciva, scegliere, scempiare, sciame, scialare, scioperare*, dagegen zwischen dunkeln Vokalen zu *s*: *sala* aus *axale, sugna* aus *axungia* u. s. w. In *saggio* statt *sciaggio* liegt Dissimilation vor, *coscia* geht auf *coxea*, *lascia* auf **laxiat* zurück, wie GRÖBER, Arch. lat. lex. III 509 richtig erkannt hat [1].

226. Auch in der Verbindung eines Sonanten mit einem Konsonanten zeigt die italienische Litterärsprache wenig Veränderungen. Wie § 158 gesagt ist, war *ns* schon im Vulgärlateinischen zu *s* geworden, daher Wörter wie *pensare*, *censo*, *mensa* aus der Büchersprache stammen. Im Übrigen aber bleiben *nt*, *nc*, *mp* stets, *nd*, *mb* werden vor dem Tone zu *n*, *m*, vgl. *ne* aus *inde*, *manuca* aus *manduca*, *amendue* aus *ambodue*; *nm* wird angeglichen. Sonst also: *tanto*, *infante*, *-ante*, *niente*, *menta*, *vento*, *cento*, *finto*, *ponte*, *monte*, *unto*, *punto*, *antico*; *branco*, *manco*, *vinco*, *tronco*; *vincere*; *tempo*, *rompere*; *manda*, *tendere*, *vendere*, *mondo*, *rondo*, *lembo*, *entrambi*, *nembo*, *tomba*; *donna*, *danno*, *sonno*. Endlich bleibt *r* + Kons., *l* + Kons.: *parte*, *vertere*, *porta*, *verde*, *perduto*, *tardi*, *tordo*, *martello*, *corpo*, *carpine*, *barba*, *erba*, *arbore*, *porco*, *verga* u. s. w., *scarso*, *orso*, *corso*, *borsa*, *persona*; *alto*, *altro*, *molto*, *coltello*, *caldo*, *soldo*, *solco*, *calca*, *calcagno*, *alga*, *dolce*, *felce*, *falce*, *talpa*, *polpa*, *colpo*, *alba*, *golfo*, *selva*, *falso*, *gelso*, *volse* u. s. w. — Von Ausnahmen mag *polenda*, eine Anlehnung an *molenda*, und *topo*, *mota* genannt werden, welch' letztere wohl nicht toskanisch sind. Über *ss* aus *rs* s. § 158.

227. Eine besondere Behandlung zeigen *ng*, *lg*, *nv* und *rv*. *Ng* wird in Proparoxytonis zu *ñ*, vgl. *fignere*, *agnolo* aus *angelus*, aber *finge*, *gingiva*. Ebenso *coglie* aus *colligit*. Das alte *ariento* neben *argento* ist wohl nicht toskanisch. In *nv*, *rv* tritt Verschlusslaut an Stelle des Reibelautes, vgl. *imbociare*, *imbolare*; *corbo*, *cerbio*, *serbare*, *nerbo*. Die Ausnahmen sind zum Theil schwer zu erklären. In *invenire*, *investire* hat das Gefühl der Zusammensetzung des *v* gehalten; *invidia* ist ein Buchwort, ebenso *invitare* und so wird man auch in den andern Beispielen litterärische Einflüsse zu sehen haben. Dasselbe gilt für *servo* und *curvo*, das auch durch *u* statt *o* seinen späten Ursprung verräth. Dagegen macht *servire* Schwierigkeit, wenn man nicht etwa annehmen darf, nur nachtonig

---

[1] Ich kann GRÖBER nicht folgen, wenn er ebenda weiter annimmt, *sci* für *x* sei im Anlaut vor dunkeln Vokalen analogisch, in *scialare* z. B. erst von Fällen wie *scipido* u. s. w. übertragen. Die Beispiele von *sce*, *sci*, deren Anlaut privativen Sinn hat, sind nur *scempio*, *scegliere*, *scemare*, *scerpare*, *scervellare*, *scevrare*, *scipare*, *scipido*, von denen einige erst wieder unursprüngliches *sci* haben, ein paar andere ganz selten sind, so dass sie kaum vermocht hätten, die grosse Zahl der nach GRÖBER mit *su*, *so* anlautenden Wörter umzugestalten, um so weniger, als auch *s* allein, nicht *s̀*, vor Konsonanten privativen Werth hatte.

rv sei *rb* geworden. Was *berbice* betrifft, so ist hier schon im Vulgärlateinischen wohl infolge von Dissimilation *rb* eingetreten. — Im Süden wird *nv* zu *mb* und dieses wie altes *mb* zu *mm* § 230. Dem *mb* vergleicht sich *mp* in Calabrien: *kumpiette* (*confetto*), *mpurnare*, *mpiernu*. Auch *lb* verlangt das Romagnolische, vgl. *impulbré, melba, salbedg*.

228. Weitgehende spontane Veränderungen zeigen nun aber die Mundarten. Die Nasalverbindungen gleichen sich im Süden den folgenden Konsonanten ganz oder halb an. Es entsteht *nd* aus *nt*, *ng* aus *nk*, *nġ* aus *nc*, *mb* aus *mp* in Neapel, den Abruzzen, der Molise und zum Theil noch in den Marken. In der Schrift zwar kommt der Wandel kaum zum Ausdruck, so findet man Spuren davon im Altneapolitanischen fast gar nicht, vgl. nur etwa *volengi* Reg. San. 304, Hs. B, *standa* 191 und die umgekehrte Schreibung *giunco* 356, allein es unterliegt doch wohl keinem Zweifel, dass wir hier eine sehr alte Erscheinung vor uns haben. Auch ihre Grenzen sind schwer zu ziehen. Nach Calabrien reicht sie nicht mehr, ebensowenig nach Apulien oder nördlich nach Alatri. Sie erscheint aber im Neapolitanischen und in der Molise, vgl. *angora, ngundrá, venġe* (*vincere*), *andikę, sandę, kambana* in Campobasso, dann in den Abruzzen und noch in Jesi und vielleicht sogar in Ancona, wie man aus der Verwechslung von *quanto* und *quando* Pap. 77 zu schliessen geneigt ist, endlich noch in Norcia. Im Süden ist *timb, sande* mindestens noch für Cerignola und Canosa di Puglia gesichert. — Derselbe Lautwandel findet sich jenseits des adriatischen Meeres im Albanesischen wieder, ist übrigens vielleicht sabellischen Einflüssen zuzuschreiben, s. Rom. Gramm. I 537. Im Sizilianischen scheint nur *mb*, nicht *nd*, *ng* vorzukommen und zwar in Casteltermini nach SCHNEEGANS S. 69. Auch für die Verbreitung von *rd* aus *rt* fehlen genaue Grenzen. Man findet *spirdo, ordika, appartu* (*appalto*) im Calabresischen, ebenso *saddare* aus *saltare*, *verdate* im Neapolitanischen, Reg. San. 252. ferner in Teramo, Campobasso u. s. w. Ueber *ld, lg* aus *lt, lk* s. § 235.

229. Sehr viel weiter ist die Assimilation von *nd* zu *nn*, *mb* zu *mm* verbreitet. Ob entsprechend *ng* zu *ńń* wird, ist aus den bisher veröffentlichten Proben und Abhandlungen nicht ersichtlich, nur für Sizilien bezeugt den Wandel SCHNEEGANS S. 105. In Modica entsteht daraus weiter *ń*: *sańu* (*sangue*), *stańu, ańuni* u. s. w. Sonst also ist *nn* ganz Sizilien eigen, doch entziehen sich der Assimilation noch heute Milazzo, Barcellona, Gualtieri Sicaminò [1]), und in Messina

---

[1]) Doch nicht nach der Probe bei Pap. S. 279.

herrscht Schwanken, vgl. SCHNEEGANS S. 114. Die Südspitzen des Festlandes halten ebenfalls *nd* fest, erst bei Maglie und Cosenza, bezw. Tarent und Ostuni beginnt *nn*, erstreckt sich dann aber über das ganze südliche und mittlere Italien bis an den Ombrone und bis in die Provinz Ancona, wo Arcevia, Cupramontana, Fabriano, Fiottano, Jesi, Loreto, Osimo die äussersten Punkte der *nn*-Region sind. Im Umbrisch-aretinischen findet sich *nn* in Arcidosso, Santa Fiore, Putigliano, Acquapendente, Orvieto, Montefiascone, Viterbo, aber nicht mehr in Città di Castello. Auch dieser Wandel ist alt, vielleicht ebenso alt wie das Lateinische dieser Gegenden, s. Rom. Gramm. I, 536. Im Mittelalter wird er nicht nur durch die ziemlich zahlreichen direkten Beispiele, sondern auch dadurch, dass unendlich oft *nd* für *nn* geschrieben wird, gesichert, vgl. z. B. *ingandare* Rain. Bucc. 380, *fando* (3. pl.), *tyrando* 393, *vende = venne* 438, *brenda* (*brenna* Kleie) 481 u. s. w.

230. *Mm* aus *mb* und *nv* deckt sich nicht völlig mit *nn* aus *nd*. Ob in Messina *mb* bleibe, erfährt man aus SCHNEEGANS nicht, sicher ist es für das südliche Calabrien, wogegen im südlichen Apulien *mm* erscheint, vgl. z. B. aus Lecce: *kummentu, mmeče (invece), mmizzu (invezzo), nkammiu, kyummu, ammače (bombace)* u. s. w. Davon aber abgesehen dürfte das Gebiet von *mm* mit demjenigen von *nn* zusammenfallen.

231. Ganz vereinzelt steht endlich *nč* aus *ng̑* in Sizilien: *finčiri, činčiri, ančilu, kyančiri, pinčiri, nčeñu, sančisuka*, vgl. SCHNEEGANS, Siz. S. 104, wo auch erwähnt ist, dass Mangano, Bisacquino, und Salaparetto diesen Wandel nicht kennen. Beispiele schon aus der Conquesta bringt PARISELLE S. 20.

232. Von grosser Wichtigkeit sind die Schicksale des *l* vor Konsonanten. Zwei verschiedene Wege stehen offen: entweder das *l* wird palatalisirt und hat dann die Neigung, zu *i* zu werden, oder aber es ist velar und geht dann in *u* über. Die erste Erscheinung ist enger begrenzt, sie ist spezifisch florentinisch-pistojesisch, scheint aber allerdings auch dem Centrum nicht völlig zu fehlen. Vgl. *aittri, moitu* in Florenz, *airre = al re* in Certaldo u. s. w. Auch aus dem Senesischen belegt HIRSCH, Zs. IX 553 *ail fuoco = al fuoco* u. dgl. Ferner scheint das Romagnolische Beispiele zu gewähren, vgl. MUSSAFIA, Romg. § 163: *beib, bioik (bifolco), kuimé (colmare), insaibadges (inselvaticarsi), oyum* aus *oim (olmo)* u. s. w. Die Ratio für den Verbleib des *l* oder Eintritt des *i* ist nicht klar. — Für Mittelitalien bieten die alten Texte Beispiele, vgl. *aicuna* Hist. rom. frg. 1, 1, *scoitare* 1, 1, *moititudine* 1, 1, *aitri* 1, 1, *moiti* 1, 1, *ascoitan* 1, 1, *cavaica* 1, 3, *scaitrito* 1, 8, *coipo* 1, 8, *cavaicava* 1, 8, *toize* (*tolse*) 1, 5, *vaize* 1, 2 u. s. w.

233. Weit gewöhnlicher ist der Wandel von *l* zu *u* durch die Mittelstufe *ł*. Er findet sich vorwiegend vor Dentalen, wogegen vor Labialen und zum Theil auch vor Gutturalen *r* eintritt. Zunächst ist ein oberitalienisches *ł*-Gebiet zu nennen, das das Piemontesische und Genuesische, zum Theil auch noch das Lombardische umfasst. *L* wird zu *u*, vor Labialen zu *r*, vgl. piem. *surfu, sarvia, arbi* neben *aut, kaud* u. s. w.; gen. *marva, arbú, purpu, kurmu,* aber *at, kad* u. s. w. § 99. Daran schliessen sich dann die savoyischen Mundarten, s. Rom. Gramm. I 406. — Weit östlich reicht *u* aus *l* nicht, im Mailändischen haben wir schon *ol* § 85, und wo *aul, au* im venetischen Gebiete auftritt, liegt rätischer Einfluss vor. Dagegen wird *aut, fauč, autar* in Villette (Arch. Glott. IX 196, vgl. 213) und *awt, fawp, kawl* in Malesco (Arch. Glott. IX 250) als der östlichste Ausläufer der piemontesischen Regel zu fassen sein. Dass die Monferriner in Sizilien folgen, ist um so selbstverständlicher, als das Sizilianische hier mit dem Nordwesten übereinstimmt. Von Genua aus erstreckt sich *u* längs der Küste bis in die Toskana hinein; es ist ein Merkmal des Dialektes von Pisa und Lucca, vgl. *vause* Hist. Pis. 59, *riçousenosi* 5 5, *fauce* Bandi Luc. 37, *autro* 42. Dagegen bleibt die Emilia, dem Lombardisch-Venezianischen folgend, bei *al* und so dann auch die östliche Toskana. Erst das Südrömische und die Abruzzen bieten wieder *au*, das dann aber den ganzen Süden und Sizilien beherrscht. Sodann kommt Wandel von *lˊ* zu *rˊ* bei den Venezianern in Livorno vor: *morto, kardo, arto, vorta* u. s. w. und auch in der Toskana, wo jedoch das Verhältniss zu *i̯* noch zu untersuchen bleibt. Es ist aber auch im Süden die *ł*-Vokalisirung auf die Verbindungen *lt, ld, ls, lč* beschränkt, wogegen *l* vor Labialen und Gutturalen bleibt mit Entwicklung des Stimmtons, oder zu *r* wird. Sicher ist diese doppelte Behandlung für Campobasso: *jautę̦* (*alto*), *kaurę̦* (*caldo*), *fauzę̦* (*falso*), *kaučę̦* aber *zurfę̦* (*zolfo*), *skarpiellę̦* und *malęva, salęra, olępa, polępę̦, kalękañę̦* u. s. w., s. Arch. Glott. IV 162, während hier vor dem Tone *ld* zu *ll* wird § 235; für Lecce: *fauku, sausu, fauče, autu, kaudu, sodu, ota* (*volta*) u. s. w. neben *darfinu, kurpa, vorpe, sarvu, purvere, surku, inkarkare,* für Sizilien vgl. *autru, autari, kaudu, sausa, fausu, čeusu, askuta, fauči, quačina* § 132 u. s. w. neben *kurpa, purpa, korpu, urpi, parma, surfu, arka, arkunu, bifurku,* vgl. SCHNEEGANS S. 124 ff., und das Alter der Vokalisirung wird erwiesen durch *autru, autri* in dem Rebellamentu di Sizilia und in andern altsizilianischen Texten SCHNEEGANS S. 127. PARISELLE S. 26, durch *autro* bei Loise de Rosa (Anfang des XV.

Jahrh.). *scauce* 19, *auto* 21, *caudo* 30, *gaudo* (Wald) 31, *muta* 44, *voucze* (*volse*) 43 u. s. w. Bemerkenswerth ist nun, dass die Abneigung gegen *l* + kons. im Süden noch fortdauert und dass daher schriftitalienische Wörter in diesem Falle *l* zwar nicht mehr zu *u*, wohl aber zu *r* wandeln, vgl. *urtimu*, *artaru* neben *autari*, *surdatu* neben *suddatu*, *durči* neben *duči* u. s. w., ferner *purči* aus *pul̦[i]ce*, *marditu* aus *mal̦[e]dictus* u. s. w. in Sizilien und ähnlich in Neapel und den Abruzzen.

234. Es können die *l*-Verbindungen nun auch noch andere Umgestaltungen erfahren. Es scheint *l* zu *n* zu werden im Innern der Insel in Caltanisetta, S. Cataldo, Casteltermini, Cianciana, Canicattì, Facara, vgl. *antru*, *santu*, *antu*, *antaru*, *kunzetti* (*calzette*), *vonto*, *punsa*, *čensu* (*gelso*), *vonsi*, Perf. zu *voliri*[1].

235. Sodann wird *ld* in Mittelitalien und im Nordsardischen zu *ll*. So heute in Teramo *kallare*, *kall̦ę*. Dann im Römischen: *suollo* Cola di Rienzi 413, *sollati* 427, *Vertollo* 453, *callo* 887, *riballo* 543; *sollati* Hist. rom. frg. 1, 3, *callo* 1, 13, *suollo* 1, 9; *sollu*, *callu* Rusio 9, endlich im Nordsardischen: *kallu*, und ebenso im Korsischen. Sonst zeigt Teramo vielmehr Übergang des tonlosen Lautes in tönenden und nachherige Assimilation des *l* an diesen tönenden, daher *addę̦* (*alto*), *addare* (vgl. kalabresisch *kaddu* = *caldo*, *saddare* = *saltare*), *uddęmę̦*, *faġġę̦* = *falce*, *kaġġę̦*; ebenso wird *ls* über *lz* zu *zz*: *fazze* = *falso*, *pozzę̦* u. s. w. Den Wandel von *lt* zu *dd* kennt auch Montenero di Bisaccia: *modde*, *todde*, *addre*. Dagegen bleiben die Labialen: *holbe* = *vulpes*. Auch dem Vulgärtoskanischen ist eine derartige Angleichung nicht fremd, doch bleiben ihre nähern Bedingungen noch zu untersuchen, vgl. *mattone* aus *maltone*, *attricarsi* aus *altercare*, *pattone*, wenn es zu *puls* gehört, *soggo* (*solco*) u. s. w. — In Campobasso ist die Assimilation auf die Stellung vor dem Tone beschränkt: *kaddara*.

236. Es erhebt sich nun noch die Frage, ob *l* gänzlich ausfallen könne. Dass zwischen neugenuesisch *atru* und lat. *altro* eine Form *aotru* liegt, wird durch die alten Texte mit Sicherheit erwiesen, vgl. § 99 und ROETTGEN, Der Vokalismus des Altgen. S. 22. Es ist daher auch wahrscheinlich, dass in calabr. *atu*, *fače*, *kače*, *saza*,

---

1) Wenn SCHNEEGANS S. 128, dem diese Beispiele entnommen sind, doch die Erklärung des *n* aus *l* nicht gelten lassen will, weil daneben auch *atru*, *ataru*, *kaddu*, *fadda*, *satu* (*salta*) vorkomme, so hat er damit kaum recht. Es scheint hier vielmehr *ld* zu *ll* zu werden, die Wörter mit *nt* aber nicht genuin zu sein.' Mit der Bemerkung, es komme in dieser Gegend epenthetisches *n* häufig vor, ist nichts gesagt, und was das dafür angeführte Beispiel *nantari* aus *natari* betrifft, so mag *nan* sich aus dem *n* des Anlautes erklären.

ćiezu, coʒe, voʒe, cuotu (colto) u. s. w. das *l* nicht gefallen sei, sondern dass *autu, fauče* u. s. w. dazwischen gelegen habe. Die Stufe *l* wird durch *fočune* § 131 erwiesen.

237. Über die *r*-Verbindungen ist wenig zu sagen, da das *r* fast überall bleibt. Im Vulgärsizilianischen assimilirt sich *r* einem folgenden Konsonanten, vgl. *kuttu, puttari, pikki, muottu (morto), fimmu* in Messina, Syrakus und Catania. In Palermo, Sciacca und Gibellina dagegen wird *r* zu *i*: *Paleimmu, kaibbuni, feimmu (fermo), poittu, puoićissioni (processione)*, vgl. SCHNEEGANS S. 140 f. — Sodann wird *r* zu *l* in Sassari, welches *l* wohl guttural ist, wie das aus *s* entstandene § 224. Also *salpi (serpe), rifulmaddu (riformato), kolpu, pultari, valgoña, multifika, taldu*. Hierin folgt nun auch Tempio. Dagegen scheint *rs* zu *ss, rn*, wie in ganz Sardinien, zu *rr* zu werden, vgl. *pessu, turrari*. Gemein sardisch sind also *turra, korru* u. s. w. — Eine andere Assimilation ist diejenige von *rl* zu *rr*, wie sie im Calabresischen vorkommt: *parrare, urru, parru* SCERBO 33. Wenn auch in dem Quartiere della Venezia nuova in Livorno häufig *r* vor Konsonanten zu *l* wird, vgl. *Tulki, konfolmitá, diskolso, pelsone*, so zeigt schon die Qualität der angeführten Beispiele, dass es sich darin um falsche Aussprache von Fremdwörtern mit Lautumsetzung handelt, da in dieser Mundart sonst *l'* zu *r'* wird s. § 234.

238. Die bisher besprochenen Erscheinungen in der Entwicklung der Konsonantengruppen zeigten theils Assimilation des ersten oder zweiten Lautes, theils Auflösung des ersten in einen Vokal, theils Verschiebungen der Artikulationsstufe. Es kann nun aber auch vorkommen, dass zwischen dem Sonant und dem folgenden Konsonant, sofern dieser ein Dauerlaut ist, der dem Sonanten homorgane Verschlusslaut sich bildet, dass mit andern Worten *ns* zu *nz, ls* zu *lz, rs* zu *rz* wird. Diese Erscheinungen, zwar hauptsächlich dem Süden angehörig, sind doch auch der toskanischen Vulgärsprache keineswegs unbekannt, *il Perzeo del Cellini* sagen selbst gebildete Florentiner, vgl. auch in der Schriftsprache *impinzare*, wenn es aus *impinsare* gebildet ist, *penzolo = pensilis* nach D'OVIDIO, Arch. Glott. IX 96, wenn nicht von *penzolare = pendiolare*. Sonst also z. B. siz. *penzu, nzumma, kunziggyu, vurza (borsa)* und schon im Ribellamentu *pinzati* PARISELLE S. 41 calabr. *saʒa (salsa), ćieʒu (gelso)*; im aneap. Reg. San. *balcera* (1. *balçera*), in Kath. II *volze, penza*, Campob. *penże, yurzę (orzo), fauzę*, Teramo *fażżę (falso)*, auch in Abruzze Citeriori II u. s. w., ferner *diverzi* Cola di Rienzi 403, *forza (forse)* 509, *nzemmora* 437; *perzona* Hist. rom. frg. 1, 1, *arzo* 1, 6, *penzare* 1, 6, *toize (tolze)* 1, 5. Auch das Mailändische bietet *spalzá*, *volzá, bolz* u. a. SALVIONI, Mail. 221. — Hierher gehört dann ferner der Wandel von *mer* zu *mbr*, *ner* zu *ndr*, der da, wo *e* in diesen Verbindungen fällt, fast Regel ist, aber auch im Toskanischen bei *mer* eintritt, vgl. *bombero, gombera, gambero, membrare*.

239. Die Konsonanten vor *r* werden im Ganzen behandelt wie zwischen Vokalen, doch sind einige Einschränkungen zu machen. *Atr* wird stets zu *adr*: *padre, madre, ladro*, nach andern Vokalen bleibt *t*: *pietra, dietro, vetro*, daher *cedro* auf *cēdrus*, nicht auf *citrus* zurückgeht, *poledro* auffällig bleibt. *Pr* bleibt nach dem Tone: *capra, sopra, cuopre, ginepro* (*ginebro* ist nicht toskanisch), wird vor demselben zu *vr*: *cavriolo, sovrano*, wogegen *levriere* besser als französisches Lehnwort zu fassen ist. *Cr* wird stets *gr*: *magro, agro, lagrima, allegro, segreto, sagramento* bei Brun. Lat. XXI 263. *Dr* bleibt: *quadro*; *br* wird gedehnt: *labbro, fabbro, ebbro, febbre*; *gr* verliert *g*: *nero, intiero, fiaro, gnaresta* = *vinea agrestis* nach MARCHESINI, Stud. fil. rom. II 5, *peritari* von *pigritari* nach STORM, Arch. Glott. IV 391 f. — *Nr* wird assimilirt: *marritta, terrò, verrò, porre*, ebenso *lr*: *vorrò*. — Auffällig ist *lebbra* aus *lepra*, offenbar ein nicht toskanisches Wort.

240. Die Mundarten zeigen eine Reihe von Abweichungen. Die Dehnung von *br* zu *bbr* theilt mit dem Toskanischen das Emilianische, daher *labar*, aber *pedar*, wogegen sonst in Norditalien *vr* eintritt, ven. *fevre* u. s. w. — Sodann wandelt das genuesische *tr, dr* zu *ir*, darin dem Provenzalischen folgend, also *puäre* aus *paire, peira* u. s., w. — Im Tessin wird *cr* oder *gr* zu *ǵr*: *maǵer, aǵer* u. s. w. — Wandel von *tr* über *dr* zu *gr* weist FLECHIA, Arch. Glott. II 384 in ferr. *vegar* (*vetro*), veron. *falagro* (*veratrum*) nach, vgl. tarent. *aggrittura* = *addirittura*. — Aus dem Süden ist zunächst zu erwähnen die Bewahrung von *tr, kr* und der Wandel von *dr, gr* zu *tr, kr* da, wo *d, g* zu *t, k* werden § 202, also *quatru, pikru* u. s. w. Sodann zeigt das Sizilianische, Kalabresische und Apulische vor dem Tone Schwund des *g*: siz. *pillirinu, lirizza*, nach demselben dagegen Vokalisirung: *niuru, ćauru*. Endlich *tr* wird zu einem eigenthümlichen Reibelaut. »Die Zunge, welche zur Bildung des *t* an die Oberzähne gestemmt wird, gleitet von den Oberzähnen an den Alveolen bis zum harten Gaumen, indem sie ein *ć* bildet, um alsbald vom harten Gaumen zu den Alveolen zurückzuschnellen, wo sie ein kaum noch hörbares Alveolar-*r* vernehmen lässt. Oft wird beim Sprechen dieses *r* so sehr mit dem vorhergehenden *ć* verbunden, dass es nicht mehr gehört wird. Bei noch undeutlicherer Aussprache verwandelt sich der ganze Laut in eine Art *ću*« SCHNEEGANS, 109. Entsprechend wird *str* zu *šćr*, woraus in Noto *š*: *mašu, rošu*.

Ebenso im Apulischen, z. B. in Lecce, wie Ascoli nach Morosi's Angaben Arch. Glott. II 144 mittheilt. — Nach Labialen fällt *r* in Trapani, Erice, Termini, Castroreale, Sciacca nach Schneegans S. 140: *pimu, puvari, tauča, fevi* u. s. w.

241. Die Konsonanten vor *l* werden ähnlich behandelt wie im Anlaut. Das *l* wird über *l'* zu *i̯*, das dann bleibt, zugleich aber den Konsonanten, wenn ihm ein Vokal vorangeht, dehnt: es wird also *pl* zu *ppi*, *cl* zu *kki*, *bl* zu *bbi*, *gl* zu *ggi*, *fl* zu *ffi*, *scl* zu *ski*, bezw. *sti*, vgl. *doppio*, *oppio*, *cappio*, *tempio*; *sempice*, Suff. *-acchio*, *macchia*, *vecchio*, *secchia*, *specchia*, *manocchia*, *manocchio* aus vulglat. *manuclus*, *ginocchia*, *giacchio*, *specchio*, *vẹcchio* (*vitulus*), *picchio*, *succhia*, *orecchia*, *rocchio* (*rotulus*), *capocchio*; *cacchio* (*catulus*), *pacchia* (**patulat*), *cavicchia* (**capitlum*)s. G. Paris, Rom. V 32); *sabbio*, *ebbio*, *sabbia*, *fibbia*, *nebbia*, *subbia*, *soffia*, *taffia* (vgl. S. 8); *gonfia*, *stregghia*, *mugghia*, *vegghia*, *cinghia*, *tegghia*, *fischio* und *fistio*, *raschio* und *rastio*, *mischio* und *mistio* bei Cellini, *teschio*. *Ss'l* wird über *stl* zu *scl*, vgl. *Ischia* aus *Isola*, sen. *peschia* aus *pessula*, wie Ascoli, Arch. Glott. III 456 erkannt hat.

242. Es giebt nun eine kleine Zahl von Fällen, die andere Behandlung aufweisen. Sie zerfallen in verschiedene Klassen. Es hat einmal Ascoli, Arch. Glott. X 79 mit vollem Rechte darauf aufmerksam gemacht, dass aus dem Nebeneinander von *vecchio* und *vegliardo* sich für *cl-* eine andere Behandlung ergiebt, als für *-cl*, er vergleicht noch *orecchia*, *origliare*, ferner *conigliuola*, daher *coniglia*; *mugliare* aber *mugghia*, *vegliare* aber *vegghia*, *strigliare* aber *stregghia*. *agugliata* aber *agucchia*, von jenem vielleicht *aguglia*. wenn es nicht, worauf die Bedeutung zu weisen scheint, französisches Lehnwort ist, vgl. noch *mugghiare* und *mugliare*. Nur scheinbar widerspricht *neghiente* aus *negligente*, *negli-ente* nach § 208; man hat hier mit dem Nebenaccent (§ 157): *nègliénte* zu rechnen. Sodann hat Marchesini, Stud. fil. rom. II 24 ff. für *-cli*, *-clae* den Reflex *-gli* angenommen, daher *maglie*, *spiragli*, *guglie*, *artigli*, ferner *lentiglie*, *teglie* aber *tegghia*. Eine zweite Reihe von Ausnahmen bilden jüngere Wörter, die zwar die Verbindung *ul* nicht behalten, wie die allerjüngsten, die aber, nachdem sie das *u* getilgt haben, den Schlusskonsonanten des Stammes dem *l* angleichen. Hierher gehören mit *d'l strillare*, mit *t-l spalla*, *crolla*, mit *g-l frullo* und das entlehnte *giullare*, sodann *n'l lulla*, *spilla*, *culla*, *pialla*, *ella* (*inula*), *mallevare*. Eine Stelle für sich nimmt *scoglio* ein, das, falls es zu *scopulus* gehört, neapolitanischen Ursprungs ist [1]). s. § 244. — Endlich in

---

[1]. K. Hofmann schlägt als Etymon σκολιός vor Arch. lat. lex. III 277.

sollevare, sollenare u. s w. hat das Gefühl der Zusammensetzung das *l* bewahrt, worauf dann aber das *b-* dem *l* angeglichen wurde.

243. Die Mundarten zeigen die § 190 für den Anlaut dargestellten Abweichungen auch im Wortinnern, daher z. B. *oclus* in Norditalien *öčč* lautet, *capula* im Süden *kakkya*. Bemerkenswerth ist nur, dass in Lecce das *i̯* schwindet, vgl. *rasku, misku, skamu, skattu, skau, skuppetta, skettu, kesia, rikketeḍḍu, kesura, keku*. Immerhin sind bedeutende Einschränkungen zu machen. Gemäss norditalienischem Brauche § 200 tritt auch hier zwischen Vokalen tönender Laut statt tonlosem ein, daher z. B. im Mailändischen *kaviġġa, oreġġa, inġenüġass, oġada, küġá (cucchiajo), güġġa, sladiġó* u. s. w. neben *öčč, piöčč, güčč*, Plur. von *güġġa, orečč* u. s. w., ebenso noch im Paduanischen, vgl. Ascoli, Arch. Glott. I 432 und Wendriner, Ruzante 29. Im Westen, also im Piemontesisch-genuesischen, fällt der Reflex von *cl* mit demjenigen von *l'* zusammen, gerade wie im Französisch-Provenzalischen, vgl. piem. *uriya, siya, öy, vey, fnuy* u. s. w., gen. *ueġġa, seġġa, öġġu, veġġu, fenuġġu* u. s. w. Endlich das Emilianische und Venezianische zeigen dieselbe Form wie im Anlaut, vgl. romg. *urečča, očč* u. s. w., venez. *očo, večo, oreča*, schon in der Cron. Imp. *otchi, notchieri, pedotchi, vetchio* geschrieben, s. Arch. Glott. III 254, während wir die Hamiltonhandschrift und das Exempelbuch *oglo* bieten. Wir finden somit hier eine merkwürdige Verquickung verschiedener Entwicklungen, die eine nähere Betrachtung erfordert. Die emilianische und venezianische Form erklären sich ohne weiteres als Fortentwickelung von *kky*. Dagegen scheint im Westen vielmehr *cl* in ähnlicher Weise über *ħl* zu *l'* geworden zu sein, wie *ct* zu *it* [1]) § 221. In der Lombardei, die noch zum *it-*Gebiete gehört, erwartet man ebenfalls *l'*. Es scheint nun aber, dass auf der Stufe *ħl* oder noch *cl* zunächst der Guttural tönend geworden sei und dass dann *gl* bezw. *j̯l* anstatt weiter zu *l'* zu werden, unter östlichem und südlichem Einfluss zu *gy* bezw. *j̯y*, woraus *ġġ*, geworden sei; dafür spricht *kabbi* aus *caplum, dobbia, kobbia*. Eine andere Auf-

---

wogegen lautlich nichts einzuwenden ist, das aber begrifflich ganz und gar nicht passt. — Dass venez. *skagia* zu *scapula* gehöre, Mussafia, Beitr. 99, halte ich demnach auch nicht für möglich, sehe darin vielmehr dasselbe Wort, wie in ital. *scaglia*, das im Norden Splitter, Scheit bedeutet.

1) Dass das genuesische *ggi* auf *l'*, nicht auf *ky* beruhe, hat Ascoli, Arch. Glott. VI 123 Anm. 1 überzeugend nachgewiesen. Dagegen scheint es mir nicht zutreffend, wenn ebenda S. 124 Anm. 2 zwischen *duggiu* und *duplus* die Mittelstufe *dublus* gesetzt wird, da die piemontesische Form noch *dupl'* verlangt, das Genuesische aber kaum vom Piemontesischen zu trennen ist.

fassung wird durch gen. *duggu* aus *duplus* neben piem. *dopi* nahe gelegt. Die Erweichung der intervokalischen Verschluss- und Reibelaute hätte erst stattgefunden, als *cl* über *cli̯* schon zu *č* geworden war. Auf alle Fälle aber ist bemerkenswerth, dass das Lombardische für *cl* eine andere Entwicklung aufweist, als für *ct*. Was die § 190 aufgeworfene Frage betrifft, ob *pl* hier gleichaltrig oder jünger sei als *cl*, so ist *spiandore*, *ubigare* bei Ruzante bemerkenswerth, sofern in diesen zwei Buchwörtern, die sonst *l* bewahren, der regelmässige Wandel eingetreten ist. Vielleicht folgt daraus, dass hier *pl* erst nach Aufnahme dieser Wörter zu *pi* geworden ist.

244. Im Süden ist die Behandlung von *bl* wohl das wichtigste. Wie schon § 242 kurz angedeutet ist, wird *pl*, *bl* im Neapolitanischen zu *l̯*, vgl. *nel̯u*, *sul̯a* u. s. w. Dass *l* hier das *b* verschlingt, erklärt sich wohl aus der schwachen Artikulation des letztern. Weiter südlich in Calabrien und Sizilien aber entwickelt sich inlautend *bl* wie anlautend zu *y*, das dann infolge der Dehnung im Siz. als *ggy* erscheint: *neggya*, *niggyu* (*nibbio*), *affiggyari*. Sodann zeigt das Sardische ganz auffällige Formen, sofern nämlich für *cl* im Log. *j*, im Camp. *g* eintritt, also *benuyu*, *kannuya*, *fenuyu*, *oyu*, *oriya*, bezw. *ġenugu*, *kannuga*, *fenugu*, *ogu* u. s. w. *Scl* wird zu *š* bezw. *sk*: *mašu*, *masku*. Man darf wohl als Mittelstufen *gl̯*, *gi̯* und nun entweder *g* oder *y*, ebenso *skl̯*, *ski̯*, *sk* oder *si̯*, *š* ansetzen. Es würde sich somit das Sardische im ersten Entwicklungsstadium zum Norditalienischen stellen.

245. Eine besondere Behandlung erfährt die Gruppe *ngl*, sofern *ngia* auch im Toskanischen leicht zu *ñ* wird, vgl. *cigna*, *ugna*, *cignale*, *cignare*, *rignare* FLECHIA, Arch. Glott. II 22, Anm. Sonst wird Kons. + *cl*, *gl* behandelt wie Vok. + *cl*, *gl*, vgl. *teschio*, *sarchio* u. s. w. Dass *sk̯* leicht zu *st* überspringe, ist schon gesagt.

246. Vor *u*, das aus lateinisch tonlosem, im Hiatus stehendem *u* entstanden ist, werden nachtonige Konsonanten meist gedehnt, worauf dann *u* zum Theil unterdrückt wird. Vgl. *acqua*, *tacque*, *giacque*, *nacque* und andere Perfekta; *fotte*, *batte*, *potte* aus *potuit*; *ebbe* aus *habuit*; *tenni* aus *tenui*, *menno* aus *minuus* nach CAIX, Studi 46, *manna* aus *manua*. Ebenso vor dem Tone: *gennajo*, *mannaja*, während *qu* in dieser Stellung zu *gu* wird: *seguire*, *uguanno*, *uguale*, *dileguare*. — Daneben findet sich die Entwicklung zu *ov* in Buchwörtern, vgl. *redova*, *continovo*, *Genova*, *Mantova*, *manovale*, *menovare* u. s. w. — In *nottola* aus *noctua* hat Suffixvertauschung stattgefunden. Nicht volksthümlich scheint *aquila* zu sein[1]. End-

---

[1] Formen, die auf *acula*, *aculia* weisen, bringt MUSSAFIA, Beitr. 24, vgl. noch *agoya* Cron Imp. 4.

lich in *avannotto*, das CAIX, Studi 4 treffend aus *uguannotto* deutet, scheint die Stellung des *g* zwischen zwei tonlosen Silben seine Verflüchtigung nach sich gezogen zu haben, ebenso bei dem im Satze tonlosen Adverbium *avale* aus *aequale*. — Nach Konsonanten bleibt *qu*: *sangue*, *lingua* u. s. w. In Fällen wie *febbrajo*, *morto* u. s. w. ist das *u* schon im Vulgärlateinischen geschwunden, vgl. Rom. Gramm. I 423. — Wenn schliesslich aus *antiqua* nicht *anticqua* entsteht, wie *acqua* aus *aqua*, so erklärt sich dies aus dem Einfluss von *antico*, das auf *anticus* beruht, und von *antichi* aus *antiqui*, vgl. *chi* aus *qui* § 185. Und *cuocere*, *torcere* haben ihr labiales Element schon im Vulgärlateinischen verloren.

246. Von dialektischen Abweichungen ist der sardische Wandel von *qu* über *gu* zu *b* das Interessanteste, vgl. *aba*, *eba*, *limba*, *sambene* u. s. w. Sonst findet sich die Unterdrückung des *u* in weiterm Umfange als in der Schriftsprache, vgl. *sange*, *lenga* in Campobasso, ebenso natürlich in Oberitalien. — Wandel von *ṷo*, -*ṷa* über -*ovo*, -*ova* zu -*olo*, -*ola* zeigt das Neapolitanische, vgl. *mperpetolo*, *statola*, *vedola*, selbst *rekola* = *requie*, *vertoloso* = *virtuoso*, wogegen der Norden wie das Toskanische bei *of* bleibt, vgl. z. B. mail. *tridof*, *kontinof*, *mütof* u. s. w., SALVIONI, Mail. 145.

247. Die Konsonanten vor *i̯* zeigen sehr mannigfaltige und zum Theil recht verwickelte Schicksale. Schon im Vulgärlateinischen hat theilweise Angleichung bei Dentalen, Gutturalen, *l* und *n* stattgefunden, wogegen die Labialen und *r* unangegriffen blieben. Fürs Italienische gilt als erste und wichtigste Regel: nach dem Tone werden alle Konsonanten ausser *r* vor *i̯* gedehnt. Auf dieser Stufe beharren die Labialen, wobei *bb* auch als Dehnung von *vi̯* gilt, wogegen *di̯*, *gi̯* wie einfaches *j* zu *ġġ*, *ti̯* zu *zz*, *ci̯* zu *čč*, endlich *l* und *n* zu palatalem, gedehntem *l̄*, *ñ* werden, also: *appio*, *seppia*, *sappia*, germ. *greppia*; *labbio*, *rabbia*, *scabbia*, *abbia*, *robbio*, *gubbia* (*ingluvia*) *marrobbio*, *giobbia* (*jovea), *gabbia*, *trebbio*; *scimmia*, *vendemmia*, *bestemmia*; *raggio*, *oggi*, *moggio*, alt *veggio* = *vedeo* und andere ähnliche Präsentia, *seggia*, *stoggio* (*studium*, CANELLO, Arch. Glott. III 347), alt *enveggia*, *staggio* (*stadium*), *poggio*, *uggia* (*odia*?), *paggio* aus vulglat. *padium (παιδίον), alt *caggia* (*cadeat*) u. s. w., *faggio*, *remeggio*, *reggia*, *saggio*, -*ezza*, *vezzo*, *spazzo*, *prezzo*, *sezzo*; *braccio*, *laccio*, -*accio*, *leccio*, *soccio*, *staccio*, *gaccia*, *vaccio* (*rivacius*), *riccio*, *moglie*, *meglio*, -*aglia*, *famiglio*, *figlio*, *tiglio*, *miglia*, *consiglia*, *taglia*, *paglia*, *aglio*, *coglione*, *meglio*, *tigna*, *ligna*, -*agno*, -*agna*, *bagno*, *cogno*, *prugnola*. Dagegen wird *r* unterdrückt: -*ajo*, *aja*, *salmoja*, *paja*, *rajo*, *stajo*, -*tojo*, *gomea* (*vomerea*), *loja* (*lorea* von *lorum*, s. Zs. XI 256), *avvoltojo*, *fuja*. *Si* ergiebt *č* oder

s: *bacio* und *bascio*, *cacio* und *cascio*. — Eine besondere Behandlung zeigen *rii*, *tie* und *tii*. Jenes nämlich wird zu *ri*, dieses wie vor dem Tone zu *ji*. Man sprach also ursprünglich im Singular *-ajo*, im Plural aber *-ari*, Formen, die nicht bloss erfunden sind, sondern thatsächlich sich in alten Texten noch finden, wie die Formenlehre zeigen wird, vgl. auch *gennajo* neben *danari* S. Mar. Carm. 24. Sodann liegt die ursprüngliche Behandlung von *-tii*, *-tie* vor in *barbigi*, *minuge* und im Suffix *-igia*, das zu *-ities* gehört.

248. Gehen dem i mehrere Konsonanten voraus, so sind die Ergebnisse zum Theil andere. Wir dürfen wohl annehmen, dass die § 220 besprochenen Assimilationserscheinungen eingetreten sind, bevor die Wirkungen des i sich geltend machten. Es ist also z. B. *nuptia* erst zu *nuttia* geworden u. s. w. Bei den Labialen nach Konsonanten unterbleibt natürlich die Dehnung, daher *alveus zu albio* wird[1]). *Dj* weicht am stärksten ab, sofern es nämlich zu $\check{z}$ wird, vgl. *pranzo*, *orzo*, *arzente* (*ardiente*), *manzo* (*mandium* Litbl. germ. rom. phil. 1885, S. 156), *verza*. *tti* ergiebt dagegen regelmässig *zz*: *pezzo*, *mazzo*, *-anza*, *gozzo*, *nozze*, woneben *caccia*, *doccia*, *gaccia* erst postverbal nach *cacciare* u. s. w. gebildet sind, s. § 249. Aber *sti* wird zu *š*: *angoscia*, *bescio*, *uscio*, *poscia*. Am unklarsten ist *ci*. Neben einander stehen *lonza*, *romanzo*, *calza* und *lancia*, *Francia*, *orcio*. Den drei letztern stehen endungsbetonte Ableitungen mit *č* zur Seite, allein von den drei erstern ist das zweite wohl sicher französisches Lehnwort, während allerdings die beiden andern ächt zu sein scheinen. — *Ngi* wird natürlich zu *ñ*: *spugna*, *sugna*; *rni* bleibt: *farnia*, *ernia* u. s. w., ebenso *nsi*: *ansio*, wogegen *ssi* zu *š* wird: *rovescio*, *sovescio*. — Noch ist *ebbro* aus *ebrio* zu nennen, wo die Dehnung des *b* dem *r* zuzuschreiben ist §. 239.

249. Vor dem Tone erhalten wir wesentlich verschiedene Resultate. *Sj* und *tj* zwischen Vokalen werden zu *ğ*, vgl. *pigione*, *prigione*, *magione*, *cagione*, *pigiare*, *rugiada*, *pertugiare*, *provigione*, *ragione*, *stagione*, *pregiare*, daher *pregio*, *indugiare* und die altital. Bildungen auf *-agione* = *-atione* Caix, Orig. 160. Nach Konsonanten dagegen wird *tj* zu *cc*: *cacciare*, *stracciare*, *impacciare*, *succiare*, *gocciare*, *cominciare*, *conciare*, *scorciare*, *squarciare*, *docciare*. Das abweichende *dirizzare* wäre danach von den stammbetonten Formen gehalten, *lenzuola* von *lenza* (Bündel Leinwand) beeinflusst. — *Dj* wird, wie Canello, Arch. Glott. III 346 Anm. erkannt hat, zu *j*: *meriare* = *meridiare*, *metà*, *ajuta*, *Friano* = *Frediano*,

---

1, *Lonza* von *lumbea* Flechia, Arch. Glott. II 361 ist danach nicht toskanisch.

sdrajare = *s-radiare*, ebenso *gi* : *rione* ; *ndi* ergiebt *ñ* : *vergognarsi*, daher *vergogna*. *Cį* ergiebt *č* : *arcione, calciare, orciuolo, lanciare*. Die Entwicklung der Labialen bietet mehr Schwierigkeit. *Piccione, approcciare, saccente* scheinen *čč* aus *pį-*, *foggiare, leggiero ǧǧ* aus *vį-* zu erweisen. Daneben stehen nun aber *lubbione, abiatico, gabbiano*. Doch ist nicht zu übersehen, dass das Grundwort zu *lubbione* in Berg. *lobie* erhalten ist und wohl einst auch im Toskanischen bestanden hat, und dass *abiatico* kaum volksthümlich ist. So bleibt nur *gabbiano*, das aber wohl auch als jüngere Ableitung von einem verlornen *gabbia* zu betrachten ist und zwar das um so eher, als für *ǧǧ-* aus *vį-* noch der Ortsname *Caggiole* schwer ins Gewicht fällt. — Endlich *rį-* bleibt: *mariuolo, ariuolo, scheruolo* (*scuriolus*), vgl. auch *arlia* (*hariolia*), ebenso *ni*: *maniato*, daher *conio* vielleicht von *coniare* gebildet ist.

250. Es giebt nun eine Reihe verschieden gearteter Ausnahmen. Von *vengo* aus *venio*, *valgo* aus *valeo* ist Abstand zu nehmen, da die scheinbar hier zu Tage tretende Verhärtung des *į* zu *g* sich nur im Verbum findet, also erst in der Konjugationslehre zur Behandlung kommen wird. Ob *ingojare*, *dimojare* mit CAIX, Studi 365 für *ingogliare, demogliare* stehen, ist zweifelhaft, jedenfalls sind sie dann nicht toskanisch; wie die Endung in *vespertillo, farfalla* zu *vespertilio, farfalio* oder *ramarro* zu **ramarius* sich verhält, ist nicht klar, *ramarro* könnte neap. sein, vgl. *somarro*. Nicht toskanisch sind auch die Substantiva auf *-aro* wie *marinaro* u. s. w., doch kann auch der Plural *-aro* statt *-ajo* im Singular hervorgerufen haben, s. § 247, dann *gaggia, poccia*, die wie andere Schifferausdrücke aus dem Genuesischen, oder *gaja*, das aus dem Süden stammt, ferner *acciuga* zu αφύη (vgl. Rom. Gramm. I 31) aus dem Sizilianischen, *savio* und *saggio* aus dem Französischen, s. GRÖBER, Arch. Lat. Lex. V 458. Von den endungsbetonten Formen (§ 248) sind *pregio* u. a., vom Plural (§ 247) *minugia, indugia* beeinflusst. *Strano* aus *straino* (§ 105), *stranio, olio* neben *oglio, palio, solio* und vielleicht auch *conio* neben *cogno* sind Buchwörter, die weit verbreitet sind, s. Rom. Gramm. I 432 und 439. Vielleicht ist auch *ghiado* halbgelehrt; dass das *i* spurlos verschwunden ist, hat wie bei *chiesa* seinen Grund in der Dissimilation gegen das erste *į*. Am unklarsten ist *žž* aus *dį*, das in *mežžo, ražžo, rožžo, možžo, schižžo, pružžu, oležžo, orežžo, options frižžo*, wenn es mit CANELLO, Riv. fil. rom. I 274 Anm. 2, FLECHIA, Arch. Glott. IV 375 zu *frigidus* gehört, vorliegt. Es handelt sich in diesen Wörtern wohl um eine jüngere Entwicklung von *di*. Aus *rudis* kann *rudius* entstanden sein, zu einer Zeit, da *radius* schon *rajus* lautete, dieses jüngere *di* wurde dann behandelt wie dasjenige

in *hordium*. Ebenso sind *prudia, *schidia* jüngere Wörter, und zu *mozzo*, *razzo* gesellt sich *gavia*. Merkwürdig ist *mezzo*, doch bleibt zu beachten, dass *medius* auch auf der iberischen Halbinsel in Lehnwortform auftritt. — Auf vulglat. *pluia* geht *pioggia* zurück, s. Rom. Gramm. I 426, vgl. aber *pobia* Rim. Gen. XXXVII 21, abolog. *piova*, ebenso bei Albertano di Brescia 25 und im Tesoretto. — Gegen die Regel der Behandlung von vortonig. *di* verstösst *ghiaggiuolo*, *giaggiuolo* aus *gladiolus*, ohne dass der Grund dafür ersichtlich wäre. — *Pajuolo* aus vulglat. *pariolum* (vgl. Gröber, Arch. lat. lex. IV 429) kann noch in Italien ein Grunwort *pajo* neben sich gehabt haben, vgl. savoy. *per*, wie denn auch *vaiuola* von *vaio* beeinflusst ist. — Schliesslich ist noch zu erwähnen, dass in Buchwörtern in älterer Zeit ri einfach zu r wird: *vitupero*, *purgatoro* bei Boccaccio, *memora* Alb. Bresc. 30, Cavalc., *desidero* Bocc., *lussura* Intell. 18, *ingiura* Albert. — Dagegen geht *lisciva* schon auf vulgärlateinisch *lixiva* statt *lixivia* zurück.

251. Sehen wir uns nun die Weiterentwicklung der i-Verbindungen in den Mundarten an, so treten uns da zum Theil sehr weitgehende Abweichungen entgegen. Ganz Italien ausser Sardinien gemein ist zz bezw. z aus nachtonigem ti. Allein dieses zz kann dann entweder zu ss oder aber zu p und f werden. Eine Stelle für sich nimmt das Sardische mit tt aus ti ein. Die altsardischen Statuten schreiben noch *fortha*, *platha*, *ispathare*, daraus heute tt: *kantone*, *piatta*, *palattu*, *nastruttu*, *puttu*, *tittone* u. s. w. im Logudoresischen, während das Kampidanesische bei zz, z bleibt[1]). Man kann im Zweifel sein, ob das Logudoresische je bis zu z vorgerückt sei oder ob es nicht eher schon auf der Stufe t' den Wandel zu t vorgenommen hatte. Aus *tukkaru* = *zucchero* ist natürlich nichts zu schliessen, eher aus *tiliba* = *siliqua*, wo s zu z, dann zu t geworden wäre. Allein auch darauf ist nicht viel zu geben, da der Wandel von s zu z in diesem Worte auch unregelmässig ist. Schliesslich könnte man sich darauf berufen, dass ci ebenfalls tt ergiebt, vgl. asard. *lanthare*, *fathat*, heute *atta*, *erittu*, Suff. *-attu*, *sedattu* (*staccio*) u. s. w., und dass auch hier in Camp. zz vorliegt: *azza*, *sedazzu* u. s. w., s. Hofmann S. 43 f. Allein der gemeinsame Ausgangspunkt für tt und zz aus ti und aus ci ist t', an direkten Übergang von $ćć$ zu zz ist gar nicht zu denken. So wird man also wohl besser thun, im Logudoresischen von t auszugehen. Vgl. noch Ascoli, Studi critici II 472, der die Sache etwas anders auffasst.

---

[1] Südsard. *pou* Brunnen ist katalauisches Lehnwort.

252. Vom Sardischen abgesehen finden wir also überall *zz*, das im Norden zu *ss* wird. Schon in Pisa und Lucca spricht man *ss*, bezw. *s*, wie denn Dante, Vulg. Eloqu. XIII den Pisanern *Fioransa*, den Lucchesen *gassara* vorwirft, vgl. noch *dinonsiari* Bandi Lucchesi 17, *sensa* 31, *gravesse* 38, *possi* 188, *condissione* 130 u. s. w. Ähnlich im Altpisanischen, wogegen heute in Pisa *pezza, piazza* unter florentinischem Drucke gesprochen wird. Dann erscheint *ss* namentlich in Oberitalien und zwar in der westlichen Lombardei einerseits, im Piemontesischen andrerseits, vgl. Biond. 6 und 480. Endlich *p* gehört wieder wie *p* aus *c* § 175 den Alpengebieten an, so bringt Ascoli, Arch. Glott. I 418 aus dem Follinathal *forpa, giustipia, mapar, senpa*, S. 428 aus dem Rustik-paduanischen *desgrapiá* u. s. w.; der Text aus Vico Canavese bei Pap. schreibt *cunsolapio, presenpa, papienpa, prinpipiant, senpa*.

253. Die Behandlung von nachtonig $d\underset{\cdot}{i}$, $g\underset{\cdot}{i}$ stimmt im Allgemeinen zur Schriftsprache, oder besser gesagt, das daraus im Vulgärlateinischen entstandene *jj* wird behandelt wie anlautend *j* und inlautend *ġ* § 176, daher hier nicht weiter darauf einzugehen ist. Wohl aber ergiebt $c\underset{\cdot}{i}$ nicht nur im Norden, wo *ć* zu *z* wird, sondern auch im Süden *zz*. Während also z. B. mail. *ġazz (ghiaccio), brazz, azal, lüzz* u. s. w., Salvioni, Mail. 244, romg. *brazz, ġazz, slanze* Mussafia, Romg. § 202, nicht weiter auffällig sind, überrascht es einigermaassen, im Sizilianischen Formen zu finden, wie *brazzu, rizzu, lanza, lazzu, sulazzu, azzaru* u. s. w., s. Schneegans S. 90, Formen, die dem ganzen Süden und, wie § 251 bemerkt wurde, noch dem Sardischen eigen. Wie weit *zz* aus $c\underset{\cdot}{i}$ nördlich reiche, bedarf noch der Untersuchung. Dass auch der Südosten folgt, zeigt *lazzu, lizzu* in Lecce. Für die Molise bemerkt d'Ovidio, Arch. Glott. IV 172: *ci si riflette quasi costantemente per čč, il che forma anzi una notevolissima caratteristica sannitica rispetto alla prossima, Puglia, dove domina lo z* ..... *Vero è però che il ć può sottentrare allo z di f. ant., come si vede in paččiya, muččękę, čuoppę (zoppo), kękoččaʳ*. Man geht wohl kaum fehl mit der Annahme, dass ursprünglich auch in der Molise *zz* gesprochen worden sei und dass dann mit dem Eindringen des nördlichen *čč* auch solche *zz* zu *čč* geworden seien, die nicht auf $c\underset{\cdot}{i}$ beruhen.

254. Auch in der Behandlung von *si-*, *ti-* weicht der Süden ab. Die ältesten toskanischen Texte schreiben *cascione* u. s. w., so der Libro dei Banchieri Fiorentini. Vgl. Caix, Orig. 161: »Nel toscano la pronuncia dové in origine presentare differenze o gradazioni a giudicare dalle differenti grafie che prevalgono nei varii luoghi; nel dominio fiorentino e nel pisano-lucchese è generale fin da principio la notazione zi; nel pistoiese e nell'aretino-senese zi è raro, e invece si alternano le notazioni si, sci, szi«...... L'identificazione del suono resultante da $t\underset{\sim}{i}$ e da $s\underset{\sim}{i}$ con quello del $\acute{g}$ da y, dy o da g latino, pare essersi compiuta prima nel toscano occidentale, e di là essersi estesa all' orientale, tal chè nel secolo seguente troviamo il zi da $t\underset{\sim}{i}$ in pieno uso nelle Croniche Perugine.« Vgl. noch senesische Beispiele für sc bei HIRSCH, Zs. IX 559. Ristoro d'Arezzo schreibt si und sci: *stasione* $5^c 30$, *rasio* $5^d 27$, *casione* $9^c 25$, u. s. w. neben *cascione* $2^v 29$, $6^a 6$, *stascione* $6^d 25$; vgl. noch *ascevolmente* $2^d 27$, und für $si = \acute{s}$: *usira* $37^a 2$; *conosiare* $42^c 32$, *nasiare* $45^b 77$ u. s. w. Während also Perugia, wie auch die heutige Form des Namens statt des alten *Peruscia* zeigt, der toskanischen Strömung folgt, ist dagegen weiter südlich der tonlose Laut überall geblieben. Aus dem Schwanken im Toskanischen wird es sich erklären, dass wir noch heute *ciliegia, cinigia, bragia, ragia* neben *cacio* § 247 haben. In Lecce tritt dann reines s ein: *asu, kasu, kerasu, masune, fasulu,* während das sizilianische $\check{c}$ bewahrt: *kačuni, kamiča, fačanu* u. s. w. Das Sardische endlich zeigt s: *basu, fasolu, presone, masone* u. s. w. Die norditalienischen Mundarten, denen $\acute{g}$ abgeht, kennen für $s\underset{\sim}{i}$, ti— tönendes $\wp$, das in den alten Texten oft x geschrieben wird, vielleicht im Mittelalter auch noch palatal war, heute aber rein dental geworden ist, vgl. *demandaxon* Bonvesin B. 436, agen. *raxon, saxon* u. s. w. Arch. Glott. X 150.

255. Am meisten Abweichungen vom toskanischen Brauche zeigt die Entwicklung der Labialen vor i. Im Süden sowohl wie im Norden wirkt das $\underset{\sim}{i}$ auf p und b ebenso assimilirend, wie auf die andern Laute, daher dann $p\underset{\sim}{i}$ über $p\check{c}$ zu $\check{c}\check{c}$, $v\underset{\sim}{i}$ über $v\acute{g}$ zu $\acute{g}\acute{g}$ oder über vy zu yy, endlich $m\underset{\sim}{i}$ über $m\tilde{n}$ zu $\tilde{n}$ wird. Das *sačča-, kaño*-Gebiet umfasst ausser Sizilien den ganzen Süden bis an den Ombrone und bis ins Aretinische hinein. So also siz. *ačča, sičča, saččų, raǵǵa, gaǵǵa, kanǵari,* dagegen in Noto *raggya, aggyu*[1]*, vinniñari*; lecc. *aččų, sečča* und der Ortsname *Lecce* aus *Lypiae, raǵǵa, šiña, endiña (vendemmia);* in Campobasso *saččę, sečča,* aber *raya, velleña, šiña, kañá (cambiare);* Teramo: *rayę, venneñę, kañę* u. s. w. Gerade *kaño* findet sich noch im römisch-umbrischen Gebiete in Rieti neben *kammiu* in Arcidosso. — Dieselbe geringe Widerstandsfähigkeit der Labialen gegen $\underset{\sim}{i}$ zeigt nun auch das Genuesische, vgl. *žöǵǵa (jovia), guggia, raǵǵa, kunǵa, karuǵǵu, lüǵǵa, vendeña,* s. ASCOLI, Arch.

---

[1] SCHNEEGANS S. 78 hält y für die reguläre Entwicklung, da *habeo* zu *ayu* wird, und bezeichnet *raggia* als ein »sizilianisirtes italienisches Wort« S. 79. Kaum mit Recht, denn *ayu* geht auf vulglat. *hayo* zurück, und *ggi* entpricht völlig dem $\check{c}\check{c}$ aus $p\underset{\sim}{i}$.

Glott. II 121 und ebenso die Mesolcina, vgl. § 190 und Arch. Glott. IX 209, wo *rabǵa, sabǵa, lobǵa* belegt sind. Die übrigen norditalienischen Mundarten dagegen stellen sich zum Toskanischen. — Schliesslich ist noch die Behandlung von sekundärem *mį̃* im Emilianischen zu berühren. Es entsteht *mnį̃* : mant. *miñollo* = *mi̯[d]olla*, imol. *miñulé* = *miaulare*, parm. *rumñar* = *rumi̯[g]are*, und daraus weiter *ñ* : com. *ñolo*, ähnlich tosk. *gnaolare, gnaffé* = *miafé*. Vgl. Mussafia, Beitrag 101 Anm.

256. Während ausser im Sardischen *nį̃* überall als *ñ* bleibt, ist *l* dagegen *l* vielfachen Umgestaltungen unterworfen. Zunächst mag aber das Sardische betrachtet werden, da es in der Behandlung von *lį̃, rį̃, nį̃* eine besondere Stellung einnimmt. Es wird nämlich im Logudoresischen das *į̃* zu *y*, worauf *l* schwindet, während *r, n* bleiben, dann wandelt sich *y* zwischen Vokalen wie nach *r, n* zu *z*. Das Campidanesische dagegen lässt *rį̃, nį̃* zu *rǵ, nǵ* werden, assimilirt dagegen *lį̃* zu *ll*. Die ältesten sardischen Texte bieten noch *fijos, muyere*, dann erscheint die Schreibung *gi*: *figios* bei Arolla A. 1582, seit dem 17. Jahrh. aber ausschliesslich *z*. So haben wir also *ažu, kižu, fožu, ožu, binža, kunžare, kalkanžu, bennaržu, koržu, -toržu* u. s. w., im Campid. aber *čillu, allu, ollu, mulleri, filonǵu, karkanǵu, binǵa, ǵennarǵu, krožu (cuoio), aquadrožu* u. s. w.

257. Davon abgesehen kennt *l* zwei Weiterentwicklungen : zu *ggį̃* und zu *y*, welch' letzteres dann noch weiter zu *ǵ* werden kann. Die Form *ggy* ist wieder süditalienisch, namentlich sizilianisch. Die altsizilianischen Texte bleiben noch bei *l*, vgl. Pariselle 27 und Schneegans 134, wo *orgogliu, mugleri, famigla, meglu, ogli* u. s. w. angeführt werden. Diese älteste Form hat sich mundartlich noch heute gehalten im Innern der Insel, in Girgenti, Caltanisetta und dem angrenzenden Theile von Palermo. Westlich dagegen in Ribera, Sciacca, Raffadali, Salaparuta, Corleone tritt *ggį̃* auf, ebenso im Norden in Polizzi Generosa, Caltavuturo, Montemaggiore, Castelbuono. An der Nordgrenze des *l*-Gebietes erscheint auch *ll* in Alimena, Geraci und Pollina. Die gewöhnliche Form, die auch die sizilianische Litterärsprache angenommen hat und die namentlich den Küstenmundarten angehört, ist *ggį̃*. Nach Schneegans ist sie in Texten erst seit dem XVI. Jahrh. zu belegen, sie erscheint in einer Storia popolare von 1566 : *pighianu* neben *piglianu* u. s. w. — Merkwürdig ist die Verhärtung zu *kį̃*: *fikkyu, vikkyu* in Linguaglossa und Mistretta. Es zeigt nun aber *l* in Sizilien noch zwei andere Entwicklungen, einmal zu *ǵǵ* zwischen den Monti Iblei, dem Tellaro, dem Maroglio und dem Meere. In den Monti Iblei und jenseits derselben herrscht *ggį̃*. Man darf wohl annehmen, dass *ǵǵ* aus *ggį̃*, nicht aus *l, j* entstanden ist.

Endlich ist noch das höchst merkwürdige ñ aus *l'* in Noto zu nennen:
fiñu, maraviñari, voñu, meñu u. s. w. Vgl. zu diesem Paragraphen
SCHNEEGANS S. 136—139.

258. Das *gi̯* reicht nun auch auf's Festland hinüber. Apulien
gehört ihm an, natürlich Calabria Ulteriore bis Castrovillari einschliesslich, und die Capitanata ausser S. Giovanni Rotondo, die Terra di
Bari, die Terra di Otranto ausser Specchia und Aradeo und ein Theil
der Basilicata. Ein zweites *g*-Gebiet findet sich in der Toskana:
Arezzo, Castiglion Fiorentino, Cortona und auch ein Theil der Toskana gehören ihm an, *figgyo* gilt als florentinisch und pisanisch und
daran schliesst sich Avenza, Fivizzano, Montignoso, Sillano und Vagli-
Sotto in Massa Carrara. — Sonst kennt auch der Süden *l'*, so Melfi,
Moliterno, S. Martino di Agri, Senise, Tito, dann die Calabria Citeriore, das Principato Ulteriore ausser Mercogliano, und dann Neapel
u. s. w. Endlich die Erleichterung zu *y* erscheint im Süden vereinzelt
in Aradeo, ist aber das Gewöhnliche im Centrum, also in Abruzzo
Citeriore ausser Canossa und Villa S. Maria, in Abruzzo Ulteriore I,
Rom, Assisi, Costacciaro, Norcia, Orvieto, während Città di Castello,
Perugia, Rieti, Spoleto und Todi bei *l'* bleiben, und Ascoli, Terno,
Camerino, S. Severino, Treja, Macerata, die Provinz Ancona
ausser Filotrano, Urbino, nicht aber Urbania, woran sich dann das
Romagnolische und die norditalienischen Mundarten schliessen, *y*
sprechen. Interessant sind an der Grenze gegen die Toskana die
umgekehrten Sprechweisen *nola = noja*, *rele = reie* (*rè*) in
Camaiore (Lucca), *kukkialo, gola = cucchiajo, gioja* in den pistojesischen Bergen. Die Reduktion zu *i̯* kennen schon die mittelalterlichen Texte des Nordens, vgl. den Reim *moglia : noja* im Tesoro dei
Poveri, *pigiare = pigliare* Bazz. 9. Juni 1397, *piare* Lett. Bol.
33, A. 1201, *fameia* 36, *conseia, recoier* Rime Genovesi VI, 90,
toier VI, 9S, *fiora* XII, 13, *meior* XIV, 2, *conseggi* CXXXVI, 91,
assagio XIV, 639 u. s. w., vgl. noch FLECHIA, Arch. Glott. X 149.
Ebenso Bonvesin: *fijo, vojo, voja* u. s. w., MUSSAFIA 40 und die
verschiedenen altvenezianischen und altpiemontesischen Texte, vgl.
ASCOLI, Arch. Glott. III, 244, TOBLER, Arch. Glott. X 239, Cato 15,
RAFAEL S. 14, WENDRINER S. 26 u. s. w. — Was endlich die weitere Verschiebung von *j* zu *ǵ* betrifft, so ist sie also einmal dem Genuesischen eigen schon seit alter Zeit, wie die eben angeführten Beispiele zeigen, und über das Genuesische hinaus erstreckt sie sich noch
bis Carrara. Sie erscheint aber auch im Osten in Bassano, Lonigo,
Meledo (Brianza) und im Veronesischen und Venezianischen: *agi,
mego, fraegi* in der Veroneser Passion; ven. *paǵa, fameǵa, maraveǵa,
foǵa, Puǵa* u. s. w. — Es ist nun aber im Norden noch ein Unter-

schied zu machen je nach den Vokalen, die dem *l* vorangehen, bezw. nach der Accentstellung. Mit betontem *i* verschmilzt das *i̯* im Venezianischen, vgl. *fia, fiola, mióṛ*, im Mailändischen nur vor dem Tone: *fió, skaviá (scapigliato), postiō, paviō, miaś (migliaccio)* u. s. w., aber *miya*. Das Piemontesische dagegen verhält sich wie das Venezianische, vgl. *fia, famia, fiöl*. Das Genuesische aber behandelt *l'* nach *i* wie sonst: *fiġġu* u. s. w. — Im Tessin herrscht rätisches *l'* vor, daneben fehlt aber auch das lombardische *j* nicht, vgl. SALVIONI, Arch. Glott. IX 210, wo leider genauere Angaben fehlen. — Noch bleibt zu bemerken, dass S. Fratello in der Behandlung der *i̯*-Verbindungen sich ganz dem Sizilianischen anschliesst. Bei *ci̯, pi̯, bi̯, mi̯* könnte die Übereinstimmung schon von jeher bestehen, vgl. S. 7, es ist aber auch *l'* zu *ggi̯* geworden: *figgi, maravoggia, muggier* u. s. w., was keineswegs in den ursprünglichen Neigungen des Dialekts begründet ist. Auch Nicosia und Piazza Armerina zeigen in diesem Punkte die Sizilianisirung.

259. Endlich bleibt noch *ri̯* übrig. Die Unterdrückung des *r* scheint kaum über die Toskana hinauszureichen. Das *j* schwindet dann im Florentinischen nach *e* und *i*, vgl. *gomea*, *macia*, in Città di Castello auch nach andern Vokalen, vgl. *-eo = -ajo, paolo = pajuolo* und bei anders entstandenem *j*: *autare = ajutare*. Im Übrigen gilt als Regel für den Süden, dass das *i̯* schwindet, daher *-arius*, *-aria* zu *-aro*, *-ara*, *corium* zu *koru*, *kueru* wird, während im Norden vielmehr Epenthese des *i* statt hat, worauf *-airu*, *-aira* sich zu *-eru*, *-era* wandelt. So findet sich *-er*, *-era* im Venezianischen, Lombardischen und Piemontesisch-Genuesischen als regulärer Vertreter des toskanischen *-ajo*.

260. Wie das vulgärlateinische Hiatus -*i*, so kann nun auch das auslautende -*i*, das auf lateinisch -*i* beruht, die vorhergehenden Konsonanten palatalisiren. Einen Anfang dazu haben wir schon § 110 gesehen. Es findet nun eine weitergehende Infektion des Schlusskonsonanten durch *i* namentlich im Lombardischen statt. Die Untersuchung hierüber wird wesentlich erschwert dadurch, dass die dabei in Betracht kommenden Wörter stets Nebenformen haben, in denen der reine Konsonant erscheint, von welchen aus dann eine erhaltende oder rekonstruirende Wirkung auf die *i*-Formen ausgehen kann. So finden wir im Altmail. bei Bonvesin *dingi* als Plural von *dent*, ebenso *fangi, tangi, tugi, grangi*; auch *vengi* (*venti*), dann 1. Sg. Perf. *pagi, stigi, crigi* u. s. w., heute aber nur noch *tanč, fanč, denč, tüčč, quanč*, SALVIONI, Mail. S. 131. Es ist also im Altmailändischen -*ti* zu *či* geworden. Ferner haben wir *l'* und dann *i̯* aus -*li*: *kaṿai̯, animai̯, müi̯, söi̯, bi* (*belli*), *fradi* u. s. w.; *añ, pañ*, aber *popol* u. s. w.

Damit scheinen die Beispiele im Mailändischen erschöpft zu sein. — Etwas mehr bieten die tessiner Mundarten. *Li*, *lli* wird stets zu -*i*: *fradei̯* auch da, wo das alte *li̯* nur bis *l'* vorschreitet. Es ist mit andern Worten das *i* mächtiger als das *i̯* und dies erklärt sich ohne Schwierigkeit daraus, dass eben *i* vollvokalisch ist. Aus *filius* entsteht *fili̯u*, *fili̯-u*, *fil'u*, aus *tali* dagegen *talji*, dann *taji*, *tai*[1]). Ebenso wird *ni* zu *i*: *mai*, Plur. zu *man*, *pai*, *pi* (*pieni*), *bui* (*buoni*) u. s. w., vgl. Arch. Glott. IX 210, 212, 255. Dagegen scheinen die Dentalen hier fester. Es gehört nun *i* bezw. *ǧ* aus -*li* dem ganzen Osten bis Padua uud Verona an, vgl. *kavaggi*, *fradieggi* bei Ruzante, *igi*, *fratigi* in der Veroneser Passion. Am lebendigsten scheint die Palatalisirung in Bergamo zu sein, wo noch heute die Wörter auf *n*, *l*, *t* ihren Plural auf *ñ*, *i̯*, *č* bilden, vgl. *dañ*, *pañ*, *añ*, *kóreñ*, *ómeñ*, *koi* (*colli*), *bai*, *kai*(*cavalli*), *perikoi*, *portač* u. s. w. — Dass auch der Westen, mindestens das Monferrinische, die Erscheinung kennt, geht aus *buoi* = *boni*, -*au̯ž* = *osi*, *denč*, *vič̑č̑* = *vidi* in S. Fratello hervor. — Ob auch mittel- und süditalienische Mundarten verwandte Erscheinungen aufweisen, ist mir nicht bekannt. — Es mögen sich hier noch die sekundären Palatalisirungen anschliessen, wie sie vorliegen in aretinisch *queske̊* = *questi*, *frukke*, *quarke*, *čerke*, *guarǵa* (*guardia*), vgl. noch § 110, oder in montal. *mankenere*, *volenkere* u. s. w.

261. Stossen mehr als zwei Konsonanten in Folge von Synkope oder von Neubildung zusammen, so fällt der mittlere meist. Eine Stelle für sich nehmen die Verbindungen *nct* und *xt* ein. Jene ist schon im Vulgärlateinischen zu *i̯t* geworden, diese zu *st*. Während nun dieses *st* behandelt wird, wie jedes andere, vgl. *destro*, *sesto*, auch *busta*, entsteht aus *ñt* da, wo *ct* zu *tt* wird, ebenfalls einfach *nt*, auf dem *l̆t*-Gebiete (§ 221) dagegen *i̯t*, woraus nun entweder *int* oder *ñč*. So haben wir also *santo*, *unto*, *tintore*, *pinto*, *vinto* u. s. w. Für *ñt* vgl. agen. *sainto*, *zuinta*, *pointo*, *cointo* Arch. Glott. X 155 und mail. *ponča*, *onč*, *pinčorá*, *tenčüra*, *tenč̑ó*, *strenč̑* u.a. SALVIONI Mail. 235 f. — Über *str* s. § 240.

262. Sonst bietet das Toskanische wenig Beispiele. In *scarso*

---

1) Anders SALVIONI, Arch. Glott. IX 211 Anm.: *ali*, *aili̯*, *ai̯li̯*, worauf zwischen den beiden *i̯* das *l* unterdrückt wird. Kaum mit Recht. Es ist die tessinische Erscheinung nicht zu trennen von der lombardischen. Auch in *č* aus *ti* gegenüber *tz* aus *ti̯* liegt eine stärkere Wirkung des -*i* auf *t* vor, eine Verschiebung des *t* nach *i* hin, während bei *z* vielmehr eine Vermittlung zwischen *t* und *i* vorliegt; -*ač* wird aber Niemand aus *ai̯li̯* deuten wollen. Auch die Formen auf -*aiñ*, die S. beibringt, beweisen nicht für ihn, da nach seiner Theorie vielmehr -*aini* vorkommen müsste.

aus *excarpsus* ist *ps* nach *r* behandelt wie zwischen Vokalen, ebenso *pt* in *scaltrire* aus *scalpturire*. *S* zwischen *n* und *g* fällt: *tranghiottire, trangolare, trangugiare, t* zwischen *s* und *m*: *biasmare* aus vulglat. *blastimare, asma* aus *asthma*. Von mundartlichen Belegen für den Ausfall des mittlern von drei Konsonanten mag erwähnt werden bologn. *arsui* aus *armsui* = *remasuglie*, romg. *pargir* = *perticarius, peingular* = *pendiculare, zños* = *disdegnoso, zrančinar* = **disgranchionare* u. s. w. FLECHIA, Arch. Glott. II 12, MUSSAFIA, Romg. § 116. Ein interessantes Beispiel bringt SALVIONI, Arch. Glott. IX 205 aus dem Tessinischen, *zñeñ* aus *geminianae*.

6. Die Doppelkonsonanten.

263. Die lateinischen Doppelkonsonanten bleiben als gedehnte Konsonanten im Italienischen bestehen. Vgl. *gotta, ghiotto, gotto, metter<u>e</u> matta, lettera, saetta, battere, fotte, quattro, poppa, coppa, stoppa, lappa, stroppo, ceppo, bocca, vacca, sacco, becco, pecca, fiocco, moccolo, secco, ecco, gobbo, anno, panno, penna, conno, nonno, strenna, vanni, carro, correre. ferro, terra, serra, torre, zavorra, ella, quello, stella, pelle, bello, -ello, sella, mille, villa, midolla, bidolla, cipolla, satollo, pollo, nullo, grillo, cavallo, folle, collo, colle, molle, valle, -asse, -esse, -isse, basso, grasso, grosso, fossa, osso, passo, messo, fesso, spesso, passere, rosso, fiamma, gemma, mamma*. Auch *tutto* ist hier zu nennen, da schon im Vulgärlateinischen *tottus* neben *totus* sich nachweisen lässt.

264. Auch die Mundarten weichen nur unwesentlich ab. Am Nordabhang des Appeninenkammes und schon im Aretinischen werden alle gedehnten Konsonanten gekürzt, man spricht also *gota, metere* u. s. w. Diese Kürzung ist aber erst eingetreten, als die alten *t* schon zu *d* vorgerückt waren, daher dann die neuen unverändert bleiben. Von etwelcher Wichtigkeit ist nur der dem ganzen Süden eigene Wandel von *ll* zu *ḍḍ*. Was die Artikulation des *ḍḍ* betrifft, so scheint sie in manchen Gegenden von der des *dd* wenig verschieden. Vgl. SCHNEEGANS S. 130. »Die verschiedenen Beobachtungen laufen darauf hinaus, dass *ḍḍ* je nach der Mundart wechselt, oft sogar zwischen *dd* und *ḍḍ* kein Unterschied gemacht wird. In Borgetto wird .... *dd* gesprochen .... Auch in Messina sprechen einige Leute *dd* statt *ḍḍ*, aber diese Aussprache ist nicht die gewöhnliche. Anderwärts scheint der Laut vielmehr *ḍr'*. Soviel ich sehe, wird *ḍḍ* gesprochen an der Küste der Provinz Palermo, Messina, Catania und in dem grössten Theil der Provinz Caltanisetta. Das schon palatal klingende *ḍdr* im Westen der Insel, von Castellamare an, findet sich in Trapani, Marsala, Sciacca; dann in einigen Ortschaften der Provinz Catania, in Caltagirone und Troina. . . . Eine genauere Abgrenzung dieser Laute ist nicht möglich, da sie zu leicht in einander übergehen. Wir fanden auch in Messina den palatalen Laut neben dem cerebralen« S. 134. Auch die Texte bei Pap. schwanken zwischen $ḍḍ$ und $ḍr$, es mag daher genügen, die Grenzen von $ḍḍ$ gegen ll anzugeben, ohne auf die verschiedenen Spielarten des ersten Lautes näher einzugehen. Einmal folgt hier Sizilien nicht nur Sardinien, sondern auch Corsica, das sich in dieser merkwürdigen Erscheinung also zum Süden stellt, sodann hat $ḍḍ$ auch die Monferriner in Sizilien ergriffen, wie schon S. 7 gesagt ist; andrerseits freilich ist ll westlich von Etna geblieben, SCHNEEGANS S. 132. Gehen wir aufs Festland über, so reicht $ḍḍ$ zunächst bis Castrovillari, ohne jedoch Bovalino, Nicastro und S. Pietro Apostolo zu ergreifen, umfasst dann Apulien ausser Galatone, die Terra di Bari, die Basilicata ausser Melfi, die Capitanata ausser Foggia und Lucera di Puglia, wogegen im Principato Citeriore nur ll vorkommt, im Principato Ulteriore, Mercogliano und Avellino ll, Ariano, Montecalvo und Sturno rr (aus $ḍḍ$, $ḍr$?), Bagnoli, Calitri, Montella $ḍḍ$, in Benevento, Baselice $ḍḍ$, Morcone rr sprechen. Der nördlichste Punkt für $ḍḍ$ ist wohl Canossa Sannita. Vereinzelt kommt nn vor in Palmi (Calabria Ulteriore I): $nna = là$, $innu$, $quinna$ u. s. w., ebenso in Noto nach SCHNEEGANS S. 131. Ferner y in Tropea (Calabria Ulteriore II): iya, $nuya$, $beya$ u. s. w.

265. Von andern abweichenden Erscheinungen ist zu erwähnen, dass im Kalabresischen n + Kons. an Stelle der Doppelkonsonanz tritt in *menzu = mezzo*, *mentiri = mettere*, *sunkurriri = soccorrere*, *yimbu = gibbus*, *landa = latta*. Es könnte freilich in den zwei ersten Beispielen der Nasal des Anlautes mit im Spiele sei, da in manchen andern Fällen die gedehnten Konsonanten bleiben, vgl. *gattu*, *sikku*, oder gekürzt werden: *matinu*, *katarratu*. — Dann ist hier noch das lomb. *pučč̓ana = puttana* zu besprechen, in welchem *tt* behandelt ist, wie *ct*. Diese unregelmässige Entwicklung lässt sich auf zwei Weisen deuten. Entweder nämlich ist das Wort entlehnt aus einer Mundart, die dem lombardischen *čč* mit *t* entspricht, worauf Lautumsetzung stattgefunden hat nach dem Muster von tosk. *asciutto* oder piem. *assüt = lomb. šüčč*, oder aber *püttana* ist in Folge einer Scheu, das nicht salonfähige Wort in seiner richtigen Form auszusprechen, gewaltsam verunstaltet worden.

266. Vor dem Tone zeigen die gedehnten Konsonanten eine Neigung, verkürzt zu werden, worauf FLECHIA, Arch. Glott. II 343 zuerst hingewiesen hat, vgl. *puledro*, *caratello* zu *carro*, *presacchiu* zu *presso*, *vanello*, *canocchia*, *lulicare*, *mucilaggine*, *balestra*, *fa-*

[§.266. 267.] Die Doppelkonsonanten. 153

loppa zu *fallo*, *colui* neben *quello*, *favolassa* zu **favilla* (*falliva*, *catella*, nach Caix, Studi 259 zu *caput*, *saracca* eb. 449 zu *serra*. Allein daneben kommen auch zahlreiche Fälle von gedehnten Konsonanten vor dem Tone vor, so dass die Ratio für die Vereinfachung noch gefunden werden muss.

267. Es ist überhaupt die Geschichte der Konsonantendehnungen sehr verwickelt, zum Theil wohl darum, weil die Orthographie gerade hierin selten sorgfältig und nicht ohne eine gewisse Willkür geregelt ist, so dass eine genaue Darstellung der gegenwärtigen Verhältnisse von einem Eingeborenen sehr erwünscht wäre. Erst seit Salviati ist *fumo* (*fumus*) die einzige Form der Schriftsprache, während man vor seiner Zeit ebenso oft *fummo* geschrieben hat, vgl. z. B. Sacchetti 41. Wenn wir, so weit es möglich ist, uns über die Quellen der italienischen gedehnten Konsonanten Rechenschaft geben wollen, so finden wir, dass sie einmal entsprechen den lateinischen gedehnten, s. § 261. Sodann sind sie das Ergebniss der Assimilation zweier Verschlusslaute: *fatto*, *sette*, *freddo*, § 220, oder zweier Sonanten: *lulla*, *donna*, *vorrò*, *varrò*, § 239, seltener eines Verschluss- und eines Reibelautes: *dozzina*. Stets gedehnt ist *gg* in Erbwörtern: *leggere*, *raggio* u. s. w., mit einziger Ausnahme des Verbums *arogere*. Sodann werden die Labialen vor *i* gedehnt: *appio*, *labbia*, *scimmia* § 247, nachtoniges *ti*: *vezzo*, *ci*: *laccio*, *acciale*, *braccio* § 247. Dann sämmtliche Konsonanten vor aus *l* entstandenem *i*: *vecchio*, *mugghia*, *cappio*, *fibbia* § 241, endlich *b* vor *r*: *ebbro* § 239 und vor *l* in dem dem Französischen entlehnten *obblio*; vor *u*: *battere*, *acqua* u. s. w. § 246. Dazu kommen nun aber noch eine Reihe andrer Gesetze. Nach kurzen betonten Vokalen tritt Dehnung ein, daher *dammi*, *dimmi*, *amollo*; kurz ist nun auch der Vokal in oxytonirten Fremdwörtern, daher *Davidde*, *farabutto* aus span. *faráute*. Hierher gehört *sciocco* aus *exsŭcus*, woraus nach vulgärlateinischem Betonungsgesetze *exsŭcus* § 152. So scheint es, dass später aufgenommene Buchwörter dehnen: *cetto*, *brutto*, *mecco*, *orbacca*[1], *birra*. — Ferner werden mit Vorliebe gedehnt die dem Tonvokal folgenden Konsonanten in Proparoxytonis: *femmina*, *macchina*, *abbaco*, *petrosellino*, *commodo*, *collera*, *bubbola*, *pittima*, *legittimo*, *attimo*. Aber schon hier begegnen bedeutende Schwierigkeiten. Einmal steht die Dehnung in *bubbola* in merkwürdigem Gegensatz zu der § 212 aufgestellten Regel von der Erweichung der Tenues in Proparoxytonis. Es könnte nun auch *bubbola* aus *bucola* durch Assimilation ent-

---

[1] Die gute lateinische Schreibung ist *baca*, s. Gröber, Arch. lat. lex. I 247.

standen, das *b* aber gedehnt worden sein, weil das Italienische in Erbwörtern intervokalisches, einfaches *b* gar nicht kennt; ähnlich ist einfaches *k* zwischen Vokalen unerhört, daher das Buchwort *macchina* sein *k* dehnt. Sodann aber stehen neben *commodo*, *femmina* eine ganze Reihe andrer Fälle, wie *amido*, *uomini*, *temolo* u. s. w., die kurzen Konsonanten behalten. Gerne tritt Dehnung ein nach dem Nebenaccent, (§ 157): *pellegrino*, *tollerare*, *camminare*, *accademia*, *cioccolatte*, *seppellire*, *scellerato*, *strattagemma*, *appostolico*, *Allemagna*, *allimbicco*, *avvoltojo*, *babbilonia*, *Catterina*, *coccodrillo*, *coccoveggia*, *commestibile*, *effemeride*, *faccellina*, *fummosterno*, *pallafreno*, *mattematico*, *Niccolò*, *pellicano*, *Raffaele*, *suppellettile*, *tittimallo* u. s. w. Wörter, die mit *ad*, *sub*, seltener mit *in*, *con* zusammengesetzt sind, assimiliren den Auslaut des Präfixes dem konsonantischen Anlaut des einfachen Wortes: *accadere*, *sollevare*, *corrispondere*. In Folge dessen wird überhaupt der Anlaut nach *a*, *co*, *so* verdoppelt, auch in Fällen, wo keine Zusammensetzung vorliegt, vgl. *allodola*, *allegro*, *alloro*, *accidia*, *accolito*, *allume*, *commedia*, *immagine*, *ommettere*, *correggia*, *soddisfare*, *soffistico*, *rettorica*, *suggello*, *sollazzo*, *rettorica*, *provvedere*, *proccurare* Purg. XXII 72. Allein auch ausserdem giebt es noch viele Beispiele, die der Erklärung warten. In *leggo* mag *leggi*, *leggere* von Einfluss gewesen sein, bei *pennecchio* kann man an *penna* denken, bei *bottega* an *botte*, bei *lecceto* an *leccio* (*iliceum*), bei *mammone*, einem orientalischen Wort, an *mamma* u. s. w. Schwieriger sind *seppellire* Bocc., *meccanica*, *ippocrito*, *effimero*, *bellico* (vgl. tarent. *viddiku*), *graffito*, *mellone*, *tappeto*, *vassojo*, *cammello*, *dammasco* (aber *amoscino*), *mannocchia* u. a. Mit wenigen Ausnahmen sind es Wörter, die erst später in die Sprache aufgenommen worden sind und bei denen deshalb Schwanken in der Aussprache möglich war. Ein *dettaglio* aus frz. *détail* oder ein *ginnetto* aus span. *ginete* kann sein *tt* bezw. *nn* einer von der italienischen abweichenden, intensivern Artikulation des französischen *t*, bezw. spanischen *n* verdanken. Die grosse Masse der Wörter, die den Konsonant der anlautenden Silbe in Folge wirklicher oder scheinbarer Zusammensetzung dehnen, kann eine Neigung zur intensiven Artikulation dieses Konsonanten ausbilden, eine Neigung, die natürlich bei Fremdwörtern eher und rascher zur Geltung kommt, als beim ererbten Sprachschatz. — In Fällen wie *stradiotto* oder *galeotto* Sardo 196, *cammello* liegt natürlich Suffixvertauschung vor. — Vgl. über diesen schwierigen Punkt D'OVIDIO, Delle voci italiane, che raddoppiano una consonante prima della vocale accentata Rom. VI 199—211; H. SCHUCHARDT, Le redoublement des consonnes en italien dans les syllabes protoniques Rom. VI 593 bis 594. C. DE LOLLIS, Dei raddoppiamenti postonici, Studi di filol. Romanza I 407—424, s. auch B. BIANCHI, Prep. A 367.

268. Aus den Mundarten dürfte kaum etwas nachzutragen sein. Über ganz Oberitalien findet man *vita*, *vitta*, in Bergamo gemäss § 90 *vetta*, auch das Rätische und das Provenzalische und Altfranzösische kennen die Form. Man wird es mit einem halbgelehrten Worte zu thun haben; man bedenke, wie oft *vita* in der Kirchensprache vorkommen musste. Dann aber ist eine, mir allerdings nicht völlig klare Erscheinung im Mailändischen zu nennen, über die sich SALVIONI, Mail. 156 f. im Anschluss an RAJNA folgendermaassen äussert: Ogni tenue o nasale e talvolta anche una liquida, raramente una media, assume immediatamente dopo la vocale accentata in parola parossitona o primitivamente tale un suono che l'alfabeto italiano non ci permette di ben rappresentare nè con un' *n* sola (il raggionamento può valere per tutte le consonanti che si trovano nelle condizioni di cui sopra) nè con due, sebbene in mancanza di meglio, si sia pur costretti ad adottare l'uno o l'altro partito... L' *n* di questi casi è vibrato come la doppia toscana, ma più breve e compatta; chè in vece di ripartire le sue articolazioni tra la vocale antecedente e la seguente, le appoggia per intera alla seguente, quasi fosse scritto *bonna*. E nella stessa posizione suonano analogamente per ragioni analogi, anche altre consonanti: *inse-mma*, *ñe-kka*, *e-kko*, *Euro-ppa*, *pre-tta*. La vocale che precede questa consonante è sempre brevissima«.

269. Aus dem Süden, wo gedehnte Konsonanten sehr beliebt sind, wäre mehr nachzutragen. Ich sehe davon ab, dass da, wo intervokalisches *b* zu *v*, *d* zu *d*, *r* wird (§ 202), in der Schriftsprache entnommenen Wörtern *b* als *bb*, *d* als *dd* gesprochen wird. In campob. *pemmarole*, *mammuratę*, in lecc. *račimmulu*, *šenneru (genero)*, *ommeku*, *pummeče*, *kukummere*, *tummeru*, *kammara*, *ammaru* (*gambero*), *ommere*, *fimmena*, *taratuffulu*, *ommini*, tarent. *čenneri*, campob. *simmęla*, *pinnula*, *mikkula*, *l'ommęrę* sind schon aus dem Toskanischen bekannte Gesetze weiter durchgeführt. Aber auch der dem Tonvokal unmittelbar vorangehende Konsonant in Wörtern, die auf der zweiten Silbe betont sind, erfährt sehr oft Dehnung, nicht nur z. B. in lecc. *trappita*, neap. *trappitę*, alatr. *trappitę*, das als griechisches Wort eine Stelle für sich einnimmt, vgl. *tappeto*, sondern auch z. B. lecc. *eḍḍanza* = *bilancia*, wo *ll* alt sein muss, *arrofulu*, *kammisa*, campob. *męllikulę*, *tremmoya*, *ammorę*. Im Neapolitanischen wird das *m* im Suffix *-amma*, *-umma* = *-ame*, *-ume* stets verdoppelt, vgl. auch *nsammenà* = *examinare*. Die Regel von der Verdoppelung des Nachtonkonsonanten führt das Aretinische streng

durch, vgl. *stróllogo, sólloto, ánnama, ánnetra, feggete, kúddena*.
Umgekehrt vereinfacht es vor dem Tone viel stärker als das Florentinische: *alotte, sulievo, gunella, kanella, capello* u. s. w.

C. Die Konsonanten im Auslaut.

270. Schon im Vulgärlateinischen ist auslautendes *m* in mehrsilbigen Wörtern gefallen, daher ital. *ami, venda, amava, amassi.* Dagegen bleibt es in einsilbigen: *sum, spem.* Das Italienische tilgt nun entweder das *m* : *so*, oder lässt einen Vokal nachklingen: *speme*, oder wandelt es in *n* : *son*, woraus in Folge einer Anlehnung an die andern ersten Personen *son-o, spene*. Ebenso wird *non* in selbständiger Stellung zu *no*, im Satzinnern aber bleibt *non*. *L, r* bleiben in einsilbigen Wörtern, nehmen aber ebenfalls einen Vokal an: *cuore, fiele, miele, sale*, fallen in mehrsilbigen: *suora, frate, marmo, cece, baccano, tribuna* aus *baccanal, tribunal*, wie D'OVIDIO, Arch. Glott. IV 410 richtig gesehen hat. Schon vulgärlateinisch ist die Umstellung in *sempre* und *quattro*. Auslautend *-s* fällt stets, in einsilbigen Wörtern mit Zurücklassung eines *i* : *hai, dai, stai, crai, noi, voi*, altital. *piui, poi, sei* ; sonst *tempo, ami*, ital. *mano* Plur. u. s. w. Wie *s* wird *x* behandelt: *mai* neben *ma*, welch' letzteres in der Stellung im Satzinnern sein *i* nach § 105 verloren hat, *sei*. In *e* geht der *i*-Klang auf, daher *re* (*rex*), *tre* (*tres*). Auslautend *t* schwindet: *ama, vende, amò*, auch *è* = *est*, woraus wohl zunächst *es*. Auch *nt* verliert sein *t*, *amant* wird zu *aman*, woraus nun entweder *ama*, also Zusammenfall der 3. Plur. mit der 3. Sing., oder *amano*. Wie sich die beiden Gestaltungen auf die Dialekte vertheilen und wie sich das *-o* erklärt, wird die Konjugation lehren.

271. Von dieser tiefgehenden Abneigung gegen konsonantischen Auslaut weichen nun am meisten die sardischen Mundarten ab, wo, im direkten Gegensatz zum Festlande, alle auslautenden Konsonanten bewahrt bleiben ausser natürlich dem *m*. So haben wir also z. B. im Logudor. *tempus, kaddos, koronas, amas, times, amasses, amat, timet, ses*; ebenso in der 3. Plur. *amant*; dann *nomen* u. s. w. Immerhin sind einige Einschränkungen zu machen. Das auslautende *n* fällt oft oder aber es wird durch einen Vokal geschützt: *nome* oder *nomene, lume* oder *lumene*. Dann ist ferner zu merken, dass, wie der konsonantische Auslaut im Satzinnern in sehr hohem Grade vom Auslaute des vorhergehenden Wortes abhängig ist, s. § 184, so auch der Wortauslaut sich nach dem Anlaut des folgenden Wortes richtet. Vgl. SPANO, Ort. Sard. 26 : »Quando il *t* viene in fine di parola, e la voce seguente principia in consonante, nel parlare il *t* si elide per eufonia, v. gr. *est bennidu*, pr. *es bennidu, benit prestu*, pr. *beni prestu*. Se principierà in vocale, si converte in *d* come *benzat ipse*, pr. *benzad ipse, siat istadu*, pr. *siad istadu*. Se la voce è isolata si fa terminare dolcemente cambiandolo in *d* facendosi sentire appena con la vocale simile a quella che precede v. gr. *siad'* in vece di *siat*, *hapered'* in vece di *haperet*. Così nel pl. *amana* in vece di *amant*, *fagene* in vece di *fagent*, *benini* in vece di *benint*. Questo specialmente sentese dalla plebe, ed i colti e gli oratori se ne astengono pronunciandole col sua giusto valore come stanno scritte. Lo stesso osserverai in tutti i nomi terminati in consonanti pronunciate isolatamente, p. es *pectus, volumen, lacrimas* etc.« Also *nt* scheint zu *n* geworden zu sein und die Formen *amant* mehr der Büchersprache anzugehören. Im Campidanesischen aber finden wir *amanta, timinti, fininti*: hier ist also thatsächlich *nt* erhalten, es hat dann aber wieder Nachklang eines Vokals stattgefunden.

272. Sonst weichen die Mundarten des Centrums und des Südens nicht ab. Auslautendes *t* scheint allerdings erhalten in Senise, Pap. 116, vgl. *ebbiti, fudditi, minaviti, yeriti (era), sukaviti, dissiti, diĉiti*; ebenso *s*: *suoffrisi, fidisi (fai)*. Dazu die Note: »I Senesi sogliono appicicare la pronominale *vi* o *ti* alle voci di terza persona singolare del preterito perfetto o imperfetto dell' indicativo, e *ti* e *si* alle voci di terza persona num. singolare del presente dell' indicativo.« Daneben kommen aber auch 3. Sg. ohne -*ti* vor. Die Formen sind nicht ohne Schwierigkeit. Es überrascht einigermaassen, mitten in einem Gebiete, wo *t* und *s* sonst schon früh und spurlos verschwunden sind, eine Insel zu treffen, wo sie geblieben wären. Der Mangel einer Übersicht über das ganze Flexionssystem der Mundart gestattet nicht zu entscheiden, ob thatsächlich die alten Endungen vorliegen oder ob nicht etwa irgend eine Neubildung zufällig die Gestalt einer hohen Alterthümlichkeit angenommen habe. — Der Nordosten und der Nordwesten Italiens, das Venezianische und das Piemontesische, zeigen bis auf einen gewissen Grad das *s* bewahrt in der 2. Sg. Die Konjugationslehre wird die einzelnen Beispiele bringen. Wir werden nicht irre gehen mit der Annahme, dass das Verstummen des *s*, das südlich des Apennins bis in die ersten Jahrhunderte unserer Zeitrechnung hinaufreicht, erst bedeutend später über das Gebirge gedrungen sei und dort namentlich einsilbige Wörter nicht mehr ergriffen habe. Nicht altes *s* liegt vor in mail. *ses, fonz*, wie Ascoli, Arch. Glott. I 265 angenommen hat, sondern *ses* hat sich an *des* angelehnt, *fonz* geht auf *fungi* zurück, hat also *z* aus *ġ* nach Salvioni's zutreffender Deutung Mail. S. 367. Und mail. *pos* bei Bonvesin entspricht nicht ital. *poi*, sondern *poscia* oder genauer *poscio.

273. Eine Stelle für sich nimmt die Endung *re* des Infinitifs ein. Sie wird nicht nur in einem grossen Theile Oberitaliens namentlich bei *-are, -ere, -ire*, seltner bei *-́ere* abgeworfen, sondern auch in manchen südöstlichen Mundarten, während *-are* als Nominalsuffix bleibt. Diese verschiedene Behandlung, die sich auch im Rumänischen findet, ist einigermaassen überraschend. Ist der unbestimmte, nur den Verbalbegriff ausdrückende Infinitiv eher einer Verkürzung fähig, als das Nomen, bei dem man noch Geschlecht und Zahl ausdrücken will? Mit andern Worten, hat der Sprechende schon bei *amá* statt *amar* oder *amare* der Deutlichkeit Genüge geleistet, wogegen *scolá* seiner flexivischen Unenentschiedenheit und Vieldeutigkeit wegen nicht genügt, sondern nur in voller Form: *scolare* oder *scolari* oder *scolara*, gebraucht wird? Es findet sich der Abfall des *-re* im Süden bis in die Basilicata, im Principato, in Neapel, dann in der Molise, in den Abruzzen und im Römischen und Umbrisch-Aretinischen. Die Toskana dagegen bewahrt das volle *-re* und mit ihr Grosseto und Genua. In Ancona und im Emilianischen und Romagnolischen schwindet *r* wieder. Bologna, Reggio, Parma bleiben bei *-r*, Piacenza verliert es, darin der westlichen Lombardei folgend. Westlich tilgt das Monferrinische, aber noch nicht S. Fratello, und das Turinische *re*, während in Corio und im Canavese überhaupt die vollen Formen vorkommen. — Was die Substantiva auf *-er*, *-or* betrifft, so verlieren sie *r* im Mailändischen: *nodé, mesté, morné*, woneben *telar* und ähnliche der Schriftsprache entstammen, *peskó* (*pescatore*), *masnó, skričó* (*scrittore*), *testó, sartó, muyé, palpé, comá*, aber *rar, čar, per, fior* und andere einsilbige Wörter, ebenso *poder* u. s. w., aber *offende* u. s. w. Vgl. SALVIONI, Mail. 188.

274. Sodann ist besonders interessant die Behandlung von *-no*, *-lo* in Proparoxytonis im Piemontesisch-monferrinischen. Es fällt nämlich der Konsonant nicht, sondern wird zum Sonanten, dann zu *u*, vgl. *ǵuvu, pentu, ankützu, kardu, asu, termu, kerpu, frassu, nespu, nivu, serpu* (*serpolo*), *garofu*, auch *mu* in Setu = Septimu, vgl. ASCOLI, Arch. Glott. II 119 Anm. Ebenso in S. Fratello: *arfu* (*orfano*), *kafu, iesu* (*asino*), *piečču, ǵavu*: *diyevu, vinu* (*ghindolo*), *nešpu, üarbu, amüabu, pussibu* u. s. w., vgl. MOROSI, Arch. Glott. VIII 415. Aus dem Monferrinischen erwähne ich *ažo* (*usino*), *ebo* (*ebulum*), *erbo*, dann aber auch *preve* (*prete*), *ende* (*indice*), *pore* (*pollice*), wo also der Schlusskonsonant abgeworfen ist, wie *n* im Genuesischen: *ankize, aze, verme, karpe*.

275. Davon abgesehen können wir als allgemeine Regel für das ganze oberitalienische Gebiet feststellen, dass tönende, auslautende Konsonanten tonlos werden und dass *n* zu *ń* wird oder mit dem betonten Vokal zum Nasalvokal verschmilzt. Was die letztere Erscheinung betrifft, so können wir die verschiedenen Mittelstufen verfolgen. Das Mailändische bietet einfach *bõ. mã, sõ*, und zwar erhalten wir »una vocale nasale molto più piena e molto più lunga che non sia la vocale nasalizzata dei francesi. Dal vezzo francese si scosta il milanese anche in ciò che le vocali nasali *e* ed *o* si assordiscono: *bǫ̃, pię̃*«. SALVIONI, Mail. 206. In den tessiner Mundarten am Lago Maggiore begegnen dagegen ganz andere Formen. Es richtet sich nämlich der Nasal nach dem vorhergehenden Vokal, so zwar, dass er nach palatalem Vokal, auch nach *a*, palatal ist, nach labialem labial, also *viñ, piñ, fiñ, vesiñ, feñ, beñ, sareñ, teñ, pieñ (piano), greñ (grano), mañ, sañ, tröñ, nssüñ*, aber *resom, bom, padrom*, auch *vüm, tröm*. Dieser Wechsel zwischen *ñ* und *m* ist nur möglich bei einer sehr engen Verbindung zwischen Vokal und Nasal. Wir finden nun auch *n* in Vallette: *buṅ, prasuṅ, pieṅ, viṅ, graṅ*, ebenso in Malesco. Es ist aber *n* mit *ñ* nahe verwandt, daher in der Riviera d'Orta *brikoñ, pañ, balossoñ*, in der Val Leventina *firoñ, piroñ, karoñ*. »Sia ancora aggiunto, che nel Novarese e nella Bassa Valsesia è sempre molto gagliarda la nasal gutturale, a qualsiasi vocale essa tenga dietro, si che addirittura può passar nella corrispondente esplosiva, media e sonora: *paek (pane), baek, vik, snik (asinino), lubbiok, vuk (uno)*« SALVIONI, Arch. Glott. IX 215. Für die übrigen Gegenden fehlen so genaue Angaben. In bemerkenswerthem Unterschied zum Französischen scheint *m* zu bleiben, vgl. mail. *famm, koramm, nomm, fümm* u. s. w. Dagegen wird im Romagnolischen auslautend *m* »selbstverständlich zu nasalem *n*« MUSSAFIA, Romg. § 130: *aldan, ligan, lon*, vgl. dazu in älterer Zeit: *ugolim, perfim*, *Bazam* Bazz. 24, wo die Schreibung *m* statt *n* die Gleichwerthigkeit von *n* und *m* beweist.

276. Was das Eintreten der tonlosen Laute an Stelle der tönenden betrifft, so gestattet leider die Ungenauigkeit der Umschreibung nicht immer klaren Einblick. Am wichtigsten ist der Wandel von *-v*, primärem sowol wie secundärem, in *f*, obschon, wie auch SALVIONI, Mail. 211 ausdrücklich bemerkt, meist *v* geschrieben wird. Wir haben also mail. *nöf, nef, lef, gref, raf*, Plur. zu *rava, sef (sebum), bref, lof; tridof* § 246 u. s. w. Im Romagnolischen aber scheint es nach hellen Vokalen ganz zu schwinden: *pi = pieve, si = sevo*. Anderswo aber wird es im Auslaut halbvokalisch wie im Provenzalischen und in einzelnen rätischen Mundarten, vgl. Arch. Glott. IX 214, tess. *čaw, mow, katiw, bew*, aber *prū (provi), rešku* u. dgl. — Ob GREGORIO, Arch. Glott. VIII 312 mit *nuav, krav, ddauv* wirklich denselben Laut meint wie mit *kavai* u. s. w., muss dahingestellt bleiben.

D 277. Der Übergang des auslautenden *l* in *u*, wie er aus dem Provenzalischen bekannt ist, findet sich auf italienischem Boden nur ganz selten. Regel ist er in S. Fratello, vgl. *veu, fiu, piu, mieu (miele), sau (sole* und *solo), teau (tale), yeu (gallo), beu, kaśtieu, mureu*; ebenso in Nicosia und Piazza Armerina, vgl. Morosi, Arch. Glott. VIII 416. Sodann wird in der Val Maggia *-ólo* zu *öw: piñöw, kairöw, yöw (haediolus),* wohl auch *ül* zu *üw, iw: k̑iw = culo,* während *mül* wohl lombardisches Lehnwort ist. Wir haben hier also eine ähnliche Beeinflussung des *l* durch die labialen Vokale, wie wir sie § 275 für *n* gesehen haben. Nach den andern Vokalen fällt es wie im Lombardischen; in Proparoxytonis, wo ihm wieder *u* vorhergeht, kann man zweifeln, ob es einfach falle, oder zu *u* geworden sei, vgl. *debu, tartifu, marśew (merciavolo), niw (nuvolo).* Im Lombardischen also fällt *-l*, vgl. mail. *mā, sā, sō, quā, azā (acciale), bokā, setí, barí, staffi, kü, padü, albiö, fiö,* vgl. schon bei Bonvesin *ce, ma,* Salvioni, Mail. 173 f., Mussafia, Bonv. § 351. Wenn auch im Genuesischen *sale* zu *sa, male* zu *mū, sole* zu *su, fele* zu *fé, mele* zu *me* wird, so handelt es sich hier nicht um Abfall des *l*, sondern des *r*; die altgenuesischen Texte schreiben *mar, sor, fer* u. s. w., vgl. die Beispiele Arch. Glott. X 150. Das Piemontesische und das Emilianische behalten *l: vol, pöl, döl, amel, afel* u. s. w.

D 278. Die auslautenden Gutturalen endlich werden in der Val Maggia palatalisirt, vgl. *sek̑, sak̑, strak̑, bosk̑, börk̑, biank̑, fienk̑, larǵ, lönǵ, lüyenǵ*. Es fragt sich, wie die Palatalisirung zu deuten sei. Man könnte annehmen, dass im Femininum der Adjectiva, also z. B. in *sek̑a,* wo das *k̑* berechtigt ist, eine Übertragung auf das Maskulinum stattgefunden habe, und dass dann in Folge lautlicher Analogie auch diejenigen *-k, -g* gefolgt wären, denen von Haus aus kein *k̑, ǵ* zur Seite stand. Doch scheint mir diese Auffassung mit Rücksicht auf die § 240 genannten Formen nicht wahrscheinlich. Vor allen palatalen Vokalen, zu denen in dieser Gegend auch betontes *a* gehört, wird *k* zu *k̑*, vor allen velaren, denen sich tonloses *a* hinzugesellt, bleibt *k*. Wird *k* weder durch einen hellen noch durch einen dunkeln Vokal bestimmt, steht es also vor *r* oder im Auslaut, so kann es entweder bei *k* bleiben, oder zu *k̑* vorrücken. Da nun aber *k̑* bei Weitem überwiegt, so tritt die letztere Form ein. Vgl. Zs. X 603. Eine Stelle für sich nehmen *diǵ, spaǵ, laǵ* ein, wo vor Eintritt des vokalischen Auslautgesetzes *g* einen spirantischen Ansatz bekommen hat, also *diγo*, woraus dann je nach den Mundarten *diǵ* oder *diy* s. § 203. Durch diese Klasse von Wörtern war das Kontingent von Palatalen im Auslaut ganz bedeutend verstärkt worden.

279. Noch bleibt zu bemerken, dass *re* nach *st* oft fällt, nicht nur in den Pronomina *nostro*, *vostro*, die eine Stelle für sich einnehmen, sondern auch in *capestro*, *maestro* u. s. w. So ist Schwund des *re* in dieser Stellung Regel im Neapolitanischen.

Lautvertauschungen.

280. Die Erscheinungen, die in diesen Abschnitt zusammengefasst werden sollen, unterscheiden sich von den bisher betrachteten namentlich dadurch, dass ihnen das gesetzmässige, das jenen eignet, völlig abgeht. Das erklärt sich daraus, dass sie ihrem Wesen nach entweder auf Bequemlichkeitsrücksichten, Versprechungen beruhen, oder auf mehr psychologische Motive zurückgehen, namentlich darauf, dass sich der Sprechende bei der Aussprache eines Wortes eines andern, sinnverwandten erinnert, das er dann mit dem ersten vermischt, oder dass er eine ungewöhnliche Lautfolge durch eine nur wenig verschiedene, aber oft vorkommende umtauscht. Die verschiedenen Fälle zerfallen in Assimilation, Dissimilation, Umstellung von Lauten, Zusatz, Abfall von Lauten oder Silben, Wechsel von Lauten. Die Assimilation, die in diesem Zusammenhang sich nur auf getrennte, nicht auf unmittelbar sich berührende Laute erstreckt, ist entweder vorwärts- oder rückwärtswirkend. Sie ist eine vollständige oder eine theilweise; sie trifft die Konsonanten, die einen tonlosen Vokal umgeben, selten zwei vom betonten getrennte. Dieselben verschiedenen Kategorieen sind bei der Dissimilation zu machen. Die Umstellung ist eine einfache: ein Konsonant tritt vom Silbenschluss an den Silbenanlaut und umgekehrt oder aus einer Silbe in eine andere; oder aber sie ist eine gegenseitige, betrifft also zwei Konsonanten, sei es, was das seltenere ist, dass sich diese berühren, sei es, dass sie getrennt sind. Zu dem Folgenden ist auf Caix, Studi 177—203 hinzuweisen, der eine Reihe der hierhergehörigen Erscheinungen behandelt hat und dem zum Theil die Beispiele entstammen.

281. Assimilation: 1. Vollständige rückwärtswirkende: a) in tonloser Silbe: *pipistrello* zu *vespertilio*, *bomberaca*, *berbena* vulglat. *berbice*, *maninconia*, *fanfaluca* (*pompholyx*), *ciucciare* (*suctiare*), aital. *cicilia* Tesoretto, Intelligenza, aret. *zonzello*, siz. neap. *kirkare* = *cercare*, siz. *zuzzina* = *dozzina*, com. *resusità*; b) in betonter Silbe: *bibbio*, *zezzo*, *reccacchio* = *regacchio* Caix, Studi 475, siz. *čančiri* = *piangere*, apad. *zozzolo* Ruz. zu *sozzo*, tess. *čöč* statt *koč* = *coctus*, aven. *zenza* Gloss. B., tar. *čečča* = *sepia*, *šorgo* = *sorgo* (*sorcio*), tess. *šarčela* für *sarčela* Arch. Glott. IX 214. **2. Vorwärtswirkende vollständige:** a) in tonloser Silbe:

susina = *sucina* (aber senes. *sučina*, marchig. *sučena*) Caix, Studi 65, vulgtosk. *appipito* = *appetito*, pistoj. *aggingare* = *agghindare*; b) in betonter selten, vgl. etwa *gangola* aus *glandula*. — Theilweise Assimilation üben namentlich Nasale aus. Ein Nasal wandelt einen vorhergehenden Dauerlaut oder Sonanten in den diesem homorganen Nasalen, also *v-n* wird zu *m-n*, *m-l* zu *m-n*, vgl. *minire (venire)*, *minnetta (vendetta)*, *minneña (vindemia)*, die sich über ganz Süditalien erstrecken. Bemerkenswerth ist *vingę* = *venio*, aber *meni* in Teramo. Vgl. noch siz. *addiminare* = *indovinare*, dann tosk. *miña* = *biña (bisogna* § 301) Mussafia, Beitrag 101 Anm. Dann also *mungere* aus *mulgere*, mail. *sminz* neben *smilz*, agen. *monto* Rime Gen. I 26, siz. *cañamu*. Auch *sanguinente* kann man hierher ziehen. Sonst ist etwa noch zu nennen lecc. *ñemaru* aus *glomere*. Besondere Fälle bilden *pantano* neben *palta*, parm. *anven*, crem. *nuen* aus *lupino* über *lvin*, Arch. Glott. II 325 Anm. 1; lomb. *antana* aus *altana* u. s. w. Auch das in vielen Mundarten vorkommende *antro* aus *altro* wird seinen Ursprung in der Verbindung *unaltro* haben.

282. Auch die Dissimilation tritt bei bestimmten Lauten sehr oft, bei andern gar nicht ein. Sie erscheint in tonloser Silbe eher als in betonter, daher z. B. in älterer Zeit *fiedere* neben *ferire* steht, ist aber trotzdem noch viel weniger an die Tonlosigkeit gebunden als die Assimilation. Sie tritt ferner nicht nur bei Gleichlaut, sondern auch bei Ähnlichkeit zweier Laute, z. B. in der Lautfolge *n-m*, auf und kann sich endlich in der Art äussern, dass der eine der beiden Laute unterdrückt wird.

283. Fast stets wird *r-r* zu *l-r* dissimilirt, vgl. *albero, albergo, celebro, albatro, pellegrino*, das schon vulgärlateinisch ist, *veltro, alcipresso, palafreno, polpore* Intell. 27, 29, *Malgherida* Bocc. Dec. 1, 10; mail. *spiüri (sprurire)*, siz. *kyuriri*, mail. *lingera (ringhiera)*, *tolbor, pelgora (pergula)*; lecc. *akularu* = *agorajo*, *suluri* = *sorores*; amail. agen. aven. *meltrix* ist schon vulgärlateinisch. Nicht weit verbreitet, aber doch alt ist *glundariu* aus *grundariu*, romg. *ǧunder*.

Seltener *r-l*: *mercoledì, aratolo, corsale, mortaletto, remolare,* tess. *lavordan (ricordarsi)*, siz. *arvulu* (nicht *alvuru*, da *lv* im Sizilianischen nicht geduldet wird § 233), *ruvulu, rasolu*, mail. *regold*, tess. *rol (robur)*. Daneben kommt auch *r-d* und *d-r* aus *r-r* vor: *rado, porfido, armadio, chiedere, fiedere, proda, contradio*; *l-l* zu *r-l*: *fragello, urlare, ceramella* aus frz. *chalemelle*, emil. *umbrigolo (umbiliclus)*, calabr. *rapiḍḍu (lapillus), riepule, kurifietula, kurinučula*, ven. *pirola*; ven. piem. *perola*; *ll* zu *l-r*: gen. *bellua* aus *bellula*, 'bellura, campob., abruzz. und oberital., aven. *cur-*

§ 283. 284.]   Lautvertauschungen.   163

tello; *l-l* zu *n-l*: vulglat. *conuclus*, ital. *conocchia*, berg. *nodola*. crem. *nappel* FLECHIA, Arch. Glott. II 325 Anm. 1, *bennola* aus *bellulla* Arch. Glott. II 47, tess. *voncell* = *olcell* (*ucello*), aven. *bonigolo* (*umbiliculus*) Gloss., lomb. *nemissel* MUSSAFIA, Beitrag 64, mail. *navel* = *lavellum*, *nivell*, kalabr. *kurinučula*, siz. kal. apul. lomb. *pinnula* = *pillola*, romg. *fundsel* (*folicellus*), *simnella* = *semolella*, cremon. *bennula*, piem. *benola*; *l-l* zu *d-l*: lomb. emil. *fidelin*, *fidelitt* zu *filum*, crem. *udolá*, ferr. *fidell* (*filello*) FLECHIA, Arch. Glott. II 345 f.

n-n zu *r-n*: asen. <u>*coruno*</u> = <u>*conuno*</u> Zs. IX. 556.

n-n zu *l-n*: *veleno*, Bologna, <u>*gonfalone*</u>, Palestrina zu Praeneste, <u>*calonaco*</u>, piem. *linsola* = *nuceola*, *ninsola* (§ 306), emil. *linzar* = <u>*ninzar*</u> (*initiare*) FLECHIA, Arch. Glott. II 257; campob. *velleñá* = *vindemiare*, *veneñá*, tess. *linkorǵas* = lomb. *ninkorǵas*.

m-m zu *v-m*: v̆*embro*, *sv̆embrare*, neap. *vammana* = *mammana*.

m-m zu *m-v*: *moventaneo*.

ǵ-ǵ zu *d-ǵ*: aneap. *dengiva* Gloss., *digiuno*.

ǵ-ǵ zu *y-š*: lecc. *yoša* = *giostra*. ?

d-d zu *n-d*: in mail. *donzenna* = *dod-zenna* (*dodicina*).

d-d zu *l-d*: in mail. *alsedess* = *ad-sadess*, d. i. *adess adess* nach SALVIONI, Mail. 267.

p-p zu *f-p*: ven. emil. *folp*, auch tarent. *vurpu* aus *polypus*, bol. *fioppa* aus *poplus*.

š-š zu *s-š*: Val Vez. *sišt* = *cesto*.

Auch neap. *rekyeppa*, *repekya* (Falte) wird hierher gehören. Aus *replica* erwartet man gemäss § 188 eigentlich *rekyeka*, es bleibt aber die Sprache auf der Stufe *reppyeka* stehen, worauf nun verschiedene Umstellungen statthaben. — Vgl. noch *giglio*, *gioglio* § 167.

284. Dissimilation bei Ähnlichkeit, nicht bei Gleichheit zweier Laute zeigt sich seltener. Vgl.

n-m zu *n-v*: *novero*.

  zu *d-m*: mail. *domá* = *non magis*.

  zu *l-m*: *Girolamo*, *storlomia* (*astronomia*) Tesor. WIESE, Zs. VII 312, romg. *limella*, aven. *molimentu* MUSSAFIA, Beitr. 81, siz. *luminari*, romg. *lominér*, mail. *lüminá*, pad. *lome*, *lombra*, *lomè* (*non magis*), *limbri* = *membri* Ruz.

  zu *r-m*: <u>*marmocchio*</u>, siz. *armali*.

  m-n zu *m-l*: <u>*scarmigliato*</u>, *megliaca*, <u>*temolo*</u>, *anemolo*, apad. *melestra*, *scomulegó* bei Ruzante WENDRINER 303.

  zu *v-n*: tar. *sbinticare*.

m-b zu *n-b*: com. *norbio* Mussafia, Beitr. 82 Anm. 1.

ġ-k̑ zu *d-k̑*: siz. *dinokk̑yu*, neap. *denokyę*, vgl. *endonocchiato* Loise de Rosa 43.

š-k̑ zu *s-k̑*: tessin. *serk̑e* (*cerco*).

š-č zu *s-č*: tessin. *senča = cincta*.

Auch *pusigno* aus *poscinium* (§ 56) wird hierher gehören. Man erwartet *pusiño*, es wird aber von den zwei Palatallauten der eine durch den entsprechenden Dentalen ersetzt.

285. Selten findet Konsonantenausfall zur Dissimilation statt; am ehesten noch bei *r*: *arato, propio, frate, deretano*, alt *drieto*, *Federico, Certosa*; kalabr. neap. *krivu, rasto* u. a. — Dann auch *upiglio* für *olpiglio, comignolo* für *colmignolo, battolare* (*blatterare*), *gomitolo* zu *glomus*, veron. *gomissell*, romg. *gminsell* u. s. w. Mussafia, Beitrag 64. Intervokalische Konsonanten fallen noch seltener; Flechia erklärt mod. *beola* aus *be[ll]ula* auf diese Weise Arch. Glott. II 48, ferner piem. *biola*, das ebenfalls *bellula* zu sein scheint. Auch anlautende Konsonanten schwinden zuweilen, damit Wiederholung vermieden werde. *Avello* ist schon § 195 genannt. Flechia, Arch. Glott. II 48 Anm. 2 kennt noch ein ital. *arzávola = querquedula*, bresc. *armeli = marmeli* (**minimellinus*).

286. Bei der Umstellung ist, wie schon gesagt, zwischen einfacher und gegenseitiger zu unterscheiden. Bei jener kommt nur *l* und *r* in Betracht. Noch dazu sind manche Beispiele nicht ganz sicher oder lassen wenigstens verschiedene Auffassung zu, so kann man *chioma* aus *comula*, *bieta* aus *betula*, *biodo* aus *budula* deuten; es kann aber *chioma* auch unter § 149 fallen und *bieta* aus einer Verschränkung von *beta* und *blitum* entstanden sein. Andrerseits lässt sich aber nicht leugnen, dass *l* namentlich im Suffix *-ulus* eine bestimmte Neigung hat, vom Wortschluss an den Wortanfang zu treten, eine Neigung, die dadurch nicht wenig bestärkt wird, dass die Zahl der mit Kons. + *l* anlautenden Wörter eine verhältnissmässig grosse ist. So haben wir z. B. *fiaba, pioppo*, sard. *ġoba*, emil. *čopa = clopa, ġagu = *clagu* aus *coagulum*, ven. *spleco* Prov., südsard. *sprigu*, romg. *afiubé = afibulare*, mod. *silta = sagittula* Mussafia, Beitrag 106 Anm., aber auch sonst: *piuvicare = publicare*, agen. *pluvico*, siz. *kyumpiri*, romg. *čompi* aus *complere*, mail. *čonfa*, emil. *ġunfé* aus *conflare*, *čapá* aus *capulare*.

287. In sehr starkem Maasse findet sich die Umstellung eines *r* namentlich in tonloser Silbe. Es ist dabei aber zu scheiden, ob das *r* an den Silbenanlaut oder an den Auslaut tritt. Die letztere Erscheinung ist die seltenere, sofern sie nämlich unter dem Tone fast nie vorkommt, dafür aber allerdings in vortoniger Silbe in manchen

[§ 287. 288. 289.] Lautvertauschungen. 165

Gegenden mit fast gesetzmässiger Strenge durchgeführt wird. Ihrem
Wesen nach besteht sie darin, dass der dem *r* folgende Vokal im
Stimmton des *r* aufgeht, zugleich aber diesem seine Klangfarbe mittheilt, so dass also z. B. *ra* zu einem *ara* klingenden Laute wird;
dann verbindet sich das konsonantische Element des *r* mit dem Schluss-
konsonant der Silbe, so dass aus *ara* schliesslich *ar* wird. Vgl. dazu
§ 146. Es kann übrigens *r* auch sonst vom Silbenschluss zum Silbenanlaut treten.

288. Die Verbindung des *r* mit dem Anlautskonsonant eines
Wortes ist eine sehr beliebte und erscheint in einigen Wörtern fast
in ganz Italien. So ist *preta* aus *petra* zwar seit Salviati aus der
Schriftsprache verbannt, findet sich aber im Lombardischen, Veronesischen, Paduanischen, Genuesischen, Emilianischen, in Mittelitalien
und in Sizilien, desgleichen ist *catreda* oder *cadrega* die Grundform
für sard. *kadrea*, siz. *kattrida*, lomb. *kadrega*, pad. *kariega*. Dem
ganzen Süden bis in die Abruzzen hinein und dem Sardinischen eignet
crapa aus *capra*, *crastare* aus *castrare*. Sonst also haben wir in
der Schriftsprache *strupo*, *drento*, *capresto* Pulci 7, 11; 9, 77, wo
also stets *r* ursprünglich am Auslaut der zweiten Silbe gestanden hat.
Dagegen in *attricarsi* aus *altercari* zeigt sich dieselbe Tendenz mit
Rücksicht auf ein am Silbenschluss stehendes *r*. Für beide Erscheinungen bieten die Mundarten zahlreiche Belege, vgl. z. B. mail.
krompá = *comprare*, *drová* = *dovrar* (*adoprare*), *intreg*, apad.
brespa, *descruova*, *frabica*, *prego* bei Ruzante WENDRINER 31;
agen. *freve*, *intrego*, *crovir*, romg. *adruvé*, *kruvi*, *frudi* (*foderare*).
Oder im Süden *frebbaru*, *trumpare* (*temporare*), *tru* = *ottobre*,
tronitu = *tonitru* in Lecce, *frau* = *fabbro* in Sardinien. Oder
fruto = *furto*, *fremo* im Altgenuesischen, mail. *trapŏ* aus *tarpŏ*
(*talpone*), *krof*, *stranüdá*, romg. *trovd* (*turbidus*), oder campob. *tremendá* = *tormentare*, *pefferęyá* (*perfidiare), *preulata*, *abbreoñá*,
kravoune, tarent. *fraña* = *farnia*, *truvolo*, siz. *kravuni*, *proiri*,
preula, *sbriuñata*, *trumentu*, lecc. *preulitu*, *trubbu*, *pormintu* (*permetto*), sard. *krovu*, *krakai* (*calcare*), *fruniri*, so *kroǵu* aus *corium*,
-troǵu aus *-torius* im Campidanesischen, vgl. HOFMANN S. 117. —
Man beachte, dass unter den Beispielen der zweiten Kategorie die
meisten in tonloser Silbe stehen.

289. Was nun die andere Klasse betrifft, so kennt die Schriftsprache nur wenige ihr angehörige Fälle, vgl. etwa *formento*, *farnetico*, *formaggio* aus frz. *fromage*, zufällig wieder übereinstimmend
mit der Grundform, *madornale*. Um so reicher ist die Ausbeute im
Norden, so im Mailändischen, wo SALVIONI S. 196 *tarlis* (*triliccio*),
fartá (*frittata*), *par* = *prae*, *kardenza*, *startay* bringt. Und über

Ruzante bemerkt WENDRINER S. 30: »Die Metathese der vortonigen Gruppe Kons. + r + Vok. + Kons. zu Kons. + Vok. + r + Kons. begegnet so häufig, dass man sie als constante gesetzmässige Erscheinung auffassen muss. Daneben jedoch findet sich in geringer Ausdehnung die entgegengesetzte Tendenz: Kons. + Vok. + r + Kons. zu Kons. + r + Vok. + Kons.« Ebenso wird im Romagnolischen *ra* in tonloser Silbe meist zu *ar*, *ru* zu *ur*, also *gardella*, *garni*, *burni*, *sbrudaklé*, *gurpon* (*groppone*) u. s. w. MUSSAFIA, Romg. § 179. Auch im Süden fehlt es nicht an Beispielen, vgl. *fersora* aus *frixora, *permatiu* = *primitivus* in Lecce.

290. Damit sind aber die vorkommenden Fälle von Umstellung des *r* noch nicht erschöpft. Besonders oft tritt *r* vor den Konsonanten, dem es ursprünglich nachfolgt: *ghiottornia* aus *ghiottonria*, *leccornia*, mail. *kardega* aus *kadrega*, *dervi* aus *devri* (*aprire*), auch romg. *arvi*, tarent. neap. *irmiče* aus *imbrice*, tarent. *assormar* aus span. *asombrar*, beide zur Vermeidung der ungeläufigen Gruppe *mr*, ebenso wird sich lecc. *nirviku* aus *nivriku* = *negrico* erklären. Regel scheint diese Umstellung im Südsardischen, vgl. *mardi* (*matre*), *nurdiai* (*nutricare*), *perda* (*petra*), *sorgu*, *manorva*, *urdi*, *marga* (*mucla*). Ebenso in Crassa (Tessin): *fyerva* (*febbre*), *arveǵa* aus *aureǵa* (*orecchia*), *fervey* (*febbrajo*). Dann mag hier auch die Umstellung von *ir* zu *ri* in Malesco und Onsernone Erwähnung finden: *peria* aus *peira*, *pecora*, *mariu*, *ariu*, *neriu* aus *magro* u. s. w., vgl. SALVIONI, Arch. Glott. IX 225. — Das Umgekehrte zeigt Modica mit *mavra* = *marva* (*malva* § 233), *ovra*, *evra*, *avra* u. s. w.

291. Eine Stelle für sich nimmt *ar* aus *re* ein § 146. Ich füge noch hinzu *rubiglia* aus *ervilia*, mail. *rapeǵá*, pad. *roveǵá* = *erpicare*, campob. *rapé* = *aprire*, ferrar. *rutar* = *urtar*, *rudell* zu *ora*, *rudlar* = *orlare*, mod. *rumela* = *armella* (*animella*) Arch. Glott. II 261. Dagegen liegt in *ramolaccio* aus *armoriacum* Anlehnung an *ramo* vor. Den umgekehrten Vorgang treffen wir in aquil. *orbesto* = *rubesto* Ant. B. 261, romg. *orsmarin*, mail. *aris* = *rais*.

292. In den bisherigen Beispielen hat ein Laut seine Stelle vertauscht. Es kann nun aber auch vorkommen, dass ein Laut, speziell *r* oder *l*, der in der zweiten Worthälfte steht, schon in der ersten gesprochen wird, ohne doch in der zweiten dann unterdrückt zu werden, vgl. *fiaccola*, neap. *čelevrielle*, röm. *travertino*, *triatro*, neap. siz. *krokkyula* = *clochlea nach FLECHIA, Arch. Glott. II 336, während in agen. *dragron*, *retrornar*, *purgra* u. a. Arch. Glott. X 156 wohl nur Doppelschreibungen zu sehen sind. Das Verhältniss dieser Erscheinung zu den eben beleuchteten ist nicht völlig klar. Zwischen *petra* und *preta* könnte eine Form *pretra* stehen, aus der dann *preta*

entstanden wäre, wie aus *drietro* das alte *drieto* § 285. Allein auf der andern Seite ist es doch fraglich, ob wir für alle die § 286 ff. besprochenen Fälle Mittelstufen mit zwei *r* annehmen müssen. Es ist denkbar, dass unter Umständen allerdings die Mittelform vorkommt, dass aber meist die Umstellung direkt vor sich gegangen ist. Man beachte auch, dass das neue *r* stets ziemlich weit von dem alten absteht.

293. Umstellungen andrer Laute sind selten. Aus *vespertilio* entsteht *pipistrello*, *s* tritt also zu *t*, nachdem *r* seinen Platz gewechselt hat. Dem toskanischen *pispola*, Bezeichnung einer Art Ente, steht das emilianische *spepla* gegenüber. Dann mag noch romg. *kalenza* = *kaligine* genannt werden, das man aber auch schon dem folgenden Paragraphen zutheilen kann. Die Umstellung des *s* in den beiden andern Beispielen wird durch den ganzen Bau der bezüglichen Wörter sehr begünstigt oder geradezu bedingt. Vgl. auch *scalpitare* aus *calpestare*.

294. Was nun die gegenseitige Umstellung betrifft, so hat sie sehr verschiedene Ursachen. Es kann durch die Umstellung ein geläufiges Suffix erreicht werden, vgl. *padule* aus *palude*, *ladroneccio*, die beide übrigens weit verbreitet und alt sind, s. Rom.Gramm. I, S. 483, mail. *ledeg* aus *liquidus*, *lidicus*, sard. *pidigu* aus *pigidu* zu *pix*, gen. *rüdegu* = *rugidus*, sard. *abile* aus *alibe* (*adeps*), siz. *vispiku* = *vescovo*, sard. *kizina* aus *kinisa*, ital. *spagero*, mail. *marü* = *maturus*, siz. *asimpikári* = *syncopare*, tarent. *sutiká* = *sequitare*, tosk. *strulicare*, wenn es zu mhd. *struhheln* gehört, siz. *impatiḍḍire* aus *impallidire*, Anlehnung an Verba auf *-iḍḍ-are* = *-ellare*, in *impulisari* = *imbossolare* an die Verba auf *-isare*. Auch *coltrice* aus *culcita* gehört hierher, ferner S. Fratell. *ḍḍarmiyi* = *lagrime*, tosk. *mezzangherare* aus *mazzerangare*. — Ebenso gewinnt man durch *scilivato* aus *liscivato* (Caix, Studi 540) das privative Suffix *sc-*, in emil. *arvsaria* = *aversaria* das Präfix *ar*.

295. In andern Fällen haben sich zwei Wörter gemischt. In atosk. agen. *rimedire* Arch. Glott. VIII 388 ist *redimere* an *rimedio* angelehnt, in *cendralina* aus *cilandrina* wird *cencrentola* gewirkt haben, in sard. *kamasinu* aus *magazzinu* etwa *kamara*; senes. *partefice* statt *partecipe* ist an *artefice*, tosk. *filosomia* aus *fisolomia* = *fisionomia* nach § 284 an *filosofo*, siz. *nirikatu* aus *rinegatu* an *niuru*, florent. *invidia* aus *endivia* an *invidia*, *bigoncia* aus *bicongia* an *oncia* (?) u. s. w. angelehnt. Die beiden Fischnamen *sargus* und *pagrus* sind namentlich im Binnenlande oft verwechselt, daher tosk. *parago* nach *sarago*, umgekehrt gen. *sagau* nach *pagau*.

296. Verunstaltungen von Fremdwörtern, für die ein bestimmter Grund mir nicht ersichtlich ist, sind etwa: tosk. *fisolafo* Albert.

Brescia 38, 41, nordital. *requilia = reliquia*, siz. *patalinu* aus *palatinu*, siz. *krafassu* aus *frakassu*, emil. *tamaraz* aus *matarazzo*, aital. *calamcon* bei Chiaro Davanzati Zs. X 292, logud. *inkodomare = incomodare*, *fentomare* aus *mentovare*, siz. *illurgenzi = innulgenzi (indulgentia)* SCHNEEGANS S. 144, log. *solinga* aus *lusinga*, aret. *solengé = lusingare*, siz. *masuniari* aus span. *manosear*, *resino* aus *sireno*, sard. *istogamu* aus *stomaco*, abruzz. *talefrękę*, auch vulgtosk. *telefrago*, mail. *piädeš* aus *piacito*, *viǵilatüre = villeggiatura*, lecc. *kurmunusa = cornamusa* u. s. w. Noch andere mir ebenfalls unklare Fälle sind: *falliva*, woher *falavesca* u. s. w. von *favilla*, vulglat. *sudičo*, woraus *sudicio* und *fradicio*, veron. *gramaña* aus *magraña* MUSSAFIA, Beitrag 76; *cofaccia* nebst siz. *kufulari*, während SALVIONI, Arch. Glott. IX 30 eine andere Umstellung: *folegā* aus dem Tessin nachweist; *mucchiare*, das STORM, Arch. Glott. IV 391 zu *cumulus* stellt; *rugumare* aus *rumigare* und *digrumare* aus *dirumigare*, siz. neap. tar. *yiditu* aus *diyitu*, tarent. *voteve* aus *vovete (cubitus)*, *solleticare* aus *sotellicare* FLECHIA, Arch. Glott. II 318, *recitella* aus *reticella*, emil. *ardinzar = recentare* MUSSAFIA Beitrag 95, neap. *nzerretare* neben *nterrezare*, *stentine* Bagn. Puz. *= intestine*.

297. Besonders gerne wechseln *l* und *r* mit einander, vgl. venez. lomb. *karamal = calamar* MUSSAFIA Beitrag 42, siz. *aqualoru* und so stets *-aloru = -ajuolo*, siz. lecc. *palora*, log. *loduru = rotulus*, kal. *riepulr = lepore*[1]), *grolia*, das einst ganz Italien angehört hat und jetzt noch in vielen Mundarten erscheint, die Umstellung aber um so leichter erlitt, als die Lautfolge *gl* ungeläufig war, vgl. § 186, vulgtosk. *balire = barile*, vicen. *leroǵo* aus *orlogio*, ähnlich neap. *alluorǵu*, siz. *lorǵu* (gehört übrigens auch in § 296), ven. *leriǵon*. Auch bei andern Sonanten finden sich Umstellungen, vgl. sard. *lorumu* aus *lomuru* zu *glomus*, vulgtosk. *gralima*, lecc. *ponnula* aus *pollina*, wenn nicht aus *poll-ula* § 283, vicenz. *árena = anera*, *anitra*, tosk. *naroncolo = ranoncolo*, emil. *armnar* aus *numerare*, *emda* aus *intima*.

298. Schliesslich bleiben noch Umstellungen zu erwähnen wie venez. *medoto* aus *metodo*, amail. *cubito* für *cupido* bei Bonvesin, romg. *batella* für *padella*. Vgl. zu 294 — 298 D. BEHRENS, Über reciproke Metathese im Romanischen S. 28—48.

299. Schwund von Konsonanten, von den Syncopirungen zwi-

---

1) Nicht hierher ist neap. *parpetola* aus *palpetra* zu ziehen, wie BEHRENS reciproke Metathesen S. 37 thut. Nach neapolitanischem Lautgesetz musste zunächst *parpetra* entstehen, woraus durch Dissimilation *parpetola*.

schen Vokalen und der Stellung im primären oder secundären Auslaut abgesehen, begegnet selten. *Lero* aus *ervus* ist schon vulgärlateinisch, aber allerdings noch unerklärt. Anlautend *t* in neap. *ndenná = t]intinnare*, wohl zur Vermeidung der Wiederholung; *d* in *amoscino* aus *damascinus* STORM, Arch. Glott. IV 387, infolge Verwechslung mit *di* in der Verbindung *prugno damoscino*. Dazu kämen noch die Verwechslungen mit dem bestimmten und unbestimmten Artikel § 195.

300. Auch ganze Silben werden abgeworfen, wenn die erste Silbe eines Wortes mit dem Artikel verwechselt werden kann: *reggio* aus *laveggio*, mail. *mella* aus *lamella*, oder wenn sie scheinbar ein Präfix enthält: *nitrire* aus *innitrire, hinnitire, nestare* aus *in[n]sitare, tondo, fondo*; *bilico*, mail. *spotek (dispotico)*, oder wenn Reduplikation vereinfacht wird: *vaccio* aus *vivaccio*, *stoviglia* aus *testuilia* CAIX, Studi 61, vgl. sard. *tistivil'a*, vulgtosk. *tavia = tuttavia*, eigentlich *t'ttavia, delicare* aus *titillicare*, romg. *gonber = cucumer*. Auch mail. *portacinesa* aus *porta[ti]cinesa* mag hier genannt werden. Seltener sonst: *gramanzia*, mail. *biümm* neben *albiumm*. Dann in den Vertretern von *bombyx*, vulglat. *bombacus, bombecus, bombicus*, woher tosk. *baco*, emil. *bek*, tosk. *bigatto*, DIEZ, Wb. II 8, FLECHIA, Arch. Glott. II 37 ff.

301. Hier mögen auch noch syntaktische Kürzungen (vgl. Rom. Gramm. I 520, 521) Erwähnung finden. Von Substantiven sind es hauptsächlich die Titelwörter: *signor* lautet im Vulgärtoskanischen *sor*, in Oberitalien *sior, šor*, aus *madonna* entsteht *monna*, aus *consobrinus* das merkwürdige *cugino*, das seines *ǧ* wegen vielleicht als französisches Lehnwort zu betrachten ist. *Figlio* wird zu *fi* abgekürzt: *fi Giovanni, frate* zu *fra*: *fra Diavolo*. Sodann ist das lombardisch-emilianische *ca* aus *casa* zu nennen, das auch Dante Inf. XV 54 braucht, das übrigens meist beschränkt ist auf adverbiellen oder praepositionellen Gebrauch, während für das »Vollwort« Haus die Form *kasa, kesa* gebräuchlich ist. Von Zeitwörtern kommen, abgesehen von den Hülfsverben *essere* und *avere*, hauptsächlich *bisogna* und das gleichbedeutende *covegna* in Betracht: *bigna* tosk., romg., berg., *boña* ven., *böña* lomb., *bsó* bol.; aus *miña* § 281 dann *mña* regg., *mia* tosk., lomb. [1]); aus *covegna* aven. *coña, coñc*, Inf. *koñcr*, com. *kiñi*. Vgl. MUSSAFIA, Beitrag 99—101. Adverbien sind mail., padu. *vontera, ontera = volontera*, tosk. *su, giù* aus *suso, giuso, ver'* aus

---

1) Wenn MUSSAFIA, Beitrag 101 Anm. *mñá* nicht aus *m[i]ña* herleiten will wegen des Accentes, so übersieht er, dass das Wort in Proklise völlig tonlos ist.

verso, agen. *tro = troppo*, *tu = tutto*, *purmé* u. s. w. Arch. Glott.
X 156, auch tosk. *me'* aus *meglio*, ferner tosk. *ỵ so*, *unso = nonso*
u. s. w. Wenn ferner aus *magis mai*, aus *satis assai* entsteht statt
magge, *assate*, so hat man auch hierin schon vulgärlateinische Kürzungen *mags*, *sats* zu sehen. Interjectionen: mail. *tel ki*, das SALVIONI, Mail. 289 zutreffend auf *vit el ki = reditu lo qui* zurückführt,
tosk. *te = tiene*, *vié*, *guar = guarda*. Auch das abruzz. *fe = femina* mag hier genannt werden.

302. Vorschlag von Konsonanten ist, sehen wir von den § 196
angeführten Fällen ab, wo der Artikel mit dem Substantivum verschmilzt und zu denen z. B. noch *leco* käme, eine seltene Erscheinung. SALVIONI bringt aus dem Lombardischen Beispiele eines vor
labialen Vokalen vorgeschlagenen *v* Mail. S. 215: *vü, vündes, vott,
votanta, vonǵ (ungere), volzá (alzare), vüsá, voltra*. Es unterliegt
wohl keinem Zweifel, dass diese Formen zunächst im Satzinnern nach
vokalisch auslautenden Wörtern gebräuchlich sind, wie man zwar
orden, ör, ora, aber *dà vorden, l'è vora, a vör a vör* sagt. Dagegen
ist *vess = essere* ganz anders zu beurtheilen, sofern es sein *v* von *ve
= avere* bezogen hat. — Auch der Vorschlag des *j*, wie er namentlich im Süden häufig auftritt, dürfte ähnlich zu deuten sein. Für San
Fratello bemerkt MOROSI, Arch. Glott. VIII 409 ausdrücklich, dass
nach vokalisch auslautendem Worte einem folgenden *a* ein *y* vorgeschlagen werde, das dann zu *i* wird und *a* in *e* verwandelt § 81.
Dazu vergleicht sich Campobasso, wo D'OVIDIO, Arch. Glott. IV 183
zum Paradigma von *avere* schreibt: »Tralascio di premettere alle voci
di questo verbo e degli altri comincianti per vocale il *y* protetico, elemento mobile di cui la presenza dipende meramente del posto che le
dette voci occupino nel discorso. Si dirà p. es.: *quand' avet' abbuskatẹ*, ma *yavem abbuskatẹ*«. So werden auch die ebenda § 151 angeführten Formen *yereva, yesse, yekkẹ* zu verstehen sein. Übrigens
finden wir gerade in Campobasso auch *voñẹ (ungere)* neben *golepa
(volpe), yoña (ugna), yollẹ* u. s. w. Vorschlag eines *s*, z. B. in *sbiescio* neben *bieco*, mail. *sgrež (greggio), skorbutt* u. a. findet seine
Erklärung in der Wortbildungslehre. Auch *d* tritt zuweilen vor.
Neben *ecco* steht im Vulgärtoskanischen *decco*, in welchem man aber
vielleicht mit Rücksicht auf altfranzösische Formen ein verkürztes
red' ecco sehen darf, in mail. *derbeta = erpete* u. a. Meist erklären
sich solche Zusätze aus der Vermischung verschiedener Wörter, wie
denn z. B. *brezza* wohl zu *auritia* gehören wird, nicht aber wie CANELLO, Arch. Glott. III 392 annimmt, die Zwischenstufen *urezza,
vrezza* durchlaufen hat (was auch gegen die Lautgesetze verstösst, s.

§ 193), sondern den Anlaut von *brisa* angenommen hat. Vgl. Rom. Gramm. I § 589, wo noch andere Beispiele gegeben sind.

303. Im Wortinnern ist Zutritt eines *r* sehr gewöhnlich, am häufigsten wohl bei auslautend *t*: *albatro, anatra, balestra, inchiostro, bissestro, celestro, valentri uomini* Sacchetti 7, 22 u. s. w., siz. *yinestra*, mail. *šostro, soentre* bei Bonvesin, *senavra*, aven. aver. *mentre*, emil. *vespra*. Aber auch nach dem anlautenden Konsonanten: *frustagno, frugnarë* (neben *fogna, brettonica*, apaduan. *stratuto, stroppò*, emil. *strella*, piem. *strubia*, siz. apul. *trisoru, truniari*, mail. *strivai* (*stivali*), *tronà*, tess. *skratul* (*scatola*). Oder nach einem inlautenden: *vetrice, annitrire*, apad. *calestria*, emil. *kudreň* (*cutineus*). Seltener sind Fälle wie lomb. *marmoria* aus *memoria*, apad. *malmuoria* Ruz., mail. *zanforňa*, letzteres, wie SALVIONI, Mail. 193 richtig gesehen hat, in Anlehnung an andere Bildungen auf -*orna*, romg. *sarmié* = *somigliare*, campob. *sperkye* (*specchio*).

304. Zutritt von *l* und *i* in venez., ostlomb.*piatena*, belegt von MUSSAFIA, Beitrag 87, erklärt sich aus einer Verschmelzung von *patina* und *piatto*, romg. *piantofla* ist von *pianta* beeinflusst. Romg. *sflosna*, mail. *frosna*, ital. *fiocina* dürften zu *fuscina* gehören, obwohl die Behandlung des *sc* im Florentinischen auffällig ist. Venez. *albéo* = *abete*, romg. *albanesta* = *ebanista* scheinen trotz der abweichenden Bedeutung an *albus* angelehnt. In romg. *koltrina* Bettvorhang haben sich *cortina* und *coltrice* gemischt, wie MUSSAFIA, Romg. § 177 zutreffend deutet.

305. Unklar ist in den meisten Fällen die Epenthese eines Nasals. In *rendere* hat offenbar *prendere* gewirkt, in *andito*: *andare*, in *santoreggia*: *santo*. Aber *strambo, vampo, lambrusca, marangone, gambugio* MUSSAFIA, Beitrag 62 neben *capuccio*, norditalienisches Wort, *ancona* sind dunkel; *ansima* aus *asma* ist an *ansio* (*anxius*) angelehnt, *angonia* an *angore*; mail. gen. *deslenguá* (*dileguare*), romg. mail. *parangon*, romg. *apunzé*, mail. *zenzel* (*zizyphus*), umbr. *ģenzolu* und andere Formen dieses Wortes Arch. Glott. III 172, alttosk. *epilensia*, ebenso aven., ancap., ncap. *langella*. Aus *cubitus* entsteht *gombitus*, lomb. *gombed*, ital. *gomito*, etwa in Anlehnung an *cumbere*. Dunkel sind ferner veron. *consa* l'assion 20, *ponsé* 26; abol. *uncidere* Bazz 3; lomb. *lumbard*, emil. *lumberd* = *allabardo* wird wohl nicht das *m* des ursprünglichen *helmbert* enthalten, sondern nach *lombardo* gebildet sein. Mail. *lenģ* (*leggere*), *renģ, korrenģ* werden nach *strenģ* gebildet sein, da *lečč, rečč, strečč* übereinstimmen, merkwürdig sind aber *korenža* (*correggia*), *karenž, ronže* (*rugia*), *linģer* (*leggiero*), agen. *lenger* und einige andere von SALVIONI 208 f.

angeführte. Man könnte für das Mailändische eine Regel annehmen, wonach *ģģ* zu *nģ* würde, wie denn ein solches Gesetz in der That im Tessin herrscht, Arch. Glott. IX. 224.

D 306. Häufig tritt *n*, *m* nach dem Vokal, dem sie vorangehen, nochmals auf, siz. *menzu, mentiri, mingrana, nantari*; mail. *nün = nü (noi)* neben *nüyolter, minga*, das sich noch in Urbino findet, *ninzá = initiare* nach SALVIONI, Mail. 219, romg. *knunsú (conosciuto), gminčell (glomicellus), manzedga (maggese)*, imol. *anandra, ninzola = nuceola*. Auch romg. *imbinzion* wird hierher gehören, ferner neap. *ansinzio* Reg. San. Zusatz von *b* tritt ein nach *m*, namentlich in Proparoxytonis im Südsardischen: *lumburu, simbula (simila), kugumberi, simbilai (*similare)*, doch auch *tumbu = tymum*. Ähnlich im Kalabresischen, vgl. *kambera, vuombiku, yyombaru, kakumbaru, vombaru* und im Aretinisch-Lukkesischen: *čimbeče, stomboko, sombalo*, auch *insomba*. Da anderwärts *m* in dieser Stellung verdoppelt wird und wir uns auf Grenzgebieten zwischen der *mm*- und der *mb*-Gegend befinden, so wird man in diesem *mb* umgekehrte Sprechweisen sehen dürfen.

D 307. Verschieden davon ist es, wenn im Tessin ein *d* sich zwischen *n* und *i̯* entwickelt: *liyendia (lucanica), mandia (manica), Dmindia*, und ähnlich canav. *andia* aus *ane[d]a (anita)*, vgl. FLECHIA und SALVIONI, Arch. Glott. IX 223. Hier handelt es sich um die Entwicklung eines homorganen Verschlusslautes zwischen *n* und *i̯*, also um dieselbe Erscheinung wie bei *ndr* aus *nr*.

D 308. Zutritt oder Entwicklung eines Lautes am Ende des Wortes findet sich, von *mad* u. dgl. abgesehen, namentlich in Intragna, Losone und Lavertazzo, wo direkt auslautende, betonte Vokale nasalirt oder mit nachfolgendem *ṅ* gesprochen werden, also *tal'aṅ (tagliare), kintaṅ, folagaṅ (focolare), dadaṅ (ditale), videṅ (vedere), podeṅ (podere), šteṅ (stai), kriṅ (credi), sintiṅ, duloṅ, fioṅ, soṅ, kinöṅ, fasöṅ, küṅ, füṅ* Arch. Glott. IX 224. Dieses *ṅ* entwickelt sich jedoch nur »quando la parola, atta a promuoverla, occupi un posto ben rilevato nella propòsizione, e specialmente quando chiuda la frase«.

309. Zutritt ganzer Silben begegnet selten und ist in seinem Wesen unklar. Es mögen zunächst eine Anzahl Beispiele folgen. Aus *tre* entsteht in Lecce *trede*, tarent. *treti*, aus *perchè*: *purčene*, neap. *none, mene, tene, sene, sini = sei, cne = è* im Reg. San., *dine = di, mone = mo*, Kath. II. *Tune* für *tu* gilt als römisch; *reddi, aviadi* u. s. w. findet sich in der Terra di Bari. Es handelt sich meist um Verlängerung einsilbiger oder oxytonirter Wörter. Ausgangspunkt für das *ne* giebt vielleicht die Negationspartikel. Aus betontem *non* konnte entweder *no*, oder aber *none* (vgl. *cuore, fiele*)

entstehen und das Nebeneinander von *no* und *none* konnte dann *mene*, *tene* u. s. w. hervorrufen. Für das *-de* könnte man vielleicht an *fe* neben *fede*, *piè* neben *piede* denken.

310. Eine besondere Art des Einschubes oder Vorschlages von *n* oder *m* liegt vor in Wörtern wie *inverno*, *imbriago*, aven. *instae* (*state*), *instesso*, über die Ascoli in dem schönen Aufsatz: Le doppie figure neolatine del tipo *briaco*, *imbriaco* Arch. Glott. III 442—452 Licht verbreitet hat. »Una formola iniziale insolita, come *iv-* a cagione d'esempio, se da un lato rende più agevole lo smarrirsi della vocal sottile ed attona, cede facilmente dall' altro all' analogia fonetica d'una formola abituale come è, a cagion d'esempio, *inv-*« S. 451. Weitere Beispiele sind noch agen. aven. *insi (uscire)* Arch. Glott. III 180, kalabr. neap. *nzorare* = *uxorare*, südsard. *insoru (ipsorum)*, romg. *inster*, *inserb* = *acerbo*, *instozia*, *instre*, vgl. noch die agen. Beispiele bei Flechia, Arch. Glott. X 157. Es scheint nun auf den Gebieten, wo *in-* zu *n* wird § 144, in ähnlicher Weise der Anlaut *n* Kons. so beliebt geworden zu sein, dass er mehr und mehr an Stelle des einfachen Konsonanten tritt, vgl. z. B. siz. *nešire*, das vielleicht als Verschränkung von '*nšire* und *esko* zu fassen ist, worauf auch das tonlose *e* statt *i* weist, *nkausari*, *nkarkari*, *nkostu* = *accosta*, *nkapriolu*. Dann in Palermo: *ntrobbidu*, *ngranni*, *nkuntinu*, *nkinu*, *nčili* (*exilis*), *nzita*, *nziru*, *nfultu*, *nfusku* Schneegans S. 183; also namentlich bei *s*, *f*, *k*. Ganz ähnlich im Kalabresischen: *nečire*, *nzunžia (uxungia)*, die zu den zuerstgenannten, venezianischen Beispielen gehören, dann *nguantu*, *mpurra (fodera)*, *mpašature (fascitojo)*, *mbastu*, *mbasku* (span. *basco*), *mbivišire*, *mbriga*, *mpetrata (selciato)* u. s. w. — In die Kategorie von *incerno* wird wohl auch paduan. *onve*, *inve* bei Ruzante gehören, wofür Wendriner ohne Noth Einfluss von *onde* annimmt. Dann ist etwa noch zu nennen ferr. *angirola*, mod. mant. *angirola* = *aquariola*, mant. *ingera* = *aquaria*, wo wegen *in* aus *an* § 138 zu vergleichen ist.

311. Endlich bleiben noch sporadische Lautvertauschungen. Wenn an Stelle des vulgärlateinischen *incudine* mehrfach *incugine* tritt, vgl. siz. *mkuniya*, mail. *inküźen*, picm. *anküźu* oder an Stelle von *testudine* vielmehr *testugine*, vgl. neap. *čestuneye*, so liegt es auf der Hand, dass die zahlreichen Bildungen auf *-ugine* diese zwei auf *-udine* angezogen haben. Aber auch sonst giebt es noch viele andere Fälle, deren Ratio meist verborgen bleibt. Zu den häufigsten Verwechslungen gehört *l* für *r*, wie es vorliegt in vulglat. *tempia*, dann in *alido*, *ciliegia*, *avolio* neben *avorio*, in mail. *zila (cera)* neben *šira*, oder *r* für *l*: *veruno*, *dattero* (§ 219), *corcare*, *rimurchiare*, neap. *vufaro* = *bufalo* schon im Reg. San.; *l* zu *d*: *sedano*, woneben *senes*.

senaro; *d* zu *l* : *cicala*, sard. *abile* aus *alibe* (*adipe*); *d* zu *r*: *mirolla*, selbst in der Toskana und im Emilianischen, senes. *cecara* Zs. IX 562; *l* zu *n* : pist. *ancipresso*, dann mail. *ponsa* = *polsa* (*pausare*) und so averon. *consa, ponsar, reponso* bei Giacomino, dann anlautend *l* zu *n* in der von FLECHIA, Arch. Glott. II 325 angeführten Form gen. *nečča* = *electa*, piem. *nüpia* = *lupia*, piem. *nitta* = mail. *litta*, wo die Form mit *n* vielleicht in der Verbindung mit dem Artikel entstanden ist, also Dissimilation vorläge; *n* zu *l*: mail. *löya* = *noya*. Bestimmte Gründe lassen sich kaum angeben. Zu bemerken ist, dass franz. *r* zu *l* wird: *cialtrosa, salvietta*, siz. *salġa, milanosu* (*mérinos*), *šalabbà* (*char-à-banc*), *kaviali*.

312. Zum Schluss mögen noch ganz kurz die Eigennamen und **Kosewörter** genannt werden. Als Princip gilt: Reduktion auf die betonte und die folgende Silbe und Angleichung des anlautenden Konsonanten an den inlautenden, vgl. *Peppe* aus *Giuseppe*, *Gigi* aus *Luigi*, *Cecco* aus *Francesco*, wo die Vereinfachung der inlautenden Gruppe noch zu beachten ist, *Cencio* und *Nencio* = *Laurentius*, *Nanni* = *Giovanni*, *Totto* = *Angelotto*, *Momo* = *Girolamo*, *Memmo* = *Guglielmo*. Dem tarent. *Lele* aus *Raffa*]*ele* vergleicht sich neap. *vavo* Grossvater aus *avo*; auch tarent. *Totonno* aus *Antonio* und *Titella* aus *Teresa* und neap. *zizio* = *zio* verdienen Erwähnung. Bei mehrsilbigen wird übrigens auch oft der Anlaut beibehalten, dann aber alles, was folgt, bis zum betonten Vokal unterdrückt: *Betto* aus *Benedetto, Buto* aus *Benvenuto, Berri* aus *Berengheri, Fresco* = *Francesco, Gaddo* = *Gherardo, Gianni, Ligo* = *Lodovigo, Lenzo* = *Lorenzo, Dante*. Oder endlich es fallen die ersten tonlosen Silben: *Meo* = *Bartolomeo, Cola* = *Nicola, Dino* aus *Aldobrandino, Sandro, Drea* = *Andrea, Dotto* = *Guidotto, Bino* = *Giacobino* u. s. w. Erleichterung der Aussprache zeigen *Bogio* statt *Brogio* = *Ambrogio, Dea* = *Drea* = *Andrea* u. s. w. Noch andere Verstümmelungen kommen vor, wie man leicht aus dem übrigens nicht ganz fehlerfreien Verzeichniss von Kosenamen bei BLANK, Ital. Gramm. S. 165 sehen kann.

II. FORMENLEHRE.

Nominalflexion.

1. Kasus.

313. Die Frage nach dem Verhältniss des einzigen italienischen Kasus zu den fünf lateinischen ist im Anschluss an F. D'OVIDIO's Schrift Sull' origine dell' unica forma flessionale del nome italiano 1872 mehrfach erörtert worden, zuletzt von ASCOLI, Arch. Glott. II 416—438, wo die ganze übrige Litteratur verzeichnet ist. Die Untersuchung kann nicht innerhalb des Rahmens einer einzigen romanischen Sprache geführt werden, es mag daher hier auf den genannten Ascolischen Artikel und auf die gegentheilige Auffassung in GRÖBER's Grundriss I 368 sowie auf die eingehende Darstellung der Schicksale der lateinischen Deklination im 2. Bande der Romanischen Grammatik verwiesen werden. Hier soll davon ganz abgesehen werden, ob *cavallo* auf dem lateinischen Nominativ oder Dativ oder Accusativ oder Ablativ beruhe, dagegen bleibt zu untersuchen, in wie fern sich Spuren verschiedener Kasus im Italienischen gehalten haben.

314. Der Nominativ. In Betracht kommen nur die ungleichsilbigen Masculina und Feminina dritter Deklination, da die Neutra in der Regel die Nominativ-Accusativform beibehalten, bei den Wörtern der andern Deklinationsklassen der Nominativ nach dem Verstummen des *s* mit dem Accusativ zusammenfiel. Die Zahl der erhaltenen Nominative ist, sobald wir uns auf den Erbwörterschatz beschränken, eine ganz geringe. Da wäre zunächst zu nennen *uomo* und aital. *suoro*, später *suora*, das jedoch nicht eigentlich Erbwort ist, sondern der Kirchensprache entstammt. Dann *nievo*, *moglie* neben *nipote*, *mogliera*, doch ist *nievo* nur ganz selten belegt, z. B. bei Pulci, *mogliera* zwar bei den Alten bis ins XV. Jahrh. hinein ganz gebräuchlich, heute aber aus der Schriftsprache verschwunden, doch lebt es noch in südlichen und nördlichen Mundarten, während *moglie* in

Dialekten seltener ist, vgl. etwa romg. *moy*. Auch nicht Erbwort ist *re* aus *rex* und *prince* aus *princeps*. *Curato* führt TOBLER, Gött. gel. Anz. 1872 S. 190 auf *curator* zurück, in welchem Falle frz. *curé* ein Lehnwort aus dem Italienischen wäre. *Avvogadro* scheint venezianischen Ursprungs zu sein, *gioladro, giularo, giullare* und *giocolare* französisch-provenzalischens. Endlich *mezzadro* scheint eher *mediarius* (BÖHMER, Jahrbuch X 188, FLECHIA, Riv. fil. class. II 192) zu sein und so bleibt auch die Toskanität von *merciadro* zweifelhaft. Sodann *ladro* und danach gebildet *furo, ghiotto*, endlich *prete, sarto, orafo*. Zweifelhaft bleibt die Zusammenstellung von *bocco* mit *bucco* CAIX, Studi 210. Ausser diesen Personalbezeichnungen haben wir dann einige Thiernamen: *bibbio, vespertillo*, wenn es zu *vespertilio* gehört, *serpe*, dem aber vielleicht ein vulgärlateinisches *scrpes, serpis* zu Grunde liegt. Sachnamen und Abstracta begegnen noch seltener im Nominativ. *Tempesta* beruht auf vulglat. **tempesta*; *piéta, podésta*, Dante Inf. VI 96 im Reime, *onésta* Barberino 67, *gioventu* CAIX, Origini 206, *majésta* sind theils Latinismen, theils Gallicismen, sind ja auch alle wieder aus der Sprache geschwunden. Endlich *soccita* geht nicht auf *societas* zurück, sondern ist Neubildung von *soccio* aus. Auch Abstracta auf *-or* begegnen kaum im Nominativ. *Spago* stammt nicht von *pavor*, wie CAIX, Studi 53 will, sondern ist postverbal zu *spagare = expacare*; desgleichen *erro* zu *errare*; in *duolo* liegt Verwechslung von *dolor* mit *dolus* vor, s. SCHUCHARDT, Vokal d. Vulglat. I 35, III 9, oder es ist postverbal zu *dolere*. *Vampo* stammt nicht von *vapor*, sondern gehört zu alb. *vampa*, lat. *vappa*. So bleibt nur *strido* der Schrei neben *stridore, stridio*, ein Wort, das wohl erst in italienischer Zeit, lange nach Untergang der alten Flexion, nach dem sinnverwandten *grido* gebildet worden ist. — Von den Wörtern auf *-io* ist *tizzo* nicht direkt mit *titio* zu verbinden, sondern stammt von einem nicht überlieferten vulglat. *titium* her, vgl. GRÖBER, Arch. lat. Lex. I 244, *dazio* ist, wie *zi* statt *zz* zeigt, Buchwort, desgleichen natürlich *prefazio*; *doccio* stammt nicht, wie HORNING, Lateinisch *C* S. 13 will, von *ductio*, sondern ist Postverbal zu *docciare*, wie sich aus den Konsonanten ergiebt, s. § 248; und selbst an *stazzo = stazio* wird zu zweifeln sein. Das Wort ist nicht toskanisch, wenigstens anerkennen es RIGUTINI und FANFANI nicht; es bedeutet »Halt, Stillstand, Aufenthalt«, berührt sich also sehr nahe mit *staggio* »Standort, Aufenthalt, Wohnung«, dessen Zusammengehörigkeit mit *stadium* sicher ist. Es bleibt somit immer die Möglichkeit, dass *stazzo* norditalienisches Lehnwort ist und auf *stadium* beruht. So bleibt nur noch *tenza*, das CANELLO, Riv. fil. class. I 131 von *contentio* ableitet, das aber vielmehr Postverbal zu *tentiare* ist, s. DIEZ, Wb. II^c *tencer*,

G. Paris, Rom. IV 480, und was die alten Formen *contenza* bei Giovanni Villani und *redenza* = *redemptio* betrifft, so ist zwar ihre Abstammung vom lateinischen Nominativ zweifellos, allein die Qualität der beiden Wörter zeigt wieder, dass sie nicht Erbgut sind. — Wiederum ein Ausdruck der Büchersprache ist *quadra* = *quadrans* und wohl auch *struzzo*. Was dann weiter *lampa* aus *lampas* und *mezzedima* aus *hebdomas* betrifft, so ist für jenes zu bemerken, dass das Italienische einen Stamm *lamp* besitzt, zu dem unter andern *lampeggiare*, *lampo* gehören, und von dem auch *lampa* herstammen kann. Und *mezzedima* scheint auf vulgärlateinisch *hebdoma*, ae zu beruhen, da die Form *hebdoma* auch im Rätischen und Wallonischen sich wieder findet; übrigens ist bei dem Worte auffällig, dass *bd* durch *d* statt *dd* wiedergegeben wird. So bleibt schliesslich noch *cęspo* neben gewöhnlichem *cęsto*. Man erwartet eigentlich *cęspo*, s. § 13, doch mag *cęsto* von Einfluss gewesen sein, ja es mag sich fragen, ob *cęspo* nicht erst ein durch *cespuglio* umgestaltetes *cesto* sei. Dass *stipo* Schränkchen von *stipes* Baumstamm herzuleiten sei, ist bei der Verschiedenheit der Bedeutungen nicht recht glaublich, man darf vielleicht eher an *stipare* denken, und *gorgo* mit *gurges* zu verbinden verbietet das gutturale *g* des italienischen Wortes.

So erweisen sich also die meisten Nominative als Buch- und Schriftwörter. Ihre Zahl liesse sich noch bedeutend vermehren, sobald man, wie Canello, Riv. fil. rom. I 131, Wörter wie *caligo*, *vorago*, *cupido*, *scorpio*, *splenite*, *bronchite*, *deca*, *sermo*, *turbo*, *temo*, *testudo*, *lapis* u. s. w. aufnimmt. Oder venez. mail. *sensia*, *sensa* = *ascensio* Mussafia, Beitrag 104; neap. tarent. *sfaziya* = *soddisfazione*, aret. *binidizio*, tosk. *strazio* (*distractio* Foerster, Rom. Stud. IV). Sodann würden wohl die Ortsnamen noch manches bieten, ich erwähne nur *Giannutri*, lat. *Jhanium*, aber wohl eigentlich *Diana ajutrix*.

315. Wenden wir uns den Mundarten zu, so begegnet einmal im Norden ein Wort, das auf *siccita* zurückzugehen scheint: *secca* im Chrysostomus und *sessia* im heutigen genuesischen Arch. Glott. VIII 358. Da aber auch das Rätische und das Ostfranzösische diese Form *siccita* kennen, so muss ihre Entstehung in die voritalienische Zeit fallen. Ein zweifelhafteres Beispiel ist siz. *fetu*, neap. *fictu*, senes. aret. *fieto* Flechia, Riv. fil. class. I 99 Anm. *Papilio* erscheint im Norden: pad. *paeggio* bei Ruzante, venez. *pavego*, ferner *vespertilio* in ven. *barbastrego*. Am meisten Nominative scheint das Sardische zu bieten. Wir finden im Log. *fedus*, *sidis*, *finis*, *kudis*, im Camp. *bilis*, *kudis*, die doch wohl sicher die entsprechenden lateinischen Nominative wiedergeben. Aber wesshalb diese Wörter abweichend von allen andern nicht in der Form des Accusativs geblieben sind, bleibt

mir völlig dunkel. Das emil. *sia* Furche verknüpft FLECHIA, Arch. Glott. III 126 mit lat. *seges*, wenig wahrscheinlich, da *sia* sehr wohl Postverbal zu *siür* = *secare* sein kann. Eher kann gen. *frazzu* in Betracht kommen, das FLECHIA, Arch. Glott. VIII 254 von *fractio* ableitet. Dagegen ist mir tessin. *rüm* = *rumor* Arch. Glott. IX 208 zweifelhaft. Auch hierin sehe ich eher eine postverbale Bildung zu *rümár* oder zu *rümor*. Sodann ist zu bemerken, dass die Nominative auf -*adro* aus -*ator* venezianisch zu sein scheinen, dass sie sich hier aber aus dem Rätischen erklären, wo eine Flexion -*adro*, -*atóre* länger bestanden hat, vgl. ven. *avogadro*, apad. *avogaro* bei Ruzante, trentinisch *tessadro, desmadro, mazadro* Arch. Glott. I 107 [1]).

316. Eine Stelle für sich nehmen die Eigennamen ein. Schon § 106 wurde gezeigt, dass *Giovanni, Chimenti* auf *Johannes, Clementes* beruhen. Jüngern Datums sind *Tommaso, Niccoloso* oder *Davidde, Melchiorre* und ähnliche, s. BIANCHI, Arch. Glott. IX 374 Anm., und *S. Tomé* aus Θωμᾶς, *Turpé* aus *Turpés*, *Mamma* aus Μάμας u. a., für welch' letztere BIANCHI, Arch. Glott. X 347 f. eine Erklärung versucht.

317. Weit geringer sind die Spuren des Genitivs und natürlich ist von einem syntaktischen Gefühl für den Kasus keine Rede. Genitive in Ortsnamen weist BIANCHI in ziemlich weitem Umfange nach Arch. Glott. IX 376, X 305. Sonst haben wir einmal die Wochentage: *lunedì, martedì, mercoledì, giovedì, venerdì*. Dann vereinzelte Fälle wie *ette*,' eigentlich *reshettae* BIANCHI, Arch. Glott. IX 404, wo noch *via porte Sante Marie*, und *le sante Marie* für *la [festa] S. M., terremoto, orpello,' piedistallo,' salamoja* für **salemoja*, und einige andere, nicht hergehörige erwähnt werden, ferner S. 376 *fede Déi* aus Valdarno, das freilich seines *é* statt *ié* wegen nicht ganz unverdächtig ist. Zu den Zusammensetzungen mit Genitiv im ersten Gliede gehört auch *acquidoccio, acquidotto*, das allerdings durch den Wandel des *e* in *i* sich noch viel mehr als ganzes Wort erweist, als *terremoto*. Ein Genitiv steckt auch in *acquavite*, ob es nun *aqua vitis* oder *vitae* darstelle, und in Ortsnamen wie *Monselice, Porto Venere, Monte Vergine*, D'OVIDIO Arch. Glott. IX 85.

318. Spuren des Ablativs kommen nur in Betracht bei den Neutren der 3. Deklination, da bei allen andern Wörtern der Ablativ mit dem Accusativ ganz oder fast ganz zusammen fiel, so dass eine Scheidung fast unmöglich wird. Nicht Erbwörter sind natürlich die Accusative

---

[1]) Weit mehr Nominative nimmt ASCOLI an Arch. Glott. X 90 ff. Eine Besprechung seiner Theorie, die sich auf alle romanischen Sprachen erstreckt, kann hier nicht vorgenommen werden, vgl. Zs. XI 284.

fragellondei, regnontuo. Es empfiehlt sich ferner, die Neutra auf -*er*, -*ur* gesondert zu behandeln, und zunächst nur die auf -*men* und -*us* in Betracht zu ziehen. Von jenen zeigen Doppelformen *vimine* neben *vime*, *addomine*, *numine*, *germine*, *crimine*, *regimine*, *fulmine*, *culmine*, *falsumine*, *foramine*. Es lässt sich leicht nachweisen, dass mit Ausnahme des ersten alle diese Wörter der Buchsprache angehören. Aus **regímine* wäre *reímine*, aus *regimíne* **reémine*, *rémine* entstanden, aus *fúlmine* : *folmine*, aus *cúlmine* : *colmine*. *Numine* ist seinem Begriff nach nicht Erbwort, für *abdomen* braucht das Vulgärlateinische *pantex*, *germine* ist auf die Büchersprache beschränkt, es kommt z. B. bei Luigi Alamanni vor, dasselbe gilt von *falsamine* und *foramine*, endlich *crimine* ist ein Wort der Gerichtssprache, das ursprünglich dem Vulgärlatein abgeht. So bleibt nur *vimine*. Auch hier hege ich einige Zweifel. Bei Dante findet sich nur *vime*, und *vime* ist überhaupt die ältere Form, während man allerdings zu Gunsten der Volksthümlichkeit von *vimine* auf ein von P. Monti verzeichnetes comask. *vimni* verweisen könnte. Allein ist das Wort im Dialekt wirklich zu Hause? Denkbar ist ja allerdings, dass gerade bei diesem Worte ein Plural *vimina* sich länger gehalten und später durch *vimini* einen Singular *vimine* nach sich gezogen hatte, vgl. bologn. *vemna (vimina)* ; dann liegt aber keine Ablativform vor. Ein Beispiel für sich ist *termine*, das wol als Vermischung von *termino* und **terme* zu fassen ist. Fragt man sich schliesslich, weshalb die Schriftwörter in der Ablativform übernommen worden seien, so giebt es zwei Erklärungen. Entweder nämlich haben wir thatsächlich Ablative vor uns, die nach dem Musten von *cavallo* = lat. Abl. *cavallo*, *fiore* = *florē* gebildet sind, oder aber *crimen* wird zu *crimine*, wie *David* zu *Davidde* : da der Italiener nach der Wirkung des konsonantischen Auslautgesetzes kein Wort in pausa auf Vokale endigt, so hängt er dem der Büchersprache entnommenen *crimen* ein *e* an. Dass die sard. Formen auf -*ne* sich ähnlich deuten, wurde schon § 148 gesagt. — Bei den Neutren auf -*us* begegnen ebenfalls einige Ablative: *genere*, wieder ein Wort der Büchersprache, das auch in den Schwesteridiomen nur in unvolksthümlicher Gestalt vorkommt, *ulcere*, ein medizinischer Ausdruck ; über die Plurale *viscere* und *ruderi* und über mail. *sterkol* s. § 329. Die Ablative verschiedener Art, die sich als Adverbien erhalten haben, kommen bei der Adverbialbildung zur Sprache.

319. Der Vokativ ist verschwunden. Nur *domineddio* geht auf *domine deus* zurück, ist übrigens ein Ausdruck der Kirchensprache.

320. Schliesslich mag noch der Lokativ berührt werden, der im Lateinischen bekanntlich nur bei Städtenamen gebräuchlich war:

Romae, Corinthi, Carthagini. Im Italienischen sind dann diese Lokative oft erstarrt und haben die andern Kasusformen verdrängt. So beruhen *Ascoli, Cingoli, Rimini, Girgenti, Otricoli, Tivoli* auf den alten Lokativen, wie schon Diez, Grammatik II 179 vermutet, Bianchi, Arch. Glott. IX 378 bestätigt hat.

321. Der Nominativ pluralis der ersten und zweiten lateinischen Deklination ist geblieben: *-e* kann nur auf *-ae*, *-i* auf *-i* zurückgehen, da *-as* zu *-e*, *-os* zu *-o* geworden wäre, vgl. § 106. In den andern Klassen sind Nominativ und Accusativ gleichlautend, kommen also nicht weiter in Betracht.

322. Auch der Genitiv hat Spuren hinterlassen, allerdings nur wenig volksthümliche, wie in dem toskanischen Bergnamen *Montelatico* = *Mons Laticum*. Lediglich litterarischer Überlieferung entstammt das *regno feminoro* [ntell. 277. Andere führt del Prete zu Ajolfo an: *lingua angeloro, regno Teutonicoro, Boemioro, Dacioro* bei Jacopone da Todi, wo sich auch *peccatoro, mortuoro* finden sollen. Es liegt auf der Hand, dass darin dem Sprachgeist wenig angemessene Latinismen zu sehen sind. Nicht recht klar ist, ob auch *si fattoro* Sacchetti 8 hieher gehört. Sodann finden sich im Altvenezianischen einige: *pene infernor* Uguç. 31. *tenebror. contor, Paradis deliçioro* 1043, woraus Fra Giacomino *delicial* macht E. 25.

323. Einige Accusative hat Bianchi, Arch. Glott. IX 384 nachgewiesen aus der toskanischen Volkssprache: *per los Deo*, das allerdings seines *e* wegen nicht ganz echt ist, ferner in dem Sprüchwort *l'è terras dei, a seminar otto si raccoglie sei*, wo der Accusativ in nominativischer Function auffällt. Sodann *tre vias quattordici*[1]), auffälligerweise nur in dieser Verbindung, nicht mit anderen Zahlwörtern, und Ortsnamen wie *Antraccoli* = *inter *aquulas* und *Piantraigni*. Wenn ferner neben *bocca* die Redensart *far bocchi* steht, so dürfte auch hier ein Genuswechsel schwer zu rechtfertigen sein und wird *bocchi* vielmehr auf *buccas* beruhen, wie schon § 106 gesagt wurde.

324. Endlich Ablative pluralis stecken wieder in zahlreichen Ortsnamen auf *i*. Schon auf lateinischen Inschriften sehen wir, dass Orts-

---

1 Wenn aber Bianchi, Arch. Glott. IX 376 Anm. 1 die Herkunft dieses *vias* von lateinisch *via* leugnet und es mit *vice* zusammen bringt, so ist dagegen manches zu bemerken. Die Bedeutungsentwicklung von *via* »Weg« zu »Mal« ist keineswegs so schwierig und unerhört, liesse sich vielmehr durch zahlreiche Entsprechungen aus romanischen Mundarten stützen. Der Ausfall von *c* ist dagegen unmöglich, da *piato* aus *placitum* durchaus anders gebildet ist.

namen, die pluralia tantum sind, den Ablativ zum allgemeinen Kasus
erheben, vgl. die Belege im Grundriss für rom. Phil. I S. 370 § 44.
So erklären sich Ortsnamen wie *Acqui*, *Casi*, *Celli*, *Cincelli* u. a.

2. Das Genus.

325. Das lateinische Neutrum als besondere grammatikalische
Form ist im Italienischen verschwunden. Schon im Lateinischen hatte
der Zersetzungsprocess, der Übergang zum Maskulinum, im Singular
der *o-* und *u-*Stämme begonnen, die ja nur im Nominativ sich von
den entsprechenden Maskulinen unterscheiden. Im Plural dagegen
und bei den konsonantischen Stämmen blieb das Neutrum zunächst
noch bestehen. Die Einführung des Artikels und die Reduktion auf
einen Kasus brachte dann aber den völligen Untergang des dritten
Geschlechts in der Einzahl mit sich. So lange man noch Nom. *servos,
panis*, Abl. *servo*, *pane* unterschied, nahmen *tempus*, *nomen* eine
Stellung für sich ein. sobald man aber nur noch *il* oder *lo servo*. *il*
oder *lo pane*, *il* oder *lo tempo s*, *il* oder *lo nome(n)* sprach, war der
Übergang zu den Maskulinen geboten. Dieser Übergang hat sich dann
auch allerdings sehr allmählich vollzogen und ist zu Beginn der Lite-
ratur abgeschlossen. Er ist für die einzelnen Wörter nachgewiesen
bei APPEL. De neutro genere intereunte in lingua latina, Erlangen
1883 und von mir in meiner Untersuchung: Die Schicksale des lateinischen Neutrums im Romanischen, Halle 1883. Es gilt also als
Regel: die lateinischen Neutra werden in der Form des Nominativ-
Accusativ Singularis zu Maskulinen. So haben wir *corpo*, *lato*, *lido*,
pegno! *petto*, *pondo*, *sterco*, *tempo*, *uopo*, *vęllo* (*vellus* FÖRSTER, Zs.
IV 378); *frigo* A. Buccio 469: *gieno* Tomm., pav. *rüd*, regg. bol.
rud (letame) = *rudus*. Endlich *ghiomo*! dem sich ven. *ģemo*. ferr.
mant. *ģemb* anschliessen. während der Süden eine längere Form vor-
zieht: siz. *gyommaru*, kalabr. *gyombiru*. neap. *l'uommęrę*, tarent.
ñummiru und auch tosk. *gnommero*. Das durchgehende *o* verbietet,
an Ablativform zu denken, ausserdem müsste der Ablativ doch irgend
einen Grund haben. Man wird daher mit mehr Recht annehmen
können, dass das fast gleichgebaute *vomer*, *vomeris* neben dem Neutrum *glomus*, *glomeris* auch ein Maskulinum *glomer* hervorgerufen
habe, das dann in die zweite Deklination hinüberglitt. Weshalb nun
aber der Süden die längere. der Norden die kürzere Form zeigt, das
ist schwer zu sagen. Im Süden ist *-s* und *-r* im Allgemeinen früher
gefallen, als im Norden, daher darf man vielleicht die Umbiegung in
die Zeit setzen. wo *vome*, *glomo* gesprochen wurde. Im Norden, wo
damals *vomer*, *glomus* noch bestand. wäre dagegen die Umbiegung

unterblieben. Vgl. dazu § 327 und 344. Im Sardischen bleibt das *s* bestehen, daher diese Wörter eine Klasse für sich bilden, vgl. *korpus, frius, ladus, obus, pegus, tempus*. Doch kommen auch die Formen *ladu* u. dgl. vor in Anlehnung offenbar an die zahlreichen Maskulina auf *-u*.

326. Die *n*-Stämme verlieren ihr *n* und treten dadurch zu den Maskulinen auf *-e* über, vgl. *nome, lume, seme, sciame, strame, fiume, vime*, auch *carme, crime, germe*, die nicht Erbwörter sind, und die Neubildungen auf *-ame, -ime, -ume*. Über *crimine* u. s. w. s. § 318. Bei den Stämmen auf *-r* und *-l* ist zwischen ein- und mehrsilbigen zu scheiden. Jene nehmen *-e* an, diese verlieren den Auslaut, daher *cuore, fiele, miele, sale* aber *tribuna*, das nun seinem Auslaut folgend weiblich wird, und *baccano* aus *baccana*, das sein Geschlecht beibehaltend den Auslaut ändert. Für *latte* wird der Nominativ *lacte* zu Grunde zu legen sein. Endlich *caput*, das ganz vereinzelt steht, wird lautgesetzlich zu *capo*, und tritt nothgedrungen zu den Maskulinen über; sard. *kabudu, kabude* neben *kabu* erklärt sich wie *nomene* neben *nome* § 318.

327. Eine besondere Betrachtung erheischen die neutralen *-r*-Stämme. Neben *cece, zolfo, marmo, pepe* stehen *acero, sovero, folgore, rovere*; dazu tar. siz. *čičru*, neap. *čičęrę*, campob. lecc. *čičęrę; solfore*, siz. *surfaru* neben tarent. *zurfu*, mant. *solfer*; *marmore*, siz. *marmuru*, lecc. neap. *marmura*, emil. *mermur*, lomb. *marmor*, agen. *marmore* Prose Gen. 20, 11, cors. *mermeru; pevere*, und so in ganz Oberitalien. Schon im Lateinischen begegnet ein Schwanken zwischen Neutrum und Maskulinum gerade bei diesen Wörtern, weil die Zahl der daneben stehenden Maskulina und Feminina auf *-er, -or, -ur* eine verhältnissmässig grosse ist. Dieses Schwanken spiegelt sich im Italienischen wieder in den Doppelformen. Kein Wort scheint ausschliesslich in der neutralen Form zu bleiben, eine ganze Reihe aber in der männlichen. Bei den schwankenden Formen zeigt *cicer — cicere* dieselbe geographische Vertheilung wie *glomus — glomero*, wogegen bei *pipere* die längere Form dem Norden angehört, bei *marmor* die kurze auf den Süden beschränkt ist, sofern man für romg. *merum* Anlehnung an das Toskanische annehmen darf. Endlich *solfore* neben *zolfo* ist wohl sicher Latinismus, mail. *zoffreg* erst vom Verbum *zoffregá* = *sulfuricare* gewonnen.

328. Es giebt nun eine Anzahl Neutra, die zu Femininen geworden sind. Die Gründe sind zum Theil dieselben, die den Übergang von Maskulinen zu Femininen bewirkt haben, daher die betreffenden Wörter besser § 332 besprochen werden. Nur ein Paar Einzelheiten mögen hier schon ihren Platz finden. Die Neutra auf

§ 328. 329.] Normalflexion. 183

-*men* sind im Sizilianischen, Neapolitanischen und Tarentinischen Feminina. Nicht alle zwar, nach den Wörterbüchern zu urtheilen, doch mag Einfluss der Litterärsprache das männliche Geschlecht oft wieder hergestellt haben. Schon im Reg. San. liest man *legume* als Femininum, *la albume* steht bei Rusio 157, *la bestiame* Cron. Sic. 54; heute haben wir *kanimi, kanumi, kyantimi, kristallami, fattumi, fraskami, figgyulami, dintami, kurdami, kuraḍḍami, friskami, fruttami, fuggyami, liñami, nigrumi, pampinami, piskami, stirpami, tilami, purčiḍḍami* u. s. w., ferner *mančaćumi, karnaćumi, falaćumi*, wo -*ačumi* für -*azione* zu stehen scheint. Im Tarentinischen und Neapolitanischen ist auch die Endung weiblich. Also tar. *kyarima, lattima, saima*, neap. *korriamma, fraćitumma, frantumma, tal'umma, tenerumma, marćumma, perimma, sudamma* und *sudimma, verdume, lotame, verdame*. Wie weit diese Feminina nach Norden reichen, ist noch zu untersuchen, Finamore verzeichnet für die Abruzzen *buldime, pelima, luma* und *ssama* (*examen*). Der Genuswechsel ist schwer zu erklären. Er findet sich wieder im Spanischen und Rumänischen, doch ist damit wenig geholfen, da die Gründe, die ihn im Spanischen veranlasst haben, andere sind als im Rumänischen, keine von beiden aber auf das Süditalienische anwendbar sind, s. lat. Neutr. S. 78 und 88. Immerhin würde sich fragen, ob nicht wie im Rumänischen das Suffix in seiner Funktion verwandt sei mit andern weiblichen. In einigen Fällen berührt sich, wie wir gesehen haben, -*umi* mit -*aziuni*, in andern wol mit -*ura*. Da nun namentlich Adjektivabstrakta fast stets weiblich sind (-*ore* kommt neben -*ura*, -*ezza* und -*tade* kaum in Betracht), so könnte der Genuswechsel beginnen da wo -*me* Adjektivabstrakta bildet — eine Auffassung, die dadurch bestätigt wird, dass nichtabgeleitete Wörter, wie *nomen*, *lumen* fast stets männlich zu bleiben scheinen. Doch gestehe ich, dass das mir zugängliche Material zu wenig verlässlich und vollständig ist, als dass ich die Erklärung als sicher hinstellen möchte.

329. Der Plural der Neutra. Sofern der Plural der Neutra in seiner Funktion sich gehalten hat, wird er § 341 zu besprechen sein; hier kommen nur die Fälle in Betracht, wo ein Neutrum plurale zum Femininum singulare geworden ist. Als allgemeine Regel können wir aufstellen: der Übergang des Neutrum zum Femininum vom Plural aus tritt nur dann ein, wenn der Plural kollektiven Sinn angenommen hat. Wenn sonach an Stelle eines lateinischen Neutrums im Italienischen das Femininum erscheint, so kann der Geschlechtswechsel ebenso gut vom Singular ausgegangen sein, fällt also unter § 332. Die Konsonantenstämme bieten wenig. Schon vulgärlateinisch ist *tempora* oder besser *tempola*, woraus ital. *tempia* die Schläfe. Der

vorwiegende Gebrauch des Wortes im Plural, der ja auch im Deutschen neben »Schlaf« den neuen Singular »Schläfe« schaffen liess, hatte zur Folge, dass die Form *tempus* völlig verschwand und dafür entweder *templu* gesagt wurde, so bei Rusio 97, oder aber *tempia* eintrat und für den Plural *tempie* neugebildet wurde. Sodann *pecora*, das ursprünglich die Schafheerde bezeichnet, dann aber auch für das einzelne Thier verwandt wurde. Das Wort ist über ganz Italien verbreitet, aber im Florentinischen nicht ursprünglich, da es hier *pegora* lauten sollte, s. § 212. Ähnlich wie mit *tempia* verhält es sich mit *rudera* und *viscera*, deren Bedeutung vorwiegenden Gebrauch des Plurals mit sich brachte. Vgl. noch alomb. *stercora* Arch. Glott. IX 7, 5 und mail. *sterkol*. Auch *ulcera* wird ursprünglich pluralisch gebraucht sein, hier konnte sich der Übergang zum Singular um so leichter vollziehen, als das Wort der lateinischen Sprache der Mediziner angehört und von da nur halb verstanden ins Volk drang. Endlich *cantera* soll von einem Plural *cantora* zu *canto* stammen, doch ist die Sache zweifelhaft, vgl. § 119. Von *r*-Stämmen ist vielleicht *forfora* und sicher *prima-vera* zu nennen. *Furfur* konnte schon in lateinischer Zeit nach dem Muster von *fulgur* zum Neutrum geworden sein, daher Plur. *furfura*, der nun, wie die Bedeutung leicht erklärt, zum Feminin wird. Doch kann ein *forfore* m. auch nach *canicchia* und *brenna* in seinem Geschlecht bestimmt worden sein. Weshalb *vera* über *ver* den Sieg davon getragen hat, ist unklar. — Von *i*-Stämmen zeigt *rete* Doppelformen, vgl. *rezza* neben *rete*, siz. *rizza*, neap. *rezza*, woraus tar. lecc. *rezza* entlehnt sind, sard. *rezza* neben *rete*, *rite*, *riti*. Die Wörterbücher geben den Unterschied zwischen *rete* und *rezza* nicht genau an, doch wird letzteres ursprünglich nicht ein einzelnes, sondern eine Gesammtheit ausgeworfener Netze bezeichnet haben. Sodann scheint *animalia* wie *pecora* zum Kollektivum geworden, dann wieder zur Bezeichnung des Einzelnen verwandt worden zu sein, vgl. *l'armalia* als Übersetzung von *equus* bei Rusio 143. Ähnlich erklärt sich sard. *cabida de bestiamen* »capo di bestiame«. Am meisten bieten natürlich die *o*-Stämme, vgl. *legna* Brennholz, also noch Kollektiv, *vela* Segelwerk, Segel, *grana*, *spoglia*, *minugia*, *foglia*, dann *rama*, dem ein vulglat. Neutium *ramum* zu Grunde liegt, *arma*. Auch *canistra* ist im Lateinischen fast nur im Plural gebraucht, daher ital. *canestra*. Zu *fungus* scheint ein Plural *funga* bestanden zu haben, daher *la funga* der Schimmel. Fraglich ist, ob *fila* vom lat. *fila* stamme, oder aber postverbal zu *filare* sei. Die Bedeutung spricht wohl eher für die zweite Auffassung. Aus Mundarten ist zu nennen sard. *ossa* Gebeine, *lara* Lippe, auch bergam. *lavra*; über den Bedeutungsunterschied zwischen log. *karveḍḍu* und *karveḍḍa* giebt

SPANO keine Auskunft. — Über das Suffix- *aglia* aus lat. *-alia* siehe die Wortbildungslehre. Auf dem Punkte überzutreten ist *fomentum*, im Plural kommt neben *fomenta* schon *fomente* vor und im Singular nur noch *fomento* [1].

330. Die beiden andern Geschlechter haben im grossen Ganzen ihren Besitzstand bewahrt. Beispiele dafür zu geben ist unnöthig, es sollen nur die Abweichungen von der Regel besprochen werden. In weitaus den meisten Fällen ist die äussere Form am Genuswandel schuld, nur in verschwindend geringen Ausnahmen die Bedeutung. Das Alter der einzelnen Beispiele ist natürlich ein sehr verschiedenes: einzelne reichen in vulgärlateinische Zeit hinauf, manche andere sind dagegen viel jüngern Datums. Betrachten wir die italienischen Maskulina, die lateinischen Femininen entsprechen, so begegnet uns zunächst die ganze Masse der Baumnamen nebst *arbor*, ital. *albero* selber. Also *alno, ebbio. ebano, pero, fico, frassino, alloro, melo. moro* u. s. w., deren lateinische Vertreter alle weiblich sind. Der Übertritt ins männliche Geschlecht mochte veranlasst worden sein durch die Endung *-o*, die fast ausschliesslich männlich ist; den Einzelnamen folgte dann auch der Gattungsbegriff. Diese Erklärung wird noch dadurch bestätigt, dass auch die andern Feminina der II. und IV. Deklination zu Maskulinen werden mit einziger Ausnahme von *manus*, das weiblich bleibt, vgl. *ago* doch sard. *agu* f. und s. § 335, *duomo, portico, vanno, smeraldo*. Doch bleibt *domu* im Sardischen, *fiku* im Sardischen und Kalabresischen dem alten Geschlecht treu. Die Dialekte sind übrigens bei den Baumnamen nicht so konsequent. In den Abruzzen bleibt *liva* (*olivo*), *mánela, nucella*, und für den Feigenbaum tritt der ursprüngliche Plural *fikura* (§ 346) ein, umgekehrt bezeichnen die Maskulina *maile, paire, cerase, prekoke* die Früchte. In Kalabrien werden die Baumnamen meist auf *-aru* gebildet: *fikara, olivara, pinara*, und *cerasu, prunu* dienen für die Früchte: Chiabrera braucht *olmo, pioppo* und *platano* als Feminina. Vereinzelte andere Beispiele sind: *madiere*, aus *materies*, männlich im Anschluss an die zahlreichen andern Bildungen auf *-iere* = *-arius, -arium*, das aus dem Französischen entlehnte *tosone* an Wörter auf *-one*. Sodann Buchwörter wie *il dazio, eco, passio, prefazio*. Im Sizilianischen werden Abstrakta mit dem Augmentativ suffix *-uni* gebildet, die natürlich männlich sind. Ihnen schliesst sich *kaččuni* = *occasione* an. Im Sardischen folgen *fumes* und *grundo* den Maskulinen auf *-ine*, daher *su famine, grandine*, wie auch kalabr. *grandinu*, ebenso *su forrage* : *fornax*, nach andern Wörtern auf *-age* m.

---

[1] Nicht klar ist das Verhältniss zwischen sard. *pettórra* und lat. *péctora*.

Das griechische παρακόνη wird ins Italienische hinübergenommen als *paragone* TOBLER, Zs. IV 373, und schliesst sich nun im Geschlecht an die Maskulina auf *-one* an. *Larice* und *salice* werden dagegen eher ihrer Bedeutung wegen als Baumnamen männlich geworden sein, da die Zahl der Maskulina auf *-ice* eine sehr unbedeutende ist. *La bile* wird im Sizilianischen zu *abbili*, das nun männlich ist im Anschluss an die Wörter auf *-ili*. — Reimen zwei Wörter mit einander, so können sie dasselbe Geschlecht annehmen, daher wird *fonte* mitunter als Maskulin gebraucht nach *ponte*, *monte*, ebenso sard. *frunte* m., auch *fronte* bei Alamanni, siz. *menti* m. nach *denti*.

331. Der Bedeutung wegen sind Maskulina geworden einmal ursprüngliche Abstrakta, die dann zur Bezeichnung männlicher Personen gebraucht werden, wie *camerata* (Genosse), *cornetta*, guardia Feldhüter), *trombetta*. Ähnlich siz. *lu bruttu bestia* der Teufel Arch. Trad. Pop. I 418, sard. *su bestia*; dann altital. *il podestà* Zs. X 498: sard. *kura*. Auch *prigione* aus *prensione* gehört hierher. — Sodann nehmen synonyme Wörter das gleiche Geschlecht an: *fine* Zweck wird Maskulinum nach *scopo*, ferner gegensätzliche: sard. *sidis* m. nach *famine*, das nach § 330 männlich ist, aven., aver., lomb. *istao* nach *inverno* Prov. 38. — Manche andere Fälle sind nicht recht klar, so z. B. ein männliches *palus*, vgl. *i paludi* aven. Exemp. 662, auch bei Dante Purg. 5, 82; *sterpo* aus *stirps*, sard. *pige, nie; lo incude* Ariost Orl. I 17; XXII 67, *sieve* Ruz. Gloss.

332. Der Übergang vom Maskulinum zum Femininum ist etwas häufiger. Die Gründe sind natürlich dieselben. Also zunächst äussere, formale in Wörtern wie *la carcere* fem. (und mask.), da *polvere*, *cenere* weiblich sind; vielleicht gehört auch neap. *otra* hierher und sicher log. *bentre*; *la parete*, schon im Vulgärlateinischen, wohl weil auch die Substantiva auf *-ate*, *-ute* Feminina sind, vgl. übrigens doch *lo parete*, Cola di Rienzi 401. *La tribuna* aus *tribunal*, *la cometa*, woneben *il pianeta* auffällig ist. Allein man beachte, dass die Planeten im Grunde nur den Gelehrten, nicht dem Volke bekannt sind, wogegen die nur selten auftretenden, aber dafür um so auffälligeren Kometen von Jedermann wahrgenommen werden, daher *cometa* ein volksthümlicherer Begriff ist als *pianeta*. Dann *la solfa* die Tonleiter, eigentlich *sol*, *fa*, also von rechtswegen Maskulinum wie *abbicci*, *la nefa*, *la tagliacarta* das Papiermesser neben *il tagliacarte*, wo der Auslaut *-e* nicht weibliches Geschlecht verlangte, *tritapaglia*, *sottocoda* u. s. w., altital. *la dia* bei Cola di Rienzi, bei den Lyrikern, vgl. GASPARI, La scuola poetica siciliana S. 253, im aven. Exempelbuch 758, 138 u. s. w. — Die griechischen Neutra auf *-ma* werden, soweit sie wirklich volksthümlich sind, ihrer Endung folgend

[§ 332. 333. 334.] Nominalflexion. 187

zu Femininen, *la tema, la idioma* u. a. belegt NANNUCCI, Nomi 674, *la diadema* braucht selbst Ariost, Sat. IV. Schwieriger sind Fälle wie *fel, mel, sal*, die in Norditalien weiblich sind. La *mel* findet sich in den venezianischen Glossaren, im Cremonesischen, Bergamaskischen und in der Umgegend von Mailand, *la fel* auch im Emilianischen und fürs Genuesische und Piemontesische dürfte das vorgeschlagene *a* (piem. *amel, afel*, gen. *ame, arfe*) für weibliches Geschlecht in früherer Zeit sprechen. Der Grund dieses Gesclechtswechsels ist nicht recht klar. Wir finden auch im Spanischen weibliches *hiel* und *miel*, hier, weil überhaupt die einsilbigen Wörter eine Tendenz haben, weiblich zu werden. Soll man dieselbe Erklärung auch auf das Norditalienische anwenden? *Sal* f. ist enger begrenzt, es findet sich im Venezianischen und Paduanischen, ferner *la latte* ebenda. Sodann *la nome* bei Fra Paolino, Gloss. B, Ruzante. Gleichklang des Stames bewirkt Geschlechtswechsel in log. *dente* f. nach *gente, mente*.

333. Von Beispielen, wo ein Femininum ein gleichbedeutendes Maskulinum nach sich zieht, mag zunächst *la lume* nach *la luz* genannt werden, das wieder dem venezianischen, lombardischen und emilianischen Sprachgebiete angehört. Meist hat es als Femininum die Bedeutung Laterne, könnte also auch durch *lucerna* bestimmt worden sein. Auch bergam. *la de* das Licht neben *al de = giorno* gehört hierher. Über das westliche Oberitalien erstreckt sich ein weibliches *fiore*, es findet sich in den Rime Genovesi, bei Bonvesin N 182, bei Fra Giacomino F 115, ursprünglich Kollektiv nach *folia?* Einfluss durch ein gegensätzliches Wort zeigt sich in sard. *die* fem. Etwas anders geartet ist tarent. *santa nott'e santa dia*, sofern nämlich hier die Beeinflussung nicht über diese Formel hinausgeht, in allen andern Verbindungen also *die* m. bleibt; in aven. *la marc* Exemp. 712, Uguç 478, 716, aver. Kath. I 120, amail. bei Bonvesin. Auch piem. gen. *matin* f. wird durch *sera* bedingt sein. Merkwürdig ist bolog. *la sonn*, kalabr. siz. *ačča* aus *apium*, ital. *pulce* (doch kalabr., sard. m.) *cimice*, kalabr. *pedukkya* u. s. w.

3. Der Numerus.

334. Das Italienische zeigt vier Arten, den Plural zu bilden: es ersetzt den auslautenden Vokal des Singulars durch *e* oder *i* oder *a* oder *ora*. Und zwar ist die Verteilung die folgende, wobei zugleich das Geschlecht angegeben wird.

I. Sing. *a* Plur. *e* Fem.
II. » *a* oder *o* » *i* Mask.

III.	Sing. *e*	Plur. *i* Mask. u. Fem.
IV.	» *o*	» *a*	Sing. Mask.
V.	» *o*	» *ora*	Plur. Fem.
VI.	» *o*	» *e*	
VII.	» *e*	» *e* Fem.	

Dazu kommt als 8. Klasse die Pluralbildung durch Umlaut oder Konsonantenveränderung, als 9. die Indeklinabilia. Damit sind alle Typen erschöpft, sehen wir vom Sardischen ab, das infolge der Bewahrung des auslautenden *s* eine Stelle für sich einnimmt. Der Litterärsprache gehört heute nur I—IV an, V—VII sind auf die ältere Zeit und auf die Mundarten beschränkt, wo sich übrigens noch einzelne weitere Formationen finden. Mit dem Lateinischen verglichen deckt sich I im Ganzen mit der ersten Deklination, II^a entspricht ebenfalls der ersten, II^b der zweiten und vierten, III der dritten und fünften, IV enthält die Neutra der zweiten und vierten, V die neutralen *s*-Stämme, VI ist eine besondere Entwickelung von IV, VII von III. Zu VIII gehören fast nur Maskulina, zu IX die oxytonirten Wörter, diejenigen auf *-i* und im Altitalienischen sowie noch heute im Süden die Feminina auf *-o*.

335. Die erste Klasse, Singular *-a*, Plur. *-e*, entstanden aus lat. *-a*, *-ae*, umfasst ausser den Femininen der lateinischen ersten Deklination auch solche der dritten, vierten und fünften. So haben wir *nuora* und *suocera*, deren Grundlagen *nura*, *socra* statt *nurus*, *socrus* übrigens schon auf lateinischen Inschriften sehr oft auftreten, dann *rabbia*, *scabbia*, *faccia*, *ghiaccia*, altital. *diu*. Namentlich treten zahlreiche Feminina aus der dritten über.: *suora*, *mogliera*, *grata*, *ghianda*, *lita*, *fascia*, *pancia*, *frana*, *ferrana*, *cespita*, *greggia*, *poppa*, *fronda*, *lenta*, *scura*, *siepa*, *pesta*, *vesta*, *apa*, *cota* Sacch. 51, *ossa*, *canzona*, *sementa*, *pasciona*, *falciu* Pulci 27, 66, *lapida* 2, 30, *tossa* 4, 88, *siedu* Bocc. Am. Vis. 17, *grua*. Dann *sala* die Achse, aus *l'usale*, woraus zunächst *la sale*, ferner einige Neutra pluralis § 329, *tribuna*, die griechischen Wörter auf *-ma* § 332, und andere griechische Wörter wie *madia*, *ancona*, *lampuna*, *domada*. Vereinzelt und nicht recht klar ist *redu* aus *heres*. *Lodu* und *froda* sind wol eher als Postverbalia zu fassen, *sorta* ist französisches, *fusta* griechisches Lehnwort. Weit mehr bieten die Mundarten. *La mana* ist vulgärtoskanisch, vgl. *le mane* Pulci 7, 64, *apa* für *apis* siz., kalabr., emil., aven.; *ega* die Nadel aretinisch, *aga*, *aha* abruzzesisch, zu *rabbia* gesellt sich sard. *sanga*; im Romagnolischen wird die ausdrucksvolle Endung *a* für Feminina der indifferenten *-e* sehr häufig vorgezogen: *bota*, *burazna*, *felsa*, *felza* (*falce*), *furnesa*, *lenta*, *pesta*, *polsa*, *pomsa*, *rudisa*, *freva* MUSSAFIA, Romg. § 236. Das Lombardische, namentlich das

Stadt-Mailändische, geht weniger weit, vielleicht etwas gehemmt durch den Einfluss der Schriftsprache, vgl. übrigens *vertesa*, wohl' aber zeigen die tessiner Mundarten wieder zahlreiche Beispiele, so führt SALVIONI, Arch. Glott. IX 227 an: *tossa, tora, süra (scure), fela, fornasa, larza, sarza, spiena, pessa (pece), nosa (noce)*, und S. 259 *kala, frosa (forbice)*, dann das genues. *serventa, dota, popa, tosa*, Arch. Glott. X 157, aven. *bota, fornasa. nusa, osta, pernisa, vida, volpa* in den Glossarien, bei Ruzante *fievra, fornasa*. Ebenso im Süden vgl. *reita, peća (pece), senepa, ćenęra, tośa* u. s. w. in Campobasso, kalabr. *tussa, turra. ćinnera* u. s. w., *karna, ćestunyia* u. s. w.; *varila, kanala, luma* in den Abruzzen, tarent. *peḍḍa, pilusina (fuligine), pitiśina (impetigine)*. Von besonderem Interesse sind emil. lomb. *pulga, pluga* und ital. *rádica*, wo also das *a* schon in einer Periode eingetreten wäre, wo *c* vor *e* noch gutturale Geltung hatte. Während die weite Verbreitung eines Typus *rādica*, namentlich auch in germanischen Sprachen, das hohe Alter des Wortes zu sichern scheint, ist für *pulica* die Annahme einer jüngeren Entstehung schon darum nötig, weil das Wort sich auf engerem Gebiete findet und weil es im Lateinischen noch Masculinum ist. Etwas anders geartet ist ven. *piera pomega*, wo *pumex* adjektivisch gebraucht wurde: *pumicus, pumica*. Auch die griechischen Wörter auf η treten zuweilen in diese Klasse hinüber, so gebraucht Varchi *sincopa* Erc. 3, vgl. *strofa, pentecosta*.

336. Das Altitalienische zeigt nun mehrfach -*i* als Plural der Feminina auf -*a*. Am häufigsten findet man wohl *le porti*, das selbst Boccaccio 3, 2 gebraucht, das HIRSCH, Zs. X 58 aus dem Senesischen belegt, das sich bei dem Pisaner Sardo 176, 134, 143, 150, 164 u. s. w. findet, dann aber auch *festi, veni, spalli, erbi, le calendi* Bocc. 3, 8, *veni* 7, 5, *pagini*, vgl. NANNUCCI S. 259 ff. In den einen und andern Beispielen darf man wohl Accusative sehen, so ist z. B. bei *calendae* das Überwiegen des Accusativs über den Nominativ ganz natürlich. In *porti* scheint *porto* mit *porta* verwechselt, in *festi* hat vielleicht *giorni*, in *pagini* die Subsatntiva auf -*aggini* Einfluss geübt, bei *erbi* ist ein vulglat. Neutrum *ervus*, vgl. *erborare*, in Betracht zu ziehen: neben Plur. auf -*ora* stehen sonst solche auf -*i*, nicht auf -*e*. Einige der von HIRSCH, Zs. X 58 angeführten dürften auf blossen Schreibfehlern beruhen[1]).

337. Die Klasse II^a Singular -*a* Plural -*i* umfasst die Masculina

---

[1]) Anders D'OVIDIO, Arch. Glott. IX 90 der darin Einfluss der Feminina der 3. Dekl. sieht. Es strebt aber im Gegentheil die Sprache danach, die Endung der Fem. I auf III zu übertragen, s. § 347.

auf -*a*. Wir sehen hier die Tendenz, allen männlichen Substantiven im Plural dieselbe Endung zu geben, auch im Toskanischen durchgeführt, während eine ähnliche Regel für die Feminina sich zwar in manchen Dialekten und in der älteren Schriftsprache findet, nicht aber zum Durchbruch gekommen ist, s. § 347. Übrigens ist zu bemerken, dass die alte Sprache oft noch *e* zeigt, so *eresiarche* Dante Inf. IX 127, *omicide* Inf. XI 37, *pirate* Inf. XXVIII 83 u. s. w. oder aber die betreffenden Wörter gar nicht flektirt: *li papa* Sardo 115, *li duca* Intell. 240, 253, 262 und asen. *li omicida* Zs. X 58, aneap. *li poeta* Kat. II 409, und noch heute im Mailändischen SALVIONI 116. Dass das *i* erst spät angetreten ist, ergiebt sich auch daraus, dass die Gutturalen unverändert bleiben: *collega, colleghi, duca, duchi,* woneben *collegi* bei Sacchetti einigermaassen überrascht. — Zu dieser Klasse schlagen sich auch die griechischen Neutra auf *ma,* wie *dramma, tema, epigramma* u. s. w., sofern sie nicht Feminina geworden sind § 332.

338. Die Klasse II^b Sg. -*o*, Plur. -*i* = lat. -*us*, -*um*, -*i* umfasst die Maskulina und den grössten Theil der Neutra der lateinischen zweiten. Ebenso hat sich die vierte zu ihr geschlagen. Mit Ausnahme von *la mano, le mani* sind alle ihr zugehörigen Substantiva männlich. Aus der dritten lateinischen sind einmal die neutralen *s*-Stämme zu ihr übergetreten: *tempo, tempi, lato, lati* u. s. w. § 325. Dann *baccano* aus *baccana(l), capo, marmo* aus *marmo(r), zolfo, sastro,*[1] *ladro* und andere Nominative, s. § 314, dann *albero,* vielleicht aus *albore* umgestellt, *passero*, *assero, fascio, pescio, comito, consolo, crino, otro, fusto, salcio, tralcio, codico, sorcio, ghiro, consorto, vermo* bei Dante, *collò* ebenda, *sorco* Inf. XXII 58, *alfabeto, fantasmo, pirato, piloto.* Auch in den Mundarten, die -*o* bezw. -*u* bewahren, treten Maskulina der dritten häufig in die zweite über, vgl. lecc. *apu,* kalabr. *prisiepu, travu, carceru, assu* und sogar *nominu,* während *sangu* aus *sangue* vielleicht lautlich zu erklären ist, vgl. § 128. Sodann im Genuesischen, wo FLECHIA, Arch. Glott. X 157 aus alter Zeit anführt *arboro, grezo (gregge), marmaro, martiro, pontifico, principo, pexo, setembro, sorfaro, vermo, sacerdoto,* bei Bonvesin *prencepo, fiumo, consolo.* Auch die Glossare bieten manches Beispiel: *azalo, erpego, frado, cano, principo, sacerdoto* u. a. MUSSAFIA 18. *Principo* begegnet auch bei Fra Paolino, Uguçon und in den Prov. Auf *abadho* u. a. bei Uguçon TOBLER, S. 20 ist wenig Gewicht zu legen, da *o* wahrscheinlich gar nicht gesprochen wurde, allerdings findet sich gerade *abhado* auch in der Cron. Imp. — Beachtenswerth ist der Stammauslaut in *sorco,* das wol erst von *sorci* nach dem Muster *porco : porci* gewonnen ist, dann aven. *pontifico* Cron. Imp., *codego*

Fra Paol.; in nordital. *erpeg* = *erpice* Arch. Glott. II 9 Anm. wird das Verbum *erpegar* von Einfluss gewesen sein.

339. Unter den Besonderheiten dieser Deklination ist zunächst hervorzuheben der Vokalunterschied zwischen *dio* und *dei*, der sich aus der Lautlehre erklärt, s. § 96. Ferner die Stammverschiedenheit in *uomo*, Plur. *uomini*, der aber die Mundarten theils einen Singular *uomine*, theils einen Plural *uomi* entgegenstellen, so im Chrysostomus, in Piazza Armerina und im Altgenuesischen Arch. Glott. I 158. Im Weiteren dann die Flexion Sing. *-aio*, Plur. *ari* : *notaio*, Band. Lucc. 175, 203, 228, *notari* 179, 220, 228, *denaio* 228, *danari* 221, 222, *milliaio* 215, *portonari* 218, *massari* 217, *calzolaio* Graz. 236, *genaio*, *febraio* 236, *calzolari* 239, *tegolari* u. a. 240, aus der sich wohl auch *Romeri* zu *Romeo* Intelligenza, *Giuderi* zu *Giudeo* XIV Scritt. 27 erklärt. Im Weitern sind zu besprechen die Plurale auf *-ai*, *-ei* statt *-ali*, *-elli*. Aus den sorgfältigen Untersuchungen von CAIX, Orig. 208 ergiebt sich, dass die auch heute nur der Dichtersprache erlaubten Formen *cavai*, *capei*, *animai*, *figliuoi* der ältesten toskanischen Prosa und selbst Francesco da Barberino noch fehlen, dass nur in der Tavola Rotonda *cavagli*, *capegli* u. dgl. erscheinen und dass diese Formen mit *l* allerdings in senesischen, vorab aber in umbrischen Texten zu finden sind (vgl. dazu § 110). Erst Guittone d'Arezzo und der Verfasser der Intelligenza führen sie dann in die Litterärsprache ein und ihnen folgen andere Dichter, selbst Dante, vgl. *animai* Inf. II 2, *figliuoi* Inf. XXIII 48, *augei* Purg. XXIV 26 u. a., ZEHLE S. 42. Endlich was den stammauslautenden Guttural betrifft, so kann wohl als Regel gelten, dass er vor dem *i* des Plurals durch den Palatal ersetzt wird, vgl. *amico*, *amici*, *porco*, *porci*, *mendico*, *mendici*, *monaco*, *monaci* u. s. w. Es giebt nun aber eine Reihe Ausnahmen zu der Regel. *Antico* bildet *antichi*, doch erklärt sich das ohne Weiteres aus lat. *anticus*, *antiqui*, vgl. übrigens aven. *antisi* nach *amisi* Paol. XLV 4, Pass. Ver. 36, ferner *fichi* zu *fico*, erst jüngerer Plural an Stelle des alten *fico* = *ficus* s. § 352, *fuochi* an Stelle des älteren *fuocora*, *luoghi* für *luogora*, *laghi* für *lagora*, *giuochi*, *cuochi* richten sich nach *fuochi*. *Carico* ist erst ein jüngeres, romanisches Wort, palatalisirt deshalb sein *c* auch nicht, also *carichi*, desgleichen *manico*, *fondaco*. Ebenso wenig die Buchwörter *grechi*, *maghi*. neben welchen die alten festen Verbindungen *vini greci*, *i tre re magi* bemerkenswerth sind. Die Mundarten führen die Ausgleichung zwischen Singular und Plural weiter durch, so lautet der Plural zu *amig* wieder *amigi* in Lugo. Andrerseits verschleppen vorwiegend im Plural gebrauchte Wörter den Palatal in den Singular, vgl. mail. *fong* und *sparg* = *fungo*, *sparago*, deren Entstehung aus dem Plural SALVIONI.

Mail. 252 richtig erkannt hat. *Spareso* findet sich auch im Venezianischen, *funǧo, funčo* im Süden. Auch abruzz. *bufuče* = *bifolco* wird *č* vom Plural bezogen haben, ebenso *yunǧe, porče*. Zweifelhafter bleibt lomb. *amis*, paduan. *amiso*, die man zwar auch von *amici* herleiten könnte, obschon gerade bei diesem Worte eine Umgestaltung des Singulars nach dem Plural auffällig wäre. Dazu kommt, dass auch das Prov. und Afrz. *amis* mit festem *s* kennt, eine Herleitung dieses *amis* aus *amici* aber fürs Provenzalische ausgeschlossen ist. Die Erklärung bleibt noch zu finden¹).

340. Die dritte Klasse enthält die Substantiva der lateinischen dritten Deklination und diejenigen der fünften, die sich nicht zur ersten geschlagen haben, also *fede, meriggie, madiere* u. a. Ausserdem hat sie aber auch von der ersten und zweiten Zuwachs bekommen. Aus der ersten übergetreten sind *ala, redina, arma*. Bei Sacchetti liest man noch *le arme* 119. Der Deklinationswechsel hat in diesen Wörtern auf dieselbe Weise stattgefunden, wie in den § 329 besprochenen Fällen derjenige vom Neutrum pluralis zum Femininum singularis, die Plurale *ale, arme* werden in kollektivem Sinne zu Singularen. Aus der zweiten sind zeitweilig übergetreten *pomo*, vgl. *il pome* Dante Purg. XXV 47, Pulci 2; 8; S, 89; *fume* neben *fumo* und das Buchwort *fime* neben *fimo*. Der Übergang wurde hervorgerufen durch die zahlreichen Wörter auf *-ame, -ume, -ime*, ebenso schliesst sich *patronus* an die vielen Bildungen auf *-one* an, daher *padrone*. Dann im Suffix *-iere* = *arius*, das aber allerdings nur indirekt hierhergehört, da es nämlich aus dem Französischen stammt. Von unregelmässigen Bildungen ist *bue*, Pl. *buoi* nach § 96 zu nennen. Suffixvertauschung liegt vor in *carpine* aus *carpinus*, das sich an andere Wörter auf *-ine* angeschlossen hat. vgl. auch *modine* neben *modano* und venez. pad. *frassine*. Dagegen entsprechen dem ital. *folice* und *folaga* schon im Lateinischen die Doppelformen *fulex* und *fulica*. Nicht recht klar ist *macine* aus *macina*. Es könnte sich wie *redine* erklären oder aber wie *carpine*. Aven. *zenere* (*zenero*) Arch. Glott. IV 262 dagegen dürfte *zener* lauten. Auffällig sind *la sore, la mane* im altvenezianischen Exempelbuch 999, 563. *mane* auch Paol. Nicht recht klar ist *la tempre* bei Alamanni im Reime. *aste* Pulci XVIII 66. In *porte*, z. B. *porte S. Piero, porte del Duomo, porti san Brancazio e porte santa Maria* Villani III 2 mag eigentlich Plural vorliegen.

---

1 Ich kann auch Ascoli's Auffassung, Arch. Glott. II 433 Anm. nicht beistimmen, wonach *amis* ein alter Nominativ sei. Gesetzt, der Ausfall des *o* sei in Norditalien wie in Frankreich älter als der Schwund des *s*, so bleibt doch immer merkwürdig einmal, dass der Nominativ geblieben ist und dann, dass in Frankreich *amis* neben *ami* als Accusativ dient.

Fra Paol.; in nordital. *erpeg* = *erpice* Arch. Glott. II 9 Anm. wird das Verbum *erpegar* von Einfluss gewesen sein.

339. Unter den Besonderheiten dieser Deklination ist zunächst hervorzuheben der Vokalunterschied zwischen *dio* und *dei*, der sich aus der Lautlehre erklärt, s. § 96. Ferner die Stammverschiedenheit in *uomo*, Plur. *uomini*, der aber die Mundarten theils einen Singular *uomine*, theils einen Plural *uomi* entgegenstellen, so im Chrysostomus, in Piazza Armerina und im Altgenuesischen Arch. Glott. I 158. Im Weiteren dann die Flexion Sing. -*aio*, Plur. *ari* : *notaio*, Band. Lucc. 175, 203, 228, *notari* 179, 220, 228, *denaio* 228, *danari* 221, 222, *milliaio* 215, *portonari* 218, *massari* 217, *calzolaio* Graz. 236, *genaio*, *febraio* 236, *calzolari* 239, *tegolari* u. a. 240, aus der sich wohl auch *Romeri* zu *Romeo* Intelligenza, *Giuderi* zu *Giudeo* XIV Scritt. 27 erklärt. Im Weitern sind zu besprechen die Plurale auf -*ai*, -*ei* statt -*ali*, -*elli*. Aus den sorgfältigen Untersuchungen von Caix, Orig. 208 ergiebt sich, dass die auch heute nur der Dichtersprache erlaubten Formen *cavai*, *capei*, *animai*, *figliuoi* der ältesten toskanischen Prosa und selbst Francesco da Barberino noch fehlen, dass nur in der Tavola Rotonda *cavagli*, *capegli* u. dgl. erscheinen und dass diese Formen mit *l* allerdings in senesischen, vorab aber in umbrischen Texten zu finden sind (vgl. dazu § 110). Erst Guittone d'Arezzo und der Verfasser der Intelligenza führen sie dann in die Litterärsprache ein und ihnen folgen andere Dichter, selbst Dante, vgl. *animai* Inf. II 2, *figliuoi* Inf. XXIII 48, *augei* Purg. XXIV 26 u. a., Zehle S. 42. Endlich was den stammauslautenden Guttural betrifft, so kann wohl als Regel gelten, dass er vor dem *i* des Plurals durch den Palatal ersetzt wird, vgl. *amico*, *amici*, *porco*, *porci*, *mendico*, *mendici*, *monaco*, *monaci* u. s. w. Es giebt nun aber eine Reihe Ausnahmen zu der Regel. *Antico* bildet *antichi*, doch erklärt sich das ohne Weiteres aus lat. *anticus*, *antiqui*, vgl. übrigens aven. *antisi* nach *umisi* Paol. XLV 4, Pass. Ver. 36, ferner *fichi* zu *fico*, erst jüngerer Plural an Stelle des alten *fico* = *ficūs* s. § 352, *fuochi* an Stelle des älteren *fuocora*, *luoghi* für *luogora*, *laghi* für *lagora*, *giuochi*, *cuochi* richten sich nach *fuochi*. *Carico* ist erst ein jüngeres, romanisches Wort, palatalisirt deshalb sein *c* auch nicht, also *carichi*, desgleichen *manico*, *fondaco*. Ebenso wenig die Buchwörter *grechi*, *maghi*. neben welchen die alten festen Verbindungen *vini greci*, *i tre re magi* bemerkenswerth sind. Die Mundarten führen die Ausgleichung zwischen Singular und Plural weiter durch, so lautet der Plural zu *amig* wieder *amigi* in Lugo. Andrerseits verschleppen vorwiegend im Plural gebrauchte Wörter den Palatal in den Singular, vgl. mail. *fong* und *sparġ* = *fungo*, *sparago*, deren Entstehung aus dem Plural Salvioni.

Mail. 252 richtig erkannt hat. *Spareso* findet sich auch im Venezianischen, *funǵo, funćo* im Süden. Auch abruzz. *bufucę = bifolco* wird *ć* vom Plural bezogen haben, ebenso *yunǵe, porće.* Zweifelhafter bleibt lomb. *amis*, paduan. *amiso,* die man zwar auch von *amici* herleiten könnte, obschon gerade bei diesem Worte eine Umgestaltung des Singulars nach dem Plural auffällig wäre. Dazu kommt, dass auch das Prov. und Afrz. *amis* mit festem *s* kennt, eine Herleitung dieses *amis* aus *amici* aber fürs Provenzalische ausgeschlossen ist. Die Erklärung bleibt noch zu finden [1]).

340. Die dritte Klasse enthält die Substantiva der lateinischen dritten Deklination und diejenigen der fünften, die sich nicht zur ersten geschlagen haben, also *fede, meriggie, madiere* u. a. Ausserdem hat sie aber auch von der ersten und zweiten Zuwachs bekommen. Aus der ersten übergetreten sind *ala, redina, arma.* Bei Sacchetti liest man noch *le arme* 119. Der Deklinationswechsel hat in diesen Wörtern auf dieselbe Weise stattgefunden, wie in den § 329 besprochenen Fällen derjenige vom Neutrum pluralis zum Femininum singularis, die Plurale *ale, arme* werden in kollektivem Sinne zu Singularen. Aus der zweiten sind zeitweilig übergetreten *pomo*, vgl. *il pome* Dante Purg. XXV 47, Pulci 2; 8; S, 89; *fume* neben *fumo* und das Buchwort *fime* neben *fimo.* Der Übergang wurde hervorgerufen durch die zahlreichen Wörter auf -*ame,* -*ume,* -*ime,* ebenso schliesst sich *patronus* an die vielen Bildungen auf -*one* an, daher *padrone.* Dann im Suffix -*iere = arius,* das aber allerdings nur indirekt hierhergehört, da es nämlich aus dem Französischen stammt. Von unregelmässigen Bildungen ist *bue,* Pl. *buoi* nach § 96 zu nennen. Suffixvertauschung liegt vor in *carpine* aus *carpinus,* das sich an andere Wörter auf -*ine* angeschlossen hat. vgl. auch *modine* neben *modano* und venez. pad. *frassine.* Dagegen entsprechen dem ital. *folice* und *folaga* schon im Lateinischen die Doppelformen *fulex* und *fulica.* Nicht recht klar ist *macine* aus *macina.* Es könnte sich wie *redine* erklären oder aber wie *carpine.* Aven. *zenere* (*zenero*) Arch. Glott. IV 262 dagegen dürfte *zener* lauten. Auffällig sind *la sore, la mane* im altvenezianischen Exempelbuch 999, 563. *mane* auch Paol. Nicht recht klar ist *la tempre* bei Alamanni im Reime. *aste* Pulci XVIII 66. In *porte,* z. B. *porte S. Piero, porte del Duomo, porti san Brancazio e porte santa Maria* Villani III 2 mag eigentlich Plural vorliegen.

---

1 Ich kann auch Ascoli's Auffassung, Arch. Glott. II 433 Anm. nicht beistimmen, wonach *amis* ein alter Nominativ sei. Gesetzt, der Ausfall des *o* sei in Norditalien wie in Frankreich älter als der Schwund des *s*, so bleibt doch immer merkwürdig einmal, dass der Nominativ geblieben ist und dann, dass in Frankreich *amis* neben *amie* als Accusativ dient.

341. In die vierte Klasse gehören die lateinischen Neutra der 2. Deklination. Es ist aber zu bemerken, dass bei Weitem nicht alle ihren Plural behalten haben, sondern dass sich nur eine kleine Zahl gerettet hat, meist solche, deren Plural auf -*a* kollektive Bedeutung hat. In vielen Fällen stehen Plurale auf -*i* und -*a* neben einander, wobei dann meist jener eine Mehrheit von Einzelheiten, dieser eine Gesammtheit ausdrückt, vgl. *ossi* Knochen, *ossa* Gebeine. Es gehen übrigens die Dialekte hier ziemlich stark auseinander, denn während der Norden und Sardinien die Bildung auf -*a* fast gar nicht kennt, nimmt sie überhand, je weiter man nach Süden kommt. Den Grund für diesen wesentlichen Unterschied zwischen den Mundarten diesseits und jenseits des Apennins, sowie dafür, dass die *a*-Plurale mit weiblichem Artikel und Adjektiven verbunden werden, wird § 344 bringen. Eine Materialsammlung giebt L. L. BONAPARTE, On neuter neo-latin substantives. Transact. philolog. Society 1880—1881, 15*—64*. In erster Linie mögen die von der heutigen Schriftsprache anerkannten verzeichnet werden. Es sind einmal paarweis vorkommende Körpertheile: *braccia, calcagna, ciglia, corna, ginocchia, labbra*, nebst *membra* und *ossa*. Ihnen schliessen sich zwei alte Maskulina an: *gomita* und *dita*. Da so die Endung -*a* bei Körpertheilen meist kollektiv ist, so wird auch *orecchia* als Plural gefasst, vgl. *le orecchia* Ditam. IV 11 und erhält den Singular *orecchio*, vgl. *gli orecchi* Bocc. 3, 3. Desgleichen sagt man *le unghia, le mascella, le nocca, guancia*, wozu allerdings ein Singular *unghio, nocco* noch nicht geschaffen scheint. Weiter ist die Kollektivbedeutung klar in *legna* Brennholz, *frutta* Obst, *uova, fila* Charpie, auch noch *fondamenta*, in *risa* Gelächter, wonach *grida*, weniger in *castella, fastella, lenzuola*, nach welchem *le coltra* gebildet wird, und in *mura* und *sacca*, die im Lateinischen noch Maskulina waren. Endlich bleibt noch das Buchwort *gesta* Heldenthaten, das zwar von dem modernen Sprachgefühl oder wenigstens von den Grammatikern als Plural zu *gesto* = *gestus* gefasst wird, aber im Grunde ein ganz anderes Wort ist. Für sich stehen Zahlbezeichnungen: *paja, miglia, centinaja, migliaja*. Volkssprache und Schriftsteller aber kennen noch sehr viel mehr Beispiele und zwar geht die ursprüngliche Bedeutung des -*a* meist verloren. Auf lateinischen Neutren beruhen *ferravecchie*, vgl. *ferra* Intelligenza 167, *letta* Sacchetta 48, Bocc. 2, 7, *tetta* Sacch. 86, *fila* Pulci 5. 44, *mulina, mascella* bei Berni und Pulci 2, 23, *quadrella* Pulci 8, 8, *suola*, das noch mit zu den Körpertheilen gerechnet werden kann, auf Maskulinen *fusa, passa* Ariost Cass. 21; *cogna* Sacch. 53, *grada, coltella* Bocc. 2 7, Sacch. 98, *martella* Celleni, *pugna* Faustschläge Bocc. 21, Sacch. 24, *tona* Intell. 109. Dann ist noch *terga* zu nennen bei Monti, *fascia*, ferner italienische Neubildungen wie *foro*, das Loch, Plur. *fora* Dante Purg. XXI 83, *ciondola* Ohrring bei Buonarroti Fiera II 1, 13, wieder Bezeichnung eines paarweise vorkommenden Gegenstandes, *le grida ed urla* Guicciardini IX, *guscia*. Aus der dritten Deklination wüsste ich nur *le crina* bei Ristoro d'Arezzo anzuführen, der damit ein *le coma* verbindet, das übrigens auf ein vulgärlateinisches *crina*, das Haar in kollektivem Sinne zurückgeht, daher jetzt bologn. *la kreina*. Bei dem Pisaner Sardo finden sich *murella* 243, *quadrella* 143, *balestra* 102, 132, *carra* 118, *mulina* 97. *istaca* 117, *paramenta* 79. Das heutige Montalese kennt dagegen nach NERUCCI nur *prata*, *dita*, *frutta*. — Sonst mag aus Schriftstellern noch erwähnt werden: *son sette le mortal peccata* bei Cecco de Angiolieri (Nuova Antol. XXV 24), *le letta* 26, *cogna* 23, *cuoia* 28; bei Guido Cavalcanti steht *le cammina* 41, 12; in den Seneser Statuten liest man *commandamenta*, *uscia*, *ordinamenta*. Dagegen wird *fata* bei Dante Inf. IX 97 Latinismus sein und dem Reime zu Liebe scheint *le sepoltura* Intell. 103 zu stehen.

342. Gehen wir nach dem Süden, so sind wie gesagt die Formen noch häufiger. So in den Croniche Aquiline: *castella* 59, 77, *proverbia* 104, *balestra* 423, *manchanella* I 424, II 117, *forna* 532, *letta* 722, *poma* 778, *monestera* 795, *baca* 775, *cancella* 598. In hist. Rom. frg. *vestimenta* 1, 9, *fonnamenta* 1, 8, *adornamenta* 1, 9, *castella* 1, 9, *vasella* 1, 8, *palazza* 1, 9, *carra* 1, 9, *cortella* 1, 10, *valestra* 1, 12, *santuaria* 1, 10, *rescovata* 1, 11. Bei Cola di Rienzi *homicidia* 377, *adulteria* 399, *ornamenta* 405, *casamenta* 489, *vestimenta* 417, *castella* 415, *tavolata* 427, *steccata* 427, *demonia* 433, *oliveta* 507. Bei Rusio *studia* 5, *signa* 13, 81, *cannella* 69, *merita* 73, *frena* 79, *principia* 85, *rimegia* 85, 153, *vitra* 91, *nara* 125, *nasa* 133, *solara* 197, 6, *intestina* 191 u. s. w. Einige dieser Wörter können Latinismen sein, doch zeigt ein Blick auf die heutigen Mundarten, dass in der That *a* sehr an Ausdehnung gewinnt. L. BONAPARTE führt aus dem Neapolitanischen an: *annella*, *karkaña*, *karra*, *červella*, *čellevrella*, *četrola*, *cornečella*, *kotoña*, *kresommola*, *koyera* (*cuoia*), *korna*, *denokkya*, *detella*, *deta*, *forna*, *fosa*, *grana*, *goveta*, *lenzola*, *leña*, *milara*, *mila*, *mela*, *moya*, *mura*, *nereva*, *nespola*, *nodeka*, *palara*, *para*, *pedamenta*, *perkoka*, *pertosa*, *pedeta*, *pera*, *pruna*, *ponia*, *stentina*, *sorva*, *telara*, *telleka*, *tommola*. Aus Südkalabrien: *kukudḍa*, *ferra*, *filetta*, *tumara*, *mustazzola*, *magametta*[1]), *appartamenta*, *fikata*, *granara*, *grupuna*, *peramenta*, *stentina*, *orta*,

---

[1]) Als Bedeutung vird Teufel angegeben; das Wort stammt selbstredend von dem Eigennamen *Mahomed*.

restita u. s. w. Ausserordentlich zahlreich sind die Plurale im Sizilianischen. Da hier *-e* und *-i* zusammenfallen, so war eine Möglichkeit, die beiden Geschlechter formell zu trennen, ausgeschlossen. Da nun aber ein Theil der Substantiva (Maskulina) auf *-u* den Plural auf *-a* bilden, so wurde nach und nach *a* überhaupt zum Suffix der Maskulina verwandt. Der Process ist ein allmählicher und heute noch nicht abgeschlossen. Die alten Texte bieten noch wenig Beispiele: *yorna, mura, ligna, ornamenta, vestimenta, fundamenta*, vgl. auch PARISELLE S. 38. Heute aber hat *a* gewaltig um sich gegriffen, wie das folgende Verzeichniss zeigt, dem Pitré's Glossar zu den Sprüchwörtern zu Grunde liegt. Es bilden den Plural auf *a* die Nomina actoris auf *-turi*: *muscaturi, tinčituri*, auf *-aru*: *mulinaru, vurdunaru, mmunnizzaru, čirkittaru, pastizzaru*, auf *-eri*: *rigatteri, guččeri*, Bildungen auf *-uni*: *skupuni, skirpiuni, skaluni, kudduruni (foccaccia), timpuluni, garzuni*, auf *-olu*: *firriolu, mariolu*, ferner *quaggyareḍḍu* (ventricolo degli animali ruminanti), *rinoleḍḍu, carrateḍḍu, munzeḍḍu, quasaru (calzare), rinali (orinale), sdirubbu, čitrolu, kaskavaḍḍu (caciocavallo), kyumazzu, krivu, tammuru, lebbru (lepus), strunzu, kurtiggyu, tumazzu* (Art Käse), *vapuri, paggyaloru, oggyaloru, peditu, pinninu (pendio), spitu, niggyu, tümminu* u. s. w. Nach Norden reicht *-a* nicht. Sardinien fehlt es völlig und für das südliche Korsika bringt FALCUCCI bei Pap. 579 *li preta, li pecura, li fiora, li gona* »e simili« und es dürfte allerdings die Qualität der Beispiele für ziemlich starke Ausdehnung des *a* sprechen. Im Bolognesischen finden wir *karra, dida, fila, leña, meya*, im Romg. *brazza, kara, kozza, dida, fila, fusa, mella, miera (miglicja)*, s. MUSSAFIA, Romg. § 245. Bonvesin kennt nur *milia* und *paira*, dazu neumail. *brazza* = Ellen, *dida, karra*, wogegen im Venezianischen und im Genuesisch-piemontesischen die Beispiele völlig fehlen, *maria* bei Ruzante ist Latinismus, *dea* bei Calmo ist als Maassangabe zu betrachten.

343. Um noch mal darauf zurückzukommen, dass im Toskanischen die Plurale auf *-a* Kollektivbedeutung haben, so ist noch zu bemerken, dass die alte Sprache zuweilen bei demselben Worte ohne Verschiedenheit der Bedeutung mit *-a* den Plural, mit *-i* die Mehrzahl von Einzelheiten angiebt. So sagt Sacchetti 48 *le letta* aber *uno di quei letti*, ähnlich Boccaccio *uno dei diti* 2, 1, der Dichter der Intelligenza *le demonia* 151 aber *dei demoni* 152, 153, 154.

344. Der Norden hat dafür Plurale auf *-e*, mit andern Worten, der Übergang vom Neutrum plurale zum Femininum plurale, der im Centrum und Süden nur bei Artikel, Pronomen und Adjektivum stattgefunden hat, ergreift hier auch das Substantivum. Ob auch die

Toskana solche Formen kennt, ist fraglich. GIULIANI verzeichnet in seinen Delizie del volgar Toscano I 398 *le fusa* aber *il vota fuse*, von *filaccio* ist *filaccia* und *filacce* gebräuchlich. Auf *membre* bei Dante Inf. XXIX 51 im Reime, *le bodelle* Intell. 279 ist nichts zu geben, ebenso wenig auf einige Beispiele bei den alten Lyrikern, CAIX, Origini 207, eher auf *vestigie* bei Dante und Cellini. Trotzdem kann man sie wohl der Toskana absprechen. Wohl aber erscheinen sie südlich in Rom, wenigstens bezeichnet BONAPARTE *bračče*, *budelle*, *ǵinokkye*, *labre* als römisch, ferner nördlich *anelle*, *korne*, *dinokye*, *dite*, *labre*, *lamente*, *stride*, *membre* u. s. w. als nordkorsisch. Dann also finden sich solche Formen in allen norditalienischen Mundarten, vgl. romg. *oss, koren, ov*, die auf *osse, korne, ove*, nicht auf *ossa, korna, ova* beruhen, auch *znočč*, amail. *brace, membre, osse, ove, castelle, carre, die, gomedhe* bei Bonvesin, MUSSAFIA § 86; *ydole* bei Bescapè 142, apaduan. *brazze, buelle, cegie* bei Ruzante, aven. *braze, ydole, budele, dede, osse* bei Fra Paolino und in der Cronica; *vestimente, pradhe, braçe* Uguç. ; agen. *membre, pecae, rame, idole, done, calcagne, ove*, auch *reme, nie (nidi)* u. a. Arch. Glott. X 158. Aus seiner ferraresischen Muttersprache führt Ariost *le ginocchie* in die Litteratur ein Cass. 5, 1, Sat. lV, ebenso *membre* Ariost Sat. VII. Wenn schliesslich Dante *frutte* Inf. XXXIII 119, *membre* Inf. XXIX 51, Purg. VI 147, *calcagne* XII 21 braucht, so beachte man, dass alle diese Formen im Reime stehen: — Der Grund nun für diesen wesentlichen Unterschied in der Behandlung des Neutrum pluralis zwischen Nord und Süd ist wohl zu suchen in der verschiedenen Behandlung des *-s*. Die Entwicklungsgeschichte des Plurals auf italienischem Boden stellt sich in Kürze folgendermaassen dar:

    I. Periode Nom. *illi cavalli*   *illae coronae*   *illa membra*
               Acc. *illos cavallos*   *illas coronas*   *illa membra*

    II. Periode. Das *s* des Accusativ pluralis tritt im Artikel und im Adjektivum und Pronomen auch an das Neutrum, und die daraus resultirende Gleichheit des Neutrums mit dem Femininum zieht auch im Nominativ gleiche Formen nach sich:

              Nom. *illi cavalli*   *illae coronae*   *illae membra*
              Acc. *illos cavallos*   *illas coronas*   *illas membra*.

    III. Periode. Das *s* verstummt im Süden und Centrum, der Accusativ geht verloren. Im Norden bleibt *s* bestehen, der Ausgleichungsprocess schreitet weiter, die neutralen Substantiva nehmen die Form des Artikels an. Also

        Süden: *illi cavalli*   *illae coronae*   *illae membra*
        Norden: *illi cavalli*   *illae coronae*   *illae membrae*
                  illos cavallos   *illas coronas*   *illas membras*.

§ 344. 345. 346.] Nominalflexion. 197

Dann tritt hier Abfall des *s* und Verlust des Accusativs ein. Im Sardischen, wo -*s* stets bleibt, verschwinden dann die Neutra völlig. Diese Auffassung wird durch einen Vergleich mit den andern romanischen Sprachen bestätigt, was hier allerdings nicht weiter ausgeführt werden kann.

345. Schon § 341 ist *orecchio* aus *orecchia* durch die Vermittlung der Kollektivform auf -*a* erklärt worden. Es scheint nun, dass eine Reihe von Femininen auf demselben Weg zu Maskulinen geworden sind und dann die ursprüngliche Form entweder ganz verschwunden oder in Kollektivbedeutung geblieben ist. Ein schönes Beispiel ist namentlich *massa* Haufen neben *masso* Felsstück. Einen Plural *le midolla* zitirt die Crusca, daher dann *il midollo*. Ferner *minugio* Darmsaite, vgl. *le minugia* Dante Inf. XXVIII 25. Mit *orecchio* vergleicht sich *coscio*. Da ferner das Kollektivum im Vergleich zum Einzelwesen das grössere ist, so kann das Femininum scheinbar augmentativ werden, vgl. *fiasca* neben *fiasco*, *buca* neben *bueo*, *bugnolo* neben *bugnola*, *banca* neben *banco*, *coppo* neben *coppa*, vielleicht aven. *scorço* Exemp. 869.

346. Die S. Klasse beruht auf den lateinischen *s*-Stämmen. Sie scheint im Norden wie in Sardinien ganz unbekannt zu sein, ist im heutigen Toskanischen nahezu ausgestorben, hat aber im Süden ziemlich stark um sich gegriffen. Die Schriftsprache anerkennt nur noch *donora* die Ausstattung, im Montalesischen haben sich *pratora*, *ramora*, *pugnora*, *arcola* erhalten. Aus älterer Zeit dagegen bieten z. B. die Ricette fiorentine *latora* 1293, 1290, die Statuti senesi *ortora* 33, 48, *luogora* 148, *pegnora* 172, *borgora* 294 neben *borghi* 92, *boscora* 300. In den Statuten von S. Maria del Carmine 42 findet sich auch *nomora*. Sodann ist *staiora* Plur. von *staio* = *sextarius* zu nennen, ein Wort, das eine Zeit lang ausser Gebrauch gekommen, dann irrthümlich als *staióra*, Sing. *staióro*, *stióro* wieder in die Sprache aufgenommen wurde. Ferner findet man *luogora* bei Sacchetti, *pratora* Intell. 1, 38, *cantora* 95, *fornora* bei Giovanni Villani, *gradora* in den Cento novelle antiche, ferner *digiunora*, *corpora*, *latora*, *lidora*, *granora*, *pratora*, *tettora*, *campora*, *agora*, *arcora*, *fruttora*, *elmora*, *fuocora*, *lagora*, *nerbora*, *nodora*, *ortora*, *palcora*, *pianora*, *pannora*, *sensora*, *sestora*, *suonora*. Aus dem Senesischen bringt Hirsch, Zs. X 59 noch *cambiora*, *sestora*, *bustora* u. a. bei. In den peruginischen, aquilinischen und römischen Denkmälern des Mittelalters begegnen sodann sehr viele Beispiele, vgl. *nomore* Doc. Perug. Arch. Stor. XVI 2; *focora* Chron. Aqu. I 87, *colpora* 311, *quartora* 309, *locora* II 507, *nomora* II 683; *locora* Hist. Rom. frg. 1, 1, *arcora* 1, 3, *pecora* 1, 3, *corpora* 1, 3; 1, 9, *ficora*

1, 5, *capora* 1, 9, *coraiora* 1, 12; Cola di Rienzi *capora* 419, *sonnora* 431, *focora* 455, *ventora* 437, *corpora* 437, *ficora* 455, *clinora* 483, Bei Rusio *coraiora* 3, *adiutora* 3, *corpora* 5, *tempora* 29, *latora* 59, *flancora* 9, 129, *coiora* 45, *locora* 17, 29, *cibora* 49, *ficora* 53, *capora* 89, *viaiora* 101, *ammura le pulzura* 181, *nomera* 211. Aus den heutigen Mundarten vgl. *vutera* in Teramo, *payesera*, *ficura*, *maretera*, *nerrera* (*nidi*), dann auch *casera* von *casa* in Campobasso Arch. Glott. IV 82. In *tronela* aus *tronera* ist das *r* der Endung durch Dissimilation zu *l* geworden. Ferner in den Abruzzen *lupęrę*, *tettęrę*, *detęrę*, *lehumęrę* und auch hier von einem Femininum *viyeyyere*, in Terra di Lavoro *lettorę*, *tokkorę*, *katorę*, *tronolę* und *faććęrę*, in Cerignola *dešętęrę*, *okyęrę*, *ossęrę*, *kapęrę*, *šenokyęrę*; *okyęrę* auch in Bari; neap. *okęra*, *ortora*, in Bagn. Puzz. *bagnora*; in der Katharina *gayora*, *lenguayora*, *lumora* Mussafia § 84; siz. *korpura*, *yokura*, *fokura*, *voskura*, *sonnura*, *sangura*. Vor allem aber sind sie zahlreich im Tarentinischen und damit ist der Anschluss ans Rumänische, wo sie noch gewöhnlicher sind, gewonnen. Das Suffix lautet nun aber hier -*iri*. Zunächst scheint -*a* durch das -*i* der übrigen Stämme verdrängt, dann das tonlose -*u*- dem Auslaut angeglichen zu sein. Wir haben also: *aćeddiri* (*uccelli*), *kappeddiri*, *muleddiri*, *muntoniri*, *moskiri*, *panareddiri*, *pirtosiri*, *pioniri*, *stozziri*, *stankareddiri*, *tutiri*, *vankri* (sic!), *varkoniri*, *vasareddiri*, *zazareddiri*, *lezziri*, *kuverkiri*, und von einem Adjektivum *tignosiri*. — Auch die Plurale auf -*ora* fehlen Oberitalien und Sardinien und auch dies wird wieder in dem späteren Verstummen des *s* seinen Grund haben. Wir erhalten im Süden:

	ς I. ᵽ		ς II. ᵽ	
ክ.	*loco*	*loci*	*tempo*	*tempora*
₵	*loco*	*loco*	*tempo*	*tempora*

im Norden dagen:

	locos	*loci*	*tempos*	*tempora*
	loco	*locos*	*tempos*	*tempora*

Ein Übergriff von II auf I war somit, da der Nom. Singular bald verloren ging, ausgeschlossen und die wenigen alten Plurale auf -*ora* verschwanden [1]).

---

[1]) Hier mag noch eine nicht recht klare Behandlung des Singulars dieser *s*-Stämme erwähnt werden. Mussafia, Beitrag 18 verzeichnet *lati* aus *latus* und bemerkt dazu, dass sich diese Form neben *lai* auch sonst im Altvenezianischen finde, ferner im Tristan und Bovo *petti*, und im Glossar das Adjektivum *fundi*. »Alle drei angeführten Nomina sind nun solche, welche von Präpositionen begleitet, leicht adverbielle Lokutionen ergeben«.

Anhangsweise mag hier *caput* erwähnt werden; den Plural *capeta* braucht Ristoro d'Arezzo oft 3b 32; 19b 16; 32b 25 u. s. w., auch *climata* 39a 35; 46c 20 u. s. w.

347. Die 7. Klasse endlich gehört ebenfalls der alten Litterärsprache und manchen Mundarten noch heute an, während das spätere Florentinische sie verschmäht. Sie verdankt ihre Entstehung dem Bestreben, die Deklinationen nach Geschlechtern zu ordnen, also wie sämmtliche Maskulina auf lautlichem Wege -*i* als Pluralzeichen erhalten, so sämmtlichen Femininen das *e* zu geben, das schon in der überwiegenden Mehrzahl vorlag. Beispiele aus ältern toskanischen Texten sind *le mane* Chron. Pis. 65, *le chiave* 52, *le parte* 50, *le condannagione* 65, *le torre* 59, *le conditione* 54; *le confine* Sardo 147, *le nave* 85, *le parte* 87, *le valle* 97, 187, *le mane* 112, *le gente* 119, *le novitade* 107 und selbst im Tesoretto: *vertute, parte, gente*, vgl. Zs. VII, *fauce* Intell. 17, *veste* und bei Dante: *prece, consorte, face, dape, concorde* im Reime, *merce* im Innern des Verses, ZEHLE, S. 67. Auch Cellini braucht sie noch, s. FLECHIA, Riv. fil. class. I 91. Fürs Senesische bringt HIRSCH, Zs. X 60 eine Reihe von Beispielen: *boce, falce, dote, fune, gente, nube, parte, vergine, lape* u. a. Auch nördliche Mundarten zeigen *e* in älterer Zeit, so das Altgenuesische, vgl. *ihave, nave, messe* Arch. Glott. X 157, das Mailändische, vgl. *le nave, doe parte, voce* u. a. bei Bonvesin, MUSSAFIA § 85 und das Altvenezianische, vgl. *confine, vertude, veste, rede, parte, ymagine* in der Cronica degli imperadori Arch. Glott. III 260, *parte, pene, carcere, virtude* u. a. und auch *le mane, le fighe* im Exempelbuch, DONATI 28, in der Hamiltonhandschrift, vgl. TOBLER, Uguçon 19, Cato 20, Arch. Glott. X 241, RAFAEL 25, die Cronica; die altveronesischen Texte, wie die Passion, Fra Giacomino. Unter lebenden Mundarten, die die Regel streng durchführen, ist das Kalabresische zu nennen, für welches SCERBO S. 51 ausdrücklich bemerkt: »i feminili in *e* non cangiano desinenza«, und nach NANNUCCI Teorica dei nomi 248 wären *le rene, vite, botte, parte, gente, chiave* u. s. w. die vulgärtoskanischen Formen.

348. In vielen südlichen und nördlichen Mundarten wird der Plural gemäss den § 32 u. 45 besprochenen Lautgesetzen durch Umlaut,

---

Es wäre also das *i* das adverbielle. Dazu vergleicht sich das von NANNUCCI S. 183 belegte *aguadi*, wofür man, sich auf afrz. *guez* mit festem *z* berufend, ein Neutrum *vadus* annehmen könnte. Allein das afrz. feste *z* erklärt sich ganz anders, s. Rom. Gramm. I § 557 und da wir somit auch von einem *o*-Stamme eine Bildung auf -*i* in adverbieller Funktion haben, so wird dadurch MUSSAFIA'S Auffassung gesichert.

d. h. durch Wandel des betonten Vokals gebildet. Je nach dem Umfang der betroffenen Vokale sind verschiedene Gebiete zu unterscheiden. Während *i* und *u* überall unverändert bleiben, bilden die Abruzzendialekte die Plurale der Maskulina nach folgendem Schema:

Singular *a ę ẹ ǫ ọ*
Plural *e i ie u uo*

also *panę, penę, autrę, eutrę, kapęllę, kapillę, orzę, urzę, fornę, furnę, porkę, purkę, okkyę, uokkyę*. Die Wörter mit *i* und *u* als Stammvokal, die demgemäss die beiden Zahlen nicht unterscheiden können, behelfen sich mit der Endung -*ęrę, nidęrę, maritęrę, lupęrę*,, vgl. § 346 und FINAMORE, Voc. Abruzz. S. 2. Ganz ähnlich in Teramo, nur dass der Umlaut zu *a* und *ę* hier ebenfalls *i* ist: *innę* = *anni, pittę*, zu *ǫ* ebenfalls *u*: *sunę*, und dass die Wörter mit *ẹ́, ọ́* und auslautend *u* indeklinabel bleiben, da ihr Stammvokal gemäss § 32 auch im Singular zu *i, u* geworden ist.

349. Im Norden haben wir nur *ę : i*, in alter Zeit auch *ǫ : ú*, bezw. *ü* § 68. Es ist aber der Umlaut *o : u* ganz verschwunden, während *e : i* nicht nur geblieben, sondern sich noch ausgedehnt hat: nach *quęll, cavęll*, Plur. *qui, cavi*, wo *ę* aus älterem *ę* entsanden ist, folgen im Mailändischen alle Substantiva auf *ęll*. Wie wir hier die Ausdehnung des innern Plurals über seine Grenzen sehen, so in noch viel höherm Grade im Tessin. SALVIONI hat diesem Punkte ganz besondere Aufmerksamkeit gewidmet in einem Artikel: Effetti dell' *i* sulla tonica Arch. Glott. IX 235 ff. Es ergeben sich für die Mundarten in der Val Maggia folgende Regeln. Die Maskulina mit *a* im Stamme lauten im Plural *a* zu *e* um: *ladru ledri, mar mer, frassan fressan*, auch *panza (pancia)* als Übername bildet *i penza*. Von Femininen folgen nur solche der 3. Konj.: *val, vel, falš, felš*. Das *e* schwankt zwischen *ę* und *ẹ*. Die Maskulina mit *e* lauten zu *i* um, ohne Rücksicht darauf, ob altes *ę* oder *ę* vorliegt, also nicht nur *verd vird, teč tič, leñ liñ, šep šip* u. s. w., sondern auch *nerb nirb, leč lič, šterlu (sterilis) štirli, šer šir* und mit *e* aus *a*: *ker kir, čer čir, keld kild, kemp kimp* u. s. w. Die Maskulina mit *o* lauten zu *ö* um: *om ömen, kor kör, sort sört, korp körp, mol möl, povar pövar, čoss (clauso) čöss*, diejenigen mit *ǫ* dagegen *u*: *fior fiur, sarto sartu, špos špus, ross russ* in Loco und Losone, *ü* in den übrigen Gegenden: *fio fiü, sarto sartü, poz püz, kros krüs*. Es liegt auf der Hand, dass nicht alle Beispiele gleichaltrig sind, sondern dass der fast ständige Umlaut die Folge eines mehr und mehr um sich greifenden Ausgleichungsprocesses ist. SALVIONI weist S. 244 darauf hin, dass eine nicht unbeträchtliche Zahl der Wörter mit *ę* noch heute im Plural ihr *e* behalten. Ferner ist *pövar* erst nach dem Muster von *kor kör* gebildet zu einer Zeit, da *au* mit *ǫ* identisch geworden war. Vgl. noch Rom. Gramm. I § 323. — Wie der Umlaut zu erklären sei, mag fraglich erscheinen. Bei *e* : *i*, *o* : *u* mag die Verengerung des Mundkanals, die für die Artikulation des -*i* nötig ist, schon bei der Bildung des Tonvokals stattgefunden haben. Der Wandel von *ǫ* zu *ö* hängt dagegen mit dem von *ǫ-u* zu *ö-u* zusammen, § 43 und Rom. Gramm. I § 186. Endlich der von *a* zu *e* dürfte auf Epenthese des *i* beruhen. Wir haben nämlich in Varallo-Sesia *čaf*, *čaif*, *gat*, *gait*, *gran*, *grain* u. s. w., hier nun aber auch *net*, *neit*, *pok*, *poik*, *gross*, *groiss*, *nöf*, *nöif*, *rabios*, *rabiois*, *colo*, *coloi*, *luf*, *luif* Arch. Glott. IX 235 ff. Auch hier wird z. Th. sekundäre Ausbreitung des *i* vorliegen, jedenfalls aber haben wir hier ein Gebiet, wo *i* in den Stamm tritt. Das *ai* wurde zu *e* und breitet sich nun weiter aus im *e* : *i*-, *o* : *u*-Gebiet, während *ei*, *oi* in diesem Gebiete nicht aufgenommen werden. — Sodann ist das Romagnolische zu nennen, wo »im Plural der Stammvokal um eine Nuance mehr geschlossen ausgesprochen wird, als im Singular«. Es wird also *ǫ* zu *ọ*: *oččˇ*, *ọččˇ*, *ǫ* zu *u*: *dsǫrdin*, *dsurdin*, *ę* zu *e*: *pętan*, *petan*, *e* zu *ę*: *brev* (*bravo*) *bręv*, *ę* zu *i*: *pel*, *pil*, ferner *a* zu *e*: *ram rem*, *gabb gebb*, *fatt fett* u. s. w., vgl. Mussafia, Romg. § 238 ff. Noch mag hier erwähnt werden, dass aus dem Ablaut *au* (= *ǫ*) : *u* in S. Fratello zu dem Plural *kunfus̆* ein Singular *kunfauz̆* geschaffen wird.

350. Im Süden haben wir einmal den Umlaut *ę* : *i*, *ǫ* : *u* bei den Substantiven dritter Deklination, also einerseits -*uso*, -*usi*, andrerseits *fiore*, *fiuri* in Neapel, sodann *ę* : *ie*, *u* : *uo* ebenfalls nur bei den Substantiven dritter in Lecce, Neapel, Kalabrien und Noto: *pede piede* u. s. w. s. § 37.

351. Eine andere Art innern Plurals zeigt das Bergamaskische und mit ihm andere norditalienische Mundarten: das *i* palatalisirt den auslautenden Konsonanten, s. § 260. Hier mag nur noch hinzugefügt werden, dass in Airolo nicht nur -*ani* zu -*ai*, -*ei* wird, sondern auch -*ane*; *rei* Plur zu *ranǫ*, *tusei* zu *tosa* (§ 353). Die Formen sind nicht ohne Schwierigkeit. Wir sind hier auf der Grenze zum rätischen Gebiete: sollte daher im Femininum die Accusativform -*i* aus -*as* sich erhalten haben? Analogie nach den Maskulinen ist schwer anzunehmen, und dafür, dass -*e* wie -*i* wirke, fehlen Anhaltspunkte. — Sodann ist aus dem Mailändischen noch zu erwähnen der Unterschied zwischen *don* Plur. Mask. und *donn* Plur. Fem. (vgl. über *nn* § 268). zwischen *tosan* Mask. und *tosann* Fem.

352. Indeklinabel sind in der Schriftsprache alle diejenigen Wörter, die auf einen betonten Vokal oder auf einen Konsonanten oder auf tonloses -*i* und -*ie* auslauten, also *città*, *piè*, *re*, *virtù*, *lapis*,

crisi, specie. Dazu kommen nun aber aus den Mundarten noch andere. Im Altitalienischen lautet der Plural zu *mano* ebenfalls *mano*, so noch bei Bojardo I 18, 15, und diese Form findet sich noch im Süden, vgl. auch *lavamano*. Wie nun im Kalabresischen die Feminina auf *-e* unflektirbar sind, so auch die Feminina auf *-u*, also *le manu*, das wohl mit den Anstoss gab, *le fiku, le suoru* und *le capu*, letzteres wird also auch als Feminin behandelt. So alle südlichen Mundarten, vgl. *fico* Reg. San. 187. Auch im Altsenesischen bildet *la suoro* nach dem Muster von *la mano, le mano* den Plural *le suoro* Zs. X 59. Im Weiteren sind natürlich unflektirbar die pisanisch-lucchesischen und die kalabresischen Maskulina auf *-ieri* = tosk. *-iere*. Dann wären noch die Maskulina auf *-a* zu nennen im Alttoskanischen und im Mailändischen § 337. — Sodann sind einige einzelne Wörter anzuführen. Maassangaben, die vorwiegend oder stets mit einem Zahlwort verbunden werden, können einer besonderen Bezeichnung des Numerus um so leichter entrathen, als die Zahl eben durch das vorangehende Numerale ausgedrückt ist. So finden wir *fiata* erstarrt im Venezianischen, Paduanischen und Lombardischen. MUSSAFIA hat *quatro fiada* in den Glossaren nachgewiesen, Beitrag 54, und dort schon bemerkt, dass die Erscheinung bei Fra Paolino, im venezianischen Tristan, bei Bonvesin, in der Passion zu Como und im Süden bei Rusio vorkomme. Weitere Belege giebt die Cronica degli Imperadori Arch. Glott. III 261. Sodann *tanto : sete tanto* Prov. 57b, Fra Gial. A 191, *mile cotanto* Panf. 144, *cento milia tanto* Uguç., *trea volta* Chrys. 46, 7. Natürlich kann auch das Umgekehrte vorkommen, Verallgemeinerung der Pluralform: *una fie* bei Ruzante, WENDRINER S. 48. — Hierher ist vielleicht auch mail. *cent lira* zu rechnen, doch mag hier die Funktion der auf *-a* lautenden Form auch im Plural erleichtert worden sein durch die Plurale *brazza, dida*, wie SALVIONI Mail. 98 annimmt. Dann aber *on para* = *un pajo* in Lodi, Como, Grosio, *doa via* im Altgenuesischen Arch. Glott. X 158. Beispiele aus dem Süden sind *spessa fiata* Rusio 35, *molte fiata* 31.

353. Das Wichtigste aus den Mundarten ist schon gelegentlich in den vorhergehenden Paragraphen mitgetheilt. Immerhin bleibt noch Einiges nachzutragen. Im altvenezianischen Exempelbuch scheinen noch einige andere Beispiele von ungleichsilbiger Flexion ausser *omo* zu bestehen: *laro* 86 neben *laroni* 437, 441, und, was merkwürdig ist, *sore* 999, 1018, aber Acc. *sorore* 994. — Sodann haben wir Reste einer Deklination *a, anis*, für Bezeichnungen weiblicher oder männlicher Personen, vgl. Litbl. 1885 S. 455, in *scrivano, barbano, puttana*, in tarent. *ziana* und danach *zianu*, noch heute im Kalabresischen Nom. *ziu*, Acc. *zianu*, vgl. SCERBO S. 63 und im Mailän-

dischen *tosa*, Plur. *tosann*. Weiter ist aus dem Mailändischen die eigenthümliche Pluralbildung zu nennen, die vorliegt in *anellit*, Plural zu *anelliṅ*, ganz ebenso bilden folgende Wörter ihren Plural auf *-itt*: *ćeppiṅ*, *fassiniṅ*, *boǵǵiṅ*, *pentiṅ*, *skañiṅ*, *pomiṅ*, *ǵaniṅ*, *bambiṅ* u. s. w.

354. Verschieden von dem § 347 besprochenen Plural auf *-e* der Feminina auf *-e* ist ein Schwanken zwischen *-e* und *-i* im Plural überhaupt, wie es namentlich dem nordöstlichen Italien in alter Zeit eignet. Ascoli hat aus der Cron. Imp. Formen hervorgehoben wie *li fiume*, *doe zovene*, *tre mese*, *li honore* u. a. Arch. Glott. III 260 und sie mit Recht daraus erklärt, dass »un antico strato idiomatico qui andava spoglio anche dell' *e*, e il 'rivestimento' delle antiche forme poteva perciò portar seco e incertezze ed intrecci d'ogni manera«. Auch die endungslosen Formen finden sich in der Cronica bei Wörtern, die auf *r*, *l*, *n* ausgehen (§ 114): *li canton*, *le fin*, *li frar menor*, *li qual* u. s. w. Vorab zeigt sich dies bei Calmo und bei dem Paduaner Ruzante, aus welchem Wendriner S. 49 Formen anführt wie *i bestiame*, *i fime*, *i pesce*, *i dente*, *vendaore*, *ordene*, dann ohne Endung *capon*, *can*, *sponton* u. s. w. Da der Abfall, bezw. das *e* auf die Substantiva der lateinischen dritten beschränkt ist, so haben wir zweifelsohne in dem *e* den lautlichen Reflex des lateinischen *-es* zu sehen, eine Annahme, zu der auch die Konjugationsformen passen. Wir haben also hier im Nordosten ein Gebiet, wo *-es* nicht wie im übrigen Italien zu *-i*, sondern nur bis zu *-e* vorrückt. Nur die Substantiva auf *-anus*, pad. *-an* gleiten wohl in diese Klasse hinüber, bilden also Plural auf *-an*, Wendriner 49, Anm. 3, umgekehrt flektiren diejenigen auf *-one* nach § 338. Es erklärt sich dies ohne Weiteres daraus, dass im Singular *-anu* und *-one* gleichmässig zu *-an*, *-on* geworden sind.

355. Das Romagnolische bildet den Plural der Feminina auf *-i* bei Substantiven, die auf Doppelkonsonanz ausgehen: *fotti*, *surelli*, *zoki*, Suff. *-azzi*, *robi*, und stets bei den Adjektiven: *parule dolzi*, *nos moskedi*, *veñ vindmedi* u. s. w., Mussafia, Romg. § 244. Auch einzelne Maskulina folgen: *baffi*, *mezzi* § 243. Bei den Substantiven handelt es sich wohl durchaus um Lehnwörter, die nach italienischer Art im Plural eine Endung annehmen, und zwar ist diese Endung auch im Femininum *-i*, weil das Romagnolische jedes tonlose *e* zu *i* wandelt, § 123.

356. Eine Behandlung für sich verlangt das Sardische, das infolge der Bewahrung des auslautenden *s* einen ganz anderen Typus zeigt. Wir haben hier 4 Klassen:

I. Singular *a* Plural *as*: *fiza*, *fizas*
II. » *u* » *os*: *fizu*, *fizos*

III. Singular *e*   Plural *es*: *page,*   *pages*
IV.   »   *us*   »   *us*: *tempus tempus*

Die Substantiva auf *o*: *koro, oro, tesoro, domo* bilden den Plural auf *os*.

Das Adjektivum.

357. Die Schicksale der Adjektivdeklination sind natürlich dieselben wie bei der substantivischen, nur mit dem Unterschiede, dass das Neutrum plurale ganz verloren gegangen ist. Denn auf so vereinzelte Spuren wie *le labbra vermiglia* Tesor. III 258 ist kein Gewicht zu legen, sie sind vielmehr als baare Latinismen zu betrachten. Der Untergang des Neutrum hat zur Folge, dass an Stelle der drei lateinischen Klassen: eingeschlechtliche, zweigeschlechtliche und dreigeschlechtliche Adjektiva nun nur zwei treten, die geschlechtlichen und ungeschlechtlichen, oder wie man besser sagen kann, die wandelbaren und unwandelbaren. Als Typen für jene mag *buono*, für diese *grande* dienen. Wir haben demnach:

I. Klasse:		II. Klasse:
buono	*buona*	*grande*
buoni	*buone*	*grandi*

Im Ganzen ist der Besitzstand der zwei Klassen gegenüber dem Lateinischen wenig verändert, doch ist eine Strömung zu bemerken, die II. mehr und mehr nach I. hinüberzuziehen, während der Übergang von I. zu II. ganz selten ist. Die Adjektiva der dritten lateinischen Klasse treten meist zur zweiten über. Eine Sonderstellung nimmt *vetus* ein, das vom Nominativ aus in die erste Klasse übertritt: *vieto*. Fem. *vieta*. Der Norden, der -s länger behält, hat dagegen *vetere* gerettet, vgl. *vedre* Bonvesin, Katharina, Bescapè, freilich stets in der Verbindung mit *testamento*, was dem Wort einigermaassen die Beweiskraft raubt. Vgl. noch § 362 über *majus*. — Über die Pluralbildung ist kaum etwas zu sagen. Die Adjektiva auf *co* haben *ci*: *critici* u. s. w.

358. Umgestaltung des Singulars nach dem Plural ist selten. Nach D'Ovidio, Grundriss I 508 wäre *blaesi* zu *biesci, bieci* geworden und hätte den Singular *bieco* bekommen, und auch *dolco* dürfte so von *dolci* gewonnen sein. — Dass mit Anlehnung an folgende Wörter *bel, gran, buon, san* gesagt wird und dass die Adjektiva auf *-ali* die Nebenform auf *-ai* haben, ist schon § 108 und 339 gesagt.

359. Übertritt aus der I. in die II. Klasse ist wie gesagt sehr selten. K. Nyrop, der der Geschlechtsbildung der Adjektiva eine besondere Abhandlung gewidmet hat: Adjektivernes Kønsbøjning i de romanske sprog 1886 vermag S. 152—154 nur wenige anzuführen, noch dazu sind *fine*, woneben *fino* gebräuchlicher ist, und *gente*, das heute gar nicht mehr vorkommt, Lehnwörter aus dem Französischen, *lente, macillente, sonnolente, frodolente* haben sich den Participien auf *-ente* angeschlossen oder den Auslaut dem Tonvokal angeglichen, wie *duracine* neben *duracino* sich den Substantiven auf *-ine* anschliesst, *malefice* an die Substantiva auf *-fice* = *-fex* u. s. w. Von den vielen von NANNUCCI verzeichneten, wie *altre, chiare, fiere* werden die meisten theils als Gallicismen, theils als Dialektformen aus Gegenden, wo *-e* und *-u* zusammenfallen, zu betrachten sein, kommen also nicht weiter in Betracht.

360. Etwas grösser ist der umgekehrte Übergang. In einzelnen Fällen gehört er schon dem Vulgärlateinischen an, so in *povero, allegro*. Meist aber ist er allerdings erst im Italienischen eingetreten und war dadurch erleichtert, dass im Plural des Maskulins die beiden Klassen zusammenfielen und auch im Plural des Feminins da, wo die Tendenz, *-e* auf alle Feminina als Zeichen der Mehrzahl zu übertragen (§ 347), zum Durchbruch kam. Ausser dem schon genannten *dolco*, das jedoch ein Exemplum sui generis ist, haben wir noch *tristo* neben *triste*, heute auch in der Bedeutung von letzterem verschieden, dann eine Anzahl Adjektiva auf *-estro*, vgl. *agresto, alpestro, campestro. cilestro, equestro, silvestro* in Anlehnung an *rubesto, onesto, funesto, foresto*; *rubello* nach *novello* u. a. Früher war auch *comuno* ganz gebräuchlich, offenbar im Anschluss an *uno*. Dante braucht Par. XX 61 im Reime das lateinische *declivis* in der Form *declivo*, ferner *turpa* XV 145; auch *rudo, ruda, sublimo, sublima* ist bei den Alten nicht selten. Man sieht, es sind vorwiegend Lehnwörter, nicht Erbwörter, die ausgleichen. Auch das französische Suffix *-iere* ist jetzt meist geschlechtlich, vgl. *leggiero*. Eine besondere Stellung nimmt *praegnans* ein, woraus schon im Vulgärlateinischen *pregnis* (GRÖBER, Arch. lat. lex. IV 448). Seiner Bedeutung nach nur im Femenin gebraucht, nimmt es auch die weibliche Endung an: *pregna*, wozu nun in übertragenem Sinne auch ein Maskulinum *pregno* gebildet wird. Aus den Mundarten ist etwas mehr zu nennen. Im Altvenezianischen findet man *grando, granda* Paol., und im Westen in der Lamont., wo auch *doza* vorkommt. Sodann dehnen die Mundarten, die *-a* auf die Substantiva übertragen § 335, natürlich das *-a* auch auf die Adjektiva aus, daher z. B. romg. *dolza, fazila, forta, granda, -anta*, MUSSAFIA, Romg. § 237. Ähnlich im Kalabresischen.

361. Noch bleibt zu erwähnen, dass gewisse Adjektiva auch ihr *-a* verlieren können. *Una sol volta* gebraucht Berni Orl. inn. 28, 38; *una sol voce* Bembo Asol. III 226, *una sol cosa* Castiglione Cortig.

I 121 u. s. w., vgl. zahlreiche Beispiele aus verschiedenen Schriftstellern bei NANNUCCI, Nomi 365 ff., auch *picciol* kommt, freilich bedeutend seltener, vor, S. 317. Bei *sola* ist zu beachten, dass das Wort nie mit dem Substantivum allein steht, sondern fast stets mit *una* verbunden. Infolge dessen verliert es seine adjektivische Geltung. Genus und Numerus sind an *una* und am Substantiv ausgedrückt, *sola* ist gewissermaassen adverbielle und zugleich tonlose Verstärkung von *una*, daher es in ähnlicher Weise verkürzt wird wie die Adverbien *ora* u. s. w. § 108.

Die Komperation.

362. Von organischen Komperativen haben sich nur *maggiore, minore, megliore, peggiore* gehalten. Die zugehörigen Neutra dienen als Adverbien: *maggio, meno, meglio, peggio*. Für *minore* wird auch *manco* gebraucht, *sia manco errore* Cellini. Bemerkenswerth ist nun, dass die Neutra mehr und mehr an Stelle der geschlechtlichen Formen treten. Schon bei Cavalcanti 5, 13 findet man *maggio cura*. Dann kennt Brunetto Latini *maggio cura* XVI 205. und Manzoni führt die Formen in die Litterärsprache ein, vgl. D'OVIDIO, Saggi Critici 576, wo z. B. zitirt sind: *peggio imbrogli, una giornata peggio, più ne conosco, peggio li trovo, alla peggio dei peggi* u. a. Desgleichen findet man auf Schritt und Tritt Belege in GIULIANI's Delizie, z. B. I 41 *la peggio son io, quest' occhio che era il meglio* 112. Auch in Mundarten findet sich diese Übertragung, so aven. im Uguçone TOBLER 19. Sodann namentlich im Süden, so in Teramo, Lecce, Sizilien, wo die alten Texte noch die längeren Formen haben: *minuri* Cron. Sic. 110, 129, während heute die kurzen gebräuchlich sind. Dass es sich dabei nicht um die alten Nominative masculini, sondern um die Neutralform handelt, beweist sard. *sa mezzus kamera, sas mezzus kameras*. Sonst finden sich wenig Reste der alten Steigerung. Das Adverbium *setius* wird zum Adjektivum *sezzo, vivacius* zum Adverbium *vaccio*.

363. Was sodann den Superlativ betrifft, so ist *-issimo*, so beliebt es im heutigen Italienischen ist, doch nicht volksthümlich, da das *i* im Lateinischen kurz ist, die Form also *-essimo* lauten müsste [1].

---

[1] In altneapolitanischen Texten, z. B. den Ragn. Puzz. findet sich *-essema*. Da aber nur das Fem. vorkommt, so scheint es mir nicht zutreffend, wenn D'OVIDIO, Miscell. fil. lingu. 403 Ahm. 2 darin die erbwörtliche Gestalt von lat. *-issimus* sieht. Ich denke vielmehr, das schriftwörtliche *-issimo* hat ein Fem. *-essema* bekommen nach dem Muster *sikko*, Fem. *sekka*.

Es sind nun aber einige auffällige Formen aus Oberitalien zu nennen. Im Glossar B. weist MUSSAFIA *beletissimo* nach und dazu bringt er nun Beitrag 33 noch neap. *belledissemo*, und *belletissimo* aus Ruzante, aus der tosk. Leggenda della croce *cattivitissimo*, *bonettissimo*, dann mit anderen Erweiterungen *grandenissima* aus der veroneser Passion, *maletinissima* aus Ruzante. *Bellitissimo* findet sich noch in der Cron. Imp. und in andern venez. Texten. — Von den unregelmässigen Superlativen des Lateinischen ist *menomo* geblieben, die andern ebenfalls, aber nur als Buchwörter, dann natürlich *sommo*, *primo*, die jedoch nicht als Superlative gefühlt werden. Wie das Italienische einen hohen oder höchsten Grad der Steigerung ausdrückt, ist eine Frage der Syntax, nur die organische Steigerungsart des Mailändischen mag hier noch erwähnt werden. Um den Superlativ auszudrücken, wird das Adjektivum mit angehängtem *-ent* wiederholt: *nöf novent*, *pür pürent*, sogar *tirá tirent* u. a. SALVIONI, Mail. 59.

Das Zahlwort.

364. Die Flexion der Zahlwörter ist im Schriftitalienischen fast völlig erloschen. Nur *uno* bildet ein Feminin *una*, *mille* einen Plur. *mila*. Auch *ambo* ist unflektirt. Die ältere Sprache zeigt einen grössern Formenreichthum. Für *due* kennt sie *duo*, *duí*, *dua*, *due*. Ohne Zweifel war *dua* ursprünglich Neutralform, *dui* männliche, *due* weibliche, *duo* vielleicht Latinismus. Allein schon die ältesten Texte machen keinen Unterschied mehr. Bei Sacchetti liest man z. B. *le dua novelle* 33, *dua compagni* 91 u. s. w. und noch Machiavelli, Ariost u. s. w. brauchen alle Formen neben einander. Der Sieg von *due* mag, wie D'OVIDIO, Arch. Glott. X 39 Anm. 1 bemerkt, durch den Auslaut von *cinque*, *sette*, *nove* veranlasst sein. Es kann aber auch *due* gewählt worden sein, weil es die einzige in Bezug auf Geschlecht und Zahl indifferente Form war.

365. In den Mundarten werden die Zwei- und die Dreizahl meist flektirt. Das Mailändische scheidet zwischen *dü* und *doe*, *tri* und *tre*, das Piemontesische zwischen *doi* und *doe*. Das Neutrum *trea* findet sich bei Bonvesin, Bescapè und im Chrysost. Im aven. Exempelbuch begegnen *dui* 198, *doe* 307, *doa* 203, *tri* 413, in den Proverbien aber schon *tre ani* 45 d, in der Cronica *tri* und *tre* als Maskulina, im altgen. *doi, doe, doa, trei, tree, trea* Arch. Glott. X 158, *trea tanta* in den Lett. Bol. 12. Endlich im Romagnolischen *du, do, tri, tre*. Aus dem Süden kann ich nur neap. *duye, doye* nennen. Dazu altsardisch *duos, duas, dua* aber nur *tres* und auch bei der Zweizahl heute nur *duas*, vgl. Belege für die alten Formen bei HOFMANN S. 127.

Die Pronomina.

1. Personalia.

a. Betont.

366. Die ungeschlechtlichen Pronomina bieten zu keinen Bemerkungen Anlass. Wir haben dem Lateinischen entsprechend *io*, *me*, *tu*, *te*, *noi*, *voi*; der Ausfall des *g* in der ersten Person ist schon vulgärlateinisch, für die zweite findet sich bei Albertano durchweg *tuo* nach *io*. Für die dritte Person tritt *egli*, *lui*, *ella*, *lei*, *eglino*, *loro*, *elleno*, *loro*, ein, Formen, die zum Theil der Erklärung Schwierigkeiten bereiten. *Lui* und *lei* sind schon vulgärlateinisch und zwar ist jenes nach *hui(c)*, *cui* gebildet, nach dem Muster von *lui* tritt dann *illae-i* an Stelle von *lei*. Es fragt sich nun, wie *egli* zu erklären sei. Das *-i* geht auf lateinisch *ī* oder *ē* zurück; da *illĕ* kurzen Auslaut hat, so ist damit nicht auszukommen, vielmehr werden wir auch hier unsere Zuflucht zu *illī* nehmen müssen, das nach *hi(c)*, *qui* gebildet ist. Auch dieses *illī* ist schon eine vulgärlateinische Form. Dagegen gehört die Weiterentwicklung zu *egli* erst dem Italienischen an. In den ältesten toskanischen Handschriften findet sich dieses *egli* neben *elli*, das noch Dante kennt. Nach GRÖBER, Zs. II 595 ist die Form vor vokalisch anlautenden Wörtern entstanden, man hätte also gesagt: *elli viene*, aber *egli ama*, und es scheint, dass dieser Unterschied von den ältesten Handschriften noch zum Theil beobachtet wird, wie GRÖBER zeigt, allerdings nicht in den Lyrikern, s. CAIX, Orig. 211. *Loro* ist der alte Genitiv pluralis *illorum*, der ebenfalls schon im Vulgärlateinischen die Funktion des Dativs und des betonten Accusativs übernommen hat. Endlich *eglino*, *elleno* haben ihr *no* von der dritten Pluralis des Verbums bezogen: *eglino amano* statt *egli amano*. Für den Accusativ singularis findet sich bei Dante auch *ello*, eine mehr südliche, aber im Accusativ durchaus berechtigte Form, die Dante nur zweimal nominativisch braucht, Zs. II 598 Anm. Vgl. zu *cui* TOBLER, Zs. III 159, über *egli* G. GRÖBER, Zs. II 594—600. D'OVIDIO, Arch. Glott. IX 50 ff. Abweichende Auffassungen von *egli*, *lui*, *lei* können nur mit Berücksichtigung der andern Sprachen zurückgewiesen werden, daher ihre Besprechung nicht hierher gehört.

367. Wenden wir uns nun den Mundarten zu, so treffen wir für *io* die lautgesetzlichen Formen *iu* im Süden, *eo* im Norden, *yeu* in Apulien und Sizilien, *e* im Genuesischen. Der Süden kennt auch betontes *i*, während im Toskanischen *i* nur tonlos ist. Vgl. D'OVIDIO, Arch. Glott. IX 28 ff. Nicht klar sind sardisch *deo*, *ģeo*, *żeo*, *żeo*. In Bitti (Sardinien) bleibt *dego*, also die klassisch-lateinische Form, vgl. SPANO, Ortogr. Sarda I 73. Oberitalien von Venedig bis Piemont und bis an den Apennin hat übrigens *ego* aufgegeben und durch *mi*, die Accusativform, ersetzt. — Auch *tu* erscheint überall, im Norden natürlich als *tü*, im Sardischen mit angehängtem *e*, *tue*, bezw. *tui*. Dann bleibt noch *tune* in Kalabrien und Terra di Bari, vgl. § 309. Der Obliquus der Personalia lautet ebenfalls im Centrum *me*, *te*, in Sizilien *mi*, *ti*, im Südosten *mai* u. s. w. nach den Lautgesetzen. Daneben giebt es aber nun noch andere Formen. Im Norden treffen wir *mi*, *ti* im Emilianischen, Lombardischen und Piemontesischen. An eine lautliche Entwicklung aus *me*, *te* ist dabei nicht zu denken, es wird vielmehr *mi* auf *mihi* zurückgehen, *ti* danach gebildet sein, vgl. D'OVIDIO, Arch. Glott. IX 64. Weshalb im Norden der Dativ, im Centrum der Accusativ allein geblieben sei, ist eine Frage der Syntax. — Im Süden treffen wir *meve*, *teve*, *seve*, zunächst in den alten Denkmälern, wie im Ritmo Cassinese, bei Cielo Dalcamo, bei Rusio, im Reg. San. und selbst in den alten Liederhandschriften, vgl. CAIX, Orig. 210, D'OVIDIO, Arch. Glott. IX 58, ferner heute in Altamura, Molfetta, Cisternino u. s. w. Hier ist also die erste Person nach der zweiten und nach dem Reflexivum umgestaltet. — Eine dritte Form ist *mek*, *tek*, bezw. *maik*, *taik* in Altamura, Terlizzi, Matera, als deren Grundlage *mecum*, *tecum* zu betrachten sind. Endlich als vierte und letzte ist *mia*, *tia* zu nennen, die sich von Appulien über Kalabrien und Sizilien erstreckt, östlich ans Rumänische anknüpft und westlich noch dem Korsischen angehört. Auch in ihnen sieht D'OVIDIO, Arch. Glott. IX 57 ff. entweder Accusative mit angehängtem *e*, *a*, oder Dative: *mihi*, *mii*, *mie*, *mia*. Beide Auffassungen haben aber ihr Bedenkliches, weil sie zwar ein *e*, nicht aber ein *a*, das auch im Rumänischen die Grundlage bildet, erklären. Die Grundlage dürfte, nach der syntaktischen Verwendung im Rumänischen zu schliessen, der Dativ sein, eine befriedigende Erklärung des *a* aber bleibt noch abzuwarten: man könnte denken, dass nach dem Muster von *mecu* auch *mead* gebildet worden sei. — Das Sardische zeigt Dativ und Accusativ getrennt: *me*, *a mie*, *te*, *a tie*, im Campidanesischen *me*, *mei*, *te*, *tei*, wohl aus *mii*, *tii* durch Dissimilation oder unter Einfluss von *me*, *te*.

368. Bei den Pluralpronomina tritt zunächst als rein lautliche Differenz das venez. *nui* neben *noi*, veron. pad. *nui*, *nu*, lomb. *nii*, *vii* entgegen. *Nü* wird dann gemäss § 306 zu *nün*. Gewöhnlicher ist aber im Norden die Zusammensetzung mit *alter*, also lomb. *noter*, *voter* oder *vüyolter*, piemont. *noać*, *voać*. Weniger im Süden, doch vgl. *nosaturus*, *bosaturus* im Campidanesischen neben *nosu*, während das Logudor. *nois*, *vois* bietet, wohl die Vertreter des alten Dativs, da *b* schwinden muss § 204.

b. Unbetont.

369. Im Toskanischen kennt von Subjektivpronomina nur *io* eine proklitische Form: *i*, die in alter Zeit auch in der Litteratur gebräuchlich war, s. CAIX, Orig. 210.

370. Die tonlosen Objektspronomina lauten für den Singular der zwei ersten Personen *mi*, *ti*, *si*, streng nach den Lautregeln, wonach tonloses *e* zu *i* wird § 123. In der dritten Person wird zwischen Dativ und Accusativ geschieden, der Dativ *gli* entspricht lat. *illi*, *le* einem nach der Nominaldeklination gebildeten *illae*, *lo* dem Accusativ *illum*, *la*: *illam*. In der Proklise ist die tonlose erste Silbe verloren gegangen. Im Plural dienen heute *ci* für die erste Person, *vi* für die zweite, *gli* für den Dativ der dritten in beiden Geschlechtern, *li* für den Accusativ masculini, *le* feminini. Der Zusammenhang von *gli* mit *illis* liegt auf der Hand, *li* dagegen und *le* stammen nicht von *illos*, *illas*, sondern sind erst nach dem Artikel umgestaltet, vgl. § 380. Schwierigkeiten machen *ci* und *vi*. Eine Herleitung des letzteren aus *vos* über *voi* ist lautlich unmöglich, da aus tonlosem *voi* nur *vo* hätte entstehen können, wie *dópo* aus *depói* beweist. Und *ci* klingt an gar keine lateinische Pronominalform an. Es unterliegt nun keinem Zweifel und ist auch nie bezweifelt worden, dass *ci* das Adverbium »hier« sei und ganz ebenso werden wir in dem *vi* das Ortsadverbium »dort« zu sehen haben, wie D'OVIDIO, Arch. Glott. IX 77 gegen CAIX, Origin. 212 mit vollem Recht annimmt. Neben oder besser statt *ci* haben wir im Alttoskanischen *ne*, das die Dichtersprache bis heute bewahrt. Auch hier verstösst die Annahme, dass *ne* aus *noi* entstanden sei, gegen sichere Lautgesetze, wogegen nichts im Wege steht, das *ne* mit dem *ne* aus *inde* zu identifiziren; und dass diese Erklärung richtig sei, beweist die Form '*nd*' bei Guido Cavalcanti 19, 3:

> *Possiamo ringraziar un ser costui*
> *Che 'nd' a partiti, sapete da cui?*

wo *nd* der Bedeutung nach nur *nos* sein kann, der Form nach aber nothwendig *inde* ist. — Noch bleibt zu bemerken, dass für den Dativ Plur. *gli* jetzt *loro* gebraucht wird.

371. Zahlreich sind auch hier die Abweichungen der alten Sprache und der Mundarten. Für *gli* in jeder Funktion kann Reduktion zu *i* eintreten: *Cortese i fu* Dante Inf. X 17, *fate i saper* Inf. X 113, *no i fosse a noia* Cavalc. 6, 14 u. s. w. Man hat hierin nicht einen streng lautgesetzlichen Vorgang zu sehen, sondern eine jener durch die Bedeutungslosigkeit des Wortes hervorgerufenen Kürzungen, wie sie § 301 besprochen worden sind. Als älter ist die Form

§ 371. 372.] Pronominalflexion. 211

ei zu merken, die z. B. in den Contî di antichi Cavalieri erscheint: *la terra ei diede* 198, 199, dann auch *ei saria = ci sarei* 199. Die Accusativformen stimmen mit dem Artikel völlig überein und haben dieselben Nebenformen, vgl. darüber § 380. Dann ist zu bemerken, dass der Unterschied zwischen *li* und *le* als Dativ singularis nicht ganz streng durchgeführt wird, in den Handschriften der alten Lyriker begegnen oft Unsicherheiten und die heutige toskanische Vulgärsprache kennt nur *li*, s. Caix, Origini 213. Unter den dialektischen Formen mag zuerst *no, vo* erwähnt werden, die in altsenesischen Denkmälern vorkommen, vgl. Caix, Orig. 212 und Hirsch, Zs. X 65, und dass wohl danach *loro* im Senesischen und Umbrischen zu einfachem *ro* abgekürzt ist, vgl. Zs. X 66 u. XIV scritt. 29. In den Proverbia und anderswo steht *lero* für *loro*, Rafael § 41, wohl infolge von Dissimilation. Sodann finden wir gerade in den Mundarten noch mehrfach Adverbien an Stelle der Pronomina oder es findet sich *ci* in andrer Funktion als in der Schriftsprache. So erwähnt d'Ovidio, Arch. Glott. IX, 78, dass *ci* im ganzen Süden und andrerseits in der oberitalienischen Litterärsprache für *gli, le, loro* gebraucht werde. Hierher gehört weiter das lombardische und venezianische *ge*, in der Funktion des Dativs der 3. Person. Es scheint dieses *ge* auf *qui* zu beruhen, das hier als tonloses Adverbium gebraucht in tonloser Stellung. *q* zu *g* gewandelt hatte, vgl. *seguire*. Ganz entsprechend verwendet das Sardische *bi*: *dabilo = daglielo*, wo *bi* aus *qui* entstanden ist, wie *bindigi* aus *quindecim* § 155. So Marchesini, Studi fil. rom. II 15 [1]). Bei dieser Vertretung der Personalpronomina durch Ortsadverbien ist besonders beachtenswerth der Gebrauch, den Campobasso von *ce* macht. Im Allgemeinen bleibt *ce* beschränkt auf die erste Pluralis. Treten aber zwei Objektpronomina zusammen, so kann *ce* auch für die dritte Person Singular und Plural dienen. Also *facce = facci*, aber *faccelle = faglielo, faccilo, fallo loro*. Endlich bleibt *ńe* in Teramo, das nur bei der Negation vorkommt: *ńe ńe lu diče*, durch Assimilation entstanden.

372. Beachtenswerth sind sodann die Reduktionen auf das vokalische Element, die die Personalpronomina im Emilianischen und Piemontesischen erleiden, namentlich auch, wenn sie als Subjekt mit

---

[1]) Flechia, Ascoli und d'Ovidio sehen in dem *ge* und *bi* vielmehr das italienische *vi = ibi* Arch. Glott. IX 79 Anm. Allein der Übergang von *v* zu *g* hat im Lombardischen nur in der Umgebung von labialen Vokalen statt, man müsste also voraussetzen, dass z. B. *ga = ci ha* erst nach *go = ci ho* gebildet sei, was wenig wahrscheinlich ist. Und im Sardischen hätte aus *ibi* nur *i*, nicht *bi* werden können.

14*

dem Verbum verbunden sind. BIONDELLI giebt S. 214 als Paradigma fürs Bolognesische:

me a port
tet port
lu al port
nu a purtein
vu a purtä
lour porten

und bemerkt dazu S. 221: »La vocale eufonica *a* è comune a quasi tutti i dialetti emiliani in quasi tutte le voci«. Er findet sich denn auch in der That noch in Firenzuola, Modigliano und in Forli. Dieses euphonische *a* ist nun nichts anderes als ein verschrumpftes Pronomen. Aus *io port* wurde, da das *io* nach und nach jeden syntaktischen Ton verlor, *i port, a port* mit dem indifferenten Vokal, ebenso wurde *tu* zu *t, at*, das BIONDELLI für Parma angiebt, *il* zu *l, al*. Das *a* der ersten Pluralis liesse sich vielleicht auch noch aus *n* erklären, doch wird man wohl besser Übertragung aus dem Singular annehmen, und sicher muss man das für das *a* der zweiten Pluralis. Auch in der Frage finden sich ähnliche Reduktionen, vgl. bologn. *purtaroja*, wo im tonlosen Auslaut *io* zu *ia* abgeschwächt wird. Dazu als 1. Plur. *purtarenia* wohl aus *purtareni*, d. i. *purtaren-ni* mit einem von der ersten Singularis übertragenen *a*. Dem bolognesischen *a* entspricht in Reggio *e*, vgl. *e port, et port*, dann auch *e purtem, e purtü, e porten*, dagegen *al porta*. Ähnliche Formen begegnen im Piemontesischen, *a port* ist alessandrinisch, sonst allerdings ist *i* das gewöhnliche für die erste Person, in Mondovi *u* für die dritte, *i* bezw. *a* für die erste Pluralis, *i* für die zweite, *a* oder *i* für die dritte. Etwelche Schwierigkeit bereitet hier die zweite Pluralis. Das *i* könnte aus einem adverbiellen *vi* abgekürzt sein, doch müsste eigentlich in dieser Gegend *ve* dem toskanischen *vi* entsprechen. In älterer Zeit findet man *o*, so in den Statuten von Chieri. Die zweite Singularis wird einfach zu *t*, ebenso kommt *n* bezw. *v* vor für *noi, voi* vor, ferner giebt PIPINO *it* für die 2. an: *s'it fusse*. In der Frage wird *ne* von der 1. Pluralis auf die 1. Sg. übertragen: *kant ne* und auf die 3.: *kantune*. Im Osten wird *eo* zu *e* bei Calmo, zu *a* bei Ruzante: *a son* u. s. w., während in der Frage *jo*, gewöhnlicher *ǵo* und die Abschwächung *-ǵe* eintritt, WENDEINER S. 53. Sodann wird dieses *e, a* auch in den Plural übertragen: *a voggiom* und in die Frage: *com farongio*; für die zweite Singularis dient *te*, in der Frage *to*, das vielleicht *o* statt *u* von der ersten bezogen hat, im Plural *a* bezw. *-vo, -o*, für die dritte *el* oder *al*, Plur. *i, ǵi*. Auch im Lombardischen finden sich die enklitischen Formen in der Frage: *sontia* und im Venezianischen: *songo* und dann *gavem-ǵo*.

Als eine Reduktion von *el*, *l* ist schliesslich das romagnolische *u* zu fassen: *e tel u si trova* = *il tale ei si trova* u. s. w. Mussafia § 250, sonst haben wir hier als enklitische Formen des Obliquus *m* oder $^u m$, *t* oder $^a t$, *z* = *ci*, *v*, für die dritte Person *i* im Dativ, *e*, *l*, Plur. *i* im Accusativ.

374. Tritt *ne* oder ein Pronomen der dritten Person mit einem Pronomen der ersten oder zweiten oder mit dem Reflexivum zusammen, so behalten sie ihren anlautenden Vokal bei, also *melo*, *telo*, *sele*, *mene* u. s. w., eigentlich *m'elo*, *t'elo* u. s. w. Dass dies die richtige Erklärung ist und nicht etwa von den zwei tonlosen Wörtern das erste nun den Ton empfängt, also *me-lo* zu trennen wäre, hat ebenfalls d'Ovidio erkannt, Arch. Glott. IX 71 Anm., vgl. namentlich *glielo*, d. i. *gli-elo* und die südlichen Formen: *vatt-ẹnnẹ*, *portam-illẹ*, *portam-ella*, wo die Doppelkonsonanz nur etymologisch sein kann, nicht durch dehnenden Einfluss des *e* von *me* entstanden ist. Entscheidend sind ferner Formen wie *púrtitille* = *portatelo* u. s. w. in Campobasso, Arch. Glott. IV 182.

Die Possessiva.

375. Die italienische Schriftsprache anerkennt nur betonte Possessiva, deren Formen gemäss den Lautgesetzen aus den lateinischen entstanden sind, vgl.

mio mia	*tuo tua*	*suo sua*
miei mie	*tuoi tue*	*suoi sue*
nostro nostra		*vostro vostra*
nostri nostre		*vostri vostre.*

Für eine Mehrzahl von Besitzern in der dritten Person dient der Genitiv pluralis des Personalpronomens *loro*, der bis heute unverändert geblieben ist. Eine tonlose Form erscheint nur in *madonna*. Nicht zu allen Zeiten ist aber das Paradigma so einfach gewesen, wie heute. Bei den älteren Florentinern finden wir eine Form *mia* für alle Geschlechter im Plural, vgl. *li fatti mia* Sacchetti 39, *due sua cavalli* 34, *li panni mia* 64, *dei giovani mia pari* 54, *li mia avversieri* 44, *elle non pajono le mia* 83 u. s. w. Auch noch Cellini schreibt *i mia antichi*, *i casi mia*, *i figliuoli tua e mia*, *le mia buone sorelle*, *i tua disegni*, *le mani mia* u. s. w., ähnlich Machiavelli u. a. Woher diese Formen? Am nächsten liegt es, sie auf das alte Neutrum plurale zurückzuführen. Auf eine Verwirrung der Geschlechter im Plural deutet auch *suoi* fürs Feminin, wie es sich bei dem Pisaner Sardo findet, vgl. *tutte le suoi entrate e tutte le suoi castella* 86, *delle suoi genti* 94, *suoi spese* 95 u. s. w. Doch lassen sich diese Formen auch anders deuten. In Proklise kann *miei*, *tuoi* gemäss § 105 zu *mié'*, *tuó'* werden, die nun ihrer indifferenten Form wegen auch für das Femininum gebraucht werden, vgl. die Belege aus senesischen Texten Zs. X 67. Dann tritt die volle Form *miei*, *tuoi* ebenfalls für beide Geschlechter ein. Ähnlich könnte es sich mit *mia* verhalten. Wie nämlich auch in toskanischen Mundarten *lei* zu *lia* wird, so könnte *mia* aus *mei* auf lautlichem Wege entstanden sein und wäre im XIV. bis XVI. Jahrh. auch in die Litterärsprache, wenigstens in die Prosa, gedrungen. Genaue Untersuchungen über die Verbreitung von *mia* in alter und neuer Zeit werden darüber Auskunft geben. Aber auch im Singular sind allerlei Verwirrungen zu merken. Im Cantare di Carduino z. B. liest man *la suo corte* 2, 11, *la mie porta* 2, 11, *la mie madre* 2, 25, *la tuo bontade* 2, 40. Ähnlich steht *mie* für den Singular beider Geschlechter in den von CARDUCCI, Studi Letterari 415 publizirten Madrigalen, ebenda auch *suo*, *tuo*.

376. Unter den Mundarten zeigen die nördlichen wenig Abweichungen. Im Altvenezianischen finden wir *meo* und *mio*, *mia*, *to*, *toi*, *toa*, *toe* im Exempelbuch u. s. w. Auffällig sind die Fem. plur. *mei*, *toi*, *soi* bei Paolino und in der Hamiltonhandschrift, vgl. TOBLER Cato 20, Uguçon 19, RAFAEL 25 u. s. w.; vielleicht ist darin ein lautlicher Vorgang zu sehen, Wandel des tonlosen *e* im Hiatus zu *i*. Dialektisch wird *tuus*, *suus* an *meus* angeglichen, vgl. *teo* Rain. Bucc. 170, *tea* 349, *tio* S. Francesca Romana 22, *tea* 27, *sio* Cola di Rienzi 399, *sea* 399, *siei* 405, *sia* 429 u. s. w.; *sio* Hist. Rom. frg. 1, 2, 1, 3, *tio* 1, 2, *sia* 1, 3; *sio* Laud. Aquil. 4, 9; *teo* 4, 5, *teu* 9, 10. *Loro* scheint zuweilen als Adjektiv behandelt und flektirt worden zu sein, vgl. *lora intenzione* Let. Bol. 10.

377. Das Vulgärlateinische besass auch tonlose Possessiva. In der italienischen Schriftsprache sind nur wenige geblieben, vgl. das schon genannte *madonna*. Mehr kennt die ältere Zeit. Cavalcanti z. B. sagt: *l me core* 35, 2; *lo tu valor* 11, 5; *del su disdegno* 14, 2; *nel mi core* 14, 12. Aus den Mundarten mag erwähnt werden apad. *me*, *to*, *so* neben betontem *mea*, *toa*, *soa* bei Ruzante. Deutlicher im Romagnolischen *mi*, *tu*, *su* neben *meya*, *tova*, *sova*, im Altnep. *to*, *so* für beide Geschlechter neben *tou*, *tuo*, *toa*, *tua* im Reg. San. MUSSAFIA § 89. Sodann sind die enklitischen Formen von Wichtigkeit. In den Ric. Sen. steht *fratelma* 34, 35, *cognatoma* 44, und damit vergleicht sich kalabr. *patretta*, *ziusa*, teràm. *patrẹtẹ*, *mammẹtẹ*, wogegen Campobasso scheidet zwischen *patrẹmẹ* und *filẹma*. Nicht recht klar ist *mẹ*, *tẹ*, *sẹ* in Gessopalena. Es scheint *mio* resp. *meo* in der Proklise zu *mẹ* geworden zu sein, vgl. teram. *mi'*, *to*, Pl. *tu*, *so*, Pl. *su*. Eine sorgfältige Untersuchung wäre wünschenswerth. — Vgl. zu § 366

bis 377 D'OVIDIO Ricerche sui pronomi personali e possessivi neo-latini Arch. Glott. IX 95—127.

Die Demonstrativa.

378. Von den lateinischen Demonstrativen ist nur *ille* als Personalpronomen und als Artikel geblieben; sonst sind Zusammensetzungen eingetreten mit *qu*, vgl. *quello, questo*, ferner ist das Identitätspronomen *ipse* zum Demonstrativum geworden: *esso*. Genaueres hat darüber die Wortbildungslehre zu sagen. Hier beschäftigt uns nur die Flexion. Die Pronomina *quello, questo* und auch *altro* besitzen eine doppelte Deklination, je nachdem sie adjektivisch oder substantivisch gebraucht werden. Adjektivisch flektiren sie regelmässig, substantivisch wird zwischen Nominativ und Obliquus unterschieden. Der Nom. sing. masc. hat die Endung *i*, der Obliquus *ui*, der Obliquus feminini *ẹi*, der Obliquus des Plurals *-oro*, es sind also genau dieselben Endungen, wie beim Personalpronomen der dritten Person. Wir haben somit folgendes Doppelparadigma:

quelli *colui*	*quello*	*questi* *costui*	*questo*	*altri* *altrui*	*altro*
quella *colei*	*quella*	*questa* *costei*	*questa*	*altra* **altrei*	*altra*
quelli *coloro*	*quelli*	*questi* *costoro*	*questi*	*altri* **altroro*	*altri*
quelle *coloro*	*quelle*	*queste* *costoro*	*queste*	*altre* **altroro*	*altre*

In tonloser Stellung verschmilzt das *i* des ursprünglichen Anlauts von *ille, iste* mit dem *u* zu *o*, vgl. § 128. Von *altro* ist bloss *altrui* belegt, die andern Formen sind wohl gar nicht gebildet worden. Auch *stessi* kommt vor, z. B. Dante Inf. IX 58.

379. In den Dialekten ist einmal das Verhältniss der Stämme *cost* und *quest* ein anderes. In den Abruzzen stehen nach FINAMORE, Voc. Abruzz. 3 nebeneinander *quiste, kuste, kustú* und *kesté*, und entsprechend *quisse, kusse, kusú, quille, kulle, kulí* aber *kessé, kellé*. Offenbar ist *kuste* erst nach *kustú* gebildet, bei diesem aber kann man im Zweifel sein, ob sein *u* dem italienischen *e* entspreche, folglich *kesté* den tonlosen Vokal nach dem betonten gerichtet habe, oder ob nicht vielmehr das auslautende *ú* sich ein früheres *e* angeglichen habe.

Für Teramo giebt SAVINI S. 62 *kustę*, Fem. *kestę*, Plur *kistę* für beide Geschlechter und Sing. *kustú, kustí* u. s. w. In der altneapolitanischen Katherina stehen *quiste* u. s. w. neben *colloro* und *quelloro*, was also vielleicht für *o-ó* aus *e-ó* durch Assimilation spricht. Sodann zeigt der Norden durchwegs Formen mit *u*: *kul, kula, kust, kusta* im Piemontesischen, worin aber wohl Wandel von *que* zu *ku* zu sehen ist infolge der proklitischen Stellung. Ganz dasselbe gilt vom Sardischen, vgl. *kustu, kusta, kuḍḍu, kuḍḍa, kussu, kussa*, in alter Zeit noch *kuste, kuḍḍa, kuḍḍe*. Im Lombardisch-emilianischen ist sodann *que* zu *ke* geworden, also *kest, kel* u. s. w. Die endungsbetonten Formen behalten auch im Venezianischen ihr *que*, vgl. *questui* Exemp. 144, *quelui* 142, letzteres auch im Cato. Für den Süden sind dann noch die vom Maskulinum verschiedenen Neutralformen zu nennen: *questę, quellę* neben Mask. *quistę, quillę*, vgl. § 32.

Der Artikel.

380. Der Artikel hat sich aus dem lateinischen *ille* entwickelt. Abweichend von den Pronomina aber in Übereinstimmung mit den Nomina entbehrt er einer eigentlichen Kasusflektion. Während das Feminin die zweite Silbe des lateinischen Pronomens bewahrt: *la, le*, zeigt das Maskulinum verschiedene Form: *il* oder *lo* im Singular, *i* oder *gli* im Plural, und zwar stehen *il, i* vor konsonantischem Anlaut, *lo, gli* vor gedecktem *s*, also ursprünglich vor vokalischem, s. § 144. Vor Vokalen wird *lo* zu *l'* apostrophirt, *gli* nur vor *i*. Für Dante und die gleichzeitigen Dichter dagegen stellt GRÖBER, Zs. I 108—110 nach den ältesten Dantehandschriften folgende Regel auf: »*lo, li* stehen vor beliebigem Anlaut und hinter beliebigem Auslaut, *il, i* vor einfachem Konsonanten und nur hinter vokalischem Auslaut, oder *il, i* sind unsyllabische, enklitisch gebrauchte Formen. Also *lo giorno* Inf. II 1, *e il mio maestro* Purg. IV 31*a*. In der Prosa überwuchert *il, i* seit dem letzten Viertel des XIII. Jahrh. Ferner ergiebt sich aus CAIX' Untersuchungen im Giornale Fil. Rom. II 1—8, dass *lo* in den ältesten lyrischen Dichtern fast ausnahmslos vorkommt, weil es die Form des Südens ist, während im eigentlichen Florentinischen *lo* und *il* gleichberechtigt neben einander stehen.

381. Mit Präpositionen verwächst der Artikel zum Theil. Stets mit *di, a, da*: *del, al, dal, della, alla, dalla, dei* oder *de', ai* oder *a', dai* oder *da'* u. s. w. gemäss § 105. D'OVIDIO hat zuerst und mit Recht ausgesprochen, Arch. Glott. IX ¶1 Anm., dass *del* zu zerlegen sei in *d'el*. Auffallend bleibt auf den ersten Blick der Gegensatz im Vokal zwischen *il* und *del*. Er erklärt sich aber ohne Schwierigkeit aus der Verwendung von *il* in ältester Zeit, s. § 366.? *Dello* ist halb betont, bewahrt daher *e*. Auch *nel*, das nur aus *in-el* entstanden sein kann, findet sich von Anfang an, ebenso *col*, während *sul* und *pel* jünger sind [1]). Dem Süden fehlt *nello*, wie er überhaupt der Verbindung eher abgeneigt ist. Eine merkwürdige Form *nullo* verzeichnet MUSSAFIA aus der neapolitanischen Katharinenlegende und vergleicht damit das aquilinische *núl*, *niyul*, das FINAMORE Voc. Abr. 98 anführt: es scheint das tonlose oder halbbetonte *e* unter Einfluss des *l* zu *u* geworden zu sein.

382. Bemerkenswerth sind die Formen des Feminins im Piemontesischen und Mailändischen. Im Piem. nämlich steht *le fumme* neben *iy uriye*, es wird also *le* vor vokalischem Anlaut zu *li*, *l'*, *iy*. Dasselbe muss einst der Fall gewesen sein im Lombardischen, es ist dann aber das vorkonsonantische *le* durch *i* ersetzt worden, so dass man heute nicht nur *iy oreč*, sondern auch *i donn* sagt. So SALVIONI, Lament. S. 13 Anm. 5. — Ob *li* für beide Geschlechter in Teramo (SAVINI S. 54) ebenso zu erklären ist, weiss ich nicht.

383. Sodann erscheint im Römischen *lu*, das südlich bis Cerreto Sannita, Castelluccio di Sora und Formia reicht, in Palena *yu* lautet, sich auch in Alatri, Anagni, Guarcino, S. Vito Romano, Veroli findet. Vom Plural *li* ist *l'* auch auf den Singular übertragen.

384. Häufig geht der Artikel seines *l* verlustig, worin wieder eine Kurzform zu sehen ist (§ 301). So finden wir *u*, *a* im Neapolitanischen, Kalabresischen, auf Sizilien in Castrogiovanni, Vallelunga, Sirakus, in der Terra di Bari, in Senise, Saponara di Grumento, im Principato, Benevent, aber nicht mehr in Cerreto Sannita, wo *lu* beginnt. Die nördlichsten Punkte scheinen Nola und Palombara zu sein. Dieselbe Reduktion findet sich wieder in Apiro und Cingoli (Macerata).

385. Während der Süden durchaus *lu* sagt, zieht der Norden *el*, *l* vor. Es ist dies die gewöhnliche Form im Emilianischen, Lombardischen und Venezianischen, aus der im Bergamaskischen und auch zum Theil in der Brianza weiter *ol*, im Emilianischen und in Rovigo mehrfach *al* entsteht. Im Gegensatz dazu zeigen die altvenezianischen und altmailändischen Denkmäler durchaus *lo*, was heute noch in Burano geblieben ist, während *el* schon im Mittelalter die veronesisch-paduanische Form ist, so zwar, dass Fra Giacomino *el* und *lo*, Ruzante

---

[1] CAIX meint, Origini S. 201 ff., das toskanische *nel* sei aus *in de el* entstanden, da sich in den Handschriften der alten Lyriker *in delo* findet. Was das *de* sei, sagt er nicht. Das *in del* ist eine spezifisch sizilianische Form, die in *ind-el* zu zerlegen ist und mit dem toskanischen *in-el* nichts zu thun hat, s. die Präpositionsbildung.

nur *el* gebraucht. Sonst ist wenig zu bemerken. Im Venezianisch-veronesischen wird *illi* zu *igi*, vgl. *ig, igi* Uguç. Prov., Giacom.

386. Abweichend vom Italienischen und den meisten romanischen Sprachen bildet das Sardische den Artikel von *ipse*, also *su, sa, sos, sas* im Logudoresischen, *su, sa, is* im Campidanesischen. Diese letztere Form, statt deren man eigentlich *sus, sas* erwartet, ist auffällig, man sieht nicht recht, wesshalb die erste Worthälfte behalten, die zweite, flektirte, verloren ist. Nach konsonantisch auslautenden Wörtern erscheint im Logudoresischen die volle Form: *per issas istradas* u. s. w.

Indefinita und Relativa.

387. Nur Weniges ist zu bemerken. Die Quantitätspronomina *tanto, ogni, nullo* zeigen zum Theil merkwürdige Formen. Das Neutrum plur. *tanta, quanta* hat sich im Süden d'Ovidio, Arch. Glott. IV 172 Anm. und im Norden erhalten, z. B. aven. *doa tanta* Exemp. 205, abol. Baz. 1, ja selbst in der Toskana *tanta* Bocc. Dec. I 6, bei Ristoro d'Arezzo u. s. w. Ebenso findet sich neben *ogni* auch *ogna*. Was *ogni* betrifft, so zeigt es zunächst die Nebenform *onne* : *onne bontá* Conti Ant. Cav. 200, *onne argomento* 200, *onni homo* 200, dann aber auch früh *ongne*, so *ongne anno* S. Mar. Carm. 14, *ongne altro* 20, ebenso stets bei Brunetto Latini. Das *gn* wird man mit Rücksicht auf die eben genannten Formen mit *nn* besser von *ogna* = *omnia* herleiten, als aus der Verbindung *omni anno*. Das Schwanken zwischen *i* und *e* dürfte auf verschiedener Grundlage: *omnes* bezw. *omne* beruhen, vgl. für *omnes* noch § 183. *Ogna* wurde früh auch mit Mask. verbunden, vgl. *ogna strame* Bandi Lucch. 203. Sodann behandelt das Altvenezianische *ogna* als Fem. und bildet ein Mask. *ogno* Prov. 4, ähnlich Ruzante Wendriner S. 61. Nach *ogna* wird im Venezianischen und Veronesischen *nullja* geschaffen und dazu nun auch *nuio* Prov. 11, bei Uguç., vgl. Ascoli, Arch. Glott. VII 441, 596. Sodann bilden *tantus, quantus* in Oberitalien den Plural *tanč, quanč* § 260. — Von den Relativen sind *chi, che* indeklinabel, *cui* dient für den Casus obliquus. In Mundarten findet man *cui* auch als Nominativ, so im Norden bei Paol. LXIII 31, LX 26 und im Süden in Sizilien. Indeklinabel sind sodann die auf *che* auslautenden *qualche, chiunche*, nur im Plural gebräuchlich *parecchi, parecchie*. Vgl. noch die Wortbildungslehre: Pronominalbildung.

Verbalflexion.

1. Übersicht der Verbalformen.

388. Gegenüber dem Lateinischen hat das Schriftitalienische eine grosse Menge von Formen eingebüsst: das ganze Passiv mit Ausnahme des Participiums, im Aktiv die beiden Futura, das Imperfektum und Perfektum conjunktivi, das Plusquamperfektum indikativi, den emphatischen Imperativ, den Infinitiv des Perfekts, die beiden Supina, das Gerundivum. Dafür hat es neu geschaffen das Futurum: *amer-ò = amare ho* und das Condizionale: *amer-ei* aus *amare-ebbi*. Die Einbussen sowohl wie die Neubildungen gehören grösstentheils dem Vulgärlatein an. Doch besass dieses und mit ihm noch manche italienische Mundarten noch das Plusquamperfektum indikativi, ferner eine Zeitform, die entweder vom Perfektum conjunktivi oder vom Futurum exaktum stammt. Endlich im Sardischen hat sich auch das Imperfektum conjunktivi erhalten.

2. Die Endungen.

389. Im Präsens indikativi ist das lateinische *-o* den Lautgesetzen gemäss behandelt, also im Mittelitalienischen geblieben, im Süden zu *u* geworden, in den Abruzzen und im Neapolitanischen zu $ę$, im Norden verstummt, vgl. § 111 ff. Die einzige abweichende Form, lat. *sum*, vulglat. *son*, nimmt das *o* ebenfalls an: *sono*. Dass im Satzinnern das *o* nach *l, r, n, m* auch im Toskanischen schwinden kann, ist § 108 gesagt. — Im Mailändischen und in der Val Maggia tritt *i* an Stelle von *o*: *kanti*, im Bergamaskischen *-e*, in der Verzasca bei den Verben der *a-* und *i-*Klasse *-a*, in Turin und Jvrea *-o*. während in allen diesen Mundarten *-o* fallen sollte. Der Ursprung dieser Elemente ist ein verschiedener. In dem *-i*, das Bonvesin noch nicht kennt, wird man mit GARTNER, Raetor. Gram. 111, SALVIONI, Arch. Glott. IX 228 Anm. 2 das angehängte Pronomen der ersten Person: *io* zu sehen haben. In dem *-a* in der Verzasca scheint eine Übertragung der Endung der 3. Sing. vorzuliegen, die veranlasst ist durch die Gleichheit der Endungen des Imperfekts. Endlich das turinische *o*, das sich noch in Fossano, Cuneo, Lanzo, Corio, Limone, im Massathale, in Vercelli, Pavone, Vistrobio und wohl fast im ganzen Canavese ausser Biella, Azeglio und dem Adornothale findet, dürfte das lateinische *-o*, aber nur indirekt, sein. Die Lament. schreibt *recomand, arecord*, neben *trovo, posso*, wo freilich der Vers *trov, poss* erfordert. Noch heute bewahrt das Piemontesische das *o* in den Substantiven *orlo, merlo*, und dies sind die letzten Reste eines Zustandes, wo das *-o* in lateinischen Proparoxytonis geblieben war, eines Zustandes, der sich in Savoyen, Val Soana und dann im ganzen südöstlichen Frankreich wieder findet, vgl. NIGRA, Arch. Glott. III 23 und Rom. Gramm. I 313. Auf dem Gebiete, wo -*o* in Proparoxytonis blieb, in Paroxytonis fiel, standen neben einander *am* aber *tremlo*, bezw. *trembyo*. Später wurde dann die Endung von der 2. Klasse auf die erste übertragen. Heute erstreckt sich nun freilich das *amo*-Gebiet viel weiter als das *tendro*-Gebiet, allein es ist entweder jenes später weiter ausgedehnt oder dieses verengert worden. — Das *e* in Bergamo ist wohl weitere Abschwächung des -*i*, doch ist auffällig, dass auch das Altpaduanische häufig -*e* zeigt, WENDRINER 69.

390. Die 2. Person lautet auf -*i* aus, das nach § 106 der lautgesetzliche Vertreter von -*as*, -*es*, -*is* ist, während *vendis* eigentlich *vende* lauten sollte. Dass diese eine Form dem Drucke der übrigen gewichen ist, begreift sich leicht. Übrigens zeigen die alten Texte noch mehrfach -*e*, auch für altes -*i*, was vielleicht auf zeitweiliges Schwanken schliessen lässt. Dante braucht *abbracce* Inf. XVII 93, *affonde* Par. XXVII 121 u. s. w: nur im Reime, ZEHLE 72, wodurch die Existenz dieser Formen in der gesprochenen Sprache noch zweifelhafter wird; schon häufiger sind sie bei Brunetto Latini Zs. VII 429. Anders verhält es sich natürlich, wenn im Nordosten *e* sich oft zeigt, z. B. in Uguçon, TOBLER S. 26, bei Fra Giacomino, hier liegt wohl ein lautlicher Vorgang vor, s. § 354. — Im Lombardischen, aber noch nicht bei Bonvesin, tritt das Personalpronomen an: *portet*, wodurch Zusammenfall mit der 1. Sg. vermieden wird, wie er im Emilianischen und einem Theile des Tessin vorliegt. In die Val Maggia ist, wie bemerkt wurde, das lombardische *i* in die 1. Sg. eingedrungen, hat dann aber, da seine Bedeutung nicht verstanden wurde, auch die 2. Person ergriffen. Im Piemontesischen ausser Mondovì lautet die Endung -*e*, was wol, da auch im Imperf. -*e* erscheint, als lautliche Entwicklung zu fassen ist. — Im Altvenezianischen ist das *s* zum Theil noch erhalten. Aus dem Exempelbuch führt DONATI S. 36 an: *favelis, trapasis, rendis, dibis, venis, oferis, turbidis* neben selternern Fällen ohne *s*, Fra Paolino kennt *amis, posis, fosis, voravis*, der Tristan *ebis*, Cato *pekes, castiges, comences, entendes, diges* TOBLER S. 24, während sonst die Hamiltonhandschrift nur in einsilbigen das *s* bewahrt. Vgl. noch ASCOLI, Arch. Glott. I 462, der feststellt, dass in den mehrsilbigen Verben, also in tonloser Silbe, *s* am Ende des XIII. Jahrh. schwindet, während es in einsilbigen, also in betonter, während des ganzen XIV. Jahrh. und in der Frage bis heute bleibt. Vgl. noch § 454. — Die dritte Pers. Singular lautet regelrecht auf *a*, *e* aus. Aus den Mundarten ist nichts zu bemerken.

391. Die 1. Pluralis hat merkwürdige Schicksale, in der Schriftsprache sowohl wie in den Mundarten. Die ältesten Formen sind *-amo, -emo, -imo*. An Stelle von *véndimus* ist frühzeitig *vendémus* getreten. Heute ist nun aber für alle Konj. *-iamo* gebräuchlich. Am frühesten scheint *-imo* verschwunden zu sein, obschon Ariost, wohl durch seinen Dialekt verleitet, es noch braucht. *Emo* hält sich länger, vgl. *poten, aven, semo* bei Brun. Lat. WIESE, Zs. VII 330, *avamo* Cavalc. Son. 24, 3, Ric. Jac. 25, *faciemo* 28, *contamo* 2, *devemo* Alb. 28, *avemo* 20, Ariost Cass. 4, 2, *komperamo* Ric. Fior. 1273, *aven* 1255, *abbiamo* 1290. *-amo* belegt HIRSCH, Zs. X 412 aus dem Senesischen, CALX, Orig. 223 aus dem Altpistoj. Zuletzt weicht *-amo*; Castiglione gebraucht zwar noch *speramo*, aber doch scheint seit Mitte des XIV. Jahrh. *-iamo* im Centraltoskanischen fast allein herrschend. Ausgangspunkt für dieses *-iamo* ist *siamo*, das von jeher für Indikativ und Konjunktiv galt § 447 und die Konjunktive wie *abbiamo, sappiamo* u. s. w. Der Gebrauch von *siamo* als Konjunktiv und Indikativ führt zunächst bei den Verben auf *-imo* und *-emo*, deren 1. Plur. conj. auf *-iamo* ausging, *-iamo* auch in den Indikativ ein. Die nach *sia* umgestalteten *stia, dia* bewirkten *siamo, diamo* statt **stemo,* *demo, und nun, immer unter dem Druck von *siamo*, auch im Indikativ *stiamo, diamo*. Zunächst folgte dann wohl *andiamo*, dessen Konjunktiv als Imperativ gebraucht leicht den Indikativ verdrängen konnte. — Eine zweite toskanische Form ist *-ian(o)*. Schon in den Ric. fiorent. findet sich *aven*; bei Cavalcanti *dician* 24, 4, *sian* 24, 1, 6, nicht bei Dante, der nur Vulg. Eloqu. XIV *facciano* den Florentinern vorwirft, wohl aber bei Brun. Lat., namentlich oft bei Barberino: *vedreno* IV 4, 25; *preghian, possian* 11, 12, *dician* II 2, 25 und noch Pulci sagt *dimoriano* 1, 75; vgl. 3, 30; 4, 35, ähnlich Ariost und Boiardo. Der Ausgangspunkt dafür ist zu finden in Verbindungen wie *repentianci* Bocc. Dec. Int., *andianne* Bocc. Dec. II 5; *andiancene* Sacch. 81 u. s. w. Während das Florentinische diese Endung, die also aus einer Vermischung der vorkonsonantischen und Satzinlautformen mit den Pausaformen entstanden ist, später völlig aufgiebt, bewahrt sie das Aretinische, vgl. Città di Castello *-eno* = *-amo* und ASCOLI, Arch. Glott. II 452 f. — Endlich ist noch eine mehr syntaktische Art, die 3. Plur. zu bilden, zu erwähnen: das Vulgärtoskanische und manche neuere Schriftsteller bedienen sich der unpersönlichen Form des Verbums, verbunden mit dem Pronomen der 1. Person: *noi si ama*. — Diese drei Erscheinungen: Übertragung des Vokals, Wandel von *m* zu *n* und Ersatz durch die unbestimmte Form, treffen wir nun auch in den Mundarten wieder. Die erste Pluralis des Verbum substantivum schwankt zwischen *somo* und *semo*:

jenes gehört dem Piemontesischen und Paduanischen, dieses dem Venezianischen und Emilianischen an. Ganz entsprechend haben wir dort als 1. Plur. aller Verba *-omo*, hier *-emo*. Vgl. im Chrysost. *adoromo* 118, 31, *parlomo* 20, 31, *volomo* 3, 18, neben gewöhnlichem *-emo*, und heute in Turin, Jvrea, Alessandria *portuma, tnuma, uma (avemo)*. Die Ausbreitung geht nur allmählich vor sich, die Lamentazione kennt *devema* und *devéna*. Die Grenzen des *-uma*-Gebiets kann ich nicht bestimmen; vgl. noch S. Fratello *amoma, tnuoma, fnuoma*. Fürs östliche Oberitalien hat Ascoli *-om* nachgewiesen, vgl. Arch. Glott. I, S. 542b. Ein Charakteristikum des Mittelrätischen greift es von da ins Venedische hinein, findet sich noch heute im Rustikpaduanischen, *mangum* in Cremona, *von = andiamo* giebt Boerio als venezianisch an, endlich bei Ruzante, wo *-om* im Präsens indikativi aller Konjugationen Regel ist, WENDRINER S. 64. Auch Reggio zeigt *-om* neben *-em*. — Sodann im Emilanischen: *sem, sen* und entsprechend *kanten, venen* u. s. w. und im Altvenezianischen *semo* und so *consideremo* Ex. 580, *demandemo* Cron. Imp. 72b, *parlemo* Panf. 173 u. s. w. Im Süden scheint dagegen *-amo* zu bleiben, vgl. *mandamę* in Campobasso, ebenso *rędęmę* und danach nun *durmęmę*, ähnlich in Neapel, Kalabrien und Sizilien. Anderswo in den Abruzzen aber hat wieder die Umgestaltung nach *essere* stattgefunden, vgl. *kantaime* nach *saimę* bei FINAMORE, Voc. Abr. 5, *kandęme* wie *sęme* in Teramo. Sonst fehlen mir die Paradigmen. Der Wandel von *-m* zu *-n*. ist specifisch senesisch-aretinisch-emilianisch, vgl. HIRSCH, Zs. X 411. Im Emilianischen kann der Übergang rein lautlich sein, vgl. § 275, übrigens erstreckt er sich nicht über Bologna hinaus, vgl. *portem* in Reggio und Parma, und vom Emilianischen her wird sich das oben genannte *-eno* im Aretinischen deuten. Auch im Piemont findet sich *-en* wohl mit lautgesetzlichem Wandel von *m* zu *n* und daraus *-ena*, vgl. SALVIONI, Lament. 15. Der Gebrauch von *homo canta* statt *cantamus* ist lombardisch, und zwar namentlich bergamaskisch, wo man also z. B. *noter am porta, noter m'ardess* u. s. w. sagt. Auch hier sind die Grenzen noch zu bestimmen. SALVIONI weist *om kanta* für die Verzasca und Lavizzara nach Arch. Glott. IX 227, Formen, die FLECHIA's Ansicht, dass wirklich *homo canta* die Grundlage bilde, bestätigen, vgl. Intorno ad una pecularietà di flessione verbale in alcuni dialetti lombardi Rom 1876. Die ältesten Beispiele finden sich bei Bonvesin, aus welchem MUSSAFIA, Bonv. § 95 anführt: *um se, um era, um fe, um sia, um venia, um devesse, um fosse, um poesse* neben *speram, lezem, soffrimo, predicávamo* u. s. w. MUSSAFIA sieht darin das auslautende *m*, das in der Form *um* dem Verbum vorangehe, ähnlich DIEZ II 144 Anm.,

SCHUCHARDT, Zs. IV 153, und es könnte *um se* für diese Auffassung ins Gewicht fallen. Allein andererseits ist eine derartige Ablösung der Endung zu merkwürdig und entbehrt so völlig jeder Analogie, dass man die erste, durch das Toskanische bestätigte Erklärung vorziehen wird. Unter dem Drucke von *um mánda* ist dann an Stelle von *mandám* im Mailändisch-bergamaskischen *mándem* getreten. Endlich bleibt noch der Auslautvokal im Piemontesischen zu besprechen. Lautgesetzlich sollte man *-m* erwarten; statt dessen erscheint schon in der Lamentazione *na*, was vielleicht ursprünglich bloss Frageform mit dem § 372 besprochenen *-a* ist. Aus *portúma* oder *portéma* entsteht dann weiter in Mondovi *portmá*, vgl. § 92 und Rom. Gramm. I § 597.

392. Die zweite Pluralis lautet korrekt *-ate*, *-ete*, *-ite*, bei Bojardo auch *-ati* 1, 2, 3, 51 u. s. w. Bemerkenswerth ist *andá* = *andate* und *pigliáve* = *pigliateve* Sacch. 82. Aus den Mundarten ist der ziemlich weitgreifende Zusammenfall von *-ete* und *-ite* zu erwähnen. Er scheint fast dem ganzen Norden anzugehören, vgl. *crediti* Bon. Lidf. 128 nnd so heute im mail. *-i*, aven. *vediti* Exemp. 444, *voli* 140, *avi* 982, ebenso in den andern Texten und im Neumailändischen, dann auch im Emilianischen, wogegen das Piemontesisch-genuesische scheiden. Es fragt sich, ob hierin lautliche Entwicklung zu sehen sei, ob also *-etis* über *-ete* zu *-ee*, *-ii* oder über *-eti* zu *-iti* (§ 68), *ii* geworden sei oder ob Übertragung stattgefunden habe. Die lautliche Erklärung ist wohl vorzuziehen; von den zwei Möglichkeiten aber scheint mir die zweite wiederum die zutreffendere, da *parete* nicht zu *pari* wird. Es würde daraus weiter folgen, dass *-is* wie z. B. im Rumänischen zu *-i*, nicht wie im Italienischen zu *-e*. wird. Im Sizilianischen fallen *-ete* und *-ite* gemäss § 26 unter *-iti* zusammen. Im Weitern finden wir in Campobasso *-ete* für die 2. und 3. Konjugation und in den Abruzzen, da wo *-eme* alle drei Verbalklassen ergreift, auch *-ete* für alle, also *kantęte*, *sentęte* in Gessopalena, *kantęte*. *sentęte* in Teramo u. s. w. Auch bei den Monferrinern in Sizilien ist infolge der Gleichheit der ersten Person auch Gleichheit der zweiten eingetreten: *mangé*, *bvé*, *fñé* in Piazza Armerina, *amai*, *tnai* aber *fini* in S. Fratello. Das Piemontesische zeigt stammbetonte Formen: *pŕrte*, *téne*, in welchen man wohl Übertragung der 2. Sing. auf den Plural zu sehen hat, trotz *eve* = *habetis*, vgl. § 410.

393. Die dritte Pluralis sollte zunächst *aman*, *senton* lauten. Da aber das Italienische keine konsonantische Ausgänge duldet, so bildet es *son* zu *sono* um nach dem Muster des andern *sono* = *son* § 389, ferner *vendon* zu *vendono* und nun auch *amano*. So haben wir heute *-ono* auch für die alten *-e-*Verba. In der florentinischen Vulgärsprache tritt gemäss § 119 *-ano* für *-ono* ein. Umgekehrt zeigt das

Senesische Übergriff von -*ono* neben -*ano* Zs. X 415. In den Mundarten treffen wir nun ein Gebiet, das mit dem Toskanischen übereinstimmt, ein zweites, wo *n* im Auslaut bleibt, ein drittes, wo es fällt, somit die dritte Pluralis mit der dritten Singularis identisch ist. Dem ersten Gebiete gehört der ganze Süden an. In den Abruzzen sinkt -*ano*, -*ono* zu -*ęnę* herab, die einstige Vokalverschiedenheit prägt sich aber aus in *portęnę* neben *vidęnę* § 32. Das zweite Gebiet umfasst das Emilianische von Bologna an westlich, vgl. *porten* in Bologna, Reggio, Parma, das Westlombardische, das Genuesische und im Grunde auch das Piemontesische, nur dass hier nach § 274 -*an*, -*on* zu *u* wird: *portu* u. s. w. Dem dritten endlich gehört einmal das Lombardischvenezianische, sodann das Romagnolisch-umbrische an. Schon im aven. Exempelbuch liest man *li demoni clama* 82, *illi si disecca* 378, *vene VI laroni* 437 u. s. w., woneben aber Formen auf -*no* noch vorkommen. In der Hamiltonhandschrift haben die Prov. Doppelformen, während die andern Texte -*no* fast gar nicht kennen, ebensowenig die Cronica und Paolino. Dann westlich bei Ruzante WENDRINER S. 63, Fra Giacomino und noch in Bergamo: *porta*, und im Tessin, wogegen in Mailand *porten* beginnt. Sodann also braucht das Romagnolische *porta* für beide Numeri und mit ihm Ancona, Ascoli Piceno, Teramo, Atessa, Bucchianico. Doch scheinen mehrfach Inseln mit -*en* vorzukommen, so die Provinz Pesaro Urbino, wo nur S. Agata Feltria Gleichheit der beiden Personen zeigt. Interessant ist der Unterschied, den die altneap. Katharina macht: »*nt* fällt, wenn der Flexionsvokal in den zwei Numeri verschieden ist; bleibt als -*no*, wenn er identisch ist, wodurch bei Abfall von -*nt* Singular und Plural zusammenfielen«. — Noch bleibt ein Wort über den Vokal der Endung zu sagen. In Norditalien und in Pisa, Lucca einerseits, Arezzo andrerseits und im Südwesten in der Terra di Otranto und Terra di Bari greift -*eno* über und gehört zunächst der 2. und 3. Konj. an, woneben *aret*. -*ono* wie -*unu* in Noto sich nach § 121 erklärt. Im Lombardischen ergreift -*en* auch die 1. Konj., doch handelt es sich da vielleicht um lautliche Abschwächung.

394. Im Konjunktiv erwartet man für den Singular *e, i, e* bezw. *a, i, a*, und diese Formen finden sich z. B. noch im Altmailändischen, im Altneapolitanischen und Altvenezianischen, vgl. MUSSAFIA, Bonv. 20, DONATI, Exemp. 41. Im Toskanischen aber haben frühzeitig Ausgleichungen stattgefunden nach zwei Seiten hin. In der 2. und 3. Konj. wird *i* bald durch *a* verdrängt. Bis heute haben sich die als Imperativ fungirenden *sappi, abbi, sii* gehalten und bei den alten findet man *venghi* Bocc. Dec. 3, 5, *riconoschi* 2, 10, *rimanghi* 3, 3 und selbst noch bei Ariost *facci* Cass. 2, 3. Daneben war aber auch schon *vada* Bocc. 3. 4, *prometta* Sacch. 22, *nasconda* 84 u. s. w. Entsprechend wird umgekehrt *i* in der ersten Konjugation durchgeführt. Zuweilen erscheint auch 3. Sg. auf *-i* statt *-ia*, vgl. *debbi* Pulci 10, 105, *sappi* II 48, 137, *facci* III 29, IV 21, *vegni* IV 12, *ardi* IV 81, *possi* VI 21. Ausgangspunkt sind wohl die zwei ersten, wo *-ia* sein *a* abgeworfen hat. Ähnlich im Altaretinischen, Bianchi, Castello 50. Die Dialekte schlagen vielfach andere Wege ein. Im Norden sollte *-e*, *-i* fallen. Im Mailändischen wird dann das *a* der II. u. III. Konjugation auf die erste übertragen: *porta, portet, porta*. Dasselbe gilt für das Piemontesische, Emilianische und das Paduanischvenezianische. Nicht recht klar ist bergam. *-e, -et, -e* in allen Konjugationen. Nur die 2. Singular ist ihrem ursprünglichen Typus treu geblieben, vgl. piem. *porte*, emil. *port*. Umgekehrt zeigt die Val Maggia *-i* von der 1. Konj. auf die andern übertragen. In altvenezianischen Denkmälern findet sich natürlich *-s* in der 2. Sing., ferner *-i, -e* für die I. Konj.: *demostri* Exemp. 100, *torni* 730, *done, befe, porte* im Cato, *mitege* in der Cronica, aber bei Calmo schon durchaus *-u*, Ruzante *-e* und *-a*, dann auch *-e* und *-a* in der II. und III. Konj., vgl. Wendriner S. 71. In den Abruzzen und im ganzen Süden fehlt der Konjunktiv präsentis überhaupt.

395. Die 1. Plur. lautet für alle Konjugationen *-iamo*, die 2. *-iate*. Ausgangspunkt sind *siamo, siate, abbiamo, abbiate, teniamo, teniate, veniamo, veniate, moriamo, moriate* und andere Verba der *ē-* und *i-*Konj., die ihr *i* in den endungsbetonten Formen behalten haben. Den Weg in die *a-*Konj. vermitteln *diamo, stiamo, andiamo*. Im Norden zeigt das Lombardische völlige Übereinstimmung mit dem Indikativ, also *pórtem, porté, téñem, teñí*, doch weicht das Bergamaskische mit *portégef, teñigef* ab und ihm folgen die tessiner Mundarten, Arch. Glott. IX 230. Das *ge* ist mit dem *g* von § 371 zusammen zu bringen, daran ist das Pronomen der zweiten Pluralis angehängt. Das Piemontesische dagegen stimmt in der 2. Plur. ebenfalls zum Indikativ, in der ersten aber betont es den Stamm: *pórtemu*, woraus nun nach § 274 *pórtu*. Vgl. darüber § 410. Im Bolognesischen lautet die 1. Person *portámen*, die 2. *portádi*, ebenso *teñemen, teñedi*, worin man die alten Indikativformen mit angehängtem Personalpronomen zu sehen hat. Auch regg. *purtemm* neben indik. *purtem*, parm. *portema*. romg. *purtenja* erklären sich ebenso, und noch deutlicher ist die 2. Plur. romg. *-éra*. Die 3. Plur. lautet im Toskanischen *-ono*, bezw. *-ano*. Im Norden stimmt sie mit dem Indikativ überein.

396. Eine besondere Art, den Konjunktiv präsentis zu bilden, weist Salvioni, Arch. Glott. IX 229 und Anm. in tessiner Mundarten nach. Zwischen Stamm und Endung tritt *ig*: *portíga* in Sonogno, *mándiga* in Soazzo, vgl. auch S. 259 für Malesco, eine Bildung, die ihre Parallelen in vielen andern romanischen Dialekten hat, vgl. Mussafia, Zur Präsensbildung, Schuchardt, Litbl. 1884, Sp. 65 ff.

397. Der Imperativ stimmt im Ganzen zum Lateinischen: *ama, senti, tieni*, danach auch *vendi* u. s. w., Plural *-ate, -ete, -ite*. Hier sind die norditalienischen Formen der 1. Plur. von Wichtigkeit. Im Lomb. lauten sie *portém, teñém*, worin man vielleicht den alten Konjunktiv der I. Konj. übertragen auch auf die andern sehen kann. Das Piemontesische bedient sich der Indikativformen, und behält die 2. Plur. *portë* aus *porta[d]e*. Das Bolognesische bleibt ebenfalls beim Indikativ, das Parmigianische beim Konjunktiv. Im Senesischen, wo *-i* die Neigung hat, in *-e* überzugehen, lautet der Imperativ II., III. meist *-e*, Zs. X 414.

398. Das Imperfektum indicativi zeigt in der Schriftsprache die regelmässigen Endungen: *-a, -i, -a, -amo, -ate, -ano*. Doch ist schon frühzeitig das *-o* des Präsens eingedrungen. Von den Mundarten folgt Foggia mit *avevu*, während sonst von Rom ab südwärts wie im Norden *-a* bleibt. In der Val Maggia erobert das *-i* des Präsens § 389 auch das Imperfektum. Die 2. Plur. wird oft durch die 2. Sing. ersetzt: *voi aspettavi* Cell. und so in der toskanischen Volkssprache. In den Mundarten sind als wichtigste Erscheinung die Zurückziehung des Tones in 1. und 2. Plur.: *ávamo, ávate* und die damit im Zusammhang stehenden Veränderungen zu erwähnen. Im Lombardischen wird *portávate* zu *portave*, das nun, zum Unterschied von der 2. Sg., mit dem Personalpronomen versehen wird: *portavef* gegenüber *portavet*; ebenso in Reggio *purtävev*. in Bologna aber *purtavi*, entsprechend dem konjunktivischen *purtadi* § 395. Ebenso im äussersten Süden: kalabr. siz. *amavevu, amavivu*. Von andern Einzelheiten ist etwa zu erwähnen bergam. *portae* 1. Sg. neben *porta* 3. Sg., auch mail. *portavi*. Das *e* ist wohl aus dem starken Perfekt übertragen. — Das Kalabresische flektirt *-ava, -ave, -ava*, wo das *-e* der lautgesetzliche Repräsentant von *-as* ist § 112.

399. Im Konjunktiv imperfecti erwartet man *-asse, -assi, -asse*, dann mit Tonverschiebung § 410 *-ássemo, -aste* aus *-assete* § 120, während Lucca bei *-assite* bleibt. Diese Formen finden sich auch noch bei den Alten, doch tritt im Singular bald ein gewisses Schwanken ein, sofern vom starken Perfektum aus *-i* in die erste Singularis dringt: *amassi*. Eine Zeit lang herrschte auch in der dritten Unsicherheit, vgl. *avessi* Sardo 134, *-issi* 128, *fussi* 129, *ardessi* 139 neben *fusse* 129, *-esse* 129, und Hirsch, Zs. X 413 für das Senesische, *fussi* Pulci II 12, 13, 65, auch Cellini. Dieselbe Anlehnung ans starke Perfekt zeigt die 3. Plur. mit *-ero* statt *-eno*, *-ono*, vgl. *fossero*, *trovassero* Bocc. 1, 6, während allerdings *-no* bei Weitem überwiegt, *rimanessero* Sacch. 15, *scrivessero* 31. Die 2. Sg. dient auch als 2. Plur.: *voi fosse* Sacch. 86, *voi credissi* Bocc. 3, 6, *voi campassi* Pulci III 39, *voi venissi* IV 99. Von mundartlichen Formen ist *-sset* für die 2. Sg., *-ssef* für die 2. Pluralis im Lombardischen, dann *-ssev* in Reggio, *-ssi* in Bologna und Siena Zs. X 413 für die 2. Plur., *-ssevu*, *-ssivu* oder *-ssuvu* im Kalabresisch-sizilianischen selbstverständlich. Aus dem Piemontesischen ist die Ausdehnung des *a* vom Präsens conjunctivi auf das Imperfekt: *porteissa* bemerkenswerth, eine Ausdehnung, die durch die Gleichheit der Pluralformen 1. 3. *porto* : *porteisso* möglich wurde. Die 2. Plur. lautet hier selbstverständlich *porteisse*. Ähnliches findet sich im Tessin Arch. Glott. IX 230.

400. Das Perfektum. Die schriftsprachlichen Formen *-ai*, *-asti*, *-ò*, *-ammo*, *-aste*, *-aro* entsprechen genau den vulgärlateinischen. Ebenso *-ii*, *-isti*, *-i*, *-immo*, *-isti*, *-iro*. Nebenformen zeigt die 3. Sg. mit *áo*, wie Brunetto Latini stets schreibt, WIESE, Zs. VII 286, nach süditalienischem *-au* gebildet, und *ío*. Die 2. Plur. wird zuweilen mit der 2. Sing. gleichgebildet: *-asti*, *lanciasti* Sacch. 113, vgl. *averesti voi* 50. Am vielgestaltigsten ist die 3. Plur. Zu *-aro*, *-iro*, die Dante vorwiegend braucht, tritt früh das *-no* der übrigen Tempora : *-arono* und *-irono*, und dann kann das mittlere *o* synkopirt werden : *-arno*, *-irno* schon Dante Par. XI, 108, Inf. XIII 148, Pulci 4, 77 u. s. w. Dichterisch bleibt *-aro* bei Pulci 4, 91 ; 3. 35. Da ferner *-irono* denselben Vokal wie *-i* zeigt, so tritt zu *-ò* auch *-orono*, *-orno*, *-or* auf : *levorsi* Dante Inf. XXVI 26, *tirorno* Sacch. 70, *riportorono* 78, *arrivorno* Pulci 1, 62. Endlich wie zu *da* der Plur. *danno* lautet, so zu *amò amonno*, vgl. *terminonno* und entsprechend *dienno*, *apparinno*, *uscinci*, *fenno* bei Dante ZEHLE 75 und in den starken Perf. *promisongli* Bocc. Dec. 2, 7, *rimasono* 2, 3, *misono*, *diedono* 2, 7 ; *misson* Pulci 1, 64 ; *corsono* Cellini. Die Formen sind die fast allein gebräuchlichen bei Sardo. Als Latinismen sind erste Personen wie *audivi* Dante Inf. XXVI 78 zu betrachten.

401. Das Perfektum der II. Konjugation baut sich auf *-esti*, *-este*, *-emmo* auf, wozu nun, dem Vorbild der III. folgend, *-ei*, *-e*, *-erono* geschaffen werden. Die Nebenform auf *-etti*, *-ette*, *-ettero* hat ihren Ausgangspunkt in Verben wie *vendidi*, vulglat. *vendédi*, woraus zunächst *vendiedi*, dann, als *diedi* nach *stetti* zu *detti* umgebildet wurde, *vendetti*. Die Entstehung und Ausbreitung des *-dedi*-Perfekts gehört dem Vulgärlateinischen an, lässt sich übrigens Schritt für Schritt ver-

folgen, vgl. Grundriss I S. 367 und § 420. Im starken Perfekt zeigen
die 1. und 3. Singular regelrecht -*i*, -*e*, die 1. Plur nimmt schwache
Form an, die dritte lautet auf -*ero*. Die Mundarten bieten eine Reihe
nicht immer ganz klarer Abweichungen. *No* für *ro* in der dritten
Pluralis reicht über fast ganz Oberitalien. Wenn in Reggio -*ürn* oder
-*orn* gesprochen wird, so kann man füglich an der Echtheit der Form
zweifeln, da die übrigen emilianischen Mundarten nur *n* kennen.
Schon Bonvesin sagt *negón*, *odín*. Das Piemontesische hat die Zeitform ganz aufgegeben, aber fürs Monferrinische bezeugen *purtään*,
fnin in S. Fratello, *manganu*, *fñinu* in Piazza Armerina die Übereinstimmung mit dem Osten. Auch das Paduanisch-venezianische
folgt in seinen ältesten Denkmälern: *meténo* Excmp. 224, *sentino*
S 70, dann aber fällt -*no* und es dient wie im Präsens die 3. Sing.
auch als 3. Plur. Dem Norden schliesst sich Pisa an: *feciono* Hist.
Pis. 65, *rimasceno* 46, *istetteno* 46, *andonno* 46, *fugginno* 56 u. s. w.
Im Süden aber, soweit nicht die 3. Sing. eintritt, § 393, scheint *r* zu
bleiben und zwar -*arne* im Neapolitanischen und der Molise, -*aru* im
Kalabresisch-sizilianischen. — Für die erste Singularis ist wenig zu
bemerken. In den Umlautgebieten wird -*ei* zu -*ii*, -*esti* zu -*isti*. *Ai*
wandelt sich im Norden zu *e*, in den Abruzzen zu *i*. In der 2. Sing.
ist ziemlich weit -*ssi* statt -*sti* anzutreffen. Schon die alten Denkmäler des Nordens zeigen diese Form fast ausschliesslich, vgl. aven.
formassi Uguç. 44, *creassi* 504, *faissi* 219 neben *levasti* 505 u. s. w.
TOBLER S. 96; apad. *mandiessi*, *portiessi* bei Ruzante, WENDRINER
S. 74, averon. *castigasi* bei Giacomino MUSSAFIA, Mon. Ant. 14,
amail. bei Bonvesin MUSSAFIA, BONV. 28. Auch die emilianischen
Mundarten folgen noch, nicht aber das Genuesische. Die Erleichterung von *est* zu *ss* ist begreiflich im Emilianischen, wo -*i* fällt, vgl.
auch bei Uguç. *formás*, *perdonás*, *lassás*, es scheint aber bedenk-
lich, fürs Altmailändische und Altveronesische das -*i* bloss für etymologisirende Schreibung zu halten, während allerdings venez. *ssi*
sich leicht aus einer Verquickung eines ältern -*sti* und eines vom
Festlande her eindringenden -*ss* erklären liesse. — In der dritten
Singularis ist ein weitgehender Übergriff der -*tte*- in die *i*- und auch
in die *a*-Klasse zu bemerken, doch ist davon besser § 420 zu handeln.
In der ersten Plural zeigt das Altmailändische den Schematismus, den
das Florentinische in -*orono* statt -*arono* anbahnt, noch weiter durchgeführt, Bonvesin schreibt *sgivomo* (*schivammo*), ebenso bologn. *por-
tonn*, wo auslautend *mm* behandelt ist wie *m* § 275. Sonst wird auf
emilianischem Gebiete und auch im Paduanischen die 1. Plur. auf die
2. aufgebaut, zu -*sser* bildet man -*ssem*, vgl. § 420.. In Rom und
Siena ist die 1. Plur. der starken Verba noch stammbetont § 410.

Die 2. Pluralis folgt in ihrer Form der 2. Sing., lautet also im Norden auf -*ssi*, -*sse*. Um sie von der 2. Sing. zu scheiden, tritt das Pron. an, vgl. berg. emil. -*ssef*, bologn. -*ssi*. — Am meisten Verschiedenheiten zeigt die 3. Sg., doch wird auch darüber besser § 420 gesprochen. — Zum starken Perfekt ist kaum etwas zu sagen. Wenn Frezzi und Bojardo in der 1. Sg. mehrfach -*e* statt -*i* brauchen, so werden sie dazu durch ihren Dialekt verleitet.

402. Das Futurum wird auf gemeinromanische Weise gebildet, daher seine Endungen mit dem Präsens von *habere* übereinstimmen, mit der bemerkenswerthen Ausnahme, dass in der ersten Pluralis das alte -*emo* bewahrt ist. Wir haben also -*ò*, -*ai*, -*a*, -*emo*, -*ete*, -*anno*. Daneben auch -*aggio* u. s. w. § 454. Damit stimmen die Mundarten nach Maassgabe ihrer lautlichen Entwicklung überein. Immerhin mit etwelchen Einschränkungen. Im Piemontesischen stehen nebeneinander *amrö* und *amrai* in der ersten Person, entsprechend übrigens auch *ö* und *ai* von *habere*. Es scheint, dass *ö* eine Entlehnung aus dem Schriftitalienischen mit Lautumsetzung ist nach dem Muster tosk. *notte* = piem. *nöt*. Die 2. Sing. lautet natürlich auf -*as*, die 1. Plur. auf -*oma*. Im Altvenezianischen findet man ebenfalls -*as* : *recordaras*, Exemp. 128, *recevaras* 814, stets in Cato, Tobler S. 24, Uguçon Tobler S. 26 u. s. w. und noch in der Cronica : *troveras* 69[b], *seras* 72[b] neben gewöhnlicherem -*a*. Dann aber ist namentlich zu bemerken, dass in den ältern Texten die Verbindung noch nicht fest ist, es wird vielmehr das Verbum *habere* dem Infinitiv vorgestellt : *he vence* = *venceré* bei Bonvesin, vgl. zahlreiche Beispiele bei Mussafia, Beitr. z. Geschichte d. rom. Sprach. 18 ff., Tobler, Uguç. 31, wo auch *avré scondir* u. dgl. belegt werden, Mussafia, Mon. ant. 15 Anm., wo auch Belege aus den Bandi Lucchesi gegeben werden. Ebenso Chrysost. *aran beneexir* 10, 27, *haravan arder* 16, 21, *ara corrompe* 43' 40 u. s. w. Dem ganzen Süden scheint das Futurum zu fehlen nach den Zeugnissen von Savini, Teramo 63, d'Ovidio, Arch. Glott. IV 183, Scerbo, Calabr. 53. In Sonogno (Tessin) verbindet sich *ba* mit dem Futurum : *saroba, seriba* u. s. w., desgleichen mit dem Kondizional. Der Ursprung dieser Bildung ist noch zu suchen, vgl. Salvioni, Arch. Glott. IX 233 f.

403. Etwas mehr Abweichungen und Umgestaltungen des ursprünglichen Typus zeigt das Kondizionale. Es wird im Italienischen aus dem Infinitiv und den Perfektendungen gebildet, also -*esti*, -*ebbe*, -*emmo*, -*este*, -*ebbero*. In der ersten Singularis tritt -*ei* statt -*ebbi* ein nach dem Muster der schwachen Perfekta. Die dritte Pluralis schwankt natürlich zwischen -*ono* und -*ero*. In der dritten Singularis erscheint gelegentlich auch *è*, vgl. pis. *sarè* Sardo 135, *potrè* Pulci

XII 13, *arè* XIII 13, *darè* Buonarr. Tancia I 1 u. s. w., umgekehrt -*ebbi* Boj. I 9, 15; *farebbe* (1. Sing. vgl. § 401) II 10, 42 u. s. w. Die enge Beziehung zum Imperfektum conjunctivi schafft sodann zu 2. Pl. -*este* eine 2. Pl. -*essimo*, vgl. *anderessimo* Ariost Cass. 4, 2, *avressimo* 4, 6. Auch Trissino giebt die Form an. Mundarten gehen noch weiter, sofern sie auch die stammbetonten Formen nach der 2. Sg. 2. Pl. ausbilden, so mail. *portaress* 3. Sg., -*essen* 3. Pl., und aven. schon im Panf. 2. *devresse*, 3. *fiaresse*, 1. Plur. *poresamo*, TOBLER, Arch. Glott. X 247, 3. *vores* Uguç. — Wo das Perfekt von *habui ave* lautet, da wird natürlich auch das Kondizionale entsprechend geformt, also aven. *poravi* Exemp. 1008 u. s. w., 2. Sg. entweder *vorisi* 73 oder *devravi* 172. Erwähnung verdient -*ávemo* Gloss. Merkwürdig ist endlich das tessinische Kondizionale auf -*üss*, wo offenbar Anlehnung an *füss* vorliegt Arch. Glott. IX 200.

404. Es findet sich nun aber auch das Kondizionale wie in den andern Sprachen mit den Imperfektendungen gebildet. Trissino stellt als Paradigma auf: -*ia*, -*esti*, -*ia*, -*essimo*, -*esti*, -*iano*. Diese Vertheilung findet sich noch heute mehrfach im Süden, so in Teramo: -*iyę*, -*ištę*, -*i*, -*essęmę*, -*éšte*, -*ì*, in Campobasso: -*iya*, -*isę*, -*iya*, *immę*, *išęvę*, -*iyere*, und weiter nördlich in S. Angelo in Vado: -*ia*, -*išti*, -*ia*, -*imm*, -*ist*, -*ien*. Ob -*ia* dem eigentlich Toskanischen angehört, ist fraglich. Für die älteste Litterärsprache kommt CAIX, Orig. 234 zu dem Resultat: »mentre nei poeti merid. la composizione coll' imperf. di *havere* era quasi la sola in uso nella 1º e 3º pers. sing. e nella 3º plur., con Guittone e coi poeti toscani divennero sempre più frequenti le forme composte col perfetto che troviamo poi in pieno uso nel Tesor., in Dante ecc.« In florentinisch-senesischer [1]) Prosa scheint -*ia* ganz zu fehlen, so dass also in Trissinos Paradigma eine Koncession an die Mundarten zu sehen wäre. Ristoro d'Arezzo aber kennt -*ea*: *sarea portarea*. Wir finden nun auch -*ia* durch flektirt, vgl. neumail. -*ia*, -*it*, *ia*, -*iem*, -*ief*, -*ien*, während Bonvesin nur 1. 3. -*ia* kennt; im aven. Exempelbuch nur -*ia*, aber in den Prov. *devriate* 61 d. Noch bleibt zu erwähnen, dass die 1. Sg. in Petritoli (Ascoli Piceno) auf -*io* ausgeht.

405. Das lateinische Plusquamperfektum hat sich im ganzen Süden gehalten. Die Endungen sind die lateinischen, der Ton ruht in der 1. und 2. Plur. auf der Antepaenultima § 410, der dem *r* vorangehende Vokal ist der der 3. Plur. Perf. Die Grenzen sind noch zu untersuchen. Hauptgebiet ist der Süden, das Kalabresische, vgl.

---

1) Die wenigen Beispiele, die HIRSCH, Zs. X 425 bringt, dürfte nicht echt senesisch sein. Auch von -*ieno* ib. gilt dasselbe.

kalabr. *amerra*, *-e -a*, *-érramu*, *-érreve*, *-erranu*; im Reg. San. *fora*, *balcera*, *potera*, im Campobasso *mañára*, *wulera* u. s. w. Arch. Glott. IV 409, und bis nach Aquila und Umbrien hinein, vgl. Ascoli, Arch. Glott. VIII 119. Nicht recht klar ist das *e* und das *rr* in Kalabrien. *Fora* gehört auch der Schriftsprache an.

406. Sodann mag im Anschluss hieran ein neues Tempus praeteritum in Sonogno (Tessin) erwähnt werden, das von *habere* lautet: *oba, eba, aba, omaba, iba, aba*, von *esse* : *somba, seba, eba, seba*. *siba, eba*, von *cantare* : *kantoba, kentoba, kantoba, kantoba, kanteba, kantoba*,. Mit andern Worten, an die flektirten Präsensformen tritt *-ba*. In dieser wie in vielen andern Mundarten lautet das umschriebene Perfektum von *esse* nicht *sum status, sondern *sum habutus. »Il *bü* di *som bü, ó bü*, sarà divenuto enclitico : *sómbü, óbü*, e l'*ü* poteva allora volgere ad *-a*, onde *somba, seba, oba, eba*. Ottenutosi così questo perfetto univoce nei due ausiliari e continuandovi pur sempre perspicua la voce del presente aumentata di *-ba*, il tipo si sarà primo accomunato a certi verbi che come *savè*, già coincidevano in alcune voci con *oba* o con *somba*, e indi ad ogni verbo.« SALVIONI, Arch. Glott. IX 233.

407. Über das Partizipium ist wenig zu sagen. Die schwachen Formen *-ato*, *-ito*, *-uto* entsprechen den vulgärlateinischen ; über die Vertheilung von *-ito* und *-uto* und über das Verhältniss der starken zu den schwachen Formen wird bei den einzelnen Konjugationen zu handeln sein. Hier mag nur erwähnt werden, dass in Norditalien nach *factum* sich zunächst die Partizipien von *dare*, *stare* und *andare* richten und dass dann im Tessin alle *-a-*Verba folgen, also nicht nur *dač*, *stač*, sondern *portač*, *mandač* u. s. w. , vgl. SALVIONI, Arch. Glott. IX 233. Ähnlich in Piazza Armerina : *mangait* und danach auch *finuit*. Ferner ist das venezianische Particip auf *-esto* zu nennen, über das ASCOLI Licht verbreitet hat Arch. Glott. IV 393—391, vgl. III 467. Als das starke Perf. *vide* durch das schwache *vedé* ersetzt wurde, da trat infolge des engen Zusammenhangs, der zwischen Perfekt und Partizip besteht, auch an Stelle von *visto* ein schwaches Partizip : *vedesto*, ebenso trat *ponesto* an die Stelle von *posto*, *rimanesto* von *rimasto* und danach bilden nun überhaupt die *e-*Verba ihr Partizip : *tasesto, savesto, credesto*. Auf dem venezianischen Festland und in Istrien aber ergreift *-sto* auch die *i-*Konjugation: *reñisto*. Die ausserordentliche Verbreitung auf dem Festlande zeigen *disest*, *perdest, sentest, proponest* in Montebelluna (Treviso), *piovesto, dormisto, prevedesto, podesto* im Vicenza u. s. w., *moesto, volesto, poesto, paresto, valesto, riesto* und *risesto, corresto, caisto* bei Ruzante, WENDRINER S. 79. — Im Toskanischen können endlich Ad-

jektiva die Stelle der Partizipien von *a*-Verben übernehmen. Den Ausgangspunkt bilden Fälle wie *albus* : *albatus*, *dictus* : *dictatus* u. s. w. Diez, Gramm. II 153. Während nun die Schriftsprache genau vorschreibt, welche Verba das Participium suffixlos bilden können, z. B. *trovo*, *trovato*, ist die Volkssprache völlig zwanglos hierin, vgl. Ascoli, Arch. Glott. II 451, Mussafia, Romg. § 256, Wendriner, Ruz. 80 Anm. u. s. w.

408. Während die Schriftsprache im Gerundium mit *-ando*, *-endo* die ursprünglichen Verhältnisse genau wiedergiebt, zeigen die Mundarten eine starke Neigung zur Verallgemeinerung sei es von *-ando* oder von *-endo*. *Ando* auch bei den Verben der II. und III. Konjugation gehört dem ganzen Norden an, vgl. aven. *temando* schon im Exempelbuch 44, *digando* 104, *morando* 778 und so in allen folgenden Texten [1]), desgleichen bei Fra Giacomino, Bonvesin, Chrysostomus, in den Rime Genovesi. Auch Bologna und Reggio zeigen die Ausgleichung, nicht aber, wie es scheint, Parma. Das Romagnolische dagegen überträgt *-end* auf die I. Konjugation, Mussafia, Romg. § 10, ebenso Camerino, Cingoli, Macerata, Mogliano, Recanati, Tolentino, Treja, nicht aber Apiro, Civitanova Marche, dann aber wieder Alatri, Albano, Anagni, Ariccia, Guarcino und Veroli. Aus dem Paduanisch-veronesischen ist zu erwähnen, dass nach Abfall des *-o* das *d* zu *t* wird und dass dann in der Schrift gelegentlich Formen auf *-anto* vorkommen, so *dormanto* Giacom. G. 60, *faganto* bei Ruzante Wendriner S. 78, *ploranto* Uguç. u. s. w. Über das Partizipium präsentis s. die Wortbildungslehre.

409. In nördlichen Mundarten zeigen die Verbalformen in der Frage, also in Verbindung mit dem Personalpronomen, oft eine besondere Form. Aus dem Toskanischen ist nur *amàstu* = *amasti tu* zu nennen. Am wichtigsten ist, dass im Venezianischen das *s* der 2. Sing. bleibt: *amastu*, *credistu* u. s. w., wozu mail. *sistù* = *sei tu* zu vergleichen ist. Aus dem Emilianischen führt Biondelli S. 221 als Frageformen des Futurums an: *partaroya*, *-üt*, *-al*, *-enia*, *-iv*, *ani*, Formen, deren Ursprung ohne Weiteres einleuchtet.

Accent und Verbalstamm.

410. Die Tonstellung beeinflusst gemäss dem in der Lautlehre Beobachteten die Gestalt des Vokals wie der Konsonanten des Verbalstamms. Ferner wird der Vokal zum Theil durch auslautend *i*, *u*, der Kons. durch das ableitende *i* in seiner Entwicklung bestimmt. Diese

---

[1] Ausser in den Proverbien Rafael S. 32.

Erscheinungen und namentlich auch die Störungen der lautlichen Entwicklung sind nun im Folgenden zu betrachten. Zunächst aber handelt es sich darum, zu untersuchen, ob die Accentstelle überall dieselbe geblieben ist, wie im Lateinischen. Es lässt sich nicht leugnen, dass auch im Verbum der lateinische Accent im grossen Ganzen sich gehalten hat, allein es sind doch auf der andern Seite recht viele Ausnahmen zu verzeichnen. Im Präsens ist der Unterschied zwischen den 4 stammbetonten und den 2 endungsbetonten Formen nicht nur geblieben, sondern auch auf die lateinische 3. Konj. übertragen worden: *vendiamo*, *vendete*. Nur *fate*, *dite* sind die letzten Reste der lateinischen Betonung. Von der allgemeinen Regel weichen das Lombardische mit *pórtem* und das Piemontesische mit *pórte* ab. Letzteres scheint die 2. Sing. in Plur.-Funktion zu sein, ersteres unter dem Drucke von *om porta* zu stehen. Im Imperfektum indikativi bleibt die Schriftsprache dem Lateinischen treu, im Konjunktiv dagegen führt sie gleichmässige Betonung aller Personen durch, vielleicht in Anlehnung an das Kondizionale, also *-ássimo*, *-aste*. Darin folgen die nördlichen Mundarten, wogegen die südlichen den lateinischen Accent festhalten, vgl. *-assíme*, *-assíte* in Campobasso, *-asséme*, *-asséste* in Teramo, aber *amássemu*, *amásseru* in Kalabrien. Wenn auch in Chioggia und Burano *assémo* erscheint, Ascoli, Arch. Glott. I 454 Anm., so knüpft das ans Rätische an. In den nördlichen Mundarten folgt dann auch das Imperfektum indikativi, also emil. *purtáven*, *purtávi*, lomb. *portávem*, *portávef*, piem. *portávo*, *portáve*, venez. *portávamo*, *portávate*. Auch das Vulgärtoskanische kennt diese Betonung und in der Schriftsprache findet sie sich bei Sannazaro, Arc. Cel. 6 *andávamo*, *cantávamo*, ja Buomattei bezeichnet sie geradezu als die richtige. Sodann in Lucca: *gridávimo*, *-avite*, *credevimo*, *-evite*, *sentivimo*, *-ivite*. Von südlichen Dialekten kann ich nur kalabr. *purtavamu*, *purtaveru*, notig. *amavumu*, *amautu* [1], neap. *purtávame*, *portavate* nennen. Die Tonzurückziehung in der ersten Pluralis war wohl begünstigt, wenn nicht geradezu bedingt, durch die 1. Plur. des starken Perfekts; in der Schriftsprache, wo *dissimo* durch *dicémmo* ersetzt wurde, konnte dann auch *-ávamo* nicht bleiben. — Ganz vereinzelt steht im Piemontesischen 1. Plur. Konj. *pórto*. Soll man annehmen, dass die Gleichheit zwischen 2. *pórte*, 3. *porto* und 2. *porteisse*, 3. *porteisso* im Präsens auch 1. *porto* zu 1. *porteisso* statt *purtein* hervorge-

---

[1] Aus Nocera wird mir *amarámme*, *amaváde* aber *sendéveme*, *sendévere*, *fioríveme*, *fiorívede* mitgetheilt. Also ursprünglich *-arámo* aber *-éamo*, *-íamo* (vgl. § 443) und dann zum Theil Übertragung der Stammbetonung auf die *a*-Konjugation.

rufen habe? — Im Perfekt endlich ist *diximus* auf weitem Gebiete geblieben. Cellini braucht proparoxytonirte Formen und Gigli bezeugt fürs Senesische *léssimo*, *stiédemo* u. a., Voc. Cat. II 246 f. Der ganze Süden, soweit er überhaupt starke Perfekta besitzt, bleibt dabei bestehen und im Norden giebt mindestens das Bolognesische noch indirekt Zeugniss mit *teinsem*.

411. Bei den im Lateinischen auf der drittletzten Silbe betonten Verben ist in vielen Fällen der tonlose Mittelvokal gefallen: *desto* aus *deéxcito*, *cuopre* aus *coperit*, *risca* aus *résecat* u. s. w. Bleibt er bestehen, so erhält er in zusammengesetzten Verben wie *ricéve* den Ton, sonst bleibt er unbetont. Nur Lehnwörter zeigen Schwanken, vgl. *aggréga*, *alléva*, *eléva*, *concita*, *intima*, *imita*, umgekehrt *assévera*, *éduca* neben *edúca*, *évita*, *invéstiga*, *méndica*, *sóffoca* u. s. w., in Val d'Arno *méggyoro*.

412. Die nach § 15 zu erwartende Diphthongirung von *o* und *e* tritt ein in *anniego*, *chiedo*, *criepo* (und *crepo* nach § 88), *fiedo*, *mieto*, *niego*, *priemo* (und *premo*), *riedo*, *siedo*, *sieguo*, *triemo* (und *tremo*), *tiene*, *viene*, *vieto*; *cuoco*, *cuopro*, *duole*, *giuoco*, *muojo*, *muovo*, *nuoco*, *nuoto* (§ 51), *percuoto*, *pruovo* (und *provo*), *suole*, *suono*, *truovo*, *tuono*, *vuoto*, *vuole*. Der Ablaut *au-u* ist nur erhalten in *odo*, *udire*. Dann sind noch zu nennen *getto gittare* bei Pulci, vgl. *gittarti* VIII 78, *gittiam* 81, *getta* VIII 84, X 44, *gittò* X 51, *devo dovere* nach § 128; *aiuto : aitare*, *digiuno desinare* nach § 130 und danach *manúco manicare*. Die drei letztern sind heute ausgeglichen und zwar *ajuto* zu Gunsten der stammbetonten Form, offenbar unter Einfluss von *ajuta*, die andern zu Gunsten der endungsbetonten; vgl. CAIX, Giornale fil. rom. II 10—18. Von *paròlo : parlare* zeigt aven. *paróla* Panf., Pateg Spuren. Sonst ist Verallgemeinerung theils der stamm-, theils der endungsbetonten Form eingetreten. Der Ablaut *e-i* nach § 123 fehlt vollständig, *e* ist von Anfang an den endungsbetonten Formen eigen und dringt dann in die stammbetonten: *prego*, vgl. *prigo* in Rovigno, *sego*, vgl. agen. *seiga*; dann *gioco* u. s. w. Ebenso *fiutare*, *cusare*, *rubare*, *chiudere*, aber *lodare* wegen *lode*. Neuere Schriftsteller führen mitunter *ie*, *uo* auch in die endungsbetonten Formen ein, namentlich bei *nuotare*, offenbar in bewusster Dissimilirung gegen *notare*. Dass der Zusammenfall von *ę* und *ọ*, *ọ* und *ǫ* vor dem Tone dann auch Verwirrung unter denselben nach sich zieht, ist schon § 58 bemerkt, vgl. *affolla* von *affullat*, *sosta* von *substat*. Noch ist *uscire* neben *esco* zu nennen § 140. Die Mundarten sind im Ganzen konservativer, so bemerkt SALVIONI, Arch. Glott. IX 227 für die tessiner Mundarten: »Il normale atteggiamento della vocale secondochè sia tonica od atona, è ben mantenuta per tutta la

§ 412. 413. 414.]. Accent und Verbalstamm. 235

flessione del verbo: la quale così resiste, per questo rispetto, a ogni impulso livellatore«. Immerhin fehlt es auch nicht an Verallgemeinerungen, vgl. tessin. *sómna = seminat, lova = deliquat*, lomb. tarent. siz. *tánta = tentat*, mail. *gúga = jocat, sára = serrat, masárra = macerat*. — Von besonderen Erscheinungen ist zu nennen tarent. *uško, uški, uška, ašquami, ašquate, uškano* (*bruciare* aus *ustolare* und *esso, yissi, esse, assimi, assiti, essini*.

413. Was den Konsonantenwechsel betrifft, so hat stets Ausgleichung stattgefunden und zwar bald nach den endungsbetonten Formen, vgl. *pregare, seguire*, und bei andern Verben auf -*k*, bald nach den stammbetonten: *retare, notare* und bei den andern auf -*t*. Bei mehrfacher Konsonanz: *cacciare, gocciare, conciare, cominciare, riscare* (*risecare*), *incischiare*. Doppelformen zeigt *prezzare* neben *pregiare*: Verallgemeinerung der stammbetonten Formen *dirizzare, aguzzare, alzare*. Neben *-eggiáre* nach *-eggia* (vgl. § 417) stehen *sdraju* nach *sdrajare*, *meria* nach *meriáre* (und *meriggiare* nach *meriggia*, beachte aber das Substantiv *meriggio*). In den Mundarten kommen noch andere Abstufungen vor: *viti = videt* aber *vidiri, viriri* im Süden § 202. Eine Ausnahme zeigt Tarent mit 3. Sg. *vere* neben 2. Sg. *viti*. Der Infinitiv lautet *verre*. es ist also der Konjugationswechsel jünger als der Wandel von *-d* zu *-t*, und es scheint, dass die 3. Sg. sich an den Infinitiv angeschlossen hat.

414. Was die Verba auf Gutturale betrifft, so gilt als Regel, dass in der *a*-Konj. der Guttural auch vor *e, i* bleibt, also *nieghi*. *neghiamo*, wogegen die übrigen regelmässig in 2., 3. Sg. Palatal verlangen, also *dico, dici, dice, dicono, leggo, leggi, legge, leggono*, dann auch *diciamo, diciate, leggiate*. Verallgemeinerung des Palatals zeigt *cuocio*, dann natürlich *cucio*, wo nie ein Guttural vorgelegen hat. Die Mundarten verallgemeinern nach der einen oder nach der andern Seite hin. An Stelle von *-esko, -iši* sagt man heute in Città di Castello *-isko, -iski*. In Rom lautet die 2. Sing. von *dire, diki*, im Vulgärflorentinischen ist *dikyate* gebräuchlich. Gewöhnlicher ist das umgekehrt, vgl. *ardiscio* bei Buonarr. Tancia 909, *dicu* in Ariccia, kal. siz. *finču, kanušu*, mail. *finisi*, venez. *kresso, strenzo*, vgl. *enfença* Uguç., *cognoso* Panf. Prov. Ruzante, *planzo* Paol., *leço, leça* Prov., *volzo, cognoso* Rim. Gen. Selten sind solche Ausgleichungen in der Schriftsprache. Eine Stelle für sich nimmt *fugire* ein, das bei Dante ganz korrekt *fuggio, fuggia* bildet. Dann aber haben wir auch *reggia* Inf. XXIV 30, *distruggia* Pucci Centil. LXXII 42, *leggia* Dittam. V, 24, wo sich freilich auch *pascia* 1, 26, *increscia* 3, 3, *nascia* V, 21 findet. — Endlich nach *conosco, conosci, conosce, conoscono* treten zu *esci, esce* auch *esco, escono* statt *escio, esciono*.

Wenn im Norden in venez. Ex. 68 und lomb. und im Süden Reg.
San. und Tarent *escio* erscheint, so kann man im Zweifel bleiben,
ob darin die ursprüngliche oder wieder eine jüngere Form vorliege.

415. Endlich mag das in der Lautlehre Bemerkte wiederholend
auf den Umlaut in den stammbetonten Formen nochmals hingewiesen
werden, gemäss welchem man in Neapel flektirt *preko, prieki, preka,
prekęnę, vengo (vęndo), vinnę, venne, vennene, sendo, siendę, sendę,
sendęnę*, in Kalabrien *priegu, priegi, prega, preganu, sienti* u. s. w.,
oder in Teramo *kandę, kindę, vetę, vitę vetę*. Im Romagnolischen
ist der Vokal des Konjunktivs der *a*-Verba um eine Stufe heller als
der des Indikativs: *selva* Ind., *sęlva* Konj., *armęrta : armirta* u. s. w.,
was sich daraus erklärt, dass einst der Konjunktiv auf -*i* auslautete,
s. MUSSAFIA, Romg. § 259 f. Sodann also amail. 2. Sg. *offindi,
prindi* neben gewöhnlicherem *mette, recevi* u. s. w. MUSSAFIA, Bonvesin, ähnlich Ruzante WENDRINER S. 81 u. s. w., vgl. § 68.
Dann tessin. 1. *pari*, 2. *peri, parl, perl* u. s. w. Bemerkenswert ist,
dass in einem Theile des Gebietes das *e* geschlossener ist als im Plural der Substantiva, was sich ohne Weiteres daraus erklärt, dass das
-*i* der Verba noch besteht, während dasjenige der Substantiva geschwunden ist, vgl. SALVIONI, Arch. Glott. IX 236, 248.

Die Konjugationen.

416. Das Italienische besitzt im Grunde fünf Konjugationen: die
vier lateinischen auf -*áre*, -*íre*, -*ére* und -*ere*, dazu dann noch die
Inchoativflexion, die nur in den stammbetonten Formen der Verba
auf -*ire* zum Ausdruck kommt: *fiorisce*, und entsprechend im Konjunktiv und Imperativ. Die Entstehung der Inchoativflexion gehört
dem Vulgärlateinischen an, das Italienische bewahrt den reinsten Zustand. Allein es ist zu bemerken, dass die Volkssprache schon danach
strebt, das Infix *sc* in die 1. und 2. Plur. des Konjunktivs einzuführen,
also *finischiamo* u. s. w. sagt, ähnlich *meriscamo* bei Bonvesin. Das
Verhalten der Mundarten ist nun ein sehr merkwürdiges. Sardinien
und der Süden kennen die Flexion überhaupt nicht, sondern bilden
Verba auf -*išcre*, kalabr. *addormišire, mbivišire, partivišire, spedi-
šire* u. s. w., wogegen der Norden dem Toskanischen folgt. Es scheint
neben -*isco* auch -*esco* vorzukommen, so im Senesischen Zs. IX 444,
dann namentlich im Süden : *peresce, develesce, maoresce* Reg. San.
S. 44, wenn es sich damit nicht verhält, wie mit -*esseme* § 363.

417. Sodann ist eine ähnliche Stammerweiterung, die ursprünglich ebenfalls nur die stammbetonten Formen betraf, aus dem Venezianischen, dem Korsischen und den Abruzzen zu nennen, auf die

Mussafia, Zur Präsensbildung im Romanischen 1883 zuerst aufmerksam gemacht hat und deren Ursprung Schuchardt, Litbl. 1884 Sp. 62 in griechisch -ίζω findet. Es handelt sich auch hier um eine vulgärlateinisch-gemeinromanische Erscheinung, deren letzte Gründe ausserhalb des Italienischen liegen, daher hier nur der Umfang des Infixes zur Darstellung kommen soll. Die ältesten Belege bietet wohl der Cato mit *nudrigea, consumea, vendegea.* Tobler S. 26, die Veroneser Passion mit *nomia, aprosimía,* Biadene, Stud. fil. rom. I 232, wo in der Anmerkung Beispiele aus Villa d'Asolo (Treviso) gegeben werden; weit zahlreicher sind sie im Panfilo, Tobler, Arch. Glott. X 248. Sonst bringt Mussafia aus Rovigo *-ío, -íi, -ía, -emo, -ide, -ia* und aus Capodistria *-éo, -éi, -éa, -emo, -e, -éa.* Man mag zweifeln, ob es sich hier um rätischen oder um dalmatinischen Einfluss handle, da nämlich auch das Vegliotische die Bildung kennt. Sodann folgen einige Beispiele aus den Abruzzen, endlich das Korsische mit *dissipeyya* u. s. w. Bemerkenswerth ist, dass wie *isk* gelegentlich in den Plural des Konjunktivs dringt, so auch *ey*: 1. Plur. *skandulizeyyamu.* Wie ferner das Süditalienische den Inchoativverben Infinitive auf *-išere* entgegenstellt, so das Gemeinitalienische diesen dialektischen Präsentien die Bildungen auf *-eggiare.* Noch ist zu bemerken, dass diese Stammerweiterung ausschliesslich Verba der *a*-Konjugation ergreift.

I.

418. Die italienische *a*-Konjugation entspricht im Ganzen der lateinischen: Übertritt aus einer der andern Klassen in die erste hat fast gar nicht stattgefunden, da zwar *fare* aus *fajere, facere* (§ 212) im Infinitiv, nicht aber in den übrigen Verbalformen mit *amare* u. s. w. übereinstimmt. Nicht völlig klar ist ein veraltetes *spegnáre*, das Caix, Orig. 205 aus Alb. Bresc. belegt. Nur wenige Lehnwörter treten sonst aus der lat. IV. über, vgl. *consumare.* Da *spegnere* aus senes. *speñare* entlehnt ist (§ 69), so mag der Konjugationswechsel bei der Entlehnung vor sich gegangen, aber nicht zum Durchbruch gekommen zu sein. Vgl. noch *tremare.* Sonst ist zum Präsens nichts zu bemerken, es lautet gemäss § 389 ff. *porto, porti, porta, portiamo, portate, portano;* Konj. *porti, porti, porti, portiamo, portiate, portano;* Impt. *porta, portate.* Auch das Imperfektum ist regelmässig: *portava, -avi, -ava, -avámo, -avate, -avano.* Ebenso der Konjunktiv: *portassi, -assi, -asse, -assimo, -aste, -assero..* Im Perfektum ist schon im Vulgärlateinischen *avit* nach § 97 zu *aut* geworden, daraus ital. *ò*, also *portai, -asti, -ò, -ammo, -aste, -arono.* Im Futurum wird das *a* des Infinitivs gemäss § 129 zu *e: porterò, -ai, -à, -emo, -ete, -anno.* Geht der Stamm des Verbums auf *r* aus, so kann im Altitalienischen das zwischen zwei *r* stehende *e* synkopirt werden, vgl. *misurrebbe* Dante Purg. X 24, *dimorrò*, *perseverrò*, *deliberrò* Bocc. I 10, *adoperrà* Pulci 2, 66, dann auch *enterrò* Bocc. Dec. II 5. Merkwürdiger sind *presterrò* Bocc. Dec. III 6, *griderrà* II 10, *troverrà* II 1, III 5, Pulci X 92, *proverrà* X 102, Sacch. 84, 110. Die Verdoppelung des *r* ist schwer zu deuten. Gemeinsam allen vier Beispielen ist *r* in der anlautenden Silbe, so dass man nach § 292 Mittelformen *trovrerà* annehmen könnte, woraus nun *troverrà* wie *enterrà* aus *entrerà*. Das Kondizionale ist regelmässig: *porterei, -este, -ebbe, -emmo, -este, -ebbero*. Das Participium lautet *portato*. Es ist auch auf diejenigen Verba übertragen, die im Lateinischen das Participium auf *-itus* bilden, also *crepato, segato, vietato* u. s. w. Das Gerundium ist regelmässig: *portando*.

419. In den Mundarten giebt das Präsens zu keinen Bemerkungen Anlass, Konj. auf *-a*: *indovina* Boj. I 5, 66, *dona* I 3, 80 erklären sich aus § 394. Im Imperfekt dagegen ist aus Teramo der Übergang in die *e*-Konjugation zu bemerken: *-ęvę, -ivę, -ęvę, -ahámę, -ahate, -ęve,* Den Ausgangspunkt bildet die 2. Singul., wo nach § 68 *-avi* sowohl wie *-evi* zu *-ivi* werden musste. Dass gerade I nach II, III umgestaltet wurde, mag seinen Grund darin haben, dass der Ablaut *ę-i* auch sonst sehr häufig war, oder darin, dass die Zahl der Verba II. III grösser ist als diejenige von I. Dazu kommen noch die Formen des Perfekts, die ebenfalls kein *a* mehr zeigen. Über das *h* in den endungsbetonten Formen wage ich kein Urteil. Auch römische Mundarten, Anagni, Ariccia, Veroli und andere Abruzzendialekte zeigen die Übertragung, so giebt FINAMORE für Gessopalena *é, ivę, é* an, Formen, die, von dem *v* der 2. Pers. abgesehen, nur in der *e*-Konj. ihre Berechtigung haben. Sodann findet sich in nördlichen Mundarten eine entsprechende Erscheinung, vgl. *porteva* in Lodi und Como Biond. 8 f., Val Maggia, Codogno (Milan), *portaiva* in Mondovì. Zu bemerken ist, dass hier wie auch in den Abruzzen das Imperfektum Konjunktivi mehrfach den Anstoss wird gegeben haben, dieses selber aber erst vom Perfektum abhängig ist. Es mag daher erst das Perfekt besprochen werden.

420. Im Perfekt sind die Neubildungen und Umgestaltungen besonders mannigfach. Beginnen wir im Norden, so zeigen die altvenezianischen Texte ein doppeltes Paradigma für 1. u. 3., nämlich *-ai*, *-o* und *-a*, *-a*. *Ai* scheint die gewöhnliche Form zu sein, wofür *a* sich nur im Exempelbuch neben *ai* und im Apollonio SALVIONI 40 findet, wogegen die Hamiltonhandschrift, die Cronica und die andern altvenezianischen Texte nur *-ai* kennen. Es mag in dem *a* eine durch die

Gleichheit der 1. und 3. Person in II, III hervorgerufene Übertragung aus der 3. Sing. liegen, die freilich nicht zum Durchbruch gekommen ist. Für die 3. Sing. kennt das Exempelbuch *-o* und *-a*, ebenso der Apollonius, die Cronica kennt zwei Beispiele für *o*: »di certo per alterazione d'amanuense« Ascoli, Arch. Glott. III 268 Anm. 2, die Proverbia *ao* und *a*, während Cato, Uguçon, Pateg, Fra Paolino nur *a* kennen. Das *a* gehört auf dem Festlande noch dem Paduanisch-veronesischen an. vgl. Wendriner 73, Mussafia, Mon. ant. 14, Kat. 112, Biadene, Stud. fil. rom. I 233. Es scheint, dass *o* die rein venezianische, *a* eine mehr rätische Form ist. Im spätern Venezianischen bei Calmo und übrigens schon im Apollonius und im Paduanischen bei Ruzante treffen wir nun aber ganz andere Formen: 1. *ié, i*, 2. *iessi*. 3. *è*, 1. Plur. *-asimo* in den Glossaren, Mussafia, Beitrag 20, wo auch schon die zutreffende Erklärung, Anbildung an die 2. Plur. *-asi*, gegeben ist, ebenso bei Calmo, am Lido Maggiore Arch. Glott. I 466, dagegen bei Ruzante *-iessimo*. Die 2. und 3. Pluralis stimmen mit der 2. und 3. Singularis überein, mit Ausnahme von *-orono* bei Apollonius. Der Ausgangspunkt für den Übertritt der *a*-Konj. zur *e*-Konj. ist zu suchen in dem Perfektum von *dare*: *dedi*, das formgleich geworden war mit den Perfekten II., dann zunächst *stare* und *andare* nach sich riss, worauf der Macht dieser drei sehr gebräuchlichen Verben alle andern folgten. Dieser selbe Vorgang erscheint nun noch in vielen andern Gebieten. Zunächst im Bergamaskischen, hier vielleicht dadurch erleichtert, dass *ai* lautgesetzlich zu *e* geworden ist, vgl. *porté, éssel, é, éssem, éssef, é*. Salvioni, Mail. S. 57 kennt auch mail. *kanté*. Im Emilianischen ist zunächst überall, von Bologna abgesehen, die 1. Plur. auf die 2. aufgebaut. Sodann zeigt Parma als Charaktervokal *i*, Reggio *e*, ebenso die Romagna. Altes *ai* muss hier zu *e* werden. Es wird nun zunächst nach dem Muster der *i*-Konj. dieses *e* übertragen worden sein auf die 2. Singularis, worauf die 2. Plur., dann nach dieser die 1. Plur., schliesslich die 3. Sing. folgte. Für die 3. Plur. in Reggio giebt Biond. *-ärn*, also die ursprüngliche Form oder *-orn*, und dass *o* am längsten Widerstand geleistet hat, geht daraus hervor, dass in Reggio auch in der ersten Person *e* und *o* neben einanderstehen. Über die parmigianischen Formen wage ich kein Urtheil. Bologna steht für sich: es behält 3. Sg. *o*, dehnt es, wie schon § 401 gesagt ist, auf 1. 3. Plur. aus und lässt nun auch 1. Sing. folgen, also *porto, -ast, -ó, -onn, -assi, -onn*. — Gehen wir weiter südlich, so bildet das Aretinische 3. Sg. *fondette* u. s. w. Piero, Misc. fil. lingu. 307, wiederum in Anlehnung an *dette, stette* und die 2. Konjugation und damit ist ein weit verbreiteter Typus gewonnen. Seine nördlichsten Ausläufer dürfte er in Genua haben. Sodann am adriatischen Meer in Offida, Petritoli, Ripa Transone, Ascoli Piceno, Agnone und zum Theil in den Abruzzen, mehrfach neben *-ò*. Was sonst die Abruzzen betrifft, so ist in Teramo und Gessopalena die I. Konj. von der II. und III. angezogen worden. Die Endungen lauten in Teramo: *-ivę, -iste, -o, -essemę, -este, -o*. Lautgesetzlich ist der Singular: *-i* aus *-ai* § 103, *-iste* aus *-asti* § 68. Dagegen sollte die 2. Plur. *-aste* lauten, es ist also auch hier der Ablaut *i* : *a* nach dem Vorgang von II, III zu *i* : *e* abgeändert. Die 1. Pluralis ist zur 2. nach dem Muster des Konj. Imp. gebildet, unterstützt durch die starken Perfekta: *dissęmę* § 410. Die Molise und Neapel bleiben dagegen bei *a*, ersetzen aber 3. Sg. durch *-atte*, vgl. campob. *-avę, -astę, -attę, -ammę, -asteve, -arne*, auch neap. *-attę* neben *-ayę*. Dieses *-atte* gehört hauptsächlich der Molise, ausserhalb derselben noch Cassino an. In Agnone steht neben *ò* auch *a*, und *a* scheint das lautliche Resultat von *-au* in der Molise zu sein. An dieses *a* trat dann das *tte* von II. Noch bleibt auf diesem ganzen Gebiete das *v* der 1. Sg. zu besprechen. Dass es das lateinische sei, ist mit Rücksicht auf alle andern Dialekte nicht wahrscheinlich, vielmehr ist das *v* erst vom Imperfekt aus übertragen worden, vgl. Zs. IX 231. Es giebt nun aber im Süden noch weitere Typen. Zunächst findet sich in Gessopalena auch in der 1. Sg. *-yiettę*, also völlige Gleichheit mit *diettę, stiettę*. Sodann zeigt das Neapolitanische in 1. und 3. Sg. *-aye*, dann auch 1. Plur. *-aimo*, und *-aje* in der 3. Pers. kennt die Basilicata, z. B. S. Martino d'Agri, Melfi, Foggia, Lucera di Puglia, S. Giovanni Rotondo und sogar Chieti: hier handelt es sich um eine Ausdehnung der 1. Pers. auf die dritte, weil bei den *i*-Verben die 1. und 3. gleichlautend waren. Zu der ersten Pluralis auf *-assemo* ist noch nachzuholen, dass sie auch römisch ist: *annassemo* = *andammo*. Es ist nun in den Abruzzen von *-sseme* eine dritte Sing. *-se* gebildet worden, auch bei schwachen Verben und zwar in der Art, dass *-se* einfach an die alte Perfektform trat, also *-óse* bezw. *-ese, -ise*. Die Formen gehören hauptsächlich den Abruzzen an, reichen aber noch bis Benevent. Endlich in Melfi, wo *ls* zu *lz* wird, bildet man nach *volze voze, valze vaze* auch *rammarikaze*, vgl. in Teramo *kandizze, vedizze, sendizze* SAVINI 70. Ob auch die 1. Sg. dieses *s* kennt, vermag ich nicht zu sagen. Damit sind die Neubildungen im Perfekt noch nicht erschöpft. MUSSAFIA bringt Romg. § 271 Anm. aus Forli als 3. Sg. *andep, mandep, čamep*, und ASCOLI führt Arch. Glott. II 401 dieses *p* zutreffend auf *epp* = ital. *ebbi* zurück. Dieselbe Anlehnung findet sich in den Marken: *accadevve, dicevve* u. s. w. Zs. IX 259. — Endlich im ältern Piemontesischen findet sich nach SALVIONI's freundlichen Mittheilungen Perf.

-eri, -eri, -er, -ero, -eri, -ero, Formen, die auf die 3. Pluralis aufgebaut sind, wo *a* vor *r* zu *e* wurde § 86. Vgl. über ähnliche Bildungen im Provenzalischen Zs. IX S. 240.

421. Über das Imperfektum konjunktivi ist nur wenig nachzutragen. Fast überall folgt es dem Perfektum, lautet also im Lomb. *-ess* u. s. w. Eine Verschiedenheit habe ich nur bemerkt in Parma: *purtass* neben Perf. *purti,* und in Reggio: *purtass* und *purtess* neben Perf. auf *-é.* Beim Futurum und Kondizional bleibt das *a* in den Mundarten. Im Süden wird das *r* verdoppelt: schon in Siena, vgl. die Beispiele bei HIRSCH, Zs. X 426, die allerdings dieselben Bedingungen zeigen, wie die florentinischen § 418, doch führt er auch aus Gigli an *amerrò, beverrò, scriverrò, sentirrò,* dann in Campob., Gessopalena, Neapel schon Reg. San., MUSSAFIA S. 46. Der Grund ist unklar.

II.

422. Da die lateinische II. und III. Konj. nur im Infinitiv sich unterscheiden, so mögen sie zusammen behandelt werden. Auch diese beiden Klassen haben fast gar keinen Zuwachs bekommen, wohl aber manches an die ital. *i*-Konj. abgegeben. Hinzugekommen sind *arrogere* und *avvincere.* Beides sind aber Buchwörter. *Arrogere* ist aufgebaut auf das in der mittelalterlichen Gerichtssprache oft gebrauchte Partizip *adrogitus* und *avvincere* gehört ausschliesslich der Büchersprache an und hat vielleicht in Anlehnung an *cingere* seine Konjugation gewechselt. Stark ist nun aber der Wechsel zwischen *-ére* und *-ere.* Im Allgemeinen überwiegt einer schon vulgärlateinischen Neigung gemäss *-ĕre,* vgl. *algere, folgere, muovere, mungere, rispondere, mordere, splendere, rilucere.* Der umgekehrte Vorgang ist selten. Schon vulgärlateinisch sind *sapére* und *cadére,* ital. *sapére, cadére,* woneben pisan. *cádere* wohl erst wieder jüngere Umbildung ist. Der Ableitungsvokal *e* der *e*-Verba geht meist verloren, vgl. *vedo,* Konj. *veda.* Über seine Spuren im Alt- und Neuitalienischen s. § 463. Die Flexion des Präsens und Imperfekts ist regelmässig, also: *vendo, vendi, vende, vendiamo, vendete, vendono; venda, venda, venda, vendiamo, vendiate, vendano; vendi, vendete; vendevo, -evi, -eva, -evamo, -evate, -evano; -essi, -essi, -esse, -essimo, -este, -essero.* Aus dem Altitalienischen ist nur die Vokalassimilation zu merken, wie sie vorliegt in *-avámo, -aváte* aus *-evamo, -evate: avaramo* Bocc. Dec. II 5, *avavate* I 4, *dovavate, faciavate, paravate, saparate* II 10, *potavate* III 7 u. s. w. Das Perfektum ist eine specifisch italienische Schöpfung, die ihren Ausgangspunkt nimmt von den 2. Sing. Plur. Hier lag *-ęsti, -ęste* von jeher vor. Als sodann *-imo* den

Accent verschob, war -*émmo* mit *mm* nach § 267 die zunächst gegebene Form, und von hieraus waren *ęi*, *ę*, *ęrono* bald gefunden. Daneben findet sich auch der *detti*-Typus: *vendetti*, *vendette*, *vendettero* nur in den ursprünglich stammbetonten Formen, vgl. § 469, nach den Vorschriften der Grammatiker bei *asciolvere, assistere, assolvere, bevere, cedere, cernere, coincidere, credere, relinquere, devolvere, dissolvere, dovere, eludere, esigere, fendere, fervere, fremere, gemere, godere, pendere, perdere, persistere, premere, ricevere, sedere, temere, tendere*. — Das *o* der I. Konj. wird zuweilen übertragen, vgl. *godeo* Sacch. 11, *poteo* 12. Altitalienisch findet sich auch 3. *vendié*, 3. Plur. *vendiero*, offenbar an *die = diede diero = dederunt* angelehnt; vgl. noch § 444. Das Futurum ist regelmässig: -*erò* u. s. w. Verdoppelung des *r* erscheint in *crederrò* Bocc., also wiederum in einem Verbum mit *r* in der ersten Silbe. Leicht fällt hier das *e* aus nach *l*: *vorrò, varrò, n*: *terrò, porrò, rimarrò, t*: *potrò, d*: *vedrò* (aber *crederò*), *p*: *saprò, v*: *avrò, r*: *parrò*.

443. In den Mundarten hat die II. Konj. zum Theil sehr starken Zuzug von der dritten bekommen. Im Sizilianischen und Südsardischen scheint -*ire* sammt und sonders zu -*ere* hinübergezogen zu sein: *véniri, séntiri, pártiri* u. s. w. — Sodann ist von einzelnen Verben *séntere* zu merken in Kalabrien, den Abruzzen, Lodi, *förnere* selbst vulgärtoskanisch, *védere* venez. lomb., *króvar (coprire), sérve* abr., *ségner* aven., Cato, Paol., vgl. *seguette* Dante, *veñer* pad., *mórrere, ténere, véstere* log., *véstere* auch kalabr., *teñ* in Bergamo u. s. w. Auch das Verhältniss von -*ēre* und -*ĕre* ist ein anderes. Im Sizilianisch-kalabresischen würde -*ēre* gemäss § 26 mit -*ire* zusammenfallen, doch da -*ire* zu -*ere* übergetreten ist, so geht natürlich auch -*ēre* mit. Von einzelnen Verben ist zu merken pisan. *accádere*, ferner *góde* in Como, Parma, Borgotaro, Ferrara, Bologna, Pistoja; vulgtosk. pistoj. *diáčere* u. s. w. Umgekehrt sind aber auch in den Mundarten sehr viele ĕ- und ē-Verba zu III. übergetreten, vgl. § 446. — Zur Präsensflexion ist zu dem § 389 Gesagten wenig hinzuzufügen. Im Senesischen greift, wohl von 2. Sg. aus, das *i* der I, Konj. in die 1. 3. Pers. Sg. Konj. hinüber, Hirsch, Zs. X 417. Wohl aber zeigt das Imperfektum wichtige Abweichungen. Wie im Französischen und Spanischen so schwindet nämlich auch in einem grossen Theile Italiens das *v*, es liegt also zu Grunde -*ēam* u. s. w. Im Norden gehören einerseits Turin und Jvrea aber nicht mehr Alessandria und Mondovi zum *ea*-Gebiet; andrerseits zeigt das Venezianische -*ea* und -*eva* nebeneinander: *volea* Exemp. 1002, *diseva* 1003, desgleichen Uguçon, Panfilo, die Cronica u. s. w. Ein zweites *ea*-Gebiet zeigt

sich in Mittelitalien von Orvieto, Todi, Spoleto, Ascoli bis an den Esimo und bis in die Toskana hinein, findet sich bei Dante ZEHLE 73, allerdings, wie es scheint, nur wo der Vers es verlangt, im Senesischen HIRSCH Zs. X 429, in Pisa. *tenea* Sardo 46, *avea* 78, in Lucca, und so zieht sich -*ea* längs dem Meere bis über Spezia hinaus. Dagegen behält das Aretinisch-Senesische *v*, vgl. BIANCHI, Città di Castello 48. Südlich scheint das *eva*-Gebiet bei Atessa, Melfi und Matera zu beginnen, doch tritt *ea* noch in Matera auf. Endlich ist noch Kalabrien und Sizilien zu nennen. Wenn wir heute in Sizilien mehrfach -*eva*, -*iva* finden, so sind darin Anlehnungen an die Schriftsprache zu sehen, da »das Imperfekt an und für sich als Tempus in Sizilien nicht volksthümlich« ist, SCHNEEGANS S. 37, wo auch Belege für die Doppelformen und der Nachweis gegeben ist, dass die alten Texte nur -*ia* kennen. In Messina haben wir heute -*ia*, -*ivi*, -*ia*. das *v* in der 2. Sg. offenbar übertragen von der *a*-Konjugation, um eine Verschmelzung der zwei *i* zu verhüten. Es scheint nun aber, dass verschiedentlich da, wo heute -*eva* herrscht, erst wieder eine Rückwirkung von der *a*-Konj. stattgefunden habe, so sicher in der Schriftsprache und in Teramo, wo die Endungen heute völlig übereinstimmen mit denen von I. Vergleichen wir nämlich die Formen mit denen von Gessopalena und Campobasso, so ergiebt sich, dass für diese ganze Gruppe -*ęa* anzusetzen ist, woraus dann in Campobasso -*eya*, in Gessopalena -*e*. Die 2. Sg. laute -*ii*, woraus in Campobasso -*ię*, -*iyę*, in den beiden andern Mundarten -*i*. Hier greift nun die I. Konj. über, *i* wird zu *ivę*, wobei Gessopalena stehen bleibt, während Teramo das -*vę* nun auch auf die übrigen Formen ausdehnt. Also: campob. -*eya*, -*iyę*, -*eya*, -*eyęnę*. Gessopalena -*e*, -*ivę*, -*e*, Teramo -*ęvę*, -*ivę*, -*evę*. Im Plural haben wir dagegen überall -*avámę*, -*avátę*. — Im Weitern ist noch Übertragung von -*ia* auf -*ea* zu bemerken, die dem Piemontesischen, Bergamaskischen, Aretinischen und den Abruzzen angehört. — In der 3. Plur. findet sich -*éno* für -*éano* bei Dante, Ristoro d'Arezzo u. a. CAIX, Orig. 226: es handelt sich um Verschmelzung des tonlosen nicht im direkten Auslaut stehenden *a* mit dem betonten *e*.

444. Im Perfektum stimmen die Mundarten im Ganzen zur Schriftsprache, sofern sie theils von der 2. Sg. Plur., theils von *vendédi* aus sich ein neues Paradigma schaffen. Zu erwähnen ist hier hauptsächlich die weit verbreitete 3. Plur. auf -*ęro*, die im Sizilianischen, in Campobasso, im Römischen erscheint und auch der Toskana nicht unbekannt ist, vgl. *sediero* Dante, Purg. II 43 u. s. w., worin man wohl eine Anlehnung an -*déderunt*, das nach -*destis* aus -*d'e'déstis* zu -*dęrunt* wird, zu sehen hat. Über -*t* u. -*s*-Perf. s. § 120.

III.

445. Die italienische i-Konjugation enthält ausser Verben der lateinischen IV. und Neubildungen auch eine nicht unbedeutende Zahl von Verben aus der lat. II. und III: Zunächst sind zum Theil schon in lateinischer Zeit die Verba III. mit Präsens auf -*io* übergetreten, daher *fuggire*, *morire*; auch *consuo* wird zunächst zu *consio*, daher *cucire*. In *seguire* ist vielleicht -*re* direkt an *sequi* getreten, vgl. *essere* § 447. Anders erklären sich *offrire*, *soffrire*. In 1. Sg., 3. Plur. und in allen endungsbetonten Formen waren *offero*, *soffero* identisch mit *oper(i)o*, *coper(i)o*, daher auch die Infinitive folgen, vgl. aber noch *offerrere*, *preferrere* bei Dante ZEHLE 71. Sodann treten gelehrte Verba meist in die i-Konj. über, daher *capire*, *concepire* neben *ricevere*, *rapire*, *gemire*, *applaudire*, *annuire*, *convertire*, *fallire*, *digerire*, *ripire*. Von *ē*-Verben sind wenige zu nennen: *fiorire*, *compire* aus *complere*, *compiére*, *pentirsi*, wofür aber Dante und Boccaccio nur *pentere* kennen. Wie schon bemerkt, zerfallen die i-Verba in zwei Klassen, je nachdem die stammbetonten Formen mit oder ohne das Infix -*isc* flektiren. Die einfache Klasse ist die bei Weitem weniger stark vertretene, nach den Grammatikern gehören ihr an *sentire*, *dormire*, *fuggire*, *partire*, *servire*, *aprire*, *avvertire*, *bollire*, *convertire*, *consentire*, *coprire*, *divertire*, *offrire*, *pentire*, *ricoprire*, *scoprire*, *seguire*, *soffrire*, *vertire*, während *abborrire*, *assorbire*, *applaudire*, *apparire*, *mentire*, *nutrire*, *muggire*, *ruggire*, *tossire* schwanken. Über die Flexion des Präsens und Imperfekts ist nichts zu bemerken, ausser dass im Altflorentinischen neben -*iva* auch -*ia* vorkommt, vgl. § 443. Im Übrigen sind die Formen regelmässig, vgl. *sento*, *senti*, *sente*, *sentiamo*, *sentite*, *sentono*; *senta*, *senta*, *senta*, *sentiamo*, *sentiate*, *sentano*; *senti*, *sentite*; *sentivo*, *sentisse*. Auch das Perfektum ist regelmässig *sentii*, *sentisti*, *sentì*, *sentimmo*, *sentiste*, *sentirono*. Doch sind hier ein paar altitalienische Nebenformen zu nennen. Dante braucht *audivi* Inf. XXVI 78, ebenso Brun. Lat. Tes. II 53, VII 142, ein reiner Latinismus, wie auch das *au* zeigt; auch auf *givi* Purg. XII 69 im Reime ist nichts zu geben. Andere Beispiele aus den lyrischen Dichtern sind bei CAIX, Orig. 226 als Sizilianismen zu betrachten. Bei Brunetto liesst man auch *uscio*, vgl. WIESE, Zs. VII 330, doch ist darin wohl ein von 3. Sg. verschlepptes *o* zu sehen, in 3. Sing., wo WIESE ebenfalls -*io* belegt, vgl. auch ZEHLE S. 74 für Dante, liegt sizilianische Form oder Übertragung des *o* der I. Konj. vor. Das Futurum ist regelmässig: *sentirò*, Kondiz. *sentirei*, Part. *sentito*, Gerund. *sentendo*.

Das Part. *venuto* ist schon vulgärlateinisch und erklärt sich aus dem vulglat. Perf. *venui*.

446. In den Dialekten greift die *i*-Konj., wie schon § 443 gesagt ist, mehr um sich, namentlich in Norditalien, vgl. amail. *lusir, remanir, merir, monir, parir, ridir, tenir, benedixir, parcir, querir, sternir, trair* u. a. bei Bonvesin, MUSSAFIA, Bonv. § 92, veron. *caçir, medir, parir, preveir, savir, volir* bei Fra Giac., apad. *tegnire, romagnire, caire, cognoscire, nascire* bei Ruzante WENDRINER 83, aven. *teñir, lusir, delinquir, querir* u. s. w., agen. *corir, rompir, cair, szhoir (schiudere), querir, luxir*, sen. *currire*. Vor allem in Noto, vgl. AVOLIO S. 19: »Questo popolo ha il vezzo di portare in *-iri* tutti i verbi che finiscono in *'ri*. Dice *liggiri, mintiri, kriširi … siri*«. Über das Imperfektum ist zu dem § 443 gesagten nichts hinzuzufügen. Das Perfektum aber zeigt eine Reihe wichtiger Nebenformen. Einmal lautet die 1. Sg. im Sizilianischen auf *-ivi*, die 3. auf *-iu* aus. Das *iu* kann der Fortsetzer von *-ivit* sein, dagegen wird *-ivi* kaum auf klassisch-lateinisch *-ivi* beruhen. Aus *-ii* war wohl *-i* entstanden und da in Folge dessen die Personalendung mit dem Tempuscharakter zusammenfiel, so wurde von *-iu* aus *-iui, -ivi* geschaffen. Die 3. Sg. lautet nicht nur in Campobasso auf *-itte*, sondern auf viel weiterem Gebiete, z. B. noch in Pisa, vgl. *traditte* Sardo 105, *fornitte* 113, *patitteno* 113, *moritte* 85, 104, *finitte* 103, *uditte* 103 *(odi* 120), *fugitte* 86 u. s. w., vgl. auch *smaritte* Boj. III 8, 55, *feritte* 24, 18, *moritte* 12, 44 u. s. w., im aven. *moriette, despartiette* u. s. w. Apollon, wo *-ette* an *i* angetreten ist. Sodann findet sich neben *iu* in Lipari *iú* und dann einfach *u: partú, murú, našú*; ähnlich wird *mettó, decó, sentó* in Città S. Angelo, Castelli, Pratola Peligna u. s. w. auf *-io, -ió* beruhen. Die 3. Plural. lautet im Sizilianischen auf *-eru*. Das Perf. II musste im Sizilianischen, wo *e* zu *i* wird, im Plural *-imu, -isti, -eru* lauten, das vom III. *-imu, -isti, -iru*. Später trat Vermischung ein: *-eru* verdrängt *-iru*, und da ferner bei den *i*-Verben *-imu* auch die Endung des Präsens ist, so dringt das *e* auch in die 1. Plur.: *-emu*. — Das *t*-Perfekt bei den *i*-Verben zeigt auch das Piemontesische, vgl. *usit, ferit, ubrit, saglit, scurit* Lament. — Das Partizip lautet im ganzen Süden und in den Abruzzen *-uto*.

Unregelmässige Verba.

1. essere.

447. Schon im Vulgärlateinischen ist an *esse* das *re* der übrigen Infinitive getreten: *essere*, und so lautet die Form in ganz Italien.

Im Präsens ist *es* statt *ēs* anzusetzen und wie schon bemerkt *simus* für *sumus* gebraucht worden. Von den italienischen Formen *sono, sei, è, siamo, siete, sono* zeigt *sei* das *s* der 1. Sg., *siamo* statt *semo* stammt vom Konjunktiv, *siete* stat *este* ist auf die alte 2. Sg. *siei* aufgebaut. Altitalienisch finden wir noch das enklitische *so*, das im Senesischen vorwiegend gebraucht wird, Zs. X 430. Dann *semo* Dante Inf. XVII 34, auch noch Ariost Orl. Fur. XX 1, 23, und bei Guittone d'Arezzo in Anlehnung an *siete* auch *siemo*, 2. Pl. *sete* Ariost. Orl. 33, 62, endlich in der 3. Plur. *enno*, von *è* aus gebildet, eine Form, die noch vulgärtoskanisch ist und sich schon Inf. V 38, Par. XIII 97 u. s. w. findet. Die Abweichungen in den Mundarten sind ziemlich mannigfaltig. Zunächst bei der ersten Person zeigt der Norden *sont*, der Süden *suñu*. *Sont* reicht westlich bis nach Mailand, es findet sich bei Bonvesin und im Neumail., gehört übrigens mehr dem veronesischen Gebiete an, vgl. *sonto* bei Fra Giacomino, *sont-io* Gloss. B., ist sehr häufig im aven. Exempelbuch, Donati 35. Die Form, die sich im Rätischen wiederfindet, ist in ihrem Ursprunge nicht völlig klar, doch wird man am ehesten annehmen dürfen, dass es sich um eine Übertragung des *t* der 3. Plur. handelt, vgl. 3. Plur. *sunto* Kath. I 432, eine Übertragung, die um so leichter möglich war, weil im Satzinnern vor Konsonanten *son(t)* und *son* identisch waren. *Suñu* gehört Kalabrien und Sizilien an; ihm vergleicht sich *songo* in Neapel und im Principato Ulteriore und Citeriore; man hat darin Anbildungen an die 1. Pers. von *dare* und *stare* zu sehen, die wiederum an *vengo, veñu* angeglichen sind, s. § 457. Endlich *sipio* in Mestre geht vom Konj. aus. Die zweite Singularis lautet im Piemontesischen *ses*, im Altmail. *ei*, desgleichen im Altveron. und Altpaduan., im Altven. stehen nebeneinander *es* Exemp. 125, *e* 595, *se* 867,· im Cato *ei* und *sis*, bei Uguç. *es* und *ei*. Später hat auch hier *s* übergegriffen, vgl. neumail. *sistü* = *sei-tu* mit auffälligem Vokal. In der 3. Sing. ist die Nebenform *este* Prov. zu bemerken. Die erste Pluralis lautet *semo* bezw. *simo*, selten *siemo* Exemp. 902, im ganzen Süden, in Grosseto und im Norden mit Ausnahme des Piemontesischen, wo *somo* sich gehalten hat. In der 2. Pluralis ist auf dem ganzen Gebiete, also auch im Piemont, *setis* für *estis* anzusetzen, woraus dann im Lombardisch-venezianischen *si*. Endlich die dritte Pluralis lautet *enno* in Pisa und im Emilianischen und Lombardischen und auch noch im ältesten Venezianischen, z. B. Exemp. Donati 35. Südlich trifft man die Form noch in Osimo, Arch. Trad. Pop. II 83. Unklar in der Vokalisation ist mail. *inno*. Endlich senes. *sonno* ist an *danno* u. s. w. § 457 angelehnt.

448. Der Konjunktiv *sia* erklärt sich aus älterem *sim* durch Anfügung des Konjunktiv *-a*. Die Bildung ist schon vulgärlateinisch. Im Norden erscheint natürlich *sea*. Bemerkenswerth ist *sipia*, Anlehnung an *apia* (*habeam*) im Emilianischen und im Paduanischvenezianischen, schon bei Ruzante WENDRINER S. 81 und heute z. B. auch in Mestre [1]). — Nicht recht klar ist *śi̇́*, *semę*, *setę* in Teramo. Die Pluralformen werden auf *simus* zurückgehen und *śi̇́* könnte aus *sias*, *siás*, *siái*, *sii* sich erklären.

449. Das Imperfekt *era* und *ero*, *eri*, *era*, *eravamo*, *eravate*, *erano* hat sich in den endungsbetonten Formen den übrigen Imperfekten angeschlossen. Das *e* statt *ie* in den stammbetonten erklärt sich aus der Enklise. Aber altital. findet sich *iera* im Libro de' Banch. fiorent., und im Tesoretto, WIESE Zs. VII 257. Auch *eramo*, *erate* kennt die alte Sprache, Dante, Inf. XXXIII 34 u. s. w. Desgleichen die Mundarten, natürlich zum Theil (s. § 410) mit Accent auf der ersten Silbe, daher piem. *éro*, pad. *gieremo*, veron. *éremo*, kalabr. *éramu*. Von besonderen Bildungen sind zu nennen *eva*, *evamę* in Campobasso, Gessopalena, Bari. Es könnte *eravámo* zu *'ravamo*, *avamo* gekürzt, dann *eva* darauf gebaut sein, vielleicht ist aber auch einfach *era* direkt durch *eva* ersetzt worden. In Teramo flektirt man dagegen *ahérę*, *sahámę* statt *erahamę*. Auch hier stehen zwei Möglichkeiten offen: es ist entweder *erahamę* zu *ahamę* geworden und hat dann das *s* des Präsens übernommen, oder *sahamę* ist direkt von *sęmę* aus gebildet. Ähnliche Formen finden sich bei Pulci X 72 *savam*, ebenso XIII 52, XIV 14, *savate* V 31, XX 112, *savano* XX 37, und das ganze Imperfekt geht von *es*]*sere* aus in Santa Fiora : *sevo*, *sevi*, *seva*, *sevamo*, *sevate*, *sevano*.

450. Das Imperfektum konjunktivi *fossi* u. s. w. lehnt sich streng ans Perfektum an. Dieses lautet heute *fui*, *foste*, *fu*, *fummo*, *foste*, *furono* nach Castelvetro's Vorschrift. Früher herrschte ein starkes Schwanken zwischen den *u*- und *o*-Formen. Dante braucht *fusti* Inf. XIII 137 und *fosti* Inf. VI 42, aber nur *foste*, *furono*, *furo*, *fur* und *foro*, aber letzteres nur im Reime, vgl. ZEIHLE S. 78. Die 3. Plur. lautet altital. *fuoro* S. Mar. Carm. 47 Hist. Rom. frag. XIV Scritt. u. s. w., wohl aus *fuërunt*, *fuę́runt* mit Ausbiegung des sonst nicht vorkommenden *ue* in das gewöhnliche *uo*. Ein Vergleich mit den Schwestersprachen lehrt, dass das *u* ursprünglich nur in 1. Sg. berechtigt gewesen ist. — Hier zeigen die Mundarten nun gar mannigfache Abweichungen. Nach *epp* bildet man in Forli *fop*, in Neapel *fungę* nach *songę*, für Teramo giebt SAVINI neben *fuve* auch *fuzze*,

---

1, 2. Sg. *sis* im Exempelbuch DONATI S. 36 ist Latinismus.

offenbar nach *vo-zze*, *va-zze*, wogegen Gessopalena nur die Erweiterung *fussęmę* 1. Plur. kennt, für 1. Sg. das Imperfekt setzt, Campobasso mit *fosę, fustę, fosę, fosęmę, fosęnę* die stammbetonten Formen ganz in die *s*-Flexion hinüberführt. Ein schwaches Perfekt zeigt Lodi mit *füdé = fuit*, wo altes *fü* umgestaltet ist etwa nach *vedé* aus *vi*. — Von Formen des Konjunktiv ist zu erwähnen der Plur. *füssiga* in Sonogno Arch. Glott. IX 231. — Ein schwaches Perfekt kennt Santa Fiora: *setti, sesti, sette*.

451. Endlich das Futurum *sarò* aus es]*serò* hat sein *a* von *farò, darò, starò* erhalten. Im XIV. Jahrh. aber besteht noch *serò*, so ausnahmslos bei Brun. Lat., im Senes. u. s. w. Ganz vereinzelt steht *er = erit* Pateg 54.

452. Das Partizipium zeigt neben *stato*, das eigentlich zu *stare* gehört, auch die Form *suto* und *essuto* von *essere*, so schon Brun. Lat. Tes. XX 96, wo WIESE kaum mit Recht *istato* ändert, *essuto* Villani VII 18, Machiavelli. Das Gerundium lautet *essendo*, im Norden aber *siando* (vgl. § 408), so aven. Exemp. 30, *seando* Panf. u. s. w.

453. Hier mag sich noch *fieri* anschliessen, das im Toskanischen nur ein kümmerliches Leben führt, sofern einzig *fia* und allenfalls *fiano, fieno* vorkommt in der Bedeutung von *sarà, saranno*. Eine ziemlich weit ausgedehnte Flexion zeigt nur der Norden, namentlich das Mailändische. MUSSAFIA bringt aus Bonvesin *fio* und *fizo, fis', fi, fin; fici, fiva, fevano,* Perf. *fi* und *fite,* Fut. *firò,* Cond. *firave,* Konj. Präs. *fia, fizi, fia* und *fiza, fian* und *fizan; fissi, fisse,* Inf. *fir.* Man bemerkt etwelche Anlehnung an *fare*. Das Imperf. Konj. *fides* bei Pateg vergleicht sich *füdes* § 450.

2. Habere.

454. Schon fürs Vulgärlateinische ist anzusetzen *ajo, as, at, avemus, avetis, avunt,* woraus nach § 97 *aunt*. Die vollen Formen *aves, avet* können daneben bestanden haben. Daraus entwickelt sich nun im Ital. *aggio, ai, a, avemo, avete, *onno*. Neben *aggio* Brun. Lat. V 119, VII 242 u. s. w. findet sich frühzeitig nach *do, dai, da, sto, stai, sta* auch *ho*, schon bei Dante, ZEHLE S. 75, und dies wird dann die reguläre Form. An Stelle von **onno* tritt ferner *anno* und *abbiamo* verdrängt *avemo*, vgl. § 391. Den Einfluss von *dare* zeigt Sante Fiora mit Plur. *amo, ate*. Die Form *ayę* ist im Süden geblieben in den Abruzzen, Campobasso, Neapel, Kalabrien, Sizilien, daher *aio* bei Dante und Brun. Lat., wogegen der Norden gleich der Toskana *o* sagt und Jvrea *un*, dessen *n* wohl von *dun = dono* übernommen wurde, als dieses das alte *do* verdrängte. Eine sizilianische

Nebenform *eyu* erklärt SCHNEEGANS S. § zutreffend aus der Proklise, wo *ay'a sintire* zu *ea* geworden ist. Toskanisch findet sich auch *abbo* Dante Inf. XXX 115 nach *debbo*. — Die zweite Singularis geht überall auf *as zurück. Im Piemontesischen ist das *s* bis heute geblieben, im Venezianischen bis ins XIV. Jahrh., vgl. *as* Prov., *troveras* Cron., wo aber schon *tu a* daneben steht, Arch. Glott. III 266, *as* und *dìs*, *fas* Panf. — In der ersten Pluralis ist die norditalienische Kürzung zu merken, mail. berg. *em*, piemont. *uma*, in Mondovì *amà*. Auch die 2. Plur. ist im Piemont. nicht ganz regelmässig: tur. *eve* aus *avé*, *evé* zeigt Rückziehung des Tones, während *ei* in Alessandria, Jvrea und Mondovì auf *av'ete* beruht. In der dritten Pluralis zeigt der Süden wieder seine besondern Formen. In der aneap. Kath. liest man *ao* MUSSAFIA § 99, und es liegt im Grunde nichts im Wege, dieses *ao* direkt auf *habunt*, *aunt* zurückzuführen, vgl. *ao = -avit* in demselben Denkmal. Diese Formen sind über den ganzen Süden und bis nach Rom und die Macerata verbreitet. Sie finden sich in Muro Leccesse, Martina Franca, Galatone und nördlich bis Accumoli, Assisi, Orvieto, Todi und Perugia. Davon wohl zu unterscheiden ist *haòme* in Città S. Angelo (Abr. Ult. I), das Pap. mit *hanno* übersetzt, das aber natürlich *habet homo* entspricht und die Bedeutung von frz. *on a* hat. — Eine Neubildung ist *haco* in Zagarolo nach *dico*, *faco*, vgl. dazu § 457.

455. Das Präsens konjunktivi *abbia*, das Imperfektum *avevo*, *avessi* sind überall regelmässig, abgesehen davon, dass das tonlose *av* in Mondovì, Alessandria, dann wieder in Bergamo schwindet, während senes. *avamo*, *avate* sich aus *avavamo*, *avavate* nach § 143 erklären, und dass im Bolognesischen im Konjunktiv neben *apa* auch *ava* gebräuchlich ist, während aven. *aiba* Prov., romg. *eva* Epenthese zeigt. Das Perfekt ist um so wichtiger. Das toskanische *ębbe* mit *ę* wohl aus älterem *ębbe* findet sich noch in Lecce als *ippe* neben *appe*, in Bari, in der Basilicata und längs dem Adriatischen Meere bis nach Ravenna, während Sizilien, Kalabrien, Neapel, Rom, Arezzo und der Norden bei *appe*, *abbe* bleibt. Das *ę* ist schwer zu erklären. An eine Anlehnung an *dette*, *stette* zu denken, verbietet der fast überall geschlossene Vokal; nur im Florentinischen mag *ębbe* unter dem Drucke von *dętte*, *stętte* zu *ębbe* geworden sein. Für *ębbe* aber bliebe nur die Analogie von *fęce* übrig, doch bleibt noch genauer festzustellen, wo diese Analogie eingegriffen habe. — Der Norden, der Konsonantendehnungen meidet, scheint *bu* nicht zu *bb* gewandelt, sondern *u* unterdrückt zu haben, vgl. bei Bonvesin *heve*, *havissi*, *have*, *hávem*, *havissi*, *háven*, MUSSAFIA, Bonvesin § 130. Die Beschränkung des *e* auf die erste Person, die sich auch im Kondizional wiederfindet,

zeigt, dass wir es hier nicht mit dem toskanischen *e*, sondern mit einer Art Umlaut oder Ablaut zu thun haben, der durch den Ablaut *fu, fo, stigi, stete* u. s. w. hervorgerufen ist. Auch das Venezianische zeigt *ave* u. s. w., so Cron. Imp. Arch. Glott. III 268. Ganz schwache Formen zeigt Neapel mit *aviette*, Santa Fiora mit *etti, esti, ette, emmo, este, ettono*. Gelegentlich begegnet auch Attraktion des *u*: apiem. *of, sop*, vgl. *sope* Bonv., *saup* Prov., Panf., *sope* Carus. Im Futurum und Kondizional ist die Ausstossung des *e* bemerkenswerth: *avrò, avrebbi*. Auch *arò, arebbi* bei Sacch. 77, 83, *aria* Alb. 8, *arai* Cellini, Pulci, Barbieri, *arò* S. M. Carm. 10 u. s. w. Zum Partizip *avendo, avuto*, dann auch *auto* Barberino, Machiavelli ist nichts zu bemerken.

3. Einsilbige Präsentia.

456. Durch die starken Perfekta und Partizipien werden nicht selten die Präsensformen bestimmt. So wird nach *struxi, structus* ein *strugere*, ital. *struggere* geschaffen, eine Form, die der Süden noch nicht kennt, da neap. *strudere*, siz. *strudiri* vielmehr direkt aus *struere* mit hiatusfüllendem *d* (§ 142) entsanden sind. Ebenso bildet man zu *adrogitus* das Präsens *arrogere*, zu *volsi, volto: volgere*, zu *svelsi: svegliere*, zu *tolsi, tolto: togliere*, für welch letzteres aber *tollere* noch im Senesischen bleibt Zs. X 442, zu *posi, posto: pongo* und nach *dišesi: dešengo* bei Rusio 165, 219, im Umbrischen und Neapolitanischen, hier sogar *vengo = vendo* und *sengo = sento*. Zu *intritum* bildet man *intrivere* statt *interere* und daraus *intridere*, desgleichen *fiedere, chiedere, prudere*, deren nur im Infinitiv berechtigtes *d* dann in das Präsens und die übrigen Formen dringt. Neben *fiedere* besteht *ferire* und nun auch *fedire* Sacch. 70; vgl. noch *fere* Cavalc. 9, 4 und *fiere* 14, 10, *fedito* und *ferito* Sacch. 70, *fedito* Cavalc. 26, 13, *ferito* 7, 11 u. s. w.

457. Es giebt eine Anzahl von Präsentien, die in der 2. und 3. Singularis einsilbig sind und die dann auch in den übrigen Formen sich gegenseitig beeinflussen. Es sind dies die Verba *dare, stare, gire, fare, dire, avere, sapere*. Für *gire* tritt in den stammbetonten Formen *vadere* ein, das schon im Vulgärlateinischen flektirt *vao, vas, vat*. *Habere* ist schon § 454 besprochen, trotzdem mögen die Formen nochmals Platz finden. Ursprünglich haben wir:

sto	*do*	*vo*	*faccio*	*dico*	*aggio*	*sappio*
stai	*dai*	*vai*	*faci*	*dici*	*ai*	*sapi*
sta	*da*	*va*	*face*	*dice*	*a*	*sape*
stiamo	*diamo*	*giamo*	*facciamo*	*dicciamo*	*abbiamo*	*sappiamo*

state	*date*	*ite*	*fate*	*dite*	*avete*	*savete*
stanno	*danno*	*vadono*	*facciono*	*dicono*	*anno*	*sappiono*

Die beiden ersten Verba bleiben ihrem ursprünglichen Typus zunächst getreu, nur kürzen sie unter Einfluss des Singulars den Vokal der 3. Plur. und verdoppeln infolge dessen das *n* § 267. An Stelle von *vadono* tritt *vanno*, an Stelle von *ite* nach der 1. Plur. *gite*. *Fate* = *state* zieht *fai*, dann *fa*, *fanno* und *fo* nach sich. Bei Dante finden wir noch *faccio* Inf. II 70, Purg. IX 31, *faci* Inf. X 16, aber im Paradies nur *fo*, *fai*, *fa* und *face* ZEHLE 76. Auch *vado* ist der Umgangssprache nicht fremd. Von *dite* wird *di* gebildet, doch ist das selten. Dass *hai*, *ha* = *stai*, *sta* einerseits *o* andrerseits *hanno* nach sich ziehen, ist gesagt. Die Gleichheit von *avete* und *savete*, die später wieder zerstört wird § 209, führt *so*, *sai*, *sa*, *sanno* herbei, vgl. aber *sape* bei Dante nur im Reime ZEHLE 77. Die Mundarten aber bringen noch eine Reihe anderer Entwickelungen. Im Süden bleibt *au̯no*, § 454, und dem entsprechend findet sich neap. *fau*, *sao*, *vao* Kath. II und daher wird Dantes nur im Reime Par. XXVIII 103 gebrauchtes *vonno* stammen. Nach *aggio*, das im Süden *aśu*, *ayu* lautet, richtet sich siz. *vayu*, lecc. *vaśu*, röm. *vayu*. — Im Norden wird *do* von *don̦o*) abgelöst, daher auch *ston*, *von*, *fon* bei Calmo, *von*, *don* Gloss. und bei Ruzante. Es kann nun aber auch *dico*, *dicono* den Ausschlag geben und so finden wir denn in der That im Süden 3. Plur. *faco*, *haco* in Zagarolo (Rom), *staco* Hist. rom. frg. 1, 6, *faco* 1, 3, dann auch *soco* 1, 1 und *puoco* 1, 13 und im Norden romg. *deg*, *veg*, *stag*, gen. *dago*, *vago*, *stago* nebst *vego*, aven. *stago* Panf. 514, *vego* 265, *dago*, *stago*, *vago*, *anago*, *fago*, *vego*, *dego*, *rigo* bei Ruzante, piem. *dag*, *stag*, lomb. *diga*, *daga*, *staga* u. s. w., und selbst *foga* und in Gerra sogar *sigo*, *soga*, *oga* Arch. Glott. IX 229. Damit sind die Bildungen aber noch nicht erschöpft. Im Altneap. finden wir als 3. Sg. *stai*, *fai*, *dai*, *poi* und eine 1. Plur. *daimo* Reg. San. und Kath., *staite* Laud. Aqu. IV 20, *faite* VII 92. *daite* XIV Scritt. 64. Vielleicht sind darin Anlehnungen ans Perfekt zu sehen. Wie nämlich im Perfekt altes *-a* durch *-ai* verdrängt wurde, so auch im Präsens. Dagegen wird aven. 3. Sg. *fai* Prov. Cato, Panf., Pateg, Uguç., sich besser aus *fae mit dem *-e* der übrigen Verba und Wandel von tonlosem Hiatus *-e* zu *i* (§ 376) erklären. Endlich ist noch zu erwähnen der Einfluss von *vengo* auf *sto*, der lediglich durch die Bedeutung veranlasst ist, vgl. campob. *stengę*. und natürlich entsprechend *dengę*, während bei *dingę*, *stingę* in Teramo die Gleichheit von *vi* = *vai* (§ 103) und *vi* = *vieni* noch mit in Rechnung zu ziehen ist.

458. Für die endungsbetonten Formen ist zu merken im Norden ein weitgehender Einfluss von *dic-*, *fac-* auf die übrigen Verba, daher nach *digando*, *fagando* auch *stagando*, *dagando* Cron. Imp., *stagando*, *dagando* Apoll., *dagando* und *segando*, *vegando* Paol., bol. 3. Plur. *stagano* Baz. 9, VI 1397 und sogar neubol. *tñagünd* = *tenendo*. Sodann im Imperfekt: *staseva*, *daseva* nach *faseva* im Emilianischen, Cron. Imp., Ruzante, 1. Plur. *dazömo*, *stažömo* in Piazza Armer., aven. *dasé* Gloss., apiem. *fiseva* Chrys. 24, 27, *daseva* 27, 8, *saxeva* 27, 9 und neupiem. sogar *andasia*, *venisia*, *tenisia* Flechia, Arch. Glott. X 161 Anm. Daneben sind noch sen. *staendo*, *daendo* zu nennen, ferner senes. *daesse* Cron. Imp., *faeva*, *staeva* aver. Kath., lomb. *staeva* Laud. Aqu. VI 17, *staieva* VI 64, *stagendo* IX 29, wo man am liebsten an Einfluss von *traeva* denken möchte, wenn nicht etwa *dava* + *faceva* ein *daeva* hervorgerufen haben. Daneben kommen nun auch *steva* u. s. w. vor, vgl. aven. *fese* Apoll. Prov., Cron., *desse* Cron., *devo*, *andevo*, *stevo* in Lucca und Pistoja. Ganz nach *stava* ist *fava* in Pavia, *fava* und sogar *pava* = *poteva* in Mondovì gebildet. Ganz andere Wege gehen speciell mit *stare* Teramo und Kalabrien. In Teramo nämlich tritt ein Stamm *stat* ein: *statémę*, *statetę*, *stativę* u. s. w., der wohl vom Perfektum her bezogen ist. Und Kalabrien zeigt *stapimu*, *stapia*, auch *stapivi* neben *stietti*, ebenso Modica *stapimu* und selbst 3. Sg. *stapi*, während Noto mit *stačia* dieselbe Bildung wie der Norden zeigt. Es unterliegt wohl keinem Zweifel, dass das *p* von *sapiri* ausgeht, doch ist, da das Paradigma dieses Verbums fehlt, der genaue formale Anknüpfungspunkt (ein begrifflicher fehlt), nicht anzugeben.

459. Auch im Perfekt treten die mannigfaltigsten Angleichungen ein, speciell zwischen *dedi*, *stetui, *feci*, während *sapui* im Vokal *habui* folgt § 455 und seinen Konsonanten beibehält. Im Toskanischen ist *dette* nach *stette* und *stiede*, *stie* nach *diede*, *die* frühzeitig im Gebrauch. Ihnen folgt *andette*, *andiede*. Die schwachen Formen *desti* aus *dedisti* u. s. w. bringen auch 1. Sg. *dei*, 3. Sg. *de'* hervor und daran schliesst sich das der Dichtersprache angehörige, schon von Dante und Petrarca gebrauchte *fei*, *fe*; natürlich kommen auch *denno*, *fenno*, *demmo*, *femmo* vor, Zehle S. 76. Dem toskanischen *fęi* vergleicht sich mail. *fi*, während amail. *stigi* auf *stętui*, *steti* beruht. Wo *ę-i* zu *i-i* wurde, da war der Vokal der 1. Sg. in *stętui*, *crędi* (*credidi*) und *vidi* gleich, daher wir im Norden neben *de*, *ste*, *stete* auch *vete* finden, Exemp. Donati 39; 1. *viti* im Cato, 3. *vete* in Panfilo und bei Paolino, *viti*, *criti* bei Ruzante, *crigi* bei Bonvesin. Bei Chrysostomus folgt auch *travre* : *trete* 28, 35; 61, 20 u. s. w.

460. Endlich im Participium ziehen im Norden *factum* und *dictum* zunächst *statum, datum* und *andatum an, gen. piem. aless. *dait, stait, andait,* amail. *dačč, stačč, andačč;* auch *lassačč* folgt in Bellinzona und nach *neč* (*andato*) richtet sich in der Val Maggia *nič* (*venuto*).

461. Von für sich stehenden Formen mag der Konj. *vadi* bei Pulci II 6, *vadia* Sacch. 53 genannt werden, Cellini, deren erstere wohl aus der letzteren entstanden ist. *Vadia* aber mag an *abbia, sappia* angelehnt sein. Sonst sind die Konjunktive regelmässig. *Stea* wird schon vor Dante's Zeit in *stia* umgebogen nach *sia*, ebenso *dea*. In Teramo haben wir für die 2. Sg. *dikę, stikę, vikę*, letzteres wieder für Kommen und Gehen, aber 1. Sg. *vakę* wie auch im Ind. *vakę = vado* : also wieder Anlehnung an *dico*.

4. *Ire*.

Das Wichtigste über die Flexion dieses Verbums ist schon im Vorhergehenden angedeutet. Ursprünglich dient es in den endungsbetonten Formen zur Ergänzung von *vadere*, und da nun manche dieser Formen, so namentlich das als Imperativ sehr gebräuchliche *eamus*, lautgesetzlich mit $\dot{g}$- anlauteten, so wurde allmählich $\dot{g}$ über das ganze Verbum verbreitet. Die ursprüngliche Flexion war also: *vo, vai, va, giamo, gite, vanno; vada, giamo, ire* u. s. w. Es hat sich nun im Norden und im Toskanischen, kaum im Süden, ein anderes Verbum, *andare*, vermuthlich von *ambitare*, an Stelle von *ire* gedrängt und dieses wechselt heute in der Schriftsprache mit *vad-* ab. Im Vulgärflorentinischen ist auch *andi* im Sing. Konj. gebräuchlich. Im Aretinischen findet sich auch *vire, vette*, so in Arezzo und Cortona, wo also, wie es scheint, das *v* von *vadere* übertragen ist, wenn nicht etwa das Perf. *vette* direkt von *vo* nach dem Muster von *do, sto* : *dette, stette* gebildet ist.

5. *Potere*.

462. An Stelle von *posse* ist nach dem Perfekt *potui* der Infinitiv *potere* schon im Vulgärlateinischen getreten. Wenn daneben im Emil. *pusseir* steht, so ist darin eine jüngere Anlehnung an die erste Pluralis, nicht lat. *posse-re* zu sehen. Die Präsensformen sind ziemlich verwickelt. Zwar *posso* kann direkt auf *possum* beruhen und *possa* ist offenbar nach *posso* gebildet. Aus *potes* erwartet man *puoti*, das sich auch findet, aber früh durch *puoi* ersetzt wird; ebenso lautet die 3. Sing. *puo*, seltener *puote*. Es mag *puoi* eine Kurzform sein, vgl. *assai, può* wäre dann danach gebildet. *Possiamo, potete, pos-*

sono sind klar, endlich *ponno* ist von *può* ausgebildet nach *da* : *danno* u. s. w. Die übrigen Formen gehen von *pote-* aus. In den Mundarten herrscht dagegen der Stamm *poss-* vor, vgl. schon im Senesischen *posseva, possei, possere, possuto* Zs. X 441, dann im ganzen Norden, vgl. emil. *bseir*, und *possesseno* schon let. Bol. 16. Daher bei Ariost *possuto* Cass. 1, 4; übrigens *possette* auch bei Cellini, dann *posseva* Cron. Imp. — Vereinzelt steht das Imperf. *pava* in Mondovì. — Im Mailändischen lautet die 1. Pluralis natürlich *pom*. Weit verbreitet ist eine durch die formelle Gleichheit von 2. Sg. und die begriffliche Verwandtschaft zu erklärende Anlehnung an *volere*. *Puole* ist vulgärtoskanisch und von Cellini in der Schriftsprache gebraucht, es findet sich aber auch im Süden bei Rusio, im Norden bei Ruzante, und S. Fratello schafft sich sogar einen Inf. *pulair*, vgl. auch 2. *pöli*, 3. *pöl*, Plur. *pölo* in Turin. — Endlich der ganze Süden spricht in der 1. Sg. *pozzu*, was auf *potsum* zu beruhen scheint.

6. Die *i*-Präsentia.

463. Das tonlose lateinische *e*, *i* der lat. II. und IV. Konj. hat nicht unbeträchtliche Spuren hinterlassen, mehr allerdings in der ältern als in der neuen Sprache, wo meist nach den Formen, die kein -*i*- hatten, wieder ausgeglichen worden ist. Die Behandlung der dem *i* vorangehenden Laute entspricht im Ganzen den § 247 besprochenen Gesetzen. Wir haben $b\underset{\cdot}{i}$ zu *bbi*, $p\underset{\cdot}{i}$ zu *ppi*: *abbia*, *sappia*; alt *debbio*, wofür aber früh entweder *devo* oder *debbo* eintritt; $c\underset{\cdot}{i}$ zu *cc*: *faccio, taccio, giaccio, piaccio*, alt *noccio*; für $g\underset{\cdot}{i}$ liegt nur das veraltete *fuggio* vor; für $d\underset{\cdot}{i}$ ebenfalls nur veraltete Beispiele: *ceggio, seggio, caggio*, aber *cado* Brun. Lat. 333 und danach auch *creggio* und selbst *chieggio* zu *chiedere* und *fieggio* zu *fiedere*, während *audire* nur Formen ohne *i* kennt, vgl. aber mail. *olza* Bonv., $r\underset{\cdot}{i}$: *muojo, pajo*, $l\underset{\cdot}{i}$: *voglio, soglio, vaglio*, vgl. *vaglia postale, caglia*. Die $n\underset{\cdot}{i}$- und $l\underset{\cdot}{i}$-Verba wandeln scheinbar $\underset{\cdot}{i}$ in *g*, vgl. *vengo, tengo, rimango* Bocc. 2, 1, an letzteres schliesst sich *pongo* an; *salgo, valgo, calgo, tolgo*; auch $d\underset{\cdot}{i}$ folgt: *veggo, caggo, seggo, chieggo, fieggo, chiuggo*. Am frühesten stellt sich das *g* bei den *n*-Verben ein und zwar erklärt es sich hier aus dem Plural, wo *tegniamo, tegniate* gleichlautend sind mit *fragniamo, fragniate* und den andern Verben auf *-gere*, deren stammbetonte Formen auf *-ngo, -nga* ausgehen. Erst etwas später folgen die *l*-Verba, für welche z. B. Dante und Brunetto Latini noch durchaus die lautgerechten Formen haben, vgl. ZEHLE S. 42 und WIESE, Zs. VII 332. Hier wird *colgo, colga, cogliamo, cogliate* das Vorbild gegeben haben. *Voglio* als vielgebrauchtes Wort und wegen der Konkurrenz mit *volgo* bleibt.

Schwerer sind *veggo* u. s. w. zu deuten. Die ältesten Belege geben senesische Quellen Zs. X 435 ff. *chiego*, *chieggo*, auch *corgo* (*corro*), letzteres auch bei Guittone d'Arezzo, dann bei Pulci, der *veggio* nui noch im Reime braucht 7, 80, *chiego* scheint schon Alb. 23 zu stehen. Es ist denkbar, dass, als das berechtigte *fuggio*, *fuggia* durch *fuggo*, *fugga* nach *leggo*, *legga* verdrängt wurde, dann auch die andern *gg*- Präsentia durch *gg*-Präsentia ersetzt wurden. — Vgl. A. Mussafia, Beiträge zur Geschichte der romanischen Sprachen 1862. — Im Norden ist namentlich die Ausdehnung von *veço* auch auf *creço* zu merken, aven. Prov. 26, Uguç., Cron. u. s. w., apad. Ruzante, *creggio* Boj. I 20, 1., 5, 61; 8, 3, ebenso kalabr. *kriǵu*. Sonst zeigen die Dialekte die lautgesetzlichen Formen, es wird also z. B. *sappio* im Süden zu *saččiu*, das mit der sizilianischen Dichtung auch in die Toskana dringt, und selbst in Prosa von Sacchetti 71 angewandt wird, wenn nicht etwa Anlehnung an *faccio* vorliegt.

464. Fragen wir nun noch, in welchen Formen das *i* erscheine, so erhalten wir zunächst natürlich 1. Sg. Ind. und das ganze Präsens konjunktivi, folglich auch die 1. Plur. Indikativi. Dazu kommt die 3. Plur. da, wo sie auf -*ono* lautet, wogegen im Norden, wo -*en* Regel ist, das *i* nicht erscheint, vgl. *voyemo* aber *voleno* bei Bonvesin. Endlich zeigt es sich im Gerundium, da wo dieses auf -*ando* lautet, also *abiando*, *creççando*, *veççando*, *toiando* und *oldiando*, *perseguiando*, *vestiando* u. a. im Apollonio und so in den andern norditalienischen Denkmälern, vgl. z. B. Ascoli, Arch. Glott. III 267, Wendriner, Ruzante § 126, Mussafia, Bonvesin § 123, Flechia, Arch. Glott. X 162 u. s. w.

465. Es dringt aber hier das *i* dann auch ins Partizipium präteriti. so aven. *revegnudo* Exemp. 320, *romagnudo* 913, dazu *veçua retegnuda* in Cato, *voiù* bei Uguçon, *saipuda* Prov., *abiudo* Prov., oder apad. *vogiú*, *possciú*, *vegnú*, *romagnú*, *crezú*, *vezú*, *cazú* bei Ruzante, wo auch *caze* vorkommt Wendriner 30. amail. *habiudho*, *desteniudho*; *voyudho* bei Bonvesin, Mussafia § 113; *creçuo* Bescapè 46, *caçuo* 56, *veçua* 74, dann auch *olçudo* 31, *resprençuo* 92, *rençuo* 138, *vençuo* 91. *responçu* 113. — In einzelnen Verben scheint der erweichte Verbalstamm ganz durchzudringen: *teñir*, *veñir* finden sich im Lombardischen.

466. Noch bleibt für das Präsens der *l*-Verba zu bemerken, dass das *l* in der 2. Sg. verschwinden kann, vgl. *vuoi*, *duoi* Pulci 3. 59, *suoi* bei Alamanni, *sai* bei Machiavelli, *toi* bei Petrarca, *sce'* bei Varchi, *co'* Buonarrotti Tancia 3, 10; *vacco'* 5, 3. Diese im Nomen kaum bekannte, mindestens untoskanische Behandlung von -*li* mag bei *vuoi* und einigen andern sich aus der Sucht nach Kurzformen erklären, worauf das Nebeneinander von *vuoli* und *vuoi* u. s. w. überall Doppelformen hervorrief.

467. Einzelne Verba geben noch zu besondern Bemerkungen Anlass. *Debere* verliert sein *v* in der 3. Sg.: *dee* nach § 206. Darauf baut sich *dei*, und 3. plur. *denno* schon bei Dante und *dea* anstatt *debba*. Dieses *dea* wird dann auch indikativisch gebraucht, wandelt sich im Senesischen zu *dia*, woraus weiter *die, dié* und nun wieder in Anlehnung an den Inf. *dieve*. Belege für diese senesischen Formen bei HIRCH Zs. X 437. Sodann aven. agen. *do. don* = *debeo* Paol., Uguç., Gloss., Rim. Gen., offenbar weil *di* = *debes* mit *si* = *sei* identisch ist. — Von *volere* bildet das mail. *vöbbia* nach *abbia, debbia*. Eine andere merkwürdige Form ist apad. *vuoxi* + *vuoi* bei Ruzante, WENDRINER 63 Anm., in der wohl *vuos* aus *volis* versehen wird mit dem *i* der übrigen Personen. Im Romagnolischen ist *vo* nach *po* gebildet.

468. Auch *tollere* mag hier besprochen werden. Die ursprüngliche Flexion *tollo, tolli* u. s. w. wird, wie § 456 bemerkt, nach dem Partizip und Perfekt zu *tolgo, togli* oder *tuoi* umgestaltet. Dadurch ist die 2. Sg. mit der von *volere* und *potere* gleichlautend und so kann denn im Romg. die 3. *to* lauten. Nicht anders wird sich die 2. Plur. *todi* in Piacenza erklären.

7. Die starken Perfekta.

469. Das Italienische kennt drei Klassen starker Perfekta, 1. ablautende, d. h. solche die einen andern Vokal zeigen als das Präsens; 2. dehnende, d. h. solche, die den Konsonant des Präsens dehnen, 3. *s*-Perfekta, d. h. solche, die den auslautenden Konsonant des Präsens durch *s* ersetzen. Allen gemeinsam ist, dass der starke Stamm nur in den stammbetonten Verbalformen auftritt. Das wird sich daraus erklären, dass in den lateinischen *u*-Perfekten vor dem Tone das *u* spurlos verschwunden ist. Ein Perfekt wie *habui* flektirte also in einer frühitalienischen Epoche *abbi, avesti, abbe, abbimo* oder *avemmo, aveste, abbero*; ähnlich *potti, podésti, caddi, cadésti* u. s. w., und danach richten sich alle übrigen starken Verba. — Auch die Mundarten halten im ganzen diesen Grundsatz fest, doch sind einzelne Ausnahmen zu konstatiren, vgl. z. B. *ebbi, ebbeste, ebbe*, 2. Pl. *ebbesse* im Montalese.

470. Die Zahl der ablautenden Verba ist sehr gering. *Feci, diedi, fui* sind schon § 457 besprochen. Dazu kommt noch *vidi*, genau entsprechend lateinisch *vidi*. Zugleich in die 2. Klasse gehören *ebbi, seppi, ruppi*, zugleich in die 3. *misi, fusi, puosi*, so Dante ZEHLE S. 13, aven. Arch. Glott. III 249, heute aber nach dem Präsens: *posi*.

471. Die 2. Klasse beruht auf den lateinischen *u*-Perfekten und auf einsilbigen *v*-Perfekten wie *crevi*, wofür schon im Vulgärlateinischen *crevui* eingetreten ist. Wir haben also *ebbi, seppi, piovve* und nun auch *bevvi* und *ricevvi*; *conobbi, crebbi*; *tacqui, giacqui, piacqui*, und diesen schliesst sich nun das einzige Präsens mit *a* an, dem im Lateinischen ein Perfekt fehlt: *nacqui* zu *nascere*. Sodann *caddi* schon vulglat. *cadui*, *tenni* und danach *venni*; alt *potti*, heute aber durchaus schwach, ferner *viddi* Dante, wohl auch schon vulg. lat., endlich *volli* und das halbgelehrte *dolfi*, bei Dante *dolve* Inf. II 51. Von alten Formen mag noch erwähnt werden *vedde* Sacch. 77, Cell., *vidde* Pulci 1, 78, Dante Inf. VII 50, *veddimo* Cell., *volle* neben *volse* Cellin., *roppe* Cellini, *vicque* von *vivere* wohl nach *nacque* Ant. Bucc, 577. Neben senesisch *bebbe, piobbe* steht flor. *bevve, piovve*, beide offenbar unter Einfluss des Präsens, vgl. auch siz. *vippi*.

472. Die *s*-Perfekta dehnen sich im Vergleich zum Lateinischen bedeutend aus. Vom italienischen Standpunkt aus teilen sie sich ein in folgende Klassen 1. Verba *-gere*: *ressi, fissi, frissi*, alt *cossi* Sacch. 36, *strussi* (daher Präsens *struggo*), *trassi* (daher Präsens *traggo*) und diesen folgend *lessi*; *alsi, indulsi*; *mersi, tersi, sparsi* und danach *accorsi*; *piansi* und danach *fransi*; *spensi, cinsi, finsi, pinsi, giunsi, unsi* und danach *punsi, munsi, stinsi, strinsi, tinsi*; dann auf *nc, rc*: *vinsi, torsi*. 2. Verba auf Dentale. Ist der Vokal im Lateinischen lang, so wird das ursprünglich doppelte *s* vereinfacht, also *risi, misi*, ist er kurz, so bleibt *ss*: *cessi*. Also *rasi, persuasi, misi, risi, uccisi, divisi, rosi, chiusi, illusi, intrusi*. Daran schliessen sich dann *chiedere, intridere* aus *quaerere, intrivere*[1]), ferner *crese* Dante Pg. XXXII 32. Die Verba, die im Lateinischen ein Perf. auf *nd*, Part. auf *ns* bilden, wie *prehendo, prehendi, prehensum*, verlieren im Vulgärlatein ihr *n* vor *s*: *prehesum, presum*, so dass nun ihr Partizipium auf einer Stufe steht mit *rasum, clausum, risum* u. s. w. In Folge dessen bilden sie auch ihr Perfekt auf *s*: *accesi, presi, offesi, risposi, nascosi, fusi*. 3. Verba auf Labiale: *scrissi, vissi* und danach *mossi*. 4. Verba auf *n*: nur *rimasi, posi* und *pressi*; 5. die Verba auf *l*: *scelsi, colsi, sciolsi, tolsi, valsi*, offenbar, weil diese Verba im Präsens zum Theil mit den *lg* Verben zusammenfallen, § 463; 6. Verba auf *r*: *corsi* und *parsi* von .Partizip aus; endlich 7. die Verba mit verkürztem Infinitiv: *dissi, dussi* und danach *lussi*,

---

1) Ascoli erklärt *intridere* von *intriso* aus, Arch. Glott. X 86 Anm. Allein es fragt sich, von woher der Anstoss, *intrito* in *intriso* umzuändern, gekommen wäre, da doch *-ito* ein ganz gewöhnlicher Participialausgang ist.

während altes *cossi* wegen *cuocere* durch *cocqui* verdrängt wird. Vgl.
MARCHESINI Studi fil. rom. II 17. Die *s*-Perfekta dehnen sich in
der Vulgärsprache z. T. sehr aus und greifen über die *u*-Perfekta hinüber, *viensi*, *tiensi* gehören dem Vulgärflorentinischen an, *volsi*, *calsi*
braucht auch Dante, ŽEHLE S. 77, vgl. *volsero* Pulci VII 72 u. s. w.
Es scheint sich auch hier um einen Vorgang zu handeln, dessen Anfänge ins früheste Vulgärlatein hinauf reichen: neben *legui*, vulgl.
statt *lēgi*, steht *lexi*. Dagegen erklärt sich *mossi* durch Anbildung
an *vissi*.

473. Die *s*-Perfekta mit Ablaut gleichen meist den Vokal aus.
Neben *puosero* Boc. Dec. Int. und danach gebildetem *rispuosi* Dec.
I 1, *rispuosero* Cavalc. 28, 11, 34, 4 Dec. I 2 steht *rispose* Dec. 1,5
und heute nur *posi*. Ebenso tritt zu *misi* auch *messi* vom Partizip aus,
Cellini und senesisch Zs. X 439, und daraus entsteht dann die Mischform *misse* Sacch. 98, Pulci III 38. Endlich ist noch das Perf. *vist*
zu nennen, das wieder offenbar vom Partizip ausgeht, in der altpiem.
Lament., im Emilianischen und in Noto. In den nördlichen Mundarten
werden die starken Perfekta mehr und mehr durch schwache ersetzt.
— Da nun aber die 2. Sg. perf. auf dem Umlautsgebiet für die II. u.
III. Konj. gleichlautet, so schlägt sich das neue darauf aufgebaute Perfekt bald zu der einen, bald zu der andern Klasse, vgl. *nasci, cognosi,
bevi, romani, venzi, rendi, recevi, combati, cazi* u. s. w. Cron. Imp.,
aven. *vigni* Exemp. 267, *possé, reponéllo, solvé, rispondé, riducé,
vivé, mové, meté, volé, tené* DONATI S. 10, *nosé, desplasé, prometé*, Panf., *çassé, nascé, cognoscé, crescé, ploré*, u. a. Cron.
Imp. ASCOLI Arch. Glott. III 28 f.; und selbst Dante gebraucht *vivette, rompeo, tacette, compiacemmi* ŽEHLE S. 71. — Auch der
Süden zeigt die Neigung, die starken Formen aufzugeben, vgl. *faćó*
in Terano. Und neu sizilianisch sind *kuggyiu, kridiu, kyuriu, putiu,
stinniu, viniu, vuliu* u. s. w. gewöhnlich neben *appi, kosi, kretti,
kyoppi, potti, stisi, vinni, vosi*, vgl. AVOLIO Introd. 110.

8. Die starken Partizipien.

474. Die lateinischen *t*-Partizipia sind im Italienischen stark beschränkt. Wir haben noch von Verben auf -*gere* und -*cere*: *retto,
letto, strutto, tratto, fitto, afflitto, fritto, fatto, cotto, detto, condotto*, dann mit dem *n* des Präsens und Perfekts *franto, pianto, cinto,
tinto, stinto, strinto, pento, giunto, unto, punto, munto*: es hat also
das Italienische die im Lateinischen erst angebahnte Ausgleichung
zwischen Partizipium und Verbalstamm streng durchgeführt. Den
Verben auf -*ngere* schliessen sich diejenigen auf -*rgere* an: *accorto*,

erto, sorto, porto, und diejenigen auf *l* : *colto, asciolto, svelto, scelto*. Weiter haben wir noch *scritto, rotto, ricetto* Dante, *morto, nato, aperto, coperto*, und danach *offerto, sofferto*; *tolto, volto, spanto*, die ein vulglat. **tollitus, volvitus, expanditus* wiedergeben. Gelehrt sind *redento, essento*. Lat. *positus* wird zu *pǫsto* mit dem *ǫ* des Präsens, daran schliessen sich *risposto, nascosto* und *rimasto*; schon vulglat. ist ferner *quaesitus* ital. *chiesto* und *visitus* : *visto*. — Endlich bleibt noch *aroto* aus vulglat. *adrogitus*.

475. In den Mundarten sind noch einzelne Partizipien auf *-itus* nachweisbar. Venez. ist *creto*, Cato, Panf., Ugus., aus *cred(i)tus*. *Spanto* kennt das Amail., *futo* aus *fugitus* das Genuesische, Arch. Glott. VIII 254. Im Süden aber ist *-ito* noch lebendig, vgl. *piòvete* in Teramo, *corseto* R. Bucc. 65, *resseto* 367, *chioppeto* Loise de Rosa 22, *tolleto* 39, *mossito* 44, *liessito* 52. Von besondern mundartlichen Formen ist noch mail. ven. *collego, colleto* zu nennen, an das sich *tollegio* Bonv., *tolleto* Exemp. schliesst.

476. Das *s*-Partizip bleibt zunächst in seinem alten Umfange bei Verben auf Dentalen: *raso, riso, roso, chiuso*, und danach *intriso* von *intridere* § 472, *preso* aus *prehensus* und *teso, fuso, sceso, rimaso* dann auch *nascoso*; *messo, arso, morso* und danach *perso*; *converso, corso, merso, sparso, terso*. *Fisso* wird zu *fiso*, wohl deshalb, weil sonst nur Part. auf *-iso*, nicht auf *-isso* vorhanden waren. *Parere* bildet *parso* neben *paruto*, vgl. *parsi* neben *parvi* § 472, *vorso* Arch. Glott. IV 206, *volso* Buonarr. Tancia 924. Von *mossi* aus § 472 wird *mosso* gebildet.

477. Nach *posto, chiesto* bildet Bonvesin *commosto* vgl. auch *mosto* Chrys. 2, 10, *cresto* 79, 36 neben *creto* 9, 8 und § 407. Umgekehrt aber findet man vom Perfekt aus *conquiso* Laud. Aquil., *composo, desposo* agen. Arch. Glott. VIII 320 *proposo* Chrys. 2, 10; aven. *respuoso* Cron. Imp., *conqueso* Intell. 274. Endlich ist noch *mesto = messo + posto* in Jesi (Arch. Trad Pop. II 82) zu erwähnen.

478. Was noch die Vokalisation des Partizipiums betrifft, so bleibt die Schriftsprache im Ganzen den lateinischen Typen getreu, abgesehen etwa von *posto*. Sonst vgl. namentlich *detto, messo* u. a. Die Mundarten aber gleichen meist aus, so ist *detto* schon senesisch Zs. X 436 und allgemein norditalienisch, desgleichen findet man *duto* im Norden, *miso* bei Dante und Brunetto Latini und im Norden.

479. Auch hier zeigen nördliche wie südliche Mundarten einen sehr stark ausgeprägten Hang nach schwachen Partizipien, vgl. *romagnudo, metudo, depunudo, ascunduto, revegnudo, nasudo* im Exempelbuch, DONATI S. 38. *tusudo, leçudo, cognosudo, metuo* im Cato, TOBLER S. 25, *responduto, cognosuo, renduo, vencuo* u. s. bei

Uguçon, TOBLER S. 27, *aldú*, *ponudo*, *vivú* u. a. Cron. Imp., ASCOLI, Arch. Glott. III 268. Ähnlich bei Ruzante, Bonvesin u. s. w. Interessant sind *volsuto* bei Cellini, *vissuto*, wo also das schwache Suffix unmittelbar an das starke Partizip getreten ist.

Die sardische Konjugation.

Die durchaus andere Gestaltung des konsonantischen Auslautes im Sardischen und die frühe Trennung der Insel von der Sprachentwicklung des Festlandes geben der sardischen Konjugation ein so eigenthümliches Gepräge, dass sie besser für sich dargestellt wird. Im Ganzen hat die meisten sie betreffenden Fragen HOFMANN, Log. Mundart 132—151 zutreffend gelöst, vgl. auch Litbl. 1886 Sp. 71 f. Zunächst mag ein Paradigma fürs Logudor. folgen.

amo	*ame*	*time*	*tima*
amas	*ames*	*times*	*timas*
amat	*amet*	*timet*	*timat*
amamus	*amemus*	*timimus*	*timamus*
amades	*amedes*	*timides*	*timedas*
amant	*ament*	*timent*	*timant*
amai	*amere*	*timia*	*timere*
amaias	*ameres*	*timias*	*timeres*
amaia	*ameret*	*timia*	*timeret*
amaiamus	*ameremus*	*timiamus*	*timeremus*
amaiazis	*amerezis*	*timiazis*	*timerezis*
amaiant	*amerent*	*timiant*	*timerent*

amesi   amesti   amesit   amemus   amezis   amezint.

Die -*i*-Konj. unterscheidet sich bloss in 2. 3. Sg. 3. Pl. mit *finis*, *finit*, *finint* und im Imperativ *fini* von der *e*-Konj. Es scheint aber, als ob der Unterschied von Spano und andern in etwelcher Latinisirungssucht gemacht wäre, da *vendimus*, *vendidis* doch wohl Gleichheit der stammbetonten Formen voraussetzt. Sonst giebt der Indikativ des Präsens kaum zu Bemerkungen Anlass. Im Imperfekt ist die Beibehaltung des alten Konjunktivs höchst beachtenswerth. Der Indikativ in der I. Konj. lautet ursprünglich -*ava*, dann (§ 204) -*aa*, -*aas*, -*aat*, und mit Kontraktion -*a*, -*as*, -*at*, Formen, die HOFMANN belegt. An dies -*á*, und namentlich an den Plural -*amus*, -*ades*, der mit dem Präsens zusammenfiel, trat die Endung der II., III. Konj. *a*-*ia*, *a-ia-s* u. s. w.[1]. Schwierigkeit bereitet das *z* der 2. Plur., das auch im Präsens von *esse* und im Perf. erscheint. Wahrscheinlich ist, da *amades* sowohl Präsens wie Imperfekt war, das Perfekt *amastes* an die Stelle des Imperfekts gerückt, im Perfekt aber erklärt sich das *z* statt *st* aus der Umformung von *estis* § 481. Das Perfektum ist neu gebildet. Im Altsard. haben wir 1. Sg. *ai*, 3. Sg. *ait*, 3. Plur. *arunt*, woraus *ei*, *et*. Als nun die alten *s*-Perfekta, z. B. *risi*, durch schwache Formen ersetzt wurden: *ri-esi*, trat auch zu *amé*: *amesi* und das *e* wurde dann oder vielleicht schon früher verallgemeinert. Die *e*- und *i*-Konj. zeigen dieselben Endungen. Im Präsens konjunktivi ist die Umstellung *-é-a* zu *a-e* in 2. Plur. höchst auffällig. Das Imperf. 1. lautet altsardisch noch auf *-are*, nimmt dann aber den Vokal des Perfekts an.

480. Im Campidanesischen ist als wichtigste Erscheinung der Mangel des *m* in der 1. Plur., des *d* in der 2. und die Bildung des Imperfekts zu nennen. Die *i*-Konj. ist, vom Inf. abgesehen, ganz geschwunden, die ursprünglichen *i*-Verba bilden 1. Plur. *-eus*, 2. Plur. *-eis*. Der Ausfall nun des *t* in 2. Plur. erinnert ans Spanische. Der Schwund des *m* in der 1. Plur. mag indirekt damit zusammenhängen, man vergleiche namentlich in der *-e*-Konj. die Gleichungen:

    1. Sg. *-u*   1. Plur. *-emus*
    2. Sg. *-is*   2. Plur. *-eis*.

Es unterschied sich also 2. Plur. von 2. Sing. durch das Plus von *e*, 1. Plur. von 1. Sing. von *em*: es konnte daher *m* schwinden. Im Präteritum, wo kein derartiges Verhältniss zwischen 2. Sg. und Plur. besteht, bleibt das *m*. Das Präteritum nun lautet:

    amamu   *timemu*
    amasta   *timiasta*
    amat   *timiat*
    amamus   *timemus*
    amastis   *timestis*
    amanta   *timianta*.

Man sieht ohne Weiteres, dass das lateinische Perfektum einen bedeutenden Antheil an dieser Bildung hat: ihm gehören die 1. u. die 2. Person Plur. an. Da nun aber die 1. Plur. zugleich diejenige des Imperfekts ist, so war die Möglichkeit einer Verschmelzung gegeben, es fragt sich nur, weshalb das Campidanesische hier weiter geht als

---

1) HOFMANN meint S. 143, das *i* sei »hiatustilgend«, dem widerstrebt aber der Accent.

der Schwesterdialekt. Die 1. Sg. lautete *amá*[1], die nun mit dem *mu* des Plurals versehen wurde, wodurch zwischen Singular und Plural dasselbe Verhältniss hergestellt wurde wie im Präsens, und nun wird auch nach der 2. Plur. die 2. Sg. *amás, timias* um *ta* erweitert *amasta, timiasta*. — Das Partizipium lautet *amáu, timiu* vgl. § 214. Das Futurum wird mit *habere* + *a* + Inf. gebildet, das Kondizionale mit *debere* + *a* + Inf.; es handelt sich also um eine ganz junge Schöpfung, die erst aus der Zeit stammt, wo *habere* nicht mehr einen präpositionslosen Infinitiv regieren konnte.

481. *Essere* flektirt *so, ses, est, semus, sezis, sunt*, camp. *sou, ses, esti, seus, seis, sunti*. Nur die 2. Plur. im Log. bedarf einer Bemerkung. Es scheint, als ob die Endung *is* an die 2. Sing. getreten und *s* zwischen Vokalen zu *z* geworden sei. *Semus* hat den Vokal von *sezis* übernommen. Das Imperfektum *fia* geht vom Perfekt *fui* aus. Auch das camp. Präteritum zeigt ganz die Endungen des Imperf. II. Konj.: *femu, fiasta* und der Konj. *fessi*, im Log. *essére*. *Habere* lautet *apo, as at, ámus* bezw. *eus, azis* bezw. *eis, ant*.

482. Von starken Präsentien findet sich noch *tenzo, benzo, dolzo* oder *dolgo* oder mit dem Stamm des Perfekts *dolfo* und *valzo, valfo*. *parzo* und *parfo, ponzo* und *kurzo, querzo* und *querfo, nerza* aus *narze* von *narrere, abberzo, morzo, ferzo, abbizo*. Starke Perfekta fehlen, überall ist -*esi*, -*esit* eingeführt, doch zeigt sich zum Theil noch der starke Stamm, vgl. *balzesi, abberzesi, benzesi, cretesi* von *creere, apparzesi, depesi, dolfesi, ferzesi* u. s. w., ganz wie im Präsens. Dasselbe gilt vom Partizipium, vgl. *apparfidu, balfidu*, dann ebenfalls mit dem Perfektstamme *cretidu, depidu, cunbennidu, dolfidu* u. s. w., wo also, von *s*-Perf., *s*-Part. ausgehend, der Perfektstamm auch aufs Partizip ausgedehnt ist. Hier erklärt sich nun die Flexion von *facere*: Perf. *fattesi*. Das Präsens *fatto* kann auf *faccio* beruhen § 251; es stimmte so mit *fattu* Part. überein und vermochte infolge dessen das Perfekt umzugestalten. Nach *fagere* richtet sich *yugere* (*ducere*) mit *yuto* u. s. w.

---

[1] Die Annahme, das lateinische -*m* sei im Sardischen geblieben bis nach Schwund des *b* und Zusammenziehung von *áam* zu *ám*, worauf *m* überhaupt nicht mehr fallen konnte (§ 270), die Zs. IX 146 mit Rücksicht auf rum. Formen aufgestellt ist, ziehe ich zurück. Die rum. Formen erklären sich anders, und der Verbleib des *m* bis nach Ausfall des *v* ist wenig wahrscheinlich.

III. WORTBILDUNGSLEHRE.

483. Die Lehre von der Wortableitung und Wortzusammensetzung soll im Folgenden lediglich vom Standpunkt der Bedeutungslehre aus betrachtet werden, die Funktion der Suffixe soll in erster Linie zur Darstellung kommen, daher nicht alle und jede, sondern nur die im Italienischen noch produktiven besprocheu werden. An Vorarbeiten fehlt es hier noch gänzlich. Diez hat in dem meisterhaften zweiten Theile vom zweiten Bande seiner Grammatik den formalen Gesichtspunkt ins Auge gefasst, und alle andern Darstellungen sind von ihm abhängig. Auch Barmeyer, Die Nominalcomposition im Italienischen, Lüneburg 1886, ist lediglich eine übrigens sehr dankenswerthe Materialsammlung. Die Plaudereien von de Amicis über einzelne Suffixe, Pagine Sparse S. 111, wollen natürlich nicht wissenschaftlich sein. Allerdings ist für den Ausländer eine derartige Behandlung schwierig, da es sich sehr oft um die genaue Ausscheidung fast gleichbedeutender Wörter handelt, deren sichere Einreihung nur das Sprachgefühl vornehmen kann. Es muss also in diesem Abschnitte mehr noch als in den vorhergehenden ein feinerer Ausbau durch die Eingeborenen abgewartet werden. Auch eine historische Entwicklung innerhalb des Italienischen zu geben, ist mir, da noch jede Untersuchung nach dieser Seite hin fehlt, nicht möglich. — Wie sich die Wortbildungslehre gestaltet und darstellt, wenn man vom Vulgärlatein ausgeht, wird Rom. Gramm. II zeigen.

I. Wortableitung.

A. Substantiva.

484. Die Substantiva zerfallen in Personalbezeichnungen, Sachbezeichnungen und Abstrakta. An die ersten schliesst sich die Femininbildung an. Unter den zweiten stehen voran die Werkzeugbenennungen, die sich an die Personalnamen anschliessen und hinüberführen zu den Ortsbezeichnungen. Mit diesen berühren sich sodann einerseits die Ausdrücke für Behältnisse und umhüllende Kleidungsstücke, sofern diese den Ort angeben, wohin ein Gegenstand gebracht, in welchen er gestellt wird, andrerseits die Kollektiva, sofern nämlich nicht im Allgemeinen der Ort, wo ein Ding sich findet, in Betracht gezogen wird, sondern derjenige, wo es sich in grossen Mengen findet. Bei den Abstrakten ist zu scheiden zwischen Adjektiv-, Substantiv- und Verbalabstrakten. Den Schluss bilden vereinzelte Klassen, wie Pflanzenbenennungen, Krankheitsbenennungen, die Bildung von Sachbezeichnungen aus Substantiven durch verschiedene Endungen oder durch Geschlechtswechsel, aus Adjektiven und aus andern Redetheilen.

485. Zur Bezeichnung der handelnden Person dient im Lateinischen wie im Italienischen zu allen Zeiten -*tōr*, *tōris*, ital. -*tore*, bezw. -*sōr*, -*sōris*, ital. -*sore*. Die beiden Formen sind vertheilt, wie die Partizipien auf -*tus* und -*sus* § 474, die Form des Verbalstamms dieselbe, wie dort. Seiner Bedeutung nach kann sich -*tore* nur mit Verben verbinden. Das Suffix tritt unmittelbar an den Stamm: *ama-re* : *ama-tore*, *impera-re* : *impera-tore*, *udi-re* : *udi-tore*, *nutri-re* : *nutri-tore*. Die Bildungen vom starken Partizip aus können heute als erstarrt bezeichnet werden: *fattore*, *dottore*, *scrittore*, sie halten sich namentlich, wenn das Verbum verloren gegangen ist, wie ausser *dottore* noch *pastore*, *pistore*, oder wenn das Substantiv sich in seiner Bedeutung vom Verbum entfernt hat, vgl. *testore* der Schriftsteller, Verfasser, *fattore* der Verwalter, *motore*, *divisore*, ferner *lettore*, *pittore*, bei denen die Verbalidee nicht als einmalige Handlung, sondern als wesentliche Eigenschaft erscheint. Die neue Sprache knüpft, abweichend vom Lateinischen, stets an den Verbalstamm an: von *muovere* Part. *moto* oder *mosso* bildet sie *movi-tore*, so *venditore*, *creditore*, *conoscitore*, *leggitore*, *facitore* »Anfertiger«, *levitore*, *vincitore*, *ricevitore* neben älterem *ricettore*, *tessitore*, *dicitore*, *chiuditore*, *chieditore*, *dividitore* u. s. w. Wie namentlich der Gegensatz zwischen *lettore* und *leggitore* zeigt, bezeichnet -*tore* als produktives Suffix diejenige Person, die die Handlung des Verbums irgend einmal ausführt. Diese seine ursprüngliche Funktion hat es kaum ausgedehnt. Nur mag erwähnt werden, dass zuweilen Werkzeuge, mit denen eine Handlung geschieht, persönlich gefasst werden: *follatore* Walker und Walkstock, Weinpresse, *foratore* Bohrer, *calcatore* Wischer, *battitore* Klöpfel, ferner »luogo dove battevasi la lana« Stat. Sen. 137, 272, aven. *sayador* Schloss u. a. Es greift hier -*tore* hinüber in das Gebiet von -*tojo* § 498. — In einem Falle scheint -*tore* sich unmittelbar mit einem Substantiv zu verbinden: *fionda-fiondatore*, woneben ein Verbum *fiondare* nicht angegeben wird. Eine eigenthümliche Bildung ist *tessandora* Giuliani Delizie I 5, wo -*ora* an Stelle von -*aja* getreten ist, vgl. *filandaja* § 486. Noch sind in formeller Hinsicht *barattore* Weichensteller und *battadore* Drescher zu nennen, deren ersteres für *barattatore* steht § 143, das zweite aus *battidore* durch Angleichung des tonlosen Mittelvokals an den vorhergehenden, halbbetonten entstanden ist.

486. Mit Substantiven zur Bezeichnung der Person, die sich irgenwie mit dem Primitiv beschäftigt, verbindet sich -*ajo*, -*aro*, -*are*, -*iere*. Über das formelle Verhältniss von -*ajo* und -*aro* s. § 247; -*are* geht auf lat. *aris* zurück, -*iere* ist französischen Ursprungs. Die Substantiva auf -*ajo* geben also Verfertiger, Bearbeiter, Verkäufer, Aufseher u. s. w. an. Vgl. *calzolajo* Schuster, *ferrajo* Schmied, *barcajo* Schiffbauer, *lattajo* Klempner, *librajo* Buchhändler, *fantocciajo* schlechter Maler [1]), *favolajo* Märchenerzähler, *fettucciajo* Bandfabrikant, *fiammiferajo* Streichholzverkäufer, *filatojajo*, *forzerinajo* Koffermacher, *farsettajo* Schneider, *fanalajo* Thurmwächter, *pecoraio* Schafhirt, *cavalajo*, *cavallaro* reitender Bote, *caprajo*, *porcajo*, *asinajo* Eseltreiber, *fiaccherajo* Kutscher, Hier tritt schon mehr die Beschäftigung mit dem Primitivum hervor und so haben wir denn auch *fornajo* Bäcker, *macellajo* Schlächter u. s. w. — In einigen Fällen zeigt sich Berührung mit -*tore*, von *favola* wird *favolajo*, von *favolare*: *favolatore* gebildet: jenes nach der Crusca = *compositore, raccontatore di favola*, beide übrigens von Rigutini und Fanfani nicht mehr anerkannt. Auch *filandaja*, *filatojajo* und *filatore* sind in ihrem gegenseitigen Verhältniss instruktiv: *filandaja* ist die in der Spinnerei beschäftigte Frau, *filatojajo* = *chi lavora al filatojo*, *filatore* aber ganz einfach der Spinner. Nicht minder scharf ist der Unterschied zwischen *macellaro* und *macellatore*. vgl. Petrocchi unter *macellatore*: *Il macellaro non sempre macella, e al macello c'è il macellatore*. Also *macellatore* bezeichnet den Schlächter, der zugleich am *macello* steht, *macellajo* dagegen in erster Linie den Fleischverkäufer.

487. *iere*. Wie eben bemerkt, ist *iere* nicht ursprünglich italienisch, sondern stammt aus Frankreich. Es scheint dann aber auf italienischem Gebiete noch produktiv geworden zu sein, wenn es auch neben dem gleichbedeutenden und etymologisch gleichwerthigen

---

1) Die Übersetzungen zumeist nach H. MICHAELIS' italienisch-deutschem Wörterbuch.

-*aio* nicht recht aufzukommen vermochte. Oft stehen Bildungen auf -*aio* und -*iere* nebeneinander: *cavalliere* Ritter neben *cavallaio*, *cassiere* Kassierer neben *cassaio*; *carrozziere* Kutscher, *carrozzaio*, Wagner, *gabbiere* Mastwächter, *gabbiaio* Käfigmacher, *fonduchiere* und *fondacaio*; *fontaniere* und *fontanaio*; selten *forniere* neben *fornaio* u. a. Lehnwort aus dem Französischen ist *palmiere*. Sonst erscheint es namentlich bei Ausdrücken des Militärwesens, die ja mehrfach aus dem Französischen entlehnt sind; ausser *cavalliere*, das auch anderswohin gehören kann, *fuciliere*, *bracchiere*, *foraggiere*, *baccettiere*, *foriere*, *fromboliere*, *bersagliere*, *ferroviere*, *frumentiere*, *picchiere*, *baracchiere*, *battagliere*, *picconiere*, *fazioniere* Aufwiegler, *fermiere*, das auch französisch sein kann, und danach das gleichbedeutende *fittanziere* und *casiere*; bei andern Kulturbegriffen, wie *falconiere*, *finanziere*, und in allen den Fällen, wo es gilt, den Eindruck des Feinen, Fremdländischen, Aussergewöhnlichen zu erwecken im Gegensatz zum Landläufigen, Alltäglichen: *faccendiere*, *fabbrichiere*, *femminiere*, *magoniere*, *fattucchiere*, *bagatelliere* Zauberer und *fraschiere* Possenreisser, auch *straniero* und *forestiere*; von dem Fremdworte *magazzino* wird gebildet *magazziniere*, so von *fazione*, *fazioniere*; der *gondoliere* und *battelliere* dürften neben dem *marinaio* und *barcajuolo* zunächst die Fremdenführer gewesen sein. Nach *cavaliere* Ritter, der den Damen den Arm giebt, ist wohl *bracciere* geformt. — Scheinbar deverbal ist *parliere*, doch wird man darin eher eine Umbildung von *parleur* als eine Bildung von *parlare* mittelst -*iere* zu sehen haben. Der Bedeutung wegen erwähne ich noch *frodiere* Zollbeamter.

488. Denominal und deverbal zugleich ist -*one*. Seine ursprüngliche Aufgabe ist, zu individualisiren und zwar diejenige Eigenschaft oder Handlung einer Person hervorzuheben, die am meisten ins Auge fällt. Während also -*tore* mehr verbal, die Handlung bezeichnend, fast einem Partizipium activi gleich ist, erscheint -*one* vielmehr adjektivisch: bei *ciarlone* tritt mehr der Mensch, das Individuum, bei *ciarlatore* mehr die Handlung ins Bewusstsein. Dadurch aber, dass die Bildungen auf -*one* etwas persönliches haben, verbindet sich zumeist auch der Begriff des Tadelnden mit ihnen. Wir finden in der That fast nur Bildungen von solchen Verben, die schon an sich eine mehr oder weniger tadelnswerthe Handlung ausdrücken, vgl. *arruffone* der Raufbold, *leticone* Händelsucher, *impiccione* der Zänker, *imbroglione* Störenfried, *scioperone* Müssiggänger, *borbottone* Brummbär, *affannone* Hitzkopf, *cabalone* Intrigant, *soffione* Ohrenbläser. Ähnlich von Substantiven: *faccendone* Ränkeschmied, *ciabattone* Pfuscher, *favolone* Prahler, *tatticone* Schlaukopf. Auch *fannullone*

Nichtsnutz ist hier zu nennen. Zuweilen stehen ohne Unterschied der Bedeutung Bildungen auf *-atore* daneben, so *borbottatore*: ähnlich steht neben *faccendone* auch *faccendiere*, aber mehr im Sinne von Agent, Aufseher, Unternehmer u. s. w.

489. *-ano* tritt an Substantiva, um die Zugehörigkeit, und den Ursprung anzuzeigen: *castellano* ist derjenige, der sich stets im *castello* aufhält, dem die Zugehörigkeit zum *castello* im höherm Masse anhaftet, als irgend einem andern, daher der Schlosshauptmann; so *pievano, piovano* Pfarrer. Das Possessivverhältniss zwischen Primitiv und Ableitung ist in dem zweiten Falle umgekehrt, die Person ist die besitzende, der Gegenstand das Besessene: *pievano* ist der, dem die *pieve* gehört. Vgl. noch *cappellano*. Den Ursprung giebt *-ano* an, wenn es den Einwohner eines Landes oder einer Stadt bezeichnet; *romano, paesano, villano*; in dieser Funktion ist es seltener. Ursprung und Zugehörigkeit zugleich giebt die Verbindung *-esianus*, ital. *-igiano* an: *parmigiano, cortigiano, artigiano, partigiano*, auch *torrigiano* Thurmwächter. *Pianigiano* ist vielleicht mit Diez auf *planiti-anus* zurückzuführen, wenigstens sprechen die Lautgesetze nicht dagegen vgl. § 249, es hätte dann das Vorbild gegeben für *valligiano*. Vgl. FLEECHIA Arch. Glott. II 12—17. Vereinzelt sind *scrivano* und *guardiano*, denen sich *barbano* zugesellt: die drei Wörter gehen auf alte Substantiva auf *-a* zurück: *scriba, guardia, barba*, deren Akkusativ *scribane, guardane, barbane* gelautet hat § 351. Dann wurden die Substantiva hinübergezogen in die Klasse auf *-ano*.

490. Verwandt mit *-ano* und *-one* ist *-ino*. Gleich diesem verbindet es sich mit Substantiven und Adjektiven, gleich jenem bezeichnet es ursprünglich adjektivisch die Zugehörigkeit: *vetturino* der zur *vettura*, zum Wagen gehörige, der Fuhrmann; *scalpellino* der Steinmetz. Es entwickelt dann aber seine Bedeutung in andrer Richtung als *-ano* und *-one*. Da ihm nämlich auch diminutive Kraft zukommt (§ 558) so wird es ähnlich wie *-uolo* § 491 in der Anrede als Freundlichkeitsform gebraucht, um die Beschäftigung auszudrücken. Vgl. *focarino* der Heizer, *botteghino* = *rivendugliolo ambulante*, und ähnlich *piazzino, ballerino* Tänzer, *canterino* Sänger, die vielleicht jünger sind als die zugehörigen Feminina und denen sich weiter als Ausdruck der Bühne *pertichino* der Statist anschliesst. Auch *naccherino* der Kastagnettenspieler gehört in denselben Begriffskreis. Dann ist etwa noch zu nennen *accattino* der Almosensammler in der Kirche, *gabellino* der Zollbeamte. Eine euphemistische Freundlichkeit erklärt *becchino* Todtengräber. Häufig enthalten auch die Wörter auf *-ino* einen tadelnden Nebenbegriff, vgl. *frucchino* und *ficchino*

Topfgucker, *taccolino* Schwätzer, *attacchino* Händelsucher und sogar *strozzino* Wucherer, *chiesino* Heuchler u. s. w.

491. Weiter sind hier *-uolo* und *-olo*, jenes auf lateinisch *-eolus*, dieses auf *-ulus* beruhend, zu nennen. Beide geben zunächst den Verkäufer an, dieses bei Wörtern, die mit dem den verkaufbaren Gegenstand bezeichnenden Begriffe und dem Stamm *vend* zusammengesetzt sind: *lattivendolo*, *pescivendolo*, alt *lanovendolo*, *grecovendolo*, *ciancivendolo*, ferner *panicuocolo*; jenes in Verbindung mit dem Suffix *-ajo*: *lattajuolo*, *pesciajuolo*, *pennajuolo*, *farinajuolo*, *ferrajuolo*, *acquajuolo*, *affittajuolo* Vermiether, Verpachter, *pettinajuolo* Kammmacher, *picicajuolo* Viktualienhändler, *cruscajuolo*, *braciajuolo* Kohlenbrenner, *stracciajuolo* Trödler, *marrajuolo* Pionier, *mezzajuolo* Pachter, *toppajuolo* Schlosser, *grecajuolo* Verkäufer von griechischen Weinen. Auch *campagnuolo* und *montagnuolo* gehören hierher, ferner mit *-olo* und *-agno* statt *-ajo*: *pettinagnolo*, *spizzicagnolo*. Die Bedeutung, die das Suffix *uolo, olo* in allen diesen Fällen hat, ist erst eine aus der ursprünglichen Verkleinerung abgeleitete, der Begriff des Verkäufers liegt eigentlich in dem *-ajo* bezw. *vend*. In der Anwendung des Diminutivsuffixes drückt sich eine Freundlichkeit aus, die der Käufer dem Verkäufer, der Städter dem Land- und Bergbewohner entgegenbringt. Nach *montagnuolo* ist erst das in den toskanischen Bergen gebräuchliche *pianajuolo* gebildet. — Auch. *oliandolo* Ölhändler mag hier genannt werden, ob auch die Bildung nicht völlig klar ist, man erwartet eigentlich *olivendolo*.

492. *ista* bezeichnet ebenfalls die Beschäftigung. Das Suffix ist griechischen Ursprungs, wird zunächst von den Kirchenschriftstellern eingeführt, und bürgert sich allmählig ein, namentlich in gebildeten Kreisen. Im Italienischen hat es sich weit ausgebreitet, ohne jedoch wirklich volksthümlich zu sein. Entsprechend den Kreisen, in denen es gebraucht wird, haftet ihm fast stets der Nebensinn an, dass die Erlernung der betreffenden Beschäftigung mit einer gewissen geistigen Anstrengung oder mit einer höhern sozialen Stellung verbunden sei, vgl. *artista*, *criminalista*, *legista*, *precettista*, *macchinista*, dann *dantista*, *dentista*, *petrarchista*, *flautista* u. s. w.; auch *cambista* ist hier zu nennen. So bezeichnet *ebanista* den Kunsttischler. Erklärlich ist, dass *-ista* dann auch den Parteigänger bezeichnet: *papista*, da das Parteiergreifen ja auch die Folge einer geistigen Thätigkeit ist.

493. Ebenfalls fremden Ursprungs ist *-ardo*, sofern es nämlich abstrahirt ist aus germanischen Eigennamen wie *Riccardo*. Meist enthält es einen leichten Tadel, vgl. *testardo* Trotzkopf, *beffardo* Spieler, *leccardo*, *bugiardo* Lügner, *linguardo* der Schwätzer, *codardo* Feigling, *vecchiardo*. Gewöhnlich werden diese Wörter auch als

Adjektiva gebraucht. Die pejorative Bedeutung erklärt sich wohl ähnlich wie bei -*one* aus der individualisirenden. *Ricco* ist jeder, *riccardo* nur ein einzelner, dessen Reichthum auffällt und zwar in irgendwie tadelswerther, unangenehmer Art. Mehrfach steht -*ardo* auch neben -*ario*, vgl. *falsardo, linguardo* und *linguajo, leccardo, leggiardo* und *leggiero, papardo.* In diesem Falle ist dann noch die Nebenform -*adro* zu erwähnen: *bugiadro, linguadro, merciadro. gioladro* u. s. w., daher auch *mezzadro* neben *mezzajuolo* hier zu nennen ist. Das gegenseitige Verhältniss dieser Formen ist unklar. An einen lautlichen Übergang von -*ario* in -*ardo* ist nicht zu denken, so leicht er auch physiologisch möglich ist, da er ja sonst im Italienischen nicht vorkommt. Bei *mezzadro* muss man freilich mit in Betracht ziehen, dass das Wort kaum dem Erbschatz angehört, sondern der lateinischen Rechtsprache entstammt. Es giebt nun aber noch eine Möglichkeit. *Aris* und -*ard* fallen im Provenzalischen und im Südostfranzösischen zusammen unter -*ar*, ferner kann -*aris* die Stelle von -*arius* übernehmen, auf alle Fälle konnten Lehnwörter auf -*ar* und -*ard* im Italienischen ebenso gut auf -*ardo* wie auf -*aro*, -*ajo* ausgehen. Es würde sich also bei den schwankenden Fällen um Entlehnungen aus dem Nordwesten handeln. Damit erklärt sich dann auch das Schwanken zwischen -*adro* und -*ardo*. *Adro* nämlich ist wieder ein Suffix, das nicht italienisch, sondern entweder rätisch oder französisch, bezw. provenzalisch ist. Es lag nun nichts näher, als Lehnwörter auf -*ard* auch mit dem entlehnten Suffix -*adro* statt mit dem entlehnten -*ardo* zu versehen.

494. Endlich ist noch -*ante*, das lateinische Partizipium präsentis, zu nennen, das fast nur in substantivischem oder adjektivischem Sinne vorkommt, vgl. *frescante* Freskomaler, *mercante*, wohl ein Lehnwort aus dem Französischen an Stelle des alten *mercadante*, und einige andere, vgl. § 553.

495. Es mag sich hieran die Bildung des Femininums aus dem Maskulinum bei lebenden Wesen schliessen. Fälle wie *uomo, femina* kommen dabei natürlich nicht in Betracht, sie gehören der Wortgeschichte an. Sonst also haben wir als einfachstes Mittel wie schon im Lateinischen Ersatz des auslautenden -*o* durch -*a*: *figlio, figlia, zio, zia, suocero, suocera, daino, daina, cavallo, cavalla* u. s. w. Das *a* erscheint nun in weiterem Umfange als im Lateinischen. Dass zu *majordomo* ein *majordoma* gebildet wird, begreift sich ohne Weiteres, es folgen aber auch Substantiva auf *e*, wie *signora, majala, tigra, giganta*, sogar *marchesa*, wohl weil das Wort zum Titel geworden ist, da sonst die Adjekt. auf -*ese* im Fem. unverändert bleiben. Von besonderem Interesse ist die Femininbildung bei den § 455 u. 458

besprochenen Suffixen *-tore* und *-one*. Zu *-tor* bildet das Lateinische *-trix*, und auch das Italienische kennt *-trice*, vgl. *imperatrice, abbaiatrice, abitatrice, accecatrice, accelleratrice, accoglitrice, acconciatrice, cantatrice* u. s. w. Nach den Wörterbüchern zu urtheilen kann fast jedem Mask. auf *-tore* ein Fem. auf *-trice* zur Seite gestellt werden. Allein es ist doch zweifelhaft, ob diese Bildungen wirklich volksthümlich sind, ob sie nicht vielmehr nur der feinern Büchersprache und den Wörterbüchern angehören. Daneben kommt nun aber auch *-ora* vor und zwar, so scheint es, namentlich dann, wenn das zu Grunde liegende Verbum eine Handlung bezeichnet, die hauptsächlich von Frauen betrieben wird, so *cucitora, stiratora, filatora, tessitora, avviatora*, »*quella donna che striga il filo e prepara il lavoro alla tessitora*«, das § 485 genannte *tessandora*, ferner *sartora*; auch sonst zuweilen, wenn auch nicht gerade häufig: *avventora, dipintora, cantora, crocifissora, adulatora, anteccessora, priora* u. a. Etwas zahlreicher sind Feminina auf *-ona*: *affannona, bacchettona, bacchillona, badalona, diavolona, ciabattona, ciaciona, cialtrona, ciarlona, cicalona, ciondolona*, ganz abgesehen von *camerierona*, das Augmentativ zu *cameriera* ist, und von *padrona*. Man kann wohl geradezu behaupten, dass alle die Bildungen auf *-one* von § 488 ein Feminin auf *-ona* neben sich haben können.

496. Aus dem Griechischen dringt *-issa* ins spätere Vulgärlatein und ins Romanische. Wie *-ista* so behält es einen gelehrten oder wenigstens einen vornehmeren Anstrich bei. Es verbindet sich zunächst mit Substantiven, die einen Stand bezeichnen, also: *duchessa, deessa, contessa, poetessa, pittoressa, dottoressa, medichessa, fattoressa, avvocatessa, abbatessa, principessa, ostessa, sacerdotessa, diavolessa, podestessa, cocchineressa, generalessa, giudicessa, gigantessa, mercantessa, eroessa, papessa, cantimbanchessa, boiessa*. Sodann an Thiernamen, aber fast nur an fremde, wie *elefantessa, leonessa, pavonessa, dragonessa*. Betreffs *buessa* bemerkt die Crusca »*non trovasi detto che per ischerno a feminina, ed è modo basso*«. Es verbindet sich also nur mit Maskulinen auf *a* und *e*. Gegenüber dem einfachen *-a* tritt in dem längern *-essa* der Gegensatz zwischen Femininum und Maskulinum stärker ins Bewusstsein, die Idee des weiblichen Wesens herrscht vor derjenigen des im Stamme liegenden Begriffes vor, *fattoressa* ist die Frau des *fattore*, *fattora* die Verwalterin, daher letzteres im übertragenen Sinne gebraucht wird als »*ragazza addetta al servizio d'una bottega, d'un traffico, d'una casa e simili*«. Der edlere Sinn, der dem Suffix *-essa* anhaftet, macht es erklärlich, dass *dipintoressa* neben *dipintora* scherzhaft klingt. Von vereinzelten Bildungen mag noch erwähnt werden *compagnessa* neben

compagna, ebenfalls scherzhaft, *nipotessa, predicatoressa* neben *predicatora*, und *dogaressa*, die Frau des venetianischen Dogen. Was das *r* in dem letzten Worte betrifft, so erklärt es sich daraus, dass im Friaulisch-Venezianischen oft *-trice* durch *-trissa* ersetzt wird, was dadurch ermöglicht wurde, dass *c* zu *s* geworden war § 175. Da nun ferner *t* vor *r* schwindet, so war dieses neue Doppelsuffix *-trissa* zu *-rissa* oder richtiger *-ressa* geworden, das nun mit seinem *r* weiter übertragen worden ist. Was die Umbildung von *-trice* zu *-trissa* betrifft, so findet sich das älteste Beispiel im Panfilo mit *raviressa*, dann folgt *serviressa, menaressa*, vgl. darüber Ascoli, Di *-trissa* che prenda il posto di *-trice* Arch. Glott. X 256—260. — Auch andere Suffixe werden zuweilen zur Femininbildung verwandt, aber meist nur zufällig, nur in einzelnen Wörtern. So lautet das Fem. zu *marchese* gewöhnlich *marchesana*, ebenso *aldiana* zu *aldio*; mit dem zweiten dieser Wörter und vielleicht auch mit dem ersteren verhält es sich aber ähnlich wie mit *scrivano* § 489. Wie neben *aldio* auch *aldione* als Spur einer Flexion *aldio, aldionis* vorkommt, so lautete zu *aldia* der Genitiv *aldianis*, vgl. mail. *tosann* § 353. Der Akk. *aldiane erhielt nun das Feminin *-a*, gerade wie ein älteres *puttane, vgl. frz. *puttain*, zu *puttana* erweitert wurde. — Ganz anders ist das Verhältniss von *procaccina* zu *procaccio*. Letzteres lautete ursprünglich *procaccia* und gehört zu jener Klasse von Personalbezeichnungen, die ursprünglich Verbalabstrakta waren, wie *guida, guardia* u. s. w. Als Feminin zu *procaccia* war nun *procaccessa* nicht geeignet, da es zu vornehm gewesen wäre, man greift daher zu dem in diesem Falle ganz passenden diminutiv-kosenden *-ina*. Erst später wurde dann *procaccia* in *procaccio* umgewandelt, vgl. § 331.

497. Gehen wir nun weiter zu den Sachbezeichnungen und zwar zunächst zu den Nomina instrumenti, so ist hier als fruchtbarstes Suffix *-tojo* zu nennen aus lateinisch *-torium*, vgl. *annaffiatojo* Giesskanne, *appiccatojo* Hacken, *asciugatojo* Handtuch, *dipannatojo* Haspel, *filatojo* Spinnrad, *fenditojo* Pfropfmesser, *forbitojo* Wischtuch, *frantojo* Ölpresse, *accecatojo* Metallbohrer, *accenditojo* Zündstock, *acchiappatojo* Fallstrick, *attingitojo* Schöpfeimer, *calzatojo* Schuhanzieher. Auch *abbeveratojo* und *beccatojo* Sauftrog, *mangiatojo* Krippe kann man hier nennen, ob sie auch fast eher als Ortsbezeichnungen zu fassen sind. Sie zeigen uns übrigens sehr schön, wie eng die Kategorie des Werkzeuges und des Ortes sich berühren, wie das Werkzeug, mit welchem etwas ausgeführt wird, das Mittel und dann den Ort bezeichnen kann, wo die Handlung stattfindet. In die Kategorie der Ortsbezeichnungen gehören *ammazzatojo* Schlachthaus, *imbiancatojo* Bleiche, *ballatojo* Gallerie, *abbo-*

ccatojo Mündung, *appajatojo* Taubenschlag, *feritojo* Schiessscharte, während *appoggiatojo* Lehne und *piovitojo* wieder in der Mitte stehen zwischen beiden Klassen. Dann *piombatojo* Wurfloch, *cacatojo* Abtritt, *corridojo* Flur, das scherzhafte *dimenticatojo* Ort der Vergessenheit, *ficcatojo* Schlammloch, *macinatojo* Ölmühle, *passeggiatojo* Spazierweg u. s. w. — Meist tritt, wie dies sich aus den Beispielen ergiebt, das Suffix an den Verbalstamm [1]), nur wenige vom starken Partizip aus gebildete haben sich aus lateinischer Zeit erhalten, wie *fattojo* Ölpresse, *orsojo* Aufzug zu *ordire*, *cottoja* Siedepfanne, vgl. das gleichbedeutende ven. *fersora*, *cisoje* Scheere, *pastoje* Spannriemen u. a. Was das Geschlecht betrifft, so findet sich neben *-tojo* auch *-toja*, oft ohne Bedeutungsunterschied, z. B. *calzatojo* und *calzatoja*, *cansatojo* und *cansatoja*, oft mit etwelcher Verschiedenheit: *nettatojo* Wischlappen aber *nettatoja* Maurermulde, *battitojo* Klöpfel und *battitoja* Klopfholz der Buchbinder, *calcatojo* Walkholz und *calcatoja* Wischkolben, *strettojo* Presse, *strettoja* Binde u. a. Da das Suffix im Lateinischen Adjektiva bildete, so kann bei den Femininen ein weibliches Substantiv zu ergänzen sein, bei *strettoja* z. B. *fascia*; bei *cottoja*: *patella* oder *scutella*: es bedürfte einer genauen bis ins Vulgärlateinische hinaufreichenden Geschichte jedes einzelnen Wortes, um den jedesmaligen Grund zu finden.

498. Daran mag sich *-tore* schliessen. Auf Grund einer oft eintretenden Metapher kann das Werkzeug, mit welchem eine Handlung ausgeführt wird, als der Träger oder als der Ausführende, also persönlich gedacht werden, und so können mit den Suffixen, die eigentlich lebenden Personen zukommen, auch Sachbezeichnungen geschaffen werden. So finden wir neben *battitojo* auch *battitore*, ferner *calcatore*, *foratore*, *follatore* u. s. w. § 485. Dasselbe gilt von *-ino*, vgl. *frullino* Quirl, *abbruschino* und *tostino* Kaffeemaschine, *abbaino* Dachfenster, *badino* Geländer, *distendino* Spannstock, *profumino* Räucherbecken, *gabellino* Steueramt, *comunichino* Abendmahltuch, *grattino* Kratzeisen, *grappino* Feuerhaken, *gradino* Meissel. Allein ganz sicher ist die Sache hier nicht mehr, da *-inus* ursprünglich adjektivisch ist, also ein substantivirtes Neutrum, oder aber, da es auch verkleinernd ist, Diminutiva vorliegen könnten, wie z. B. *chiusino* Deckel doch nur von *chiuso*, nicht von *chiudere* stammen kann. Bei *soffione* Blasebalg, *frugone* Stöckchen zum Durchsuchen, *frullone*

---

1. Unter Verbalstamm ist im Folgenden der Stamm zu verstehen, wie er nach Ablösung des Infinitiv *-re* erscheint, nur dass das *c* der II. Konj. nach § 123 als *i* erscheint.

Mehlkasten wird man mit grösserer Sicherheit das Suffix -*one* von § 488 wiedererkennen.

499. Ziemlich zahlreich sind die Bildungen auf -*olo* und -*uolo*, vgl. *trappola* die Falle, *segolo* die Hippe, *aratolo* der Pflug, *girandola* das Feuerrad, *aspergolo* Weihwedel, *pungolo* Dolch, *intingolo* Tunke, *manitengolo* Griff u. s. w., ferner mit dem Infix -*agn*- die beiden gleichbedeutenden *attaccagnolo* und *abbricagnolo* Haken. Dann *acciajuolo* Feuerstahl, *beviruolo* Trinknapf, *potajuolo* Baummesser, *crogiuolo* Kochtiegel, *pennajuolo* Federbüchse, *bracciajuolo* Armschiene, *pesciajuolo* Fischschüssel, *moscajuolo* Fliegenschrank, *gattajuola* Katzenloch, *manajuola* Reisbündel, *pestaruola* Wiegemesser, *bagneruola* Badewanne, diese also fast ausnahmslos mit -*aj*- an den Stamm geknüpft, d. h. eigentlich Wörter auf -*ajo*, um -*uolo* erweitert. Allen diesen Bildungen auf -*olo* und -*uolo* ist der Begriff des Werkzeuges und Ortes gemein, dagegen sind sie ihrem Ursprunge nach sehr verschiedenartig. Während z. B. *segolo* alt ist, hat *aratolo* erst auf Umwegen sein Suffix -*olo* bekommen. In *aratro* waren die zwei *r* störend, infolge dessen das zweite entweder einfach abgeworfen wurde, *arato*, oder sich in *l* wandelte, womit die Entwicklung eines *o* vor dem *l* verbunden war. In *trampoli*, *zipolo* dürfte das Suffix schon dem Germanischen, woher diese Wörter stammen, angehört haben. In *girand-ola* hat -*ola* ursprünglich ohne Zweifel Diminutivbedeutung, ebenso in *acciajuolo*; desgleichen mag in *pennajuolo* die Bedeutung des Behälters ursprünglich in -*ajo* gelegen, sich dann aber später auf das im Grunde verkleinernde -*uolo* verschoben haben. So kamen verschiedene Momente dazu, -*olo* und -*uolo* allmählich einen Sinn zu geben, der ihnen von Haus aus ganz oder fast ganz fremd ist.

500. Sehr beliebt im Lateinischen, aber heute durchaus erstarrt, zur Bezeichnung des Werkzeugs ist -*clum*, ital. -*cchio* oder -*glio* (§ 242), im Italienischen auch bei Verben der II. und III. Konj. mit dem Vokal *a*: *spauracchio*, *spaventacchio*, *presacchio* Stiel, *batacchio* Prügel, *battaglio* Glockenschwengel, *fermaglio* Schloss, *fibbiaglio* Schliesshaken, *miraglio* Spiegel, wohl ein Lehnwort aus dem Provenzalischen, *sonaglio* Schelle, *spiraglio* Mauerspalte, *ventaglio* Fächer, das wohl auch erst aus dem Französischen stammt. Der Wörter sind wenige und sie reduziren sich im Grunde noch mehr dadurch, dass mehrfach je zwei zusammengehören, *spaventacchio* und *spauracchio*, *fermaglio* und *fibbiaglio* u. s. w., wo also das eine das andere hervorgerufen haben kann, ohne dass daraus wirkliche Produktionsfähigkeit hervorginge, vgl. § 532.

501. Während in den bisher betrachteten Suffixen der Begriff des Ortes der seltenere, der des Werkzeuges der gewöhnlichere war, kehrt sich das Verhältniss um bei *-ajo*, *-aja*. Zwar haben wir auch hier noch z. B. *mannaja* das Beil, doch liegen die Verhältnisse hier insofern etwas eigenartig, als der Zusammenhang mit dem Grundwort *mano* vollständig vergessen ist. Weitaus die meisten Beispiele bezeichnen den Ort, wo sich etwas befindet, daher Behältniss, Stall, Pflanzung u. s. w. Die Verschiedenheit zwischen *-ajo* und *-tojo* erklärt sich wie diejenige zwischen *-ajo* und *-tore* ganz einfach daraus, dass *-ajo* denominal ist. Die Konkurrenz mit *-ajo* § 486 erklärt es, dass die Femininform *-aja* unendlich viel häufiger ist als die männliche, die dem lateinischen Neutrum entsprach. Wir haben also: *abetaja* Tannengehölz, *pioppaja, cavolaja, carciofaja, poponaja, fungaja, fragolaja, fienaja* Heuboden, *prugnolaja, piantonaja* Baumschule, *pisellaja* u. s. w., *capraja* Ziegenstall, *anguillaja* Aalteich, *colombaja* Taubenhaus, *gallinaja, granocchiaja* Sumpf, *cornacchiaja* eigentlich wohl Krähennest, Krähenschaar, dann aber übertragen Geschwätz, *fagianaja, puledraja, sorciaja* Mäusenest u. s. w.; *farinajo* Mehlkasten, *ghiacciaja* Eiskeller, *carbonaja* Kohlenkammer, *caciajo* Käsekammer, *occhiaja* Augenhöhle, *orciaja* Aufbewahrungsort für Ölkrüge, *ovaja* Eierstock u. s. w. Daraus entwickelt sich dann leicht die Kollektivbedeutung § 506.

502. Etymologisch identisch mit *-aja* ist *-iera*, stammt aber wie *-iere* § 487 aus Frankreich. Die beiden Suffixe berühren sich daher auch in der Bedeutung, doch besteht die Hauptfunktion von *-iera* darin, Gefässe, Kleidungsstücke, Schutzwaffen anzugeben, mit andern Worten, künstlich hergestellte Kulturbegriffe, die zum Theil wenigstens wohl erst aus Frankreich herübergekommen sind, wie *confettiera, caffetiera, insalatiera, pettiniera* Kammtasche, *profumiera, forchettiera* Gabelfutteral, *fruttiera* Fruchtschale, *salsiera, saliera, senapiera, aranciera* u. s. w.; *balestriera, bigattiera, pettiera* Brustpanzer, *panciera, cervelliera* Sturmhaube, *gambiera* Beinharnisch, *schiniera* u. s. w., *argentiera* Silbermine, *allumiera*. Interessant sind namentlich *uccellaja* der Vogelherd neben *uccelliera* Vogelhaus. Hierher gehört auch *bubboliera*, eigentlich Glockenträger, Halsband mit Glöckchen. Auffällig ist *neviera* Schneegrube, wo man eher *nevaja* erwartet. Der kollektive Sinn, der sich bei *-aja* oft einstellt, scheint bei *-iera* völlig zu fehlen, da z. B. *femminiera* Weibergesellschaft zunächst Weiberzimmer bedeutet.

503. Lokal mit fast ausschliesslicher Beschränkung auf das Pflanzenreich ist *-eto*, *-eta*, beide Formen ohne Unterschied. Die Bildungen sind zahlreich, aber haben leicht einen litterarischen Beigeschmack, während *-aia* § 501 mehr volksthümlich ist. *Arboreto, -a, agrumeto, canneto, carpineto, corileto, cupresseto. ficeto, elceto*

und *lecceto, giuncheto, giglieto, ginepreto, noceto, paglieto, palmeto, scopeto, vincheto*. Beachtenswerth ist *forteto* Gestrüpp, wo also die spezielle Beziehung, die *forte* in diesem Falle hat, durch das Suffix ausgedrückt wird. — Nicht von Pflanzennamen sind gebildet: *ghiareto, greto, grasceta, macereto, fontaneto, pantaneto*, endlich *donneto*.

504. *Ile* bezeichnet den Stall von Thieren, vgl. *canile, bovile, caprile, porcile, moschile*, nebst dem allgemeinen Begriff *covile*; seltener verbindet es sich mit Sachnamen: *fenile, campanile, carbonile, vanghile*, deren letzteres um so auffälliger ist, als es in seiner Bedeutung »Schaufelstütze« sich ganz entfernt von den übrigen, ähnlich wie *badile* aus *batillum* und *barile*, wenn es von *barra* abgeleitet ist.

505. Mit *-ile* verwandt scheint *-ale*, sofern es ebenfalls eine umhüllende Decke angiebt, mit dem Unterschiede jedoch, dass es sich nur mit Bezeichnungen von Körpertheilen verbindet, vgl. *bracciale* Armschiene, *ditale* Fingerhut, *dossale* Rücklehne, *frontale* Stirnband, *gambale* Beinschiene, *guanciale* Kopfkissen, *pettorale* Brustriemen, *schienale* Rücklehne.

506. Kollektiva werden gebildet mit dem schon § 501 besprochenen Suffix *-aja*, vgl. *fanciullaja* Kinderschaar, *civaja* Hülsenfrüchte, *ladronaja* Diebsbande, *nevaja* Schneesturm gebraucht Giuliani Delizie I 304, *mazzocchiaja* Menge Büschel, *fangaja* Schmutz, *steppaja* Busch von Schösslingen, *giogaja* Bergkette. Die Bedeutungsvermittlung mit *-aja* § 501 geben *concimaja* Düngergrube, Düngerhaufen, und ähnliche Ausdrücke, in welchen nicht überhaupt der Ort, wo sich ein Gegenstand findet, sondern wo er sich in Masse findet, angegeben wird. Hierher gehört auch *cagnaja* Hundegebell, *spronaja* Spornstich, *ruotaja* Geleise u. s. w.

507. Während bei *-aja* einfach die Masse, die Schaar in Betracht kommt, verbindet sich mit *-aglia* der Nebenbegriff des ungeordneten, daher die Wörter auf *-aglia* leicht einen tadelnden Beigeschmack haben, vgl. *anticaglia* alter Plunder, *bestiaglia* Vieh. *birraglia* und *berrovaglia* Häscherschaar, *bruciaglia* Holzabfälle, *brutaglia* Gesindel, *bruzzaglia* Pöbel, *canaglia, ciurmaglia, ferraglia* altes Eisen, *frattaglia* Gekröse, *filosofaglia, ladronaglia, soldataglia, ribaldaglia* u. s. w. Nur die Menge ist ausgedrückt in *frataglia* Schaar von Mönchen, *giovanaglia, granaglia, nuvolaglia* dichtes Gewölk, *ortaglia* Küchengewächse, *siepaglia* dichtes Gebüsch u. s. w. Bemerkenswerth sind hier noch *brucamaglia* Gewürm von *bruco* und *razzamaglia* von *razza*, wo *-aglia* an das ebenfalls kollektive *-ame* tritt. Zuweilen berührt sich *-aglia* mit Abstrakten, vgl. *muciduglia* Schleimigkeit, *moccicaglia* schleimige Substanz, doch ist auch hier der Kollektivbegriff noch offenkundig. Und nicht weniger, wenn das Suffix an Verba tritt: *incominciaglia*, *avvisaglia* das Treffen, *divinaglia* Wahrsagerei u. s. w.

508. Sodann ist *-ame* mit seinen Varianten *-ume* und *-ime* zu nennen. *Ame* ist rein kollektiv, es giebt eine Menge an ohne den tadelnden Nebenbegriff, den *-aglia* enthält, vgl. *bestiame* Vieh, *corame* Lederwaaren, *funame* Tauwerk, *ferrame* Eisenwaaren, *ossame* Gebein, *midollame* Mark, *mattoname* Gebröckel von Ziegelsteinen, *nastrame* Bänder, *nipotame* Enkelschaar, *nuvolame* Gewölke, *mollame* die fleischigen Theile des Körpers, *ottoname* Messinggeschirr, *pecorame*, *pelame* Haar, Haarfarbe, *pellame* Felle, *pellicciame* Pelzwerk, *pollame*, *pietrame*, *pezzame* Flickwerk, *porchettame*, *pruname*, *ciarpame*. *corbame* Schiffsgerippe, *vasellame*, *putridame*, *minutame*, *minuzzame*, deren drei letztere, von Adjektiven abgeleitet, sich den Adjektivabstrakten nähern. Seltener sind Ableitungen von Verben, vgl. *cascame* Abfall, Brosamen, *gettame* Wegwurf, Abfall. *brulicame* Ameisenhaufen, eigentlich Gewimmel, *mescolame* Gemisch, *serrame* Schloss, Kasse, alle, vielleicht das letzte ausgenommen, wieder im Grunde Kollektiva, nicht Verbalabstrakta. Pejorativen Sinn hat *marame* von *mare* angenommen, das Auswurf des Meeres, Brachgut, auch Gaunerei bedeutet. Reines Verbalabstraktum scheint *macellame* zu sein. Noch mag hier *mosciama* gesalzener Meerfisch erwähnt werden, das nach Ausweis der Bedeutung und des Geschlechts (§ 328) aus dem Süden stammt. *Presame* Lab von *presso* scheint auch hierher zu gehören.

509. Weit seltener ist *-ime*. Wir haben einmal *concime*, *governime*, *grassime* und *marcime*, die alle Dünger bezeichnen und offenbar der gleichen Bedeutung wegen das gleiche Suffix haben, doch ist schwer zu sagen, von wo *-ime* ausgegangen ist, da man das nach Ausweis des $i = $ lat. $\bar{i}$ nicht volksthümliche *fime* nicht wohl wird verantwortlich machen können. Sodann schliesst sich an diese *fondime* Hefe, Bodensatz und *lettime* Streu an. Wiederum hängen *mangime* Futter für die Hausthiere, *pastime* Weide, *becchime* Vogelfutter unter einander zusammen. Nehmen wir noch dazu deverbal *postime* das Umsetzen von Pflanzen, so ergiebt sich, dass *-ime* hauptsächlich der Bauernsprache angehört und man begreift, dass auch das frz. *gua-in* zu *guaime*, *allevin* zu *allevime* und *sain* zu *sa-ime* umgebildet worden sind.

510. *Ume* hat seine Stelle hauptsächlich an Adjektiven und bezeichnet dann die Gesammtheit der Dinge, die an der im Adjektiv liegenden Eigenschaft Theil haben, vgl. *acidume* in Säure Eingemachtes, *amarume*, bittere Sachen, bitterer Geschmack, *selvaggiume*

Wildpret, *tenerume* Knorpel, junger Trieb, *frittume* Gebackenes, *vanume* leeres Getreide. Auch mit Substantiven verbindet es sich : *acetume* in Essig Eingemachtes, *salume* neben *salame* Pökelfleisch, *pastume* Mehlspeise, *biadume* Getreide, *pagliume* Strohhaufen, *ciarpume*, *pattume*, *pacciume* neben *pacciame*, alle in der Bedeutung Dünger. Auch hier also handelt es sich hauptsächlich um Ausdrücke der Landwirthschaft und der Küche, als deren Prototyp sich leicht *legumen* darbietet. Mitunter artet -*ume* auch zu pejorativer Bedeutung aus : *pecorume* Schweineschaar, Schweinerei, *bagagliume* Gepäck, *mendicume*, *cianume* Bettelei, *cenciume* (und *cenciame*) Plunder, *cianciume* Geschwätz, *pettegolume*, *militarume* Militärdienst. Nicht selten endlich bildet es Adjektivabstrakta, vgl. § 511. Nicht klar sind *cocchiume* Spund und *pannume* Häutchen des Eis.

511. Abstrakte Substantiva werden von Adjektiven und von Verben gebildet, jene um eine Eigenschaft, diese um eine Handlung auszudrücken. Mit dem Abstraktum berührt sich das Kollektivum, sofern es Abstand nimmt von der Begrenzung in der Zahl und die Gesammtheit aller gleichgearteten Wesen umfasst. Daher zeigt sich auch in den Suffixen ein Herübergleiten aus einer Kategorie in die andere. Zur Bildung von Adjektivabstrakten besitzt das Italienische vom Lateinischen her zunächst das Suffix -*tà*, lat. -*tat*, -*tatis*. Sodann -*ezza*, -*igia* aus -*itia* (vgl. § 247). Dazu gesellen sich -*ore*, im Lateinischen zu Adjektiven auf -*idus* gehörig: *frigor*, *frigidus*; -*ura*, das erst im Romanischen aus dem Verbalabstrakta bildenden -*tura* (§ 522) abstrahirt wird; das ursprünglich griechische *ia*; endlich -*aggine*, das aber verhältnissmässig stark eingeschränkt ist. Was das gegenseitige Verhältniss dieser verschiedenen Suffixe zu einander betrifft, so ist eine scharfe Grenze nicht immer zu ziehen, doch kann man als allgemeine Regel aufstellen. dass -*ezza*, -*ia* und -*aggine* heute noch lebenskräftig, produktiv, -*ore*, -*ura* und -*tà* dagegen erstarrt sind. Von den Kollektivsuffixen, die mitunter auch Adjektivabstrakta bilden, kommt nur -*ume* in Betracht, vgl. *pallidume*, *largume*, *mollume*, *nerume*, *nobilume*, *pettegolume*, *putridume*, *sozzume*, *laidume*. die alle zwischen Kollektiv- und Abstraktbegriff stehen. So ist z. B. *nerume* gleichbedeutend mit *nerezza*, und *putridume* nebst *putridame* unterscheiden sich kaum von *putridore*, wobei übrigens zu bemerken ist, dass auch *putridore* kollektiv sein, also Moder bedeuten kann.

512. Von den eigentlich Abstrakte bildenden ist wie gesagt -*ezza* das bei weitem lebenskräftigste Suffix. es tritt fast ohne Beschränkung ein : *amarezza*, *bellezza*, *gentilezza*, *ricchezza*, *grandezza*, *tenerezza*, *sottilezza*, -*evolezza*, *afrezza*, *acconcezza*, *accor*-

tezza, accuratezza, acerbezza, acutezza, adornezza, affettatezza, fervidezza, ferventezza, vaghezza, politezza, fioritezza und zahllose andere. Merkwürdig seiner Bildung nach ist das aus dem Ottimo commento della divina commedia zitirte *fervezza*, das, wenn es nicht etwa einfach in *fervenza* zu corrigiren ist, wohl nur als Vermischung von *fervore* und *fervidezza* aufgefasst werden kann. . Für . sich steht *popolezza* niedrige Abstammung, also eine Ableitung von einem Substantiv.

513. An -*ezza* schliesst sich gleich -*igia* und -*izia* an. Jenes ist in alter Zeit und heute seltener, vgl. etwa *franchigia, guarentigia, comandigia*, die HORNING, Lateinisch C. S. 126 aus den Seneser Statuten belegt, *cupidigia, contigia* bei CAIX, Origini 250, ferner *grandigia, alterigia* Stolz, *codardigia, gentiligia*. Man wird kaum fehl gehen mit CAIX und HORNING in dem -*igia* Entlehnung aus frz. -*ise* zu sehen. Bemerkenswerth ist namentlich *alterigia*, wo das fremde Suffix sich mit dem fremden *altiero* verbunden hat. Ganz verschieden davon ist *carbonigia* Kohlenstaub, das an *cinigia* angelehnt ist. *Izia* ist die schriftwörtliche, lateinische Form, die auf Schriftwörter beschränkt ist, vgl. *ararizia, giustizia, pigrizia, letizia* u. s. w. Bemerkenswerth sind die Doppelformen *giustezza* Richtigkeit : *giustizia* Gerechtigkeit in Hinsicht auf die Bedeutung, *letizia* und *lietezza* in Bezug auf den Vokal des Stammes : *letizia* ist reiner Latinismus (man müsste *lidezza* erwarten), *lietezza* Neubildung mittelst -*ezza* von *lieto* aus.

514. *Tà* oder -*tade* (§ 206) ist dagegen ziemlich erstarrt. Es findet sich zunächst bei den Adjektiven auf -*ale*, -*ele*, -*ile* : *lealtà, fedeltà, crudeltà, civiltà, viltà, abiltà, accessibiltà, accidentalità, nobiltà*, ferner *bontà, beltà, libertà, sanità, santità, acerbità* und in einigen andern, die jedoch meist gelehrtes Aussehen und andere Bildungen neben sich haben, wie *vanità* und *vanezza, cecità* und *cechezza*. Auch *beltà* mit den Nebenformen *bieltà, biltà* CAIX, Orig. S. 67 scheint in der alten Dichtersprache hauptsächlich durch das prov. *beltat*, afr. *bialté* gehalten und dann in der Litterärsprache fortgeführt zu sein, wogegen die wirklich italienische Bildung *bellezza* ist. Sonst ist -*tà* fast nur bei gelehrten Adjektiven gebräuchlich, daher -*abiltà* aber -*evolezza, piacibiltà* aber *piacevolezza*, ferner ausser den oben genannten *acerbità, affinità, agilità, avidità, assiduità, mendicità* und -*chità, atrocità, pighertà, acidità, asinità* neben gewöhnlicherem *asinaggine, povertà* neben *poverezza*, und stets -*osità* : *acquosità, acetosità*, obschon das Suffix -*oso* durchaus volksthümlich ist. In *metà* ist in Folge der Veränderungen der Laute der Zusammenhang mit *mezzo* verloren gegangen.

515. Auch -*ore* und -*ura* sind kaum mehr lebenskräftig. Schon aus dem Lateinischen lagen vor *albore* Morgendämmerung, *chiarore* Glanz, *olore, ardore, pudore, onore, fragore, pallore, fervore* u. a., die aber zum Theil ihre abstrakte Natur, zum Mindesten ihre Beziehung zu Adjektiven, längst eingebüsst hatten. Sollte -*ore* lebenskräftig bleiben, so musste es vor allem an Adjektivstämme treten können, da ein Verhältniss wie *frigid-us* : *frig-or* dem vulgärlateinisch-romanischen Sprachgefühl widerstrebt. Dieser Schritt ist denn auch frühzeitig geschehen und so haben wir *afrore, alidore, asciuttore, malore*, alt *negrore, mollore, follore, fellore, amarore, fortore, buiore, grandore, gelore, gravore, riccore, tristore, verdore* und manche andere, CAIX, Origini 249; heute noch *chiarore, biancore, buiore* und einige andere. Da häufig neben diesen Substantiven transitive und intransitive Verba standen, so wird -*ore* auch ohne Vermittlung eines Adjektivs direkt an den Verbalstamm gefügt, nach *calore* bildet man *bruciore* und *cuociore*, ferner *frizzore* zu *frizzare* nach *freddore, bollore* nach *fervore, abbagliore* und *bagliore* nach *chiarore*, und nach *abbagliore* auch *fallore*. Die Ausdrücke für Hitze rufen dann noch *fiammore* herbei. Deverbal ist noch *crepore, increpore*, und *forzore* neben *fortore* hat mindestens sein *z* von *forzare* oder von *forza* bezogen. Etwas häufiger als -*ore* ist -*ura*. Den Ausgangspunkt bilden Partizipien, die zu Adjektiven geworden sind: *strictus, strictura* zu *stringere* gehen als *stretto, strettura* ins Italienische hinüber. Dann wird *stretto* Adjektivum, als Partizip tritt *strinto* ein, s. § 474, und entsprechend wird *strettura* nun nicht mehr zum Verbum *stringere*, sondern zum Adjektivum *stretto* bezogen, -*ura* nicht -*tura* wird als Suffix gefasst und Adjektiva, nicht Verba Weiterbildungen zu Grunde gelegt. So haben wir nun zunächst *largura*, dann *altura, bassura, longura, pianura*, wonach *vallura* und veraltet *fondura, pesantura, verdura, giallura, frescura, freddura, caldura, sozzura, bruttura, puzzura, rancura, lindura*. auch *fortura* bei Jac. Todi. Wie man sieht, handelt es sich fast ausschliesslich um Bildungen vor Adjektiven, die eine körperliche Eigenschaft ausdrücken, während Fälle wie *bravura* seltener sind. *Dirittura* wird als unmittelbarer Fortsetzer von lat. *directura* zu fassen sein. Von besonders eigenthümlichen Fällen führe ich noch an *frondura*, eine Anbildung an *verdura*, dann *brividura* von dem Substantiv *brividi*, erklärt als »accesso di brividi«, im Gegensatz zu *brividore* : »stato di chi è preso da brivido«. — Das Nebeneinander zahlreicher Adjektivabstrakta auf -*ore* und -*ura* lässt dann -*ura* auch in solchen Fällen erscheinen, wo kein Adjektum vorliegt, vgl. *calura* im XIV. Jahrh. ganz gebräuchlich, neben *calore. fallura* und *fallore, langura* und *languore*, *prudura* und *prudore*, *puntura* und *puntore*. Was das gegenseitige Verhältniss von -*ore* und -*ura* betrifft, so scheint -*ura* ächter italienisch zu sein, aber allerdings sich ursprünglich wie gesagt auf körperliche Adjektiva zu beschränken, wogegen -*ore* seine Beliebtheit in älterer Zeit mehr einem französisch-provenzalischen Einfluss verdankt, wie denn z. B. die alten *dolzore* und *lausore* ihre Herkunft aus dem Provenzalischen auf der Stirne tragen. Auch die heutige toskanische Umgangssprache dürfte nicht zuviel dieser Abstrakta auf -*ore* bewahrt haben.

516. Die reichste Bedeutungsentwicklung weist -*ia* auf. Es verbindet sich zunächst gleich -*ezza* mit Adjektiven: *allegria*, *cortesia*, *pazzia*, *malia*, *gelosia*, *falsia*, *codardia*, *insania*, *bramosia* und einige wenige andere. Die Hauptstellung hat -*ia* vielmehr an Adjektiven und Substantiven auf -*ajo* aus -*arius*. Die beiden *i* verschmelzen und -*aria* wird gemäss § 129 zu -*eria*. Da nun die Wörter auf -*ajo* hauptsächlich handelnde Personen bezeichnen, so giebt -*ia* entsprechend nicht sowohl die abstrakte Idee des Wesens einer Person an, sondern die mehr konkrete eines Zustandes, oder eines Standes, einer Beschäftigung und tritt in diesem Sinne auch an andere Adjektiva und persönliche Substantiva, vgl. *assessoria* Amt eines Assessors, *borghesia* Bürgerstand, *cappellania*, *castellania*, *cavalleria*, *baronia*, *signoria*, *maestria*, *cantoria* u. s. w. Es kann nun weiter mit Rücksicht auf den Thätigkeitsbegriff, der in -*ajo* liegt, -*eria* nicht sowohl den Stand bezeichnen, sondern vielmehr den Ort, wo die Thätigkeit ausgeführt wird, bezw. wo die von ihr betroffenen Gegenstände sich befinden, aufbewahrt werden, und schliesslich wird es rein kollektiv, vgl. *argenteria* Silbergeschirr. Indem nun *argenteria* direkt zu *argento* bezogen und das ursprünglich dazwischen liegende *argentajo* übersprungen wird, kann -*eria* als Suffix gefasst werden und in kollektivem Sinne an beliebige Substantiva treten: *prateria*. Oder es wird in einem Falle wie *prederia* Räuberei von *preda* -*eria* direkt zum Verbum bezogen und so kann zu *fondere* ein Subst. *fonderia* die Giesserei treten. Im Weitern entwickelt sich aus der Kollektivbedeutung die pejorative, vgl. § 507, da wieder bei -*eria* mehr die Idee der grossen, ungeordneten Masse als die rein abstrakte der Menge vorherrscht, und in diesem Sinne tritt es nun wieder zu Adjektiven und Substantiven in tadelnder Bedeutung und berührt sich so mit -*aggine*. So haben wir also lokal: *albergheria* Herberge, *alloggeria*, *barberia* Barbierstube, *calzoleria*, *ferreria*, *libreria* Bibliothek, *armeria*, *pescheria* Fischerei, Fischfang, *fattoria* Faktorei, *sartoria* Schneiderwerkstatt. Daran schliessen sich *arazzeria* Wirkerei, *biancheria* Wäsche, und ebenso rein kollektiv *braccheria*

[§ 516. 517.] Substantivbildung.

Koppel, *cenceria* Haufen Lumpen, *archibuseria* Menge Schüsse, und sogar mit einfachem *-ia*: *abetia* das Tannengehölz. Hieran mag sich noch schliessen *armeggeria* Turnier, *batteria*, *bifolcheria* Ackerwirthschaft, *malfattoria* Zauberei. Vor allem aber ist *-eria* für pejorative Adjektivabstrakta beliebt. Interessant ist *baronia* Stand eines Barons neben *baroneria* Schurkenstreich. Sonst also: *grulleria* Dummheit, *besseria* Thorheit, *ribalderia* Schlechtigkeit, *birbanteria*, *balorderia*, *astruseria*, *allocheria*, *bambineria* und *bamboneria*, *baratteria*, das direkt von *barattiere* gebildet sein kann, *braveria* Prahlerei neben *bravezza* Tüchtigkeit, *bricconeria*, *furberia*, *ghiotteria* und *ghiottornia* aus *ghiottoneria*, ebenso *leccornia* aus *lecconeria*, *ciarleria* (vgl. *ciarliere*), *castroneria* Dummheit, *caponeria* Eigensinn, *cacchioneria* Launenhaftigkeit, *bareria* Betrügerei, *bindoleria*, *cinguetteria* Geschwätz (vgl. *cinguettiera*), *asineria*, *animaleria*, *bizzarria*, wohl statt *bizarreria*, *gemiteria* (Seufzerei), *angheria* Quälerei von *angore*, *petrarcheria*, *capestreria* Ausschweifung, *fiorentineria*: »modo dei fiorentini male adoperato«.

517. Mit dieser letzten Bedeutung von *-eria* berührt sich diejenige von *-aggine*, das nur dann gebraucht wird, wenn körperliche oder geistige Gebrechen bezeichnet werden sollen, namentlich geistige. Es verbindet sich aber in diesem Falle nicht nur mit Adjektiven, sondern namentlich auch mit Thiernamen, die als Schimpfworte dienen. Also *balordaggine*, *fiocaggine*, *goffaggine*, *baloccaggine*, *avventataggine*, *astrusaggine*, *astrattaggine*, *odiosaggine*, *piccosaggine*, *lungaggine* Weitläufigkeit, *storditaggine*, *neghittaggine*, *tristaggine*, *mendicaggine*, dann also *asinaggine*, *buaggine*, *capponaggine*, *mulaggine*, *castronaggine*, *pecoraggine*; ferner *fanciullaggine*, *bambinaggine*, *buffonaggine*, *cervellinaggine*, auch *dottoraggine*; *dabbenaggine*, *dappocaggine*, *fintaggine*, *bastardaggine*, *fisicaggine*, *cervellaggine* u. s. w. Zuweilen scheint *-aggine* auch deverbal zu sein, vgl. *abbagliaggine*, *asciugaggine* Trockenheit, Gluth, *seccaggine*. *affogaggine*, *cascaggine* Hinfälligkeit, *dimenticaggine*, *disperaggine*, *divoraggine*, doch mögen die verkürzten Partizipien § 407 die Vermittlung bilden oder doch wenigstens den Anstoss gegeben haben. Noch bleibt der Bedeutung wegen *cornaggine* Eigensinn zu nennen, der Form wegen *bietolaggine* zu *bietolone*, wo das Suffix also an den Stamm, nicht an das individualisirende und eigentlich erst die Beziehung zur Person ausdrückende *-one* tritt. Was den Ursprung von *-aggine* betrifft, so wird man ihn in dem schon im Lateinischen und dann auch im Italienischen Krankheiten bezeichnenden Suffix *-ago* § 533 zu suchen haben. Man beachte namentlich Wörter wie *cecaggine* Blindheit, die gewissermaassen zwischen beiden Klassen stehen. Eine merkwürdige und im Grunde kaum berechtigte Bildung ist *cinquennaggine*, das die Crusca aus Davanzati anführt als »forma avvilitiva per spazio di cinque anni«.

518. Endlich mag hier noch *-ismo* sich anschliessen, das ähnlich wie *-ista* § 492 auf schriftlichem Wege aus dem Griechischen ins Romanische gelangt ist und nur in höhern, gebildeten Kreisen Verbreitung hat. Die volksthümliche Form von *-ismo* wäre *-esimo*, vgl. *gentilesimo* und *paganesimo*, *christianesimo*, die alle unter einander zusammenhängen und ihrer Bedeutung nach am ehesten noch auf Volksthümlichkeit Anspruch machen können. Sonst also *fiorentinismo*, *petrarchismo*, *gallicismo*, *germanismo* und zahlreiche andere meist auch dem Deutschen bekannte. Das Suffix giebt eine Ähnlichkeit an mit dem Primitiv, die aus einer bewussten Nachahmung auf geistigem Gebiete beruht. Es ist durchaus lobend, daher der Gegensatz zwischen *fiorentinismo* und *fiorentineria* in § 516 sehr lehrreich ist.

519. Auch zur Bildung von Verbalabstrakten besitzt die Sprache mehrere Suffixe: *-tura*, bezw. *-sura*, *-agione*, *-anza*, *-mento*, *-ata*. Dazu kommt noch die grosse Masse der Postverbalia und einige nur selten in diesem Sinne gebrauchte Endungen. Mehr vielleicht als bei den Adjektivabstrakten geht bei den verbalen der ursprüngliche Sinn verloren und findet ein Übertritt ins konkrete Gebiet statt, ein Übertritt, der freilich nicht bestimmten Gesetzen unterliegt, sondern in jedem einzelnen Falle seine besonderen Gründe hat, welchem nachzugehen die Aufgabe der Bedeutungslehre im Allgemeinen, nicht der Suffixlehre im Speziellen zukommt. Es kann daher, von besonders interessanten Fällen abgesehen, im Folgenden davon Abstand genommen werden. Vergleichen wir die oben genannten Endungen mit den lateinischen, so bemerkt man zunächst, dass die Bildungen auf *-us*, *-ūs* fehlen. An ihre Stelle sind die Postverbalia getreten. Bei sehr vielen Verben nämlich stand neben dem Abstraktum auf *-tus* ein abgeleitetes Verbum auf *-tare*: *canere* : *cantus* : *cantare*. Da nun die Sprache im Ganzen die abgeleiteten Verba den einfachen vorzog, nicht aber ohne weiteres von den abgeleiteten wieder Abstrakta auf *-tus* bildete, so trat *cantus* in direkte Beziehung zu *cantare* und nach dem Vorbild dieser und vieler anderer ähnlicher Paare werden schon im Vulgärlateinischen von Verben der *-a*, seltener der *e-* und *i-*Klasse männliche Verbalabstrakta gebildet. Wie ferner neben *pugnare* auch *pugna* steht, so waren weitere weibliche Verbalabstrakta möglich von abgeleiteten Verben. Man pflegt diese Substantiva Verbalsubstantiva oder besser nach dem Vorschlage von BRÉAL, Postverbalia zu nennen.

520. *Agione, -igione*, die lautgesetzlichen Vertreter von *-atione*. *-itione* (§ 249), sind in älterer Zeit ziemlich beliebt, heute aber nur mehr erstarrt. Vgl. *accommodagione, accomunagione, acquagione, cacciagione, fortificagione, francagione, fatagione, fidagione, fallagione, mendicagione, mancagione, marcagione, menagione, liberagione, piantagione, pensagione, perdigione, ombragione, mudagione, pigliagione, perseguitagione, pescagione* u. s. w. Man sieht an diesen, heute fast durchweg veralteten, aber im XIV. und XV. Jahrhundert gebräuchlichen Beispielen, welch starker Fruchtbarkeit sich einst das Suffix erfreut haben muss. Erwähnenswerth sind *carnagione* und *pellagione*, beide Hautfarbe bezeichnend, die ohne Vermittlung eines Verbums direkt von Substantiven gewonnen sind. Wohl seines frühen Absterbens wegen bleibt das Suffix im Ganzen in seiner Sphäre. — Die gelehrte Gestalt *-azione* ist heute bedeutend häufiger, ja sie kann wohl fast an jedes *a*-Verbum treten, namentlich wieder an schriftsprachliche, sie gehört aber doch hauptsächlich der Litteratur an und ist im Ganzen wenig volksthümlich. Vgl. *abbreviazione, aberrazione, abitazione, abominazione, abrogazione, accecazione, accettazione, acclamazione, accusazione, accumulazione, adattazione* u. s. w.

521. *Anza* bildet ursprünglich die Abstrakta zu den Partizipien präsentis. Es ist heute auch fast erstorben, hat sich aber doch, wie es scheint, in mehr Fällen erhalten als *-agione*, vgl. *speranza, abbondanza, accordanza, amanza, pesanza, prestanza, abbaglianza, accostumanza, abominanza, abitanza, adunanza, allegranza, ontanza, festinanza, fallanza, permutanza, fervenza, aborrenza, accoglienza, accrescenza, fetenza*. Mitunter greift *-anza* über *-enza* hinüber, vgl. *possanza*, während *fallanza* zu *fallare*, *fidanza* zu *fidare* gehört neben *fidenza* zu *fidere*. Noch bleibt *frondescenza* Zeit des Belaubens und *acescenza* Neigung zum Sauerwerden, *opalescenza* Opalglanz und das alte *offesanza*, das wohl zu *offesa* gebildet ist nach dem Muster von *onta* : *ontanza*, *possa* : *possanza* und ähnlichen. Gemeinsam diesen Wörtern ist eine starke Neigung zum Konkreten, vgl. *abitanza*, Wohnung. *abbondanza* der Überfluss, *accoglienza* Empfang, Aufnahme u. s. w., und dies beweist mit, dass das Suffix nicht mehr lebenskräftig ist, dass die wenigen ihm noch zukommenden Bildungen nach und nach in einen anderen Begriffskreis hinübergleiten.

522. Sodann ist *-tura* zu nennen, das auch als *-sura* erscheint bei den Verben mit *s*-Partizip. Bei Verben der II. Konj. wird der Verbalstamm zu Grunde gelegt, vgl. *dicitura*, *tessitura* neben älterem *testura*, *cocitura* und *cottura*, *facitura* und *fattura*. Die Zahl der erhaltenen starken Bildungen ist grösser als bei *-tore*, wohl weil die Bedeutung eine vielfältigere ist, doch ist bei *natura, coltura, misura* u. a. das Verbum verloren oder wenigstens der Zusammenhang mit demselben nicht mehr fühlbar. Sonst also haben wir *abbaiatura, abbellitura, abbigliatura, abbozzatura, abbreviatura, abbrustatura, accapigliatura* und zahlreiche andere, aus denen der besondern Bedeutungsentwicklung wegen hervorzuheben sind *ferratura* Eisenwerk, *filatura* Spinnstube, *catatura* Fundrecht (wohl ein spanisches Lehnwort), *sportatura* Trägerlohn, *nunziatura* Statthalterschaft, *abboccatura* Mündung. Ohne Vermittlung eines Verbums und in kollektivem Sinne sind gebildet: *nervatura* Nervensystem, *ossatura* Knochengerüst, *capellatura* Haar, als deren Vorbild vielleicht *armatura* gelten darf. Eine beachtenswerthe Bildung ist *premura* die Eile neben *pressura* Druck. Eigentlich erwartet man *premitura*, wenn von *premere* aus ein Abstraktum auf *-tura* gebildet werden sollte. Es ist daher *premura* wohl nicht eine eigentliche Nebenschöpfung, sondern eine Umprägung von *pressura* unter dem Einfluss von *premere*.

523. Weit fruchtbarer noch als *-tura* ist zu allen Zeiten *-mento* gewesen, vgl. *abbaiamento, abbandonamento, abbarbagliamento, abbarruffamento, abbassamento, abbattimento, abbigliamento, abboccamento, abbonamento, abbreviamento, abbruciamento, accagionamento, accapigliamento, accasamento, accattamento, accennamento, acchetamento, accostamento, accompagnamento, acconciamento, acquistamento, accordamento, accorrimento, accrescimento, acconsentimento* und zahlreiche andere, die alle meist noch die ursprüngliche Bedeutung mit leichter Neigung zum Konkreten haben. Häufig nimmt das Suffix Kollektivbedeutung an, vgl. *calzamento, ferramento, abbigliamento* Kleidung, *vestimento* Kleidung u. a.

524. Sodann also die Postverbalia. Wie schon gesagt, sind sie bald Maskulina, bald Feminina; sie stammen vorwiegend von Verben der I. Konj., doch giebt es auch Fälle aus den andern, so *voglia, tema, possa, beva, doglia, convegna, contegna, fotta*, also nur Feminina mit Ausnahme von *contegno* und *convegno* und zwar mit dem Ableitungs-*i* (§ 464). Aus der *i*-Konjugation *fallo* zu *fallire, assento* zu *assentire, basta* zu *bastire, cerna*. Im Übrigen ist schwer zu sagen, wann das eine, wann das andere Geschlecht gebraucht wird, ausserdem liegen gerade die Anfänge dieser Bildung noch in der frühesten vulgärlateinischen Zeit, also vor dem Italienischen. Eine Liste mag die Üppigkeit dieser Formationen zeigen. Feminina: *bada* Zögern, *batosta* Schlag, *beffa, boria* Stolz, *botta* Stoss, *brama* Wunsch, *buffa* Posse, *cacca, caccia* (vgl. § 248), *calca* Gedränge, *carica*, *abjura* Abschwörung, *accomanda* Aufbewahrung, *accusa* Anklage, *aita* und *aiuta* (vgl. § 412) die Hülfe, *ascolta* das Horchen, *busca* das Suchen, *bussa* Schlag, *corvetta*, ursprünglich »*l'atto del corvettare*«, später auch konkret, *cova* das Brüten, *crepa* Bruch, *bazarra* Tausch, *crocchia* der Stoss, *diffalta* Fehler, *divisa* Eintheilung, *disfida* die Herausforderung, *brilla* Aushülsungsmaschine (*brillare* reinigen, aushülsen), *cerca* Suche, *piscia*, *cerchia* der Umkreis, *chiama* Ruf, *chiappa* der Fang, *chiocca* Schlag, *concia* Gerberei, *copula* Begattung, *compra* der Kauf, *confisca* Beschlagnahme, *congiura* Beschwörung, *consegna* Zeichen, *conserva* Vorrathskammer, *pigia* das Gedränge, *protesta* Betheuerung, *provoca* Herausforderung, *pesta* Fährte, *frega* Begierde u. s. w. Daneben finden sich nun aber die Maskulina noch zahlreicher. Einmal selbst da, wo auch Feminina gebildet werden, vgl. *botto* Schlag, Hieb, Stoss, *buffo* Windstoss, *chiocco* Knall, *busso* Lärm, *concio* Vergleich, Schmuck, *pigio* Gedränge, *frego* Federstrich, Narbe, *carico* Last, *bazarro* Tausch. Betrug, *piscio* u. s. w. Aber auch sonst: *biasimo* Tadel, *belo* Blöken, *calo* das Herabsteigen, *caroggio* das Fahren, *carteggio* Briefwechsel, *corteggio* Geleit, *conteggio* Abrechnung, *pareggio* Gleichstellung, *motteggio* Spott und andere auf -*eggio* von -*eggiare* § 571; *compenso* Belohnung, *concerto* Übereinkunft, *comporto* Nachsicht, *confronto* Vergleich, *convito* Einladung, *corredo* Ausrüstung, *perdono* Verzeihung, *niego* Verweigerung, *oblio* Vergessenheit, *piglio*, *appello*, *appalto*, *affronto* Beleidigung, *agghiado*, *perseguito* Verfolgung, *aguato* Unterhalt, *accordo* Übereinkunft, *ammasso* Anhäufung, *annunzo* Ankündigung, *pregio* Schätzung, *frodo* Betrug, *innesto* Pfropfen, *innaffio* Begiessen, *divieto* Verbot, *risico* Gefahr, und zahlreiche andere, ja man kann wohl mit ziemlicher Sicherheit sagen, dass fast von jedem Verbum ein postverbales Abstraktum auf -*o*, etwas seltener auf -*a* gebildet werden kann. Abgeleitete und fremde Verba zeigen dazu grössere Neigung als Stammverba, daher die II. und III. Konjugation so wenig abgiebt. Oft werden beide Formen gebildet. So schuf man erst von *conciare* das Maskulinum *concia*. Als aber dieses die Bedeutung Dünger angenommen hatte, trat als Verbalabstraktum *concia* auf. Ober aber zu einem von einem Maskulinum gebildeten Verbum tritt ein feminines postverbales Abstraktum: *governo—governare—governa*, letzteres in der Bedeutung Viehfutter, eigentlich Fütterung u. s. w.

525. Fast ebenso beliebt wie die zwei letztgenannten ist die Bildung von Verbalabstrakten auf -*ata*, bezw. -*uta*, -*ita*, -*ta*, -*sa*, also in einer mit dem Femininum des Partizips gleichlautenden Gestalt. Die Anfänge dieser Formationen, die übrigens ins Vulgärlateinische

hinaufreichen, sind in der That zu suchen im Femininum singularis oder im Neutrum pluralis des Partizipiums präteriti, vielleicht häufiger im erstern, mit Ergänzung von *res* oder *causa*. Der Sinn ist demgemäss ursprünglich der rein passivische: *veduta* das Gesehene. Bei intransitiven Verben, denen die Idee des Passivums fehlt, giebt das Partizipium präteriti und entsprechend das Substantivum auf *-ta* die vollendete Handlung an: *venuta* »gekommen« im Sinne von »gekommen sein«. Nach einer beim Partizip auch sonst vorkommenden Zeitverschiebung kann *veduta* auch bezeichnen »das, was gesehen wird«, sofern also die Zeitidee zurücktritt vor der passivischen des Betroffenseins. Infolge einer weitern Verschiebung der Auffassung geht auch der eigentlich passivische, objektive Sinn verloren und wird durch den subjektiven, aktivischen ersetzt, *la veduta* bedeutet nicht nur die Aussicht, d. h. das, was gesehen wird, sondern auch das Gesicht, d. h. zunächst die Art, wie man sieht und schliesslich die Thätigkeit des Sehens. Dieser letzte Schritt vollzieht sich bei den intransitiven Verben viel rascher, er besteht hier lediglich darin, dass eine ursprünglich als vergangen oder als abgeschlossen bezeichnete Handlung als gegenwärtig gedacht wird: *venuta* die Ankunft. Der Umstand nun, dass dieses Suffix nicht von Anfang an bestimmt war, sondern nach einer ziemlich langen Entwicklungsreihe dazu gekommen ist, Verbalabstrakta zu bilden, erklärt es wohl, dass seine Funktionen sehr mannigfaltige sind. Vor allem dient es auch dazu, Substantivabstrakta in verschiedenem Sinne zu bilden. Zu *ferro* tritt ein Verbum *ferrare* mit Eisen beschlagen, und davon gewinnt man nun wieder *ferrata* der Eisenbeschlag. Die passive Idee herrscht also hier noch vor und sie bleibt auch, wenn *ferrata* statt zu *ferrare* direkt zu *ferro* bezogen wird: im Verhältniss zu *ferro* ist *ferrata* das vom Eisen umfasste. Unter dieser Grundidee vereinigen sich die zum Theil ziemlich auseinandergehenden Bedeutungen der Substantivabstrakta auf *-ata*. — Die Zahl der hierhergehörigen Bildungen ist wieder eine ausserordentlich grosse, sodass nur eine kleine Auswahl von Beispielen gegeben werden kann. Verbalabstrakta sind *veduta* und *vista*, *venuta*, *arrivata*, *offesa*, *fregata* Reibung, *fregiata* Verzierung, *bevuta*, *fuggita*, *gelata*, *caduta*, *andata*, *salita*, *fasciata* Umwickeln, *fermata* Aufenthalt, *fiorita* Blühtezeit, *fischiata* Gepfeife, *fiutata* Beriechen, *fonduta* Guss, *forata* Bohrung, *fracassata* Knall, *franata* Bergsturz, *frastagliata* Auszacken, *frugata* Durchstöbern u. s. w. Ein Unterschied zwischen *-ata*, *-agione*, *-amento* u. s. w. wird selten angegeben, doch ist *piantata* »la piantagione d'una volta« bemerkenswerth: der passive Sinn kommt darin noch zum Ausdruck, dass *-ata* eine einmalige Handlung, nicht die Handlung überhaupt angiebt. Bei den Substantivabstrakten sind zunächst einige zu nennen, die noch eine Handlung ausdrücken, wie *fantocciata* Kinderei, *fanfaronata* Prahlerei, *fagiolata* Dummheit, *piazzata* Posse. Auch *fratata* Mönchspredigt wird hierher zu rechnen sein. Sodann also bezeichnet -*ata* namentlich das umfasste: *anno* das Jahr, aber *annata* der Jahrgang, die Dauer eines Jahres, so noch *giornata*, *mattinata*, *serata*, *mesata*; dann *boccata* Mund voll, *brucciata*, *fenestrata di sole* eigentlich ein Fenster voll Sonne, daher plötzlicher Sonnenblick, *fornata*, *fornaciata* Ofenladung, *funata* eine Reihe Gefangener an einem Seile, *manata* Hand voll, Bündel, *manciata*, *madiata* u. s. w. Auch *fucinata* Haufen, Schwall von *fucina* Schmiede gehört hierher, ferner *facciata* die Vorderseite, eigentlich alles von der *faccia* umfasste. Wie denn aber *facciata* eine bestimmte Art *faccia* bezeichnet, so auch *fiorata* Schaum, *fruttata* Obstspeise, *frittata* Eierkuchen, *fumata* Rauchwolke, *frumentata* Mischfutter u. s. w. — Eine besondere Bedeutungsentwicklung zeigt -*ata* noch in Fällen wie *coltellata* Hieb mit dem Messer, eigentlich auch wieder das vom Messer umfasste, getroffene, ebenso *stocata*, *falciata*, *ficata* Wurf mit Feigen, *forbiciata*, *forcata*, *frecciata*, *frustata*, *fucilata*, *funata*, *bucciata* Wurf mit Schaalen. Es kann nun auch der getroffene Theil zu Grunde gelegt werden, vgl. *guanciata* Backenstreich, *fiancata* Spornstich, wo die passive Idee noch viel deutlicher vorliegt.

526. Auch -*ato* dient zur Bildung von Substantivabstrakten und zwar einmal im Sinne des lateinischen -*atus* zur Bezeichnung eines Amtes, nicht gerade häufig und mit gelehrtem Anstrich, vgl. *ducato*, *consolato*, *baliato*, *marchesato*, *padronato* und mit -*ado* (§ 205) *contado*, *vescovado*. Sodann aber findet sich -*ato* auch fast gleichbedeutend mit -*ata*, vgl. *fenestrato*, die sämmtlichen Fenster eines Gebäudes, *costato* Gerippe, *nuvolato* Gewölk, dann von Verben *fermato* Übereinkunft, *filato* Gespinnst, *fiorato* das Blühen, *fossato* Graben, *frappeggiato* Baumschlag, *frascato* Laube, *accordellato*, Abmachung, *accorciato* Abkürzung, *abitato* Wohnung, *adornato* Putz, *abbeverato* Neige, *arricciato* Bewurf, *arginato* Abdämmung, *bucato* Wäsche u. a., ganz abgesehen von den altüberlieferten Substantiven der IV. Deklination wie *assenso*, *congresso*, *contatto* u. s. w., *macinato* Mehl, *cotognato* Gelée, *moscado* und ähnliche. Wenn man in *fenestrato* wohl eine Umbildung von *fenestrata* sehen möchte, so ist doch für weitaus die Mehrzahl der übrigen Beispiele eine derartige Auffassung ausgeschlossen und wird es sich vielmehr darum handeln, ob das Neutrum des Partizipiums oder ein Substantivum der lateinischen *u*-Deklination vorliege, richtiger gesagt, in welcher von den beiden Formationen der Ausgangspunkt für Nachbildungen zu suchen sei. Die Antwort wird sein in beiden, da z. B. *fiorato* seiner Bedeutung nach eher ein Verbalsubstantiv, *macinato* ein Partizip ist. Wie aber Partizip und Verbalabstraktum in einander übergehen, eine strenge Scheidung also unmöglich ist, zeigt schon § 525.

527. Verwandt mit *-ato* im ersten Sinne ist das dem Französischen entlehnte *-aggio*. Es hat die Aufgabe zu abstrahiren, welche Funktion ihm namentlich in Verbindung mit Sachnamen noch zukommt; mit Personenbezeichnungen dagegen giebt es den Stand, mit Sachnamen auch speziell eine Abgabe an. Direkt französischen Ursprungs sind Wörter wie *fromaggio, forraggio, omaggio, avvantaggio, eretaggio, appannaggio*, wohl auch *vasallaggio, baronaggio* und an sie angebildet *padronaggio; maritaggio* Stand des Gatten, Heirath, *baliaggio, brigantaggio, malandrinaggio* Landstreicherei, dann *romitaggio* Einsiedelei, *accattonaggio* Bettelei, *arbitraggio* Schiedsspruch. Der abstrakte Sinn liegt deutlich vor in *personaggio* Persönlichkeit neben *persona*, *linguaggio* Sprechart neben *lingua*, *messaggio* neben *messo*, *carnaggio* das essbare Fleisch neben *carne*, *coraggio* neben *cuore*, *cortinaggio* Bettvorhang neben *cortina*, wo der abstrakte Begriff in den kollektiven hinüberschillert, *figliolaggio* Nachkommenschaft, *fardaggio* Gepäck, *fruttaggio* Obstwaaren (vgl. *fruttaglia* § 507), *beveraggio, villaggio* neben *villa*, *viaggio* neben *via, fallaggio* Fehler, *filaggio* Gespinnst, *fortunaggio* Seesturm u. s. w. Eine Abgabe bezeichnet *-aggio* in *fucchinaggio* Waarenzoll, *magazzinaggio* Lagergeld, *ancoraggio* Ankergeld, *pilotaggio* Lootsengeld, *pedaggio* Zoll u. s. w.

528. In ähnlichem Sinne findet sich auch die echt italienische Form *-atico*. Lehrreich ist auch hier *baliatico* Ammenlohn neben *baliaggio* Amtei, sonst vgl. *palancatico* Gehege neben *palanca* Pfahl, *stallatico* Mist zu *stallare* neben *stallaggio* Stallung, *terratico* Grundsteuer u. s. w.

529. Weiter dient zur Bildung von Verbalabstrakten *-io*, das nun aber seine ganz streng ausgeprägte Bedeutung hat, es ist intensiv, giebt eine oft wiederholte, emsig, geschäftig ausgeführte Arbeit an, vgl. *lavorio* emsige Arbeit, *formicolio* Gekriebel, *chiachierio* Geschwätz, *cigolio* Gekreisch, *borbottio* Gemurmel, *bisbiglio* Geflüster, *ingombrio, abballattio* Herumhüpfen, *abbarruffio* Rauferei, *acciarpio* Gepfusche, *armeggio* Wirrwarr, *battio* Geklopfe, *brividio* Frostschauder (ohne Verbum), *acciotolio* Klappern, *annitrio* Gewieher, *belio* Geblöcke, *bollichio* Sprudeln, *borboglio* Gemurmel, *brontolio* Gebrumme, *brulichio* Gewimmel, *calpestio* Getrampel, *indiavolio* Teufelei, *malmenio* Quälerei, *distendio* Weitschweifigkeit, *fracassio* Gekrach, *picchio* Geklopf, *favellio* Geplauder u. s. w. Bei der Frage nach dem Ursprung dieses *io* wird man zunächst im Auge behalten müssen, dass dem tosk. *lavorio, diavolio* im Mailändischen *lavoreri, diavoleri* entspricht, vgl. SALVIONI, Mail. 60. Gemeinschaftliche Grundform wäre *-erium*, woraus im Toskanischen *-io*, vgl. *macia* aus *maceria*. Da auch die Sprachen Galliens Verbalabstrakta auf *-ier* kennen, so müssen die Anfänge dieser Bildungen auf *-erium* weit hinter den Anfängen der italienischen Sprache noch im Vulgärlateinischen liegen.

530. Endlich sind noch die Bildungen auf *-tiva, -siva* zu nennen, wie *narrativa* Erzählung, *negativa* Verneinung, *interrogativa* Frage, *affermativa* Bejahung, *allettativa* Anlockung, *alternativa* Abwechslung, *aspettativa* Erwartung, *annunziativa* Anmeldung, *attrativa* Anziehung, *informativa, espressiva* Ausdruck, *defensiva* Vertheidigung, *prospettiva* Perspektive, *distintiva* Unterscheidung, *inventiva* Erfindung, *intellettiva* Denkvermögen, *corsiva* u. s. w. Wie die Existenz der Mehrzahl dieser Wörter auch im Deutschen zeigt, handelt es sich hier wieder um eine Schöpfung der Gelehrten- und Büchersprache, die sich, wie es scheint, in Italien ziemlich grosser Beliebtheit erfreut. Der Ausgangspunkt ist zu suchen im Neutrum pluralis der im spätern Schriftlatein beliebten Adjektivbildung auf *-ativus, -a, -um.*

531. Manche andere Suffixe können mitunter dazu dienen, Verbal- oder Substantivabstrakta zu bilden, so z. B. *-ino*, vgl. *contentino* Zugabe beim Verkauf, *spuntino* der Imbiss und *ritocchino* Naschen, Nachtisch. Es liegt aber die Abstraktidee hier nicht sowohl in *-ino*, sondern in einem nur in Gedanken gebildeten *contento, *spanto, *ritocco, mit denen sich dann aber sogleich das verkleinernde *-ino* verbindet zum Zeichen, dass es sich dabei nur um etwas Unbedeutendes, Scherzhaftes handle. Allein da bei diesen wie bei manchen andern Wörtern, die heute als Verbalabstrakta erscheinen, nicht mehr durchgreifende Regeln zu geben sind, vielmehr jeder einzelne Fall für sich studirt werden müsste, so kann hier nicht weiter darauf eingegangen werden. Wie mitunter Kollektiva zu Abstrakten sich entwickeln, zeigen unter andern auch einzelne Beispiele in § 511.

532. Nach diesen allgemeinern Klassen sind noch eine Reihe einzelner Wörter zu nennen, die unter ein und denselben Begriffskreis fallen und in Folge dessen gleiche Suffixe haben. Es ist überhaupt ein weit verbreiteter Zug in der Wortbildung, zusammengehörige Begriffe mit dem nämlichen Suffix zu versehen. CAIX hat Studi S. XXIX schon eine Reihe solcher Paare zusammengestellt: *pizzuga* nach *tartaruga, manignoni* nach *pedignoni, lembrugio* nach *lercugio, sparacciato* nach *spettoracciato, furneccio* nach *ladro-*

neccio, frignisteo nach *piagnisteo* u. a. Ferner *lucerna* nach *lanterna, lucerniere* nach *lanterniere, canea* nach *assemblea, gragnolischio* nach *nevischio, sghimbescio* nach *rovescio, bambinea* nach *draggea* und manche andere zum Theil schon früher genannte.

533. Von Wortkategorieen mögen genannt werden: Krankheiten mittelst *-aggine*: *bolsaggine* Herzschlächtigkeit, *pisaggine* pisanische Krankheit, *forforaggine* Grind, *cascaggine* Altersschwäche und daran schliesst sich das *-aggine* von § 517. Das Lateinische kennt nur *-igo* in diesem Sinne: *vertigo, impetigo*, dazu scheint nun *-ago* getreten zu sein, vgl. *-ame* neben *-ime*. Ebenfalls *-aggine* dient zur Bildung von Pflanzennamen, vgl. lateinisch *tussilago* und ital. *fusaggine* Spindelbaum, *borraggine* Ochsenzunge, *capraggine* Geissraute, auch *farraggine* Mischkraut, *favaggine*, tarent. *mentačine = mentastro*. Sodann *-uggine*: *peruggine* wilder Birnbaum, *meluggine* wilder Apfelbaum. — Substantivirte Adjektiva *-ina* mit Ergänzung von *caro* bezw. *merda* dienen dazu, das Fleisch, bezw. die Excremente von Thieren zu bezeichnen, vgl. *pecorina* Schaffleisch, *porcina, salvaggina, vaccina, pollina* Hühnerdreck, *pecorina, bovina, cavallina*.

534. Damit ist die Zahl der Suffixe, die Substantiva bilden, noch lange nicht erschöpft, nur ist es nicht mehr möglich, die verschiedenen mit derselben Endung versehenen Wörter unter einen Begriff zu bringen. Das hat seinen Grund darin, dass die meisten dieser Wörter ursprünglich Adjektiva sind, die dann in der Neutralform oder unter Ergänzung eines Substantivs in geschlechtlicher substantivirt werden. Sehr oft bezeichnet die Ableitung nur irgend eine Modifikation des Primitivums. Dies gilt z. B. von den Bildungen auf *-ana*, wie ein kurzes Verzeichniss zeigt: *altana* Schauthurm, *balzana* Falbel (*balzo* Rand), *buiana* leichtes Gewölk zu *buio* (CAIX, Studi 277), *campana* Glocke, *collana* Halsband, *fiumana* Fluss, *fontana* Quelle, *fumana* Ausdünstung, *furlana* friaulischer Tanz, *giogana* Bergkette, *tramontana* Nordwind, *giosana* Ebbe, *mattana* Schwermut von *matto*, *mezzana* Backstein, *pedana* Tritt u. s. w. Dazu kommt noch, dass lateinisch *-agin-a* zu *-ana* wird: *ferrana* aus *farrago*, *borrana* neben *borraggine* und *borrana* Absturz, also dasselbe wie *frana* und wohl wie dieses auf *voragine* beruhend, aber in seinem Anlaut von *borro* beeinflusst. — Dieser Art von Bildungen giebt es noch eine grosse Zahl, man vgl. *canniccio* Matte, *carniccio* Fleischseite, oder manche Wörter auf *-ale* wie *portale, ospedale, canocchiale*, und *-ule* wie *grembiule, gambule* Beinharnisch, *canapule* Hanfstengel, *biadule* Stoppel.

535. So werden mit grosser Leichtigkeit Substantiva aus Adjektiven gebildet, ohne dass sich da jedoch irgend eine Regel geben liesse. Es handelt sich dabei vielmehr um eine Erscheinung der Wortgeschichte und Bedeutungslehre. Daher mögen wenige Beispiele genügen. *Acquereccio* Wasserkrug, *barchereccio* eine Anzahl von Barken, *cicaleccio* Geschwätz, *costereccio* Rippenstück, *caprareccio* Ziegenstall, *ferrareccio* Eisenwerk; *brivido* Schauer, *rubbio*, Kornmaass, *sovatto* Leder, *sporto* Vorsprung, *tondo* Teller, *vajo* Buschwerk, *aguto* Nagel, *arabesco*, *corrente* Strömung, *chiara* Eiweiss, *cava* Höhle, *bionda* Laugenwasser, *bonaccia* Windstille, *faccenda*, *rotonda* Rotunde, *nuova* Neuigkeit, *petrosa* steiniger Erdboden, *fitta* Sumpfboden, *molla* Sprungfeder, *manzina* Weide, *stretta* Druck, *messa* Einsatz, *bianca* der erste Schlaf der Seidenwürmer u. s. w., die Zahl liesse sich bis ins Unendliche vermehren. Von einzelnen Klassen mögen noch erwähnt werden die aus ursprünglichen Gerundiven entsprungenen wie *vianda* Wegekost, von *via*, vgl. *provianda*, das *beranda* neben *berenda* nach sich zieht, *molenda*, wonach *polenda* statt *polenta*, *filanda*, *leggenda*, *lavanda*, *locanda*, *prevenda* und einige andere, die alle sich leicht als ursprüngliche Neutra pluralis erkennen lassen.

537. Ein ebenso beliebtes Mittel, neue Sachnamen zu schaffen, ist die Umbiegung vom Maskulinum zum Femininum und umgekehrt. Schon § 344 und § 345 ist darauf hingewiesen worden, wie das Maskulinum über das Neutrum pluralis zum Feminin und das Feminin auf demselben Wege zum Maskulin werden kann. Es giebt nun noch eine grosse Zahl mehr oder weniger verwandter Fälle, von denen jeder einzelne seine Geschichte hat. Es möge genügen, ein Verzeichniss zu geben, das jedoch weit entfernt davon ist, vollständig sein zu wollen. *Coppa* Becher, Schale, *coppo* Ölkrug, wohl ursprünglich auch *due coppa* u. s. w. als Plural gefasst, *canestra* Korb mit 2 Henkeln, *canestro* mit einem, *arringa* Rede, wohl Postverbal zu *arringare* neben *arringo* Ort, wo die Turniere abgehalten werden, *baccetta* Rute, *baccetto* »baccetta un po' grossa«, und umgekehrt *cavicchio* Pflock und *cavicchia* »cavicchio un po grosso«, wo also das ursprüngliche Feminin zum Augmentativ geworden ist; *berretta* Kopfbedeckung der Frauen und Priester, *berretto* der Männer, also ähnliches Verhältniss wie bei *cavicchia*; *branca* Klaue, *branco* Herde, vgl. als Vermittlung der Bedeutung frz. *branche* Arm; *broda* »acqua dove son state cotti maccheroni«, *brodo* »acqua dove è stata cotta della carne«, offenbar ein künstlicher Unterschied, *buccia* Rinde, Schaale von Pflanzen, *buccio* die äusserste Haut der gegerbten Felle, *buca* grosse Öffnung, *buco* Loch; *bugnola* Korb, »più grande che *bugnolo*«, und dieses selbe Verhältniss zeigt sich noch bei *capanna* : *capanno*, *funga* Schimmel neben *fungo* Schwamm, *fiasca* : *fiasco*, *orezza* : *orezzo*, *cerchio* : *cerchia*, das umgekehrte in *bigoncio* : *bigoncia*. Sodann *coccia* Schneckenhaus, *coccio* Scherbe; *ceppa* »la parte sotterrata dell'albero«, *ceppo* »il pedale dell' albero«; *fiocca* Spann des Fusses, *fiocco* Trodel, *paniccio* Teig, *paniccia* Kleister, *manica* Ärmel, *manico* Heft, *pezzo* Stück, *pezza* Lappen, *gambo* Stiel, *gamba* Bein u. s. w. Oft besteht kaum ein Unterschied, vgl. *fistola*, *-o*, *antiporta*, *-o*, *baccara*, *-o*, *balestra*, *-o*, *bioscia*, *-o*, *bricia*, *-o*, *ombrella*, *-o*, *burchia*, *-o*, *festuca*, *-o*, *fodera*, *-o* u. s. w.

537. Zum Schluss bleibt noch ein Wort über die Substantivirung andrer Wortklassen als der Adjektiva übrig. Abgesehen von den Fällen der Zusammensetzung kann von Verbalformen jeder Infinitiv zum Substantivum erhoben werden durch Vorsetzung des Artikels: *il venire*, *il cantare*, *lo strillare* u. s. w. Das Verbum finitum giebt sich seltener dazu her. *Il credo* bildet einen besonderen Fall, *aggio* erklärt Tobler, Zs. IV 183 als »das zum Substantiv gewordene Verbum *aggio* (*habeo*), das der Wechsler in seiner Berechnung neben den Betrag setzte, der als sein Guthaben von der auszuzahlenden Summe in Abzug kam«[1]), ferner *deve*, *vaglia* Anweisung, *vaglia postale*, eigentlich es soll gelten, 3. Sg. Konj. von *valere*, also wohl zu unterscheiden von *vaglia* Tapferkeit, Postverbale zu *valere* § 524, wie mit absoluter Sicherheit das Geschlecht zeigt: das erste *vaglia* ist männlich, das zweite weiblich ; *pagherò* der Schuldschein, *ricevo* Quittung; dann mag *metter in non cale* hier genannt werden, da *non cale* gleich einem Subst. gebraucht ist. Weniger überzeugend ist die Herleitung von *redine* aus dem Imperat. *retine*, die D'Ovidio, Grundriss f. rom. phil. I 512 vorträgt. Auch Adverbia können zu Substantiven werden: *il sì*, *il no*, oder Konjunktionen: *il perchè* u. s. w., zum Unterschied aber von *vaglia* u. s. w. steht hier die eigentliche, ursprüngliche Funktion des Wortes noch völlig im Bewusstsein; es handelt sich nur

---

1) Dagegen dürfte kaum richtig sein, wenn Tobler, Zs. IV 182 betreffs der Diez'schen Herleitung von *ammainare* aus frz. *ammène* bemerkt: »afrz. *amaine*, der Imperativ, ist eine für das Kommando *ammaina* annehmbare Form«. Abgesehen von dem doch nicht ganz leichten Bedeutungswandel ist die Möglichkeit, dass die Italiener sich einen Schiffsausdruck aus Nordfrankreich geholt haben, wenig wahrscheinlich, während das umgekehrte öfter vorkommt, vgl. *proue* aus gen. *proua*, *chiourme* aus *ciurma*, *goumène* aus neap. *gómena* u. s. w. Man wird daher bei der Deutung von *ammainare* und *amener* vielmehr von *ammainare* auszugehen haben, dieses aber lautet neapolitanisch *mmayęnáre* und entspricht Laut für Laut einem lat. *invaginare*, wie Flechia, Arch. Glott. IV 372 zutreffend nachweist.

um eine augenblickliche, durch den Zusammenhang der Rede hervorgerufene Gebrauchsverschiebung, also vielmehr um eine Thatsache der Wortfügung als der Wortbildung.

Adjektiva.

538. Adjektiva werden aus Substantiven und aus Verben, letzteres jedoch selten, gebildet. Sie drücken das Begabtsein, die Zugehörigkeit, den Zustand, die Ähnlichkeit, die Möglichkeit, diese in Verbindung mit Verben, aus. Die Suffixe sind zum Theil dieselben wie im Lateinischen, doch sind manche wie *-idus* kaum produktiv, ja es wird gerade diese Endung in vielen Fällen, z. B. in *sozzo*, *rancio*, *marcio*, piem. *mürs* u. a. überhaupt nicht mehr erkannt. Von Neubildungen wären etwa *bolfido* herzschlächtig, *sbiancido* verblichen, *ripido* steil, *vincido*, *spurcido* u. a., aus den Mundarten sard. *aspido* = *aspro*, *pidigu* aus *pigidu* zu *pix* u. s. w. zu nennen.

539. Auch postverbale Adjektiva sind selten. In Fällen wie *chino* gebeugt, *gonfio* aufgeblasen, *scarno* mager kann man schwanken, ob ein Adjektiv oder nicht richtiger ein Partizipium nach der § 407 besprochenen Bildung von *chinare*, *gonfiare*, *scarnare* vorliege. Eher ist *manso* zahm zu nennen, eine schon vulgärlateinische Rückbildung aus *mansuetus*[1]).

540. Das Begabtsein drückt -*oso* lat. -*osus* aus und zwar verbindet es sich vorwiegend mit Substantiven, die geistige Eigenschaften angeben, vgl. *amoroso*, *geloso*, *coraggioso*, *giojoso*, *vergognoso*, *bontadoso*, *maestoso*, *forzoso*, *vantaggioso*, *dannoso*, *valoroso*, *timoroso*, *nojoso*, *frettoloso*, *prezioso*, *costoso*, *gustoso*, *glorioso*, *spirituoso*, *famoso*, *neghittoso*, *vigoroso* und zahlreiche andere. Auch *linguoso* schwatzhaft gehört im Grunde hierher. An einem Sachnamen finde ich -*oso* in *noderoso*, *nodoso*, wofür die alte Sprache aber *noderuto* sagt, so dass also wohl *nodoso* als Latinismus und *noderoso* als eine Verschränkung von *noderuto* und *nodoso* zu fassen ist. Latinismus ist auch *acquoso*. Wo in volksthümlichen Wörtern -*oso* sich mit Sachnamen verbindet, bezeichnet es meist ein Begabtsein in hohem Grade, vgl. *vinoso* weinreich, *lattoso* milchreich, *sussoso*, *terroso* mit Erde vermischt, *erboso* grasreich, *ranoso*, *calcinoso*, *ceroso*, *nerboso*, *fumoso*, *frondoso*, *carnaccioso* u. s. w. Auch an Adjektive tritt -*oso* und bezeichnet auch hier das Begabtsein, d. h. also eine Steigerung des ursprünglichen Begriffs. vgl. *freddoso* frostig,

---

[1] Damit hat aber *manzo* Rind nichts zu thun, wie schon das *z* zeigt. *Manzo* geht vielmehr auf ein wohl illyrisch-keltisches *mandium* zurück. s. Litbl. 1885 Sp 156. und Rom. Gram. I § 22.

frescoso frisch, munter, *sdruccioloso* schlüpfrig u. s. w. Wo wie im letzten Falle Adjektivum und Verbum nebeneinander stehen, da kann neben dem Adjektiv auf *-oso* auch eines auf *-evole* stehen (vgl. § 552), und so begreift sich, dass mitunter *-oso* an Stelle von *-evole* tritt, wo dem, dem letzteren zu Grunde liegenden Verbum kein Substantivum oder Adjektivum zur Seite steht, vgl. *rincrescioso* neben *rincrescevole*. Man beachte aber, dass *rincrescere* wieder eine geistige Thätigkeit ausdrückt, dass also wenigstens im Gedanken dem *rincrescioso* ein abstraktes Substantiv zu Grunde liegt. Endlich aven. *tremoso*, das MUSSAFIA, Beitrag 115 bringt, mag durch *tremoloso* (= *tremoroso* mit Dissimilation) bestimmt sein, sofern nämlich das als ebenfalls ableitend gefasste *-ol-* (vgl. *frett-ol-oso* neben *frett-oso*) unterdrückt ist.

541. Ebenfalls das Begabtsein bezeichnet *-uto*. Den Ausgangspunkt hat dieses Suffix an Fällen wie *cornutus*, es ist also ursprünglich beschränkt auf *u*-Stämme. Als aber die alten *u*-Stämme mit den *o*-Stämmen zusammengefallen waren, fiel natürlich diese Beschränkung weg, *-uto* trat an jedes beliebige Substantivum. Gleich *-oso* bezeichnet es ein Begabtsein in hohem Grade, unterscheidet sich aber von diesem einmal dadurch, dass es nur an konkrete Substantiva tritt und sodann, dass es nicht wie jenes pluralisirend, sondern vielmehr intensiv ist: es giebt an, dass der betreffende Gegenstand nicht in grosser Menge sondern in grosser Gestalt vorkomme, so heisst also z. B. *nasuto* nicht reich an Nasen, sondern mit einer grossen Nase versehen. Wir finden so zunächst *-uto* verbunden mit Körpertheilen: *cornuto, corputo, membruto, orecchiuto, occhiuto, baffuto, chericuto* mit der Tonsur versehen, *crestuto, crinuto, gambuto, barbuto, palcuto* mit einem Geweih versehen, *linguacciuto* schwatzhaft, vgl. *linguaccio* Lästermaul, neben *linguto* in demselben Sinne. Dann auch *carnacciuto* fleischig, *nerbuto* und *nerboruto* kräftig, *ramoruto* astig, *canteruto* eckig, *fronduto* dicht belaubt, *forzuto, crostuto* rindig, *forcuto* und *forcelluto* gabelförmig, *lanuto* wollig, *fioruto* u. s. w. In den letzten Beispielen ist der Begriff der Grösse zum Theil übergegangen in den der Menge, so dass also *-uto* mit *-oso* gleichbedeutend wird, und in der That stehen fast stets gleichbedeutende Bildungen auf *-oso* daneben, vgl. die Beispiele § 540. In den erstgenannten Wörtern hat *-uto* meist eine leicht erklärliche tadelnde Bedeutung.

542. Eng verwandt mit *-uto* ist *-ato*. Wie jenes so berührt sich dieses mit dem Partizipium präteriti, ja es kann sogar direkt von diesem stammen. Es drückt ebenfalls das Begabtsein aus, aber mehr mit Hinsicht darauf, dass der im Grundwort enthaltene Begriff an den Betroffenen herantritt, nicht ihm inhaerent ist. So heisst *fiorato* nicht

[§ 540. 541. 542. 543.] Adjektivbildung.

blumenreich, sondern mit Blumen gewirkt, *ramato* mit Ästen versehen, gegenüber *ramoso* verzweigt, *erbato* mit Gras bewachsen, aber *erboso* grasreich. Natürlich geht aber auch da der ursprüngliche Unterschied leicht verloren. Vgl. *stellato* gestirnt, *falcato* sichelförmig, *fibbrato* faserig, *filigginato* russig, *focato* feuerfarbig, *finestrato* mit Fenstern versehen, *faldato* u. s. w. Dann auch *spensierato* gedankenlos. Dazu kämen ferner eine Reihe wirklicher Partizipien wie *appassionato* leidenschaftlich, *garbato* anständig, *fiammato* geflammt, *scordato* uneingedenk u. s. w.

543. Zugehörigkeit oder Abstammung giebt vor allem *-ese* an, das sich wie schon im Lateinischen mit Völker- und Städtenamen verbindet: *Bolognese, Calabrese, Inglese, Francese, Milanese, Pugliese, Senese, Torinese* u. s. w. Daran schliesst sich dann *borghese* und dessen beide Gegensätze *forese* und *cortese*, ferner *marchese*; auch *laudese* »confraternità laica nata nell' umbria che cantava le laudi« und *santese* Küster.

544. Ebenso häufig ist aber wie schon im Lateinischen *-ano* in diesem Sinne: *Italiano, Romano, Padovano, Pisano, Siciliano, Siracusano, Palermitano, Mantovano*, und mit *-ese* verknüpft (§ 489) *Lodigiano, Marchigiano*. Sodann *villano*. Es ist wohl kaum möglich, die beiden Suffixe gegeneinander abzugrenzen, es scheint vielmehr, dass die Willkür der Sprechenden entscheidet, wann das eine, wann das andere zur Verwendung kommen soll. Echt volksthümlich sind sie beide nicht, da der Volkssprache vielmehr Ausdrucksweisen wie *quel di Milano* u. s. w. entsprechen. *Ano* individualisirt wohl mehr als *-ese*, daher es auch gebraucht wird, um aus Adverbien Adjektiva zu bilden, vgl. *anziano, sovrano, sottano, tostano, mediano, prossimano*, dann *lontano*. Auch *certano* ein Gewisser gehört hierher.

545. Neben *-ano* steht *-ino*, das theils die Herkunft, theils den Stoff, woraus ein Gegenstand besteht, angiebt, vgl. *cittadino* städtisch, *contadino* ländlich, *limosino, fiorentino* u. s. w., sodann *quercino, faggino, abetino, cedrino, sorbino, cristallino, cenerino, argentino, asinino, pecorino, cavallino, pollino, canino, vaccino, bovino, felino* u. s. w. In den letztgenannten von Thiernamen abgeleiteten Adjektiven verschiebt sich die Bedeutung des Suffixes nach der Richtung der Zugehörigkeit hin. Übrigens scheinen diese Bildungen nicht echt volksthümlich zu sein. *Vaccino* statt *vacchino* erweist sich als altes Wort, nicht als Neuschöpfung, dass *gattino* nicht vorkommt, sondern das lateinische *felino*, scheint dafür zu sprechen, dass *-ino* mehr den Gebildeten und Gelehrten angehört.

und eben daraufhin weist auch der Mangel von *ferrino*, *piombino*, oder von *melino*, *perino* u. s. w.

546. In etwas anderm Sinne giebt *-ereccio* die Zugehörigkeit an, vgl. *casereccio* häuslich, *camporeccio*, *villereccio* ländlich, *porchereccio*, *sposereccio* hochzeitlich, *vernereccio* winterlich, *festereccio* festlich, *fittereccio* zur Pracht gehörig. Wenn man bei den zwei letztern schon im Zweifel sein kann, ob nicht das Suffix als deverbal zu fassen sei, so ist mit Gewissheit das Verbum als Ausgangspunkt zu nehmen bei *figliereccio* trächtig, *vendereccio* verkäuflich, *godereccio* ergötzlich, *pugnereccio*. Das Suffix berührt sich mit *-iccio*, vgl. namentlich *figliaticcio*, das mit *figliereccio* gleichbedeutend ist, *massiccio* massig u. s. w.

547. Weit gewöhnlicher aber tritt *-iccio* an Adjektiva und Partizipia. In diesem Falle liegt in der Zugehörigkeit die Idee der nicht völligen Gleichheit, der blossen Ähnlichkeit, daher dann *-iccio* geradezu verkleinernd wirken kann. Vgl. *accogliticcio* rasch zusammengerafft, *addormentaticcio* schlaftrunken, *albiccio* weisslich, *passiccio* halbverwelkt, *ammalaticcio* kränklich, *cascaticcio*, *forticcio* säuerlich, *fiacchiccio* matt, *alticcio*, *adiraticcio*, *abbruciaticcio*, *afaticcio*, *abbronzaticcio*, *fracidiccio*, *freddiccio*, *pallidiccio*, *rossiccio* röthlich, *bianchiccio* weisslich, *fuggiticcio* flüchtig, vergänglich u. s. w.

548. Den Zustand, die Art und Weise giebt *-ale* an: *celestiale* himmlisch, *estivale* sommerhaft, *eternale*, *fatale* verhängnissvoll, *reale*, *leale*, *materiale*, *maternale*, *padronale*, *madornale* herrschaftlich, *ducale* herzoglich, *naturale* natürlich, *mortale*, *divinale*, *monacale*, *maestrale*, *piramidale*, *macchinale*, *fenomenale*, *comunale*, *murale*, *postale*, *finale*, *giornale*, *settimanale*, *corporale*, *temporale*, *coronale* u. s. w. Trotz der vielen Beispiele wird man das Suffix mehr der Büchersprache zuweisen, da weitaus die Mehrzahl der angeführten Wörter nicht volksthümlich sind, oder wenigstens solche Begriffe bezeichnen, von denen die Volkssprache nicht ein Adjektiv zu bilden pflegt. Die schon lateinischen Fälle, soweit sie der Vulgärsprache angehörten und ins Italienische hinübergekommen sind, haben meist substantivische Bedeutung angenommen, vgl. die Beispiele in § 534.

549. Eng verwandt mit *-ale* ist *-ile*, das aber fast nur an Wörter tritt, die lebende Wesen bezeichnen, vgl. *signorile*, *fratile*, *fantile*, *maschile* u. a. Schon lateinisch sind *civile*, *servile* und *giovanile*, deren zwei letztere offenbar den Anstoss gegeben haben zu den Neubildungen. Kaum gebräuchlich sind *pecorile*, das wohl nach lat. *ovile* gebildet ist, und *asinile*. Ein reiner Latinismus ist *fabbrile*. Übrigens ist noch zu bemerken, dass *asinilo* und *feminile* durch Dissimilation

[§ 547. 548. 549. 550.] Adjektivbildung.

aus *asinino* und *feminino* entstanden sein können (vgl. § 283) und dass sich *maschile* in diesem Falle dann besser als Anbildung an *feminile* erklärt.

550. Ähnlichkeit drücken *-ogno*, *-ognolo* und *-igno* aus, in Verbindung jenes mehr mit Farbenbezeichnungen, dieses mit Stoffen. Vgl. *giallogno* und *giallognolo* gelblich, *verdognolo* grünlich, *bigerognolo* graulich, *cenerognolo* aschfarbig, aber auch *amarogno*, *amarognolo* bitter. Dann *asprigno* etwas herbe, *ferrigno* eisenhaltig, *terrigno* erdhaltig, *sterpigno* voll Gestrüpp, *fortigno* säuerlich, *nervigno* nervig, und auch *verdigno* grünlich, *rossigno* röthlich, *nerigno* schwärzlich, vgl. *bacigno* schattiger Ort. Das Suffix berührt sich also mit *-iccio* § 547.

551. Endlich mag noch *-io*, *-ivo* Erwähnung finden. Aus lateinisch *-ivus* entstand schon im Vulgärlateinischen *-ius*, während *-iva* blieb. Die Verschiedenheit zwischen den beiden Geschlechtern wurde dann zu Gunsten bald des einen, bald des andern ausgeglichen, also entweder *-io*, *-ia* oder *-ivo*, *-iva*. Der Adjektiva auf *-io* sind wenige, noch dazu hängen sie meist durch die Bedeutung des Stammes unter einander zusammen, vgl. *bacio* (*opacivus*) gegen Norden gelegen, *solatio* nach Süden gelegen; *restio* stätisch, *cavallo stallio* im Stalle gestandenes, steifes Pferd, *stantio* abgestanden. Mehr bietet *-ivo*: *attentivo*, *pensivo*, *sensitivo*, *tardivo*, *fuggitivo*, *affermativo*, *negativo*, *purgativo*, *pungitivo*, *provocativo*, *provativo* u. s. w. Die letztgenannten Adjektiva, abgeleitet von Partizipien präteriti, nehmen fast den Sinn eines Partizipium präsentis an, ein Sinn, der sich wohl aus demjenigen der Zugehörigkeit entwickelt. Auch *attentivo* gehört in dieselbe Klasse, *tardivo* ist schon lateinisch, und *pensivo* dürfte eine Entlehnung aus afrz. *penseif*, nfrz. *pensif* sein, da es sonst als Ableitung direkt vom Verbalstamm ganz vereinzelt dastände. Übrigens sind auch diese Bildungen nicht recht volksthümlich. Aus ihnen entwickelt sich das gelehrte *-ativa* § 530.

552. Während die bisher behandelten Suffixe, auch im Grunde das letztbesprochene *-ivo*, sich ausschliesslich oder doch vorwiegend mit Substantiven oder Adjektiven verbanden, haben wir nun auch solche, die an Verbalstämme treten und dann entweder die Möglichkeit oder das Geschehen der Handlung ausdrücken. Dass sich die ursprüngliche Bedeutung mitunter ziemlich stark verschoben hat, braucht nicht erst bemerkt zu werden. In Betracht kommt für die erste Funktion *-evole*, für die zweite *-ante*, das alte Partizipium präsentis. *Evole* entspricht lautlich dem lateinischen *-ibilis*, hat aber auch die Stelle von *-abilis* übernommen, vgl. *agevole*, *battevole*, *godevole*, *cadevole*, *fallevole*, *pieghevole*, *giochevole* spasshaft, *gio-*

vevole nützlich, *girevole* drehbar, *credevole* glaublich, *aggradevole*, *gustevole* schmackhaft, *lagrimevole*, *lodevole*, *manchevole* mangelhaft, *nocevole* schädlich, *piacevole*, *bastevole* hinreichend u. s. w. Nach *lagrima* : *lagrimare* : *lagrimevole* kann *-evole* dann auch denominal werden, vgl. *amorevole*, *favorevole*, *fatichevole*, *fattevole*, *faccendevole* geschäftig, *frattellevole*, selbst *maestevole* u. s. w. Der Grund, wesshalb *-evole* auch an Stelle von *-abilis* getreten ist, mag der folgende sein. Wie aus *avica*, *parabula* schon im Vulgärlateinischen *auca*, *paraula* entstanden ist, so hätte auch *-abilis* zu *-aulis*, *plicabilis* also zu *piegole* werden müssen, während *piacevole* u. s. w. bestehen blieb. In dem *o* in *piegole* aber trat ein Element in das Suffix, das sonst ganz unbekannt war, da, von den Augmentativen und Diminutiven abgesehen, sonst nur *a, e, i, u* als Suffixvokale bekannt waren. Nun gab es zwei Möglichkeiten, das Ungewohnte durch Gewöhnliches zu ersetzen: entweder indem unter Einfluss des Kennvokals *piegole in *piegale* umgestaltet wurde, oder aber indem von *piacevole* u. s. w. *-evole* übertragen wurde. Man wählte die zweite, weil *-ale* eine ganz andere Funktion hatte, wogegen die Bedeutung von *-evole* dieselbe war wie die von *-ole*. — Neben *-evole* kommt selbstverständlich auch das lateinische *-abile*, *-ibile* vor: *cantabile*, *dimostrabile*, *disperabile*, *dispregiabile* neben *spregevole*, *distendibile* und *distendevole*, *fattibile* und *fattevole*, *frangibile*, *probabile* und *provevole* u. s. w.

553. *Ante, -ente* ist nicht gerade sehr fruchtbar, auch sind manche dieser Bildungen schon zu Substantiven geworden, vgl. § 494, doch haben wir noch *volante*, *voltante*, *cantante*, *importante*; *tagliente* scharf, das auffälligerweise *-ante* gegen *-ente* vertauscht hat. Diese Suffixvertauschung ist zur Regel geworden im Norditalienischen, namentlich im Veronesischen bei Giacomino, im Paduanischen, z. B. *laorente*, *parlente*, *scottente* u. s. w. bei Ruzante, WENDRINER, S. 78, im Mailändischen: *someliente* bei Bescapè, und heute *tirent*, *buyent*, *sbroyent*, *palpiñent* u. s. w. SALVIONI, Mail. 49, agen. *parlente*, *semeiente*, *pesente*, *aregordente*, *brilente*, *sonente* u. s. w., FLECHIA, Arch. Glott. X 162.

554. Adjektiva können endlich auch direkt aus Substantiven ohne besonderes Suffix gebildet werden. Man sagt zunächsa *homo est bestia*, dann geht, wenn die Verbindung sich oft wiederholt, die eigentliche Bedeutung von *bestia* verloren, es bleibt nur die allgemeine Idee einer Eigenschaft. Infolge dessen nimmt *bestia* das Geschlecht von *homo* an, also *bestius* und rückt so völlig in die Adjektiva ein, ital. *bescio*, *bescia*. Ähnliche Bildungen sind *cupo* hohl von *cupa* Fass, *capocchio* dumm, eigentlich *caputlum*, *colmo* voll, eigentlich

Gipfel, *lustro* glänzend, eigentlich Glanz, vielleicht *fondo*, wenn es nicht aus *profondo* mit Wegfall des bedeutungslosen Präfixes entstanden ist, *ladro* und *furo* diebisch, *vermiglio* roth von *vermiclus* u. a. Etwas anders geartet ist *affondo* tief, für welches Wort auszugehen ist von *essere*, *stare a fondo*, also von einem mit der Präposition *a* verbundenen Substantiv. Der Übergang von *a fondo* (mit gedehntem *f* zu sprechen, s. § 182) zu dem Adjektiv *affondo* ist dann aber wieder derselbe wie der von *capocchio* Substantiv zu *capocchio* Adjektiv. Bei genauer Durchsicht des Wortschatzes liessen sich wohl noch mehr Beispiele finden, doch ist im Ganzen diese Art der Neuschöpfung nicht beliebt und bei den vielen andern Mitteln, die der Sprache zu Gebote stehen, auch nicht nöthig.

Diminutiva und Augmentativa.

555. Das Italienische ist ausserordentlich reich an Verkleinerungssuffixen und zwar namentlich an solchen, die noch nicht oder kaum lateinisch sind. Während *-eolus*, *-ulus* nur in beschränktem Maasse verkleinern, und auch *-ellus* nicht mehr an jedes Substantiv oder Adjektiv treten kann, erscheinen dafür *-etto*, *-atto*, *-otto*, *-ino*, *-uccio* u. a. in um so viel freierer Verwendung. Meist kann sich jede dieser Endungen mit jedem Substantiv verbinden und es ist bis auf einen gewissen Grad Sache des Sprachgeistes zu bestimmen, welche jedesmal gebraucht wird. Häufig bestehen übrigens mehr oder weniger grosse Schattirungen zwischen den einzelnen Suffixen. Eine Stelle für sich nehmen diejenigen ein, welche das Junge von Thieren bezeichnen.

556. An erster Stelle mag *-ello* stehen. Es ist noch ziemlich oft verkleinernd, vgl. *subbiello* neben *subbio*, *borsello* scherzhafter Ausdruck, *fornello* der kleine Ofen, *finestrella* Fensterchen, *formella* kleine Form, *forcella* kleine Gabel, *fontanella* kleiner Springbrunnen, *arella* kleiner Stall; mehr das feine, ausgesuchte als das kleine liegt in *fegatelli*, *tagliatelli*, *frittella* Pfannkuchen, *crespello*, *filelli*, *maccatelle*, *animella*, wonach *lattimelle*, *acetella* u. s. w. Gewöhnlicher aber hat sich zu der Verschiedenheit der Grösse auch noch eine Verschiedenheit der Art gesellt, so bezeichnet *formella* nicht nur überhaupt eine kleine Form, sondern speciell die Knopfform, *frenello* nicht einen kleinen Zügel, sondern den Maulkorb, *cappello* nicht einen kleinen Mantel, sondern den Hut, vgl. ferner *filello* das Zungenband, *macinella* die Kaffeemühle, *faldello* die Strähne, *massello* Schutt, *festello* das Gehänge, *frassinella* Eschwurz, *forcella* Stützpfahl, *ombrello* Sonnenschirm, *gangherello* Häkchen zum Zuhaken der Kleider, *bardella* Sattelkissen, *cartello* u. s. w. — Mit Adjektiven verbindet sich -*ello* kaum, da z. B. *cattivello* wohl von Anfang an substantivisch ist, *ruvello* nicht die Diminutivendung -*ello* enthält, s. § 128. An Substantiven sind noch durchaus verkleinernd -*rello* und -*cello*: *fatterello, osserello, aquerello, faverello, focherello, acchiapperello, asserello, ajuterello, caccherello* u. s. w.; *letticello, fossicello, fiumicello, fanticello, vallicella, grotticella, botticella, navicella, funicello, furbicello, bastoncello, banconcello, furoncello, buffoncello, burroncello* u. s. w. Wann die eine, wann die andere Form eintritt, lässt sich nicht sagen, doch scheint sich mit -*one* nur -*cello* zu verbinden. Auch -*atello* findet sich gelegentlich: *campatello* = *campicello, ceppatello* zu *ceppo, chiassatello* zu *chiasso, chiappatello, pesciatello, figliatello*, während *borgatello* wohl eher an *borgato, caratello* an *carrata* anknüpft. Die beiden letztgenannten zeigen zugleich, woher das -*at*- stammt: *borg-at-ello* wird direkt zu *borgo* gezogen und so ein Suffix -*atello* gewonnen. *Uolo* und -*olo* stehen in sehr vielen Fällen nebeneinander: jenes geht auf -*eǫlus* (§ 12), dieses auf -*ulus* zurück. Da das erstere vor dem Tonvokal *j* hat, so ergiebt sich gemäss § 247 ff., dass heute dem -*uolo* zunächst *l', ñ, č, ǵ, š, z* vorangehen sollten, und in der That tritt es jetzt vorwiegend an Wörter, deren Stamm auf einen dieser Laute endet: *gagliuolo, gramignuola, calcagnuola, bracciuolo, barbicciuola, ghiaggiuolo, gazzuola, grasciuola, bisciuolo, rotazzuola* u. s. w. Ausserdem erscheint es nach *r* im Suffix -*aio*, da -*areolus* nach § 249 nur -*eriuolo, -eruolo* ergeben kann, also auch *gamberuola, banderuolo*, aber unter dem Drucke des Primitivs: *ramaiuolo*. Ferner auffälligerweise auch stets *ettuolo*: *civettuola, furbettuola, fraschettuola, gazzettuola*, aber nur -*attolo, -ottolo*. Umgekehrt erscheint -*olo* auch bei palatalisirtem Stammauslaut: -*agnolo, -ignolo, -uzzolo*. Beachtenswerth aber bleibt, dass wo -*olo* an auslautend *n* tritt, dieses stets palatalisirt wird: *tarpano* : *tarpagnolo, pretino* : *pretignolo*. Noch heute sind beide Suffixe vorwiegend diminutiv und sehr oft kosend, daher -*ajuolo* und -*olo* zur Bezeichnung von Personen § 491. Sonst also *bugliolo* kleiner Tragekorb, *bigonciolo, bicchieruolo, besticciuola, tovagliola, fornuolo, battagliuola, albuolo, bracciuolo, ajuola* Vogelherd von *aja, poggiuolo; bagnuolo, costola, bruciolo* Räupchen und auch Hobelspahn, *pignolo* Pinienkern, *beruzzolo* Fruchtstück neben *beruzzo; nomignolo* Beiname, *comignolo* First, *gricciolo* Einfall, *capezzolo* Brustwarze. Es haben also die Wörter auf -*uolo, -olo* ein ähnliches Schicksal wie diejenigen auf -*ello* § 556. Auch hier bleibt die ursprüngliche Bedeutung eher, wenn sich mehrere Suffixe verbinden, so -*ucolo*: *mercantucolo, pagliucola, petrucolo, poderucolo, poetucolo*, oder -*icolo*: *bollicolo, barbicolo*, oder -*attolo, -ottolo*:

focattolo, *librattolo*, *picchiattolo*, *manicottolo*, *piagnerottolo*, *bolliciattolo*, *linguattolo*, *colottolo*, *viottolo*, *bancherottolo*, *borsottolo*, auch *giocattoli* Spielwaaren, endlich *-iciattolo*: *febriciattolo*; *-icciuolo*, *-acciuolo*: *genticciuolo*, *guerricciuola*, *besticciuola*, *graticciuola*, *domicciuola*, *barbicciuola*, *borghicciuolo*, und *vinacciuolo* Kernchen der Weintraube, *bottacciuolo* u. s. w. Das Doppelsuffix tritt namentlich auch an Adjektiva: *gravicciuolo*, *grossicciuolo*, *grandicciuolo*, *magricciuolo*, dann *grossacciuolo*, *gravacciuolo* u. s. w.

557. Weitaus das verbreitetste Verkleinerungssuffix ist *-etto*, *-etta*, das dem klassischen Latein noch fremd ist, das sich aber auf lateinischen Inschriften findet und ausser in Italien namentlich in Frankreich sich grosser Verbreitung erfreut. Noch jetzt ist es in Italien durchaus produktiv in seinem ursprünglichen Sinne, ohne dass freilich die Bildungen auf *-etto* dem Schicksale derjenigen auf *-ello* und *-olo* § 556 völlig entgehen könnten. Wir haben also z. B. *abbondanzetta*, *accetta*, *acciughetta*, *acquetta*, *bacinetta*, *bariletta*, *faccetta* Seitenfaçade, *fiaschetta*, *foglietta*, *fossetta*, *bracchetta*, *braccetto* Ärmchen und Henkel, *barchetta*, *calzetta*, *cappuccetta*, *cassetta*, *corsaletto* Brustharnisch, *colletto* kleines Halsband, *falcetto*, *forchetta*, *filetto*, *fioretto*, *fischietto*, *forosetto* Bauernbursche, *pugnetto* Stachel, *folletto* Poltergeist u. s. w. An *fegatello* u. s. w. § 556 erinnert *favette* Bohnengericht. Adjektiva werden ebenfalls mit *-etto* gebildet: *agretto*, *bassetto*, *molletto*, *aspretto*, *bianchetto*, *biadetto* himmelblau von *biado*, aber wohl mit Bezug auf die Kornblumen, *biondetto* u. s. w.

558. Nicht minder beliebt ist *-ino*, das seine verkleinernde Bedeutung aus der adjektivischen entwickelt. *Villinus* heisst ursprünglich zur Villa, zum Landgut gehörig und bezeichnet dann in der Neutralform speziell das Landhaus, ital. *villino*. Nach *villino* bildet man zunächst *casino*, wo also das Suffix von *villino* bleibt, im Stamme aber das speziell ein Haus bezeichnende Wort eintritt. Im Verhältniss zu *casa* nun ist *casino* das kleinere. Von solchen Fällen aus wird dann das diminutive *-ino* abstrahirt, das wohl so ziemlich an jedes Nomen treten kann. Vgl. *barbina*, *botteghina*, *chiesino*, *calzino* und *calzina*, *bullettino*, *catenina*, *libraino*, *codino* und danach *fintino* falscher Zopf, *porrina*, *faccellina*, *nottolino*, *forcina*, *finocchina*, *appuntino*, *piombino* Loth, *polsino* Pulswärmer, *paglino* Strohgeflecht, *madonnina*, *madrina* Pathin, *bastina*, *fiorellino*, *forellino* u. s. w. Auch zur Benennung des Jungen von Menschen und Thieren ist es gerne gebraucht: *bambino*, *principino*, *fantino*, *signorino*, *aquilino*, *cicognino*, *allodolino*, *beccaccino*, *calandrino* u. s. w.

Sodann erscheint es an Adjektiven: *bellino, pianino, galantino, novellino, piccolino*, vgl. auch *piccino* u. s. w. Vgl. über *-ino* noch § 490. — Die Form *-cino* tritt auf bei *n*-Stämmen: *canzoncina, ladroncino* u. a., auch *cornicino* u. a.

559. Verkleinernd, aber häufig mit dem Nebenbegriff des Schwächlichen, Elenden, Gebrechlichen ist *-uccio, -uzzo*, vgl. *casuccia* Häuschen, *cartuccia* Stückchen Papier, *accidentuccio, bucatuccio, lanzuccia, capelluccio* Härchen, *boccuccia* Mündchen, *cappuccio, abituccio* ein schlechtes Kleidchen, *predicuccia* erbärmliche Predigt, *premiuccia* kleine Belohnung, *predelluccia*. Namentlich oft tritt *-uccio* an Eigennamen: *Carluccio, Mariuccia*, wo es also verkleinernd-kosend wirkt. Für *-uzzo* vgl. *abbagliuzzo, affannatuzzo, feruzzo, fettuzza* und *fettuccia, maluzzo* und *maluccio, peluzzo* Härchen und *peluzza* Pferdebürste u. s. w.

560. Zur Bezeichnung des Jungen von Thieren dient *-atto*, vgl. *lupatto, orsatto, cerbiatto, ocatto*, aven. *loatto* Lerchlein, *mignatto* eigentlich junger, kleiner Röthling. Selten ist das Suffix diminutiv: *usatto*, vgl. *culatto*. Häufiger und in seinen Bedeutungen reicher entwickelt ist *-otto*. Es giebt zunächst auch das Junge von Thieren an: *aquilotto, balenotto, fagianotto, rondinotto, passerotto, bufalotto, avanotto*, dann auch *giovanotto* und *vecchiotto*, der an der Schwelle des Greisenalters stehende Greis. Mit dem Begriff der Jugend verbindet sich dann derjenige des Kräftigen, Starken, daher *bracciotto*. Beachtenswerthe Übertragung von *-otto* auf Verba und Substantiva, um die handelnde Person zu bezeichnen, zeigen *bardotto* Stalljunge, *picchiotto* Specht, *farlingotto* Sprachverderber. Mitunter ist *-otto* rein verkleinernd: *casotto* Schilderhäuschen, *aliotto* kleiner Flügel, *pagnotto* Laib Brot, *agnelotto* Fleischklöschen, *candelotto, cappotto, bussolotto, biasciotto* gekautes Brot, *visotto, camiciotto* u. s. w. Dieselbe Funktion verrichtet auch *-acchio*, vgl. *biracchio, cornacchia* die junge Krähe, *volpacchio, reccacchio* nach CAIX, Studi 475 von deutschem Reh, *abbacchio* zu *ovicula* gehörig, CAIX, Studi 127, *orsacchio* und *orsachiotto*, dann *lupacchino* u. s. w. Nur verkleinernd ist *-otto* an Adjektiven: *grandotto, gravotto, bassotto*.

561. Augmentativa und Pejorativa berühren sich meist sehr nahe, das Grosse gilt zugleich als das Formlose, Hässliche. Als beliebtestes Suffix ist *-accio* zu nennen: *acquaccia* abgestandenes Wasser, *corpaccio* grosser Körper, *figuraccia, affaraccio, abitaccio, abusaccio, afaccia, ferraccio* altes Eisen, *fogliaccio, fondaccio* Hefe, *tempaccio, pagliaccio* Streu, *omaccio, fattaccio* Unfall, *abataccio, facciaccia, filaccia* u. s. w.; *motaccio* schlammige Erde, *fantaccia* faule Magd, *fortunaccia, bacaccio* schlechter Seidenwurm. Dann mit

-*uccio* (§ 559) verbunden: *casucciaccia*, *affarucciaccio*, *accidentucciaccio*.

562. Neben -*accio* findet sich auch -*azzo*: *acquazzo* Platzregen, *andazzo* Seuche, *codazza*, *frettazza*. *popolazzo* Pöbel und einige andere. Das Verhältniss von -*azzo* zu -*accio* ist nicht völlig klar. *Accio* erklärt sich ohne weiteres aus lat. -*acius*, während ein dem -*azzo* gerechtes -*atius* fehlt, so dass es sich frägt, ob -*azzo* nicht dialektisch sei, nord- oder süditalienisch, s. § 253.

563. Verwandt ist -*occio*, -*ozzo*, das speziell die Derbheit ausdrückt: *fratoccio*, *festoccia*, *bamboccio* Puppe, *fantoccio*, *capoccia*, *cartoccio*. Mehr verkleinernd-kosend ist *figlioccio* Täufling. *Predicozza* Strafpredigt, *foresozza* Bauerndirne, *baciozzo* derber Kuss, *brigliozzo* Strafpredigt u. a. Dann nach Adjektiven: *grassoccio* etwas fett, *belloccio* kräftig schön, *frescoccio* = *frescoso* § 540.

564. Auch das § 488 genannte -*one* wirkt vergrössernd. *Mentone* bedeutet eigentlich der mit einem grossen Kinn Begabte, kann dann aber auch zur Bezeichnung eines grossen Kinnes verwandt werden, und so haben wir *acquazzone*, *casone*, *domone*, *falcione*, *lumacone*, *pescione*, *bottegone*, *forcone*, *malvone* die wilde Malve, *formicone*, *pretacchione* u. s. w. *One* ist wohl dasjenige Augmentativsuffix, das am fruchtbarsten ist und das noch heute so ziemlich an jedes Substantiv und auch an Adjektiva und Adverbien treten kann, vgl. *benone*, und das nur selten mit dem augmentativen auch den pejorativen Begriff verbindet.

565. Pejorativ kann ferner das Kollektivum werden, vgl. § 507. Durchaus diese abgeleitete Bedeutung zeigt das zu -*aglia* im Ablaut stehende -*uglio*: *rimasuglio*, *avanzuglio*, *miscuglio*, *cespuglio*, *freguglio* u. s. w.

566. Endlich -*astro* an Personenbezeichnungen drückt die Ähnlichkeit aus mit pejorativem Nebenbegriffe: *figliastro*, *poetastro*, *medicastro*, auch *pilastro*. An Thiernamen bezeichnet es das Junge, Kleine: *polastro*, *porcastro* und wenige andere.

567. Was das Geschlecht der Diminutiva betrifft, so erwartet man bei den Bildungen auf -*ino* stets das Maskulinum, bei den übrigen Übereinstimmung mit dem Grundwort. Diese Regel, die in der Mehrzahl der Fälle wohl zutrifft, erleidet doch eine nicht unbeträchtliche Zahl von Ausnahmen. Es tritt nämlich zunächst -*ina* an Stelle von -*ino* bei weiblichem Grundwort in den Fällen, wo die Ableitung auf -*ino* nicht die diminutive, sondern irgend eine andere Bedeutung hat, vgl. *casino* Landhaus, *casina* Häuschen, *carozzino* Einspänner für zwei Personen, *carozzina* kleiner Wagen, *codino* Zopf, *codina* Schwänzchen, *bilancino* Vorspannpferd, *bilancina* kleine

Waage, *bullettino* Billet, *bullettina* kleiner Zettel u. s. w. So ist *bocchino* ein Kosewort, während *bocchina* einfach einen kleinen Mund bedeutet; *chiesina* soll eine kleinere Kirche bedeuten als *chiesino*. Oft aber scheint kein Unterschied zu bestehen: *botteghino* und -*a*, *cenino* und *cenina* u. s. w. Auch sonst giebt es manche Ausnahmen. Von *paglia* bildet man *pagliccio* klein gehacktes Stroh, wieder wohl ursprünglich das Neutrum eines Adjektivums, aber auch *paglietto* Matte, *pagliuolo* Raff neben *pagliola* Strohhälmchen; von *nave* neben *navicella* auch *navicello*, von *crusca*: *cruschello* Kleienmehl, von *cuffia*: *cuffiotto* Männerhaube, wozu man *berretto* § 536 vergleichen kann, von *pania* neben *paniuzza* auch *paniuzzo*, von *panca*: *pancaccio* und *panchetto* neben *panchetta*, von *manna*: *manella* und *manello*, letzteres sogar das gewöhnlichere, von *acqua*: *acquerella* und *acquerello*, letzteres vielleicht nach *vinello*, von *colonna*: *colonnello* und *colonnetto* neben den entsprechenden Femininen u. s. w. Dagegen dürfte *coscetto* eher zu *coscio* gehören. Das Umgekehrte ist selten, doch vgl. *collina* neben *colle*.

568. Ähnlich verhält es sich mit dem Geschlecht der Augmentativa. Diejenigen auf -*one* sollten Maskulina sein und sie sind es auch in der That meist, vgl. *casone*, *donnone*, *forcone*, *malvone*, *falcione* u. s. w. Es kann aber auch -*ona* eintreten, wenn die ursprüngliche Bildung auf -*one* eine besondere Bedeutung angenommen hat, vgl. *bullettone* Sophanagel neben *bullettona* Augmentativ zu *bulletta*, *faccione* hässliches, *facciona* grosses Gesicht, *casone* geräumiges, *casona* grosses Haus, oder in Fällen wie *famigliona*, da *famiglione* zu *famiglio* bezogen wird, *bracona*, da *bracone* Tagedieb bedeutet, *bigonciona* Augm. zu *bigoncia* neben *bigoncione* zu *bigoncio*, *cerona* »faccia assai piena e colorita«. Die andern Augmentativsuffixe sind alle aus Adjektiven entstanden und zwar zunächst aus in der Neutralform substantivirten, daher sie von Haus aus ebenfalls männlich sein sollten, ohne Rücksicht auf das Geschlecht des Grundwortes. Es kann aber auch hier dann letzteres einwirken, so dass die Wörter auf -*accio* u. s. w. oft Femininform annehmen. Beispiele zu geben ist kaum nöthig, sie finden sich in hinreichender Anzahl in den vorhergehenden Paragraphen.

Die Verba.

569. Die Eintheilung der Verba in transitive und intransitive gehört in die Syntax, nicht in die Wortbildungs- und in die Bedeutungslehre. Dagegen lassen sich nach Art der Ableitung unterscheiden: unmittelbar abgeleitete und mittelbar abgeleitete, um die von DIEZ, Grammatik II 391 gewählte Bezeichnungsweise beizubehalten;

bei jenen tritt die Verbalendung unmittelbar an den Stamm, bei diesen wird sie mittelst eines Suffixes mit dem Stamm verbunden. Zu Grunde liegen in beiden Fällen nicht nur Nomina, sondern auch Adverbien, vgl. *dietreggiare*, oder zusammengesetzte Redensarten, wie das von Dante Parad. XIII 1, 7 gebrauchte und wohl von ihm selber gebildete *intrearsi* sich zu dreien vereinigen, oder *arrivare* nicht aus *a* und *rivare*, sondern direkt von *a riva* (wegen *rr* vgl. § 182), *insusarsi* sich erheben von *in suso* u. s. w. Ihrer Bedeutung nach zerfallen die unmittelbar gebildeten Verba in drei Klassen, je nach der Rolle, die das Grundwort im Verbalbegriff einnimmt. Es kann nämlich entweder Subjekt sein: *facetare* scherzen = *essere faceto*, *nimicare* hassen = *esser nimico*, oder Objekt: *fagianare* fasanartig zubereiten, *fascinare* Reisbündel machen, *favellare* sprechen, *favorare* Gunst erweisen, *salare* salzen u. s. w., oder endlich adverbielle Bestimmung: *falciare* eine Handlung ausführen mit der Sichel, d. h. mähen, ähnlich *piombare* mit dem Lot messen, *ferrare* beschlagen, *fibbiare* zuschnallen, *filettare* mit Goldfäden durchziehen u. s. w. Die dritte Klasse ist wohl die bei weitem zahlreichste, die erste die ärmste.

570. Unmittelbare Verbalbildung ist auch von abgeleiteten Substantiven möglich, vgl. *bastonare, ragionare, avventurare*. Immerhin ist dabei etwelche Einschränkung zu machen. Wenn sich ein Substantiv ganz klar als Ableitung zu erkennen giebt, wenn also das Grundwort noch besteht und das Suffix noch lebenskräftig ist, eine bestimmte Bedeutung hat, pflegen von dem abgeleiteten Substantiv kaum Verba gebildet zu werden. So sind die drei ebengenannten möglich, weil in *bastone, ragione, avventura* die ursprüngliche Bedeutung der Suffixe *-one, -agione, -tura* verloren gegangen ist und die drei Wörter für das italienische Sprachgefühl einfache, nicht abgeleitete sind.

571. Nur die *a*- und *i*-Konjugation geben sich zu Neubildungen her, noch dazu kommt die letztere verhältnissmässig selten zur Verwendung. Am ehesten noch scheinen Ableitungen von Adjektiven auf *-ire* gebildet zu werden, vgl. *rinverdire, smagrire, sbiadire, sbaldire, aridire, imbianchire, imbiondire, gradire*, doch auch *favorire, colorire, impiantire, granire, sgomentire, sbaldanzire, singhiozzire, foglire, rinvigorire, intiepidire, intimidire, intizzonire, intimorire*. Meist sind aber die Formen auf *-are* ebenso gebräuchlich, wenn nicht geradezu heute allein in Verwendung, vgl. *smagrare, imbianchare, imbiondare, impiantare, colorare, favorare, granare, sgomentare, singhiozzare, fogliare* u. s. w. Selten scheiden sich *-are* und *-ire* nach Faktitiv und Inchoativ wie in *ingrossare* dick machen und *ingrossire* dick werden, *intorbidare* trüben, *intorbidire* trüb werden, *invetrare* verglasen, *invetrire* zu Glas werden u. a. Im Allgemeinen scheint allerdings den *i*-Verben ursprünglich der inchoative Sinn beigewohnt zu haben; bei der Leichtigkeit, mit der dieser aber mit dem faktativen wechselt, ist der ehemalige Unterschied völlig verwischt. Doch schimmert die eigentliche Funktion der Verba auf -*ire* noch mehrfach durch, vgl. z. B. *invedovire* Wittwer werden, *invalorire* kräftig werden, *invanire* verschwinden, selbst *invecchiuzzire* etwas altern, *inverminire* wurmstichig werden, *invietire* nach Schimmel riechen, *invillanire* verbauern, *inviperire* zornig werden, *ingiovinire* jung werden u. s. w. Eine historische Untersuchung würde zweifelsohne für eine ältere Sprachperiode noch reinlichere Verhältnisse nachweisen können. — Von dieser einen Funktion der Verba auf -*ire* und von der angegebenen Dreitheilung abgesehen lassen sich die unmittelbar abgeleiteten Verba nach ihrer Bedeutung kaum in verschiedene Klassen theilen, ebenso wenig lässt sich sagen, von welchen Substantiven Ableitungen möglich sind, da es auch hier wieder mehr Sache des allgemeinen Usus ist, zu entscheiden, was bleiben soll, was nicht.

572. Bei der mittelbaren Ableitung ist zu scheiden zwischen solchen Suffixen, die an Nomina und solchen, die an Verba treten. Die erstern berühren sich mit den unmittelbaren Ableitungen und es frägt sich bloss, wenn statt der direkten Ableitung ein Suffix vorgezogen wird. In Betracht kommen -*icare*, -*eggiare*, -*izzare*. *Icare* ist ziemlich selten, vgl. etwa *amaricare*, *bianchicare*, *rossicare*, *febbricare*, wo aber heute -*eggiare* vorgezogen wird, *barbicare* Wurzeln fassen neben *barbare*, *smozzicare* verstümmeln, *cavalcare* reiten und andere. Das häufige Nebeneinander von unmittelbaren Verben und solchen auf -*icare* hatte zur Folge, dass -*icare* schliesslich deverbal wurde und zwar in intensivem Sinne, s. § 575, wogegen das denominale -*icare* zu einer bestimmten Bedeutung sich nicht zu entwickeln vermochte, vielmehr der Konkurrenz von -*eggiare* bald erlag.

573. Dieses -*eggiare* nun ist bei weitem das beliebteste Suffix. Was seinen Ursprung betrifft, so ist seine Zusammengehörigkeit mit span. -*ear*, frz. -*oyer* ebenso sicher, wie es unstatthaft ist, lat. -*icāre* zu Grunde zu legen, welcher Typus zum Nothfall dem Französischen, aber nie und nimmer dem Italienischen gerecht wird. Für alle Sprachen passt vielmehr -*idjare*, das fürs spätere Latein gelegentlich belegt ist und in dem Schuchardt, Litbl. 1884, 62 das griechische -ίζω erblickt[1]). Die Verba auf -*eggiare* haben alle die Bedeutungen,

---

[1] Ausserdem noch Ableitungen von Substantiven auf -*ia* (§ 516) und -*io* (§ 529). Letzteres ist, wenn die von mir gegebene Erklärung von -*io*

die die unmittelbaren Ableitungen aufweisen, vgl. *fiammeggiare* flimmern, flammen, *ancoreggiare* ankern, *maneggiare* befühlen, *corteggiare* den Hof machen, *costeggiare* längs der Küste fahren, *culeggiare* schwänzeln, *dameggiare*, *donneggiare* »far da donna«, woneben *donneare* bei Dante Par. XXIV 118 und sonst gelegentlich bei den Alten im Sinne von *corteggiare*, *amoreggiare* zwar lautlich ebenfalls auf *-idjare* zurückgehen könnte, vgl. § 249, jedoch wohl eher als provenzalisches Lehnwort zu fassen ist, *doppieggiare* doppelsinnig sein, *dottoreggiare* den Gelehrten spielen, ebenso *dottrineggiare*, *drappeggiare* drappiren (neben *drappare*), *echeggiare* wiederhallen, *erbeggiare* grünen (und *erbire*), *facchineggiare* arbeiten wie ein Lastträger, *falseggiare* (und *falsare*), *fanciulleggiare* Kinderei treiben, *fanfaroneggiare* prahlen, *fanteggiare* den Diener spielen, *favoleggiare* Fabeln erzählen (und *favolare*), *favoreggiare* begünstigen (und *favorire*), *festeggiare* Feste geben, *fiancheggiare* in die Seite stechen (neben *fiancare* die Seiten decken), *frascheggiare* den Wein flaschenweise kaufen, unbeständig sein, *figureggiare* in Bildern sprechen (neben *figurare* bilden), *filosofeggiare* (und *filosofare*) philosophiren, *fioreggiare* in der Blüte stehen neben *fiorire* Blüten treiben, *fiscaleggiare* die Rechte des Fiskus vertreten, *folgoreggiare* (neben *folgorare*) und *lampeggiare* blitzen, *folleggiare* unbesonnen handeln und *folleare*, das Tommaseo aus einem alten Lyriker anführt, und das wohl wieder provenzalischen Ursprungs ist; *fondeggiare* vor Anker legen, *forcheggiare* gabelförmig theilen, *fortuneggiare* sich dem Glück anvertrauen, *franceseggiare* französische Wörter gebrauchen, *francheggiare* sicher stellen, befreien (neben *francare*), *frappeggiare* klein schneiden, Baumschlag zeichnen neben *frappare* ausschneiden, *frascheggiare* rauschen, *fraseggiare* Phrasen machen, *frondeggiare* Laub bekommen, sich mit Laub schmücken, *fronteggiare* die Front bilden, *fulmineggiare* und *fulminare*, *fumeggiare* verdunsten (*fumare* rauchen), *furfanteggiare* (und *furfantare*) Spitzbübereien treiben, *galleggiare* flott sein, *gangheggiare* die Maulsperre haben, *garbeggiare* (und *garbare*) anstehen, anmuthig sein, *gareggiare* wetteifern, *gatteggiare* schillern wie Katzenaugen, *generaleggiare* verallgemeinern, *gesteggiare* gestikuliren, *ghiottoneggiare* leckerhaft sein, *giacobineggiare*, *gialleggiare* gelblich sein, *giambeggiare* verspotten, *giganteggiare* riesenhaft sein, *gioraneggiare*, *goffeggiare* tölpelhaft sein, *goleggiare* (und *golare*) lüstern sein, *gorgheggiare* trillern, *grandeggiare* gross erscheinen, *grecheg-*

---

richtig ist, unmöglich, auch ersteres bleibt mir zweifelhaft, doch lässt sich die Frage nicht innerhalb des Italienischen lösen.

giare, *grondeggiare* (und *grondare*) traufen, *grosseggiare* gross thun, *gufeggiare* Schreien wie ein Uhu, *labbreggiare* die Lippen bewegen, leise beten, *laconeggiare*, *ladroneggiare*, *lappeggiare* schlürfen, *lappoleggiare* (und *lappolare*) die Augenlider auf und zumachen, *lumeggiare* abschattiren, *amareggiare* verbittern, *albeggiare* dämmern, *signoreggiare* herrschen, *vaneggiare* und *vaneare* irren, *villaneggiare* schmähen, eigentlich von der Art eines *villano* sein, *motteggiare* spotten, *dardeggiare* schiessen, *veleggiare* segeln neben *velare* verschleiern, *guerreggiare* (und *guerriare*), *corteseggiare* Höflichkeitsbezeugungen machen. Was nun den Unterschied betrifft zwischen der unmittelbaren Verbalableitung und derjenigen mittelst *-eggiare*, so tritt er am deutlichsten entgegen in Fällen wie *fumare* und *fumeggiare*, *doppiare* verdoppeln und *doppieggiare*, *figurare* und *figureggiare*, *frappare* und *frappeggiare*, *aggrandire* gross werden und *grandeggiare*, *ingrossare* dick machen und *grosseggiare*. In allen diesen Fällen haftet der längern Form der Nebensinn der überlegten, geistigen Handlung an; während *doppiare* einfach doppelt machen bedeutet, ist *doppieggiare* ein auf das moralische Gebiet übertragenes *doppiare*; während *frappare* ausschneiden heisst ohne nähere Beziehung, ist *frappeggiare* ein Kunstausdruck der Malerei u. s. w. Danach wird *-eggiare* in all den Fällen verwandt, wo entweder von Anfang an eine übertragene Bedeutung des Verbums ausgedrückt werden soll, z. B. *gatteggiare*, oder in Verbindung mit Ausdrücken, die mehr den gebildeten Gesellschaftskreisen angehören: *corteseggiare*, *giacobineggiare*, um auszudrücken, dass die betreffende Handlung einen gewissen Grad von Bildung voraussetze. — Für sich stehen *folgoreggiare*, *fulmineggiare* und *lampeggiare*. Die Flexion auf *-eya* (§ 417) findet sich gerade bei den Verben, die Naturerscheinungen ausdrücken; speziell bei *lampeggia*, das möglicherweise durch Suffixwechsel aus *lampadiat entstanden ist, und an *lampeggia* sind dann die beiden andern angebildet [1]).

574. Was von *-eggiare* gesagt ist, gilt in noch höherem Grade von der in ihren Lauten noch rein erhaltenen Form *-izzare*. Sie entspricht in ihrem Gebrauche ziemlich unserem derselben Quelle entstammenden *-isiren*, vgl. *scandalizzare*, *macadamizzare*, *luterizzare*, *scrupolizzare*, *poemizzare*, *poetizzare*, *latinizzare* (und *-eggiare*),

---

[1] Ein seltenes *-ezzare*, wie z. B. *amarezzare*, *orezzare*, ist nicht sowohl dialektische Umgestaltung von *-eggiare*, sondern beruht auf unmittelbarer Ableitung von Substantiven auf *-ezza*, *-ezzo*. Seltener ist es als eine Verquickung von *-izzare* '§ 574' und *-eggiare* zu betrachten: *profetezzare*, *poetezzare*, *battezzare*.

[§ 574. 575. 576. 577.]   Verbalbildung.   309

prologhizzare (und *-eggiare*), *moralizzare* (und *-eggiare*), *aromatizzare*, *fertilizzare*, *fraternizzare*, *patrizzare* (dem Vater nacharten), *evangelizzare*, *egualizzare* u. s. w. Das Nebeneinander von *-izzare* und *-eggiare* ist lehrreich. Wie die Substantiva auf *-ista* (§ 492), so gehören auch die Verba auf *-izzare* zunächst lediglich der Sprache der Gelehrten und der Bücher an und haben auch jetzt noch diesen Kreis kaum verlassen. Dringen sie aber doch aus dem einen oder andern Grunde weiter in die eigentliche Volkssprache, so muss das ungewohnte *-izzare* den Platz dem mit ihm ursprünglich identischen, aber der Volkssprache schon viel länger angehörigen *-eggiare* räumen.

575. Treten Suffixe unmittelbar an Verbalstämme, so drücken sie eine Modifikation der Ausführung einer Handlung aus. Das Italienische bedient sich jedoch dieser Art, den Ausdruck zu modifiziren, nur in verhältnissmässig geringem Maasse. Die Intensität der Handlung bringt das schon § 572 genannte *-icare* zum Ausdruck, vgl. *bollire* aber *bulicare* aufwallen, sprudeln, *arpare* packen, *arpicare* anfassen, klettern, *rampare* festklammern, *rampicare* klettern, *gemere* tropfen, *gemicare* tröpfeln u. s. w. Häufig ist allerdings der Unterschied ganz verwischt, vgl. *affumicare*, *dimenticare* neben den heute kaum mehr gebräuchlichen *affumare*, *dimentare*, *biascicare* und *biasciare*, *sbarbare* und *sbarbicare*.

576. Ziemlich zahlreich ist dagegen die Klasse der Diminutiva. Mit der Kleinheit verbindet sich im Verbum sehr häufig der Begriff der Raschheit und Wiederholung. Wir finden zunächst als Suffix *-olare*, wie schon im Lateinischen, vgl. *brancare* packen : *brancolare* tappen, venez. *cigare*, tosk. *cigolare* knarren, klirren [1]), *frugare* durchsuchen, *frugolare* durchstöbern, *mescere* und *mescolare*, *piangere* klagen und *piangolare* wimmern, vgl. auch *piagnucolare*, *sventare* fliegen, *sventolare* flattern, *gocciare* tropfen, *gocciolare* tröpfeln, *tombolare* kopfüber fallen, *tremare*, *tremolare*, *voltolare*, *crepolare* bersten, *scricchiolare* knistern, *sfregacciolare* leicht reiben, *sgrigiolare* klingen, *grufare* und *grufolare* wühlen, *smammolarsi* sich ergötzen.

577. Ebenso ist *-ettare* sehr gebräuchlich: *bombare* trinken, *bombettare* nippen, *zappare* hacken, *zappettare* leicht behacken,

---

[1] Die Zusammenstellung mit *sibilare*, die von Ferrari herrührt und von Diez, Wb. II a, Flechia, Arch. Glott. III 154 gebilligt wird, dürfte rücksichtlich der venezianischen Form in Frage gestellt werden, um so mehr, als lautlich das *c* nicht passt und der Begriff des lateinischen Wortes sich nur unvollkommen mit demjenigen des Italienischen deckt. Eher wird man an ein auf *cic-ada* gebautes *cicare* denken dürfen.

macchiare beflecken, *macchiettare* sprenkeln, *gambettare* zappeln, *linguettare* stottern, *sculettare* schwänzeln, *gambettare* trippeln, *picchiettare* tüpfeln, *schizzettare* bespritzen, *scoppiettare* knittern, krachen u. a. Seltener ist *-ottare*: *pigiottare*, *parlottare* leise reden, flüstern, zischeln, *borbottare* murmeln vgl. *borb-ogliare* und Rom. Gramm. I 48[1]); auch *cingottare* neben *cinguettare* mag hier genannt werden.

578. Rein verkleinernd ist *-ellare*: *balzellare*, *sarchiellare* etwas jäten, obenhin jäten, *saltellare* und *salterellare* hüpfen, *punzellare* tüpfeln, *dentellare* benagen, *lardellare* leicht spicken u. s. w. In *canterellare* mag das zwischen Stamm und Suffix tretende *-er-* sich aus einem Streben nach Lautmalerei erklären. Ferner mögen noch in ähnlichem Sinne genannt werden: *-icchiare*: *salticchiare* hüpfen, *cucicchiare* langsam nähen, *rosicchiare* und *denticchiare* benagen, *componicchiare* mühsam zusammen schreiben ; *-ecchiare*: *sonnecchiare* schlummern, *morsecchiare* anfressen ; *-ucchiare*: *bevucchiare* nippen, *baciucchiare* schnäbeln, *pesucchiare*, *affatucchiare* bezaubern u. s. w.

579. Augmentativ und zum Theil pejorativ ist *-acchiare*: *sbadacchiare* laut gähnen, *batacchiare* prügeln, *tiracchiare* zerren, *scrivacchiare* schmieren, *lavoracchiare* pfuschen, *fuggiacchiare* oft die Flucht ergreifen, *frugacchiare* eifrig durchstöbern, *rubacchiare* mausen, *sbevacchiare*, *innamoracchiare*.

580. Nur intensiv scheint *-azzare*: *scorrazzare* umherschwärmen, *schiamazzare* schreien, *screpazzare* bersten, *scacazzare*, *sbevazzare* nippen (eigentlich wohl oft trinken). *svolazzare* flattern, *spelazzare* Wolle lesen, *ghignazzare* laut lachen, *innamorazzare* u. a.

II. Wortzusammensetzung.

581. Bei der Bildung von neuen Wörtern durch Zusammensetzung ist zu unterscheiden, ob der erste Bestandtheil des neuen Gebildes ein Präfix oder ein Vollwort sei. Die Präfixe, entstanden meist aus alten Präpositionen oder Adverbien, haben mit den Suffixen das gemeinsam, dass ihnen selbständiger Werth fast stets fehlt und dass sie an alle oder doch an die meisten Vertreter ganzer Wortklassen treten, um die Bedeutung der letztern nach bestimmter Richtung hin zu modifiziren. Bei der Zusammensetzung von Vollwörtern dagegen handelt es sich um die Schöpfung ganz neuer Begriffe, die allerdings

---

[1] Diez, Gramm. II 404 führt *barbottare* unter *barba* an, doch ist das Wort von *borbottare* nicht zu trennen, vielmehr aus diesem entweder durch Dissimilation oder durch Anlehnung an *barba* entstanden.

eine gewisse Beziehung haben zu den Begriffen, aus deren Bezeichnungen die neuen Wörter gebildet werden. Der ersten Klasse gehören hauptsächlich Verba, selten Nomina an, der letzteren hauptsächlich Nomina.

582. Die Zahl der fürs Italienische in Betracht kommenden Präfixe ist eine ziemlich grosse. Sie sind alle aus Präpositionen entstanden, die zum Theil noch in Gebrauch, zum Theil aber auch allerdings längst verschwunden sind. Die wichtigsten sind *s* aus lat. *ex* oder *dis*, *in*, *con*, *a*, *di*, *ri*, dann *so*, *tra*, *stra*; seltener zweisilbige wie *contra*, *anti*, *sotto* u. s. w. Die jungen Präpositionen wie *dopo*, *avanti* u. s. w. sind dagegen zur Zusammensetzung noch kaum gebräuchlich.

583. Vielleicht am deutlichsten ausgeprägt ist die Funktion von *ri-*. Wie im Lateinischen, so giebt es im Italienischen die Wiederholung einer Handlung an: *riavere* wieder bekommen, *ribattere* wiederschlagen, *riappisolarsi* wieder einschlafen, *ribagnare* wieder baden, *ribucare* wieder durchlöchern, *ricombattere* von Neuem bekämpfen. Die Wiederholung kann nun aber in anderem Sinne gefasst werden, entweder nämlich so, dass die Handlung durch eine zweite Person hinwiederum geschieht, oder dass sich mit ihr die Bedeutung eines Zurückkommens, Zurücknehmens an einen früheren Ausgangspunkt verbindet. So haben wir für den erstern Fall *riburlare* den Spass erwiedern, *riadulare* die Schmeicheleien zurückgeben, *riamare* die Liebe erwiedern, *ricredere* andern Sinnes werden, eigentlich »hinwiederum glauben, seinerseits glauben, was der andere sagt«; auch *rincontrare* wird hierher gehören. Für den zweiten Fall: *riandare*, *ritornare*, *rivenire*, *ribalzare* zurückprallen, *ribandire* zurückrufen, *ricacciare* zurückjagen, *ricadere* zurückfallen, *richiamare* zurückrufen, *riducere*, *rifiutare* zurückweisen, eigentlich zurückblasen u. s. w. Oft scheint *ri* ganz bedeutungslos, namentlich bei mit *in* oder *ad* gebildeten Verben, vgl. *rimbambire* kindisch werden, *rimbecillire* dumm werden, *rimbellire* verschönern, *rimbiancare* übertünchen, *rimbiondire* blond machen, *rimbruttire* hässlich werden, *rimbuire* verdummen, *rimpiccolire* verkleinern, *rimpinzare* vollstopfen, *rimpoltronire* faul werden, *rincagnarsi* böse werden, *rincarare* vertheuern, *rincerconire* kahnig werden, *rincivilire* bilden, *rincorare* ermuthigen, *rindolciare* versüssen, *rabassare* den Preis herabsetzen, *rabbattere* herunterlassen, *rabbonacciare* beruhigen, *rabbonire* besänftigen, *rabbrividire* schaudern, *rabbruscare* verdunkeln, *rabbujare* dunkler machen, *raccertare* vergewissern, *raddirizzare* gerade richten, *raddolcire* versüssen, *raddoppiare* verdoppeln, *raffermare* bestätigen, *raffinare* verfeinern, *raffreddare* abkühlen, *rallargare* erweitern u. s. w. Wie man sieht, sind es fast ausschliesslich solche Verba, die das Herübergehen von einem Zustand in einen andern angeben, Faktitiva oder Kausativa. Die Funktion von *ri*, wie sie hier erscheint, erklärt sich aus derjenigen in *rivenire* u. s. w. In letzterm nämlich drückt *ri* ebenfalls den Übergang von einem Ort zu einem andern, allerdings noch mit dem speziellen Nebengedanken, dass es sich dabei um eine Rückkehr zum ursprünglichen Zustande handle. Es kann nun aber diese Rückkehr bloss ideell sein, oder sie kann schliesslich ganz wegfallen, und *ri* giebt dann nur noch die Veränderung überhaupt an. — Selten verbindet sich *ri*- mit andern Redetheilen. In *riecco* ist *ecco* wie auch sonst als Verbum betrachtet. Auffällig ist *rifallo*, dem kein Verbum zur Seite steht. In dem Adverbium *di rimpetto* entspricht *ri* dem *ri* in *riburlare*, in *ridosso* ist mit dem Ausdruck, der Rücken bezeichnet, die Partikel, die das »Zurück« ausdrückt, verbunden u. s. w.

584. Das italienische *s*- entspricht lateinischen *dis* und *ex*. Häufig stehen Bildungen mit *dis* und *s* nebeneinander, vgl. *disbrigare* heraushelfen und *sbrigare* befördern, *disbadire* und *sbadire*, *disbandire* und *sbandire*, *dibbarazzare* aus der Verlegenheit bringen und *sbarazzare* wegräumen, *disbarcare* und *sbarcare* u. s. w., meist ohne Unterschied der Bedeutung, doch so, dass die Bildungen mit *dis* die jüngeren sind. Entsprechend seinem Ursprung ist die Bedeutung des *s* zunächst eine rein lokale, es giebt die Bewegung aus etwas heraus, oder auch das Auseinander an. In diesem Sinne tritt *s* häufig an Substantiva, um abgeleitete Verba zu bilden, vgl. *sgabbiare* aus dem Käfig befreien, das direkt von *s* und *gabbia* gebildet ist, nicht von *gabbiare. Ebenso *scatenare*, *sfornare*, *sfossare*, *sguainare*, *sfasciare* u. s. w. Sodann *sgranare* auskörnen, *spopulare* entvölkern, wo das Substantivum das Objekt der Handlung ist, ferner *sfamare* den Hunger stillen, *sferrare* die Eisen wegnehmen, *sbandare* zerstreuen. Aus dieser privativen Bedeutung entwickelt sich dann die der Umkehrung ins Gegentheil: *sfelice* unglücklich, *sfocato* kalt, *sbadato* unbedacht, *sbiadato* verblichen, *sconsiderato*, *scostumato*, *sfavorire* schaden, *sfermare* und *schiudere* öffnen, *sfittare* lockern, *sbalestrare* fehl schiessen,*sberciare*, *scolorire* entfärben, *scomodare* lästig fallen. Das Herauskommen liegt vor in *scolare*, *schiarire*, *schiarare*, das Herausnehmen in *scavare*, *scacciare*, *sfuggire*, *scorrere*, *sfiatare* ausathmen, *sfondare*; das Ausschliessen in *sbarrare*; das Auseinanderreissen in *scollegare*, *sfaldare*, *scolpare* entschuldigen, *scombinare* durcheinanderbringen, *scommezzare* halbiren, *scompagnare* trennen, *scomporre* zerlegen, *scomunare* veruneinigen, *sconcorde* uneinig, *sconsigliare* abrathen, *sconsentire* missbilligen, *sconvenire*, *scoprire*, *scordare*, *screscere*, *sdegnare*, *sfigurare* entstellen, *sgominare* u. s. w. Sehr oft ist *s* verstärkend zunächst bei solchen Verben, die die in *s* liegende Bedeutung schon an sich ausdrücken wie *sfendere* = *fendere*, *sfiondare* schleudern, *sbandire* verbannen, *scalvare* kahl machen. Hierher gehört *spauperarsi* sich ärmer machen um etwas, *sfolgorare*, *sfoggiare*, *sfinire*, *sfavillare* sprühen, *sguardare* eigentlich hinausblicken; *sbaciucchiare*, *sbaldeggiare* sich erkühnen, *scalmarsi*, *scampanare*, *sconfermare*, *sbatacchiare*, *sbattere* schütteln, *sbevacchiare*, *sconfiggere*, *scacazzare*, *scaldare* erwärmen. Auch bei Adjektiven: *biescio* und *sbiescio*, *sbulimo* heisshungrig, *sfaccendare* und selbst bei Substantiven: *sbaldore* Heiterkeit. Zuweilen ist gar kein Unterschied zu merken, vgl. *sbiasire* und *basire*, *sbavare*, *sbeffare*, *sbiasciare*, *sbufonchiare* und *bofonchiare*, *scamuffare*, *scommettere*. Noch bleibt zu erwähnen, dass *s* auch dem frz. *mes-*, span. *menos-*, lat. *minus* entsprechen kann: *spregiare*, *scontento*, *sconoscere*, *scredere* neben *misavvenire*, *miscadere*, *misconoscere*, *miscredere*, *misdire*, *misfare*, *misprendere*.

585. Den Gegensatz von *s* bilden *in* und *con*. Jenes bildet Verba aus Verben und Substantiven, um die Bewegung in etwas hinein anzugeben; vgl. *imboccare* in den Mund nehmen, *imbisacciare*, *impostare*, *incarrozzare*, *imbarcare*, *imbalsamare*, *imbaulare*, *imbeccare*, *importare*, *indurre*, *imbattersi*, *incacciare* antreiben, *incadere*, *impiantare*, *impiagare*, *immischiare*. Sodann werden von Adjektiven und Substantiven Faktitiva mit *in* gebildet, das Versehen mit einer Eigenschaft wird aufgefasst als ein Versetzen in dieselbe hinein, vgl. *inaridire* austrocknen, *ingrandire* vergrössern, *inpallidire* erbleichen, *illeggiadrire* verschönern, *illanguidire* schwächen, *imbellire* verschönern, *imbiancare* weissen, *illaidire* hässlich machen, *imbianchire* weissen, *immagrire* mager werden, *immegliare* verbessern, *impiccolire* verkleinern, *intristire* böse werden, *imboschire* verwildern, *impecorire*. Auch Adjektiva werden bisweilen so gebildet: *illetarghito*, *imbisognato* beschäftigt, *immusito* ärgerlich, *impagliolata* Wöchnerin, *imparolato* geschwätzig, *imperversato* hitzig, *impettito* steif (vielleicht zunächst Partizip zu *impettire*) u. s. w.

586. Auch die Zusammensetzungen mit *con* zeigen meist noch ganz deutlich den ursprünglichen Sinn der Präposition, sie geben also die Vereinigung, die gemeinschaftliche Handlung, die Begleitung an. So haben wir Vereinigung in *comporre*, *collocare*, *collegare* zusammen binden, *combinare*, wohl auch *congelare*, dann *concatenare* verketten, *concentrare* zusammendrängen, *concorporare*, wo der Ausgangspunkt ein Substantiv ist; die gemeinschaftliche Handlung in *condolere*, *compatire*, *collaborare*, *collacrimare*, *compiangere*, *collu-*

dere, auch *collaudare* eigentlich gemeinschaftlich loben, *concreare*, *collimare* ursprünglich zwei Gegenstände gleichzeitig feilen, *combattere*, *confrontare*, *coabitare*, *collaborare*, *concordare*, *concreare*, *condurre* begleiten, *conregnare*, *cooperare*, *cospirare*. Diese Verba sind dann gerne reflexiv: *concredersi* sich verständigen, *confarsi* angemessen sein, *condirsi*, *confastidiarsi*. Häufig ist *con* einfach verstärkend: *commescere*, *commescolare*, *conchiudere*, *convincere*, *conguagliare*, *conseguire*, *contorcere*, *confermare*, *consomigliare*, *concuocere*, verdauen, *comprovare*, *compungere*, *confringere*, *conquidere*, *convalidare*, *corrispondere*. — *Con* kann nun auch an Substantiva treten und giebt in diesem Falle die Mitbetheiligung an: *concittadino*, *coaccusato*, *condebitore*, *coaccademico*, *consuocero*, *concausa* Nebenursache, *confossa* Nebengraben, Böschung; *combibbia*, *commensale*, *compare*, *compatto*, endlich *condegno* passend, *coeguale* völlig gleich, *coevo* gleichaltig, *concolore* u. s. w.

587. Auch bei *di* liegt die lokale Bedeutung der Entfernung, Trennung noch ziemlich oft vor: *diboccare* aus dem Munde nehmen, *diroccare* herunter stürzen, *digradare* herabsetzen, *dibastare* absatteln, *diboscare* entwalden, *dibrucare* die Bäume reinigen, *dibucciare* ausschälen, *diffaldare* abblättern, *difformare* entstellen, *dibarbare* entwurzeln, *dibrancare* ausmerzen, *difrenare* den Zügel abnehmen, *digranare* entfetten, *dilacciare* aufschnüren, *dimembrare* zergliedern, *dinodare* aufknoten, *dipellare* die Haut abziehen, *dizzaccherare* von Klumpen reinigen, dann *dilungare* verlängern, *dilargare* verbreiten, *dimagrare* abnehmen, *diradare* verdünnen u. s. w. Mit Zeitwörtern: *ditrarre* wegreissen, *dirubare* rauben, *dilavare* auswaschen, *dipascere* abweiden, *dimettere* ablassen, dann auch *dinumerare* einzeln zählen, *diffondere* vergiessen, *dipartire* abreissen, *dichinare* herabneigen, *diffaltare* mangeln u. a., *digiudicare* aburtheilen. Es ist nun aber gerade bei diesen letztern nicht ganz leicht zu scheiden, ob wirklich *di-* oder nicht vielmehr *dis-* vorliege. Vor *l, m, n, b, g, d, f* ist im Lateinischen *dis* zu *di* geworden, das nun natürlich im Italienischen mit *de* zusammenfällt. Eine Scheidung ist um so schwieriger, als die beiden Präfixe sich auch in der Bedeutung berühren, doch kann z. B. in *diffidare*, *diffaltare dis* stecken, ebenso in *dimentire* Lügen strafen neben *smentire*, *dimembrare* zergliedern, *digiungere* zertheilen. — Noch mag *dirozzare* an dem Rohen arbeiten genannt werden.

588. Am unbestimmtesten sind endlich die Zusammensetzungen mit *a*. Der ursprünglich lokale Sinn der Annäherung macht sich zwar noch oft geltend: *accorrere* herzulaufen, *addurre* herzuführen, *aggiungere* hinzuführen, auch in *accadere*, *avvenire*, *apportare*

hinzutragen, *apporre*, *accasare* verheirathen, *accasermare* in Kasernen unterbringen, *accoppiare*. Dann aber wird *a* auch in übertragenem Sinne gebraucht. Zunächst bildet es von Adjektiven und Substantiven Faktitiva: *abbrunare* zum Schwarzen machen, *abbellire* verschönern, *abbonire* beruhigen, *abbassare* niedriger machen, *abbonare* verbessern, *abbreviare* abkürzen, *abbronzare* bräunen, *abbrutire* verdummen, *abbujare* verdunkeln, *accecare* blenden, *abballare* einballen, *abbicare* zu Haufen machen, *abbinare* paaren, *abbocconare* zerstückeln, *abbottarsi* sich aufblähen, *abbrancare* zusammen treiben, *accagliare* gerinnen, *accalorare* erhitzen, *accapponare* kastriren, *accestire* Büschel bilden. Die Richtung auf etwas hin dürfte auch vorliegen in *abbadare* achtgeben neben *badare*, *acchiappare* erwischen, *addarsi* gewahr werden, *adocchiare* anblicken, *affibbiare* anschnallen, *affiggere* anheften, *agguardare* ansehen. Mehr instrumentalen Sinn hat *a* in *abbacinare* blenden, *abbambagiare* wattiren, *abbancare* mit Bänken versehen, *abbertescare* befestigen, *abbastonare* prügeln, *abbendare* verbinden, *abbiellare* verkeilen, *abboccare* anbeissen, *abboracciare* und *abborrare* mit Scheerwolle füllen, *abbracciare* umarmen, *abbrigliare* zäumen, *accappiare* mit der Schlinge befestigen, *accastellare* mit Kastellen versehen, *accerchiare* umschliessen, *acciuffare* beim Schopf nehmen, *accollare* aufbürden, *accostumare* gewöhnen, *addentare* packen, *additare* hinweisen, *addossare* aufbürden, *addrappare*, *adescare* ködern, *affunare* aufhängen, *alletamare* düngen u. s. w. Es können nun in dem Sinne dieser letztern Beispiele auch Verba ohne *a*- direkt von Substantiven abgeleitet werden, vgl. § 569. Die Folge davon ist, dass auch in sehr vielen andern Fällen *a*- fast ohne jede Bedeutungsänderung vorgeschlagen werden kann, vgl. z. B. *acconsentire* und *consentire*, *accontare* zählen, *accontentare* befriedigen, *accurare* besorgen, *addimandare*, *addimenticare*, *addimorare*, *addimostrare*, *addipannare*, *addirizzare*, *addisciplinare*, *addivenire*, *addiventare*, *adempiere*, also namentlich bei mit *di* zusammengesetzten Verben. Verschieden von den bisherigen ist *abbisognare*, das erst aus *ha bisogna* infolge falscher Auffassung des *ha* entstanden ist (A. Tobler, Zs. vgl. Sprachforsch. XXIII 421). Die Zusammensetzungen mit *a* berühren sich vielfach mit denen mit *in* und nicht immer ist der Unterschied, der ursprünglich zwischen *a* und *in* besteht, festgehalten. In einzelnen Fällen freilich tritt er noch ziemlich deutlich zu Tage, so in *abbracciare* umarmen neben *imbracciare* an den Arm binden, *abboccare* anbeissen neben *imboccare* in den Mund stecken, *appoggiare* stützen neben *impoggiare* Berge besteigen. In sehr vielen andern Zusammensetzungen scheinen *a* und *in* völlig gleichbedeutend zu sein, vgl.

irricchire und *arrichire*, *irrugginire* und *arrugginire*, *allividire* *illividire*, *imbellire* und *abbellire* u. s. w.

589. *Per* giebt den Raum an, über welchen hin, oder quer durch welchen sich die Handlung erstreckt: *percorrere* durchlaufen, *percacciare* verfolgen, *perdurare* dauern, *perdurre* hindurchführen, *perforare* durchbohren, *perlustrare* erspähen, *permanere* bleiben, *pernottare* übernachten, *pernoverare* durchzählen, *perseguitare* verfolgen, *pervagare* durchstreifen, *pervenire*. Zuweilen ist *per* verstärkend: *perfricare* tüchtig reiben, *permischiare* mischen, *permuovere*, *persolvere* erfüllen, *perfrequentare* oft besuchen, und mit Adjektiven: *percaro*, *permaloso*.

590. Noch weniger fruchtbar als *per* ist *pro*, das in seiner Grundbedeutung unserm *vor* entspricht, daher *procedere* vorwärts gehen, *produrre* vorführen, *professare* öffentlich bekennen, *profondere* vor sich hingiessen, ausgiessen. *progettare* vorschlagen, *promuovere* vorwärts bewegen, *proporre* vorschlagen, *prorompere* hervorbrechen, *proseguire*, *prostendere* ausstrecken, *protrarre* hervorziehen, *provenire* hervorkommen. Seltener ist die Bedeutung des Interesses: *procacciare* verschaffen, *procurare* Fürsorge treffen, *provvedere*. — Zuweilen steht *pro* für *per*: *profumare*, *prolungare*.

591. Auch *so-* = lat. *sub-* ist ziemlich selten. Die lokale Bedeutung, wie sie noch vorliegt in *soccavare* unterhöhlen, *sofforare* von unten durchbohren, *soccidere* unten wegschneiden, *soggiogare* unterwerfen, *sopporre*, *soppiantare*, *soppannare*, *soppozzare*, *soscrivere* u. s. w., hat sich meist in geistigem Sinne weiterentwickelt: etwas unten hindurch, unter der Hand, d. h. heimlich, allmählich tun: *socchiudere* halb schliessen, *socchiamare* leise rufen, *sorridere* lächeln, *sobbollire* etwas sieden, *soccrescere*, *soffreddare* abkühlen, *soffregare* leicht reiben, *soffriggere* leicht rösten, *sogghignare* heimlich lachen, *sogguardare* anblinzeln u. s. w.

592. *Anti-*, *ante-*, *avanti-* behalten überall ihre Grundbedeutung, vgl. *anticorrere* voranlaufen, *anticonoscere* vorher erkennen, *anticoncepire*, *antidire* voraussagen, *antidatare*, *antigustare* einen Vorgeschmack haben, *antigiudicare*, *antiprendere* vorweg nehmen, *antimettere*, *antivedere*, *antiguardare* voraussehen, *antiandare* vorangehen, *antimandare* u. s. w. Dann bei Substantiven: *antibecco* Eisbrecher, *antibraccio* Vorderarm, *anticamera* Vorzimmer, *anticorte* Vorhof, *antibasa*, *antiporta*, *antisala*; *antenato*, *antepassato*, *anteporta*, *anteserraglia* Vorlegeschloss; *avambraccio* Vorderarm, *avamporto* Vorhafen, *avamposto* Vorposten, *avancarica*, *avancorpo* Vorbau, *avanguardia* Vortrab, *avantreno* Protze.

593. Dasselbe gilt von *contra-*, vgl. *contrabattere* eine Gegenbatterie errichten, *contrabillanciare* das Gleichgewicht halten, *contraccambiare* gegen tauschen, *contraccicalare* dagegen schwatzen, *contraddire* widersprechen, *contraffare* nachäffen, *contrammandare* Gegenbefehl geben, *contrappassare*, *contrapensare* auf Gegenmittel sinnen, *contrappesare* aufwiegen, *contrapporre* entgegensetzen, *contrappunteggiare* steppen, *contrarrispondere* u. a.; *contrabballata* Gegenstrophe, *contraccambiale* Gegenwechsel, *contraccanta* Gegengesang, *contraccarico* Gegengewicht, *contraccava* Gegenmine, *contracchiave* Nachschlüssel, *contraccolpo* Gegenschlag, *contraccritica* Gegenkritik, *contraddanza*, *contraddote* Gegengabe, *contraffodera* Doppelfutter, *contrafforte* Stutzpfeiler, *contrafforza* Gegengewalt, *contraffosso* Vorgraben, *contragguardia* Bollwerkswehr, *contrallume* Gegenlicht, *contrammarea* Gegenflut, *contrammina* Gegenmine, *contrammuro* Gegenmauer, *contramore* Gegenliebe, *contrapparte* Gegenstimme u. s. w.

594. *Tra-* und *fra-* berühren sich sehr nahe. Jenes entspricht lat *trans-* oder *intra-*, dieses lat. *infra-*. *Trans-* bedeutet ursprünglich durch hindurch, *intra-* zwischen, *infra-* unter, sie bezeichnen also Lokalbegriffe, die sehr leicht in einander übergehen. In der That kann man z. B. bei *tralasciare* im Zweifel sein, ob man es als durchlassen oder unterlassen auffassen soll. Die lokale Bedeutung ist meist noch klar, vgl. *frammescolare* und *tramescolare* dazwischen mengen, *frammettere*, *tramettere* und *frammezzare* dazwischen legen, *frantendere* missverstehen, *frappore* und *trapporre* dazwischen stellen, *frastagliare* auszacken, *frastenere* hinhalten, *frastornare* abbringen [1]). Mit *tra-*: *trascegliere*, *trafiggere* durchbohren, *tracolare* durchtränken, *tralignare*, *tramontare* untergehen, *traboccare* austreten, *tradurre* hinüberführen, *trasportare*, *tramutare*, *trasandare* über die Zeit hinausgehen, *trabastare* übergenug sein, *trabere* und *tracannare* zu viel trinken, *tracolpire* über das Ziel schiessen, *trapagare* zu viel bezahlen, *tracotare* übermüthig sein, *trafare* zu viel thun; *trafugare* heimlich flüchten, *traguardare* verstohlen sehen, *travedere* flüchtig sehen u. s. w. Die Bedeutung des Übermaasses, die mehrere der letzten Verba zeigen, eignet *tra* dann namentlich bei Adjektiven: *traantico*, *traavaro*, *trabasso*, *trabello*, *trabeato*, *trabuono*, *tracarcio*, *tracaro*, *tracattivo*, *trucontento*, *tracortese*, *tracotto*, *trafermo*, *trafreddo*, *tragrande*, *tramiserabile* u. s. w.

---

[1] Dagegen wird *fracassare* vielmehr *fra-nto*, *fra-ngere* im ersten Theile enthalten, da, wie die obigen Beispiele zeigen, der Konsonant nach *fra* stets verdoppelt wird.

595. Daran mag sich *stra* = *extra* schliessen, das mit Adjektiven und Verben das Übermaass angiebt: *stragrande*, *strabello*, *strabene*, *strabuono*, *stracaro*, *stracontento*, *stradoppio*, *strafino*, *strafoggiato*, *stragrave* u. s. w., *stradolore*, *straora* ungewohnte Stunde; *strabere*, *stracanarsi* sich abarbeiten, *stracantare* schlecht singen, *stracuocere* zu sehr kochen, *stracorrere*, *strafare* zu viel thun, *stragodere*, *stragonfiare*, *strapagare* über bezahlen, *straparlare* u. s. w. Seltener zeigt sich die räumliche Bedeutung von *extra*, vgl. *strabalzare* hin und her schaukeln, *straboccare* herausstürzen, *strafalciare* nachlässig mähen, *stralignare*, *stranaturare* die Natur ändern, *straripare* austreten, *stravalcare*, *stravasare* austreten u. a. Zuweilen tritt *stra-* ganz an die Stelle von *tra-*: *strafigurare*, *straforare*, *strapiantare*, *straportare*, *stravestire* u. s. w.

596. Zur Steigerung dient ferner das dem Griechischen entstammende *arci-*, nicht nur in *arciduca*, *arcidiacono* und andern Titelwörtern, sondern auch in *arcibriccone* Erzschelm, *arcifanfano* Aufschneider, *arcigiullare* Erzgaukler, *arcimatto* Erznarr; dann bei Adjektiven: *arcicontento*, *arcibestiale* und selbst bei Verben: *arciballare* sich müde tanzen, und bei Sachnamen *arcispedale*. Die Verbindung mit Adjektiven und Personalbezeichnungen ist eine unbegrenzte.

597. Die Negation eines Adjektivs wird ausser durch *s* meist wie im Lateinischen durch *in-* ausgedrückt: *infelice*, *ingiusto*, *ineguale*, *illegale*, *illegittimo*, *illeso*, *illecito*, *immanifesto*, *immansueto*, *immaturo*, *immemore*, *inamabile*, *inappellabile*, *inameno*, *inatto*, *inavveduto*, *inavvertito*, *inavvezzo*, *incauto*, *inestimato*, *inerrabile* u. s. w. Die Zahl der Beispiele ist eine grosse, allein bei näherer Betrachtung ergiebt sich, dass es hauptsächlich die gelehrten Adjektiva sind, die eine Negirung ihres Begriffes mittelst *in-* erlauben, während die eigentlich volksthümlichen sich kaum dazu hergeben.

598. Zuweilen nimmt *male* die Stelle von *in* ein: *malsano*, *malsicuro*, *malavveduto*, *malabile*, *malaccorto* unvorsichtig, *malagiato* unbequem, *malcauto* unvorsichtig, *malconoscente* undankbar, *malcontento*, *malcreato* ungezogen, *malcredente* ungläubig u. s. w., während in manchen andern *mal* noch mehr seine ursprüngliche Bedeutung bewahrt: *malacconcio* übel zugerichtet, *malaffetto* übel gesinnt, *malagevole* unbequem, *malarrivato* ungelegen, *malassettato* unordentlich, *malcoperto* schlecht bedeckt, *malinteso* missverstanden, *malimpiegato* übel angebracht, *malvissuto* von schlechtem Lebenswandel, *malvisto* ungern gesehen, *malvivo* halbtodt, und zahlreiche andere. Mit Verben verbindet sich *mal* seltener: *malconsigliare* schlecht berathen, *malgiudicare* ungerecht beurtheilen, *malmenare* schlecht behandeln, *malmettere* vergeuden, *maltrattare*, *malvolere*, *malvedere* und das schon lateinische *maledire*.

599. Auch *bene* tritt mit manchen Adjektiven zur festen Verbindung zusammen. Die Schriftsprache ist sich hier übrigens ziemlich inconsequent. Im Grunde kann *bene* zu jedem Verbum oder Adjektivum in lobendem Sinne treten, aber in manchen Fällen wird es noch als selbständiges Wort betrachtet, in manchen nicht. Vgl. etwa *bencreato, benvenuto, benamato, benaffetto* (aber *bene affettato*), *benarrivato, benaugurato, benavventurato, beneviso* gern gesehen, *benfacente, benfatto* wohlgestaltet, *beninteso* kunstreich angeordnet, *bennato, bentenuto, benveduto, benvoluto* u. s. w. Dann also auch hier *benedire*.

600. Mittelst Zusammensetzung zweier im Italienischen noch selbständig vorkommender Wörter werden fast nur Sachnamen gebildet. Die Eintheilung kann daher nicht nach Begriffskategorien gemacht werden, sondern nach dem Verhältniss, in welchem die beiden Grundwörter zu einander stehen. Da haben wir zunächst bei Bildungen aus zwei Substantiven den Fall, dass das zweite vom ersten abhängig ist, aber das erste näher bestimmt, wie *acquavite, capelvenere*, in welchen beiden offenbar lateinische Genitive stecken (vgl. § 317), dann aber auch *caposcuola* Meister einer Schule, *capostazione* Stationsvorsteher, *capoposta* Postenchef, *capoparte* Parteichef, *capocaccia* Oberjägermeister, *capobanda* u. a., nach deren Vorbild *capo-artificiere, capocuoco, caportolano* u. a. gebildet sind; *capopagina* Arabeske, *capolavoro* Meisterwerk, woneben *capodopera* eine Übertragung des französischen *chef d'oeuvre* ist, *capoletto* Kopfstück. *capomese* u. s. w.; *acquaragia* Terpentinöl, *cannamele* Zuckerrohr, *favomele* Honigwabe, *vinomele* Apfelwein, welche drei Bildungen allerdings nicht erbwörtlich sein können, da man entweder *miele* oder *melle* (= *mellis*) im zweiten Gliede erwartet; *madreperla, madreselva* Gaisblatt, *madrevite* Schraubenmutter, *madrebranca* Hauptzweig, *madrefamiglia, madreforma*, sogar *madrepatria* u. a.

601. Auch die umgekehrte Stellung der beiden Glieder kommt vor, vgl. *linseme* Leinsamen, *merluccio (maris lucius), di nottetempore* zur Nachtzeit, *orbacca (lauribacca*, vgl. § 195), *terremoto, acquedotto, ragnatela* Spinnengewebe, *capocenso* Kopfsteuer, *capogiro* Schwindel u. a., ferner die Bezeichnungen der Wochentage. Was das gegenseitige Verhältniss der beiden Bildungsweisen betrifft, so ist die an zweiter Stelle erwähnte die ältere. Die ihr angehörigen Wörter tragen mit wenigen Ausnahmen das Gepräge höheren Alters, sie sind erstarrt und werden zum Theil kaum mehr als Zusammensetzungen gefühlt. Die Wortfolge, Genitiv-Nominativ, ist die lateinische, wogegen die in *caposcuola* vorliegende, Nominativ-Genitiv, vielmehr die romanische ist. Derselbe Altersunterschied lässt sich historisch nachweisen an Ortsnamen, vgl. B. BIANCHI, Arch. Glott IX 418.

602. Es giebt nun noch eine dritte, nahe verwandte Klasse, die durch Beispiele wie *cavolfiore* Blumenkohl, *fiorcappuccio* Rittersporn, *fiorvelluto* Tausendschön, *piantanimale* charakterisirt wird. Hier stehen die beiden Substantiva auf einer Stufe und zwar bestimmt das zweite das erste näher, ohne doch von ihm abhängig zu sein, wie bei den Beispielen von § 600. Vgl. noch *grillotalpa* Maulwurfsgrille, *toparagno* Spitzmaus, *cassamadia* Kasten in Form eines Backtrogs, *cartamoneta* Papiergeld. Bei letzteren kann man übrigens zweifeln, ob *carta* durch *moneta* oder *moneta* durch *carta* näher bestimmt sei und so leitet das Wort hinüber zu andern, in denen das zweite Glied näher bestimmt ist, wie *ferrovia* Eisenbahn, *crocevia* Kreuzweg, *ragnolocusta* Fangheuschrecke. Die drei Beispiele sind etwas auffällig, sofern ihre Bildung dem italicnischen System kaum entspricht, so dass die Frage offen bleibt, ob sie nicht von Gelehrten in falscher Analogie zu griechischen Vorbildern (man denke an *piroscafo*) geschaffen seien.

603. Zusammensetzungen aus Substantiv und Adjektiv sind nicht gerade selten, gehören aber in ihrer überwiegenden Mehrzahl der dichterischen Sprache an. Andere wie *cutretta* aus *caudatrepida* werden nicht mehr in ihren zwei Bestandtheilen gefühlt. Sonst haben wir *codatremola* neben latinisirendem *coditremola*, *codirosso* Rothschwanz, *codilungo* Schwanzmeise, *pettirosso* Rothkehlchen, *capinero* Grasmücke, *capirosso*, also ausnahmslos Thierbezeichnungen. Häufiger werden Adjektiva auf diese Weise gebildet: *codimozzo* mit abgestumpftem Schwanze, *bocchiduro* hartmäulig, *cornomozzo* stumpfhornig, das wieder mehr italienischen Anstrich hat, *giritondo*, *marritto*, *oricrinito* u. a. Echt italienisch sind daneben Zusammenfügungen wie *beccostorto* Krummschnabel, *beccocornuto* Hahnrei, *culbianco*, *cervelbalzano*, *barbarossa* u. s. w. Die Zahl dieser letzteren Bildungen lässt sich nicht angeben, da es sich mit ihnen verhält wie mit den § 599 besprochenen Zusammensetzungen mit *bene*.|

604. Nicht anders verhält es sich, wenn das Adjektiv vorangeht. Ein festes Wort ist *buontempone*, sofern hier die eigenthümliche Bedeutung und das Zusammenwachsen der beiden Wörter durch ein ihnen sonst nicht zukommendes Suffix ausgedrückt wird. Aber *grancancelliere* Grosskanzler, *granbestia* Elenthier, *granduca*, *granmaestro* Grossmeister, sind noch lose Zusammenfügungen, ebenso *belvedere*, *bellosguardo*, *belfiore* Wucherblume, *bellimbusto*, *bellocchio*, *mezzobusto* Brustbild, *mezzocerchio* Halbkreis, *mezzogiorno*,

mezzanotte, mezzombra, mezzoscuro, mezzaluna, mezzamosca, mezzatinta u. s. w. Beachtenswerth ist *mezzolana*, wo die Verschmelzung der beiden Glieder schon soweit vorgerückt ist, dass das erste seinen ursprünglichen Auslaut aufgegeben hat.

605. Substantiva mit Verben oder Partizipien sind selten, vor allem kann man in Fällen wie *colportare, mallevare, mantenere, calpestare* u. s. w. nicht von lebenskräftigen Bildungen sprechen, und vollends *rarefare, dolcificare* oder Adjektiva auf *-fice* sind reine Latinismen, deren hier nicht weiter gedacht werden soll.

606. Wohl aber ist eine andere äusserst fruchtbare Bildungsweise aus Verben und Substantiven zu nennen, diejenige aus einem Verbum im Imperativ mit abhängigem Objekt: *accatta-pane*, eigentlich »bettle Brod« als Bezeichnung des Bettlers. Das Lateinische kennt diese Bildungen nicht, auch dem Rumänischen scheinen sie noch fremd, dafür aber haben sie die andern Sprachen um so reicher ausgebildet. Es bilden diese Wörter also ursprünglich »im Einklang mit der lebhaften Ausdrucksweise der Volkssprache einen Zuruf gewöhnlich an den damit gemeinten Gegenstand« DIEZ, Gr. II 438. Anfangs auf Personenbezeichnungen und zwar wie unser deutsches »Springinsfeld« in scherzhaftem Sinne beschränkt, wird diese Art der Wortschöpfung bald benutzt zur Bezeichnug aller möglicher Gegenstände. Eine kleine Auswahl mag genügen, um die Fruchtbarkeit zu zeigen. Materialsammlungen sind auch von BARMEYER S. 10 und von OSTHOFF, Das Verbum in der Nominalkomposition im Deutschen, Griechischen, Slavischen und Romanischen gegeben. Die abweichende Erklärungsweise des letztern kann innerhalb des Italienischen nicht zurückgewiesen werden, vgl. dagegen A. TOBLER, Vermischte Beiträge zur französischen Grammatik S. 62. Wir haben also z. B. mit *portare*: *portabacchetta* Ladstockträger, *portabandiera* Fahnenträger, *portabichiere* Trinkglastellerchen, *portabilancie* Wagebalken, *portabiti* Kleiderrechen, *portabottiglie* Flaschengestell, *portacappe* Felleisen, *portachicche* Bonbonschachtel, *portacqua* Wasserträger, *portacroce* Kreuzträger, *portadolce* Naschdose, *portafiaschi* Flaschenkorb, *portafogli* Brieftasche, *portafuoco* Zündruthe, *portagiberne* Patrontaschenriemen, *portainsegna* Fahnenträger, *portalapis* Reisfeder, *portalettere* Briefträger, *portalime* Messerfeile, *portaluminello* Stollen, *portamantello* Felleisen, *portamocchette* Lichtputzscheerenteller, *portamonete* Geldtäschchen, *portamorso* Riemen am Pferdegebiss, *portampolle* Ölflaschenständer, *portanastri* Buchzeichen *portaolio* und *portolio* Ölgefäss, *portapenne* Federhalter, *portasedile* Sänftenträger, *portasigari* Cigarrenständer, *portaspada* Schwertträger, *portastecchi* Zahnstocherträger, *portastendardo* Fahnenjunker, *portavaligia* Packriemen, *portavento* Windröhre, *portavivande* Speisenträger, *portavoce* Stimmrohr; mit *guardare*: *guardabatterie* Batterieaufseher, *guardaboschi* Waldhüter, *guardacanna* Halsstück, *guardacapre* Ziegenhirt, *guardacartocci* Feuerschirm, *guardacasa* Hausverwalter, *guardacenere* Ofenvorsetzer, *guardacorde* Federhaus, *guardacoste* Strandwache, *guardacuore* Mieder, *guardadonna* Wärterin, *guardagote* Maske, *guardalati* Plänkler, *guardamacchie* Feldhüter, *guardamagazzino* Magazinaufseher, *guardamalati* Krankenwärter, *guardamandrie* Schäfer, *guardamano* Überärmel, *guardamunizioni* Munitionsaufseher, *guardanappo* Handtuch, *guardanaso* Nasenmaske, *guardanatiche* Beinkleider, *guardanidio* Nestei, *guardaparco* Parkaufseher, *guardapetto* Bohrbrett, *guardapiedi* Fusssack, *guardapolli* Wärter des Federviehs, *guardaporto* Wachschiff, *guardaportone* Thürhüter [1], *guardaposto* Wachtposten, *guardareni* Nierenschiene, *guardaroba*, *guardasigilli* Siegelbewahrer, *guardaspensa* Vorrathskammer, *guardastiva* Bootsmann, *guardaterra* Feldhüter, *guardavia* Bahnwärter, *guardavivande* Speiseschrank; mit *parare*: *parabordo* Ankerfütterung, *paracadute* Fallschirm, *paracalci* ein Theil am Pferdegeschirr, *paracamino* Schieber am Kamin, *paracarro* Grenzstein, *paracenere* Ofenvorsatz, *paracqua* Regenschirm, *parafalde* Vorstoss, *parafango* Schmutzleder, *parafulmine* Blitzableiter, *parafuoco* Ofenschirm, *paragrandine* Hagelableiter, *paraguanto* Trinkgeld, *paraluce* und *paralume* Lichtschirm, *paramano*, *paramosche* Fliegenwedel, *paraocchi* Scheuleder, *parapalle* Kugelfang, *parapetto* Brustwehr, *parapioggia* Regenschirm, *parasole* Sonnenschirm, *paravento* Bettschirm, *paraviso* Gesichtschirm; mit andern Verben: *conciabrocche* Kesselflicker, *conciacalzette* Schuhflicker, *concialaveggi* Kesselflicker, *conciatetti* Dachdecker, *acconciapadelle* Topfflicker u. s. w. Wie sich aus den Beispielen ergiebt, kann das abhängige Substantiv je nach der Bedeutung, die ihm anhaftet, im Singular oder Plural stehen. Zuweilen erscheint es auch mit dem Artikel, doch nur, wenn es vokalisch anlautet, vgl. *bevilacqua* Wasserträger, *tiraloro* und *filaloro* Golddrahtzieher, *battiloro* Goldschläger, *fuggilozio* Zeitvertreib. Es kann ferner das abhängige Substantiv abverbiale Bestimmung, also mittelst einer Präposition mit dem Verbum verbunden sein, vgl. *saltimbanco* Bänkelsäuger, *saltanseccia* Feldlerche (vgl. *seccia* Stoppelfeld), *saltinselle* Fliegen-

---

1) Dagegen ist *guardacorpo* seiner Bedeutung wegen als französisches Lehnwort: *garde de corps* zu fassen, also ganz andrer Bildung.

2) Da *portone* Thorweg vorkommt, so wird man nicht annehmen müssen, *guardaportone* sei eine Weiterbildung aus *guardaporta* mittelst des individualisirenden *-one* (§ 488).

schnepper, *tornasole* und *girasole* Sonnenblume, *batt-in-zecca* Münzer, *cant-all-uscio* Strassensänger u. s. w. Auch das syntaktische Verhältniss, in welchem die beiden Bestandtheile der Komposition zu einander stehen, kann ein anderes sein als in den zuerst betrachteten Fällen. Das Substantivum erscheint nämlich mitunter als Subjekt: *tremacoda* Bachstelze, *batticuore* Herzklopfen, *scoppiacuore* Beklemmung u. s. w. — Statt eines Substantivs steht ein Adjektiv oder ein Adverbium oder gar ein Pronomen, vgl. *buttafuori*, *facimale* und *facibene*, vgl. *facidanno* [1], *gridalto*, *lasciamistare*, *fattibello* Stutzer, endlich zwei Imperative: *andiricieni* Irrgänge, *saliscendi* Thürklinke u. s. w.

III. Numeralbildung.

607. Neubildung der Kardinalzahlwörter beginnt erst von 17 an, während von 1—16 die dem Lateinischen entsprechenden Formen geblieben sind: *uno, due, tre, quattro, cinque, sei, sette, otto, nove, dieci, undici, dodici, tredici, quattordici, quindici, sedici,* aber *diciasette, diciotto, dicianove; ventuno* u. s. w. Die Zehner entsprechen wieder den lateinischen: *venti, trenta, quaranta, cinquanta, sessanta, settanta, ottanta, novanta*. Die Hunderter sind durch Zusammensetzung der Einer mit *cento* neugebildet: *cento, ducento, trecento, quattrocento, cinquecento, seicento, settecento, ottocento, novecento,*. Bei den Tausendern werden die beiden Elemente nicht zusammengeschrieben: *mille, due mila, tre mila* u. s. w. Mit diesen Formen stimmen auch die Mundarten überein, bis auf eine Abweichung. Avolio erwähnt für Noto eine Zählung nach dem Vigesimalsystem: *ru vintini* = 40, *tri bintini* = 60, entsprechend *ru vintini riči* = 50 u. s. w. Und dieselbe Erscheinung weist Teramo auf, vgl. Savini 60: *do vendinę, tre vendinę* u. s. w. Wie weit sich diese Zählmethode erstreckt, weiss ich nicht.

608. Bei den Ordinalzahlwörtern begegnen ebenfalls nur in geringem Umfang Neubildungen, die ersten 12 bleiben ganz unverändert. vgl. *primo, secondo, terzo, quarto, quinto, sesto, settimo, ottavo, nono, decimo, undecimo, dodecimo* und so bis *sedecimo*; oder aber von 13 an wird zerlegt: *decimo terzo*. Von *diciasette* an kann *-esimo* angehängt werden: *deciasettesimo* und so bei allen Zehnern: *ventesimo trentesimo* u. s. w. Auch hiervon entfernen sich die Mundarten nur

---

[1] In dem *ci* könnte man das Pronomen sehen wollen, doch erwartet man dann *facci*. — Da bei der Mehrzahl der Verba der Imperativ dem Verbalstamm gleich ist, so wird auch hier der Verbalstamm statt des Imperativs gesetzt.

wenig. Von Wichtigkeit sind die norditalienischen Formen auf *-eno*,
aven. *vinteno*, der 20., Exemp. 410, amail. *cinquen, sexen, seten,
ogien, noven, dexen* u. s. w., MUSSAFIA. Bonvesin § 132, agen.
septen, oiten, noven, dexem, centem, millem Arch. Glott. X 159. An
Stelle von *primo* tritt hier meist *primarius*, mail. gen. piem.
prümer, primer.

609. Die Distributiva werden mittelst *-ina* gebildet: *cinquina,
settina, decina, dozzina, ventina* u. s. w., während das Piemontesische *-ena* wählt: *ventena, sinkena* u. s. w. — Die Multiplikativa
kommen nur in Buchform vor: *semplice, duplice* u. s. w. Merkwürdig ist ein von MUSSAFIA, Beitrag 83 aus dem Venezianischen und
Toskanischen nachgewiesenes *ugnolo* einfach. Auf die verschiedenen
Umschreibungen zur Bildung der Zahladverbien einzugehen ist hier
nicht der Ort.

IV. Pronominalbildung.

610. Von einer noch lebenskräftigen Bildung der Pronomina
kann man im Italienischen kaum mehr reden, immerhin mag ein speziell die Indefinita betreffender Zug angemerkt werden. Die meisten
dieser Pronomina enthalten *-uno* im zweiten Theile: *alcuno, ciascuno,*
und *ciascheduno, qualcheduno*, alt auch *cadauno, ognuno, nissuno*
und *niuno, veruno*, selbst *alquantuno, taluno, certuno*. Dieses *-uno*
wird mundartlich gelegentlich gegen *homo* vertauscht, vgl. agen.
ognomo Arch. Glott. X 159.

V. Adverbialbildung.

611. Nur die Bildung von Adverbien aus Adjektiven kann hier
untersucht werden, da sie allein heute noch wirkliches Leben hat. Wie
in den Schwestersprachen ausser dem Rumänischen, so dient auch im
Italienischen in erster Linie und hauptsächlich *mente*, d. h. der Ablativ
des lateinischen Substantivums *mens*. Das Adjektivum nimmt natürlich weibliche Form an, da *mens* Femininum ist. Also *allegramente,
bellamente, aspramente, chiaramente, grandemente* u. s. w. Bei den
Adjektiven auf *l, r* fällt das *e* nach § 108: *generalmente, maggior-
mente, crudelmente, vilmente* u. s. w. *Parimenti* hat allein das alte
Ablativ *ē* bewahrt und *altrimente* nach sich gezogen, s. § 107. Von
besonders bemerkenswerthen Bildungen ist etwa noch zu nennen *im-
punemente, insiememente* Bocc. Dec. Intr., *quasimente, guarimente*,
wo *-mente* an Adverbien tritt. Von *fellone* lautet das Adverbium
fellonessamente, da zu *fellone* das Feminin *fellonessa* lautet, vgl.
§ 496. Die lateinischen Adverbia auf *-e* und *-o* haben sich nur in
geringer Zahl erhalten, vgl. *bene, male, pure, lungi, tardi, voluntieri*

und *leggieri, piano, sicuro, basso, visto, troppo* u. s. w. Die Ausscheidung dieser letztern gegenüber denjenigen auf *-mente* gehört der Syntax an. Beachtenswerther sind die Bildungen auf *-oni*. Erstere gehen von Substantiven oder Verben aus, verbinden sich übrigens oft mit der Präposition *a*, vgl. *a boccone, a traversone, a sdrajone, a barcollone, a spenzollone, brancone* tappend, *carpone* auf allen Vieren, *ginocchione* auf den Knieen, *gomitone* auf den Ellbogen, *balzellone* hüpfend, *ciondolone* baumelnd, *rotolone* rollend, *saltellone* hüpfend, *sdrucciolone* gleitend, *tastone* tastend, *traversone, baloccone* tölpelmässig, *pulcelloni* jungfernmässig, *cavalcone* rittlings, *tentone* tastend u. s. w. Die Entstehung dieser Ausdrucksweise ist nicht völlig klar. Neben *-one* findet sich meist auch *-oni*, so *ginocchioni, bocconi* u. s. w. Es ist denkbar, dass in *ginocchioni* das *-i* den Plural andeutet, und dass es dann weiter übertragen wurde. Es fragt sich nun weiter, ob die Verbindung mit der Präposition den ältern oder den jüngern Zustand darstelle. Die Vergleichung mit dem Französischen und Provenzalischen (vgl. Diez, Gramm. II 258) lässt die erstere Auffassung vorziehen, man sagte zunächst *a bocca, in ginocchi, a branca*. Das angefügte *-one* aber dürfte nicht das augmentative (§ 564) sein, wie Diez annahm, sondern vielmehr das die handelnde Person ausdrückende (§ 488) und zwar liegt hier in dem *-one* in Verbindung mit *a* der spezielle Sinn der Bewegung. Die Bildung von adverbiellen Redensarten mittelst Präpositionan wie *dirado, a certo, dappiè* u. s. w. gehört in die Syntax.

SACHREGISTER.

Accent 90—93, im Verbum 232—234. Sein Einfluss auf die Entwicklung der ihm vorhergehenden Konsonanten 122—124, 130, 131, 135, 137, 138, 140, 142—143, 149, 152. — Nebenaccent 92, 154.

Adjektiva, Flexion 204—206. Bildung 293—299; aus Substantiven entstanden 298, aus Adverbien 206. Im Satzinnern verkürzt 61, 205.

Adverbia, Bildung 324; in Pronominalfunktion 210.

Analogie, 1. einfache: eine seltene Lautgruppe wird von einer wenig verschiedenen, häufigen angezogen: *vęndica, tętto* 38, *gręgge, scęndere* 43, *męntre, sovęnte* 36, *ię* aus *ię* 38, anlautend *chio* für *co* 59, *in-* für *an-* 83, *ast-* für *ist-* 184, *sce-* für *se-* 97, *a, so* mit nachfolgendem Doppelkonsonant statt einfachem 154, vgl. *uccello* 123; *av-* statt *ev-* 82, *ins, inv-* statt *is- iv-* 173, *testuggine, incuggine* 73, *pome, fime* 60, *e rre* 105. Vgl. noch § 278.

    2. proportionale: a. *ned, mad, sed* neben *ne, ma, se* nach *e ed, o od* 85; hiatustilgende Konsonanten 85; *tune, trede* 172, *luglio* 98.

    b. in Substantiven: *sorco* 190, *rovere* 68, neap. *yodęcę, pollęcę* 37, mail. *li vicc* 45, tarent. *capu* 202, *glomer* 181.

    c. bei Adjektiven: aven. *antisi* 191; S. Frat. *kunfauż* 201, *dolco, bieco* 204.

    d. bei Verben: *sǫffre* 41, *fęnde, vęnde annęsta,* 38, vgl. *nięve* 39; *vǫla, divǫra* 44. In Endungen *i* in 2. Sg. 200; *o* in 1. Imperf. 226, *a* in 1. Präs. im Tessin 219, *-o* in 1. Sg. im Piemont. 219, 3. Plur. *-ano* 222, 3. Plur. perf. *-onno* 227, ven. Partizip auf *-esto* 231; *esco = exeo* 235, *offrire* 244, 3. Plur. perf. *-cru* im Siz. 245, 3. Plur. *enno* 246; piem. *un = ho* 248, *puole* 254, nordital. *don* 256; *risposto, rimasto* 259 u. s. w., vgl. noch § 457, und Umprägung.

Anbildung 1. sinnverwandter Wörter: Im Geschlecht: *forfora* nach *brenna, crusca* 134, *arbore* nach den Baumbezeichnungen 185.

In Suffixen § 549, *fiammore* 279, *carbonigia* 278; ferner *polenda* 291, *bracciere* 266, *bevanda* 291, *cortese* 295, *fintino* 301, *forese* 295, *lattimelle* 299, *maschile* 297, *pianajuolo* 268, *villino* 301. Vgl. § 500, 509, 518, 532, 551.

2. formverwandter Wörter: Im Suffix: *paragone* 186; *par-ete* 186, *padrone* 192. *caretto*, 43, *pome fime*, *fume* 192, *carpine*, *frassine* 192, *pagini* 189, *veron. delicial* 180; vgl. noch § 294: *-cha* 60, *pruovo* 61, *fuora* 61, *pria* 61, *poscio* 61, *mercoledi* 61, *altrimenti* 61.

Angleichung gegensätzlicher Begriffe: *giuso* = *gioso* + *suso* 42, *gornu* = *gornu* + *notti* 41. *greve* = *grave* + *leve* 35, *nuora* = *nurus* + *socrus* 41, *opre* = *apre* + *copre* 35, *rendere* = *reddere* + *prendere* 171, *suocera* = *nuora* + *socera* 44. Vgl. Verschränkung; Volksetymologie.;

Artikel Flexion 216—218; verwächst mit dem Substantivum: 115, *leco* 170, *l, la, n,* im Sardischen *s* als Artikel gefasst, fallen 114, 169, 170.

Assimilation von Vokalen § 121, 135, ferner *purimenti* 61, *ivi* 61, *ieri* 60, *bestemmia* 79, *segreto. penello, cesello* 72, *avavamo* 242, *battadore* 265, sard. *pasare, savagare* 75; von verbundenen Konsonanten § 220, 226, 229, 235, von getrennten 281; ferner *gubbia, gridare, gastigare, galigare, gobbola, gomberare, gomito, gombina,* mail. *dord* 96, *zezzo, guagheggiare* 97, *bibbio, berbice, berbena, bombero* 98, *bubbola* 153. Vgl. noch § 194.

Buchwörter 9; Lautbehandlung: gr. $v = i$ 16, lat. $\bar{e}$ 37, $\bar{\imath}$ 39, $\bar{o}$ 40, $\check{u}$ 41, $\check{e}$ 42, $\check{o}$ 43, *au* zu *al, ac* 58, tonloses *au* 75, *cl* 109, 111, *l* vor Kons. 135, intervokalische Verschlusslaute 154, *dj* 143, *rj* 144. Vgl. § 296, 314, 411, das Imperfektum im Sizilianischen 243, Gen. plur. auf *-oro* 180; Suffixe: *-ale* 296, *-ese* 295, *-azione* 283, *-izia* 278, *-ista* 268, *-ismo* 282; *-mine* 178, *-issimo* 206, *-tà* 278: *abiatico* 143, *acquoso* 293, *appendice* 91, *aquila* 140, *avvincere* 241, *bruca* 121, *brutto* 143, *butirro* 16, *cetto* 153, *chiavica* 57, *consumare* 337, *contenza* 177, *curvo* 131, *dazio* 176, 185, *debito* 70, *domineddio* 179, *dubito* 69, *diretto* 39, *eco* 185, *fabbrile* 297, *facile* 68, *festuca* 121, *genere* 179, *ghiado* 143, *ivi* 61. *larice* 69, *merito* 69, *macchina* 154, *macola* 125, *majesta* 176, *murice* 69, *nobile* 68, *nodoso* 293, *olio* 143, *omero* 41, *palio* 143, *passio* 185, *patena* 91, *pietà* 176, *prefazio* 176, 185, *quadra* 177, *reo* 56, *redenza* 177, *subato* 70, *secondo* 123, *servo* 131, *solfore* 182, *spalla* 132, *strano* 143, pad. *strepola* 49, *struzzo* 177, *ulcere* 179, *utile* 60.

Deutsche Kolonien in Oberitalien 3.

Dissimilation von getrennten Vokalen § 134, ferner *leticare* 36, *nemico* 72, *sperone, serocchia* 78, *canoscere* 82; von sich berührenden Vokalen 50; von Konsonanten § 282, *saggio* 131, *giglio, gioglio,* mail. *navel,* bergam. *nodola* 98, *cinque* 93, *bertovello* 98, *-iade* 121, *farchetola, farkeduno* 109. Unterdrückung von Lauten zur Dissimilation: § 285 und *ehiesa, ghiado* 143, *avello, usignuolo* 114.

Eigennamen 174.

Funktionsverschiebungen: Plurale werden durch Vermittlung des Kollektivs zu Singularen: die Neutra 183. Singulare auf *-a* als Kollektivplurale gefasst 197; Adverbia vertreten Pronomina 210. Obliquus als Nominativ 209; *si ama* oder *uomo ama* = *amiamo* 220, 221; zweite Person Sing. als Plur. 223, 226, 227. Adjektiva an Stelle von Partizipien 232, Adverbia von Adjektiven 206.

Gallo-italische Kolonien in Sizilien 6.

Geschlecht wird durch die äussere Form, seltener durch die Bedeutung bestimmt: 185 ff.; vgl. noch *festi* 189; beeinflusst die Form: *suora* 175, *mana, aga* 188; beeinflusst die Flexion 190, 199, 202. Vgl. noch § 537.

Griechische Kolonien in Italien 4. Griechische Wörter im Italienischen *melo* 34, *fusta* 138, *ducu* 121, siz. *deda* 96, *itria* 42, ital. *talanto* 43, lecc. *nassia, nakiru* 74: Behandlung von ε 43, η 39, ι 36, ο 44, υ 15, Accent 92 anlautende tonlose Verschlusslaute 96.

Katalanen in Sardinien 3.
Keltische Einflüsse in den oberitalienischen Mundarten 128.
Lautumsetzung: südsard. *lindiri* 40, aret. *puoko*, *kuosa*, *muota* 57, livorn.
l-Kons. statt *r*-Kons. 136, campob. *pacciya* 145, lucc. pist. *nol̃a*, *gal̃o*
148, mail. *püččana* 152, piem. *arčede* 25, aret. *mb* = *mm* 172, piem.
ö 229.
Lehnwörter, lautliche Verhältnisse: frz. *r* zu *l* 174. Ital. *e, o* im Süden
zu *ie, uo* 38, 41. Einzelne Wörter:
1. Französisch-provenzalische: *acchitarsi* 40, *allevime* 276, *assembra* 37, *bialtà* 84, *burro* 16, 70, *chiero* 35, *clero* 35, *dettaglio* 154, *dispitto* 43, *floscio* 125, *formaggio* 165, *frieri* 35, *gioi* 62, *giolladro* 176, *giorenta* 178, *giumella* 77, *guaime* 276, *guardacorpo* 322, *incomenza* 47, *ladio* 59, *lerriere* 137, *malvestà* 84, *mandorla* 16, *medesimo* 37, *miraglio* 273, *motto* 41, *netto* 37, *noi* 62, *naja* 44, *ovra* 70, *pareglio* 47, *pensivo* 297, *prence* 36, *profitto* 43, *quitto* 40, *rispitto* 43, *rullo* 44, *saime* 276, *sargia* 40, *saggio* 143, *savio* 143, *sorta* 188, *sovente* 38, *turno* 44, *umile* 91, *ventaglio* 273. — Suffixe: *-aggio* 288, *-iere* 265.
2. Aus dem Spanischen: *catatura* 284, *farabutto* 153, *ginetto* 154, sard. *kadira* 40, *meschino* 72, *regalo* 72.
3. Aus Mundarten: *acciuga* 143, *ammainare* 292, *ariento* 141, *alice* 39, *brugola* 173, *carena* 36, *cavolo* 57, *citrullo* 40, *ciucco* 42, *co* 57, *cruna* 122, *dogaressa* 271, *doge* 41, *fanciullo* 40, *fogno* 84, *folaga* 41, *gaggia* 143, *gaja* 143, *giovo* 122, *giucco* 42, *gubbia* 42, *lebbra* 137, *lido* 121, *merciadro* 176, *moscado* 121, *mosciama* 276, *mota* 57, *navolo* 57, *poccia* 143, *prua* 42, *ramarro* 143, *segugio* 72, *scoglio* 135, *spegnere* 46, *speynare* 237, *stazzo* 176, *topa* 57, *tufo* 76.
Postverbalia § 519 und 524, ferner *caccia* 176, *doccio* 176, emil. *erpeg* 191, *fila* 184, *froda* 188, *loda* 188, *sia* 178, *tenza* 176, mail. *zoffreg* 182.
Präfixe 338; die erste Silbe wird gegen ein ähnlich lautendes Präfix umgetauscht: *dimestico* 81, *soddurre*, *soddisfare* 82, südsard. *perdaiu*, log. *peraula* 84. *S*, als Präfix gefasst, fällt 115. *Per* und *pro* vertauscht 83.
Provenzalen in Süditalien 6.
Rätische Elemente im Venezianischen: *io* aus *uo* 27, *ie*, *uo* aus *ę̨, ǫ* 29, *saint* 51, *pl* 112, *-adro* 178, *-assemo* 233, 3. Perf. *-á* 239;
  im Tessin: *ö* aus *ǫ* 28, *š* aus *č* 101, *ka* aus *ca* 98, Bewahrung von *l* 126;
  im Lombardischen: *ł* 102, *š* aus *č* 101, *pl* 112.
Rückbildungen: *manso* 293, *lezio* 37, pad. *mielle* 36, tess. *rüm* 178, vgl. Postverbalia.
Rumänen in Istrien 6.
Sabellische Einflüsse im Italienischen 103, 132, 133.
Satzphonetik: Anlaut bedingt durch das vorhergehend Wort § 182—184; Auslaut § 109, 380, 382; Verallgemeinerung der Satzinlautform mit Rücksicht auf den Anlaut: *gostare* 96, südital. *kkyu* 114, sard. *bennarzu* 107, mail. *volzá*, *vüsú*, *voltra*, *vong*, *votanta* 170. Mit Rücksicht auf den Auslaut: *anti*, *avanti* 61, *oltre*, *come* 60, *pure* 61. Tonlose Wörter: *conte* 69, *ogni* 44, siz. *korki* 50, lomb. *on* 48, *sei* 32; *cra* 32, *bene* 32, *avale* 141, *forse* 44, *forsi* 61, *nè* 43, nordital. *mo* 50. Vgl. noch § 301, 369—374, 377.

Sachregister.

Schriftsprache enthält namentlich in den ersten Jahrhunderten sizilianische Formen: *i* aus *ę* 22, *u* aus *ǫ* 23, *ę* statt *ie* 42, *ǫ* statt *uo* 43, *au* aus tonlosem *o* 81, Neutra plur. auf *-e* 196, 3. Perf. auf *-io* 244.

Singularformen als Kollektivplurale gefasst 194; nach Zahlwörtern erstarrt 202.

Slaven in Italien 6.

Sprachmischung: Beeinflussung des Katalanischen durch das Sardische 3, des Deutschen durch das Italienische 3, des Griechischen, des Istro-Rumänischen durch das Slavische 6, des Monferrinischen in Sizilien durch das Sizilianische 7, 104. Vgl. nach Rätisch, Keltisch, Sabellisch, Lautumsetzung.

Substantiva: Flexion 174—204, Bildung 263—293, aus Adjektiven entstanden 290, aus andern Redetheilen 292, zu Adjektiven geworden 298, vgl. auch ven. *pomega* 189.

Suffixe 338. Französischen Ursprungs: *-iere* 265, *-aggio* 288; Suffixvertretung: *-tore* für *-tojo* 264, *-ora* für *-aja* 265; *-ente* für *-ante* 298. Suffixvertauschung: *-ino* statt *-eno* 39; *-icchio* statt *-ecchio* 39; *-ęllo* statt *-ęllo* 205; *-īce* statt *-ice* 91; *-ino* statt *-ino* 91; *paura* 42. Angleichung einer ursprünglich zum Stamm gehörigen Silbe an ein Suffix; *-ętto* aus *-ętto* 43; *ǫtto* aus *ǫto* 154, *malato* 69, lomb. *somes* 91, *manicare, scomenecare* 84, *scalterire* 78.

Umprägung: I. Innerhalb desselben Wortes.
   a. beim Nomen:
     1. Singular nach Plural *-aro* ! 91, abruz. *yunğę, porcę, bufucę* 191; lomb. *fonk*, südital. *funğo*, lomb. *sparğ* 191, südital. *uomine* 191; *luogo, lago, ago* 121, mail. *grüpp, püy* 45, *minugia, udugio* 143.
     2. Plural nach Singular: *-aji* 191, gen *omi* 191.
     3. Maskulinum nach Femininum: *suocero* 44, *spigo* 121, *loro* 121, campob. *lettę* 31.
     4. Femininum nach Maskulinum: siz. *miu* 56, *antica* 141, *amica* 120.
   b. beim Pronomen:
     1. Singular nach Plural: röm. *l'u* 217.
     2. Maskulinum nach Neutrum: *ogni*, ven. *nullja* 218.
     3. 3. Pers. nach 1. Pers.: sen. *ro* 211, röm. *sio* 214.
   c. bei Zahlwörtern: *dieci* 60, lomb. *ses* 157.
   d. beim Verbum:
     1. Stammbetonte Formen nach den endungsbetonten: *amnucchia* 42, *chiude* 74, *corruccia* 42, *cuce* 42, *fiuta* 74, *gitta* 43, *letica* 36, *pisola* 39, *risica* 39, *sega* 43, vgl. noch 243; tess. *kénti* 98, *meria, sdraja* 143.
     2. Endungsbetonte Formen nach den stammbetonten: *giucare* 73, *dirizzare* 142, vgl. noch 234.
     3. Präsens nach Perfekt und Partizip: *arogere* 241, *fuggire* 42, vgl. 250.
     4. Imperfekt nach Perfekt 223, 226.
     5. Perfekt nach Partizip und umgekehrt: 245.
     6. Perfekt nach Präsens: *posi* 44.
     7. Imperfektum konjunktivi nach Imperfektum präsentis 227.
     8. Infinitiv nach Präsens: *sapere, potere* 123.

9. Einzelne Verba sind maassgebend für ganze Typen: *siamo* für alle 1. Plur. 221; *füss* für das Imperf. conj. im Tessin 230; das Perfekt von *stare, dare* für die II. nnd zum Theil die I. und III. Konj. 227, 239; das Perfekt von *habere* 240; der Konjunktiv von *habere* 247, 256; das Partizipium nach *factum* 231; nach *posto, rimasto* 231.

10. Bei den einzelnen Personen in der Endung:
   a. 1. Sg. Imperf. ind. nach Präs. 226; 1. Sg. Imperf. konj., 3. Plur. Imperf. konj. nach Perf. 226; Perf. nach Imperf· konj. 240; 3. Plur. Perf. nach 3. Plur. Präs. 227.
   b. 1. Sg. von *essere* nach 3. Plur. 219; 1. Sg.nach 2. Sg. 241, nach 3. Sg. 219; 1. Plur nach 2. Plur. 228, 230, 239, 240; 2. Sg. nach 1. Sg. 220, 3. Plur. nach 3. Sg. 227, 238; 3. Sg. nach 1. Plur. 240. Das ganze 'erfekt nach 3. Plur. 241; im Stamme: *leggo* nach *leggi* 154 *cuocio* nach *cuoci* 235.

11. Innerhalb der verschiedenen Klassen:
amo nach *tremolo* 219; I. Konj. nach II.: 2. Plur. Präs. 223, Präs. konj. *a* 224, Perfekt 240, *endo* 232, im Partizip sard. *amau* 126; II. nach III.; *-ono* statt *-eno* 224, *-ia* statt *-ea* 243; II. nach I., III.: 2. Sg. Präs. 220; II., III. nach I.: Imperf. ind. 243, Konj. präs. *-i* 225, *-ando* 232; III. nach II.: *-ero* statt *-iro* 245; *-uto* statt *-ito* 245.

II. Innerhalb derselben Wortart:
Grundform nach Ableitung: *bosso* 41, *scudo* 121, *ritto* 39, *lepra* 70, nordital. *prüm* 49, pad. *fime* 37, ven. *gemo* 44. Ableitung nach Grundwort: *rajuolo* 144 *lenzuolo* 142.

III. Innerhalb verschiedener Wortarten:
   a. Substantiv nach Verbum, vgl. Postverbalia und nordital. *bula* 96, nordital. *romol* 43, *vergogna* 47, *trapano* 16, *tremuoto* 41, aret. *kyovela* 49, *pregio* 143.
   b. Substantiv nach Adjektiv: *uggia* 44.
   c. Adjektiv:
      1. nach Substantiv: *fedele* 72.
      2. nach Adverbium: *megliore, peggiore* 72, *peggiore* 123, *lungo* 44.
      3. nach Verbum: *saldo* 44.
   d. Pronomen: nach Verbum 280.

Umstellung von Vokalen § 150 und *deritto* 39, *albero* 190, *rinnina* 42, *luccherino* 78, *gnocco* 98, von Konsonanten § 286—298; ferner romg. *batella = padella* 97.

Verschränkung.

ven. *albeo = abeo + albo* 171.
avvincere = avvincire + cingere 241.
bieta = beta + blitum 164.
borrana = vorragina + borro 290.
brezza = brisa + auritia 115.
mail. *bronka = branca + ronca* 35.

bruire = ruire + bragire 115.
cespo = cespuglio + cesto 177.
sen. *diebile = debile + fievile* 39.
freddo = frigidus + rigidus 35.
ghiova = gleba + glomus 40.
grasso = crasso + grosso 96.

Sachregister. 331

grẹmbo = grẹmio + lembo 43.
insieme = simul + semel 39.
romg. koltrina = kortina + koltrice 171.
lecc. kuntriestu = contestor + contrasto 35.
lecceto = leceto + leccio 154.
lenza = lintea + lento 36.
licorno = u͡nicorno + o]lifante 198.
meschia = mischia + mestola 46.
umbr. mesto = messo + posto 259.
monco = manco + tronco 35.
nimo = nem· + niuno 39.
noderoso = ·)deruto + nodoso 293.

ognuomo = ognuno + uomo 37.
piatena = patena + piatto 171.
mir. piola = piona + pialla 35.
porti = porte + porti 189.
sard. quirka = quaeritat + circat 40.
ricọvero = ricọvero + cuopro 41.
sọnno = sọnno + sogno 44.
sọrdido = sọrdido + sọrdo 44.
streglia = striglia + stregghia 47.
strido = stridore + grido 176.
termine = terme + termino 179.
trebbio = tribulum + trĭbula 36.
veschia = vischia + vesco 46.
Vgl. noch § 140.

Volksetymologie.

angon⸺ ⸺nia + angoscia 171.
ansima = asima + ansio 171.
appartenere = appertenere + parte 78.
boccale = bocale + bocca 74.
bottega = botega + botte 154.
brugna = prugna + bruno 97.
capelli = cucelli + capo 123.
chiodo = clave + claud- 35.
chiosa = glossa + clausa 97.
duolo = dolus + dolor 176.
nordital. fastudio = fastidio + studio 37.
mail. golar = collar + gola 96.
gomito = govito + accumbere 171.
granocchia = ranocchia + gracidare 115.
graspo = raspo + grappo 115.
grosta = crusta + grosso 96.

lumaccia = limaccia + lume 77.
mammone = mamone + mamma 154.
mọra = mọra + mọro 41.
nicchio = micchio + nido 98.
nozze = nuptia + novia 41.
pennecchio = penecchio + penna 154.
pentola = pinctula + pendere 47.
mail. perkotá = pergotta + küser 97.
piantofla = pantofla + pianta 171.
rovistico = ligusticus + rovo 98.
rubaldo, rubellare = rib. + rubare 77.
scialiva = saliva + scialare 97.
soffice = soppice + soffre 41.
sporco = spurcus + porcus 41.
sŭcidus = sŭcidus + sus 37.
sugo = sucus + sugare 121.
uscire = escire + uscio 295.

WORTREGISTER.

Die Zahlen weisen auf die Seiten.

abbacchio 302.
abbiaccare 61.
abbisognare 315.
aberinto 114.
sard. abile 167, 174.
abreo 82.
accapiglia 46.
accendere 257.
acchitarsi 40.
accidia 39.
acciuga 143.
accorgere 257, 258.
acquavite 178.
sard. addu 108.
affliggere 258.
affogare 82.
affondo 299.
aggio 292.
agunanza 124.
agosto 74.
nordital. aiga 59.
aitare 234.
ajuola 300.
ala 192.
ven. albeo 171.
albero 190.
aldiana 271.
algere 257.
alice 39.
alleggere 82.
allegro 34.
allor 62.
alloro 87.
alluda 120.
altrimenti 61.
romg. alyedga 115.
ambrostolo 114.
amendue 131.
amido 127.
mail. amis 192.
ammainare 292.

amoscino 39, 91. 169.
ammucchia 42.
anare 87.
anchino 114.
ancor 62.
ancudine 87, 131.
andare 250, 253.
anemolo 127
dial. angirola 173.
anguinagla 87.
annestare 38, 82.
annojare 82.
ansima 87.
lomb. antana 162.
antenna 43.
anti 61.
antico 141.
dial. antro 162.
aprire 259
appartenere 78
appendice 91.
approcciare 143.
arancia 114
piem. arčede 25.
ardere 259.
mail. aris 166.
arlia 143.
arma 192.
emil. armnar 168.
arrogere 241, 250, 259.
südital. arrustu 44.
bolog. arsui 151.
emil. arvsaria 167.
arzavola 164.
asciolvere 44, 259.
ascoltare 74.
asma 151.
aspettare 82.
tar. asquare 235.

assai 170.
assedio 82.
assembra 37.
assillo 82.
audire 81.
auliva 81.
aulore 81.
aunora 81.
auriente 81.
avale 141.
avannotto 141.
avello 114, 164.
avere 248, 250, 251, 254, 257.
siz. avolio 40.
avorio 82.
avvincere 241.
avvogadro 76.
avvolgo 81.

baccano 82, 156.
becío 86.
baco 169.
nordital. baffa 8.
baggiolo 125.
balestra 54, 152.
balio 125.
bambinea 290.
barattore 86, 265.
barbano 202.
ven. barbastrego 177.
barbigi 142.
barbottare 310.
battadore 265.
romg. batella 168.
sard. battia 109.
battolare 164.
gen. bellua 162.
bene 42.

sard. bennarzu 107.
sard. bénneru 107.
sard. bentale 107.
sard. bentore 108.
mod. beola 164.
berbena 161.
berbice 98, 132, 161.
bertovello 68.
bescio 298.
sard. bessire 107.
bevere 257.
sard. bi 210.
biante 98.
biasmare 151.
bibbio 161.
bieco 109, 204.
bieltá 84.
bieta 38, 164.
bifolco 8.
bigatto 169.
bigna 169.
bigoncio 167.
sard. bikka 40.
bilenco 47.
bilico 169.
sard. binestra 107.
biodo 164.
piem. biola 164.
bioscia 61.
bioccolo 61.
sard. birare 107.
birra 153.
birichino 87.
biscio 40.
sard. bistrale 107.
boccale 74.
bocchi 60, 180.
bocco 176.
sard. bokkire 107.
bolgia 41.

Wortregister. 333

bolso 96.
bomberaca 161.
bono 41.
bonte 61.
borchia 41.
borrana 290.
borrascoso 92.
bossola 41.
mail. botia 39.
botro 43.
bove 43.
breve 54.
brezza 115, 170.
bricco 91.
brina 97.
mail. bronka 35.
brontola 47.
bronzo 47.
bruciare 60.
brugna 97.
brugola 113.
bruire 115.
brunice 91.
brutto 153.
bubbola 153.
bucine 61.
bue 56.
bufolo 8.
buiana 290.
bologn. bula 96.
mail. büla 96.
bulicare 152.
sard. bulteddu 108.
buontempone 320.
burchio 42.
burro 16, 70.
butirro 16.
sen. buttiga 39.

ca 169.
cacchio 138.
caccia 142.
cacio 146.
cadere 254, 257.
cafo 8.
calabrone 67.
calere 254, 258.
calma 58.
calterire 114.
amail. candira 40.
canea 290.
canella 37.
canestro 54.
canocchia 152.
cantero 68, 164.
capo 298.
capestro 54.

caratello 152.
carena 36.
caretto 43.
carpine 192.
catella 153.
caunoscere 81.
cavicchia 39.
caviglia 39.
cavolo 57.
cedere 37.
cedro 137.
cendralina 167.
centina 46.
cespo 177.
chiavica 91.
chiedere 250, 254.
chieppa 42.
chiero 35.
chiesa 143.
chiodo 35.
chioma 52. 69.
chiosa 97.
chiovo 35.
chiudere 257. 259.
chiunque 47.
ci 210.
cialtrosa 174.
ciascheduno 85.
ciascuno 94, 108.
cibo 39.
ven. cicare 309.
ciccia 90.
cicerchia 43
ciciliano 97.
ciera 38.
ciglio 46.
cignere 257, 258.
cigolare 309.
ciliegio 34.
cinghia 46.
cinghiale 97.
cingo 46.
cinquanta 108.
cinque 108.
ciò 44.
citrullo 40.
ciucciare 161.
ciuco 42.
nordital. co 57, 58.
codice 40.
cofaccia 168.
cogliere 257, 259.
colera 42.
colpo 44.
coltrice 167.
cometa 186.
comincia 46.

comignolo 46, 146.
compera 47.
compie 47.
compire 244.
completo 37.
computa 47.
conca 47.
confessore 40.
conio 41, 143.
conocchia 41.
conoscere 257.
aver. consa 174.
consumare 237.
conte 47.
contentino 289.
contenza 177.
conto 47.
contra 47.
convertere 259.
coppa 36, 41.
cornacchia 8.
cornice 92.
correre 257. 259.
corruccio 42.
coscia 131.
coscio 197.
coto 125.
cova 50.
covone 35.
credere 254, 257.
crescere 257.
crepa 54.
cresima 36.
crosta 41.
cruccia 42.
crudele 37.
cruna 8, 42, 65.
cucchiajo 83.
cucire 42, 244.
cugino 169.
cumula 41.
cuocere 257, 258.
cupo 298.
amail cupido 168.
curato 176.
agen. curto 42.
curvo 41.
cutretta 43, 69, 128.
siz. canciri 161.
lecc. cefalu 52.
siz. cerka 38.
neap. cestuneye 173.
gen. cuna 35.

dalmagio 75.
dare 250.

dattero 127.
dazio 176.
debba 38.
decco 170.
siz. deda 96.
delicare 169.
mail. derbeta 170.
desinare 234.
destare 69.
dettaglio 154.
devoto 40.
diaccio 98.
diacere 98.
dicidotto 85.
sen. diebile 39.
dieci 60.
digiunare 234.
digiuno 163.
digrumare 168.
dileguare 140.
dimestico 81.
dimojare 143.
siz. dinokkyu 164.
dire 250, 257, 258.
diretto 39.
diritto 39.
disco 39.
pad. discolze 53.
dispitto 43.
ditello 38, 96.
dito 39, 125.
ditto 39.
dividere 257.
doccio 176.
doglia 41.
doge 41.
dolere 257.
domineddio 179.
siz. donu 40.
donneare 307.
dopo 40.
dote 40, 77, 92.
dovere 77, 234, 254, 256.
dreto 54.
dubbio 41.
duca 121.
dunque 47.
duolo 176.
kalabr. duoppu 41.
durre 257, 258.

ebano 42.
eco 37.
effimero 39.
nordital. ega 59.
mail. elbor 35.

elce 36.
gen. embriägu 51.
emil. emda 168.
siz. empio 38.
sard. enna 35.
epa 37.
lecc. erde 38.
ergere 259.
emil. erpeg 191.
erpice 37.
erro 176.
esco 235.
esile 91.
essere 245.
estremo 37.
ette 60, 178.

sen. faccenda 43.
falavesca 168.
faloppa 152.
famiglia 46.
fanciullo 40.
faufaluca 161.
farabutto 153.
farchetola 109.
fare 250, 254. 258.
farfalla 143.
nordital. fastudio 36.
favolassa 153.
fedele 37.
fegato 36, 91.
fendere 38.
ven. fenti 51.
ferale 78.
siz. fermu 38.
ferrana 78.
feto 37.
fia 248.
fiaro 137.
fiata 202.
fiedere 162, 250, 254.
fiera 38.
sūdital. fietu 177.
figgere 257, 258, 259.
fila 184.
filiggine 88.
filosomia 167.
filtro 39.
filugello 123.
apad. fime 37.
fingere 257.
fingo 46.
finocchio 41.

fiocina 171.
bol. fioppa 163.
fiorrancia 86.
ven. fiuba 49.
fiutare 74.
floscio 125.
fogu 41.
fogno 84.
folaga 41.
folleare 307.
ven. folp 163.
nordital. fom 49.
» fomna 49.
fondere 257, 259.
fondo 169.
fonte 47.
mail. fonz 157.
forfora 184.
formaggio 165.
formento 83.
foro 43.
forosetto 81.
forse 44.
fracassare 317.
fradicio 168.
frale 78.
frana 113, 125.
frangere 257, 258.
frasca 113.
frazzo 69.
freccia 111.
freddo 35.
friggere 257, 258.
frignisteo 290.
fringuello 37.
frizzo 143.
froda 188.
fromba 47.
fronda 47.
fronte 47.
frugnare 171.
gen. fuä 50.
piem. fubbia 49.
fucina 77.
fugge 42.
fuggire 244, 254.
fuja 141.
fulmine 41.
funga 184.
fungo 47.
furneccio 289.
furo 176.
fusta 187.

gabbia 42, 96.
gabbiano 143.
gaggia 143.

gaja 143.
gambugio 171.
gangola 162.
garavana 96.
gavia 144.
nordital. ge 210.
gela 52.
geme 52.
genere 42.
gettare 55.
ghiado 143.
ghiomo 52.
ghiotto 36.
ghiottornia 166.
ghiova 20.
giacere 257.
giglio 98.
gignore 79.
ginebro 137.
ginęstra 54.
ginnetto 154.
ginocchio 41.
gioglio 98.
gioso 42.
giostra 54.
giova 50.
giovane 50.
giore 43.
giovęnco 43.
giorenta 176.
gioro 122.
gira 253.
gitta 43.
gittare 234.
giú 169.
giucare 73.
giucco 42.
giumella 77.
giungere 47. 257. 258.
giuso 42.
gloria 40.
gnaffé 147.
gnaolare 147.
gnaresta 137.
gnocco 90, 98.
gnommero 181.
gnudo 98.
gobbo 41.
goccia 142.
gogno 96.
golfo 44.
gombina 96.
gomea 141, 149.
gomito 50, 171.
gomitolo 164.
gonfiare 96.

gorgo 177.
gostare 96.
gotto 41.
gracidare 84.
gracimolo 115.
gradella 96.
gragnolischio 290.
gramigna 46.
granocchia 115.
graspo 115.
grasso 96.
gręgge 43.
grembo 43.
greto 275.
greve 35. 54.
griccia 42.
gridare 96.
grogo 54.
siz. groi 57.
piem. grola 57.
grolia 168.
gronga 44.
grosta 96.
grovicra 85.
gruccia 42.
mail. grŭpp 45.
guancia (pl.) 193.
gubbia 141.
guechia 42.
ven. ģemo 44.
romg. ženda 52.
sūdital. ģornu 41.

illudere 257.
sard. imbena 40.
imbriago 173.
impero 42.
inchiostro 89.
incischiare 85.
incomenza 47.
indi 61.
indulgere 257.
ingegno 47.
mant. ingera 173.
ingojare 143.
mail. inkŭžen 173.
insieme 30.
ven. instae 173.
ven. instesso 173.
intero 43.
intridere 250. 257. 259.
intrudere 257.
inverno 173.
Ischia 10, 138.
ischio 46.
sard. iskulzu 53.

isola 10.
sard. ispiju 40.
siz. itria 42.
ivi 61.

sard. kadira 40.
nordital. kasteña 35.
sard. kiliru 40.
siz. kirkare 161.
siz. kolobra 41.
sard. kolora 41.
romg. koltrina 171.
ven. koñer 169.
siz. korki 50.
sard. krosta 41.
kalabr. kuluonna 41.
siz. kumenza 38.
lecc. kuntriestu 35.
kalabr. kuomu 41.
sen. kyoka 57.
aret. kyovela 49.

ladroneccio 167.
lago 121.
ven. laimentare 84.
lamicare 143.
lampa 177.
lampone 114.
lasca 114.
lasciare 131.
lavamano 201.
laveggio 84.
lazzaruola 115.
lazzo 69.
lebbra 43. 137.
lecceto 275.
leccornia 166.
mail. ledeg 167.
leggere 257, 258.
lei 43.
lembrugio 289.
lene 37.
lenticchia 39.
lentiglia 39.
lenza 36.
lepre 42.
lero 114, 169.
leticare 36, 80.
lettera 38.
leva 42.
levriere 137.
lezia 37.
licorno 99.

ven. ligoro 43.
bol. ligur 43.
sard. lindiri 40.
lingua 46.
piem. linsola 163.
lisciva 144.
loame 84.
locusta 41.
loda 188.
loja 141.
lombrico 91.
aital. lome 36.
loppio 115.
lordo 36.
siz. loru 40.
losco 41.
lotta 41.
tess. lovar 235.
mail. löya 174.
lubbione 143.
lucerna 290.
lucertola 84.
lucherino 78.
lucignolo 46.
lugherino 90.
luglio 98.
lumaccia 77.
lungo 44.
lupo 41.

ma 156.
macchia 10.
macia 149.
macola 10.
madia 59. 125.
madicre 188.
maestro 34.
mai 156, 170.
nordital.maitino86.
aital. mainre 42.
malato 69.
maligno 39.
malinconia 84.
malvestá 84.
mammone 134.
mandorla 16.
manicare 84. 234.
manignoni 289.
manna 140.
maninconia 161.
mantile 39.
manucare 131.
manzo 142.
marame 276.
mascella (pl.) 193.
masso 197.

sen. lucc. matello 38.
mattino 85.
mattone 135.
me' 170.
mecco 153.
lomb. meda 92.
medesimo 37.
medico 42.
ven. medoto 168.
megliaca 163.
aven. pad. meio 36.
melo 34.
südital. mene 172.
menno 140.
menomo 37.
mensa 37.
menta 38.
mento 43.
mentre 38.
siz. menu 38.
mercoledí 91.
sen. merenda 43.
mergere 257, 259.
mero 42.
meriare 142. 235.
meschia 46.
meschino 72.
Messina 39.
mestica 37.
meta 37.
metro 42.
mettere 38, 257, 258, 259.
mezzangherare 167.
mezzedima 177.
mezzo 36.
midollo 197.
ferr. micda 39.
ven. pad. miella 36.
südital. mierku 35.
mignolo 46.
minchia 46.
minestra 54.
minga 172.
mirolla 174.
mischia 46.
mistero 37.
misto 39.
mo 41.
nordital. mo 50.
mobile 40.
mocciolo 41.
moccolo 41.
modine 192.
modo 43.
moglie 175.

siz. mogye 41.
monco 35.
monna 169.
monte 47.
mora 41.
morchia 41.
mordere 259.
morire 244, 254.
259.
mosciama 276.
mosto 41.
mota 131.
motto 41.
mozzo 69, 143.
gen. muä 50.
gen. muän 50.
mucchiare 168.
mucilaggine 152.
muggine 127.
mungere 162, 257, 258.
kalabr. muokku 41.
» muortu 41.
muovere 257, 258, 259.
muzzo 69.

nabisso 115.
siz. mantari 135.
nascere 257, 259.
nascondere 257,259.
lecc. nassia 74.
navolo 57.
neap. ndenná 169.
siz. nkuniya 173.
neap.nzerretare 168
» nzorare 173.
-ne 131, 210.
gen. necca 174.
ned 85.
romg. nenka 52.
siz. neširi 173.
nestare 169.
nicchio 61.
nicciuola 84.
nievo 175.
ninferno 113.
ven. niola 50.
lecc. nirviku 166.
niscire 115.
niscondere 84.
nitrire 169.
piem. nitta 174.
lomb. nivol 50.
piem. nivu 50.
no 156.
nocca (pl.) 193.

non 156.
nottola 140.
novero 50, 163.
sard. nume 50.
nuocere 254.
piem. nüpia 174.

obblio 153.
oca 121.
offendere 257.
offrire 244, 259.
ogni 44, 47, 218.
oleandro 114.
olezzo 143.
oliandolo 268.
olio 143.
oltre 60.
sen. ombaco 91.
omero 41.
oncia 114.
dial. oprire 35.
or 62.
orafo 176.
orbacca 114, 153.
orco 44.
siz. ordini 40.
orecchio 193.
oregano 38.
orezza 74.
orezzo 143.
organo 44.
orice 91.
origlia 46.
orma 44.
otre 36.
otta 15.
ottone 114.
mail. overtör 17.

pacchia 138.
padigliare 85.
padule 167.
paggio 141.
pagherò 292.
pajuolo 144.
palmento 75.
palpebra 42.
pantano 162.
pania 125.
parago 167.
paragone 186.
pareglia 47.
parere 254, 257, 259.
pariglia 46.
parimenti 61.
parlicre 266.

mail. parör 17.
neap. parpetola 168.
sen. partefice 167.
pastello 38.
patena 91.
paura 42.
pecora 184.
pentirsi 244.
pentola 47.
perdere 259.
pergamina 39.
peritare 137.
persuadere 257.
pestello 38.
piacere 254, 257.
pianeta 186.
piangere 257, 258.
romg. piantofla 171.
ven. piatena 171.
piato 59, 125.
piatoso 80.
piccione 143.
sand. pidigu 167.
pidocchio 41.
piéta 176.
pigolare 124.
pigro 39.
gen. pientu 51.
pimaccio 79.
pingere 257.
pioggia 144.
mirand. piola 35.
mail. piona 35.
pioppo 41, 90.
piorno 124.
piove 52.
piovere 257.
piota 9.
piotta 41, 121.
pipistrello 161, 167.
pisolo 39.
pispola 167.
piura 42.
piviale 79.
piviere 79.
pizzuga 289.
poccia 143.
pago 121.
poi 44.
polenda 131, 291.
polizza 91.
neap. pollçèę 37.
polpo 44.
pome 60, 192.
ven. pomega 189.

ponere 250, 256, 257, 258, 259.
mail. ponsá 174.
ponte 47.
porgere 259.
mail. pos 157.
poscio 61.
posolina 39.
posto 44.
potere 253, 257.
südsard. pou 144.
prega 54.
pregiare 235.
pregno 47.
preme 54.
premere 257.
premura 284.
prence 35.
prendere 257, 259.
presacchia 152.
prete 54, 122.
prevosto 91.
prezzare 235.
pria 61.
primavera 37.
prince 176.
procaccina 271.
profenda 8.
profitto 43.
prova 54.
prua 42.
prudere 250.
pruovo 61.
pruzza 143.
nordital. prüm 41.
gen. puä 50.
pugno 47.
pula 60.
pulcino 39.
puledro 152.
sard. pumu 50.
pungere 257, 258.
puntello 38.
ven. puoko 58.
ven. puovro 58.
pure 61.
pusigno 29. 164.
puttana 202.
lomb. půččana 152.
mail. pǔy 45.

quadra 177.
quattordici 44.
quinci 46.
sard. quirka 40.
quitto 40.

racimolo 39.
radere 257, 259.
radica 189.
rama 184.
ramarro 143.
ramerino 84.
ramolaccio 166.
ratto 128.
razzo 143.
re 38. 156. 176.
reccacchio 161.
gen. rečede 25.
reda 37.
redina 192.
refe 8.
regalo 9. 72.
reggere 257. 258.
registro 39.
regno 47.
regola 42.
remo 31.
rendere 171.
rezza 184.
ricevere 257. 259.
ricevo 292.
ricovero 40.
ridere 257, 259.
rigido 39.
rimanere 254. 257. 259.
rimburchio 42.
rimedire 167.
rimore 80.
rimorchia 41.
siz. rinnina 42.
rio 93.
rione 143.
risica 39.
rispitto 43.
rispondere 47, 257. 258, 259.
ritocchino 289.
ritto 39.
rodere 257, 259.
rognone 81.
romajuolo 77.
rombo 47.
emil. romel 43.
rompere 257. 259.
rosa 43.
rostro 54.
rota 54.
rovello 77, 94.
rorina 85.
rovistico 61, 89, 124.
rovo 50.

Wortregister.

rozzo 143.
rubaldo 77.
rubesto 89.
rubiglia 77, 166.
rubrica 91.
rugumare 168.
rullo 44.
parm. rumñar 147.
sard. russu 44.
ruvido 125.

sacerdote 40.
gen. sagau 168.
saggio 131. 143.
sagreto 82.
sala 66, 130.
saldo 44.
salma 58.
salsiccia 40.
salvaggio 80.
salvietta 174.
sanguinente 162.
santoreggia 171.
sapere 250, 254, 257.
saracca 153.
saracino 39.
sargia 40.
savio 143.
sbiescio 170.
scalpitare 167.
scalterire 78.
scaltrire 151.
scarafaggio 8.
scarmigliato 163.
scarso 150.
scegliere 257, 258, 259.
scemo 97.
scendere 43. 259.
scheruolo 143.
schizzo 143.
sciagura 74.
scilivato 167.
sciocco 90, 153.
scipido 39.
scojattolo 83.
scoglio 138.
agen. scomeneeare 84.
scoppio 90.
scrivano 202.
scrivere 257, 259.
scudella 83.
scuffina 8.
scuotere 41.
sdrajare 113, 143.

sdruscire 85, 113.
sdrucciolare 113.
siz. sdruviggyá 113.
sedere 254.
sedo 95.
sciovernare 77.
sega 42, 43.
segue 42.
segola 91.
segolo 36.
segugio 72.
seguire 244.
sei 42.
senape 37.
ven. sento 51.
serocchia 78.
serqua 37.
mail. ses 157.
sezzo 206.
sghengo 47.
sghimbescio 290.
emil. sia 178.
mail. sibbi 50.
mod. silta 164.
sincero 37.
sinistro 39.
mail. sira 40.
sisamo 39.
sito 39.
ven. skaǵa 139.
lomb. piem. sküma 16.
smaniglia 84.
smeraldo 58.
smeriglio 78.
soccita 176.
soddisfare 82. 154.
soddurre 82.
soffice 41.
soffoca 41.
soffre 41.
soffrire 244.
sogno 47.
sol 205.
solere 254, 256.
solleticare 168.
lomb. somes 91, 40.
sonno 44.
sopperire 87.
soppellire 82.
sorcio 69.
sorco 190.
sordido 44.
sorgere 259.
aital. soso 36.

sotterra 86.
sovente 37.
sovero 50.
sovice 91.
sozzo 36, 69.
spaghero 167.
spago 176.
spandere 259.
sparacciato 289.
spargere 257. 259.
specie 42.
spegnáre 237.
spegnere 46, 257.
spene 156.
romg. spepla 167.
spero 37.
sporcor 41.
spugna 47.
spuntino 289.
gen. spuăntu 50.
squittinio 81.
staccio 85.
stadera 37.
staggio 141.
staiora 197.
stare 250.
stazzo 176.
stegola 36.
stelo 37.
pad. steola 49.
sterpa 37.
kalab. stiessu 38.
stioro 197.
stipo 177.
stivale 86.
stoggio 141.
stoppia 47.
stoviglia 169.
strano 143.
stravizzo 39.
strazio 177.
streglia 47.
ven. strepola 49.
strido 176.
stringere 257, 258.
stromento 83.
strubbiare 77.
struggere 250, 257, 258.
strulicare 167.
strupo 41.
sù 169.
subito 41.
sudiscio 91, 168.
suggello 37.
sughero 50.
sugua 47, 130.

suora 175.
südital. surbu 44.
» sursu 44.
lecc. survia 44.
susina 91, 162.
lecc. šenneru 52.
lecc. šome 35.
tar. šorgu 161.

tacere 254, 257.
tafano 8.
taffiare 8.
tagliente 298.
talanto 43.
mail. tantar 235.
tess. tartifu 50.
te' 170.
tedesco 81.
mail. telki 170.
tempio 43.
tempia 183.
sen. tenda 43.
tendere 259.
tenere 254, 257, 258.
tenza 176.
tergere 257, 259.
siz. terrenu 38.
teschio 43.
südital. tetto 38.
tetro 37.
tigna 46.
cinca 46.
tingere 257, 258.
tizzo 176.
togliere 250, 256, 257, 259.
tonaca 41.
tondere 47.
tondo 169.
tono 43.
topo 131.
torcere 141, 257.
torno 44.
mail. tornör 17.
mail. tosann 203.
tralce 69.
tranghiottire 151.
trangolare 151.
trangugiare 151.
tranquillo 79.
trapano 16.
trarre 257, 258.
trebbio 36.
trefolo 91.
trema 54.
tremoso 204.

Meyer-Lübke, Ital. Grammatik. 22

tremuoto 41.
siz. trenta 38.
ven. trespolo 125.
tarent. treti 172.
tretticare 114.
tribuna 156, 182.
pad. trifola 50.
trivello 85.
trova 54.
pad. tubia 49.
tufo 8, 16, 42.
röm. tune 172.
turno 44.
südital. turyaka 84
tutto 151.

uccidere 74, 25
udire 234.
crem. udolá 16
ufo 8.
uggia 44, 141.
ugna 140.
ugnolo 324.
uguale 77.
uguanno 77.
umile 91.
ungere 47, 257, 258.
unghia 47, 193.
unqua 47.
uovo 41.
upiglio 164.
uscio 42.
uscire 84, 234.
usignuolo 114.

vaccio 141, 169, 206.
vagella 37.
vaglia 292.
valere 254, 257.
vampo 176
vanello 152.
varice 91.
vecchio 138.
vedere 254, 256, 257, 259.
veggio 169.
siz. velenu 38.
vello 181.
vembro 163.
vendere 38.
vendicare 38.

gen. mail. venin 39.
venire 254,257,258.
ventricchio 39.
ventriglio 39, 46.
verde 37.
vergato 85.
vergogna 47, 85.
versiera 86.
siz. veru 38.
veschio 47.
vespertillo 143.
vetere 204.
vetrice 36.
vianda 291.
mail. vic 45.
vidanda 85.
viera 38.
vilucchio 80.
vilume 80.
viluppare 80.
vincere 257.
vinco 46.
sen vinti 40.
viola 52.
siz. virgoña 40.
vischio 47.
nordital. vitta 155.
vittoria 40.
vitupero 144.
vivere 257, 260.
vizio 39.
volere 254, 258.
volgere 239. 250.
mail. volza 170.
pad. vontera 169.
vosco 40.
siz. votu 40.
vuoto 9, 59, 125.

zavorra 41, 97.
ven. pad. zeia 36.
zezzo 97, 161, 206.
mail. zila 52.
tess. zñeñ 151.
zufolare 8, 49.

Suffixe.

A. Nominale.

-acchio 273, 302.
-accio 302.
-adro 269.
-aggine 281.

-aggine 290.
-aggio 288.
-aglia 275.
-aglio 273.
-aja 274, 275.
-ajo 265.
-ajuolo 268.
-ale 275, 296.
-ame 276.
-ana 290, 295.
-anda 291.
-ano 267.
-ante 269, 298.
-anza 283.
-ardo 268.
-astro 303.
-ata 285.
-atico 288.
-ato 287, 294.
-atto 302.
-azione 283.
-azzo 303.
-ello 299.
-eno 324.
-ereccio 296.
-ese 295.
-essa 270.
-eto 274.
-etto 301.
-evole 297.
-ezza 277.
-ia 280.
-iccio 296.
-iere 265, 274.
-igia 278.
-igno 297.
-ile 275, 296.
-ime 276.
-ina 290.
-ino 267, 272, 295, 301.
-io 288, 297.
-ismo 282.
-ista 268.
-ivo 297.
-izia 278.
-mento 284.
-ogno 297.
-ognolo 297.
-olo 273.
-one 267, 272, 303, 325.

-ore 276.
-oso 293.
-otto 302.
-ozzo 303.
-tà 276.
-tiva 289.
-tore 264, 272.
-tojo 271.
-tura 283.
-uccio 302.
-uggine 290.
-uglio 303.
-ule 290.
-ume 276, 277.
-uolo 273, 300.
-ura 278.
-uto 291.
-uzzo 302.
-vendolo 368.

B. Verbale.

-acchiare 310.
-azzare 310.
-ecchiare 310.
-eggiare 306.
-ellare 310.
-ettare 309.
-icare 306, 309.
-icchiare 310.
-izzare 307.
-olare 309.
-ottare 310.
-ucchiare 310.

Präfixe.

a 314.
ante 316.
anti 336.
arci 318.
avan 316.
con 313.
contra 317.
di, dis 314.
fra 317.
in 313.
per 316.
pro 316.
ri 311.
s 312.
so 316.
stra 318.
tra 317.